# ALMANACCO DEL CALCIO DILETTANTISTICO ABRUZZESE

## stagione 2021/2022

## vol. 2

a cura di STEFANO DE CRISTOFARO

## L'EDITORIALE

Il mio rapporto con questo genere di pubblicazioni (la settima, dal '91 ad oggi) è sempre stato assai travagliato, per una serie di motivazioni.

A cominciare dal tempo ad esse dedicato e sottratto ad altre attività, sicuramente più piacevoli e, soprattutto, meno faticose.

Eppure, dopo essermi più volte ripetuto "Ma chi me lo fa fare?" o "Questa è davvero l'ultima volta che mi imbarco in un lavoro del genere", alla fine sono sempre tornato sui miei passi, quasi non fossi in grado di farne a meno.

E in effetti è proprio così, visto che da oltre trent'anni il calcio dilettantistico regionale rappresenta il mio "pane quotidiano", avendolo seguito non solo per passione o diletto personale, ma per lavoro.

Ben altra cosa rispetto al cosiddetto "calcio maggiore", e non solo per quel che riguarda il livello di gioco e di emolumenti percepiti dai protagonisti diretti.

Per non parlare poi delle fonti cui attingere, infinitamente inferiori e meno dettagliate rispetto ai campionati professionistici.

Se per serie A, B e C basta un giro sul web o accendere la tv per avere tutte le informazioni che occorrono, per il movimento dilettantistico è tutta un'altra storia, tant'è che spesso si finisce col rivolgersi ai diretti interessati: calciatori, tecnici e dirigenti.

Ai quali va pertanto il primo di una doverosa serie di ringraziamenti: per la disponibilità evidenziata e la pazienza nel relazionarsi col sottoscritto, abituato a lavorare in orari assai diversi da quelli della gente comune.

L'altro ringraziamento, altrettanto dovuto, va poi alle istituzioni calcistiche regionali, ed in primis al presidente Ezio Memmo, che in pubblicazioni del genere ha sempre creduto.

Del resto, l'obiettivo, sicuramente ambizioso, che questa iniziativa editoriale si propone è appunto quello di diventare, nel corso delle varie stagioni agonistiche, un appuntamento fisso per gli appassionati del genere, oltre che un utile strumento per gli addetti ai lavori.

Un vero e proprio "diario di bordo" dell'attività calcistica della regione, per quel che riguarda i Dilettanti.

Suddiviso, come detto, in due distinte parti: la prima specificamente dedicata ai campionati di Eccellenza e Promozione; la seconda a tutto il resto, ivi compresa l'attività giovanile, amatoriale e di calcio a cinque.

Senza tra l'altro disdegnare l'altra componente fondamentale delle domeniche calcistiche abruzzesi, ovvero gli arbitri, dei quali sono riportati (in entrambi i volumi) tutti i nomi, con un dettagliato report (presente quest'ultimo nel solo volume dedicato ad Eccellenza e Promozione) relativo appunto ai "fischietti" impiegati nei due principali campionati della nostra regione.

A tal proposito, mi preme ringraziare per la sua proficua collaborazione il segretario del CRA Abruzzo Alfredo Leonetti, fondamentale fonte di dati per quel che riguarda il settore di sua competenza.

Lo stesso discorso vale per il dipendente della LND Abruzzo Fabio Lattanzio, ormai da anni preciso e imprescindibile punto di riferimento, anche per il mio quotidiano lavoro giornalistico, mentre per la parte relativa agli Amatori non va sottaciuto il contributo di Ivan Geniola e Giovanni Berardinetti, altrettanto prezioso per il completamento di questo doppio Almanacco.

Che spero risulti essere gradito (e utile) a quanti avranno la bontà di acquistarlo, dando così un senso al lavoro svolto...

**Stefano De Cristofaro**

## IL SALUTO DEL PRESIDENTE

Questo prezioso volume torna dopo qualche anno di stop forzato, non essendo stato possibile realizzarlo anche a causa del fermo dei campionati dilettantistici.

Ecco perché esso contribuisce, oggi, a restituirci un altro piccolo pezzo di quella "normalità" che gli avvenimenti degli ultimi anni ci ha sottratto.

Siamo giunti al termine di una stagione difficile, nel corso della quale abbiamo dovuto fare i conti con tutta una serie di difficoltà oggettive, legate al protrarsi della pandemia.

Tuttavia – e approfitto di questa pubblicazione per ribadirlo con forza – i sacrifici che i nostri dirigenti e tesserati hanno dovuto sostenere non sono risultati vani, se è vero infatti che abbiamo potuto portare regolarmente a termine una stagione sportiva che in tanti, alla vigilia, consideravano "a rischio".

E lo abbiamo fatto completando l'intero planning delle attività: provinciali, regionali e nazionali.

L'Almanacco, redatto con cura e minuzia dal bravo giornalista sportivo Stefano De Cristofaro, intende dunque rappresentare la nostra memoria storica, raccontando gli impegni di tutte le categorie, i tornei e le attività targate LND Abruzzo.

Un racconto arricchito da statistiche complete, risultati e tabellini delle gare, da classifiche e prestazioni dei singoli, arbitri compresi.

Ciò che avrete modo di leggere nelle pagine che seguono è il frutto di un grande impegno da parte dell'autore e rappresenta uno strumento molto utile.

Sia per gli addetti ai lavori che per i semplici appassionati, sottolineando e descrivendo in maniera nitida l'enorme mole di attività che questo Comitato organizza, gestisce, monitora.

**Concezio Memmo**

## F.I.G.C. – COMITATO REGIONALE ABRUZZO

**sede:** via Lanciano snc – 67100 L'AQUILA
**tel.** 0862/42681 | **e-mail** – crlnd.abruzzo@figc.it
**fax** 0862/65177 | **PEC** – lndabruzzo@pec.it

### CONSIGLIO DIRETTIVO

| | |
|---|---|
| **presidente** | Concezio Memmo |
| **vice presidente vicario** | Gianfranco Di Carlo |
| **vice presidente** | Walter Pili |
| **consiglieri** | Fabrizio Acciavatti, Mauro Bassi, Levantino Cianfarano, Alessandro Di Berardino, Giovanni Sorgi |
| **resp. regionale calcio a 5** | Salvatore Vittorio |
| **resp. regionale calcio femminile** | Laura Tinari |
| **consulente del presidente** | Franco Pettinari |
| **segretario** | Maria Laura Tuzi |
| **uffici** | Fabio Lattanzio, Amedeo Pettinari, Patrizia Santovito |

### ATTIVITÀ GIOVANILE L.N.D.

| | |
|---|---|
| **organizzazione** | Sandro Lupi |

### ALTRI DIPARTIMENTI

| | |
|---|---|
| **beach soccer** | Flavia Antonacci |
| **4ª categoria** | Milena Pesolillo |
| **e-sport** | Panfilo Doria |

### COLLEGIO REVISORI DEI CONTI

| | |
|---|---|
| **presidente** | Giovanni Mattucci |
| **componenti effettivi** | Anna Rita Cioni, Lucio Mercogliano |
| **componenti supplenti** | Fabio Caravaggio, Alessandro Cianfrone |

### STAFF TECNICO

| | |
|---|---|
| **commissario tecnico** | Giuseppe Giovannelli |
| **responsabile calcio a 5** | Davide Giffi |
| **logistica** | Nino Di Bernardo, Gianni Cinquina |

### IMPIANTI SPORTIVI

| | |
|---|---|
| **fiduciario regionale** | Levantino Cianfarano |
| **vice fiduciari regionali** | Italo Bomba, Gino Riziero Caniglia, Claudio Di Pietro |

| | |
|---|---|
| **STAFF MEDICO** | |
| fiduciario regionale | Massimo Nicolai |
| vice fiduciario regionale | Pedro Raschiatore |
| **GIUSTIZIA SPORTIVA REGIONALE** | |
| giudice sportivo | Roberto Ragone |
| sostituti | Francesco Alfonsi, Filippo Chendi, Daniele Di Pasquale, Patrizio Pupatti |
| **CORTE SPORTIVA di APPELLO TERRITORIALE** | |
| presidente | Antonello Carbonara |
| vice presidente | Vincenzo De Benedictis |
| componenti | Aldo Ambrogi, Andrea Battistella, Massimiliano Di Scipio, Pierluigi Marianella, Andrea Marino, Viola Storni |
| **DELEGATI ASSEMBLEARI** | |
| componenti effettivi | Alessandro Ciampa, Antonio Marini, Simone Tofano |
| componenti supplenti | Giampiero Attili, Antonio Rotunno, Anna Rita Valente |
| **CONSULTA REGIONALE** | |
| componenti | Mario Corneli, Alessandro Italiani, Giuseppe Menna, Giuseppe Travaglini |

## COORDINAMENTO FEDERALE REGIONE ABRUZZO SETTORE GIOVANILE E SCOLASTICO

**sede:** via Lanciano snc – 67100 L'AQUILA
**tel.** 0862/26370 – **fax** 0862/411303 **e-mail** – abruzzo.sgs@figc.it

### STAFF

| | |
|---|---|
| **coordinatore** | Emidio Sabatini |
| **segretario** | Ugo Agovino |
| **attività di base** | Antonio Di Musciano |
| **attività scolastica** | Piera Liberati |
| **resp. organizzativo Evolution Programme** | Claudio Di Biase |
| **attività femminile** | Gianluca Damiani |
| **attività calcio a 5** | Ennio Marianetti |
| **selezionatore Under 15 femminile** | Paolo Mazzocchetti |
| **stampa e comunicazione** | Franco Scolta |
| **calcio integrato** | Franco Scolta |
| **psicologo regionale** | Ferdinando Consorte |
| **medico regionale** | Levino Flacco |

## DELEGAZIONE PROVINCIALE L'AQUILA

**sede:** via Lanciano snc – 67100 L'AQUILA
**tel.** 0862/426836 o 426838 **e-mail** – abruzzo.sgs@figc.it
**fax** 0862/770347

### STAFF DELLA DELEGAZIONE

| | |
|---|---|
| **delegato** | Mario Bastida |
| **vice delegato** | Marino Sarra |
| **segretario** | Antonio Piacentini |
| **componenti** | Vincenzo Alonzi, Tommaso Cantalini, Ettore Gentile, Daniele Giannetti, Nicola Giordani, Mario Lancione, Massimo Milani, Raffaele Retta |
| **uffici** | Angelo Pasqua |
| **giudice sportivo** | Alessandro Rosa |
| **sostituti** | Pierluigi Iannarelli |

## DELEGAZIONE PROVINCIALE CHIETI

**sede:** via Spezioli, 52 (Theate Center) – 66100 CHIETI
**tel.** 0871/330662 – **fax** 0871/320769 **e-mail** – cplnd.chieti@figc.it

### STAFF DELLA DELEGAZIONE

| | |
|---|---|
| **delegato** | Mario Di Santo |
| **segretario** | Giuseppe D'Emilio |
| **componenti** | Sergio Colasante, Sergio Faraone, Pietro Figurilli, Giuseppe Ghirelli, Giuseppe Marcuccitti, Antonio Turdò, Angelo Zulli |
| **uffici** | Marco Grassano |
| **giudice sportivo** | Marco Bevilacqua |
| **sostituti** | Mario La Morgia, Vittorio Orlando, Pierluigi Pennetta |

## DELEGAZIONE PROVINCIALE PESCARA

**sede:** via Botticelli, 26 (Palazzo Coni) – 65124 PESCARA
**tel.** 085/4212434 – **fax** 085/4214507 **e-mail** – cplnd.pescara@figc.it

### STAFF DELLA DELEGAZIONE

| | |
|---|---|
| **delegato** | Claudio Di Pierdomenico |
| **vice delegato** | Antonio Petrucci |
| **segretario** | Roberto De Angelis |
| **componenti** | Giuseppe Borzillo, Luigi Campomizzi, Red Lily Di Tomasso, Benito Dotoli, Luca Graziosi, Luigi Mastrangelo, Stefania Nardella, Antonio Pinti, Marco Romano, Domenico Travaglini |
| **uffici** | Federico Morretti |
| **giudice sportivo** | Stanislao Colella |
| **sostituti** | Alan Del Rossi, Danilo Di Ridolfo |

## DELEGAZIONE PROVINCIALE TERAMO

**sede:** via Porta Carrese, 47 – 64100 TERAMO
**tel.** 0861/252010 – **fax** 0861/243127 **e-mail** – cplnd.teramo@figc.it

### STAFF DELLA DELEGAZIONE

| | |
|---|---|
| **delegato** | Domenico Pelusi |
| **segretario** | Ottavio D'Agostino |
| **componenti** | Carla Brunozzi, Andrea Catitti, Ennio Chiavetta, Antonio D'Alesio, Carlo Di Marco, Marco Di Nicola, Ennio Di Provvido, Roberto Giovagnini |

| | |
|---|---|
| **uffici** | Manuel Giuliani |
| **giudice sportivo** | Silvia Varelli |

## DELEGAZIONE DISTRETTALE AVEZZANO

**sede:** via Cavalieri di Vittorio Veneto, 38 interno 4 – 67051 AVEZZANO
**tel.** 0863/26528 – **fax** 0863/398762 **e-mail** – del.avezzano@figc.it

### STAFF DELLA DELEGAZIONE

| | |
|---|---|
| **delegato** | Massimo Nicolai |
| **vice delegato** | Sergio Berardi |
| **segretario** | Giovanni Berardinetti |
| **componenti** | Angelo D'Onofrio, Antonio Mastrangelo, Maurizio Patanè, Antonio Ringegni |
| **giudice sportivo** | Nello Simonelli |
| **sostituti** | Matteo Chicarella |

## DELEGAZIONE DISTRETTALE VASTO

**sede:** via delle Gardenie, 18 – 66054 VASTO
**tel.** 0873/583440 – **fax** 0873/583440 **e-mail** – del.vasto@figc.it

### STAFF DELLA DELEGAZIONE

| | |
|---|---|
| **delegato** | Gaetano Martone |
| **vice delegato** | Vincenzo Affaldani |
| **segretario** | Fabrizio Rossini |
| **componente** | Maurino Maioli |
| **uffici** | Ivan Geniola |
| **giudice sportivo** | Carmine Di Risio |

## DELEGAZIONE ZONALE LANCIANO

**sede:** Decorati al Valore Militare, 21 c/o Palasport – 66034 LANCIANO
**tel.** 0872/724445 – **fax** 0872/788119 **e-mail** – del.lanciano@figc.it

### STAFF DELLA DELEGAZIONE

| | |
|---|---|
| **delegato** | Fabio Lombardi |
| **collaboratori** | Mattia Di Battista, Luciano Rosa |

## A.I.A. COMITATO REGIONALE ABRUZZO

**sede:** via Savini, 25 – 67100 L'AQUILA
**tel.** 0862/200647 o 204996 o 410459 o 406027 – **fax** 0862/64373 **e-mail** – abruzzo@aia-figc.it

### CONSIGLIO DIRETTIVO

| | |
|---|---|
| **presidente** | Giuseppe De Santis (Avezzano) |
| **vice presidente** | Gianluca Bianco (Pescara) |
| **componenti** | Christian Bagnoli (Teramo), Domenico Capuzzi (Vasto), Manuela Di Fabbi (Sulmona), Emanuele Giustino Di Federico (Chieti), Alfredo Leonetti (Avezzano), Giuseppe Paione (Lanciano) |

### REFERENTI REGIONALI

| | |
|---|---|
| **referente preparazione atletica** | Antonella La Torre (Chieti) |
| **referente per l'informatica** | Arturo D'Orsogna (Teramo) |
| **fiduciario sanitario** | Evanio Marchesani (Pescara) |
| **referente rivista "L'Arbitro"** | Matteo Siracusano (Sulmona) |

### COMMISSIONE DISCIPLINARE REGIONALE

| | |
|---|---|
| **presidente** | Filippo Paolini (Avezzano) |
| **componenti** | Alfredo Chiantini (Avezzano), Alberto Covelli (Teramo), Giovanni Migliaccio (Pescara), Luigi Antonio Stampone (Vasto) |

### ALTRI INCARICHI

| | |
|---|---|
| **rappresentante AIA organi di disciplina FIGC** | Antonio Colella (L'Aquila) |
| **collaboratori** | Alberto D'Alberto (Teramo), Luca Moscona (L'Aquila) |

## A.I.A. SEZIONE AVEZZANO

**sede:** via Genserico Fontana, 2 – 67051 AVEZZANO
**tel.** 0863/25608 – **fax** 0863/25608 **e-mail** – avezzano@aia-figc.it

### CONSIGLIO DIRETTIVO

| | |
|---|---|
| **presidente** | Chiara Amicucci |
| **vice presidente** | Valerio Maiolini |
| **segretario** | Simone Massariello |

**associati** Mohamed Ait El Bachir (OTS), Guido Alonzi (OTR), Chiara Amicucci (CAN/5), Matteo Angelozzi (OTR), Andrea Basile (OTS), Edmondo Basili (OTS), Nicola Berardis (OTS), Antonio Biancone (OTS), Alessandro Bracone (OTS), Lorenzo Bruni (OTS), Mattia Buzzelli (OTR), Stefano Calabrese (CON/DIL), Alessio Capobianco (OTS), Claudio Capretti (OTS), Diego Carnevale (OTR), Rodolfo Castelli (OTS), Cristian Cerasani (OTR), Alfredo Chiantini (OTS), Fulvio Chiantini (OTS), Mario Cipriani (OTR), Andrea Conte (OTS), Mattia Corradi (OTR), Laura De Amicis (OTS), Francesco De Santis (CAN/D), Gerardo De Santis (OTS), Giuseppe De Santis (OTR), Vincenzo De Santis (OTR), Luca Di Battista (CAN/5), Lorenzo Di Censi (OTS), Bruno Di Cola (OTS), Aleandro Di Paolo (CAN), Cristian Di Renzo (OTR), Saverio Di Vito (OTR), Luigi D'Ignazio (CAN/5), Gjuliano Dodani (OTR), Zakariya Ezrouri (OTS), Gianluca Fantozzi (OTR), Camillo Fasoli (OTS), Alessio Fatato (OTS), Andrea Fiasca (OTR), Paolo Frittella (OTS), Fabrizio Lanciani (CON/DIL), Matteo Lanconelli (OTR), Mario Leone (CAN/D), Alfredo Leonetti (OTR), Pierluigi Lustri (OTS), Sante Lustri (OTS), Valerio Maiolini (OTS), Fabio Maria Malandra (CAN/5 Elite), Fabrizio Malandra (OTS), Mirko Mancini (OTR), Massimo Mannella (OTS), Simone Manni (OTS), Giovanni Mariani (OTS), Giuseppe Francesco Maritato (OTS), Giordano Marzolini (OTS), Simone Massariello (OTS), Giovanni Morgante (OTS), Samuele Nazzicone (OTR), Luca Nucilli (OTS), Giorgio Orlandi (OTS), Lorenzo Palleschi (OTS), Gabriele Palombi (OTS), Massimiliano Palombi (OTR), Filippo Paolini (OTS), Edmondo Parisse (OTS), Franco Perruzza (OTR), Riccardo Pietroiusti (OTS), Vincenzo Piscopo (OTS), Luigi Ponziani (OTR), Federica Raglione (OTS), Mario Ruggeri (OTS), Jacopo Salera (OTS), Youssaf Samij (OTS), Nicclò Sansone (OTS), Luca Santucci (OTS), Gabriele Scatena (CAN/C), Antonio Scognamiglio (OTR), Armando Scognamiglio (OTS), Domenico Scognamiglio (OTS), Maurizio Secondino (CON/DIL), Mauro Senna (OTS), Vulnet Sherifi (OTS), Davide Stringini (CAN/C), Rosino Tatti (OTR), Raffaele

Tiburzi Cagnotti (OTS), Emanuele Torrelli (OTR), Marco Troiani (OTS), Walter Tullio (OTS), Michele Verna (OTS), Valerio Visione (OTS), Sandro Vitale (OTS)

## A.I.A. SEZIONE CHIETI

**sede:** via Benedetto Croce, 147 – 66100 CHIETI
**tel.** 0871/330410 – **fax** 0871/330410 **e-mail** – chieti@aia-figc.it

### CONSIGLIO DIRETTIVO

**presidente** Gianluca Rutolo
**vice presidenti** Giulio Basile, Francesca Di Monte
**associati** Guglielmo Angelozzi (OTS), Fabrizio Aspite (OTR), Alessandro Barbetta (OTS), Jacopo Barile (OTS), Francesco Giovanni Bartolacci (OTS), Aurora Maria Bascelli (OTS), Giulio Basile (CAN/C), Vincenzo Basile (OTS), Pietro Maria Bellei (OTS), Matteo Biasone (OTS), Matteo Borghi (OTR), Raffaele Botta (OTS), Renato Buda (OTS), Luigi Buracchio (OTS), Francesco Caruso (OTS), Francesco Caruso (OTS), Lorenzo Catenaro (OTS), Marta Cermignani (OTS), Oliviero Chiacchiaretta (OTS), Lorenzo Cicchitti (OTS), Stefano Cicchitti (OTR), Valerio Ciccone (OTS), Pierluigi Ciofani (OTS), Niccolò Ciommo (OTS), Chiara Clivio (OTS), Francesco Colangelo (OTS), Gianmarco Conte (OTS), Micaela Cozza (OTS), Luigi Crusafio (OTS), Gustavo Cuomo (OTS), Fabrizio D'Agostino (OTS), Francesco D'Aloisio (OTR), Quirino D'Angelo (OTS), Marco De Angelis (OTS), Alessio De Cillis (OTS), Stefano De Luca (OTS), Silvia De Paulis (OTS), Lorenzo De Sanctis (OTS), Argante Del Coco (OTS), Daniel Del Colle (OTS), Federico Di Caro (OTR), Riccardo Di Caro (OTS), Luciano Di Cimbrini (OTS), Silvia Di Clerico (OTS), Fabrizio Di Febo (OTS), Emanuele Giustino Di Federico (OTR), Francesca Di Federico (OTS), Giovanni Di Fusco (OTS), Luca Di Giovanni (OTS), Lorenzo Di Luzio (OTS), Leo Di Matteo (OTS), Francesca Di Monte (CAN), Lorenzo Di Muzio (OTS), Alessandro Di Renzo (OTS), Eugenio Di Santo (OTS), Luciano Di Sipio (OTS), Danilo Di Tomasso (OTS), Pierpaolo Di Vietri (OTS), Cristian Di

Virgilio (OTR), Jacopo Di Virgilio (OTS), Osvaldo Donatucci (OTS), Ivan Faraone (OTS), Beatrice Fasciani (OTS), Giancarlo Febbo (OTS), Claudio Fedele (OTS), Michele Ferrante (OTS), Elena Flocco (OTS), Natalia Giovanna Florio (OTS), Stefano Freno (OTS), Alessandro Fusella (OTR), Francesco Garramone (OTS), Alessandro Germano (OTS), Chiara Giudice (OTS), Roberto Grittano (OTR), Federico Iezzi (OTS), Antonella La Torre (OTR), Sephora Labanca (OTS), Luca Laudadio (OTS), Saverio Lollo (OTS), Domenico Lombardi (CAN/D), Michelangelo Longo (OTR), Alessandro Mancini (OTS), Daniel Mancini (OTS), Matteo Marcucci (OTS), Gianluca Marinelli (OTS), Riccardo Marinelli (OTR), Anastasia Martelli (OTS), Nicole Mattone (OTS), Fabrizio Melchiorre (OTS), Giovanni Melchiorre (OTS), Andrea Micaroni (OTS), Francesco Mattia Miccoli (OTS), Annalisa Minardi (OTS), Mirco Monaco (OTR), Pierpaolo Monaco (OTS), Andrea Mongelli (OTR), Bianca Maria Motolese (OTS), Sara Nicolò (OTS), Francesco Nola (OTS), Federico Odoardi (OTR), Filippo Odoardi (OTS), Cesare Orlandi (OTS), Paolo Orsini (OTS), Kevin Palumbo (OTS), Alessio Paolini (OTS), Stefano Papa (OTS), Eric Papili(OTS), Andrea Pascucci (OTS), Stefano Passarelli (OTR), Terench Pellegrini (OTS), Ludovico Petrosino (OTS), Oliviero Pinerolo De Septis (OTS), Matteo Pinti (OTS), Cesare Pioli (OTS), Rebecca Piparo (OTS), Alessandro Piscopiello (OTR), Marco Pitucci (OTR), Cristiano Pizzica (OTR), Andrea Polidoro (OTS), Martina Presutti (OTS), Cristiano Radocchia (OTS), Marco Ragozzino (OTR), Antonio Ramacciato (OTR), Andrea Ranallo (OTS), Matteo Retico (OTS), Giuseppe Ricci (CON/DIL), Niko Ricci (OTR), Sara Ricci (OTS), Francesco Pio Ricucci (OTR), Antonio Rizzo (OTS), Alessandra Ronca (OTS), Arnaldo Rondinini (OTS), Anna Maria Russo (OTS), Gianluca Rutolo (CAN/5), Mario Santarelli (OTS), Marco Santone (OTS), Luigi Serano (OTS), Pietro Sivilli (OTR), Simone Spadaccini (OTR), Angelo Spagnuolo (OTS), Davida Sticca (OTS), Emanuele Tacconelli (OTS), Nicolas Tacconelli (OTS), Mariangela Vaccaro (OTS), Mauro Valentini (OTS), Emanuele Varanese

(OTS), Lorenzo Varanese (OTS), Sebastiano Volpe (OTS), Massimiliano Zappacosta (OTR), Salvatore Zitelli (OTS), Mattia Zuccarini (OTS)

## A.I.A. SEZIONE LANCIANO

**sede:** via Brescia, 2 – 66034 LANCIANO
**tel.** 0872/712210 – **fax** 0872/702465 **e-mail** – lanciano@aia-figc.it

### CONSIGLIO DIRETTIVO

| | |
|---|---|
| **presidente** | Igor Yury Paolucci |
| **vice presidenti** | Bruno Bellisario, Mirko Bisbano |
| **segretario** | Stefania Menicucci |
| **associati** | Ciro Aldi (CAN/D), Alessandro Altobelli (OTS), Simone Angileri (OTS), Antonio Bada (OTS), Francesco Battistini (OTR), Bruno Bellisario (OTS), Samuele Bellisario (OTS), Marco Bellomo (OTS), Matteo Berghella (OTR), Reuland Bilbili (OTS), Mirko Bisbano (OTS), Giovanni Bognani (OTR), Elena Bomba (OTR), Fabio Bomba (OTR), Giuseppe Bosco (CAN/D), Antonio Bruno (OTR), Piero Campitelli (OTS), Angelo Nico Capuzzi (OTS), Stefano Carchesio (CAN/D), Loris Carlini (OTR), Nicolangelo Carosella (OTS), Mirco Carullo (OTS), Marcello Caruso (OTS), Alessio Casciato (OTR), Matteo Cavacini (OTR), Domenico Ciarelli (OTR), Giorgia Ciarelli (OTS), Nicola Ciccocioppo (OTS), Francesco Cicolini (OTS), Rossella Ciuffreda (OTR), Federico Cocco (OTR), Francesco Colanzi (OTR), Ottavio Colanzi (OTR), Andrea Consalvo (OTS), Alberto Cornacchia (OTS), Lorenzo Cotellessa (OTR), Monia Cotellessa (OTR), Costantina Crognale (OTS), Ivo D'Alessandro (OTS), Luca D'Alessandro (OTS), Bonaventura D'Alonzo (OTS), Danilo Alberico D'Attanasio (OTS), Daniele De Francesco (OTS), Nicola De Iuliis (OTR), Riccardo De Laurentiis (OTS), Francesco De Leo (OTS), Simona Del Negro(OTS), Alice Della Barba (OTS), Fabio D'Ettorre (CAN/D), Michele Di Bucchianico (OTS), Gianpaolo Di Ciano (OTS), Giuseppe Di Ciano (OTS), Giorgio Di Cicco (CAN/C), Giovanni Di Cino (OTS), Pietro Di Cino (OTS), Sebastiano Di Florio (OTR), Giuseppe Di Giorgio (OTS), Marco Di Giovanni |

(OTR), Florindo Di Giulio (OTS), Valter Argeo Di Gregorio (OTS), Simone Di Matteo (OTS), Ernesto Di Menno Di Bucchianico (OTS), Andrea Di Muzio (OTR), Antonio Di Pardo (OTS), Matteo Di Rado (OTS), Roberto Di Risio (OTR), Carmine Di Santo (CON/DIL), Cristian Di Tondo (OTR), Antonio Di Toro (OTS), Nico Di Toro (OTS), Francesco Di Tullio (OTS), Mattia D'Ottavio (OTS), Francesco D'Ovidio (OTR), Francesco Falcone (OTS), Nicola Ferrante (OTR), Davide Ferrara (OTS), Gianluca Friotto (OTS), Luigi Garzarella (OTS), Giuseppe Giammarino (OTS), Nicola Giancristofaro (OTR), Tea Hanxhari (OTR)m Davide Innaurato (CAB/BS), Mattia Laudadio (OTS), Giuseppe Liberatoscioli (OTS), Mara Mainella (CAN/D), Domenico Donato Marchetti (CAN/5), Attilio Marrone (OTR), Leonardo Martelli (OTS), Serena Martelli (OTR), Anastasia Masciantonio (OTS), Francesco Mascitelli (OTR), Davide Mastronardi (OTS), Pasqualino Mastronardi (OTS), Camilla Mazzoni (OTS), Stefania Menicucci (CAN/D), Luca Menna (OTS), Alessio Miccoli (CAN/C), Massimo Miccoli (OTS), Eugenio Nepa (OTS), Gianluca Nicolucci (OTS), Daniele Nocella (OTS), Giorgia Orecchioni (OTR), Giuseppe Paione (OTR), Errico Paniccia (OTS), Mario Paolino (OTS), Igor Yuri Paolucci (OTS), Francesco Pellicciotta (OTS), Marco Nicola Perseo (OTS), Nicola Giovanni Petrosemolo (OTR), Oscar Pinto (OTS), Maria Regina Roccalba (OTR), Domenico Gabriele Rosato (OTS), Antonio Salino (OTS), Angelo Domenico Salomone (OTS), Giulio Salomone (OTS), Francesco Giuseppe Saltarella (OTS), Davide Santoleri (OTS), Pietro Nicola Saraceni (OTS), Raffaele Sardellone (OTS), Gioele Scutti (OTR), Giorgio Settimi (OTR), Antonio Sisti (OTS), Valentino Stampone (OTS), Miroslaw Skylarczyk (OTS), Alessandro Taraborrelli (OTS), Andrea Tavani(OTS), Andrea Paolo Tenaglia (OTS), Andrea Torriero Pompa (OTR), Giovanni Torriero Pompa (OTS), Simone Trombetta (OTR), Antonino Tupone (OTR), Massimiliano Ucci (OTS), Stanislav Ungureanu (OTR), Massimiliano Urbano (CON/DIL), Vincenzo Ursini (OTS), Francesco Verì (OTS), Nicola Verì (OTR), Francesco

Maria Vinciguerra (OTS), Francesco Volpin (OTS), Jacopo Caled Yaish (OTR)

## A.I.A. SEZIONE L'AQUILA

**sede:** via XX Settembre, 1214 – 67100 L'AQUILA
**tel.** 0862/22090 – **fax** 0862/22090 **e-mail** – laquila@aia-figc.it

### CONSIGLIO DIRETTIVO

**presidente** Marco Ferrone
**vice presidente** Fabio Cardarelli
**segretario** Pierpaolo Carella
**associati** Sergio Abbandonato (OTS), Mohamed Rasoul Abdulzahra (OTR), Guido Alfonsi (CON/5), Alessio Aloisi (OTR), Costantino Amicozzi (OTS), Mario Antonini (OTS), Pavel Babicenco (OTR), Dario Baldi (OTS), Salvatore Battiato (OTS), Diego Bove (OTS), Francesco Carbone (OTS), Fabio Cardarelli (OTS), Pierpaolo Carella (CAN/D), Ferdinando Carluccio (OTR), Fabio Cassisa (OTS), Pierluigi Cecala (OTS), Valeria Chiappini (OTS), Gianmarco Cianca (OTR), Angelo Ciocca (OTR), Francesco Coccia Colaiuda (OTR), Gianmarco Cocciolone (OTR), Antonio Colella (OTS), Enrico Cortesi (CON/DIL), Sara Luce Cruciani (OTS), Renzo Cusella (OTS), Luca Antonio D'Angeli (OTS), Davide De Matteis (OTS), Silvia De Paulis (OTS), Pier Luigi De Rubeis (OTS), Cesare De Sanctis (OTS), Davide Del Grosso (OTS), Giovanni Di Cristofano (OTS), Ennio Di Girolamo (OTS), Davide Di Marco (OTS), Giovanni Di Nicola (OTR), Angelo Di Sarno (OTR), Alessandro Di Virgilio (OTR), Andrea Di Vito (OTS), Federico Dionisi (CAN), Andrea Donatelli (OTS), Roberto Fallocco (OTS), Marco Fapore (CON/5), Simone Fasciani (OTS), Marco Ferrone (OTS), Mirco Fonzi (OTS), Stefano Frapiccini (OTS), Luigi Giacomantonio (OTR), Angelo Gianfrancesco (OTS), Federico Giuliani (OTS), Emanuele Guardiani (OTS), Alessandro Guerriero (OTS), Claudio Habazaj (OTR), Danilo Iannarelli (OTS), Pierluigi Iannarelli (OTS), Paul Aka Iheukwumere (OTR), Berardino Lattanzi (OTS), Enrico Lattanzi (OTS), Matteo Leli (OTR), Giovanni Lepidi

(OTS), Daniele Liberati (OTS), Lorenzo Liberati (OTS), Gianluca Lofrumento (OTS), Mario Mancini (OTS), Manuel Marchetti (OTR), Riccardo Marino (OTS), Ruggero Marino (OTS), Eleonora Massaro (OTS), Salvatore Mauceri (OTS), Giovanni Mazzette (OTS), Francesco Minutella (OTR), Luca Moscone (OTR), Federico Motta (OTS), Angelo Domenico Nardecchia (OTS), Mohamed Oraby (OTS), Domenico Pace (OTR), Mario Pace (OTS), Simone Pampirio (OTS), Antonio Papponetti (OTS), Edoardo Papponetti (OTS), Luigi Pelliccione (OTS), Franco Pettinari (OTS), Valerio Pezzopane (CAN/C), Damiano Proia (OTS), Roberto Rampini (OTS), Davide Renzetti (OTS), Giovanni Rogato (OTS), Alessandro Rosa (OTS), Paolo Saffioti (OTR), Giorgio Sangregorio (OTS), Nicola Santobuono (OTS), Mattia Santucci (OTS), Alessio Savi (OTR), Franco Sbroglia (OTS), Lorenzo Sebastiani (OTS), Simone Serani (CAN/D), Stefano Sfarra (CON/DIL), Luigi Sica (OTS), Tobia Taddei (OTS), Marino Tiboni (OTS), Mario Verini (OTS), Alessandro Visconti (OTS), Riccardo Vivarelli (OTS), Federico Zugaro (OTR)

## A.I.A. SEZIONE PESCARA

**sede:** via Chiarini, 49 – 65129 PESCARA
**tel.** 085/450001 – **fax** 085/61061 **e-mail** – pescara@aia-figc.it

### CONSIGLIO DIRETTIVO

| | |
|---|---|
| **presidente** | Francesco Di Censo |
| **vice presidente** | Tarcisio Chiavaroli |
| **segretario** | Francesco Sferrella |
| **associati** | Emanuele Agnelli (OTS), Umberto Albi (OTS), Antonio Altobelli (OTS),, Camilla Ammazalorso (OTS), Giulia Antoniani (OTR), Elisabetta Antonucci (OTS), Lorenzo Anzellotti (OTS), Pietro Aquilano (OTS), Annarita Araneo (OTS), Simone Arcidiacono (OTS), Matteo Ariasi (OTS), Domenico Battaglia (OTS), Davide Bellucci (OTS), Sabrina Chiara Bellucci (OTS), Dario Bernoni (OTR), Gianluca Bianco (OTR), Paolo Biancucci (OTR), Mohamed Malik Bouatia (OTS), Stefano Bruni (OTS), Giuseppe Bruno (OTS), Vincenzo Luca Bruno (OTR), Samuele Buccella (OTS), Andrea |

Bufarale (OTS), Yuri Buonpensa (OTR), Davide Camplone (OTS), Giacomo Camplone (CAN), Matteo Canale (OTS), Leonardo Candeloro (OTR), Francesco Cantore (OTS), Francesco Cantoro (OTS), Lorenza Caporali (OTS), Fabio Carnevale (OTS), Fabrizio Giuseppe Carretta (OTS), Cristian Casalanguida (OTR), Mauro Casimiri (OTS), Claudio Castellini (OTS), Renato Cellini (OTS), Andrea Chiapparini (OTS), Alessio Chiavaroli (OTS), Luca Chiavaroli (CAN/D), Marco Chiavaroli (OTR), Matteo Chiavaroli (OTS), Tarcisio Chiavaroli (OTS), Michele Ciannarella (OTR), Federico Cini (OTR), Claide Cipriani (OTS), Andrea Colangelo (OTR), Luca Colatriano (OTR), Marcello Coletta (OTS), Fabio Conte (CON/PROF), Roberto Coppola (OTS), Pierpaolo Costantini (OTR), Luca Cottino (OTS), Matteo D'Aloisio (OTS), Andrea D'Amario (OTR), Luca D'Ambrosio (OTR), Pierpaolo D'Ambrosio (OTS), Luca D'Antuono (OTS), Antonio D'Arcangelo (OTS), Ernesto De Camillis (OTS), Christian De Finis (OTS), Gianluca Antonio De Luca (OTS), Pierluigi De Luca (OTR), Nicola De Ortentiis (OTR), Francesca Del Biondo (OTR), Francesco Del Casale (OTS), Laisa Del Ciotto (OTS), Paride Delle Monache (OTS), Mattia Dell'Orso (OTS), Jetmir Dervishi (OTS), Enzo Di Bitonto (OTS), Antonello Di Carlo (OTS), Emanuela Di Carlo (OTS), Paolo Di Carlo (CAN/D), Pietro Di Carlo (OTS), Francesco Di Censo (OTS), Mattia Di Cintio (OTS), Silvestro Di Federico (OTS), Mario Di Filippo (OTS), Erminio Di Francesco (OTS), Sara Di Giannantonio (OTS), Antonello Di Giovanni (OTS), Lorenzo Di Giovanni (OTS), Lorenzo Di Girolamo (OTS), Marco Di Girolamo (OTS), Dovydas Di Giustino (OTS), Francesco Di Matteo (OTS), Alessandro Di Meco (OTS), Diana Di Meo (OTR), Amedeo Di Nardo Di Maio (OTR), Francesco Di Nardo Di Maio (OTR), Dario Di Nicola (CAN/5 Elite), Mirko Di Pietro (OTS), Michele Di Prato (OTS), Matteo Di Remigio (OTS), Andrea Di Rocco (OTR), Francesco Di Rocco (OTR), Giulia Di Rocco (OTR), Tatiana Francesca Di Tomo (OTS), Franco Di Tullio (OTS), Nikolay D'Incecco (OTS), Simone D'Incecco (OTS), Mauro Dioletta (OTS), Matar Diop (OTS),

Kevin De Santis (OTS), Antonio D'Isidoro (OTS), Davide Donatelli (OTR), Riccardo Donzelli (OTS), Lorenzo Celestino Durante (OTS), Simone Adriano Durante (OTS), Tebibu Solomon Eshetu (OTS), Ludovico Esposito (OTR), Pierfabio Falasca (OTS), Camillo Fasoli (OTS), Daria Fedele (OTS), Lorenzo Fedele (OTS), Matteo Pio Ferrante (OTR), Mauro Ferrone (OTR), Shirly Yulieth Forcillo (OTS), Josè Alexander Forcillo Mendoza Cruz (OTS), Lorenzo Franchini (OTS), Vincenzo Fraticelli (OTS), Riccardo Frisenna (OTR), Enzo Fuschi (OTS), Davide Fusco(OTS), Giovanni Antonio Gabriele (OTS), Paolo Lorenzo Galanti (CAN/5), Matteo Gasbarri (OTS), Benedetto Gasbarro (OTS), Francesco Gennari (OTS), Gabriele Gerardi (CAN/5), Edoardo Giammarino (OTR), Annalisa Giampietro (OTR), Stefano Giampietro (CAN/D), Filippo Giancaterino (OTR), Erika Giannandrea (OTS), Antonio Gigante (OTS), Lorenzo Giuliani (OTR), Alessandro Glieca (OTS), Patrizio Gobeo (CON/DIL), Antonio Granieri (OTS), Marco Gravina (OTS), Felice Gregori (OTS), Gilberto Gregoris (OTS), Ciro Grillo (OTR), Antonino Grossi (OTS), Silvia Impagnatiello (OTS), Carlo Intini (OTS), Erica Ionata (OTS), Lorenzo La Porta (OTS), Andrea La Cioppa (OTS), Antonio Domenico La Sala (OTR), Dario Italo Lana (OTS), Rea Lika (OTS), Eugenio Maceroni (OTS), Silvio Maggiore (OTS), Marco Maione (OTS), Francesco Marcello (OTS), Evanio Marchesani (OTR), Luciano Marchesani (OTS), Stefano Margarito (OTR), Nicola Mariani (OTS), Carlotta Marini (OTS), Alessio Martucci (OTS), Matthias Masciambruni (OTS), Stefano Massei (OTR), Pietro Mennilli (OTS), Lorenzo Metrangolo (CAN/5), Giovanni Migliaccio (OTS), Paolo Milardi (CAN/5), Matteo Mirarco (OTS), Emanuele Miseri (OTS), Michela Miseri (OTS), Orlando Montebello (OTS), Giorgia Monti (OTS), Alessandro Morelli (OTR), Benedetta Morico (OTS), Riccardo Moschetta (OTS), Antonio Napoletano (OTS), Umberto Nappi (OTS), Simone Narducci (OTS), Edoardo Gualtiero Nepi (OTS), Mariasole Nepi (OTS), Lorenzo Norscia (OTS), Alberto Onesti (CAN/5), Giulia Pagnini (OTS), Davide Palumbo

(OTS), Gabriele Pantaloni (OTS), Federica Paolini (OTS), Lorenzo Papa (OTS), Tommaso Pardi (OTS), Fabio Passeri (OTS), Zsolt Francesco Patricelli (OTS), Andrea Pavesi (OTS), Mario Pavoncelli (OTS), Mattia Pavone (OTS), Piergiorgio Pavone (OTS), Alessandro Pennese (OTS), Alessandro Perfetti (OTS), Andrea Perfetti (OTS), Bryan Perfetto (OTR), Antonio Petronella (OTS), Vincenzo Petrucci (CON/DIL), Clelia Pica (OTS), Francesco Tommaso Pietrangelo (OTS), Alessia Piscione (OTS), Sergio Polce (OTS), Antonio Pollex (OTS), Mauro Pomante (OTR), Franco Porrello (OTS), Ylenia Pretara (OTS), Luciano Rajola (OTS), Luis Eduardo Ranieri (OTS), Lorenzo Renzetti (OTS), Giancarlo Ricci (OTR), Nicola Romaniello (OTS), Francesco Ronca (OTS), Gianluigi Rossetti (OTS), Giuliano Rossi (OTS), Federica Ruggieri (OTR), Thomas Ruggieri (OTS), Alessandro Russo (OTS), Rocco Russo (OTS), Samuele Sablone (OTS), Francesco Salce (OTS), Alessandro Saputelli (OTS), Cesare Sarchiapone (OTS), Fabio Mattia Saturni (OTS), Stella Saturni (OTS), Fabio Scardetta (OTS), Davide Alessandro Sciarrotta (OTS), Ludovica Sciarrotta (OTS), Davide Sciubba (OTR), Marco Scurti (OTS), Valerio Michele Scurti (OTS), Pierfederico Seccia (OTS), Walter Seccia (OTS), Luigi Selvaggio (OTS), Francesco Sferrella (CAN/5), Gianfranco Sferrella (OTS), Giusta Sordini (OTS), Simone Spagnuolo (OTS), Luca Speranza (OTR), Giorgio Stanchev (OTS), Marco Stefanelli (OTS), Daniele Subashi Pacelli (OTS), Nahom Tafere (OTS), Marco Tatasciore (OTS), Mattia Tenaglia (OTS), Steven Terrenzi (OTR), Marco Terzini (CAN/5), David Testi (OTS), Andrea Tieri (OTR), Beniamino Torlontano (OTS), Simone Torosantucci (OTS), Priscilla Trecca (OTS), Davide Troiani (OTS), Giuseppe Tuttolani (OTS), Luciano Lorenzo Urbano (OTS), Cristiano Ursini (CAN/D), Nicola Venosa (OTS), Alessio Verzella (OTS), Matteo Viola (OTS), Michele Zamparelli (OTS)

## A.I.A. SEZIONE SULMONA

**sede:** via Carrese, 13 – 67038 SULMONA
**tel.** 0864/34720 – **fax** 0864/34720 **e-mail** – sulmona@aia-figc.it

### CONSIGLIO DIRETTIVO

| | |
|---|---|
| **presidente** | Giulio Di Bartolomeo |
| **vice presidente** | Concezio Contucci |
| **segretario** | Daniele Anzuinelli |
| **associati** | Marco Amatengelo (OTR), Daniele Anzuinelli (OTS), Nino Buono (OTS), Fernando Caparso (OTS), Antonio Carnevale (OTS), Marco Carugno (OTS), Antonio Cinque (CON/PROF), Guido Colaiacovo (OTS), Concezio Contucci (OTS), Valerio Corsetti (OTR), Eusebio De Chellis (OTS), Alessandro De Gennaro (OTS), Giulio Di Bartolomeo (OTS), Luigi Di Fabbi (OTS), Manuela Di Fabbi (OTR), Pierfrancesco Di Giannantonio (OTR), Flaminia Di Gregorio (OTR), Domenico Di Pietro (OTS), Alessio Di Santo (OTR), Cosmin Filippo Dumea (OTR), Nino Falcone (OTS), Matteo Maria Giallorenzo (OTR), Luigi Giampaolo (OTS), Federico Giampietro (OTR), Giovanni Giordano (OTS), Roberto Goti (OTR), Nicolas Pietro Leombruni (OTR), Angelo Leone (OTR), Bruno Rosario Maraschio (OTS), Roberto Marchesani (OTS), Michael Marulli (OTS), Antonio Menchinelli (OTS), Matteo Nunziata (OTR), Diego Nunzio Orsini (OTS), Antonello Pietrangeli (OTR), Federica Presutti (OTR), Martina Presutti (OTS), Danilo Radogna (OTR), Gabriele Ramunno (OTS), Vittorio Ranallo (OTS), Pierpaolo Salvati (OTR), Matteo Siracusano (CAN/D), Daniel Trinetti (OTS), Diego Verrocchi (OTD), Guido Verrocchi (CAN/D), Valerio Vitucci (CAN/BS), Giuseppe Zuffada (OTR) |

## A.I.A. SEZIONE TERAMO

**sede:** contrada Casalena (ex ospedale psichiatrico) – 64100 TERAMO
**tel.** 0861/211169 – **fax** 0861/414464 **e-mail** – teramo@aia-figc.it

### CONSIGLIO DIRETTIVO

**presidente** Vincenzo Recchiuti
**segretario** Mattia Milotti
**associati** Antonino Albanese (OTS), Marco Ambrosini (CAN/5), Federico Amelii (OTR), Asia Armaroli (OTR), Lucio Armaroli (OTS), Pierludovico Arnese (OTR), Simone Assogna (OTS), Christian Bagnoli (OTR), Manuel Bagnoli (OTS), Gabriele Barlafante (OTS), Arnaldo Bartolomei (OTR), Lorenzo Boncristiano (OTS), Andrei Claudiu Bradu (OTS), Stefano Brandimarte (OTR), Fabrizio Bruni (OTS), Pierluigi Bruni (OTS), Wladimiro Bruni (OTS), Thomas Michele Caldone (OTS), Aurora Califano (OTS), Stefania Candria (CAN/5), Amedeo Caporale (OTS), Walter Capponi (OTS), Matteo Cardelli (OTS), Davide Catalini (OTR), Filippo Cerasi (OTR), Lorenzo Chiappini (OTS), Simona Chiarini (OTS), Valentino Cialini (OTR), Davide Cicconi (OTS), Fabio Cicconi (OTR), Francesco Cicconi (OTS), Elia Cichetti (OTS), Giorgia Ciprietti (OTS), Igor Ciprietti (OTR), Nicolò Citerei (OTS), Rocco Citerei (OTS), Stefano Coccagna (OTR), Alessandro Cordone (OTS), Vito Cori (OTS), Alberto Covelli (OTS), Riccardo Crescenzo (OTS), Fabio D'Agostino (CON/DIL), Alberto D'Alberto (OTR), Giuseppe D'Alessio (OTS), Martina D'Ambrosio (OTS), Vincenzo Damiani (OTS), Daniele D'Angelantonio (OTS), Mauro D'Antonio (OTS), Riccardo D'Antonio (OTS), Matteo De Maggi (OTS), Daniele De Remigis (OTS), Emanuele De Vincentiis (OTS), Nicola Delle Grazie (OTS), Andrea Maria Dezzi (OTS), Stefano Di Alessandro (OTS), Matteo Di Berardino (OTR), Vincenzo Di Bonaventura (OTS), Giovanni Di Carlo (OTS), Alessandro Di Domenico (OTS), Claudio Di Domenico (OTR), Giuseppe Di Domenico (OTS), Lorenzo Di Domenico (OTS), Martina Di Domenico (OTS), Francesca Di Egidio

(OTS), Leonardo Di Egidio (OTR), Alessandro Di Fabio (OTS), Antonio Di Fabio (OTR), Chiara Di Fabio (OTS), Diletta Barbara Di Fabio (OTS), Aurora Di Felice (OTS), Gianmarco Di Filippo (OTR), Leonardo Di Filippo (OTS), Marco Di Filippo (CAN/5), Guido Federico Di Francesco (OTS), Pietro Di Francesco (OTS), Simone Di Francesco (OTS), Giada Di Furia (OTS), Donato Di Gabriele (OTR), Alessandro Di Gennaro (OTS), Giuseppe Di Giacinto (CAN), Augusto Di Girolamo (OTR), Francesco Di Giustino (OTS), Elenito Giovanni Di Liberatore (CAN), Martino Di Luigi (OTS), Carlo Di Marco (OTS), Francesco Di Marte (OTR), Antonio Di Martino (CAN), Daniele Di Matteo (OTS), Matteo Di Nicola (OTS), Christian Di Nisio (OTS), Domenico Di Paolo (OTR), Roberto Di Pietrantonio (OTR), Demetrio Di Pietro (OTS), Bruno Di Salvatore (OTS), Bruno Di Salvatore (OTS), Fabio Di Silvestre (OTS), Alessandro Di Stefano (OTR), Matteo D'Orazio (OTR), Arturo D'Orsogna (OTS), Filippo Paolo Durante (OTS), Aurora Faraone (OTS), Alessandro Fazzini (OTR), Ermanno Feliciani (CAN/C), Pietro Feliciani (CAN/C), Andrea Ferraioli (OTS), Alessandro Ferri (OTS), Simone Ferri (OTS), Micaela Figliola (OTS), Manuel Franchi (OTR), Alessandro Gatto (OTS), Fabio Gentile (CAN/D), Guglielmo Gimminiani (OTS), Matteo Giugno (OTS), Marina Simonetta Groth (OTR), Stefania Mafalda Iacone (OTS), Jasar Jasar (OTS), Matteo Labrecciosa (OTS), Alessandro Lazzarini (OTS), Davide Lazzarini (OTS), Lorenzo Lelli (OTS), Osvaldo Lolli (OTS), Davide Londrillo (OTR), Mirco Luzi (OTR), Umberto Macrini (OTS), Mattia Magnarelli (OTS), Massimo Magno (OTS), Antonio Manari (OTS), Silvio Maravalle (OTS), Lorenzo Marcone (OTS), Luca Marini (OTS), Annunzio Marrone (OTS), Andrea Marziani (OTR), Giovanni Mastromatteo (OTS), Mattia Mattucci (OTR), Felice Mazzocchetti (OTR), Mattia Milotti (OTS), Mario Mirandi (OTS), Angelo Monticelli (OTR), Giovanni Morbiducci (OTS), Andrea Negrogna (OTS), Oana Roxana Nitura (OTS), Bruno Notarangelo (OTS), Davide Ottavi (OTS), Ennio Ottavi (OTS), Pasquale Palumbi (OTS), Walter Pannella (OTS), Sante

Paolini (OTS), Roberto Passacqua (OTS), Daniele Paterna (CAN), Gianmarco Paterna (OTS), Patrizio Paterna (OTS), Roberto Paterna (OTS), Andrei Cristi Paval (OTS), Niko Pellegrino (OTR), Costantino Pelusi (OTS), Christian Perna (OTS), Mirko Petrarca (OTR), Marco Piersanti (OTS), Battista Pisciaroli (OTR), Matteo Mario Pizii (OTR), Andrea Placiduccio (OTS), Arianna Antonia Pomanti (OTS), Daniel Pompei (OTS), Lorenzo Prezioso (OTS), Roberto Pucino (OTS), Michele Raiola (OTR), Andrea Recchiuti (OTS), Luca Recchiuti (OTS), Vincenzo Recchiuti (OTS), Boris Ricci (OTS), Pasquale Rodomonti (CAN/C), Kevin Rosini (OTS), Emanuele Roveda (OTS), Licio Ruggieri (OTS), Matteo Sacripante (OTR), Nicolò Sacripante (OTS), Simone Sborlini (OTS), Vincenzo Scaramella (OTR), Stefano Scarazza (OTS), Andrea Sciamanna (OTS), Gabriele Scuccimarra (CON/BS), Luigi Sgattone (OTS), Andrea Sisino (CON/DIL), Giorgia Talà (OTS), Leonardo Tallero (OTS), Stefano Tassoni (OTS), Francesco Tiberi (OTR), Massimo Tiberio (OTS), Federico Toccaceli (OTS), Gabriele Trasarti (OTS), Stefano Tribuiani (OTR), Mirko Tritella (OTS), Angelo Valenti (OTS), Alfredo Valentini (OTS), Andrea Valentini (OTS), Ettore Valle (OTS), Leonardo Varrato (OTS), Franco Vittorini (OTS)

## A.I.A. SEZIONE VASTO

**sede:** via Conti Ricci (Pala BCC) CP 268 – 66054 VASTO
**tel.** 0873/367256 – **fax** 0873/367256 **e-mail** – vasto@aia-figc.it

### CONSIGLIO DIRETTIVO

**presidente** Mario D'Adamo
**vice presidente** Davide Sallese
**segretario** Manuel Giorgetti
**associati** Alberto Antenucci (OTS), Giordano Bruno Anzellotti (OTS), Gian Maria Ausanio (OTS), Adriano Baldassarre (OTR), Giuseppe Luigi Basile (OTS), Benedetta Bologna (OTR), Mario Bucci (OTS), Lorenzo Bucciarelli (OTS), Tommaso Bucciarelli (OTR), Simone Pio Capitaneo (OTS), Domenico Capuzzi (OTR), Giovanni Castaldi (OTS), Giuseppe Castaldi (OTS), Paolo Cavuoti (OTS), Sandra Anna Chielli (OTS), Francesco Ciancaglini (CAN/C), Giuseppe Ciancaglini (OTS), Gino Ciavatta (OTS), Alberto Colonna (OTR), Domenico Colonna (OTR), Simone Covella (OTS), Andrea D'Adamo (OTS), Davide D'Adamo (OTR), Mario D'Adamo (OTS), Riccardo D'Adamo (OTR), Giorgio D'Agnillo (CAN/D), Stefano D'Agosto (OTS), Christian D'Alessandro (OTR), Giuseppe De Filippis (OTS), Grazia Pia De Martino (OTR), Serena De Michele (OTR), Alessio Del Borrello (OTR), Massimo Del Casale (OTS), Fabio Dell'Arciprete (CAN/C), Dalila Di Canio (OTS), Niklas Di Gregorio (OTS), Lorenzo Di Guilmi (CAN/5 Elìte), Luca Di Monteodorisio (OTR), Stefano Di Ninni (OTR), Samuele Di Pietro (OTS), Antonio Diella (OTR), Antonio Fiore (OTS), Matteo Florio (OTS), Angelo Martino Giancola (OTS), Manuel Giorgetti (CAN/D), Mirel Iordache (CAN/5), Francesco Ugo Labbate (OTS), Marcello Lacanale (OTR), Lorenzo Salvatore Laganella (OTS), Luca Lammanda (OTR), Alessandro Leone (OTS), Mirco Leone (OTS), Gino Pio Luciani (OTR), Emanuele Maccarone (OTS), Michelangelo Manes (OTS), Ettore Marchetti (OTS), Vincenzo Marcianelli (OTS), Aurelio Marinelli(OTS), Thomas Marino (OTS), Andrea Marrollo (OTR), Alberto Mastromarino (OTS), Giuseppe Melfi (OTS), Marco

Messina (CON/5), Luigi Mileno (OTS), Carlo Maria Molfetta (OTS), Nicola Molino (OTS), Leandro Monaco (OTS), Federico Giuseppe Monteferrante (OTS), Jacopo Nardecchia (OTS), Patrizio Novelli (OTR), Eliano Alfonso Paganelli (OTS), Luigi Piscicelli (OTR), Francesco Pizzuto (OTS), Gabriel Ragona (OTR), Keira Salvatore (OTS), Lorenzo Nicola Saraceni (OTR), Osvaldo Sebastiani (OTS), Andrea Serafini (OTS), Lorenzo Spadaccini (OTS), Luciano Mariano Spadaccini (CON/PROF), Luigi Antonio Stampone (OTS), Giusy Surace (OTS), Luigi Talia (OTS), Federico Torricella (OTR), Luca Torricella (OTS), Nicolò Torricella (OTR), Giammarco Ubaldi (OTS), Valeria Valentini (OTS), Emanuele Verardi (OTR), Antonio Verna (OTS), Lorenzo Vitelli (OTS)

## LEGENDA

**OTS:** Organo Tecnico Sezionale
**OTR:** Organo Regionale
**CAN:** Commissione Arbitri Nazionale Serie A e B
**CAN/C:** Commissione Arbitri Nazionale Serie C
**CAN/D:** Commissione Arbitri Nazionale Serie D
**CAN 5 Elìte:** Commissione Arbitri Nazionale per il calcio a 5 Serie A
**CAN 5:** Commissione Arbitri Nazionale per il calcio a 5 Serie A2 e B
**CAN BS:** Commissione Arbitri Nazionale per il beach soccer
**CON/PROF:** Commissione Osservatori Nazionale per arbitri CAN e CAN/C
**CON/DIL:** Commissione Osservatori Nazionale per arbitri CAN/D
**CON 5:** Commissione Osservatori Nazionale per arbitri CAN 5 Elìte e CAN 5
**CON BS:** Commissione Osservatori Nazionale per arbitri CAN BS

# CAMPIONATI di CALCIO a 11
## PRIMA CATEGORIA girone A

### 1ª GIORNATA – domenica 26 settembre 2021

Cesaproba-Virtus Barisciano **3-0** (a tavolino)
Il Moro Paganica-Luco Calcio **3-2**
*L. Cocciolone (I), M. Ciuffetelli 2 (I), autorete (L), P. Marinova Lazanova (L)*
Ortigia-Sportland Celano **3-2**
*V. Mascitti 3 (O), N. Cerone (S), R. Marianetti (S)*
Popoli-Marruvium **3-1**
*L. Del Conte (P), G. Dionisi (P), V. Santoro (P), L. Iacovitti (M)*
Real Carsoli-Villa Sant'Angelo **0-0**
San Benedetto Venere-Villa San Sebastiano **0-0**
**Ha riposato:** Alanno

### 2ª giornata – domenica 3 ottobre 2021

Alanno-Il Moro Paganica **1-1**
*E. Di Giuseppe (A), L. Baracco (I)*
Luco Calcio-San Benedetto Venere **3-1**
*J. Secondo (L), A. Di Virgilio (L), N. Briciu (L), S. D'Agostino (S)*
Marruvium-Real Carsoli **2-1**
*G. Aureli 2 (M), L. Forzosi (R)*
Villa San Sebastiano-Popoli **2-1**
*O. Gargano (V), R. Mascigrande (V), M. Cissè (P)*
Villa Sant'Angelo-Cesaproba **2-3**
*D. Risi (V), N. Rotili (V), D. Cialfi 2 (C), S. Irti (C)*
Virtus Barisciano-Ortigia **1-2**
*M. Sommese (V), Michael Roselli (O), V. Mascitti (O)*
**Ha riposato:** Sportland Celano

### 3ª giornata – domenica 10 ottobre 2021

Cesaproba-Marruvium **5-0**
*M. Montorselli, D. Cialfi 2, D. Greco, C. Irti*
Il Moro Paganica-Sportland Celano **2-0**
*M. Ciuffetelli 2*
Ortigia-Villa Sant'Angelo **2-0**
*A. Di Sipio, V. Mascitti*
Real Carsoli-Popoli **2-0**
*I. Kantè 2*
San Benedetto Venere-Alanno **1-0**
*G. Zazzara*
Villa San Sebastiano-Luco Calcio **2-2**

*L. Bizzarri (V), R. Mascigrande (V), A. Di Virgilio (L), A. Ciocci (L)*
**Ha riposato:** Virtus Barisciano

### 4ª giornata – domenica 17 ottobre 2021

Alanno-Luco Calcio **2-1**
*D. Federico (A), M. Manno (A), N. Briciu (L)*
Marruvium-Ortigia **2-1**
*M. Quinzi (M), G. Di Benedetto (M), F. Tolli (O)*
Popoli-Cesaproba **6-0**
*L. Del Conte 3, V. Santoro 2, M. Cissè*
Real Carsoli-Villa San Sebastiano **0-1**
*R. Mascigrande*
Sportland Celano-San Benedetto Venere **1-2**
*autorete (SC), G. Cordischi (SB), G. Zazzara (SB)*
Virtus Barisciano-Il Moro Paganica **1-3**
*L. Zaccagnini (V), M. Ciuffetelli (I), T. Angelone (I), A. Holzknecht (I)*
**Ha riposato:** Villa Sant'Angelo

### 5ª giornata – domenica 24 ottobre 2021

Cesaproba-Real Carsoli **1-0** *(17 novembre)*
*F. Ciotti*
Il Moro Paganica-Villa Sant'Angelo **2-0**
*L. Cocciolone, S. Rosati*
Luco Calcio-Sportland Celano **5-2**
*X. Shero 2 (L), A. Di Girolamo 2 (L), V. Fusarelli (L), M. Boccacci (S), Fabrizio Baruffa (S)*
Ortigia-Popoli **1-4**
*V. Mascitti (O), E. Antonucci (P), V. Liberato (P), M. Cissè (P), G. Dionisi (P)*
San Benedetto Venere-Virtus Barisciano **1-0**
*D. Di Panfilo*
Villa San Sebastiano-Alanno **2-2**
*V. Fellini (V), R. Mascigrande (V), E. Di Giuseppe (A), M. Manno (A)*
**Ha riposato:** Marruvium

### 6ª giornata – domenica 31 ottobre 2021

Cesaproba-Villa San Sebastiano **1-1**
*I. Pietrucci (C), R. Mascigrande (V)*
Marruvium-Il Moro Paganica **0-2**
*A. Holzknecht, T. Angelone*
Real Carsoli-Ortigia **3-4**
*M. Fazzoli 3 (R), C. Zarini (O), V. Mascitti 2 (O), M. D'Aurelio (O)*
Sportland Celano-Alanno **2-2**

*Fabrizio Baruffa (S), A. Paris (S), M. Lupone (A), F. Angelucci (A)*
Villa Sant'Angelo-San Benedetto Venere **1-1**
*M. Rufini (V), G. Cordischi (S)*
Virtus Barisciano-Luco Calcio **1-3**
*A. D'Innocenzo (V), N. Briciu 2 (L), A. Di Girolamo (L)*
**Ha riposato:** Popoli

**7ª giornata – domenica 7 novembre 2021**

Alanno-Virtus Barisciano **2-0**
*L. D'Alessio, D. Pento*
Il Moro Paganica-Popoli **4-0**
*A. Holzknecht 2, M. Ciuffetelli 2*
Luco Calcio-Villa Sant'Angelo **3-1**
*A. Di Virgilio (L), A. Di Girolamo (L), V. Micocci (L), N. Rotili (V)*
Ortigia-Cesaproba **4-1**
*G. Tucceri (O), V. Mascitti (O), V. Simone (O), M. D'Aurelio (O), F. Del Re (C)*
San Benedetto Venere-Marruvium **2-0**
*A. Ettorre 2*
Villa San Sebastiano-Sportland Celano **3-1**
*V. Fellini (V), R. Mascigrande 2 (V), M. Taccone (S)*
**Ha riposato:** Real Carsoli

**8ª giornata – domenica 14 novembre 2021**

Marruvium-Luco Calcio **1-3**
*K. Labrach (M), A. Zangari 2 (L), A. Di Girolamo (L)*
Ortigia-Villa San Sebastiano **2-0**
*V. Mascitti 2*
Popoli-San Benedetto Venere **1-2**
*L. Del Conte (P), F. Zarini (S), A. Ettorre (S)*
Real Carsoli-Il Moro Paganica **0-4**
*A. Holzknecht, F. Cusella, S. Rosati, M. Ciuffetelli*
Villa Sant'Angelo-Alanno **0-0**
Virtus Barisciano-Sportland Celano **3-0**
*M. Sommese 2, F. De Michele*
**Ha riposato:** Cesaproba

**9ª giornata – domenica 21 novembre 2021**

Alanno-Marruvium **2-1**
*D. Federico (A), A. Gueye (A), G. Aureli (M)*
Il Moro Paganica-Cesaproba **3-0**
*M. Ciuffetelli 2, L. Forcucci*
Luco Calcio-Popoli **5-1**

*N. Briciu 2 (L), G. Shero (L), V. Fusarelli (L), E. Venditti (L), L. Del Conte (P)*
San Benedetto Venere-Real Carsoli **4-2**
*A. Ettorre 3 (S), E. Piri (S), G. Marzolini (R), L. Forzosi (R)*
Sportland Celano-Villa Sant'Angelo **2-3**
*P. Pompili (S), D. Paciotti (S), R. Moscardi (V), M. Tazzi (V), P. Galassi (V)*
Villa San Sebastiano-Virtus Barisciano **1-2**
*R. Mascigrande (VSS), F. De Michele (VB), M. Sommese (VB)*
**Ha riposato:** Ortigia

**10ª giornata – domenica 28 novembre 2012**

Cesaproba-San Benedetto Venere **0-2**
*E. Piri, G. Cordischi*
Marruvium-Sportland Celano **0-1** *(29 dicembre)*
*P. Pompili*
Ortigia-Il Moro Paganica **2-1**
*V. Mascitti (O), C. Zarini (O), M. Rotellini (I)*
Popoli-Alanno **3-1**
*L. Del Conte 2 (P), G. Dionisi (P), E. Di Giuseppe (A)*
Real Carsoli-Luco Calcio **2-3**
*A. Rubini (R), M. Fazzoli (R), N. Briciu 2 (L), A. Di Girolamo (L)*
Villa Sant'Angelo-Virtus Barisciano **1-1**
*N. Rotili (VSA), F. De Michele (VB)*
**Ha riposato:** Villa San Sebastiano

**11ª giornata – domenica 5 dicembre 2021**

Alanno-Real Carsoli **3-3**
*D. Di Girolamo 2 (A), E. Di Giuseppe (A), I. Kantè (R), M. Fazzoli 2 (R)*
Luco Calcio-Cesaproba **4-1**
*A. Di Girolamo 2 (L), C. Stati (L), V. Fusarelli (L), D. Greco (C)*
San Benedetto Venere-Ortigia **4-0**
*A. Ettorre 2, G. Cordischi, E. Piri*
Sportland Celano-Popoli **0-2**
*G. Di Toro, D. Fasciano*
Villa San Sebastiano-Villa Sant'Angelo **3-1**
*R. Mascigrande 2 (VSS), M. Capodacqua (VSS), M. Tazzi (VSA)*
Virtus Barisciano-Marruvium **6-0**
*F. De Michele 2, I. Delic, M. Boccabella, T. Centi, A. D'Innocenzo*
**Ha riposato:** Il Moro Paganica

**12ª giornata – domenica 12 dicembre 2021**

Cesaproba-Alanno **0-0** *(6 febbraio)*
Il Moro Paganica-Villa San Sebastiano **2-1**

*G. Alfonsetti (I), A. Holzknecht (I), R. Mascigrande (V)*
Marruvium-Villa Sant'Angelo **1-0** *(6 febbraio)*
*P. Carusi*
Ortigia-Luco Calcio **0-3**
*N. Briciu, A. Di Virgilio, R. Venditti*
Popoli-Vrtus Barisciano **6-0**
*V. Santoro, D. Moscone, M. Smarrella, V. Liberato 2, Y. Ferrone*
Real Carsoli-Sportland Celano **1-7** *(30 gennaio)*
*M. Fazzoli (R), Fabrizio Baruffa 3 (S), R. Marianetti (S), M. Taccone (S), P. Pompili (S), F. Melone (S)*
**Ha riposato:** San Benedetto Venere

## 13ª giornata – domenica 19 dicembre 2021

Alanno-Ortigia **0-0**
San Benedetto Venere-Il Moro Paganica **3-0** *(6 febbraio)*
*A. Ettorre 2, G. Catalli*
Sportland Celano-Cesaproba **1-2**
*Fabrizio Baruffa (S), S. Irti (C), M. Montorselli (C)*
Villa San Sebastiano-Marruvium **3-0**
*R. Mascigrande 2, A. Valente*
Villa Sant'Angelo-Popoli **2-2**
*P. Galassi (V), D. Lazzaro Cardarelli (V), V. Liberato 2 (P)*
Virtus Barisciano-Real Carsoli **4-1** *(6 febbraio)*
*F. De Michele (V), E. Behdjeti (V), M. Sommese (V), A. Achatibi (V), M. Fazzoli (R)*
**Ha riposato:** Luco Calcio

## 14ª giornata – domenica 13 febbraio 2022

Luco Calcio-Il Moro Paganica **2-1**
*A. Di Virgilio 2 (L), D. Battagliero (I)*
Marruvium-Popoli **1-5**
*S. Cherif (M), D. Moscone (P), L. Del Conte 2 (P), M. Cissè (P), V. Santoro (P)*
Sportland Celano-Ortigia **0-2**
*L. Di Giandomenico, V. Mascitti*
Villa San Sebastiano-San Benedetto Venere **0-2**
*A. Ettorre, D. Di Panfilo*
Villa Sant'Angelo-Real Carsoli **3-3**
*D. Lazzaro Cardarelli (V), R. Savona (V), N. Rotili (V), I. Kantè (R), M. Fazzoli (R), G. Marzolini (R)*
Virtus Barisciano-Cesaproba **2-0**
*A. Del Coco, F. De Michele*
**Ha riposato:** Alanno

**15ª giornata – domenica 20 febbraio 2022**

Cesaproba-Villa Sant'Angelo **1-1**
*M. Pietrucci (C), N. Rotili (V)*
Il Moro Paganica-Alanno **3-0**
*S. Rosati, M. Ciuffetelli, L. Cocciolone*
Ortigia-Virtus Barisciano **0-1**
*A. Achatibi*
Popoli-Villa San Sebastiano **5-1**
*L. Del Conte 3 (P), M. Cissè (P), D. Moscone (P), R. Mascigrande (V)*
Real Carsoli-Marruvium **2-2**
*L. Forzosi 2 (R), S. Cherif (M), P. Carusi (M)*
San Benedetto Venere-Luco Calcio **2-1**
*G. Catalli (S), F. Zarini (S), N. Briciu (L)*
**Ha riposato:** Sportland Celano

**16ª giornata – domenica 27 febbraio 2022**

Alanno-San Benedetto Venere **1-2**
*E. Di Giuseppe (S), G. Zazzara (A), A. Ettorre (S)*
Luco Calcio-Villa San Sebastiano **2-0** *(16 marzo)*
*D. Di Francescantonio, A. Di Girolamo*
Marruvium-Cesaproba **0-1** *(23 marzo)*
*D. Cialfi*
Popoli-Real Carsoli **3-0** *(16 marzo)*
*D. Moscone 3*
Sportland Celano-Il Moro Paganica **4-2** *(16 marzo)*
*Fabrizio Baruffa 3 (S), F. Melone (S), M. Rotellini (I), A. De Santis (I)*
Villa Sant'Angelo-Ortigia **1-2**
*P. Galassi (V), F. Tolli (O), C. Zarini (O)*
**Ha riposato:** Virtus Barisciano

**17ª giornata – domenica 6 marzo 2022**

Cesaproba-Popoli **1-3**
*D. Greco (C), M. Cissè 2 (P), L. Del Conte (P)*
Il Moro Paganica-Virtus Barisciano **5-0**
*A. Holznecht, M. Rotellini, M. Ciuffetelli, S. Rosati, M. Castellano*
Luco Calcio-Alanno **2-0**
*A. Di Virgilio, V. Cherubini*
Ortigia-Marruvium **2-0**
*V. Mascitti, L. Di Giandomenico*
San Benedetto Venere-Sportland Celano **3-1**
*G. Zazzara (Sa), M. Del Vecchio (Sa), A. Cordischi (Sa), F. Melone (Sp)*
**2-2**

Villa San Sebastiano-Real Carsoli
*R. Mascigrande (V), F. Del Pizzo (V), M. Fazzoli (R), F. Simeoni (R)*
**Ha riposato:** Villa Sant'Angelo

**18ª giornata – domenica 13 marzo 2022**

Alanno-Villa San Sebastiano **2-1**
*A. Gueye (A), M. Manno (A), F. Del Pizzo (V)*
Popoli-Ortigia **1-0**
*M. Cissè*
Real Carsoli-Cesaproba **7-1**
*L. Forzosi 4 (R), M. Fazzoli 2 (R), F. Simeoni (R), D. Greco (C)*
Sportland Celano-Luco Calcio **2-4**
*Fabrizio Baruffa 2 (S), G. Cinquegrana (L), A. Ciocci (L), N. Briciu (L), A. Di Girolamo (L)*
Villa Sant'Angelo-Il Moro Paganica **1-3**
*N. Rotili (V), D. Battagliero (I), L. Forcucci (I), M. Ciuffetelli (I)*
Virtus Barisciano-San Benedetto Venere **2-2**
*A. Achatibi (V), E. Behdjeti (V), G. Catalli (S), G. Cordischi (S)*
**Ha riposato:** Marruvium

**19ª giornata – domenica 20 marzo 2022**

Alanno-Sportland Celano **4-0**
*E. Di Giuseppe 2, A. Gueye, D. Di Girolamo*
Il Moro Paganica-Marruvium **2-1**
*M. Ciuffetelli (I), M. Rotellini (I), M. Giachino (M)*
Luco Calcio-Virtus Barisciano **4-0**
*A. Zangari, A. Di Girolamo, N. Briciu, D. Di Francescantonio*
Ortigia-Real Carsoli **0-0**
San Benedetto Venere-Villa Sant'Angelo **4-1**
*G. Zazzara (S), A. Ettorre (S), G. Cordischi (S), L. Fiocchetta (S), P. Galassi (V)*
Villa San Sebastiano-Cesaproba **1-0**
*M. Viscogliosi*
**Ha riposato:** Popoli

**20ª giornata – domenica 27 marzo 2022**

Cesaproba-Ortigia **1-4**
*D. Greco (C), C. Zarini (O), V. Mascitti 3 (O)*
Marruvium-San Benedetto Venere **0-5**
*G. Zazzara, A. Cordischi, A. Ettorre, G. Catalli, G. Cordischi*
Popoli-Il Moro Paganica **3-1**
*F. Di Toro (P), V. Liberato (P), D. Del Conte (P), M. Ciuffetelli (I)*
Sportland Celano-Villa San Sebastiano **2-0**

*Fabrizio Baruffa, M. Taccone*
Villa Sant'Angelo-Luco Calcio **0-7**
*A. Di Girolamo 2, A. Di Virgilio 3, N. Briciu, D. Di Francescantonio*
Virtus Barisciano-Alanno **2-1**
*F. De Michele (V), A. Del Coco (V), M. Manno (A)*
**Ha riposato:** Real Carsoli

### 21ª giornata – domenica 3 aprile 2022

Alanno-Villa Sant'Angelo **0-1**
*E. Salimei*
Il Moro Paganica-Real Carsoli **4-1**
*M. Rotellini (I), M. Ciuffetelli (I), M. Fabi (I), J. Marcone (I), A. Rubini (R)*
Luco Calcio-Marruvium **3-0**
*X. Shero, A. Di Virgilio, N. Briciu*
San Benedetto Venere-Popoli **7-0**
*D. Di Panfilo, G. Catalli 3, G. Zazzara 2, G. Cordischi*
Sportland Celano-Virtus Barisciano **4-0** ***(16 aprile)***
*R. Marianetti, P. Pompili, Fabrizio Baruffa, L. Ruggieri*
Villa San Sebastiano-Ortigia **1-0** ***(16 aprile)***
*R. Mascigrande*
**Ha riposato:** Cesaproba

### 22ª giornata – domenica 10 aprile 2022

Cesaproba-Il Moro Paganica **0-3**
*M. Ciuffetelli, J. Marcone 2*
Marruvium-Alanno **0-2**
*M. Lupone, G. Zazzara*
Popoli-Luco Calcio **0-1**
*A. Di Girolamo*
Real Carsoli-San Benedetto Venere **2-5**
*I. Kantè (R), M. Fazzoli (R), G. Catalli 2 (S), G. Zazzara 2 (S), G. Cordischi (S)*
Villa Sant'Angelo-Sportland Celano **0-1**
*M. Taccone*
Virtus Barisciano-Villa San Sebastiano **1-3**
*M. Sommese (VB), D. Bafile 2 (VSS), R. Mascigrande (VSS)*
**Ha riposato:** Ortigia

### 23ª giornata – domenica 24 aprile 2022

Alanno-Popoli **1-3**
*D. Pento (A), D. Del Conte (P), E. Antonucci (P), V. Santoro (P)*
Il Moro Paganica-Ortigia **3-0**
*M. Fabi, F. Cusella, M. Petruzzi*

Luco Calcio-Real Carsoli **6-0**
*N. Briciu 2, A. Di Virgilio 2, A. Di Girolamo 2*
San Benedetto Venere-Cesaproba **5-1**
*G. Cordischi 2 (S), A. Ettorre 2 (S), A. Cordischi (S), R. De Santis (C)*
Sportland Celano-Marruvium **3-2**
*Fabrizio Baruffa (S), F. Melone 2 (S), M. Fusarelli (M), M. Giachino (M)*
Virtus Barisciano-Villa Sant'Angelo **0-2**
*S. Trawally 2*
**Ha riposato:** Villa San Sebastiano

**24ª giornata – domenica 1 maggio 2022**

Cesaproba-Luco Calcio **1-1**
*N. Ceselli (C), N. Briciu (L)*
Marruvium-Virtus Barisciano **1-2**
*K. Labrach (M), F. De Michele (V), M. Sommese (V)*
Ortigia-San Benedetto Venere **0-2**
*G. Zazzara, A. Ettorre*
Popoli-Sportland Celano **3-1**
*V. Liberato (P), L. Di Carlo (P), L. Del Conte (P), Fabrizio Baruffa (S)*
Real Carsoli-Alanno **1-4**
*M. Fazzoli (R), E. Di Giuseppe 2 (A), S. Varrasso (A), D. Di Girolamo (A)*
Villa Sant'Angelo-Villa San Sebastiano **3-1**
*S. Trawally (VSA), P. Galassi (VSA), S. Arciprete (VSA), F. Del Pizzo (VSS)*
**Ha riposato:** Il Moro Paganica

**25ª giornata – domenica 8 maggio 2022**

Alanno-Cesaproba **2-3**
*F. Angelucci (A), A. Gueye (A), D. Greco (C), R. Moroni (C), D. Fermo (C)*
Luco Calcio-Ortigia **4-1** ***(22 maggio)***
*A. Di Girolamo 2 (L), A. Di Virgilio (L), G. Cinquegrana (L), V. Mascitti (O)*
Sportland Celano-Real Carsoli **5-0**
*R. Marianetti 2, Fabrizio Baruffa, I. Ciciotti, A. Paris*
Villa San Sebastiano-Il Moro Paganica **3-4**
*D. Bafile (V), R. Mascigrande 2 (V), M. Ciuffetelli (I), F. Cusella 2 (I), autorete (I)*
Villa Sant'Angelo-Marruvium **1-1**
*M. Mascioni (V), W. Di Fabio (M)*
Virtus Barisciano-Popoli **1-4**
*F. De Michele (V), V. Santoro (P), G. Dionisi 2 (P), G. Di Toro (P)*
Ha riposato: San Benedetto Venere

| **26ª giornata – domenica 15 maggio 2022** | |
|---|---|
| Cesaproba-Sportland Celano | **1-4** |
| *S. Pietrucci (C), Fabrizio Baruffa 2 (S), E. Marcanio 2 (S)* | |
| Il Moro Paganica-San Benedetto Venere | **3-7** |
| *M. Ciuffetelli (I), J. Marcone (I), R. D'Alessandro (I), G. Catalli 2 (S), A. Cordischi (S), A. Ettorre (S), G. Zazzara (S), G. Cordischi (S), A. Severini (S)* | |
| Marruvium-Villa San Sebastiano | **7-5** |
| *W. Di Fabio (M), M. Fusarelli 4 (M), K. Labrach (M), M. Catalano (M), A. Panichi (V), R. Mascigrande 3 (V), D. Bafile (V)* | |
| Ortigia-Alanno | **0-0** |
| Popoli-Villa Sant'Angelo | **5-0** |
| *L. Del Conte, F. Di Toro, V. Liberato, Y. Ferrone, D. Fasciano* | |
| Real Carsoli-Virtus Barisciano | **3-0** |
| *L. Forzosi, I. Kantè, M. Fazzoli* | |
| **Ha riposato:** Luco Calcio | |

**semifinale play off – domenica 22 maggio 2022**

Il Moro Paganica-Popoli **3-2**

*M. Ciuffetelli 2 (I), A. Holzknecht (I), V. Santoro (P), V. Liberato (P)*

**semifinale play out – domenica 22 maggio 2022**

Cesaproba-Villa Sant'angelo **2-3**

*D. Cialfi (C), R. Moroni (C), M. Mascioni (V), N. Rotili (V), autorete (V)*

**finale play off – domenica 29 maggio 2022**

Luco Calcio-Il Moro Paganica **2-1**

*A. Di Girolamo (L), A. Micocci (L), M. Castellano (I)*

**finale play out – domenica 29 maggio 2022**

Cesaproba-Real Carsoli **1-4**

*M. Picchioni (C), M. Fazzoli (R), S. Marzolini (R), L. Forzosi (R), C. Flamini (R)*

## CLASSIFICA FINALE girone A

| squadre | punti | gare | vinte | nulle | perse | reti f. | reti s. | diff. |
|---|---|---|---|---|---|---|---|---|
| San Benedetto V. | 63 | 24 | 20 | 3 | 1 | 69 | 20 | +49 |
| Luco Calcio | 59 | 24 | 19 | 2 | 3 | 74 | 25 | +49 |
| Il Moro Paganica | 52 | 24 | 17 | 1 | 6 | 61 | 32 | +29 |
| Popoli | 49 | 24 | 16 | 1 | 7 | 64 | 35 | +29 |
| Ortigia | 36 | 24 | 11 | 3 | 10 | 32 | 35 | -3 |
| Alanno | 29 | 24 | 7 | 8 | 9 | 32 | 32 | 0 |
| Villa S. Sebastiano | 29 | 24 | 8 | 5 | 11 | 37 | 44 | -7 |
| Sportland Celano | 28 | 24 | 9 | 1 | 14 | 46 | 49 | -3 |
| Virtus Barisciano | 26 | 24 | 8 | 2 | 14 | 30 | 52 | -22 |
| Cesaproba | 25 | 24 | 7 | 4 | 13 | 28 | 56 | -28 |
| Villa Sant'Angelo | 20 | 24 | 4 | 8 | 12 | 25 | 48 | -23 |
| Real Carsoli | 15 | 24 | 3 | 6 | 15 | 36 | 68 | -32 |
| Marruvium | 14 | 24 | 4 | 2 | 18 | 24 | 62 | -38 |

## CLASSIFICA MARCATORI girone A

**22 reti:** R. Mascigrande (Villa San Sebastiano)
**21 reti:** M. Ciuffetelli (Il Moro Paganica); A. Di Girolamo (Luco Calcio)
**18 reti:** V. Mascitti (Ortigia); A. Ettorre (San Benedetto Venere); Fabrizio Baruffa (Sportland Celano)
**17 reti:** N. Briciu (Luco Calcio); M. Fazzoli (Real Carsoli)
**16 reti:** L. Del Conte (Popoli)
**14 reti:** A. Di Virgilio (Luco Calcio)
**12 reti:** G. Cordischi e Giuseppe Zazzara /San Benedetto Venere)

**11 reti:** G. Catalli (San Benedetto Venere)
**10 reti:** L. Forzosi (Real Carsoli); F. De Michele (Virtus Barisciano)
**9 reti:** E. Di Giuseppe (Alanno); V. Liberato (Popoli)
**8 reti:** A. Holzknecht (Il Moro Paganica); M. Cissè e V. Santoro (Popoli)
**7 reti:** I. Kantè (Real Carsoli); N. Rotili (Villa Sant'Angelo); M. Sommese (Virtus Barisciano)
**6 reti:** D. Cialfi e D. Greco (Cesaproba); D. Moscone (Popoli)
**5 reti:** M. Rotellini (Il Moro Paganica); M. Fusarelli (Marruvium); G. Dionisi (Popoli); R. Marianetti (Sportland Celano); P. Galassi (Villa Sant'Angelo)
**4 reti:** M. Manno, A. Gueye e D. Di Girolamo (Alanno); S. Rosati, F. Cusella e J. Marcone (Il Moro Paganica); X. Shero (Luco Calcio); C. Zarini (Ortigia); A. Cordischi (San Benedetto Venere); F. Melone, P. Pompili e M. Taccone (Sportland Celano); D. Bafile (Villa San Sebastiano)
**3 reti:** L. Cocciolone (Il Moro Paganica); G. Aureli e K. Lahrach (Marruvium); V. Fusarelli e D. Di Francescantonio (Luco Calcio); E. Piri e D. Di Panfilo (San Benedetto Venere); F. Del Pizzo (Villa San Sebastiano); S. Trawally (Villa Sant'Angelo); A. Achatibi (Virtus Barisciano)

## RECORDS girone A

| | | |
|---|---|---|
| **maggior numero di punti** | **63** | San Benedetto Venere |
| **minor numero di punti** | **14** | Marruvium |
| **maggior numero di vittorie** | **20** | San Benedetto Venere |
| **minor numero di vittorie** | **3** | Real Carsoli |
| **maggior numero di pareggi** | **8** | Alanno e Villa Sant'Angelo |
| **minor numero di pareggi** | **1** | Popoli, Il Moro Paganica e Sportland Celano |
| **maggior numero di sconfitte** | **18** | Marruvium |
| **minor numero di sconfitte** | **1** | San Benedetto Venere |
| **miglior attacco** | **74** | Luco Calcio |
| **miglior difesa** | **20** | San Benedetto Venere |
| **peggior attacco** | **24** | Marruvium |
| **peggior difesa** | **68** | San Benedetto Venere |
| **migliore differenza reti** | **+49** | San Benedetto Venere e Luco C. |
| **peggiore differenza reti** | **- 2** | Marruvium |
| **miglior realizzatore** | **22 reti** | R. Mascigrande (V.S. Sebastiano) |

## I VERDETTI FINALI

**Promosse in Promozione:** San Benedetto Venere e Luco Calcio
**Retrocesse in Seconda categoria:** Cesaproba, Real Carsoli e Marruvium

## PRIMA CATEGORIA girone B

### 1ª GIORNATA – domenica 26 settembre 2021

Dinamo Roccaspinalveti-Guardiagrele 2016 **3-0**
*G. Battista, L. Madonna, R. Grimaldi*
Faresina-Roccaspinalveti **1-0**
*A. Parente*
Palena-Fossacesia 90 **0-2**
*M. Rotondo, O. Valerio*
Perano-Rapino **1-1**
*F. Pierri (P), D. D'Amore (R)*
Real Casale-Di Santo Dionisio **3-3**
*A. De Cillis 2 (R), G. Bozzelli (R), A. Del Peschio 2 (D), autorete (D)*
San Vito 83-Scerni **2-0**
*B. Sferrella, J. D'Alessandro*
Sporting Altino-Virtus Castel Frentano **3-0**
*A. Chiarini 2, E. Mustafa*

### 2ª giornata – domenica 3 ottobre 2021

Di Santo Dionisio-San Vito 83 **2-0**
*A. Del Peschio, G. Di Bari*
Fossacesia 90-Real Casale **1-1**
*F. Lanci (F), W. Canosa (R)*
Guardiagrele 2016-Sporting Altino **0-1**
*A. Lusi*
Rapino-Faresina **3-0**
*D. D'Amore 2, P. Clivio*
Roccaspinalveti-Palena **3-0**
*B. Baldeh 2, A. Farina*
Scerni-Dinamo Roccaspinalveti **4-1**
*S. Di Ghionno 2 (S), N. Scafetta (S), P. Della Morte (S), C. DAlessandro (D)*
Virtus Castel Frentano-Perano **6-1**
*Mauro Di Piero 2 (V), N. Di Matteo (V), S. Spadano 2 (V), B. Bah (V), M.D'Ippolito (P)*

### 3ª giornata – domenica 10 ottobre 2021

Dinamo Roccaspinalveti-Di Santo Dionisio **2-0**
*G. Battista, Y. Laaouine*
Faresina-Perano **1-2**
*P. Rapino (F), D. Tundo (P), M. D'Ippolito (P)*
Palena-Rapino **0-1**
*D. D'Amore*

Real Casale-Roccaspinalveti **1-1**
*A. D'Elia (Re), B. Baldeh (Ro)*
San Vito 83-Fossacesia 90 **2-1**
*B. Sferrella (S), J. D'Alessandro (S), E. Dumitriu (F)*
Sporting Altino-Scerni **1-1**
*F. Troilo (Sp), S. Di Ghionno (Sc)*
Virtus Castel Frentano-Guardiagrele 2016 **2-2**
*N. Di Matteo (V), A. Noè (V), H. Ricci (G), J. Primavera (G)*

**4ª giornata – domenica 17 ottobre 2021**

Di Santo Dionisio-Sporting Altino **0-0**
Faresina-Virtus Castel Frentano **4-2**
*E. Liberati (F), P. Rapino 2 (F), A. Parente (F), N. Lombardi (V), N. Di Matteo (V)*
Fossacesia 90-Dinamo Roccaspinalveti **0-1**
*G. Luciano*
Perano-Palena **2-1**
*M. D'Ippolito (Pe), M. Centurione (Pe), E. Di Falco (Pa)*
Rapino-Real Casale **5-1**
*M. Tirino (Ra), G. Perinelli (Ra), A. D'Urbano (Ra), P. Di Fulvio (Ra), L. Letta (Ra), A. De Cillis (Re)*
Roccaspinalveti-San Vito 83 **0-1**
*R. Perrucci*
Scerni-Guardiagrele 2016 **2-1**
*D. Monachetti (S), L. Costantini (S), autorete (G)*

**5ª giornata – domenica 24 ottobre 2021**

Dinamo Roccaspinalveti-Roccaspinalveti **0-1**
*P. Bruno*
Guardiagrele 2016-Di Santo Dionisio **0-1**
*K. Hanxhari*
Real Casale-Perano **1-0**
*L. Marinelli*
Sporting Altino-Fossacesia 90 **1-0**
*E. Pasquini*
Virtus Castel Frentano-Scerni **0-0**
Palena-Faresina **3-1**
*A. Verna (P), A. De Iuliis (P), E. Di Falco (P), M. Marrone (F)*
San Vito 83-Rapino **2-2**
*B. Sferrella 2 (S), L. Pica (R), P. Clivio (R)*

| 6ª giornata – domenica 31 ottobre 2021 | |
|---|---|
| Di Santo Dionisio-Scerni | **1-0** |
| *A. Del Peschio* | |
| *Faresina-Real Casale* | **3-2** |
| *P. Rapino 2 (F), D. D'Angelo (F), G. Di Biase (R), A. Ciccotosto (R)* | |
| Fossacesia 90-Guardiagrele 2016 | **2-2** |
| *M. Valentini (F), M. Rotondo (F), N. Moretti (G), J. Primavera (G)* | |
| Palena-Virtus Castel Frentano | **1-4** |
| *E. Di Falco (P), N. Perrucci 2 (V), B. Bah (V), S. Spadano (V)* | |
| Perano-San Vito 83 | **0-2** |
| *L. Olivieri, G. Bolognini* | |
| Rapino-Dinamo Roccaspinalveti | **3-1** |
| *M. Tirino (R), A. D'Urbano (R), L. Anzellotti (R), G. Fiermonte (D)* | |
| Roccaspinalveti-Sporting Altino | **1-2** |
| *B. Baldeh (R), M. Mainella (S), E. Mustafa (S)* | |

| 7ª giornata – domenica 7 novembre 2021 | |
|---|---|
| Dinamo Roccaspinalveti-Perano | **2-1** *(17 novembre)* |
| *G. Piccirilli (D), L. Madonna (D), J. Pece (P)* | |
| Guardiagrele 2016-Roccaspinalveti | **0-0** |
| Real Casale-Palena | **2-0** |
| *G. Natalini, G. Di Biase* | |
| Scerni-Fossacesia 90 | **2-4** |
| *G. Di Pasquale (S), D. Monachetti (S), A. Caiazzo (F), M. Valentini (F), O. Valerio (F), A. Zinni (F)* | |
| Sporting Altino-Rapino | **1-0** |
| *E. Mustafa* | |
| Virtus Castel Frentano-Di Santo Dionisio | **4-2** |
| *N. Lombardi 2 (V), L. Carniel (V), N. Di Matteo (V), G. Di Bari (D), M. Del Roio (D)* | |
| San Vito 83-Faresina | **6-0** |
| *G. Innocenti, B. Sferrella 3, F. Labbrozzi, A. Sorgetti* | |

| 8ª giornata – domenica 14 novembre 2021 | |
|---|---|
| Faresina-Dinamo Roccaspinalveti | **0-3** |
| *C. D'Alessandro, L. Madonna, G. Luciano* | |
| Fossacesia 90-Di Santo Dionisio | **2-0** |
| *M. Valentini, A. Caiazzo* | |
| Palena-San Vito 83 | **0-1** |
| *L. De Rentiis* | |
| Perano-Sporting Altino | **2-4** |
| *M. D'Ippolito (P), F. Di Tullio (P), N. Carunchio (S), E. Mustafa 2 (S),* | |

*A. Chiarini (S)*
Rapino-Guardiagrele 2016 **0-3** (a tavolino)
Real Casale-Virtus Castel Frentano **3-0**
*W. Canosa 2, L. Marinelli*
Roccaspinalveti-Scerni **1-1**
*B. Baldeh (R), L. Priori (S)*

**9ª giornata – domenica 21 novembre 2021**

Di Santo Dionisio-Roccaspinalveti **1-1**
*M. Del Roio (D), B. Baldeh (R)*
Dinamo Roccaspinalveti-Palena **2-1**
*S. Bruno (D), R. Grimaldi (D), E. Di Falco (P)*
Guardiagrele 2016-Perano **1-4**
*A. Shyti (G), D. Tundo (P), F. Pierri 2 (P), M. Centurione (P)*
San Vito 83-Real Casale **4-2**
*B. Sferrella 2 (S), G. Innocenti (S), S. Catenaro (S), G. Di Biase (R), L. Marinelli (R)*
Scerni-Rapino **4-1**
*D. Monachetti 2 (S), S. Di Ghionno (S), P. Della Morte (S), S. Lolli (R)*
Sporting Altino-Faresina **2-0**
*E. Mustafa, A. Tidiane*
Virtus Castel Frentano-Fossacesia 90 **3-3**
*G. Rullo (V), G. Malvone (V), N. Di Matteo (V), M. Valentini (F), S. Aielli (F), M. Rotondo (F)*

**10ª giornata – domenica 28 novembre 2012**

Faresina-Guardiagrele 2016 **1-0**
*E. Liberati*
Palena-Sporting Altino **2-1**
*A. Verna (P), E. Di Falco (P), M. Mainella (S)*
Perano-Scerni **1-2**
*F. Pierri (P), P. Grignoli (S), A. Argentieri (S)*
Rapino-Di Santo Dionisio **0-2**
*A. Del Peschio 2*
*Real Casale-Dinamo Roccaspinalveti* **1-0**
*autorete*
Roccaspinalveti-Fossacesia 90 **2-0**
*B. Baldeh 2*
San Vito 83-Virtus Castel Frentano **3-1**
*J. D'Alessandro 2 (S), B. Sferrella (S), N. Lombardi (V)*

| 11ª giornata – domenica 5 dicembre 2021 | |
|---|---|
| Di Santo Dionisio-Perano | **2-2** |
| *A. Del Peschio (D), N. Vitullo (D), M. D'Ippolito (P), D. Tundo (P)* | |
| Dinamo Roccaspinalveti-San Vito 83 | **0-0** |
| Fossacesia 90-Rapino | **2-3** |
| *A. Zinni (F), M. Valentini (F), M. Sciannamea (R), A. D'Urbano (R), G. Perinelli (R)* | |
| Guardiagrele 2016-Palena | **1-3** |
| *N. Moretti (G), E. Di Falco 2 (P), L. Di Marino (P)* | |
| Scerni-Faresina | **3-0** |
| *D. Monachetti, S. Di Ghionno, E. Di Virgilio* | |
| Sporting Altino-Real Casale | **1-0** |
| *E. Mustafa* | |
| Virtus Castel Frentano-Roccaspinalveti | **1-2** |
| *D. Cristofalo (V), A. Farina (R), B. Baldeh (R)* | |

| 12ª giornata – domenica 12 dicembre 2021 | |
|---|---|
| Real Casale-Guardiagrele 2016 | **1-1** |
| *G. Di Biase (R), E. Troka (G)* | |
| Dinamo Roccaspinalveti-Virtus Castel Frentano | **3-1** |
| *M. Pomponio (D), G. Luciano (D), Y. Laaouine (D), N. Lombardi (V)* | |
| Faresina-Di Santo Dionisio | **2-1** |
| *E. Liberati (F), P. Rapino (F), N. Vitullo (D)* | |
| Palena-Scerni | **1-2** |
| *L. Di Marino (P), D. Monachetti (S), D. Di Foglio (S)* | |
| Perano-Fossacesia 90 | **1-0** |
| *D. Bevilacqua* | |
| Rapino-Roccaspinalveti | **4-2** |
| *M. Donatucci (Ra), S. Lolli 2 (Ra), P. Clivio (Ra), B. Baldeh 2 (Ro)* | |
| San Vito 83-Sporting Altino | **2-1** |
| *B. Sferrella 2 (Sa), A. Tidiane (Sp)* | |

| 13ª giornata – domenica 19 dicembre 2021 | |
|---|---|
| Di Santo Dionisio-Palena | **4-1** |
| *G. Di Bari (D), A. Del Peschio 2 (D), S. Consalvo (D), E. Di Falco (P)* | |
| Fossacesia 90-Faresina | **3-2** |
| *F. Lanci 2 (Fo), S. Aielli (Fo), D. Cellucci (Fa), E. Liberati (Fa)* | |
| Guardiagrele 2016-San Vito 83 | **2-4** |
| *M. Marrone (G), B. Peralta Raimo (G), S. Catenaro (S), B. Sferrella (S), F. Verì (S), G. Bolognini (S)* | |
| Roccaspinalveti-Perano | **1-0** |
| *G. Zara* | |

Scerni-Real Casale **1-2**
*P. Della Morte (S), G. Di Biase (R), L. Marinelli (R)*
Sporting Altino-Dinamo Roccaspinalveti **1-0** *(6 febbraio)*
*E. Mustafa*
Virtus Castel Frentano-Rapino **3-2**
*D. Cristofalo 2 (V), N. Di Matteo (V), M. Sciannamea (R), S. Lolli (R)*

**14ª giornata – domenica 13 febbraio 2022**

Di Santo Dionisio-Real Casale **2-0**
*A. Del Peschio, M. Del Roio*
Fossacesia 90-Palena **4-3**
*S. Di Girolamo 2 (F), S. Aielli (F), F. Lanci (F), M. Pennacchioni (P), F. Schieda (P), E. Di Falco (P)*
Guardiagrele 2016-Dinamo Roccaspinalveti **2-1**
*F. Jatta (G), E. Shehu (G), S. Bruno (D)*
Rapino-Perano **3-2**
*L. Anzellotti (R), A. D'Urbano (R), G. Di Menna (R), A. Fontana (P), M. D'Ippolito (P)*
Roccaspinalveti-Faresina **3-0**
*B. Baldeh, S. Farina, G. Zara*
Scerni-San Vito 83 **1-1**
*B. Erragh (Sc), G. Bolognini (Sa)*
Virtus Castel Frentano-Sporting Altino **1-1**
*L. Pellicciotta (V), M. Mainella (S)*

**15ª giornata – domenica 20 febbraio 2022**

Dinamo Roccaspinalveti-Scerni **0-1**
*L. Priori*
Faresina-Rapino **2-3**
*A. Parente (F), P. Rapino (F), L. Pica (R), D. D'Amore 2 (R)*
Palena-Roccaspinalveti **2-1**
*M. Angiolillo (P), M. D'Orsaneo (P), G. Zara (R)*
Perano-Virtus Castel Frentano **1-1**
*M. D'Ippolito (P), N. Lombardi (V)*
Real Casale-Fossacesia 90 **1-1**
*E. Di Martino (R), S. Aielli (F)*
San Vito 83-Di Santo Dionisio **2-0**
*B. Sferrella 2*
Sporting Altino-Guardiagrele 2016 **2-1**
*M. Marrone (S), L. Caporale (S), F. Jatta (G)*

| 16ª giornata – domenica 27 febbraio 2022 | | |
|---|---|---|
| Di Santo Dionisio-Dinamo Roccaspinalveti | **1-1** | *(16 marzo)* |
| *G. Di Bari (DSD), Y. Laaouine (DR)* | | |
| Fossacesia 90-San Vito 83 | **2-3** | |
| *S. Di Girolamo (F), A. D'Ortona (F), B. Sferrella 2 (S), G. Bolognini (S)* | | |
| Guardiagrele 2016-Virtus Castel Frentano | **1-0** | *(16 marzo)* |
| *B. Peralta Raimo* | | |
| Perano-Faresina | **0-0** | |
| Rapino-Palena | **5-1** | *(16 marzo)* |
| *S. Sciarrelli (R), M. Tirino (R), P. Di Fulvio (R), A. D'Urbano (R), D. D'Amore (R), M. Pennacchioni (P)* | | |
| Roccaspinalveti-Real Casale | **1-2** | *(30 marzo)* |
| *A. Farina (Ro), L. Marinelli (Re), C. Galante (Re)* | | |
| Scerni-Sporting Altino | **1-1** | |
| *D. Monachetti (Sc), D. Zekhti (Sp)* | | |

| 17ª giornata – domenica 6 marzo 2022 | | |
|---|---|---|
| Dinamo Roccaspinalveti-Fossacesia 90 | **1-1** | *(23 marzo)* |
| *C. Di Laudo (D), M. Valentini (F)* | | |
| Guardiagrele 2016-Scerni | **0-2** | *(23 marzo)* |
| *D. Monachetti, L. Priori* | | |
| Palena-Perano | **0-2** | |
| *D. Tundo, D. Fortugno* | | |
| Real Casale-Rapino | **3-2** | |
| *W. Canosa (Re), L. Marinelli (Re), A. De Cillis (Re), L. Anzellotti (Ra), M. Sciannamea (Ra)* | | |
| San Vito 83-Roccaspinalveti | **3-1** | |
| *B. Sferrella 2 (S), G. Bolognini (S), G. Zara (R)* | | |
| Sporting Altino-Di Santo Dionisio | **2-0** | |
| *A. Chiarini 2* | | |
| Virtus Castel Frentano-Faresina | **0-0** | |

| 18ª giornata – domenica 13 marzo 2022 | | |
|---|---|---|
| Di Santo Dionisio-Guardiagrele 2016 | **1-1** | |
| *A. Del Peschio (D), M. Marrone (G)* | | |
| Faresina-Palena | **2-1** | |
| *D. D'Angelo (F), A. Parente (F), L. Di Marino (P)* | | |
| Fossacesia 90-Sporting Altino | **0-1** | |
| *D. Zekthi* | | |
| Perano-Real Casale | **1-3** | |
| *D. Di Campli (P), A. Ciccotosto (R), L. Persichitti (R), L. Marinelli (R)* | | |
| Rapino-San Vito 83 | **1-2** | |

*A. D'Urbano (R), S. Filomarino (S), G. Bolognini (S)*
Roccaspinalveti-Dinamo Roccaspinalveti **1-1**
*B. Baldeh (R), E. Di Prospero (D)*
Scerni-Virtus Castel Frentano **1-0**
*L. Priori*

**19ª giornata – domenica 20 marzo 2022**

Dinamo Roccaspinalveti-Rapino **1-1** *(6 aprile)*
*L. Madonna (D), D. D'Amore (R)*
Guardiagrele 2016-Fossacesia 90 **1-1**
*B. Peralta Raimo (G), M. Valentini (F)*
Real Casale-Faresina **1-2**
*C. Galante (R), A. Di Sipio (F), P. Rapino (F)*
San Vito 83-Perano **3-1**
*B. Sferrella (S), S. Catenaro (S), J. D'Alessandro (S), A. Pizzi (P)*
Scerni-Di Santo Dionisio **5-1**
*S. Di Ghionno (S), G. Di Pasquale (S), E. Di Virgilio (S), D. Di Foglio (S), A. Amao (S), S. Zaccardi (D)*
Sporting Altino-Roccaspinalveti **3-0**
*S. Codagnone, E. Mustafa, N. Carunchio*
Virtus Castel Frentano-Palena **0-1**
*M. Pennacchioni*

**20ª giornata – domenica 27 marzo 2022**

Di Santo Dionisio-Virtus Castel Frentano **0-0**
Faresina-San Vito 83 **1-2**
*P. Rapino (F), B. Sferrella (S), autorete (S)*
Fossacesia 90-Scerni **0-0**
Palena-Real Casale **1-1**
*L. Di Marino (P), A. De Cillis (A)*
Perano-Dinamo Roccaspinalveti **3-2**
*D. Tundo 2 (P), M. D'Ippolito (P), L. Madonna 2 (D)*
Rapino-Sporting Altino **0-0**
Roccaspinalveti-Guardiagrele 2016 **4-0**
*B. Baldeh 2, A. Farina, autorete*

**21ª giornata – domenica 3 aprile 2022**

Di Santo Dionisio-Fossacesia 90 **0-0**
Dinamo Roccaspinalveti-Faresina **1-2**
*L. Madonna (D), P. Rapino 2 (F)*
Guardiagrele 2016-Rapino **0-2**
*L. Pica, L. Anzellotti*

San Vito 83-Palena **5-1**
*S. Catenaro (S), F. Verì (S), G. Bolognini (S), S. Martarelli (S), J. D'Alessandro (J), F. Schieda (P)*
Scerni-Roccaspinalveti **2-1**
*D. Monachetti 2 (S), B. Baldeh (R)*
Sporting Altino-Perano **1-0**
*E. Pasquini*
Virtus Castel Frentano-Real Casale **0-1**
*B. Dell'Osa*

**22ª giornata – domenica 10 aprile 2022**

Faresina-Sporting Altino **2-0**
*P. Rapino 2*
Fossacesia 90-Virtus Castel Frentano **0-4**
*N. Di Matteo 2, G. Malvone, A. Nasuti*
Palena-Dinamo Roccaspinalveti **1-1**
*E. Di Falco (P), G. Battista (D)*
Perano-Guardiagrele 2016 **5-0**
*N. Di Maulo, J. Pece, F. Di Tullio 2, D. Di Campli*
Rapino-Scerni **1-1**
*D. D'Amore (R), M. Di Matteo (S)*
Real Casale-San Vito 83 **2-3**
*L. Persichitti (R), B. Dell'Osa (R), G. Innocenti (S), J. D'Alessandro (S), S. Filomarino (S)*
Roccaspinalveti-Di Santo Dionisio **4-0**
*B. Baldeh 2, Manuel Grimaldi, Martin Suriano*

**23ª giornata – sabato 16 aprile 2022**

Di Santo Dionisio-Rapino **0-0**
Dinamo Roccaspinalveti-Real Casale **1-2**
*M. Pomponio (D), G. Di Biase 2 (R)*
Fossacesia 90-Roccaspinalveti **1-1**
*V. Rongioletti (F), Manuel Grimaldi (R)*
Guardiagrele 2016-Faresina **1-1**
*M. Torrieri Di Tullio (G), G. Sulpizio (F)*
Scerni-Perano **5-1**
*M. Di Sante (S), A. De Vivo (S), M. Di Matteo (S), D. Monachetti (S), S. Di Ghionno (S), J. Pece (P)*
Sporting Altino-Palena **3-0**
*L. Caporale, A. Chiarini, M. Mainella*
Virtus Castel Frentano-San Vito 83 **2-2**
*N. Di Matteo 2 (V), G. Bolognini (S), F. Verì (S)*

| 24ª giornata – domenica 24 aprile 2022 | |
|---|---|
| Faresina-Scerni | **2-2** |
| *D. Salvatore (F), A. Parente (F), A. De Vivo (S), D. Monachetti (S)* | |
| Palena-Guardiagrele 2016 | **6-1** |
| *G. Scarci 2 (P), E. Di Falco 2 (P), A. Casciato (P), L. Di Marino (P), A. Shyti (G)* | |
| Perano-Di Santo Dionisio | **1-1** |
| *D. Di Campli (P), M. Del Roio (D)* | |
| Rapino-Fossacesia 90 | **3-1** |
| *L. Letta (R), D. D'Amore (R), autorete (R), A. Caiazzo (F)* | |
| Real Casale-Sporting Altino | **0-3** |
| *N. Carunchio 2, A. Chiarini* | |
| Roccaspinalveti-Virtus Castel Frentano | **0-1** |
| *N. Di Matteo* | |
| San Vito 83-Dinamo Roccaspinalveti | **1-0** |
| *B. Sferrella* | |

| 25ª giornata – domenica 1 maggio 2022 | |
|---|---|
| Di Santo Dionisio-Faresina | **3-3** |
| *A. Grossi (D), A. Del Peschio (D), M. Pantalone (D), E. Liberati (F), P. Rapino (F), A. Di Sipio (F)* | |
| Fossacesia 90-Perano | **2-2** |
| *R. Polsoni (F), A. D'Ortona (F), F. Di Tullio (P), N. Di Maulo (P)* | |
| Guardiagrele 2016-Real Casale | **0-2** |
| *L. Marinelli, G. Di Biase* | |
| Roccaspinalveti-Rapino | **3-1** |
| *B. Baldeh 2 (Ro), A. Bruno (Ro), D. D'Amore (Ra)* | |
| Scerni-Palena | **3-0** |
| *M. Antonino, M. Di Matteo, A. De Vivo* | |
| Sporting Altino-San Vito 83 | **2-1** |
| *E. Mustafa (Sp), A. Chiarini (Sp), B. Sferrella (Sa)* | |
| Virtus Castel Frentano-Dinamo Roccaspinalveti | **1-1** |
| *N. Lombardi (V), E. Di Prospero (D)* | |

| 26ª giornata – domenica 8 maggio 2022 | |
|---|---|
| Dinamo Roccaspinalveti-Sporting Altino | **2-3** |
| *L. Madonna (D), G. Battista (D), A. Chiarini (S), E. Pasquini (S), E. Mustafa (S)* | |
| Faresina-Fossacesia 90 | **2-3** |
| *E. Liberati (Fa), P. Rapino (Fa), F. Lanci (Fo), A. Zinni 2 (Fo)* | |
| Palena-Di Santo Dionisio | **0-0** |
| Perano-Roccaspinalveti | **4-2** |
| *D. Tundo (P), M. Centurione (P), M. D'Ippolito (P), D. Fortugno (P), B. Baldeh 2 (R)* | |

Rapino-Virtus Castel Frentano **1-3**
*D. D'Amore (R), N. Lombardi (V), G. Malvone (V), autorete (V)*
Real Casale-Scerni **1-2**
*G. Di Biase (R), D. Monachetti (S), G. Di Pasquale (S)*
San Vito 83-Guardiagrele 2016 **3-3**
*L. Olivieri (S), B. Sferrella (S), A. Pasquini (S), B. Peralta Raimo (G), E. Troka (G), E. Ferko (G)*

## CLASSIFICA FINALE girone B

| squadre | punti | gare | vinte | nulle | perse | reti f. | reti s. | diff. |
|---|---|---|---|---|---|---|---|---|
| San Vito 83 | 62 | 26 | 19 | 5 | 2 | 60 | 28 | +32 |
| Sporting Altino | 59 | 26 | 18 | 5 | 3 | 41 | 16 | +25 |
| Scerni | 50 | 26 | 14 | 8 | 4 | 48 | 25 | +23 |
| Rapino | 39 | 26 | 11 | 6 | 9 | 48 | 41 | +7 |
| Real Casale | 39 | 26 | 11 | 6 | 9 | 39 | 39 | 0 |
| Roccaspinalveti | 33 | 26 | 9 | 6 | 11 | 37 | 32 | +5 |
| Faresina | 32 | 26 | 9 | 5 | 12 | 34 | 50 | -16 |
| Virtus Castel Fren. | 30 | 26 | 7 | 9 | 10 | 40 | 39 | +1 |
| Di Santo Dionisio | 30 | 26 | 6 | 12 | 8 | 28 | 36 | -8 |
| Perano | 30 | 26 | 8 | 6 | 12 | 40 | 47 | -7 |
| Dinamo Roccasp. | 28 | 26 | 7 | 7 | 12 | 31 | 33 | -2 |
| Fossacesia 90 | 28 | 26 | 6 | 10 | 10 | 36 | 42 | -6 |
| Palena | 21 | 26 | 6 | 3 | 17 | 30 | 54 | -24 |
| Guardiagrele 2016 | 17 | 26 | 3 | 8 | 15 | 24 | 54 | -30 |

### semifinale play out – domenica 22 maggio 2022

Dinamo Roccaspinalveti-Fossacesia 90 **0-1**
*G. Polsoni*

### finale play out – domenica 29 maggio 2022

Dinamo Roccaspinalveti-Palena **3-1**
*A. Iannone (D), G. Piccirilli (D), L. Madonna (D), E. Di Falco (P)*

## CLASSIFICA MARCATORI girone B

**24 reti:** B. Sferrella (San Vito 83)
**22 reti:** B. Baldeh (Roccaspinalveti)
**15 reti:** P. Rapino (Faresina)
**13 reti:** E. Di Falco (Palena); D. Monachetti (Scerni)
**12 reti:** A. Del Peschio (Di Santo Dionisio); D. D'Amore (Rapino); E. Mustafa (Sporting Altino)
**11 reti:** N. Di Matteo (Virtus Castel Frentano)
**10 reti:** A. Chiarini (Sporting Altino)
**9 reti:** L. Madonna (Dinamo Roccaspinalveti); M. D'Ippolito (Perano); G. Di Biase (Real Casale)
**8 reti:** L. Marinelli (Real Casale); G. Bolognini (San Vito 83); N. Lombardi (Virtus Castel Frentano)
**7 reti:** M. Valentini (Fossacesia 90); D. Tundo (Perano); J. D'Alessandro (San Vito 83); S. Di Ghionno (Scerni)
**6 reti:** E. Liberati (Faresina); A. D'Urbano (Rapino)
**5 reti:** A. Parente (Faresina); F. Lanci (Fossacesia 90); B. Peralta Raimo (Guardiagrele 2016); L. Di Marino (Palena); A. De Cillis (Real Casale); A. Farina (Roccaspinalveti); S. Catenaro (San Vito 83); N. Carunchio (Sporting Altino)
**4 reti:** G. Di Bari e M. Del Roio (Di Santo Dionisio); G. Battista, G. Luciano e Y. Laaouine (Dinamo Roccaspinalveti); A. Zinni e S. Aielli (Fossacesia 90); F. Pierri e F. Di Tullio (Perano); S. Lolli e L. Anzellotti (Rapino); W. Canosa (Real Casale); G. Zara (Roccaspinalveti); L. Priori (Scerni); M. Mainella (Sporting Altino)
**3 reti:** G. Piccirilli (Dinamo Roccaspinalveti); A. Caiazzo, M. Rotondo e S. Di Girolamo (Fossacesia 90); M. Pennacchioni (Palena); J. Pece, D. Di Campli e M. Centurione (Perano); P. Clivio, M. Tirino, L. Pica e M. Sciannamea (Rapino); F. Verì e G. Innocenti (San Vito 83); A. De Vivo, Di Matteo, G. Di Pasquale e P. Della Morte (Scerni); E. Pasquini (Sporting Altino); B. Bah, S. Spadano, G. Malvone e D. Cristofalo (Virtus Castel Frentano)

## RECORDS girone B

| | | |
|---|---|---|
| maggior numero di punti | 62 | San Vito 83 |
| minor numero di punti | 17 | Guardiagrele 2016 |
| maggior numero di vittorie | 19 | San Vito 83 |
| minor numero di vittorie | 3 | Guardiagrele 2016 |
| maggior numero di pareggi | 12 | Di Santo Dionisio |
| minor numero di pareggi | 3 | Palena |
| maggior numero di sconfitte | 17 | Palena |
| minor numero di sconfitte | 2 | San Vito 83 |
| miglior attacco | 60 | San Vito 83 |
| miglior difesa | 16 | Sporting Altino |
| peggior attacco | 24 | Guardiagrele 2016 |
| peggior difesa | 54 | Palena e Guardiagrele 2016 |
| migliore differenza reti | +32 | San Vito 83 |
| peggiore differenza reti | - 30 | Guardiagrele 2016 |
| miglior realizzatore | 24 reti | B. Sferrella (San Vito 83) |

## I VERDETTI FINALI

**Promosse in Promozione:** San Vito 83 e Sporting Altino
**Retrocesse in Seconda categoria:** Palena e Guardiagrele 2016

## PRIMA CATEGORIA girone C

### 1ª GIORNATA – domenica 26 settembre 2021

Casalincontrada-Vianova Sambuceto **3-2**
*G. Di Primio (C), A. Malandra (C), T. Balbo (C), C. Melchiorre (V), S. Mastrorazio (V)*
Loreto Aprutino-Pennese **1-1**
*G. Martinelli (L), G. Di Fazio (P)*
Manoppello Arabona-Atletico Francavilla **2-0**
*R. Di Renzo 2*
Rosciano-Pro Tirino **1-2**
*G. Filippone (R), R. Rispoli 2 (P)*
Tollo 2008-Sport Montesilvano 1926 **1-1**
*G. Gialloreto (T), N. Surugiu (S)*
Virtus Pescara-Cugnoli **2-1**
*S. Bordoni (V), D. Vettese (V), G. Masciovecchio (C)*
Vis Montesilvano-Castellamare Pescara Nord **0-0**

### 2ª giornata – domenica 3 ottobre 2021

Atletico Francavilla-Casalincontrada **2-1**
*A. Di Felice (A), D. Iaciancio (A), J. Montanaro (C)*
Castellamare Pescara Nord-Virtus Pescara **1-5**
*L. Del Rosso (C), A. Iommetti 3 (V), D. Vettese 2 (V)*
Cugnoli-Loreto Aprutino **3-3**
*N. Sciarra (C), S. Amedoro (C), G. Masciovecchio (C), S. Sablone 2 (L), G. Evangelista (L)*
Pennese-Rosciano **4-1**
*G. Di Fazio (P), D. Coletta (P), A. Reale Ruffini (P), F. Di Pietro (P), M. Lanza (R)*
Pro Tirino-Tollo 2008 **1-0**
*R. Rispoli*
Sport Montesilvano 1926-Manoppello Arabona **1-2**
*F. Lamonarca (S), M. Corti (M), autorete (M)*
Vianova Sambuceto-Vis Montesilvano **0-4**
*G. Guardiani, S. Di Berardino 2, N. Scarponcini Fornaro*

### 3ª giornata – domenica 10 ottobre 2021

Atletico Francavilla-Sport Montesilvano 1926 **2-0**
*M. Lanaro, L. Busiello*
Loreto Aprutino-Castellamare Pescara Nord **1-1**
*G. Martinelli (L), M. Laezza (C)*
Manoppello Arabona-Pro Tirino **2-1**

*R. Di Renzo (M), F. Colecchia (M), L. Torrieri (P)*
Rosciano-Cugnoli **3-2**
*G. Falone (R), F. Speranza (R), G. Speranza (R), G. Masciovecchio (C), S. Di Giovanni (C)*
Tollo 2008-Pennese **0-0**
Virtus Pescara-Vianova Sambuceto **1-2**
*A. Iommetti (VP), C. Patrizio (VS), C. Melchiorre (VS)*
Vis Montesilvano-Casalincontrada **2-0**
*S. Di Berardino, G. Guardiani*

**4ª giornata – domenica 17 ottobre 2021**

Casalincontrada-Virtus Pescara **1-1**
*S. Febbo (C), L. Terzini (V)*
Castellamare Pescara Nord-Rosciano **3-0**
*M. Laezza, M. Ferretti, S. Cieri*
Cugnoli-Tollo 2008 **1-3**
*L. Santoli (C), A. Grossi 2 (T), P. Ranalli (T)*
Pennese-Manoppello Arabona **1-1**
*G. Di Fazio (P), R. Di Renzo (M)*
Pro Tirino-Sport Montesilvano 1926 **3-5**
*P. Fusella (P), L. Torrieri (P), D. Caruso (P), N. Surugiu 3 (S), M. Bianco 2 (S)*
Vianova Sambuceto-Loreto Aprutino **2-6**
*N. Di Paolo (V), F. Zenone (V), L. Altobelli (L), G. Casalena 3 (L), A. Rasetta (L), G. Martinelli (L)*
Vis Montesilvano-Atletico Francavilla **2-3**
*G. Guardiani 2 (V), M. Baldassarre (A), M. Lanaro (A), A. Caldo (A)*

**5ª giornata – domenica 24 ottobre 2021**

Atletico Francavilla-Pro Tirino **0-0**
Loreto Aprutino-Casalincontrada **1-1**
*L. Altobelli (L), A. Malandra (C)*
Manoppello Arabona-Cugnoli **1-1**
*C. Toracchio (M), S. Amedoro (C)*
Rosciano-Vianova Sambuceto **0-1**
*D. Giampaolo*
Sport Montesilvano 1926-Pennese **0-2**
*G. Di Fazio 2*
Tollo 2008-Castellamare Pescara Nord **0-2**
*S. Cieri, A. Ciommi*
Virtus Pescara-Vis Montesilvano **1-0**
*P. De Leonardis*

| 6ª giornata – domenica 31 ottobre 2021 | |
|---|---|
| Casalincontrada-Rosciano | **3-0** |
| *A. Malandra, S. Febbo, T. Balbo* | |
| Castellamare Pescara Nord-Manoppello Arabona | **0-2** |
| *R. Di Renzo 2* | |
| Cugnoli-Sport Montesilvano 1926 | **2-4** |
| *A. Ascenzo (C), Daniele Lecini (C), N. Surugiu 3 (S), A. Contini (S)* | |
| Pennese-Pro Tirino | **4-0** |
| *J. Di Martino, D. Coletta, G. Di Fazio, F. Di Pietro* | |
| Vianova Sambuceto-Tollo 2008 | **0-4** |
| *D. Trabocchi, G. Gialloreto, C. Tano 2* | |
| Virtus Pescara-Atletico Francavilla | **4-3** |
| *P. De Leonardis (V), A. Iommetti 2 (V), M. Di Blasio (V), A. Caldo 2 (A), A. De Paolis (A)* | |
| Vis Montesilvano -Loreto Aprutino | **1-2** |
| *S. Di Berardino (V), D. Evangelista (L), A. Chorfene (L)* | |

| 7ª giornata – domenica 7 novembre 2021 | |
|---|---|
| Atletico Francavilla-Pennese | **2-3** |
| *L. Busiello (A), M. Fasciani (A), F. Di Pietro 2 (P), A. Reale Ruffini (P)* | |
| Loreto Aprutino-Virtus Pescara | **1-0** |
| *G. Massascusa* | |
| Manoppello Arabona-Vianova Sambuceto | **4-3** |
| *R. Di Renzo 2 (M), autorete (M), C. Toracchio (M), C. Melchiorre 2 (V), D. Giampaolo (V)* | |
| Pro Tirino-Cugnoli | **4-5** |
| *M. Di Giandomenico (P), A. Berardocco (P), F. Di Iulio (P), L. Torrieri (P), N. Sciarra 2 (C), autorete (C), S. Amedoro 2 (C)* | |
| Rosciano-Vis Montesilvano | **2-1** |
| *M. Secamiglio (R), A. Petaccia (R), S. Di Berardino (V)* | |
| Sport Montesilvano 1926-Castellamare Pescara Nord | **1-0** |
| *N. Surugiu* | |
| Tollo 2008-Casalincontrada | **1-1** |
| *A. Grossi (T), T. Balbo (C)* | |

| 8ª giornata – domenica 14 novembre 2021 | |
|---|---|
| Casalincontrada-Manoppello Arabona | **0-1** |
| *F. Di Giampaolo* | |
| Castellamare Pescara Nord-Pro Tirino | **2-1** |
| *R. Cilli (C), A. Ciommi (C), L. Torrieri (P)* | |
| Cugnoli-Pennese | **1-3** |
| *A. Lecini (C), F. Di Pietro 2 (P), D. Ferko (P)* | |

Loreto Aprutino-Atletico Francavilla **1-1**
*G. Martinelli (L), V. Fazzano (A)*
Vianova Sambuceto-Sport Montesilvano 1926 **2-3**
*N. Di Paolo (V), F. Coccione (V), N. Surugiu 3 (S)*
Virtus Pescara-Rosciano **1-0**
*L. Lalli*
Vis Montesilvano-Tollo 2008 **1-1**
*G. Guardiani (V), B. Diompy (T)*

**9ª giornata – domenica 21 novembre 2021**

Atletico Francavilla-Cugnoli **1-1**
*A. Di Felice (A), G. Sciarra (C)*
Manoppello Arabona-Vis Montesilvano **3-3**
*R. Di Renzo 3 (M), M. Di Nucci (V), autorete (V), S. Di Berardino (V)*
Pennese-Castellamare Pescara Nord **2-0**
*J. Di Martino, A. Reale Ruffini*
Pro Tirino-Vianova Sambuceto **2-3**
*F. Di Iulio (P), A. Berardocco (P), A. Mazzocchetti (V), P. Paolini 2 (V)*
Rosciano-Loreto Aprutino **3-3**
*G. Falone (R), M. Lanza (R), M. Filippone (R), A. Rasetta 2 (L), L. Altobelli (L)*
Sport Montesilvano 1926-Casalincontrada **1-2**
*M. Bianco (S), J. Orsini 2 (C)*
Tollo 2008-Virtus Pescara **3-1**
*C. Tano 3 (T), F. Grassi (V)*

**10ª giornata – domenica 28 novembre 2012**

Casalincontrada-Pro Tirino **5-1**
*A. Malandra (C), A. Di Pompeo (C), S. Di Muzio 2 (C), G. Di Primio (C), R. Anzoletti (P)*
Castellamare Pescara Nord-Cugnoli **4-1**
*W. Sangiorgio 3 (Ca), S. Cieri (Ca), G. Masciovecchio (Cu)*
Loreto Aprutino-Tollo 2008 **4-0**
*G. Casalena, G. Massascusa, G. Martinelli, F. Di Clemente*
Rosciano-Atletico Francavilla **1-1**
*C. Gueye (R), R. Benini (A)*
Vianova Sambuceto-Pennese **2-1**
*M. Di Paolo 2 (V), G. Di Fazio (P)*
Virtus Pescara-Manoppello Arabona **2-0**
*D. Vettese, F. Grassi*
Vis Montesilvano-Sport Montesilvano 1926 **1-0**
*S. Di Berardino*

| 11ª giornata – domenica 5 dicembre 2021 | |
|---|---|
| Atletico Francavilla-Castellamare Pescara Nord | **2-2** |
| *M. Fasciani(A), autorete (A), F. Daventura (C), R. Cilli (C)* | |
| Cugnoli-Vianova Sambuceto | **1-0** |
| *autorete* | |
| Manoppello Arabona-Loreto Aprutino | **2-3** |
| *F. Di Giampaolo (M), C. Toracchio (M), L. Altobelli (L), A. Chorfene 2 (L)* | |
| Pennese-Casalincontrada | **0-0** |
| Pro Tirino-Vis Montesilvano | **0-3** |
| *S. Paolini, G. Guardiani 2* | |
| Sport Montesilvano 1926-Virtus Pescara | **4-2** |
| *S. Mazzocchetti (S), N. Surugiu 2 (S), P. Rossetti (S), F. Grassi (V), S. Bordoni (V)* | |
| Tollo 2008-Rosciano | **1-1** |
| *C. Tano (T), G. Roscioli (R)* | |

| 12ª giornata – domenica 12 dicembre 2021 | |
|---|---|
| Casalincontrada-Cugnoli | **3-3** |
| *J. Orsini (Ca), S. Di Muzio (Ca), S. Febbo (Ca), S. Amedoro (Cu), G. Masciovecchio (Cu), A. Sciarra (Cu)* | |
| Loreto Aprutino-Sport Montesilvano 1926 | **1-0** |
| *G. Casalena* | |
| Rosciano-Manoppello Arabona | **2-0** |
| *G. Falone, M. Lanza* | |
| Tollo 2008-Atletico Francavilla | **2-3** |
| *A. Luciani (T), A. Grossi (T), F. Di Iulio (A), V. Fazzano (A), L. Busiello (A)* | |
| Vianova Sambuceto-Castellamare Pescara Nord | **1-2** |
| *F. Menegazzi (V), C. Tacconelli (C), R. Cilli (C)* | |
| Virtus Pescara-Pro Tirino | **2-1** |
| *D. Vettese (V), P. De Leonardis (V), R. Rispoli (P)* | |
| Vis Montesilvano-Pennese | **0-1** |
| *autorete* | |

| 13ª giornata – domenica 19 dicembre 2021 | |
|---|---|
| Atletico Francavilla-Vianova Sambuceto | **1-0** |
| *F. Sula* | |
| Castellamare Pescara Nord-Casalincontrada | **0-1** |
| *A. Malandra* | |
| Cugnoli-Vis Montesilvano | **1-1** |
| *G. Masciovecchio (C), M. Pelusi (V)* | |
| Manoppello Arabona-Tollo 2008 | **2-2** |
| *F. Di Giampaolo 2 (M), S. Scarinci 2 (T)* | |
| Pennese-Virtus Pescara | **2-4** |

*G. Di Fazio (P), F. Bianchini (P), G. Cappello (V), A. Iommetti (V), L. Lalli (V), M. Siravo (V)*
Pro Tirino-Loreto Aprutino **1-3**
*D. Caruso (P), A. Chorfene (L), G. Martinelli (L), L. Altobelli (L)*
Sport Montesilvano 1926-Rosciano **2-0** ***(6 febbraio)***
*T. Trivellone, N. Evangelista*

**14ª giornata – domenica 13 febbraio 2022**

Atletico Francavilla-Manoppello Arabona **3-1**
*F. Di Iulio 2 (A), R. Benini (A), F. Di Giampaolo (M)*
Castellamare Pescara Nord-Vis Montesilvano **1-4**
*A. Angelucci (C), S. Di Berardino 2 (V), N. Scarponcini Fornaro (V), G. Guardiani (V)*
Cugnoli-Virtus Pescara **2-4**
*A. Ferrandina (C), G. Masciovecchio (C), D. Vettese 2 (V), F. Grassi (V), S. Bordoni (V)*
Pennese-Loreto Aprutino **0-1**
*F. Leone*
Pro Tirino-Rosciano **1-1**
*M. Di Giandomenico (P), M. Russo (R)*
Sport Montesilvano 1926-Tollo 2008 **4-2**
*N. Surugiu 3 (S), M. Bianco (S), C. Tano 2 (T)*
Vianova Sambuceto-Casalincontrada **1-2**
*N. Di Paolo (V), T. Balbo (C), A. Malandra (C)*

**15ª giornata – domenica 20 febbraio 2022**

Casalincontrada-Atletico Francavilla **0-1**
*F. Di Iulio*
Loreto Aprutino-Cugnoli **2-0**
*D. Gigante, A. Giancaterino*
Manoppello Arabona-Sport Montesilvano 1926 **2-1**
*M. Corti (M), G. Mancini (M), N. Surugiu (S)*
Rosciano-Pennese **0-0**
Tollo 2008-Pro Tirino **4-0**
*T. Calcan, P. Ranalli, A. Zolfanelli, C. Tano*
Virtus Pescara-Castellamare Pescara Nord **5-2**
*P. De Leonardis 3 (V), C. Pesce (V), A. Iommetti (V), K. Albini (C), S. Cieri (C)*
Vis Montesilvano -Vianova Sambuceto **3-1**
*M. Di Nucci (VM), N. Scarponcini Fornaro (VM), L. Sablone (VM), M. Di Paolo (VS)*

| 16ª giornata – domenica 27 febbraio 2022 | | |
|---|---|---|
| Casalincontrada-Vis Montesilvano | **2-1** | ***(16 marzo)*** |
| *G. Di Primio (C), J. Orsini (C), S. Di Berardino (V)* | | |
| Castellamare Pescara Nord-Loreto Aprutino | **0-1** | |
| *V. Vianale* | | |
| Cugnoli-Rosciano | **1-2** | ***(16 marzo)*** |
| *G. Masciovecchio (C), C. Gueye 2 (R)* | | |
| Pennese-Tollo 2008 | **1-1** | ***(16 marzo)*** |
| *G. Di Fazio (P), C. Tano (T)* | | |
| Pro Tirino-Manoppello Arabona | **2-3** | |
| *L. Falone (P), D. Caruso (P), G. Mancini 2 (M), D. D'Ancona (M)* | | |
| Sport Montesilvano 1926-Atletico Francavilla | **1-0** | ***(16 marzo)*** |
| *R. Capobianco* | | |
| Vianova Sambuceto-Virtus Pescara | **1-2** | |
| *F. Coccione (VS), A. Iommetti (VP), P. De Leonardis (VP)* | | |

| 17ª giornata – domenica 6 marzo 2022 | |
|---|---|
| Atletico Francavilla-Vis Montesilvano | **2-1** |
| *F. Di Iulio 2 (A), L. Giansante (V)* | |
| Loreto Aprutino-Vianova Sambuceto | **3-0** |
| *D. Nobilio, G. Martinelli, F. Leone* | |
| Manoppello Arabona-Pennese | **1-0** |
| *R. Di Renzo* | |
| Rosciano-Castellamare Pescara Nord | **3-3** |
| *M. Niang (R), M. Bastiani (R), G. Speranza (R), D. Bucciarelli (C), R. Cilli 2 (C)* | |
| Sport Montesilvano 1926-Pro Tirino | **3-1** |
| *S. Mazzocchetti (S), M. Bianco (S), P. Rossetti (S), L. Di Cecco (P)* | |
| Tollo 2008-Cugnoli | **1-1** |
| *C. Tano (T), Daniele Lecini (C)* | |
| Virtus Pescara-Casalincontrada | **4-1** |
| *D. Vettese 2 (V), P. De Leonardis (V), A. Iommetti (V), S. Lolli (C)* | |

| 18ª giornata – domenica 13 marzo 2022 | |
|---|---|
| Casalincontrada-Loreto Aprutino | **0-5** |
| *M. Acciavatti, A. Rasetta 2, L. Altobelli, F. Leone* | |
| Castellamare Pescara Nord-Tollo 2008 | **1-3** |
| *S. Cieri (C), D. Leone (T), C. Tano 2 (T)* | |
| Cugnoli-Manoppello Arabona | **3-1** |
| *Dario Lecini (C), S. Amedoro (C), A. Sciarra (C), M. Corti (M)* | |
| Pennese-Sport Montesilvano 1926 | **2-1** |
| *G. Di Fazio (P), A. Reale Ruffini (P), M. Bianco (S)* | |
| Pro Tirino-Atletico Francavilla | **1-4** |

*E. Monaco (P), F. Di Iulio 2 (A), V. Fazzano (A), F. Sula (A)*
Vianova Sambuceto-Rosciano **2-4**
*F. Coccione (V), N. Di Paolo (V), G. Falone 2 (R), V. Galasso 2 (R)*
Vis Montesilvano-Virtus Pescara **2-0**
*S. Di Berardino, T. Gutesa*

**19ª giornata – domenica 20 marzo 2022**

Atletico Francavilla-Virtus Pescara **2-2**
*F. Di Iulio (A), autorete (A), A. Berardocco (V), A. Iommetti (V)*
Loreto Aprutino-Vis Montesilvano **0-0**
Manoppello Arabona-Castellamare Pescara Nord **3-0**
*G. Mancini, P. Sciarretta, R. Di Renzo*
Pro Tirino-Pennese **0-3**
*F. Di Pietro 2, G. Di Fazio*
Rosciano-Casalincontrada **3-1**
*V. Galasso (R), D. Marsili (R), G. Speranza (R), T. Balbo (C)*
Sport Montesilvano 1926-Cugnoli **2-2**
*M. Bianco (S), A. Scoglia (S), G. Masciovecchio (C), G. Sciarra (C)*
Tollo 2008-Vianova Sambuceto **1-2**
*C. Tano (T), N. Di Paolo (V), D. Di Domenico (V)*

**20ª giornata – domenica 27 marzo 2022**

Casalincontrada-Tollo 2008 **0-0**
Castellamare Pescara Nord-Sport Montesilvano 1926 **3-1**
*R. Cilli (C), P. Di Gregorio 2 (C), N. Surugiu (S)*
Cugnoli-Pro Tirino **4-4**
*M. D'Emilio (C), A. Ferrandina 2 (C), S. Di Giovanni (C), E. Monaco (P), M. Ferri (P), D. Caruso (P), R. Rispoli (P)*
Pennese-Atletico Francavilla **1-0**
*M. Di Simone*
Vianova Sambuceto-Manoppello Arabona **2-1**
*N. Di Paolo (V), D. Giampaolo (V), K. Colalongo (M)*
Virtus Pescara-Loreto Aprutino **1-1**
*L. Terzini (V), G. Martinelli (L)*
Vis Montesilvano-Rosciano **0-1**
*V. Galasso*

**21ª giornata – domenica 3 aprile 2022**

Atletico Francavilla-Loreto Aprutino **0-1**
*G. Martinelli*
Manoppello Arabona-Casalincontrada **3-1**
*M. Pepe (M), A. Corrado (M), R. Di Renzo (M), A. D'Alessandro (C)*

Pennese-Cugnoli **4-2**
*G. Di Fazio 4 (P), G. Masciovecchio 2 (C)*
Pro Tirino-Castellamare Pescara Nord **1-3**
*R. Rispoli (P), R. Cilli (C), K. Albini (C), M. Laezza (C)*
Rosciano-Virtus Pescara **1-4**
*P. Falone (R), L. Terzini (V), A. Iommetti (V), P. De Leonardis (V), F. Grassi (V)*
Sport Montesilvano 1926-Vianova Sambuceto **0-1**
*F. Menegazzi*
Tollo 2008-Vis Montesilvano **2-1**
*S. Scarinci (T), P. Ranalli (T), G. Guardiani (V)*

**22ª giornata – domenica 10 aprile 2022**

Casalincontrada-Sport Montesilvano 1926 **3-0**
*S. Ciammaichella, G. Di Primio, S. Lolli*
Castellamare Pescara Nord-Pennese **3-3**
*S. Cieri 2 (C), A. Ciommi (C), G. Di Fazio 2 (P), F. Bianchini (P)*
Cugnoli-Atletico Francavilla **2-1**
*G. Sciarra (C), D. Luciani (C), M. Lanaro (A)*
Loreto Aprutino-Rosciano **2-1**
*L. Altobelli (L), G. Martinelli (L), M. Russo (R)*
Vianova Sambuceto-Pro Tirino **4-1**
*F. Menegazzi 3 (V), A. Mazzocchetti (V), S. Calandra (P)*
Virtus Pescara-Tollo 2008 **1-0**
*F. Grassi*
Vis Montesilvano-Manoppello Arabona **2-1**
*S. Di Berardino 2 (V), R. Di Renzo (M)*

**23ª giornata – sabato 16 aprile 2022**

Atletico Francavilla-Rosciano **0-1**
*V. Galasso*
Cugnoli-Castellamare Pescara Nord **3-2**
*S. Amedoro (Cu), A. Sciarra 2 (Cu), A. Ciommi (Ca), P. Di Gregorio (Ca)*
Manoppello Arabona-Virtus Pescara **1-0**
*M. Fayinkeh*
Pennese-Vianova Sambuceto **2-1**
*F. Di Pietro 2 (P), M. Di Paolo (V)*
Pro Tirino-Casalincontrada **1-1**
*M. Di Giandomenico (P), S. Ciammaichella (C)*
Sport Montesilvano 1926-Vis Montesilvano **1-2**
*R. Capobianco (S), M. Di Nucci (V), S. Di Berardino (V)*

Tollo 2008-Loreto Aprutino **1-1**
*C. Tano (T), C. Fiorito (L)*

### 24ª giornata – domenica 24 aprile 2022

Casalincontrada-Pennese **2-2**
*S. Di Muzio (C), A. La Cioppa (C), G. Di Fazio (P), F. Di Pietro (P)*
Castellamare Pescara Nord-Atletico Francavilla **4-3**
*S. Cieri (C), A. Ciommi 3 (C), V. Fazzano (A), P. Fusella (A), L. Busiello (A)*
Loreto Aprutino-Manoppello Arabona **0-1**
*E. Ilario*
Rosciano-Tollo 2008 **1-2**
*M. Niang (R), P. Ranalli (T), T. Di Gregorio (T)*
Vianova Sambuceto-Cugnoli **3-2**
*F. Coccione (V), M. Di Paolo (V), F. Menegazzi (V), G. Masciovecchio (C), S. Amedoro (C)*
Virtus Pescara-Sport Montesilvano 1926 **5-1**
*D. Vettese 3 (V), L. Galassi (V), P. De Leonardis (V), P. Rossetti (S)*
Vis Montesilvano-Pro Tirino **1-0**
*S. Di Berardino*

### 25ª giornata – domenica 1 maggio 2022

Atletico Francavilla-Tollo 2008 **1-1**
*M. Fasciani (A), P. Ranalli (T)*
Castellamare Pescara Nord-Vianova Sambuceto **2-6**
*P. Di Gregorio (C), A. Enzini (C), F. Coccione (V), N. Di Paolo (V), F. Menegazzi 2 (V), M. Di Paolo (V), D. Giampaolo (V)*
Cugnoli-Casalincontrada **3-2**
*G. Sciarra (Cu), S. Amedoro (Cu), S. Di Francesco (Cu), J. Montanaro (Ca), D. Di Camillo (Ca)*
Manoppello Arabona-Rosciano **4-1**
*D. D'Ancona (M), G. Mancini (M), M. Fayinkeh (M), G. Nubile (M), A. Fagianini (R)*
Pennese-Vis Montesilvano **5-2**
*G. Di Fazio 2 (P), F. Di Pietro 3 (P), T. Gutesa (V), G. Abagnale (V)*
Pro Tirino-Virtus Pescara **1-4**
*S. Calandra (P), P. De Leonardis 2 (V), F. Grassi (V), D. Vettese (V)*
Sport Montesilvano 1926-Loreto Aprutino **0-0**

### 26ª giornata – domenica 8 maggio 2022

Casalincontrada-Castellamare Pescara Nord **3-3**
*T. Balbo 3 (Casa), A. Ciommi (Cast), M. Ferretti (Cast), K. Albini (Cast)*
Loreto Aprutino-Pro Tirino **3-0**

*D. Nobilio, M. Acciavatti, D. Evangelista*
Rosciano-Sport Montesilvano 1926 **2-3**
*M. Russo (R), autorete (R), N. Surugiu (S), M. Bianco (S), T. Trivellone (S)*
Tollo 2008-Manoppello Arabona **1-1**
*autorete (T), D. Barretta (M)*
Vianova Sambuceto-Atletico Francavilla **4-1**
*M. Di Paolo (V), F. Menegazzi 2 (V), D. Di Domenico (V), M. Fasciani (A)*
Virtus Pescara-Pennese **2-0**
*D. Vettese, A. Berardocco*
Vis Montesilvano-Cugnoli **2-3**
*T. Gutesa 2 (V), S. Amedoro (C), G. Masciovecchio 2 (C)*

## CLASSIFICA FINALE girone C

| squadre | punti | gare | vinte | nulle | perse | reti f. | reti s. | diff. |
|---|---|---|---|---|---|---|---|---|
| Loreto Aprutino | 55 | 26 | 15 | 10 | 1 | 50 | 20 | +30 |
| Virtus Pescara | 54 | 26 | 17 | 3 | 6 | 60 | 34 | +26 |
| Manopp. Arabona | 47 | 26 | 14 | 5 | 7 | 45 | 35 | +10 |
| Pennese | 47 | 26 | 13 | 8 | 5 | 47 | 28 | +19 |
| Vis Montesilvano | 35 | 26 | 10 | 5 | 11 | 40 | 33 | +7 |
| Atl. Francavilla | 34 | 26 | 9 | 7 | 10 | 39 | 39 | 0 |
| Casalincontrada | 33 | 26 | 8 | 9 | 9 | 39 | 42 | -3 |
| Sport Montesilv. | 33 | 26 | 10 | 3 | 13 | 40 | 45 | -5 |
| Tollo 2008 | 33 | 26 | 7 | 12 | 7 | 37 | 33 | +4 |
| Vianova Sambuc. | 33 | 26 | 11 | 0 | 15 | 46 | 56 | -10 |
| Castell. Pe Nord | 30 | 26 | 8 | 6 | 12 | 44 | 56 | -12 |
| Rosciano | 30 | 26 | 8 | 6 | 12 | 35 | 47 | -12 |
| Cugnoli | 29 | 26 | 7 | 8 | 11 | 51 | 62 | -11 |
|  | 10 | 26 | 2 | 4 | 20 | 30 | 73 | -43 |

### semifinale play off – domenica 22 maggio 2022

Manoppello Arabona-Pennese **3-0**
*R. Di Renzo, A. Corrado, F. Di Giampaolo*

### semifinali play out – domenica 22 maggio 2022

Castellamare Pescara Nord-Rosciano **4-2**
*A. Ciommi 4 (C), G. Falone 2 (R)*
Vianova Sambuceto-Cugnoli **2-3**
*S. Mastrorazio (V), A. Mazzocchetti (V), A. Sciarra (C), G. Sciarra 2 (C)*

**finale play off – domenica 29 maggio 2022**

Virtus Pescara-Manoppello Arabona **1-0**
*P. De Leonardis*

**finale play out – domenica 29 maggio 2022**

Vianova Sambuceto-Rosciano **1-2**
*M. Di Paolo (V), V. Galasso 2 (R)*

## CLASSIFICA MARCATORI girone C

**20 reti:** G. Di Fazio (Pennese)
**19 reti:** N. Surugiu (Sport Montesilvano 1926)
**16 reti:** R. Di Renzo (Manoppello Arabona)
**15 reti:** C. Tano (Tollo 2008); S. Di Berardino (Vis Montesilvano)
**14 reti:** G. Masciovecchio (Cugnoli); F. Di Pietro (Pennese); D. Vettese (Virtus Pescara)
**13 reti:** P. De Leonardis (Virtus Pescara)
**12 reti:** A. Ciommi (Castellamare Pescara Nord)
**10 reti:** S. Amedoro (Cugnoli); G. Martinelli (Loreto Aprutino); F. Menegazzi (Vianova Sambuceto)
**9 reti:** F. Di Iulio (Atletico Francavilla); C. Guardiani (Vis Montesilvano)
**8 reti:** T. Balbo (Casalincontrada); S. Cieri (Castellamare Pescara Nord); M. Bianco (Sport Montesilvano 1926); M. Di Paolo (Vianova Sambuceto)
**7 reti:** R. Cilli (Castellamare Pescara Nord); L. Altobelli (Loreto Aprutino); G. Falone e V. Galasso (Rosciano); N. Di Paolo (Vianova Sambuceto); F. Grassi (Virtus Pescara)
**6 reti:** A. Malandra (Casalincontrada); G. Sciarra (Cugnoli); F. Di Giampaolo (Manoppello Arabona); R. Rispoli (Pro Tirino); P. Ranalli (Tollo 2008)
**5 reti:** A. Sciarra (Cugnoli); A. Rasetta e G. Casalena (Loreto Aprutino); G. Mancini (Manoppello Arabona); F. coccione (Vianova Sambuceto)
**4 reti:** L. Busiello, M. Fasciani e V. Fazzano (Atletico Francavilla); J. Orsini, S. Di Muzio e G. Di Primio (Casalincontrada); P. Di Gregorio (Castellamare Pescara Nord); A. Chorfene (Loreto Aprutino); A. Reale Ruffini (Pennese); D. Caruso e L. Torrieri (Pro Tirino); C. Gueye (Rosciano); A. Grossi (Tollo 2008); C. Melchiorre (Vianova Sambuceto); S. Bordoni (Virtus Pescara); T. Gutesa (Vis Montesilvano)
**3 reti:** A. Caldo e M. Lanaro (Atletico Francavilla); M. Laezza; K. Albini e W. Sangiorgio (Castellamare Pescara Nord); S. Febbo (Casalincontrada); N. Sciarra e A. Ferrandina (Cugnoli); F. Leone (Loreto Aprutino); M. Corti e G. Toracchio (Manoppello Arabona); M. Di Giandomenico (Pro Tirino);

M. Lanza, M. Russo e G. Speranza (Rosciano); P. Rossetti (Sport Montesilvano 1926); S. Scarinci (Tollo 2008); D. Giampaolo e A. Mazzocchetti (Vianova Sambuceto); L. Terzini (Virtus Pescara); M. Di Nucci e N. Scarponcini Fornaro (Vis Montesilvano)

## RECORDS girone C

| | | |
|---|---|---|
| **maggior numero di punti** | **55** | Loreto Aprutino |
| **minor numero di punti** | **10** | Pro Tirino |
| **maggior numero di vittorie** | **17** | Virtus Pescara |
| **minor numero di vittorie** | **2** | Pro Tirino |
| **maggior numero di pareggi** | **12** | Tollo 2008 |
| **minor numero di pareggi** | **0** | Vianova Sambuceto |
| **maggior numero di sconfitte** | **20** | Pro Tirino |
| **minor numero di sconfitte** | **1** | Loreto Aprutino |
| **miglior attacco** | **60** | Virtus Pescara |
| **miglior difesa** | **20** | Loreto Aprutino |
| **peggior attacco** | **30** | Pro Tirino |
| **peggior difesa** | **73** | Pro Tirino |
| **migliore differenza reti** | **+30** | Loreto Aprutino |
| **peggiore differenza reti** | **- 43** | Pro Tirino |
| **miglior realizzatore** | **20 reti** | G. Di Fazio (Pennese) |

## I VERDETTI FINALI

**Promossa in Promozione:** Loreto Aprutino
**Retrocesse in Seconda categoria:** Rosciano, Vianova Sambuceto e Pro Tirino

## PRIMA CATEGORIA girone D

### 1ª GIORNATA – domenica 26 settembre 2021

Atletico Lempa-Insula Falchi **0-0**
Calcio Atri-Real C. Guardia Vomano **3-2**
*M. Iommarini (C), L. Collevecchio (C), D. Cantoro (C), M. Bizzarri (R), Matteo Di Giacinto (R)*
Castagneto-Pro Nepezzano **1-1**
*P. Licheri (C), A. Timoteo (P)*
Favale 1980-Angelese **6-0**
*F. Fini 3, L. Piergallini, G. Sturba, L. Costantini*
Real Castellalto-Sant'Omero **0-2**
*D. Vornicu, D. Biancucci*
Varano Calcio-Castrum 2010 **1-1**
*L. Valentini (V), A. D'Anteo (C)*
**Ha riposato:** Torricella Sicura

### 2ª giornata – domenica 3 ottobre 2021

Angelese-Torricella Sicura **1-1**
*L. Peppoloni (A), M. El Mesky (T)*
Castrum 2010-Calcio Atri **1-2**
*A. D'Anteo (Cas), V. Vianale (Cal), L. Collevecchio (Cal)*
Insula Falchi-Real Castellalto **3-1**
*A. Ciannelli (I), Simone Betti (I), S. Bassino (I), J. Di Pietro (R)*
Pro Nepezzano-Varano Calcio **0-0**
Real C. Guardia Vomano-Atletico Lempa **5-0**
*Matteo Di Giacinto, F. Foglia, A. Arrighetti, M. Bizzarri, A. Bizzarri*
Sant'Omero-Favale 1980 **1-2**
*S. Kadriu (S), F. Fini 2 (F)*
**Ha riposato:** Castagneto

### 3ª giornata – domenica 10 ottobre 2021

Atletico Lempa-Castrum 2010 **1-0** *(3 novembre)*
*S. Spurio*
Calcio Atri-Pro Nepezzano **4-3**
*M. Iommarini (C), C. Ferretti (C), L. Collevecchio (C), S. Cerqueti (C), V. Ioannone (P), S. Jarju 2 (P)*
Favale 1980-Insula Falchi **1-2**
*A. Tarquini (F), Simone Betti (I), G. Iervella (I)*
Real Castellalto-Real C. Guardia Vomano **0-2**
*M. Bizzarri, D. Andreone*
Torricella Sicura-Sant'Omero **2-1**

*M. El Mesky (T), L. Pellone (T), S. Kadriu (S)*
Varano Calcio-Castagneto **1-0**
*D. Di Pasquale*
**Ha riposato:** Angelese

### 4ª giornata – domenica 17 ottobre 2021

Castagneto-Calcio Atri **3-0**
*A. Tavoni 2, L. Di Carlo*
Castrum 2010-Real Castellalto **2-0**
*N. Planamente, A. D'Anteo*
Insula Falchi-Torricella Sicura **1-3**
*A. Ciannelli (I), L. Pellone (T), M. Angelozzi (T), G. Di Gregorio (T)*
Pro Nepezzano-Atletico Lempa **0-2**
*M. Ciccanti, S. Lelii*
Real C. Guardia Vomano-Favale 1980 **1-1**
*A. Arrighetti (R), E. Ricci (F)*
Sant'Omero-Angelese **2-0**
*Alessandro Costantini 2*
**Ha riposato:** Varano Calcio

### 5ª giornata – domenica 24 ottobre 2021

Angelese-Insula Falchi **1-2**
*G. Cerolini (A), A. Di Sabatino (I), Sandro Betti (I)*
Atletico Lempa-Castagneto **0-2**
*P. Licheri, L. Di Carlo*
Calcio Atri-Varano Calcio **3-3**
*M. Iommarini 2 (C), M. Di Febbo (C), I. Kane 2 (V), E. Straccia (V)*
Favale 1980-Castrum 2010 **4-0**
*L. Costantini 2, L. Piergallini, J. Nepa*
Real Castellalto-Pro Nepezzano **0-0**
Torricella Sicura-Real C. Guardia Vomano **0-1**
*S. Di Gianluca*
**Ha riposato:** Sant'Omero

### 6ª giornata – domenica 31 ottobre 2021

Castagneto-Real Castellalto **1-0**
*P. Licheri*
Castrum 2010-Torricella Sicura **0-0**
Insula Falchi-Sant'Omero **1-0**
*Simone Betti*
Pro Nepezzano-Favale 1980 **0-3**
*A. Tarquini, L. Costantini, F. Fini*

Real C. Guardia Vomano-Angelese **6-1**
*M. Bizzarri 2 (R), A. Bizzarri 2 (R), A. Arrighetti (R), M. Matani (R), S. D'Orazio (A)*
*Varano Calcio-Atletico Lempa* **3-0**
*M. Scimitarra 2, S. Ruggieri*
**Ha riposato:** Calcio Atri

**7ª giornata – domenica 7 novembre 2021**

Angelese-Castrum 2010 **3-0**
*S. D'Orazio, A. Pellone, S. Lolli*
Atletico Lempa-Calcio Atri **0-1**
*L. Collevecchio*
Favale 1980-Castagneto **3-0**
*A. Tarquini, F. Fini, A. Biagetti*
Real Castellalto-Varano Calcio **0-3** (a tavolino)
Sant'Omero-Real C. Guardia Vomano **2-3**
*S. Kadriu (S), Alessandro Costantini (S), A. Arrighetti (R), F. Faragalli (R), M. Bizzarri (R)*
Torricella Sicura-Pro Nepezzano **2-0**
*L. Sacchetti, G. Di Gregorio*
**Ha riposato:** Insula Falchi

**8ª giornata – domenica 14 novembre 2021**

Calcio Atri-Real Castellalto **4-3**
*M. Iommarini (C), V. Vianale (C), L. Collevecchio 2 (C), J. Di Pietro 2 (R), M. Bojang (R)*
Castagneto-Torricella Sicura **1-1**
*C. Stabie (C), G. D'Alessandro (T)*
Castrum 2010-Sant'Omero **1-2**
*A. Ferretti (C), A. Tomassini (S), N. D'Amario (S)*
Pro Nepezzano-Angelese **2-2**
*A. De Gregorio (P), L. Dattilo (P), L. Peppoloni 2 (A)*
Real C. Guardia Vomano-Insula Falchi **2-1**
*S. Di Giovanni (R), A. Bizzarri (R), A. Ciannelli (I)*
Varano Calcio-Favale 1980 **0-1**
*A. Tarquini*
**Ha riposato:** Atletico Lempa

**9ª giornata – domenica 21 novembre 2021**

Angelese-Castagneto **2-3**
*G. Cerolini (A), M. Di Giacinto (A), I. Jallow (C), C. Stabie (C), A. Aureli (C)*
Favale 1980-Calcio Atri **2-0**

*F. Fini, L. Piergallini*
Insula Falchi-Castrum 2010 **2-0**
*Sandro Betti, L. Di Matteo*
Real Castellalto-Atletico Lempa **1-1**
*F. Geminiani (R), D. Antonini (A)*
Sant'Omero-Pro Nepezzano **2-1**
*Alessandro Costantini (S), S. Kadriu (S), L. Dattilo (P)*
Torricella Sicura-Varano Calcio **3-1**
*M. D'Angelantonio (T), G. Pulsoni (T), G. D'Alessandro (T), F. Cappelli (V)*
**Ha riposato:** Real C. Guardia Vomano

**10ª giornata – domenica 28 novembre 2012**

Atletico Lempa-Favale 1980 **0-0**
Calcio Atri-Torricella Sicura **1-3**
*L. Collevecchio (A), J. Giansante (T), A. D'Alesio (T), L. Pellone (T)*
Castagneto-Sant'Omero **3-2**
*I. Jallow (C), C. Stahie (C), A. Aureli (C), S. Kadriu (S), D. Vornicu (S)*
Castrum 2010-Real C. Guardia Vomano **1-2**
*S. Pisciella (C), autorete (R), A. Bizzarri (R)*
Pro Nepezzano-Insula Falchi **1-0**
*A. Pompilii (A)*
Varano Calcio-Angelese **0-1**
*M. Di Giacinto*
**Ha riposato:** Real Castellalto

**11ª giornata – domenica 5 dicembre 2021**

Angelese-Calcio Atri **2-2**
*P. Tangredi (A), L. D'Attanasio (A), M. Di Febbo (C), L. Collevecchio (C)*
Favale 1980-Real Castellalto **1-0**
*L. Piergallini*
Insula Falchi-Castagneto **1-2**
*D. Merlini (I), I. Jallow (C), C. Stahie (C)*
Real C. Guardia Vomano-Pro Nepezzano **5-0**
*F. Foglia, Matteo Di Giacinto 2, A. Arrighetti, M. Bizzarri*
Sant'Omero-Varano Calcio **2-2**
*A. Sekkal (S), A. Tomassini (S), I. Kane 2 (V)*
Torricella Sicura-Atletico Lempa **2-1**
*A. Ciannelli (T), J. Giansante (T), A. Cappelli (A)*
**Ha riposato:** Castrum 2010

| 12ª giornata – domenica 12 dicembre 2021 | |
|---|---|
| Atletico Lempa-Angelese | **1-0** |
| *A. Cappelli* | |
| Calcio Atri-Sant'Omero | **2-2** |
| *C. Ferretti (C), L. Collevecchio (C), Alessandro Costantini 2 (S)* | |
| Castagneto-Real C. Guardia Vomano | **3-1** |
| *L. Di Carlo (C), I. Jallow (C), L. Camilletti (C), M. Bizzarri (R)* | |
| Pro Nepezzano-Castrum 2010 | **2-1** |
| *M. Di Giuseppe (P), A. Moscardelli (P), F. D'Agostino (C)* | |
| Real Castellalto-Torricella Sicura | **0-3** |
| *L. Pellone, L. Sacchetti, autorete* | |
| Varano Calcio-Insula Falchi | **2-1** |
| *F. Cappelli (V), D. D'Egidio (V), G. Iervella (I)* | |
| **Ha riposato:** Favale 1980 | |

| 13ª giornata – domenica 19 dicembre 2021 | |
|---|---|
| Angelese-Real Castellalto | **1-2** |
| *L. D'Attanasio (A), D. Palumbi (R), M. Bojang (R)* | |
| Castrum 2010-Castagneto | **1-2** |
| *F. Cammisa (Castr), C. Stabie 2 (Casta)* | |
| Insula Falchi-Calcio Atri | **1-1** |
| *Sandro Betti (I), L. Collevecchio (C)* | |
| Real C. Guardia Vomano-Varano Calcio | **1-2** |
| *M. Bizzarri (R), S. Ruggieri (V), R. Petrecca (V)* | |
| Sant'Omero-Atletico Lempa | **1-0** |
| *Alessandro Costantini* | |
| Torricella Sicura-Favale 1980 | **1-1** |
| *L. Pellone (T), L. Piergallini (F)* | |
| **Ha riposato:** Pro Nepezzano | |

| 14ª giornata – domenica 13 febbraio 2022 | |
|---|---|
| Angelese-Favale 1980 | **0-7** |
| *N. Di Ascenzo, F. Fini 3, L. Costantini, D. Coccia, L. Piergallini* | |
| Castrum 2010-Varano Calcio | **1-2** |
| *E. Nallira (C), L. Macrillante (V), F. Cappelli (V)* | |
| Insula Falchi-Atletico Lempa | **2-1** |
| *A. Ciannelli (I), D. Recchiuti (I), A. Cappelli (A)* | |
| Pro Nepezzano-Castagneto | **0-1** |
| *A. Di Romano* | |
| Real C. Guardia Vomano-Calcio Atri | **0-0** |
| | **2-0** |

Sant'Omero-Real Castellalto
*Alessandro Costantini 2*
**Ha riposato:** Torricella Sicura

**15ª giornata – domenica 20 febbraio 2022**

Atletico Lempa-Real C. Guardia Vomano **1-2**
*D. Campana (A), S. Di Gianluca (R), A. Arrighetti (R)*
Calcio Atri-Castrum 2010 **3-0**
*A. Diomede, M. Iommarini 2*
Favale 1980-Sant'Omero **1-1**
*autorete (F), S. Kadriu (S)*
Real Castellalto-Insula Falchi **1-3**
*A. Chiesi (R), A. Ciannelli (I), Simone Betti (I), Sandro Betti (I)*
Torricella Sicura-Angelese **7-0**
*A. Ciannelli, G. D'Alessandro 2, G. Pulsoni 2, L. Pellone 2*
Varano Calcio-Pro Nepezzano **4-0**
*E. Straccia, I. Kane 2, L. Macrillante*
**Ha riposato:** Castagneto

**16ª giornata – domenica 27 febbraio 2022**

Castagneto-Varano Calcio **1-1**
*D. Cosmi (C), I. Kane (V)*
Castrum 2010-Atletico Lempa **4-0** ***(16 marzo)***
*E. Nallira, M. Marcone 2, F. Cammisa*
Insula Falchi-Favale 1980 **1-2** ***(16 marzo)***
*Sandro Betti (I), J. Nepa (F), L. Piergallini (F)*
Pro Nepezzano-Calcio Atri **2-4**
*L. D'Abbondanza (P), L. Dattilo (P), M. Iommarini 2 (C), E. Speziale (C), G. Lolli (C)*
Real C. Guardia Vomano-Real Castellalto **2-2** ***(16 marzo)***
*M. Bizzarri (RCG), A. Bizzarri (RCG), A. Chiesi (RC), M. Di Felice (RC)*
Sant'Omero-Torricella Sicura **0-1** ***(16 marzo)***
*G. Pulsoni*
**Ha riposato:** Angelese

**17ª giornata – domenica 6 marzo 2022**

Angelese-Sant'Omero **0-4**
*L. Cerza, S. Kadriu 2, Alessandro Costantini*
Atletico Lempa-Pro Nepezzano **0-0**
Calcio Atri-Castagneto **1-1**
*M. Di Febbo (Cal), A. Aureli (Cas)*
Favale 1980-Real C. Guardia Vomano **4-2**

*G. Adamoli (F), A. Sciamanna (F), A. Lanzano (F), F. Fini (F), M. Bizzarri 2 (R)*
Real Castellalto-Castrum 2010 **0-4**
*F. D'Agostino, F. Cammisa, E. Nallira 2*
Torricella Sicura-Insula Falchi **0-2**
*D. Recchiuti, A. Ciannelli*
**Ha riposato:** Varano Calcio

**18ª giornata – domenica 13 marzo 2022**

Castagneto-Atletico Lempa **2-0**
*F. Pizii, C. Stabie*
Castrum 2010-Favale 1980 **0-1**
*L. Piergallini*
Insula Falchi-Angelese **2-0**
*A. Andreoli, V. Mariani*
Pro Nepezzano-Real Castellalto **2-0**
*S. Jarju, S. D'Ignazio*
Real C. Guardia Vomano-Torricella Sicura **2-0**
*M. Bizzarri 2*
Varano Calcio-Calcio Atri **0-0**
**Ha riposato:** Sant'Omero

**19ª giornata – domenica 20 marzo 2022**

Angelese-Real C. Guardia Vomano **0-5**
*Massimo Di Giacinto 2, M. Bizzarri 2, F. Faragalli*
Atletico Lempa-Varano Calcio **2-2**
*D. Campana (A), M. Ciccanti (A), E. Straccia (V), D. D'Egidio (V)*
Favale 1980-Pro Nepezzano **5-0** *(30 marzo)*
*D. Coccia, N. Di Ascenzo, A. Tarquini, F. Fini, L. Piergallini*
Real Castellalto-Castagneto **1-2**
*A. Chiesi (R), A. Aureli 2 (C)*
Sant'Omero-Insula Falchi **0-0**
Torricella Sicura-Castrum 2010 **1-1**
*A. D'Alesio (T), S. Pisciella (C)*
**Ha riposato:** Calcio Atri

**20ª giornata – domenica 27 marzo 2022**

Calcio Atri-Atletico Lempa **2-1**
*L. Peppoloni (C), L. Collevecchio (C), S. Spurio (A)*
Castagneto-Favale 1980 **3-2**
*I. Jallow (C). A. Aureli (C), L. Di Carlo (C), L. Piergallini (F), A. De Vecchis (F)*
Castrum 2010-Angelese **2-0**

*M. Marcone, autorete*
Pro Nepezzano-Torricella Sicura **0-2**
*G. Di Gregorio, S. Spinelli*
Real C. Guardia Vomano-Sant'Omero **2-0** *(16 aprile)*
*Matteo Di Giacinto, M. Bizzarri*
Varano Calcio-Real Castellalto **1-0**
*L. Falasca*
**Ha riposato:** Insula Falchi

**21ª giornata – domenica 3 aprile 2022**

Angelese-Pro Nepezzano **0-1**
*A. Pompilii*
Favale 1980-Varano Calcio **1-0**
*D. Coccia*
Insula Falchi-Real C. Guardia Vomano **0-1**
*Massimo Di Giacinto*
Real Castellalto-Calcio Atri **2-3**
*J. Di Pietro 2 (R), L. Collevecchio 2 (C), A. Diomede (C)*
Sant'Omero-Castrum 2010 **1-3**
*L. Cerza (S), C. Di Simone (C), F. D'Agostino 2 (C)*
Torricella Sicura-Castagneto **2-1** *(16 aprile)*
*L. Pellone (T), A. Ciannelli (T) C. Stahie (C)*
**Ha riposato:** Atletico Lempa

**22ª giornata – domenica 10 aprile 2022**

Atletico Lempa-Real Castellalto **1-0**
*D. Campana*
Calcio Atri-Favale 1980 **0-3**
*F. Fini, L. Piergallini, D. Coccia*
Castagneto-Angelese **6-0**
*C. Stahie 3, L. Di Carlo 2, V. Di Domenico*
Castrum 2010-Insula Falchi **5-0**
*E. Nallira, A. D'Anteo, F. D'Agostino 2, M. Marcone*
Pro Nepezzano-Sant'Omero **0-0**
Varano Calcio-Torricella Sicura **0-2**
*L. Pellone 2*
**Ha riposato:** Real C. Guardia Vomano

**23ª giornata – domenica 24 aprile 2022**

Angelese-Varano Calcio **1-1**
*O. Vidhaj (A), E. Straccia (V)*
Favale 1980-Atletico Lempa **5-0**

*F. Fini 3, J. Nepa, L. Piergallini*
Insula Falchi-Pro Nepezzano **5-0**
*D. Recchiuti, A. D'Archivio, A. Di Sabatino, A. Ciannelli, L. Di Matteo*
Real C. Guardia Vomano-Castrum 2010 **2-2**
*A. Bizzarri 2 (R), M. Marcone (C), F. D'Agostino (C)*
Sant'Omero-Castagneto **1-2**
*Alessandro Costantini (S), P. Licheri (C), A. Di Romano (C)*
Torricella Sicura-Calcio Atri **1-0**
*A. Ciannelli*
**Ha riposato:** Real Castellalto

### 24ª giornata – domenica 1 maggio 2022

Atletico Lempa-Torricella Sicura **0-1**
*A. Ciannelli*
Calcio Atri-Angelese **3-0**
*M. Di Febbo, A. Diomede, S. Ferretti*
Castagneto-Insula Falchi **0-2**
*A. Ciannelli 2*
Pro Nepezzano-Real C. Guardia Vomano **1-3**
*V. Ioannone (P), M. Bizzarri (R), A. Arrighetti (R), Massimo Di Giacinto (R)*
Real Castellalto-Favale 1980 **1-3**
*D. Rocci (R), F. Fini 2 (F), E. Ricci (F)*
Varano Calcio-Sant'Omero **5-4**
*R. Petrecca (V), L. Valentini (V), F. Cappelli (V), I. Kane (V), D. D'Egidio (V), A. Tomassini 2 (S), S. Kadriu 2 (S)*
**Ha riposato:** Castrum 2010

### 25ª giornata – domenica 8 maggio 2022

Angelese-Atletico Lempa **1-5**
*L. D'Attanasio (An), D. Campana (At), S. Spurio (At), M. De Berardinis (At), A. Cappelli (At), A. Antonini (At)*
Castrum 2010-Pro Nepezzano **5-0**
*F. D'Agostino, E. Nallira, F. Cammisa, M. Marcone, C. Di Simone*
Insula Falchi-Varano Calcio **3-1**
*A. Ciannelli 3 (I), A. Scianitti (V)*
Real C. Guardia Vomano-Castagneto **2-0**
*M. Bizzarri, S. Di Gianluca*
Sant'Omero-Calcio Atri **0-3**
*D. Cantoro, M. Iommarini, L. Di Gennaro*
Torricella Sicura-Real Castellalto **5-0**
*G. Pulsoni, A. Salvatore, A. Ciannelli, M. D'Angelantonio 2*
**Ha riposato:** Favale 1980

### 26ª giornata – domenica 5 maggio 2022

Atletico Lempa-Sant'Omero **0-1**
*S. Kadriu*
Calcio Atri-Insula Falchi **1-0**
*M. Di Febbo*
Castagneto-Castrum 2010 **2-3**
*A. Tavoni (Casta), A. Aureli (Casta), F. Cammisa 2 (Castr), T. Assogna (Castr)*
Favale 1980-Torricella Sicura **3-4**
*F. Fini 3 (F), A. Ciannelli (T), L. Pellone (T), M. D'Angelantonio (T), J Giansante (T)*
Real Castellalto-Angelese **1-0**
*A. Chiesi*
Varano Calcio-Real C. Guardia Vomano **2-3**
*F. Cappelli (V), I. Kane (V), M. Bizzarri 2 (R), A. Arrighetti (R)*
**Ha riposato:** Pro Nepezzano

## CLASSIFICA FINALE girone D

| squadre | punti | gare | vinte | nulle | perse | reti f. | reti s. | diff. |
|---|---|---|---|---|---|---|---|---|
| Favale 1980 | 55 | 24 | 17 | 4 | 3 | 62 | 17 | +45 |
| Torricella Sicura | 53 | 24 | 16 | 5 | 3 | 47 | 18 | +29 |
| Real C. Guardia V | 52 | 24 | 16 | 4 | 4 | 57 | 26 | +31 |
| Castagneto | 46 | 24 | 14 | 4 | 6 | 42 | 28 | +14 |
| Calcio Atri | 43 | 24 | 12 | 7 | 5 | 43 | 35 | +8 |
| Insula Falchi | 39 | 24 | 12 | 3 | 9 | 35 | 26 | +9 |
| Varano Calcio | 35 | 24 | 9 | 8 | 7 | 37 | 31 | +6 |
| Sant'Omero | 29 | 24 | 8 | 5 | 11 | 33 | 34 | -1 |
| Castrum 2010 | 28 | 24 | 8 | 4 | 12 | 38 | 33 | +5 |
| Atletico Lempa | 20 | 24 | 5 | 5 | 14 | 17 | 37 | -20 |
| Pro Nepezzano | 18 | 24 | 4 | 6 | 14 | 16 | 51 | -35 |
| Angelese | 10 | 24 | 2 | 4 | 18 | 16 | 71 | -55 |
| Real Castellalto | 8 | 24 | 2 | 3 | 19 | 15 | 51 | -36 |

### semifinale play off – domenica 22 maggio 2022

Real C. Guardia Vomano-Castagneto **3-1**
*M. Bizzarri 2 (R), A. Arrighetti (R), I. Jallow (C)*

### semifinale play out – domenica 22 maggio 2022

Atletico Lempa-Pro Nepezzano **5-3**
*A. Cappelli 2 (A), V. Stavre (A), A. Michetti (A), M. De Berardinis (A), M. Torelli (P), M. Leone (P), A. De Gregorio (A)*

### finale play off – domenica 29 maggio 2022

Torricella Sicura-Real C. Guardia Vomano **1-2** (dts)
*J. Giansante (T), A. Bizzarri (R), A. Arrighetti (R)*

### finale play out – domenica 29 maggio 2022

Atletico Lempa-Angelese **1-0** (dts)
*V. Ioannone*

## CLASSIFICA MARCATORI girone D

**24 reti:** M. Bizzarri (Real C. Guardia Vomano)
**22 reti:** F. Fini (Favale 1980)
**13 reti:** L. Collevecchio (Calcio Atri)
**12 reti:** L. Piergallini (Favale 1980); A. Ciannelli (Insula Falchi)
**11 reti:** S. Kadriu e Alessandro Costantini (Sant'Omero); L. Pellone (Torricella Sicura)
**10 reti:** M. Iommarini (Calcio Atri); C. Stahie (Castagneto); A. Arrighetti (Real C. Guardia Vomano)
**9 reti:** A. Bizzarri (Real C. Guardia Vomano)
**8 reti:** F. Cammisa (Castrum 2010); I. Kane (Varano Calcio)
**7 reti:** A. Aureli (Castagneto); F. D'Agostino (Castrum 2010); A. Ciannelli (Torricella Sicura)
**6 reti:** A. Cappelli (Atletico Lempa); I. Jallow e L. Di Carlo (Castagneto); E. Nallira (Castrum 2010); Matteo Di Giacinto (Real C. Guardia Vomano)
**5 reti:** M. Di Febbo (Calcio Atri); M. Marcone (Castrum 2010); A. Tarquini e L. Costantini (Favale 1980); Sandro Betti (Insula Falchi); J. Di Pietro (Real Castellalto); G. Pulsoni (Torricella Sicura)
**4 reti:** D. Campana (Atletico Lempa); P. Licheri (Castagneto); A. D'Anteo (Castrum 2010); D. Coccia (Favale 1980); Simone Betti (Insula Falchi); Massimo Di Giacinto (Real C. Guardia Vomano); A. Chiesi (Real Castellalto); A. Tomassini (Sant'Omero); J. Giansante e M. D'Angelantonio (Torricella Sicura); E. Straccia e F. Cappelli (Varano Calcio)
**3 reti:** L. Peppoloni e L. D'Attanasio (Angelese); S. Spurio (Atletico Lempa); A. Diomede (Calcio Atri); A. Tavoni (Castagneto); J. Nepa (Favale 1980); D. Recchiuti (Insula Falchi); S. Jarju, L. Dattilo e A. De Gregorio (Pro Nepezzano); F. Faragalli e S. Di Gianluca (Real C. Guardia Vomano); G. D'Alessandro e G. Di Gregorio (Torricella Sicura); D. D'Egidio (Varano C.)

## RECORDS girone D

| | | |
|---|---|---|
| maggior numero di punti | 55 | Favale 1980 |
| minor numero di punti | 9 | Real Castellalto |
| maggior numero di vittorie | 17 | Favale 1980 |
| minor numero di vittorie | 2 | Angelese e Real Castellalto |
| maggior numero di pareggi | 8 | Varano Calcio |
| minor numero di pareggi | 3 | Insula Falchi e Real Castellalto |
| maggior numero di sconfitte | 19 | Real Castellalto |
| minor numero di sconfitte | 3 | Favale 1980 e Torricella Sicura |
| miglior attacco | 62 | Favale 1980 |
| miglior difesa | 17 | Favale 1980 |
| peggior attacco | 15 | Real Castellalto |
| peggior difesa | 71 | Angelese |
| migliore differenza reti | +45 | Favale 1980 |
| peggiore differenza reti | -55 | Angelese |
| miglior realizzatore | 24 reti | M. Bizzarri (Real C. Guardia V.) |

## PLAY OFF REGIONALI

### andata spareggio A/D – domenica 5 giugno 2022

Real C. Guardia Vomano-Luco Calcio **2-1**

*M. Bizzarri (R), F. Faragalli (R), A. Di Girolamo (L)*

### andata spareggio B/C – domenica 5 giugno 2022

Sporting Altino-Virtus Pescara **0-0**

### ritorno spareggio A/D – domenica 12 giugno 2022

Luco Calcio-Real C. Guardia Vomano **0-1**

*Matteo Di Giacinto*

### ritorno spareggio B/C – domenica 12 giugno 2022

Virtus Pescara-Sporting Altino **1-3**

*S. Bordoni (V), E. Mustafa (S), N. Carunchio (S), A. Chiarini (S)*

### andata spareggio promozione – domenica 19 giugno 2022

Luco Calcio-Virtus Pescara **1-0**

*V. Micocci*

### ritorno spareggio promozione – domenica 26 giugno 2022

Virtus Pescara-Luco Calcio **0-0**

## PLAY OUT REGIONALI

**andata spareggio A/D – domenica 5 giugno 2022**

Pro Nepezzano-Real Carsoli **3-0**

*M. Torelli, J. Sankung, A. De Gregorio*

**andata spareggio B/C – domenica 5 giugno 2022**

Dinamo Roccaspinalveti-Rosciano **2-2**

*Y. Laaouine (D), G. Luciano (D), G. Roscioli (R), C. Gueye (R)*

**ritorno spareggio A/D – domenica 12 giugno 2022**

Real Carsoli-Pro Nepezzano **2-0**

*M. Fazzoli, I. Kantè*

**ritorno spareggio B/C – domenica 12 giugno 2022**

Rosciano-Dinamo Roccaspinalveti **0-1**

*G. Piccirilli*

## CLASSIFICA MARCATORI GENERALE PRIMA CATEGORIA

**24 reti:** B. Sferrella (San Vito 83); M. Bizzarri (Real C. Guardia Vomano)
**22 reti:** R. Mascigrande (Villa San Sebastiano); B. Baldeh (Roccaspinalveti); F. Fini (Favale 1980)
**21 reti:** M. Ciuffetelli (Il Moro Paganica); A. Di Girolamo (Luco Calcio)
**20 reti:** G. Di Fazio (Pennese)
**19 reti:** N. Surugiu (Sport Montesilvano 1926)
**18 reti:** V. Mascitti (Ortigia); A. Ettorre (San Benedetto Venere); Fabrizio Baruffa (Sportland Celano)
**17 reti:** N. Briciu (Luco Calcio); M. Fazzoli (Real Carsoli)
**16 reti:** L. Del Conte (Popoli); R. Di Renzo (Manoppello Arabona)
**15 reti:** P. Rapino (Faresina); C. Tano (Tollo 2008); S. Di Berardino (Vis Montesilvano)
**14 reti:** A. Di Virgilio (Luco Calcio)
**13 reti:** E. Di Falco (Palena); D. Monachetti (Scerni); P. De Leonardis (Virtus Pescara); L. Collevecchio (Calcio Atri)
**12 reti:** G. Cordischi e Giuseppe Zazzara /San Benedetto Venere); A. Del Peschio (Di Santo Dionisio); D. D'Amore (Rapino); E. Mustafa (Sporting Altino); A. Ciommi (Castellamare Pescara Nord); L. Piergallini (Favale 1980); A. Ciannelli (Insula Falchi)
**11 reti:** G. Catalli (S. Benedetto Venere); N. Di Matteo (Virtus C. Frentano); S. Kadriu e Alessandro Costantini (Sant'Omero); L. Pellone (Torricella

Sicura)
**10 reti:** L. Forzosi (Real Carsoli); F. De Michele (Virtus Barisciano); A. Chiarini (Sporting Altino); S. Amedoro (Cugnoli); G. Martinelli (Loreto Aprutino); F. Menegazzi (Vianova Sambuceto); M. Iommarini (Calcio Atri); C. Stahie (Castagneto); A. Arrighetti (Real C. Guardia Vomano)

## RECORDS PRIMA CATEGORIA

| | | |
|---|---|---|
| **maggior numero di punti** | **63** | San Benedetto Venere |
| **minor numero di punti** | **8** | Real Castellalto |
| **maggior numero di vittorie** | **20** | San Benedetto Venere |
| **minor numero di vittorie** | **2** | Pro Tirino, Real Castellalto e Angelese |
| **maggior numero di pareggi** | **12** | Di Santo Dionisio e Tollo 2008 |
| **minor numero di pareggi** | **0** | Vianova Sambuceto |
| **maggior numero di sconfitte** | **20** | Pro Tirino |
| **minor numero di sconfitte** | **10** | San Benedetto Venere e Loreto Aprutino |
| **miglior attacco** | **74** | Luco Calcio |
| **miglior difesa** | **16** | Sporting Altino |
| **peggior attacco** | **15** | Real Castellalto |
| **peggior difesa** | **73** | Pro Tirino |
| **migliore differenza reti** | **+49** | San Benedetto Venere e Luco C. |
| **peggiore differenza reti** | **-55** | Angelese |
| **miglior realizzatore** | **24 reti** | B. Sferrella (San Vito 83) e M. Bizzarri (Real C. Guardia Vom.) |

## I VERDETTI FINALI

**Promosse in Promozione:** Favale 1980 e Real C. Guardia Vomano
**Retrocesse in Seconda categoria:** Angelese e Real Castellalto

## COPPA DISCIPLINA PRIMA CATEGORIA

| posizione | squadre | punteggio |
|---|---|---|
| 1 | Favale 1980 | 6,75 |
| 2 | Roccaspinalveti | 8,05 |
| 3 | Ortigia | 8,50 |
| 4 | Sporting Altino | 8,70 |
| 5 | Di Santo Dionisio | 12,00 |
| 6 | Casalincontrada | 13,30 |
| 7 | Villa Sant'Angelo | 14,50 |
| 8 | Perano | 14,65 |
| 9 | Sport Montesilvano 1926 | 15,55 |
| 10 | Pro Nepezzano | 15,75 |
| 11 | Atletico Francavilla | 15,85 |
| 12 | Insula Falchi | 16,00 |
| 13 | Luco Calcio | 17,35 |
| 14 | Virtus Pescara | 17,60 |
| 15 | Varano Calcio | 17,60 |
| 16 | Vis Montesilvano | 17,65 |
| 17 | Rosciano | 18,40 |
| 18 | San Benedetto Venere | 18,50 |
| 19 | Sant'Omero | 18,80 |
| 20 | Sportland Celano | 19,05 |
| 21 | Angelese | 19,95 |
| 22 | Fossacesia 90 | 20,10 |
| 23 | San Vito 83 | 20,45 |
| 24 | Real C. Guardia Vomano | 20,80 |
| 25 | Torricella Sicura | 21,00 |
| 26 | Manoppello Arabona | 21,45 |
| 27 | Guardiagrele 2016 | 22,10 |
| 28 | Pennese | 22,25 |
| 29 | Palena | 22,55 |
| 30 | Marruvium | 23,35 |
| 31 | Castellamare Pescara Nord | 23,50 |
| 32 | Faresina | 23,80 |
| 33 | Il Moro Paganica | 24,65 |
| 34 | Pro Tirino | 24,90 |
| 35 | Scerni | 25,70 |
| 36 | Loreto Aprutino | 26,25 |
| 37 | Virtus Barisciano | 27,35 |
| 38 | Castrum 2010 | 27,60 |
| 39 | Popoli | 28,70 |

| | | |
|---|---|---|
| 40 | Cugnoli | 29,05 |
| 41 | Dinamo Roccaspinalveti | 29,65 |
| 42 | Tollo 2008 | 31,15 |
| 43 | Virtus Castel Frentano | 33,05 |
| 44 | Castagneto | 33,70 |
| 45 | Villa San Sebastiano | 35,10 |
| 46 | Rapino | 36,65 |
| 47 | Vianova Sambuceto | 39,15 |
| 48 | Cesaproba | 42,60 |
| 49 | Real Carsoli | 45,80 |
| 50 | Atletico Lempa | 49,90 |
| 51 | Real Casale | 50,85 |
| 52 | Real Castellalto | 55,65 |
| 53 | Calcio Atri | 135,15 |
| 54 | Alanno | 154,10 |

## COPPA ABRUZZO PRIMA CATEGORIA
### PRIMO TURNO A ELIMINAZIONE DIRETTA

**GARE DI ANDATA – domenica 12 settembre 2021**

Angelese-Castrum 2010 **0-0**
Atletico Lempa-Sant'Omero **2-1**
*D. Antonini (A), A. Cappelli (A), S. Kadriu (S)*
Calcio Atri-Sport Montesilvano 1926 **2-1**
*C. Ferretti (C), F. Feliciani (C), F. Centurione (S)*
Casalincontrada-Rapino **0-3** (a tavolino)
Castagneto-Real C. Guardia Vomano **0-5**
*F. Foglia, A. Bizzarri, S. Di Gianluca, Massimo Di Giacinto 2*
Castellamare Pescara Nord-Virtus Pescara **0-2**
*S. Bordoni, G. Cappello*
Cesaproba-Il Moro Paganica **0-1**
*M. Rotellini*
Cugnoli-Manoppello Arabona **4-1**
*M. Secamiglio 2 (C), L. Santoli (C), autorete (C), M. Corti (M)*
Dinamo Roccaspinalveti-Roccaspinalveti **4-0**
*G. Battista, G. Luciano 2, L. Madonna*
Faresina-Guardiagrele 2016 **4-1**
*P. Rapino 3 (F), D. D'Angelo (F), G. Fasoli (G)*
Favale 1980-Torricella Sicura **3-1**
*F. Fini (F), L. Piergallini 2 (F), A. Ciannelli (T)*
Marruvium-Sportland Celano **1-0**
*K. Lahrach*
Ortigia-San Benedetto Venere **0-0**
Pennese-Loreto Aprutino **2-1**
*F. Di Pietro (P), J. Di Martino (P), L. Pavone (L)*
Perano-Sporting Altino **0-3**
*N. Carunchio 2, M. Mainella*
Popoli-Virtus Barisciano **1-0**
*Y. Ferrone*
Pro Nepezzano-Insula Falchi **1-1**
*M. Cavi (P), A. Ciannelli (I)*
Real Castellalto-Varano Calcio **1-5**
*F. Geminiani (R), I. Kane (V), E. Straccia 2 (V), R. Olayiwola 2 (V)*
Rosciano-Pro Tirino **2-0**
*C. Gueye, G. Filippone*
San Vito 83-Di Santo Dionisio **2-0**
*B. Sferrella 2*
Scerni-Real Casale **1-1**

*D. Monachetti (S), E. Di Martino (R)*
Tollo 2008-Atletico Francavilla **3-3**
*C. Tano 2 (T), A. Grossi (T), A. Di Felice (A), S. Rapino 2 (A)*
Villa San Sebastiano-Luco Calcio **0-0**
Virtus Castel Frentano-Fossacesia 90 **0-3**
*L. Pasquini, L. Di Giulio, autorete*
Vis Montesilvano-Vianova Sambuceto **1-0**
*S. Di Berardino*

**GARE DI RITORNO – domenica 19 settembre 2021**

Atletico Francavilla-TOLLO 2008 **1-2**
*S. Aulicino (A), P. Ranalli (T), S. Scarinci (T)*
CASTRUM 2010-Angelese **4-0**
*F. D'Agostino, T. Assogna 2, E. Dundulachi*
Di Santo Dionisio-SAN VITO 83 **1-3**
*A. Del Peschio (D), B. Sferrella (S), L. De Rentiis 2 (S)*
FOSSACESIA 90-Virtus Castel Frentano **0-1**
*N. Di Matteo*
Guardiagrele 2016-FARESINA **0-4**
*P. Rapino, M. Capetola, A. Parente, L. D'Amore*
IL MORO PAGANICA-Cesaproba **1-0**
*M. Ciuffetelli*
INSULA FALCHI-Pro Nepezzano **3-0**
*G. Iervella, A. Ciannelli 2*
Loreto Aprutino-PENNESE **2-3**
*G. Martinelli (L), A. Rasetta (L), F. Di Pietro 3 (P)*
Luco Calcio-VILLA SAN SEBASTIANO **1-3**
*J. Secondo (L), R. Mascigrande 3 (V)*
Manoppello Arabona-CUGNOLI **4-6** (ai rigori)
*M. Corti 2 (M), R. Di Renzo (M), L. Di Bartolomeo (M), G. Masciovecchio (C)*
Pro Tirino-ROSCIANO **2-2**
*F. Di Iulio (P), L. Torrieri (P), A. Petaccia (R), G. Speranza (R)*
RAPINO-Casalincontrada **2-0**
*D. D'Amore, J. Gentile*
REAL C. GUARDIA VOMANO-Castagneto **1-0**
*M. Bizzarri*
Real Casale-SCERNI **3-4**
*W. Canosa (R), E. Di Martino (R), autorete (R), D. Monachetti 2 (S), L. Costantini (S), E. Di Virgilio (S)*
Roccaspinalveti-DINAMO ROCCASPINALVETI **0-0**
SAN BENEDETTO VENERE-Ortigia **1-0**
*G. Zazzara*

SANT'OMERO-Atletico Lempa **4-0**
*D. Vornicu 3, A. Tomassini*
Sport Montesilvano 1926-CALCIO ATRI **1-2**
*F. Centurione (S), L. Collevecchio 2 (C)*
SPORTING ALTINO-Perano **2-2**
*M. Mainella (S), A. Chiarini (S), A. Fontana (P), F. Di Tullio (P)*
SPORTLAND CELANO-Marruvium **5-3**
*Fabrizio Baruffa 2 (S), A. Paris (S), D. Pompili (S), R. Marianetti (S), K. Labrach 2 (M), autorete (M)*
Torricella Sicura-FAVALE 1980 **2-1**
*L. Pellone (T), A. Ciannelli (T), P. Ippoliti (F)*
VARANO CALCIO-Real Castellalto **4-0**
*M. Scimitarra, I. Kane 2, R. Olayiwola*
VIANOVA SAMBUCETO-Vis Montesilvano **2-0**
*D. Giampaolo, A. Saar*
Virtus Barisciano-POPOLI **2-1**
*E. Behxheti (V), F. De Michele (V), L. Del Conte (P)*
VIRTUS PESCARA-Castellamare Pescara Nord **6-0**
*P. De Leonardis, S. Bordoni, M. Siravo 2, M. Di Blasio 2*

***N.B. In maiuscolo le squadre qualificate***

## SECONDO TURNO A ELIMINAZIONE DIRETTA

### GARE DI ANDATA – mercoledì 8 dicembre 2021

Sportland Celano-San Benedetto Venere **2-2**
*P. Pompili (Sp), R. Marianetti (Sp), G. D'Aurelio (Sa), A. Dello Iacono (Sa)*
Villa San Sebastiano-Il Moro Paganica **1-3**
*D. Cipollone (V), A. Holzknecht 2 (I), T. Angelone (I)*

### GARE DI RITORNO – mercoledì 2 marzo e giovedì 24 marzo 2022

SAN BENEDETTO VENERE-Sportland Celano **2-0**
*A. Ettorre 2*
IL MORO PAGANICA-Villa San Sebastiano **1-1**
*T. Angelone (I), V. Fellini (V)*

## SECONDO TURNO A TRIANGOLARI

### TRIANGOLARE A
### 1ª giornata – mercoledì 8 dicembre 2021

Faresina-Vianova Sambuceto **3-1**
*D. Cellucci 2 (F), A. Parente (F), M. Di Paolo (V)*
**Ha riposato:** Rapino

**2ª giornata – mercoledì 2 marzo 2022**

Vianova Sambuceto-Rapino **0-1**
*A. D'Urbano*
**Ha riposato:** Faresina

**3ª giornata – mercoledì 9 marzo 2022**

Rapino-Faresina **2-1**
*G. Di Federico (R), D. D'Amore (R), D. D'Angelo (F)*
**Ha riposato:** Vianova Sambuceto

**Classifica finale:** RAPINO 6; Faresina 3; Vianova Sambuceto 0

**TRIANGOLARE B**

**1ª giornata – mercoledì 8 dicembre 2021**

Tollo 2008-Fossacesia 90 **3-0**
*C. Tano, A. Dragani, D. Leone*
**Ha riposato:** San Vito 83

**2ª giornata – mercoledì 22 dicembre 2021**

Fossacesia 90-San Vito 83 **2-2**
*V. Rongioletti (F), A. Caiazzo (F), B. Samake, A. Manneh*
**Ha riposato:** Tollo 2008

**3ª giornata – mercoledì 2 marzo 2022**

San Vito 83-Tollo 2008 **1-3**
*F. Verì (S), C. Tano (T), M. La Rosa (T), G. Gialloreto (T)*
**Ha riposato:** Fossacesia 90

**Classifica finale:** TOLLO 2008 6; San Vito 83 e Fossacesia 90 0

**TRIANGOLARE C**

**1ª giornata – mercoledì 8 dicembre 2021**

Sporting Altino-Dinamo Roccaspinalveti **1-2**
*A. Chiarini (S), M. Pomponio (D), G. Fiermonte (D)*
**Ha riposato:** Scerni

**2ª giornata – mercoledì 22 dicembre 2021**

Scerni-Sporting Altino **1-1**
*B. Erragh (Sc), M. Mainella (Sp)*
**Ha riposato:** Dinamo Roccaspinalveti

**3ª giornata – mercoledì 9 marzo 2022**

Dinamo Roccaspinalveti-Scerni **1-4**
*Y. Laaouine (D), L. Priori 2 (S), D. Di Foglio (S), S. Di Ghionno (S)*
**Ha riposato:** Sporting Altino

**Classifica finale:** SCERNI 4; Dinamo Roccaspinalveti 3; Sporting Altino 1

| TRIANGOLARE D | |
|---|---|
| **1ª giornata – mercoledì 15 dicembre 2021** | |
| Popoli-Cugnoli | **4-0** |
| *F. Di Toro 2, G. Dionisi, E. Liberato* | |
| **Ha riposato:** Pennese | |
| **2ª giornata – mercoledì 2 marzo 2022** | |
| Cugnoli-Pennese | **5-5** |
| *Dario Lecini (C), M. D'Emilio (C), S. Amedoro (C), G. Sciarra (C), G. Masciovecchio (C), F. Di Pietro 2 (P), G. Di Fazio 2 (P), A. Reale Ruffini (P)* | |
| **Ha riposato:** Popoli | |
| **3ª giornata – mercoledì 9 marzo 2022** | |
| Pennese-Popoli | **7-0** |
| *G. Di Fazio 2, J. Di Martino 2, A. Reale Ruffini 2, F. Di Pietro* | |
| **Ha riposato:** Cugnoli | |
| **Classifica finale:** PENNESE 4; Popoli 3; Cugnoli 1 | |

| TRIANGOLARE E | |
|---|---|
| **1ª giornata – mercoledì 1 dicembre 2021** | |
| Real C. Guardia Vomano-Insula Falchi | **3-0** |
| *M. Matani, L. Reginelli, M. Bizzarri* | |
| **Ha riposato:** Varano Calcio | |
| **2ª giornata – mercoledì 22 dicembre 2021** | |
| Insula Falchi-Varano Calcio | **4-0** |
| *P. Pacione, Simone Betti, L. Di Matteo, M. De Sanctis* | |
| **Ha riposato:** Real C. Guardia Vomano | |
| **3ª giornata – mercoledì 2 marzo 2022** | |
| Varano Calcio-Real C. Guardia Vomano | **0-3** |
| *G. Spinosi, Massimo Di Giacinto 2* | |
| **Ha riposato:** Insula Falchi | |
| **Classifica finale:** REAL C. GUARDIA VOMANO 6; Insula Falchi 3; Varano Calcio 0 | |

| TRIANGOLARE F | |
|---|---|
| **1ª giornata – mercoledì 8 dicembre 2021** | |
| Sant'Omero-Virtus Pescara | **3-3** |
| *S. Kadriu (S), A. Sekkal (S), A. Giorno (S), G. Lalli (V), P. De Leonardis (V), G. Cappello (V)* | |
| **Ha riposato:** Favale 1980 | |
| **2ª giornata – mercoledì 22 dicembre 2021** | |
| Favale 1980-Sant'Omero | **2-3** |
| *D. Coccia (F), L. Costantini (F), A. Sekkal (S), S. Kadriu (S), S. Di Felice (S)* | |
| **Ha riposato:** Virtus Pescara | |

**3ª giornata – mercoledì 2 marzo 2022**

Virtus Pescara-Favale 1980 **2-0**

*M. Siravo 2*

**Ha riposato:** Sant'Omero

**Classifica finale:** VIRTUS PESCARA e Sant'Omero 4; Favale 1980 0

### TRIANGOLARE G

**1ª giornata – mercoledì 8 dicembre 2021**

Calcio Atri-Rosciano **2-2**

*C. Ferretti (C), M. Iommarini (C), G. Falone 2 (R)*

**Ha riposato:** Castrum 2010

**2ª giornata – mercoledì 22 dicembre 2021**

Castrum 2010-Calcio Atri **3-3**

*F. D'Agostino 2 (Cas), A. D'Anteo (Cas), G. Lolli (Cal), L. Peppoloni (Cal), S. D'Orazio (Cal)*

**Ha riposato:** Rosciano

**3ª giornata – mercoledì 5 gennaio 2022**

Rosciano-Castrum 2010 **4-4**

*G. Speranza (R), G. Falone 2 (R), V. Galasso (R), F. D'Agostino 2 (C), E. Nallira (C), F. Cammisa (C)*

**Ha riposato:** Calcio Atri

**Classifica finale:** CASTRUM 2010, Rosciano e Calcio Atri 3

## QUARTI DI FINALE

### TRIANGOLARE A

**1ª giornata – mercoledì 6 aprile 2022**

San Benedetto Venere-Il Moro Paganica **5-2**

*G. Catalli (S), A. Cordischi (S), A. Ettorre (S), G. Zazzara (S), L. Fiocchetta (S), F. Cusella (I), S. Rosati (I)*

**Ha riposato:** Real C. Guardia Vomano

**2ª giornata – mercoledì 20 aprile 2022**

Il Moro Paganica-Real C. Guardia Vomano **0-2**

*M. Bizzarri, Massimo Di Giacinto*

**Ha riposato:** San Benedetto Venere

**3ª giornata – mercoledì 27 aprile 2022**

Real C. Guardia Vomano-San Benedetto Venere **1-2**

*Massimo Di Giacinto (R), G. Catalli (S), A. Ettorre (S)*

**Ha riposato:** Il Moro Paganica

**Classifica finale:** SAN BENEDETTO VENERE 6;
Real C. Guardia Vomano 3; Il Moro Paganica 0

## TRIANGOLARE B

**1ª giornata – mercoledì 30 marzo 2022**

Pennese-Virtus Pescara **2-0**
*G. Di Fazio, M. Di Simone*
**Ha riposato:** Castrum 2010

**2ª giornata – mercoledì 6 aprile 2022**

Virtus Pescara-Castrum 2010 **2-3**
*F. Grassi (V), L. Galassi (V), E. Nallira (C), S. Pisciella (C), F. D'Agostino (C)*
**Ha riposato:** Pennese

**3ª giornata – mercoledì 20 aprile 2022**

Castrum 2010-Pennese **0-3**
*G. Di Fazio 2, A. Reale Ruffini*
**Ha riposato:** Virtus Pescara

**Classifica finale:** PENNESE 6; Castrum 2010 3; Virtus Pescara 0

## TRIANGOLARE C

**1ª giornata – mercoledì 30 marzo 2022**

Scerni-Tollo 2008 **1-1**
*L. Priori (S), S. Cavuti (T)*
**Ha riposato:** Rapino

**2ª giornata – mercoledì 6 aprile 2022**

Rapino-Scerni **0-4**
*L. Priori 2, M. Di Matteo, S. Di Ghionno*
**Ha riposato:** Tollo 2008

**3ª giornata – mercoledì 20 aprile 2022**

Tollo 2008-Rapino **5-0**
*C. Tano 3, S. Scarinci, P. Ranalli*
**Ha riposato:** Scerni

**Classifica finale:** TOLLO 2008 e SCERNI 4; Rapino 0

## SEMIFINALI

**GARA UNICA – mercoledì 11 maggio 2022**

SAN BENEDETTO VENERE-Pennese **3-0** **(a tavolino)**
SCERNI-Tollo 2008 **3-1**
*D. Monachetti 2 (S), A. Ciccotosto (S), S. Scarinci (T)*

## FINALE
## sabato 28 maggio – a Sambuceto (Ch), stadio Cittadella dello Sport

**Scerni-San Benedetto Venere: 0-4**

**Scerni:** N. Cianci, Di Ghionno, Antonino, Di Foglio, Di Sante, Ciccotosto (9'st Scafetta), Priori (9'st Erragh), Di Pasquale, Di Matteo, Monachetti, De Vivo. **All.** N. Cianci. **San Benedetto Venere:** Bassi, D'Aurelio (28'st Dello Iacono), Di Panfilo (33'st Prosia), Di Pippo (22'st Tarquini), D'Agostino, Severini, Ettorre (31'st Morgani), Del Vecchio, G. Cordischi (27'st A. Cordischi), Catalli, Zazzara. **All.** Di Genova. **Arbitro:** Francesco Di Rocco di Pescara. **Reti:** *20'pt G. Catalli, 15'st G. Zazzara, 22'st A. Ettorre, 43'st F. Morgani.*

## COPPA ABRUZZO – PRIMA CATEGORIA
## CLASSIFICA MARCATORI GENERALE

**7 reti:** F. Di Pietro e G. di Fazio (Pennese); C. Tano (Tollo 2008)
**6 reti:** F. D'Agostino (Castrum 2010); Massimo Di Giacinto (Real C. Guardia Vomano)
**5 reti:** A. Ettorre (San Benedetto Venere); L. Priori e D. Monachetti (Scerni)
**4 reti:** P. Rapino (Faresina); A. Reale Ruffini (Pennese); G. Falone (Rosciano); M. Siravo (Virtus Pescara)
**3 reti:** A. Ciannelli (Insula Falchi); M. Corti (Manoppello Arabona); K. Lahrach (Marruvium); J. Di Martino (Pennese); M. Bizzarri (Real C. Guardia Vomano); G. Catalli e G. Zazzara (San Benedetto Venere); B. Sferrella (San Vito 83); S. Kadriu e D. Vornicu (Sant'Omero); M. Mainella (Sporting Altino); S. Scarinci (Tollo 2008); I. Kane (Varano Calcio); R. Mascigrande (Villa San Sebastiano)
**2 reti:** S. Rapino (Atletico Francavilla); C. Ferretti e L. Collevecchio (Calcio Atri); E. Nallira e T. Assogna (Castrum 2010); M. Secamiglio e G. Masciovecchio (Cugnoli); G. Luciano (Dinamo Roccaspinalveti); A. Parente, D. D'Angelo e D. Cellucci (Faresina); L. Piergallini (Favale 1980); T. Angelone e A. Holzknecht (Il Moro Paganica); F. Di Toro (Popoli); D. D'Amore (Rapino); E. Di Martino (Real Casale); G. Speranza (Rosciano); L. De Rentiis (San Vito 83); A. Sekkal (Sant'Omero); S. Di Ghionno (Scerni); F. Centurione (Sport Montesilvano 1926); A. Chiarini e N. Carunchio (Sporting Altino); P. Pompili, R. Marianetti e Fabrizio Baruffa (Sportland Celano); P. Ranalli (Tollo 2008); A. Ciannelli (Torricella Sicura); E. Straccia e R. Olayiwola (Varano Calcio); M. Di Blasio, S. Bordoni, G. Cappello e P. De Leonardis (Virtus Pescara)

## SECONDA CATEGORIA girone A

### 1ª GIORNATA – domenica 26 settembre 2021

Forconia 2012-Sim Pontevomano **2-2**
*G. Martinelli (F), A. Lepidi (F), A. Di Marzio (S), M. Olivieri (S)*
Lions Villa-Capitignano **3-1**
*S. Gioia 2 (L), D. Tiberii (L), S. Laurenzi (C)*
Marruci-Vestina San Demetrio **2-6**
*P. Cappelli (M), L. Alimonti (M), F. Faiella 2 (V), C. Visconti 2 (V), F. Mirco (V), D. Porrelli (V)*
Montereale-Pianola **3-0**
*M. De Santis, A. Baldassarri, Cristian Francipane*
Preturo-Atletico Amiternum **3-1**
*F. Vittorini 2 (P), D. Felli (P), F. Pace (A)*
Scoppito-Colleatterrato **1-1**
*M. Ercolino (S), S. Di Giulio (C)*

### 2ª giornata – domenica 3 ottobre 2021

Atletico Amiternum-Forconia 2012 **0-2**
*G. Martinelli, G. Tartaglia*
Capitignano-Montereale **0-3**
*Cristian Francipane 2, L. Prosperini*
Colleatterrato-Preturo **0-6**
*D. Felli 3, M. Di Francesco, F. Vittorini, G. Pietropaoli*
Pianola-Marruci **1-2**
*D. Miccadei (P), R. Centofanti (M), D. Sette (M)*
Sim Pontevomano-Lions Villa **0-1**
*M. Camaioni*
Vestina San Demetrio-Scoppito **1-3**
*F. Faiella (V), M. Porfirio (S), D. Alfonsi (S), T. Cocco (S)*

### 3ª giornata – domenica 10 ottobre 2021

Colleatterrato-Vestina San Demetrio **3-0**
*S. Di Giulio, M. Flamminii, S. Aidara*
Forconia 2012-Preturo **0-1**
*D. Rovo*
Lions Villa-Atletico Amiternum **6-1**
*S. Gioia (L), A. Francia 2 (L), G. Foglia (L), A. D'Innocenzo (L), M. Camaioni (L), F. Pace (A)*
Marruci-Capitignano **3-1**
*D. Vittorini (M), D. Capogrossi (M), L. Ponzi (M), V. Marzano (C)*
Montereale-Sim Pontevomano **2-2**

*A. Repertorio (M), M. Picchioni (M), L. Di Giampalma (S), L. Fatati (S)*
Scoppito-Pianola **3-1**
*S. Gizzi (S), M. Porfirio (S), V. Rossi (S), A. Ricci (P)*

**4ª giornata – domenica 17 ottobre 2021**

Atletico Amiternum-Montereale **0-4**
*Carmine Francipane, Cristian Francipane, M. De Santis, L. Barigelli*
Capitignano-Scoppito **1-3**
*F. Graziani (C), V. Rossi (S), M. Porfirio (S), F. Rossi (S)*
Forconia 2012-Colleatterrato **3-1**
*G. Martinelli 2 (F), G. Tartaglia (F), O. Diallo (C)*
Pianola-Vestina San Demetrio **1-1**
*M. Lepidi (P), F. Faiella (V)*
Preturo-Lions Villa **3-3**
*F. Vittorini 2 (P), D. Rovo (P), S. Gioia (L), M. Camaioni (L), J. Pierleoni (L)*
Sim Pontevomano-Marruci **2-1**
*A. Pancione (S), L. Di Giampalma (S), D. Capogrossi (M)*

**5ª giornata – domenica 24 ottobre 2021**

Colleatterrato-Pianola **6-0**
*F. Muscelli 3, S. Di Giulio, G. Amicone, O. Diallo*
Lions Villa-Forconia 2012 **1-0**
*S. Gioia*
Marruci-Atletico Amiternum **3-0**
*M. Rotilio, L. Ponzi, autorete*
Montereale-Preturo **2-1**
*Cristian Francipane (M), F. Sabatini (M), F. Vittorini (P)*
Scoppito-Sim Pontevomano **4-0**
*F. Rossi 2, A. Pitotti, L. Izzi*
Vestina San Demetrio-Capitignano **3-3**
*A. Ottaviani 2 (V), F. Faiella (V), F. Graziani 2 (C), F. Valent (C)*

**6ª giornata – domenica 31 ottobre 2021**

Atletico Amiternum-Scoppito **2-3**
*D. Del Pinto (A), A. Irti (A), M. Porfirio 2 (S), T. Cocco (S)*
Capitignano-Pianola **0-2**
*G. Ippoliti, R. D'Agostino*
Forconia 2012-Montereale **2-2**
*V. Scarsella (F), A. Urbani (F), Carmine Francipane (M), Cristian Francipane (M)*
Lions Villa-Colleatterrato **3-1**
*M. Camaioni 2 (L), S. Gioia (L), S. Di Giulio (C)*
Preturo-Marruci **3-1**

*V. Bafile (P), D. Rovo (P), D. Felli (P), L. Alimonti (M)*
Sim Pontevomano-Vestina San Demetrio **3-1**
*A. Di Marzio (S), C. Ponziani 2 (S), F. Faiella (V)*

**7ª giornata – domenica 7 novembre 2021**

Colleatterrato-Capitignano **5-1**
*L. Ferrilli (Co), S. Di Giulio 3 (Co), S. Aidara (Co), E. Veljiu (Ca)*
Marruci-Forconia 2012 **1-4**
*M. Lepidi (M), A. Urbani (F), G. Tartaglia (F), G. Martinelli (F), F. Ciccozzi (F)*
Montereale-Lions Villa **0-1**
*J. Pierleoni*
Pianola-Sim Pontevomano **1-4**
*S. Lepidi (P), C. Ponziani (S), M. Olivieri (S), L. Di Giampalma (S), E. Di Felice (S)*
Scoppito-Preturo **1-1**
*M. Porfirio (S), M. Di Francesco (P)*
Vestina San Demetrio-Atletico Amiternum **3-0**
*A. Traficante, C. Visconti 2*

**8ª giornata – domenica 14 novembre 2021**

Atletico Amiternum-Pianola **8-3**
*F. Pace 3 (A), D. Del Pinto 2 (A), Y. Diane (A), L. Renzetti 2 (A), D. Miccadei 2 (P), R. Di Fabio (P)*
Forconia 2012-Scoppito **2-2**
*A. Urbani (F), D. Centi (F), F. Rossi 2 (S)*
Lions Villa-Marruci **3-2**
*M. Camaioni (L), S. Gioia (L), M. Astolfi (L), J. Di Carlo (M), L. Alimonti (M)*
Montereale-Colleatterrato **5-1**
*L. Carelli (M), L. Barigelli (M), F. Sabatini (M), A. Repertorio (M), autorete (M), S. Aidara (C)*
Preturo-Vestina San Demetrio **4-0**
*M. Parisi, A. Scarsella, V. Bafile, F. Vittorini*
Sim Pontevomano-Capitignano **2-1**
*C. Ponziani (S), E. Di Felice (S), E. Veljiu (C)*

**9ª giornata – domenica 21 novembre 2021**

Capitignano-Atletico Amiternum **4-2**
*F. Graziani 2 (C), E. Veljiu 2 (C), M. Santella (A), G. Crosta (A)*
Colleatterrato-Sim Pontevomano **0-2**
*C. Ponziani, L. Fatati*
Marruci-Montereale **2-2**
*M. Lepidi (Ma), L. Ponzi (Ma), L. Barigelli (Mo), R. De Santis (Mo)*

Pianola-Preturo **0-1**
*V. Brusco*
Scoppito-Lions Villa **1-1**
*F. Rossi (S), D. Tiberii (L)*
Vestina San Demetrio-Forconia 2012 **0-2**
*D. Centi, G. Tartaglia*

**10ª giornata – domenica 28 novembre 2012**

Atletico Amiternum-Sim Pontevomano **4-1**
*F. Pace (A), L. Ciammetti (A), D. Del Pinto 2 (A), C. Ponziani (S)*
Forconia 2012-Pianola **1-0**
*A. Urbani*
Lions Villa-Vestina San Demetrio **3-2**
*M. Camaioni 2 (L), S. Gioia (L), G. Ruiu (V), S. Rosa (V)*
Marruci-Colleatterrato **2-1**
*J. Di Carlo (M), M. Lepidi (M), M. Di Giulio (C)*
Montereale-Scoppito **1-1**
*F. Sabatini (M), autorete (S)*
Preturo-Capitignano **4-2** ***(19 dicembre)***
*F. Vittorini 2 (P), A. Scarsella (P), V. Calabrese (P), F. Graziani 2 (C)*

**11ª giornata – domenica 5 dicembre 2021**

Capitignano-Forconia 2012 **0-3**
*F. Cittadoni, F. Ciccozzi 2*
Colleatterrato-Atletico Amiternum **3-2**
*C. Capobianco (C), D. Trasatti 2 (C), M. Santella (A), autorete (A)*
Pianola-Lions Villa **0-1** ***(19 dicembre)***
*M. Di Giacinto*
Scoppito-Marruci **5-1**
*F. Rossi 2 (S), A. Pitotti (S), D. Alfonsi (S), F. Ciancarella (S), R. Centofanti (M)*
Sim Pontevomano-Preturo **2-1**
*A. Di Marzio (S), M. Olivieri (S), F. Vittorini (P)*
Vestina San Demetrio-Montereale **2-4**
*G. Ruiu (V), F. Mirco (V), L. Barigelli 4 (M)*

**12ª giornata – domenica 13 febbraio 2022**

Atletico Amiternum-Preturo **1-1**
*D. Del Pinto (A), M. Di Francesco (P)*
Capitignano-Lions Villa **1-1**
*E. Pezaj (C), S. Gioia (L)*
Colleatterrato-Scoppito **2-2**
*S. Aidara (C), T. Luis Carfora (C), S. Gizzi (S), M. Pesce (S)*

Pianola-Montereale **0-2**
*S. Luzi, Cristian Francipane*
Sim Pontevomano-Forconia 2012 **1-1**
*L. Fatati (S), G. Martinelli (F)*
Vestina San Demetrio-Marruci **2-5**
*F. Faiella (V), A. Cretu (V), M. De Zuane (M), J. Di Carlo 2 (M), D. Vittorini (M), A. Repertorio (M)*

**13ª giornata – domenica 20 febbraio 2022**

Forconia 2012-Atletico Amiternum **2-3**
*D. Centi (F), G. Tartaglia (F), F. Pace 2 (A), A. Greco (A)*
Lions Villa-Sim Pontevomano **3-0**
*S. Gioia 2, M. Camaioni*
Marruci-Pianola **1-0**
*F. Sette*
Montereale-Capitignano **3-0**
*Cristian Francipane, F. Giovannelli, E. Piri*
Preturo-Colleatterrato **2-2**
*V. Bafile (P), D. Rovo (P), S. Aidara (C), E. Kodrali (C)*
Scoppito-Vestina San Demetrio **5-0**
*F. Rossi 3, M. Porfirio, T. Cocco*

**14ª giornata – domenica 27 febbraio 2022**

Atletico Amiternum-Lions Villa **3-4**
*D. Del Pinto 2 (A), M. Santella (A), G. Foglia (L), S. Gioia (L) M. Camaioni 2 (L)*
Capitignano-Marruci **3-5** *(13 marzo)*
*F. Graziani 3 (C), D. Vittorini (M), A. Repertorio 3 (M), D. Capogrossi (M)*
Pianola-Scoppito **1-2** *(13 marzo)*
*A. Ricci (P), S. Gizzi (S), F. Rossi (S)*
Preturo-Forconia 2012 **0-5** *(13 marzo)*
*G. Tartaglia 2, Mattia Di Giovanni, L. Chiarelli, A. Lepidi*
Sim Pontevomano-Montereale **1-0** *(13 marzo)*
*G. Sorrini*
Vestina San Demetrio-Colleatterrato **2-3**
*C. Visconti 2 (V), E. Kodrali (C), C. Capobianco (C), L. Ferrilli (C)*

**15ª giornata – domenica 6 marzo 2022**

Colleatterrato-Forconia 2012 **1-3**
*L. Ferrilli (C), P. Calza (F), R. Carosi (F), G. Martinelli (F)*
Lions Villa-Preturo **4-2**
*M. Astolfi 2 (L), J. Pierleoni (L), M. Camaioni (L), D. Rovo (P), F. Vittorini (P)*

Marruci-Sim Pontevomano **2-3**
*D. Capogrossi (M), M. Cococcia (M), C. Ponziani 2 (P), L. Di Giampalma (P)*
Montereale-Atletico Amiternum **6-2**
*Cristian Francipane 2 (M), F. Giovannelli 2 (M), F. Sabatini (M), S. Luzi (M), G. Crosta (A), F. Pace (A)*
Scoppito-Capitignano **6-1**
*F. Rossi 2 (S), T. Cocco 2 (S), M. Porfirio (S), L. Borraccia (S), J. Mambrin (C)*
Vestina San Demetrio-Pianola **3-1**
*C. Visconti 2 (V), F. Faiella (V), D. Colucci (P)*

**16ª giornata – domenica 20 marzo 2022**

Atletico Amiternum-Marruci **2-3**
*V. Di Silvio (A), A. Greco (A), J. Di Carlo (M), D. Vittorini (M), P. Cappelli (M)*
Capitignano-Vestina San Demetrio **1-3**
*F. Valent (C), C. Visconti 3 (V)*
Forconia 2012-Lions Villa **1-0**
*G. Tartaglia*
Pianola-Colleatterrato **0-1**
*S. Di Giulio*
Preturo-Montereale **3-4**
*D. Felli (P), V. Brusco (P), F. Vittorini (P), L. Barigelli (M), S. Luzi 2 (M), Cristian Francipane (M)*
Sim Pontevomano-Scoppito **2-2** ***(13 aprile)***
*G. Di Antonio (Si), E. Di Felice (Si), S. Antonelli 2 (Sc)*

**17ª giornata – domenica 27 marzo 2022**

Colleatterrato-Lions Villa **2-3**
*T. Luis Carfora (C), S. Aidara (C), G. Foglia (L), S. Gioia (L), P. Quaranta (L)*
Marruci-Preturo **1-3**
*A. Cicchetti (M), D. Rovo (P), V. Bafile (P), F. Vittorini (P)*
Montereale-Forconia 2012 **1-2** ***(15 aprile)***
*L. Barigelli (M), G. Bafile (F), F. Fanini (F)*
Pianola-Capitignano **1-3**
*C. De Meo (P), E. Veljiu 2 (C), M. Hassouna (C)*
Scoppito-Atletico Amiternum **5-1**
*F. Rossi 4 (S), M. Porfirio (S), L. Ciammetti (A)*
Vestina San Demetrio-Sim Pontevomano **1-4**
*C. Visconti (V), A. Di Marzio 2 (S), M. Olivieri (S), C. Ponziani (S)*

**18ª giornata – domenica 3 aprile 2022**

Atletico Amiternum-Vestina San Demetrio **1-2**
*L. Ciammetti (A), F. Faiella (V), S. Rosa (V)*

Capitignano-Colleatterrato **1-3**
*M. Hassouna (Ca), O. Diallo (Co), M. Kane (Co), D. Trasatti (Co)*
Forconia 2012-Marruci **3-2**
*F. Fanini 2 (F), P. Esposito (F), A. Repertorio (M), J. Di Carlo (M)*
Lions Villa-Montereale **2-1** ***(20 aprile)***
*S. Gioia (L), D. Tiberii (L), L. Barigelli (M)*
Preturo-Scoppito **2-1**
*D. Rovo (P), F. Vittorini (P), F. Rossi (S)*
Sim Pontevomano-Pianola **5-0**
*L. Di Giampalma 2, C. Ponziani 2, A. Pancione*

**19ª giornata – domenica 10 aprile 2022**

Capitignano-Sim Pontevomano **0-1**
*A. Di Marzio*
Colleatterrato-Montereale **2-1**
*S Aidara (C), E. Kodrali (C), L. Carelli (M)*
Marruci-Lions Villa **0-2**
*S. Gioia, D. Tiberii*
Pianola-Atletico Amiternum **2-0**
*R. D'Agostino, L. D'Aloisio*
Scoppito-Forconia 2012 **3-2**
*R. Giangrossi 2 (S), F. Rossi (S), A. Lepidi (F), G. Martinelli (F)*
Vestina San Demetrio-Preturo **0-2**
*V. Bafile, M. Di Tommaso*

**20ª giornata – domenica 24 aprile 2022**

Atletico Amiternum-Capitignano **2-1**
*V. Di Silvio 2 (A), F. Graziani (C)*
Forconia 2012-Vestina San Demetrio **5-1**
*L. Chiarelli (F), Mattia Di Giovanni 2 (F), G. Tartaglia 2 (F), C. Visconti (V)*
Lions Villa-Scoppito **0-1**
*L. Izzi*
Montereale-Marruci **2-2**
*L. Barigelli (Mo), M. De Santis (Mo), G. Greco (Ma), D. Capogrossi (Ma)*
Preturo-Pianola **1-0**
*autorete*
Sim Pontevomano-Colleatterrato **2-1**
*C. Ponziani 2 (S), A. Valeriani (C)*

**21ª giornata – domenica 1 maggio 2022**

Capitignano-Preturo **0-3**
*D. Rovo, D. Felli 2*

Colleatterrato-Marruci **5-3**
*T. Louis Carfora (C), E. Kodrali 2 (C), S. Di Giulio (C), C. Capobianco (C), J. Di Carlo 2 (M), L. Ponzi (M)*
Pianola-Forconia 2012 **1-3**
*A. Buffardeci (P), F. Fanini (F), G. Tartaglia 2 (F)*
Scoppito-Montereale **3-3**
*T. Cocco (S), A. Pitotti 2 (S), Cristian Francipane 3 (M)*
Sim Pontevomano-Atletico Amiternum **2-0**
*C. Ponziani, G. Di Antonio*
Vestina San Demetrio-Lions Villa **0-5**
*M. Camaioni, S. Gioia 2, E. Pelusi, M. Di Giacinto*

**22ª giornata – domenica 8 maggio 2022**

Atletico Amiternum-Colleatterrato **2-3**
*G. Panella (A), L. Ciammetti (A), S. Di Giulio (C), T. Luis Carfora (C), F. Muscelli (C)*
Forconia 2012-Capitignano **2-0**
*F. Fanini, Mattia Di Giovanni*
Lions Villa-Pianola **6-1**
*M. Camaioni (L), S. Gioia 2 (L), D. Tiberii (L), E. Pelusi (L), G. Foglia (L), A. Buffardeci (P)*
Marruci-Scoppito **4-0**
*L. Ponzi 2, G. Greco, J. Di Carlo*
Montereale-Vestina San Demetrio **5-1**
*Cristian Francipane 2 (M), L. Barigelli (M), Carmine Francipane (M), L. Carelli (M), C. Visconti (V)*
Preturo-Sim Pontevomano **2-1**
*D. Rovo (P), M. Di Tommaso (P), autorete (S)*

## CLASSIFICA FINALE girone A

| squadre | punti | gare | vinte | nulle | perse | reti f. | reti s. | diff. |
|---|---|---|---|---|---|---|---|---|
| Lions Villa | 54 | 22 | 17 | 3 | 2 | 56 | 23 | +33 |
| Forconia 2012 | 46 | 22 | 14 | 4 | 4 | 50 | 23 | +27 |
| Scoppito | 44 | 22 | 12 | 8 | 2 | 57 | 30 | +27 |
| Preturo | 43 | 22 | 13 | 4 | 5 | 49 | 31 | +18 |
| Sim Pontevomano | 43 | 22 | 13 | 4 | 5 | 42 | 30 | +12 |
| Montereale | 39 | 22 | 11 | 6 | 5 | 56 | 30 | +26 |
| Colleatterrato | 33 | 22 | 10 | 3 | 9 | 47 | 46 | +1 |
| Marruci | 29 | 22 | 9 | 2 | 11 | 48 | 53 | -5 |
| Vest. S. Demetrio | 17 | 22 | 5 | 2 | 15 | 34 | 65 | -31 |
| Atl. Amiternum | 13 | 22 | 4 | 1 | 17 | 37 | 66 | -29 |
| Capitignano | 8 | 22 | 2 | 2 | 18 | 25 | 63 | -38 |
| Pianola | 7 | 22 | 2 | 1 | 19 | 16 | 57 | -41 |

### semifinali play off – domenica 22 maggio 2022

Forconia 2012-Sim Pontevomano **1-0**
*Mattia Di Giovanni*
Scoppito-Preturo **2-3**
*D. Tonati (S), F. Cucchiella (S), D. Rovo (P), F. Vittorini (P), autorete (P)*

### semifinale play out – domenica 22 maggio 2022

Vestina San Demetrio-Atletico Amiternum **3-0**
*C. Visconti 2, A. Traficante*

### finale play off – domenica 29 maggio 2022

Forconia 2012-Preturo **1-2**
*L. Chiarelli (F), D. Rovo (P), M. Storgato (P)*

### finale play out – domenica 29 maggio 2022

Atletico Amiternum-Capitignano **0-1**
*S. Laurenzi*

## CLASSIFICA MARCATORI girone A

**20 reti:** F. Rossi (Scoppito)
**19 reti:** S. Gioia (Lions Villa)
**16 reti:** Cristian Francipane (Montereale); F. Vittorini (Preturo); C. Visconti (Vestina San Demetrio)
**14 reti:** M. Camaioni (Lions Villa); C. Ponziani (Sim Pontevomano)
**13 reti:** D. Rovo (Preturo)
**12 reti:** G. Tartaglia (Forconia 2012); L. Barigelli (Montereale)
**11 reti:** F. Graziani (Capitignano)
**10 reti:** S. Di Giulio (Colleatterrato)
**9 reti:** F. Pace (Atletico Amiternum); J. Di Carlo (Marruci); M. Porfirio (Scoppito); F. Faiella (Vestina San Demetrio)
**8 reti:** D. Del Pinto (Atletico Amiternum); G. Martinelli (Forconia 2012); D. Felli (Preturo)
**7 reti:** S. Aidara (Colleatterrato)
**6 reti:** E. Veljiu (Capitignano); L. Ponzi (Marruci); T. Cocco (Scoppito); A. Di Marzio e L. Di Giampalma (Sim Pontevomano)
**5 reti:** E. Kodrali (Colleatterrato); F. Fanini e Mattia Di Giovanni (Forconia 2012); D. Tiberii (Lions Villa); D. Capogrossi e A. Repertorio (Marruci); V. Bafile (Preturo)
**4 reti:** L. Ciammetti (Atletico Amiternum); F. Muscelli e T. Luis Carfora (Colleatterrato); A. Urbani (Forconia 2012); G. Foglia (Lions Villa); D. Vittorini (Marruci); S. Luzi e F. Sabatini (Montereale)
**3 reti:** M. Santella e V. Di Silvio (Atletico Amiternum); F. Valent (Capitignano); O. Diallo, L. Ferrilli, D. Trasatti e C. Capobianco (Colleatterrato); D. Centi, A. Lepidi, F. Cizzozzi e L. Chiarelli (Forconia 2012); M. Astolfi e J. Pierleoni (Lions Villa); M. Lepidi e L. Alimonti (Marruci); L. Carelli, M. De Santis, F. Giovannelli e Carmine Francipane (Montereale); D. Miccadei (Pianola); V. Brusco e M. Di Francesco (Preturo); S. Gizzi e A. Pitotti (Scoppito); L. Fatati e E. Di Felice (Sim Pontevomano)

## RECORDS girone A

| | | |
|---|---|---|
| maggior numero di punti | 54 | Lions Villa |
| minor numero di punti | 7 | Pianola |
| maggior numero di vittorie | 17 | Lions Villa |
| minor numero di vittorie | 2 | Pianola e Capitignano |
| maggior numero di pareggi | 8 | Scoppito |
| minor numero di pareggi | 1 | Pianola e Atletico Amiternum |
| maggior numero di sconfitte | 19 | Pianola |
| minor numero di sconfitte | 2 | Lions Villa e Scoppito |
| miglior attacco | 57 | Scoppito |
| miglior difesa | 23 | Lions Villa e Forconia 2012 |
| peggior attacco | 16 | Pianola |
| peggior difesa | 66 | Atletico Amiternum |
| migliore differenza reti | +33 | Lions Villa |
| peggiore differenza reti | -41 | Pianola |
| miglior realizzatore | 20 reti | F. Rossi (Scoppito) |

## I VERDETTI FINALI

**Promosse in Prima categoria:** Lions Villa e Preturo
**Retrocesse in Terza categoria:** Atletico Amiternum e Pianola

## SECONDA CATEGORIA girone B

### 1ª giornata – domenica 10 ottobre 2021

Aielli 2015-Marsicana **2-4**
*Marcello Nucci (A), V. Sidor (A), A. Valerio (M), R. Nuccetelli 2 (M), L. Salvati Proietti (M)*
Canistro-Collarmele **3-2**
*L. Morgante (Ca), G. Vitale 2 (Ca), M. Villanucci 2 (Co)*
Castronovo-Cerchio **0-2**
*M. Rocchi, N. Di Michele*
Pacentro-Forme Massa Albe **4-1**
*M. Sulli 2 (P), F. Forcucci (P), A. Kourouma (P), A. Petricone (F)*
Pol. Morronese-Roccacasale **0-2**
*R. Colella, E. Cuccurullo*
**Ha riposato:** San Giuseppe di Caruscino

### 2ª giornata – domenica 17 ottobre 2021

Cerchio-Canistro **4-2**
*P. Marinova Lazanova 2 (Ce), M. Rocchi (Ce), M. Della Rocca (Ce), G. Vitale (Ca), F. D'Innocenzo (Ca)*
Collarmele-Pacentro **2-0**
*M. Villanucci, G. Balestrieri*
Forme Massa Albe-Aielli 2015 **2-4**
*M. Neri 2 (F), V. Sidor 2 (A), S. Marinucci (A), Marcello Nucci (A)*
Marsicana-Pol. Morronese **2-1**
*F. Melone (M), A. Esposito (M), M. Palombizio (P)*
San Giuseppe di Caruscino-Castronovo **6-1**
*F. Marfia 2 (S), G. Massaro 2 (S), V. Di Berardino (S), L. Presutti (S), S. Guidone (C)*
**Ha riposato:** Roccacasale

### 3ª giornata – domenica 24 ottobre 2021

Aielli 2015-Pacentro **2-1**
*P. Oprea (A), A. Sanniti (A), F. Verrocchi (P)*
Canistro-San Giuseppe di Caruscino **1-0**
*B. Zuccari*
Castronovo-Roccacasale **1-3**
*D. Babusci (C), A. Crugnale (R), E. Cuccurullo (R), S. Coccovilli (R)*
Collarmele-Cerchio **1-3**
*R. Sgammotta (Co), S. Di Giamberardino (Ce), P. Marinova Lazanova (Ce), M. Della Rocca (Ce)*
**2-0**

Pol. Morronese-Forme Massa Albe
*M. D'Antonio, M. Palombizio*
**Ha riposato:** Marsicana

**4ª giornata – domenica 31 ottobre 2021**

Aielli 2015-Collarmele **2-0**
*V. Sidor, Marcello Nucci*
Marsicana-Castronovo **3-2**
*A. Esposito (M), F. Melone (M), G. Patanè (M), S. Guidone 2 (C)*
Pacentro-Pol. Morronese **3-2**
*E. Coccovilli 2 (Pa), A. Kourouma (Pa), M. Palombizio (Po), M. Liberatore (Po)*
Roccacasale-Canistro **2-2** ***(8 dicembre)***
*E. Cuccurullo (R), S. Centofanti (R), G. Vitale (C), A. Coco (C)*
San Giuseppe di Caruscino-Cerchio **0-0**
**Ha riposato:** Forme Massa Albe

**5ª giornata – domenica 7 novembre 2021**

Cerchio-Roccacasale **5-0**
*M. Della Rocca 2, S. Di Giamberardino, M. Continenza, P. Marinova Lazanova*
Canistro-Marsicana **1-2**
*G. Vitale (C), R. Nuccetelli (M), F. Melone (M)*
Castronovo-Forme Massa Albe **1-0**
*S. Guidone*
Collarmele-San Giuseppe di Caruscino **0-2**
*U. Di Nicola, D. Di Rocco*
Pol. Morronese-Aielli 2015 **1-1**
*M. Liberatore (P), V. Sidor (A)*
**Ha riposato:** Pacentro

**6ª giornata – domenica 14 novembre 2021**

Forme Massa Albe-Canistro **0-2**
*B. Zuccari 2*
Marsicana-Cerchio **1-2**
*A. Esposito (M), M. Della Rocca (C), N. Cicchinelli (C)*
Pacentro-Castronovo **5-2**
*E. Romanelli 2 (P), E. Coccovilli 2 (P), A. Kourouma (P), S. Guidone 2 (C)*
Pol. Morronese-Collarmele **2-0**
*M. Liberatore, E. La Civita*
Roccacasale-San Giuseppe di Caruscino **4-1**
*E. Cuccurullo (R), autorete (R), S. Centofanti (R), autorete (R), V. Di Berardino (S)*
**Ha riposato:** Aielli 2015

| 7ª giornata – domenica 21 novembre 2021 | |
|---|---|
| Canistro-Pacentro | **2-1** |
| *A. Coco (C), G. Vitale (C), F. Verrocchi (P)* | |
| Castronovo-Aielli 2015 | **1-2** |
| *S. Guidone (C), Marcello Nucci (A), G. Di Pizio (A)* | |
| Cerchio-Forme Massa Albe | **4-0** |
| *M. Rocchi, P. Marinova Lazanova, M. Continenza 2* | |
| Collarmele-Roccacasale | **1-1** |
| *L. Del Fiacco (C), D. Iacovone (R)* | |
| San Giuseppe di Caruscino-Marsicana | **4-2** |
| *L. Di Girolamo (S), U. Di Nicola (S), F. Marfia (S), G. Massaro (S), L. Morzilli (M), L. Salvati Proietti (M)* | |
| **Ha riposato:** Pol. Morronese | |

| 8ª giornata – domenica 28 novembre 2012 | |
|---|---|
| Aielli 2015-Canistro | **0-0** |
| Forme Massa Albe-San Giuseppe di Caruscino | **0-1** |
| *F. Marziale* | |
| Marsicana-Roccacasale | **1-2** |
| *L. Franchi (M), E. Cuccurullo (R), V. Di Bacco (R)* | |
| Pacentro-Cerchio | **3-1** |
| *B. Aquilio (P), M. Sulli (P), A. Kourouma (P), M. Rocchi (C)* | |
| Pol. Morronese-Castronovo | **3-0** |
| *M. Liberatore, A. Bernabeo, M. Palombizio* | |
| **Ha riposato:** Collarmele | |

| 9ª giornata – domenica 5 dicembre 2021 | |
|---|---|
| Canistro-Pol. Morronese | **2-1** |
| *F. Di Girolamo (C), G. Vitale (C), M. Palombizio (P)* | |
| Cerchio-Aielli 2015 | **0-2** |
| *S. Marinucci, G. Di Pizio* | |
| Collarmele-Marsicana | **1-2** |
| *C. Faenza (C), L. Morzilli (M), J. Munzi (M)* | |
| Roccacasale-Forme Massa Albe | **1-0** |
| *E. Cuccurullo* | |
| San Giuseppe di Caruscino-Pacentro | **4-2** |
| *F. Marziale 2 (S), L. Di Girolamo (S), G. Massaro (S), R. Cimaglia (P), B. Aquilio (P)* | |
| **Ha riposato:** Castronovo | |

| 10ª giornata – domenica 12 dicembre 2021 | | |
|---|---|---|
| Aielli 2015-San Giuseppe di Caruscino | **1-2** | *(6 febbraio)* |
| *Marcello Nucci (A), G. Massaro 2 (S)* | | |
| Castronovo-Collarmele | **1-2** | |
| *S. Guidone (Ca), A. Iulianella (Co), D. Antidormi (Co)* | | |
| Forme Massa Albe-Marsicana | **2-2** | |
| *G. Di Giulio (F), M. Neri (F), V. Di Cola (M), V. De Carolis (M)* | | |
| Pacentro-Roccacasale | **5-3** | *(6 febbraio)* |
| *M. Sulli (P), B. Aquilio (P), A. Kourouma (P), F. Scelli (P), F. Forcucci (P), E. Cuccurullo (R), L. Saponaro 2 (R)* | | |
| Pol. Morronese-Cerchio | **3-2** | |
| *A. Pallozzi (P), M. Palombizio (P), R. Esposito (P), P. Marinova Lazanova 2 (C)* | | |
| **Ha riposato:** Canistro | | |

| 11ª giornata – domenica 19 dicembre 2021 | |
|---|---|
| Canistro-Castronovo | **4-0** |
| *G. Vitale, B. Zuccari, A. Coco, L. Morgante* | |
| Collarmele-Forme Massa Albe | **5-1** |
| *L. Del Fiacco 3 (C), M. Mulham 2 (C), M. Neri (F)* | |
| Marsicana-Pacentro | **2-0** |
| *V. Di Cola, A. Esposito* | |
| Roccacasale-Aielli 2015 | **0-1** |
| *D. Ciaccia Cerone* | |
| San Giuseppe di Caruscino-Pol. Morronese | **4-1** |
| *G. Massaro (S), F. Marfia (S), L. Di Girolamo (S), F. Marziale (S), A. Pallozzi (P)* | |
| **Ha riposato:** Cerchio | |

| 12ª giornata – domenica 13 febbraio 2022 | |
|---|---|
| Cerchio-Castronovo | **7-0** |
| *M. Della Rocca, M. Continenza 2, P. Marinova Lazanova 3, E. Fieramosca* | |
| Collarmele-Canistro | **1-2** |
| *I. Di Felice (Co), A. Coco (Ca), B. Montaldi (Ca)* | |
| Forme Massa Albe-Pacentro | **1-0** |
| *C. Gentile* | |
| Marsicana-Aielli 2015 | **0-0** |
| Roccacasale-Pol. Morronese | **2-1** |
| *L. Saponaro 2 (R), A. Bernabeo (P)* | |
| **Ha riposato:** San Giuseppe di Caruscino | |

| 13ª giornata – domenica 20 febbraio 2022 | |
|---|---|
| Aielli 2015-Forme Massa Albe | **2-2** |

*M. Callocchia (A), Andrei Cristea (A), C. Gentile (F), M. Neri (F)*
Canistro-Cerchio **3-2**
*G. Vitale (Ca), B. Zuccari (Ca), L. Morgante (Ca), P. Marinova Lazanova (Ce), A. De Michelis (Ce)*
Castronovo-San Giuseppe di Caruscino **0-3**
*F. Marziale 2, U. Di Nicola*
Pacentro-Collarmele **2-2**
*F. Zappa (P), M. Sulli (P), A. Iulianella (C), L. Del Fiacco (C)*
Pol. Morronese-Marsicana **2-1**
*M. Palombizio (P), M. Liberatore (P), R. Nuccetelli (M)*
**Ha riposato:** Roccacasale

## 14ª giornata – domenica 27 febbraio 2022

Cerchio-Collarmele **1-2** *(13 marzo)*
*P. Marinova Lazanova (Ce), L. Giovagnorio 2 (Co)*
Forme Massa Albe-Pol. Morronese **2-1**
*C. Gentile (F), L. Crescenzi (F), S. Venditti (P)*
Pacentro-Aielli 2015 **1-3** *(13 marzo)*
*M. Sulli (P), Adrian Cristea (A), Marcello Nucci 2 (A)*
Roccacasale-Castronovo **7-0** *(12 marzo)*
*E. Cuccurullo 2, L. Passalacqua 2, L. Saponaro 2, V. Bujor*
San Giuseppe di Caruscino-Canistro **0-0**
**Ha riposato:** Marsicana

## 15ª giornata – domenica 6 marzo 2022

Canistro-Roccacasale **2-1**
*L. Morgante (C), N. Zuccari (C), E. Cuccurullo (R)*
Castronovo-Marsicana **0-3**
*L. Franchi, J. Munzi, A. Esposito*
Cerchio-San Giuseppe di Caruscino **3-3**
*S. Di Giamberardino (C), P. Marinova Lazanova 2 (C), L. Di Girolamo (S), D. Di Rocco (S), F. Marziale (S)*
Collarmele-Aielli 2015 **1-3** *(17 marzo)*
*L. Giovagnorio (C), A. Sanniti (A), Adrian Cristea (A), P. Oprea (A)*
Pol. Morronese-Pacentro **2-1**
*M. Palombizio (Po), M. Liberatore (Po), M. Sulli (Pa)*
**Ha riposato:** Forme Massa Albe

## 16ª giornata – domenica 20 marzo 2022

Aielli 2015-Pol. Morronese **6-3**
*M. Callocchia (A), A. Sanniti (A), Marcello Nucci 2 (A), L. Curitti (A), P. Nucci (A), A. Buccini 3 (P)*

Forme Massa Albe-Castronovo **5-1**
*C. Gentile 2 (F), L. Crescenzi (F), M. Neri (F), A. Iucci (F), A. Baglione (C)*
Marsicana-Canistro **0-2**
*M. D'Innocenzo, F. D'Innocenzo*
Roccacasale-Cerchio **2-0**
*E. Cuccurullo, L. Passalacqua*
San Giuseppe di Caruscino-Collarmele **1-1**
*F. Marziale (S), D. Antidormi (C)*
**Ha riposato:** Pacentro

### 17ª giornata – domenica 27 marzo 2022

Canistro-Forme Massa Albe **3-3**
*B. Zuccari 2 (C), G. Vitale (C), M. Neri 2 (F), C. Gentile (F)*
Castronovo-Pacentro **1-2**
*A. Cicchinelli (C), M. Sulli 2 (P)*
Cerchio-Marsicana **3-3**
*P. Marinova Lazanova (C), L. Cardinale (C), M. Della Rocca (C), L. Morzilli (M), F. Cerone (M), G. De Luca (M)*
Collarmele-Pol. Morronese **1-0**
*L. Giovagnorio*
San Giuseppe di Caruscino-Roccacasale **2-1**
*F. Marfia (S), V. Di Berardino (S), D. Iacovone (R)*
**Ha riposato:** Aielli 2015

### 18ª giornata – domenica 3 aprile 2022

Aielli 2015-Castronovo **5-0** ***(7 aprile)***
*P. Oprea, A. Sanniti, Adrian Cristea, M. Mara, M. Di Salvatore*
Forme Massa Albe-Cerchio **1-1**
*A. Iucci (F), P, Marinova Lazanova (C)*
Marsicana-San Giuseppe di Caruscino **2-3** ***(12 aprile)***
*V. De Carolis (M), A. Esposito (M), D. Di Rocco (S), F. Marfia (S), A. Vietri (S)*
Pacentro-Canistro **2-2**
*M. Sulli (P), F. Forcucci (P), S. Guidone 2 (C)*
Roccacasale-Collarmele **4-1**
*M. Giallorenzo (R), E. Cuccurullo 2 (R), R. Colella (R), L. Giovagnorio (C)*
**Ha riposato:** Pol. Morronese

### 19ª giornata – domenica 10 aprile 2022

Canistro-Aielli 2015 **3-2**
*L. Morgante (C), S. Guidone (C), G. Vitale (C), Marcello Nucci (A), A. Sanniti (A)*
Castronovo-Pol. Morronese **0-8**

*M. Liberatore 4, A. Esposito, A. Bernabeo, G. Cosenza, M. Palombizio*
Cerchio-Pacentro **2-2**
*M. Continenza (C), P. Marinova Lazanova (C), M. Sulli (P), F. Forcucci (P)*
Roccacasale-Marsicana **6-2**
*E. Cuccurullo 3 (R), A. Di Benedetto (R), L. Saponaro (R), M. Bosio (R), G. Antonini 2 (M)*
San Giuseppe di Caruscino-Forme Massa Albe **1-0**
*D. Di Rocco*
**Ha riposato:** Collarmele

**20ª giornata – domenica 24 aprile 2022**

Aielli 2015-Cerchio **2-1**
*V. Sidor (A), autorete (A), P. Marinova Lazanova (C)*
Forme Massa Albe-Roccacasale **0-4**
*L. Saponaro, A. Crugnale, E. Cuccurullo 2*
Marsicana-Collarmele **2-3**
*S. Gemini (M), A. Esposito (M), M. Villanucci 3 (C)*
Pacentro-San Giuseppe di Caruscino **0-0**
Pol. Morronese-Canistro **0-1**
*G. Murzilli*
**Ha riposato:** Castronovo

**21ª giornata – domenica 1 maggio 2022**

Cerchio-Pol. Morronese **2-3**
*M. Della Rocca (C), P. Marinova Lazanova (C), M. Palombizio 3 (P)*
Collarmele-Castronovo **3-1**
*L. Giovagnorio (Co), autorete (Co), M. Villanucci (Co), B. Iarusci (Ca)*
Marsicana-Forme Massa Albe **2-2**
*L. Casale 2 (M), C. Gentile 2 (F)*
Roccacasale-Pacentro **1-3**
*L. Saponaro (R), R. Rossi (P), B. Aquilio (P), G. Gialò (P)*
San Giuseppe di Caruscino-Aielli 2015 **2-2**
*F. Marfia (S), L. Di Girolamo (S), P. Vitale (A), Marcello Nucci (A)*
**Ha riposato:** Canistro

**22ª giornata – domenica 8 maggio 2022**

Aielli 2015-Roccacasale **1-1**
*V. Sidor (A), A. Crugnale (R)*
Castronovo-Canistro **0-3**
*G. Vitale, A. Coco, M. Bisegna*
Forme Massa Albe-Collarmele **1-2**
*G. Cofini (F), A. Ciaglia (C), autorete (C)*

Pacentro-Marsicana **0-3** (a entrambe)
Pol. Morronese-San Giuseppe di Caruscino **1-1**
*M. D'Antonio (P), F. Marfia (S)*
**Ha riposato:** Cerchio

## CLASSIFICA FINALE girone B

| squadre | punti | gare | vinte | nulle | perse | reti f. | reti s. | diff. |
|---|---|---|---|---|---|---|---|---|
| Canistro | 44 | 20 | 13 | 5 | 2 | 40 | 23 | +17 |
| S.Giuseppe di Car. | 40 | 20 | 11 | 7 | 2 | 40 | 22 | +18 |
| Aielli 2015 | 39 | 20 | 11 | 6 | 3 | 43 | 25 | +18 |
| Roccacasale | 36 | 20 | 11 | 3 | 6 | 47 | 29 | +18 |
| Collarmele | 27 | 20 | 8 | 3 | 9 | 31 | 34 | -3 |
| Pol. Morronese | 26 | 20 | 8 | 2 | 10 | 37 | 33 | +4 |
| Cerchio | 26 | 20 | 7 | 5 | 8 | 45 | 33 | +12 |
| Marsicana | 25 | 20 | 7 | 4 | 9 | 36 | 41 | -5 |
| Pacentro | 25 | 20 | 7 | 4 | 9 | 37 | 38 | -1 |
| Forme M. Albe | 14 | 20 | 3 | 5 | 12 | 23 | 43 | -20 |
| Castronovo | 3 | 20 | 1 | 0 | 19 | 12 | 76 | -64 |

### semifinale play off – domenica 22 maggio 2022

Aielli 2015-Roccacasale **3-2**
*G. Di Pizio (A), Adrian Cristea (A), S. Marinucci (A), E. Cuccurullo (R), A. Crugnale (R)*

### semifinale play out – domenica 22 maggio 2022

Marsicana-Pacentro **2-3**
*L. Morzilli (M), A. Valerio (M), M. Sulli (P), L. Leombruno (P), F. Di Prata (P)*

### finale play off – domenica 29 maggio 2022

San Giuseppe di Caruscino-Aielli 2015 **2-1**
*D. Di Rocco (S), L. Di Girolamo (S), M Nucci (A)*

### finale play out – domenica 29 maggio 2022

Marsicana-Forme Massa Albe **1-0**
*L. Casale*

## CLASSIFICA MARCATORI girone B

**19 reti:** P. Marinova Lazanova (Cerchio); E. Cuccurullo (Roccacasale)
**12 reti:** M. Nucci (Aielli 2015); G. Vitale (Canistro); M. Sulli (Pacentro); M. Palombizio e M. Liberatore (Pol. Morronese); F. Marfia (San Giuseppe di Caruscino)

**11 reti:** S. Guidone (Castronovo/Canistro)
**8 reti:** M. Della Rocca (Cerchio); M. Neri e C. Gentile (Forme Massa Albe); L. Saponaro (Roccacasale); F. Marziale (San Giuseppe di Caruscino)
**7 reti:** V. Sidor (Aielli 2015); B. Zuccari (Canistro); M. Villanucci (Collarmele); A. Esposito (Marsicana); G. Massaro (San Giuseppe di Caruscino)
**6 reti:** M. Continenza (Cerchio); L. Giovagnorio (Collarmele); L. Di Girolamo (San Giuseppe di Caruscino)
**5 reti:** A. Sanniti (Aielli 2015); A. Coco (Canistro); L. Del Fiacco (Collarmele); A. Kourouma (Pacentro); D. Di Rocco (San Giuseppe di Caruscino)
**4 reti:** Adrian Cristea (Aielli 2015); M. Rocchi (Cerchio); L. Morzilli e R. Nuccetelli (Marsicana); B. Aquilio, F. Forcucci e E. Coccovilli (Pacentro); A. Crugnale (Roccacasale)
**3 reti:** P. Oprea, G. Di Pizio e S. Marinucci (Aielli 2015); S. Di Giamberardino (Cerchio); L. Casale e F. Melone (Marsicana); F. Verrocchi (Pacentro); A. Bernabeo (Pol. Morronese); L. Passalacqua (Roccacasale); U. Di Nicola e V. Di Berardino (San Giuseppe di Caruscino)

## RECORDS girone B

| | | |
|---|---|---|
| **maggior numero di punti** | **44** | Canistro |
| **minor numero di punti** | **3** | Castronovo |
| **maggior numero di vittorie** | **13** | Canistro |
| **minor numero di vittorie** | **1** | Castronovo |
| **maggior numero di pareggi** | **7** | San Giuseppe di Caruscino |
| **minor numero di pareggi** | **0** | Castronovo |
| **maggior numero di sconfitte** | **19** | Castronovo |
| **minor numero di sconfitte** | **2** | Canistro e S. Giuseppe di Carusc. |
| **miglior attacco** | **47** | Roccacasale |
| **miglior difesa** | **22** | San Giuseppe di Caruscino |
| **peggior attacco** | **12** | Castronovo |
| **peggior difesa** | **76** | Castronovo |
| **migliore differenza reti** | **+18** | Aielli 2015, Roccacasale e San Giuseppe di Caruscino |
| **peggiore differenza reti** | **-64** | Castronovo |
| **miglior realizzatore** | **19 reti** | P. Marinova Lazanova (Cerchio) e E. Cuccurullo (Roccacasale) |

## I VERDETTI FINALI

**Promossa in Prima categoria:** Canistro
**Retrocesse in Terza categoria:** Forme Massa Albe e Castronovo

## SECONDA CATEGORIA girone C

### 1ª giornata – domenica 26 settembre 2021

Ari 1972-Rapid **0-1**
*E. Bottini*
Pol. Vacri-Atletico Passo Cordone **1-1**
*A. Liberati (P), V. Di Pentima (A)*
San Marco-Cantera Adriatica Pescara **0-2**
*D. Antoniani, V. Gatto*
Sant'Anna-Victoria Cross Ortona **0-0**
Sporting Pianella-Canosa Sannita **2-3**
*P. Orlando (S), F. Leporini (S), A. Romeo (C), L. Ottaviani (C), P. D'Alessandro (C)*
Tre Ville-Città di Chieti **1-2**
*L. Di Nunzio (T), C. Di Girolamo (C), A. Miscia (C)*
**Ha riposato:** Real Anthos Pescara

### 2ª giornata – domenica 3 ottobre 2021

Atletico Passo Cordone-Tre Ville **1-0**
*V. Di Pentima*
Canosa Sannita-Real Anthos Pescara **5-2**
*R. Cameli (C), C. Zulli (C), L. Ottaviani (C), A. Romeo (C), autorete (C), G. Petrongolo (R), O. Iacubov (R)*
Cantera Adriatica Pescara-Ari 1972 **0-1**
*I. D'Alessandro*
Città di Chieti-Sporting Pianella **3-0**
*M. Di Giannatale, A. Capone, M. Caforio*
Rapid-Sant'Anna **3-2**
*G. Di Giacomo 2 (R), D. Ottaviani (R), F. Cantore (S), S. Conte (S)*
Victoria Cross Ortona-Pol. Vacri **1-1**
*N. Scarinci (V), A. Liberati (P)*
**Ha riposato:** San Marco

### 3ª giornata – domenica 10 ottobre 2021

Ari 1972-San Marco **3-1**
*S. Tacconelli 2 (A), I. D'Alessandro (A), M. Diallo (S)*
Pol. Vacri-Rapid **2-2**
*A. Liberati (P), J. Marcello (P), R. Dimarco (R), S. Pellegrini (R)*
Real Anthos Pescara-Città di Chieti **0-1**
*A. Miscia*
Sant'Anna-Cantera Adriatica Pescara **3-3**
*F. Maugeri (S), C. D'Astolfo (S), A. Di Francesco (S), M. Basso (C),*

*D. Camplone (C), E. Di Giovacchino (C)*
Sporting Pianella-Atletico Passo Cordone **2-0**
*A. Dottore, L. Fidanza*
Tre Ville-Victoria Cross Ortona **5-2**
*L. Di Nunzio (T), N. Dell'Elba 3 (T), G. Cutolo (T), N. Cantoli (V), autorete (V)*
**Ha riposato:** Canosa Sannita

## 4ª giornata – domenica 17 ottobre 2021

Atletico Passo Cordone-Real Anthos Pescara **3-1**
*M. Miccoli (A), V. Di Pentima (A), A. Di Federico (A), C. Romanelli (R)*
Cantera Adriatica Pescara-Pol. Vacri **1-1**
*D. Antoniani (C), F. Mennucci (P)*
Città di Chieti-Canosa Sannita **1-1**
*M. Caforio (Ci), M. Di Nunzio (Ca)*
Rapid-Tre Ville **1-1**
*R. Dimarco (R), L. Di Nunzio (T)*
San Marco-Sant'Anna **2-1**
*P. Della Cioppa (SM), M. Quaglione (SM), T. Di Primio (SA)*
Victoria Cross Ortona-Sporting Pianella **2-0**
*F. Ramis, D. D'Alessandro*
**Ha riposato:** Ari 1972

## 5ª giornata – domenica 24 ottobre 2021

Canosa Sannita-Atletico Passo Cordone **1-0**
*F. Cremone*
Pol. Vacri-San Marco **2-1**
*F. Novelli (P), A. Masci (P), M. Diallo (S)*
Real Anthos Pescara-Victoria Cross Ortona **3-4**
*G. Petrongolo 2 (R), A. Del Signore (R), J. Ponce 2 (V), F. Ramis 2 (V)*
Sant'Anna-Ari 1972 **2-3**
*F. Luciani (S), C. D'Astolfo (S), S. Tacconelli (A), A. Shyti (A), autorete (A)*
Sporting Pianella-Rapid **0-0**
Tre Ville-Cantera Adriatica Pescara **1-1**
*F. Cericola (T), D. Di Nunzio (C)*
**Ha riposato:** Città di Chieti

## 6ª giornata – domenica 31 ottobre 2021

Ari 1972-Pol. Vacri **1-1**
*S. Tacconelli (A), F. Mennucci (P)*
Atletico Passo Cordone-Città di Chieti **1-0**
*M. Orlando*
Cantera Adriatica Pescara-Sporting Pianella **3-1**

*S. Barile (C), A. Sarr (C), D. Di Nunzio (C), M. Di Martile (S)*
Rapid-Real Anthos Pescara **3-1**
*F. Di Roberto 2 (Ra), G. Di Giacomo (Ra), G. Petrongolo (Re)*
San Marco-Tre Ville **3-0**
*L. Addante 2, A. Perrotti*
Victoria Cross Ortona-Canosa Sannita **2-1**
*N. Scarinci (V), L. Di Muzio (V), L. Ottaviani (C)*
**Ha riposato:** Sant'Anna

### 7ª giornata – domenica 7 novembre 2021

Canosa Sannita-Rapid **1-0**
*M. Di Nunzio*
Città di Chieti-Victoria Cross Ortona **2-1**
*A. Capone (C), M. Caforio (C), N. Scarinci (V)*
Pol. Vacri-Sant'Anna **3-2**
*J. Primiterra (P), F. Mennucci 2 (P), S. Conte (S), F. Luciani (S)*
Real Anthos Pescara-Cantera Adriatica Pescara **0-2**
*D. Di Nunzio 2*
Sporting Pianella-San Marco **2-1**
*F. Leporini (Sp), L. Fidanza (Sp), P. Della Cioppa (Sa)*
Tre Ville-Ari 1972 **1-0**
*G. Cutolo*
**Ha riposato:** Atletico Passo Cordone

### 8ª giornata – domenica 14 novembre 2021

Ari 1972-Sporting Pianella **7-2**
*G. Ferrara (A), M. Marinelli (A), I. D'Alessandro 2 (A), A. Shyti (A), E. Franceschini (A), F. Palombaro (A), L. Fidanza (S), A. Rocci (S)*
Cantera Adriatica Pescara-Canosa Sannita **2-3**
*D. Di Nunzio (Cant), D. Rutolo (Cant), L. Ottaviani 2 (Cano), M. Di Nunzio (Cano)*
Rapid-Città di Chieti **0-1**
*A. Capone*
San Marco-Real Anthos Pescara **5-2**
*M. Tocco 2 (S), L. Addante (S), P. Della Cioppa (S), A. Ricci (S), A. Di Paolo 2 (R)*
Sant'Anna-Tre Ville **2-0**
*L. Leva, F. Ricci*
Victoria Cross Ortona-Atletico Passo Cordone **2-2**
*N. Cantoli 2 (V), A. Di Federico (A), M. Miccoli (A)*
**Ha riposato:** Pol. Vacri

**9ª giornata – domenica 21 novembre 2021**

Atletico Passo Cordone-Rapid **0-0**
Canosa Sannita-San Marco **2-1**
*C. Leve (C), E. De Luca (C), E. Pisano (S)*
Città di Chieti-Cantera Adriatica Pescara **0-0**
Real Anthos Pescara-Ari 1972 **0-4**
*G. Colagreco, E. Franceschini, A. Shity, I. D'Alessandro*
Sporting Pianella-Sant'Anna **0-1**
*A. Amorese*
Tre Ville-Pol. Vacri **3-1**
*G. Cutolo 2 (T), A. Crognale (T), M. Lombardini (P)*
**Ha riposato:** Victoria Cross Ortona

**10ª giornata – domenica 28 novembre 2012**

Ari 1972-Canosa Sannita **2-2**
*C. Palombaro (A) I. D'Alessandro (A), P. Ottaviani (C), C. D'Alessio (C)*
Cantera Adriatica Pescara-Atletico Passo Cordone **1-1**
*E. Di Giovacchino (C), A. Di Federico (A)*
Pol. Vacri-Sporting Pianella **3-2**
*A. Liberati (P), F. Mennucci 2 (P), L. Fidanza (S), A. Rocci (S)*
Rapid-Victoria Cross Ortona **1-1**
*F. Crisanti (R), T. De Luca (V)*
San Marco-Città di Chieti **1-1**
*P. Della Cioppa (S), A. Capone (C)*
Sant'Anna-Real Anthos Pescara **3-0**
*C. D'Astolfo, A. Amorese, G. Errico*
**Ha riposato:** Tre Ville

**11ª giornata – domenica 5 dicembre 2021**

Atletico Passo Cordone-San Marco **2-1**
*V. Di Pentima (A), A. Di Federico (A), F. Pisano (S)*
Canosa Sannita-Sant'Anna **3-0**
*M. Di Nunzio 2, L. Ottaviani*
Città di Chieti-Ari 1972 **0-0**
Real Anthos Pescara-Pol. Vacri **2-4**
*G. Petrongolo (R), D. Perilli (R), F. Mennucci 3 (P), J. Primiterra (P)*
Sporting Pianella-Tre Ville **1-0**
*M. Di Martile*
Victoria Cross Ortona-Cantera Adriatica Pescara **3-1**
*N. Cantoli (V), M. Ponce (V), A. Bilancia (V), autorete (C)*
**Ha riposato:** Rapid

| **12ª giornata – domenica 12 dicembre 2021** | |
|---|---|
| Ari 1972-Atletico Passo Cordone | **1-2** |
| *S. Tacconelli (Ar), M. Miccoli (At), M. D'Aloisio (At)* | |
| Cantera Adriatica Pescara-Rapid | **5-0** |
| *P. Pleekklang, E. Di Giovacchino 2, D. Di Nunzio, D. Antoniani* | |
| Pol. Vacri-Canosa Sannita | **3-2** |
| *A. Liberati (P), M. Lombardini (P), F. Mennucci (P), L. Ottaviani (C), C. D'Alessio (C)* | |
| San Marco-Victoria Cross Ortona | **2-3** |
| *E. Pisano (S), P. Della Cioppa (S), A. Maccarone (V), A. Cissè (V), A. Bilancia (V)* | |
| Sant'Anna-Città di Chieti | **0-0** |
| Tre Ville-Real Anthos Pescara | **3-0** |
| *N. Dell'Elba 3* | |
| **Ha riposato:** Sporting Pianella | |

| **13ª giornata – domenica 19 dicembre 2021** | |
|---|---|
| Atletico Passo Cordone-Sant'Anna | **1-0** |
| *A. Di Federico* | |
| Canosa Sannita-Tre Ville | **0-3** |
| *N. Dell'Elba 3* | |
| Città di Chieti-Pol. Vacri | **1-0** |
| *M. Caforio* | |
| Rapid-San Marco | **0-2** |
| *P. Ciancetta, P. Della Cioppa* | |
| Real Anthos Pescara-Sporting Pianella | **2-4** |
| *A. De Franco (R), M. Di Rocco (R), A. Zhollanji (S), A. Dottore (S), F. Leporini (S), L. Fidanza (S)* | |
| Victoria Cross Ortona-Ari 1972 | **1-1** |
| *A. Bilancia (V), A. Shity (A)* | |
| **Ha riposato:** Cantera Adriatica Pescara | |

| **14ª giornata – domenica 13 febbraio 2022** | |
|---|---|
| Atletico Passo Cordone-Pol. Vacri | **1-2** |
| *M. Orlando (A), M. Lombardini (P), F. Novelli (P)* | |
| Canosa Sannita-Sporting Pianella | **2-2** |
| *C. D'Alessio (C), A. Romeo (C), L. Fidanza (S), A. Dottore (S)* | |
| Cantera Adriatica Pescara-San Marco | **2-2** |
| *P. Plekklang (C), S. Barile (C), P. Della Cioppa (S), L. Addante (S)* | |
| Città di Chieti-Tre Ville | **0-0** |
| Rapid-Ari 1972 | **1-2** |
| *P. Colleluori (R), I. D'Alessandro (A), autorete (A)* | |

Victoria Cross Ortona-Sant'Anna **4-0**
*G. Salini, N. Scarinci, L. Di Muzio, N. Cantoli*
**Ha riposato:** Real Anthos Pescara

## 15ª giornata – domenica 20 febbraio 2022

Ari 1972-Cantera Adriatica Pescara **4-2**
*I. D'Alessandro (A), G. Colagreco (A), R. Aurora (A), X. Gremi (A), E. Di Giovacchino 2 (C)*
Pol. Vacri-Victoria Cross Ortona **5-1**
*T. Santoferrara (P), F. Novelli 2 (P), F. Mennucci 2 (P), T. De Luca (V)*
Real Anthos Pescara-Canosa Sannita **0-1**
*L. Ottaviani*
Sant'Anna-Rapid **3-2**
*A. Amorese (S), A. Silvestri (S), L. D'Onofrio (S), M. Parente (R), F. Di Roberto (R)*
Sporting Pianella-Città di Chieti **0-0**
Tre Ville-Atletico Passo Cordone **2-0**
*G. Cutolo, L. Di Nunzio*
**Ha riposato:** San Marco

## 16ª giornata – domenica 27 febbraio 2022

Atletico Passo Cordone-Sporting Pianella **2-0** *(16 marzo)*
*M. Miccoli, A. Di Federico*
Cantera Adriatica Pescara-Sant'Anna **1-2**
*D. Di Nunzio (C), F. Maugeri (S), S. Renzetti (S)*
Città di Chieti-Real Anthos Pescara **3-1**
*A. Miscia (C), S. Simonicca 2 (C), K. Orsini (R)*
Rapid-Pol. Vacri **0-3**
*M. Di Candia, F. Mennucci, A. Liberati*
San Marco-Ari 1972 **2-3**
*P. Della Cioppa 2 (S), G. Colagreco (A), I. D'Alessandro (A), M. Marinelli (A)*
Victoria Cross Ortona-Tre Ville **2-0** *(13 marzo)*
*L. Di Muzio, F. Hamza*
**Ha riposato:** Canosa Sannita

## 17ª giornata – domenica 6 marzo 2022

Canosa Sannita-Città di Chieti **2-1**
*C. D'Alessio (Ca), L. Ottaviani (Ca), C. Di Girolamo (Ci)*
Pol. Vacri-Cantera Adriatica Pescara **3-0**
*A. Liberati 2, F. Novelli*
Real Anthos Pescara-Atletico Passo Cordone **2-3**
*A. Del Signore (R), A. D'Antuono (R), D. Sablone (A), A. Ragno (A),*

*A. Sablone (A)*
Sant'Anna-San Marco **0-1**
*R. Stefan*
Sporting Pianella-Victoria Cross Ortona **0-1**
*N. Scarinci*
Tre Ville-Rapid **1-1**
*A. Romagnoli (T), M. Travaglini (R)*
**Ha riposato:** Ari 1972

**18ª giornata – domenica 13 marzo 2022**

Ari 1972-Sant'Anna **5-1**
*C. Palombaro (A), M. Spilla (A), I. D'Alessandro (A), D. Galassi (A), G. Colagreco (A), F. Maugeri (S)*
Atletico Passo Cordone-Canosa Sannita **1-0**
*A. Sablone*
Cantera Adriatica Pescara-Tre Ville **2-1**
*P. Pleekklang 2 (C), L. Di Nunzio (T)*
Rapid-Sporting Pianella **1-1**
*F. Gamboa (R), A. Dottore (S)*
San Marco-Pol. Vacri **1-3**
*P. Della Cioppa (S), A. Liberati 2 (P), F. Mennucci (P)*
Victoria Cross Ortona-Real Anthos Pescara **4-0**
*T. De Luca, N. Cantoli 2, A. Bilancia*
**Ha riposato:** Città di Chieti

**19ª giornata – domenica 20 marzo 2022**

Canosa Sannita-Victoria Cross Ortona **1-1**
*L. Ottaviani (C), F. D'Alessandro (V)*
Città di Chieti-Atletico Passo Cordone **0-1**
*V. Di Pentima*
Pol. Vacri-Ari 1972 **1-1** ***(6 aprile)***
*F. Mennucci (P), G. Colagreco (A)*
Real Anthos Pescara-Rapid **2-3**
*G. Petrongolo (Re), S. Leone (Re), F. Crisanti (Ra), M. Travaglini (Ra), A. Cyrbja (Ra)*
Sporting Pianella-Cantera Adriatica Pescara **1-2**
*A. Hoxha (S), P. Pleekklang 2 (C)*
Tre Ville-San Marco **1-0**
*A. Romagnoli*
**Ha riposato:** Sant'Anna

**20ª giornata – domenica 27 marzo 2022**

Ari 1972-Tre Ville **3-2**
*M. Marinelli (A), G. Ferrara (A), autorete (A), N. Dell'Elba (T), V. Medelaunu (T)*
Cantera Adriatica Pescara-Real Anthos Pescara **6-0**
*V. Gatto, A. Conte, D. Ruggieri 2, D. Di Nunzio, F. Palestino*
Rapid-Canosa Sannita **2-3**
*F. Gamboa (R), M. De Marco (R), G. Smigliani (C), E. De Luca (C), autorete (C)*
San Marco-Sporting Pianella **2-1**
*P. Della Cioppa 2 (Sa), M. Chiavaroli (Sp)*
Sant'Anna-Pol. Vacri **0-2**
*F. Mennucci, T. Santoferrara*
Victoria Cross Ortona-Città di Chieti **1-0**
*N. Scarinci*
**Ha riposato:** Atletico Passo Cordone

**21ª giornata – domenica 3 aprile 2022**

Atletico Passo Cordone-Victoria Cross Ortona **0-0**
Canosa Sannita-Cantera Adriatica Pescara **2-2**
*E. De Luca 2 (Cano), A. Conte (Cant), D. Di Nunzio (Cant)*
Città di Chieti-Rapid **1-1**
*A. Capone (C), F. Crisanti (R)*
Real Anthos Pescara-San Marco **0-6**
*P. Della Cioppa, A. Ricci, R. Stefan, E. Pisano, M. Pedico 2*
Sporting Pianella-Ari 1972 **1-1**
*A. Hoxha (S), M. Sagarese (A)*
Tre Ville-Sant'Anna **4-1**
*N. Dell'Elba (T), A. Romagnoli 2 (T), V. Medeleanu (T), A. Amorese (S)*
**Ha riposato:** Pol. Vacri

**22ª giornata – domenica 10 aprile 2022**

Ari 1972-Real Anthos Pescara **7-0**
*G. Colagreco, A. Shyti, F. De Cerchio, D. Galassi, M. Sagarese, C. Palombaro, M. Spilla*
Cantera Adriatica Pescara-Città di Chieti **2-1** *(20 aprile)*
*P. Pleekklang 2 (C), A. Capone (C)*
Pol. Vacri-Tre Ville **3-0**
*F. Mennucci, A. Liberati 2*
Rapid-Atletico Passo Cordone **1-1**
*M. D'Aloisio (R), A. Massimi (A)*
San Marco-Canosa Sannita **1-2**
*R. Stefan (S), M. Di Nunzio (C), C. D'Alessio (C)*

Sant'Anna-Sporting Pianella **2-5**
*A. Amorese 2 (Sa), F. Leporini (Sp), A. Hoxha (Sp), F. De Leonibus (Sp), D. D'Intino (Sp), M. Di Martile (Sp)*
**Ha riposato:** Victoria Cross Ortona

### 23ª giornata – sabato 16 aprile 2022

Atletico Passo Cordone-Cantera Adriatica Pescara **1-0**
*A. Di Federico*
Canosa Sannita-Ari 1972 **0-0**
Città di Chieti-San Marco **0-1**
*P. Ciancetta*
Real Anthos Pescara-Sant'Anna **3-6**
*A. De Franco 2 (R), A. Aloisio (R), S. Renzetti 2 (S), A. De Ingeniis 2 (S), C. D'Astolfo 2 (S)*
Sporting Pianella-Pol. Vacri **1-4**
*A. Hoxha (S), A. Liberati 2 (P), F. Novelli (P), J. Marcello (P)*
Victoria Cross Ortona-Rapid **1-1**
*S. Altobelli (V), F. Crisanti (R)*
**Ha riposato:** Tre Ville

### 24ª giornata – domenica 24 aprile 2022

Ari 1972-Città di Chieti **2-1**
*C. Palmbaro (A), D. Carideo (A), M. Caforio (C)*
Cantera Adriatica Pescara-Victoria Cross Ortona **2-3**
*E. Di Giovacchino 2 (C), N. Scarinci (V), C. Carrieri (V), M. Ponce (V)*
Pol. Vacri-Real Anthos Pescara **3-0** (a tavolino)
San Marco-Atletico Passo Cordone **3-1**
*R. Stefan 2 (S), L. Addante (S), A. Massimi (A)*
Sant'Anna-Canosa Sannita **1-0**
*S. Di Renzo*
Tre Ville-Sporting Pianella **1-0**
*P. Cianfrone*
**Ha riposato:** Rapid

### 25ª giornata – domenica 1 maggio 2022

Atletico Passo Cordone-Ari 1972 **1-1**
*M. Miccoli (At), M. Marinelli (Ar)*
Canosa Sannita-Pol. Vacri **0-2**
*F. Novelli, A. Liberati*
Città di Chieti-Sant'Anna **1-0**
*L. Perta*
Rapid-Cantera Adriatica Pescara **0-2**

*D. Di Nunzio 2*
Real Anthos Pescara-Tre Ville **6-2**
*S. Ruggieri (R), A. De Franco 2 (R), G. Petrongolo 3 (R), A. Romagnoli (T), L. Di Nunzio (T)*
Victoria Cross Ortona-San Marco **2-0**
*F. Hamza, N. Cantoli*
**Ha riposato:** Sporting Pianella

### 26ª giornata – domenica 8 maggio 2022

Ari 1972-Victoria Cross Ortona **3-1**
*A. Shity 2 (A), I. D'Alessandro (A), N. Scarinci (V)*
Pol. Vacri-Città di Chieti **2-3**
*F. Novelli (P), A. Liberati (P), A. Capone 2 (C), L. Di Girolamo (C)*
San Marco-Rapid **4-2**
*L. Addante 2 (S), R. Stefan (S), A. Spitoni (S), F. Crisanti (R), F. Fazzini (R)*
Sant'Anna-Atletico Passo Cordone **3-3**
*S. Renzetti 3 (S), A. Di Federico (A), A. Ragno (A), A. Massimi (A)*
Sporting Pianella-Real Anthos Pescara **7-1**
*S. Leporini 2 (S), F. De Leonibus 2 (S), A. Hoxha (S), L. Fidanza (S), F. Finocchio (S), A. De Franco (R)*
Tre Ville-Canosa Sannita **1-4**
*N. Dell'Elba (T), M. Di Nunzio 2 (C), A. Romeo 2 (C)*
**Ha riposato:** Cantera Adriatica Pescara

## CLASSIFICA FINALE girone C

| squadre | punti | gare | vinte | nulle | perse | reti f. | reti s. | diff. |
|---|---|---|---|---|---|---|---|---|
| Pol. Vacri | 51 | 24 | 15 | 6 | 3 | 55 | 27 | +28 |
| Ari 1972 | 47 | 24 | 13 | 8 | 3 | 55 | 26 | +29 |
| Victoria Cross O. | 44 | 24 | 12 | 8 | 4 | 43 | 31 | +12 |
| Canosa Sannita | 42 | 24 | 12 | 6 | 6 | 41 | 32 | +9 |
| Atl. Passo Cord. | 41 | 24 | 11 | 8 | 5 | 29 | 24 | +5 |
| Città di Chieti | 35 | 24 | 9 | 8 | 7 | 23 | 18 | +5 |
| Cantera Adriatica | 34 | 24 | 9 | 7 | 8 | 44 | 34 | +10 |
| San Marco | 32 | 24 | 10 | 2 | 12 | 43 | 37 | +6 |
| Tre Ville | 31 | 24 | 9 | 4 | 11 | 33 | 37 | -4 |
| Sant'Anna | 25 | 24 | 7 | 4 | 13 | 36 | 49 | -13 |
| Sporting Pianella | 23 | 24 | 6 | 5 | 13 | 35 | 44 | -9 |
| Rapid | 22 | 24 | 4 | 10 | 10 | 26 | 40 | -14 |
| Real Anthos Pe -1 | 2 | 24 | 1 | 0 | 23 | 28 | 92 | -64 |

**-1 un punto di penalizzazione**

**semifinali play off – domenica 22 maggio 2022**

Ari 1972-Atletico Passo Cordone **0-0** (dts)
Victoria Cross Ortona-Canosa Sannita **4-3**
*C. Carrieri (V), N. Scarinci (V), N. Cantoli (V), L. Di Muzio (V), C. Leve (C), A. Romeo (C), M. Di Nunzio (C)*

**semifinale play out – domenica 22 maggio 2022**

Sant'Anna-Sporting Pianella **3-2**
*F. Maugeri (Sa), A. Amorese (Sa), A. De Ingeniis (Sa), D. D'Intino (Sp), A. Dottore (Sp)*

**finale play off – domenica 29 maggio 2022**

Ari 1972-Victoria Cross Ortona **3-0**
*I. D'Alessandro, A. Shity, E. Franceschini*

**finale play out – domenica 29 maggio 2022**

Sant'Anna-Rapid **0-1**
*G. Aliprandi*

## CLASSIFICA MARCATORI girone C

**17 reti:** F. Mennucci (Pol. Vacri)
**16 reti:** A. Liberati (Pol. Vacri)
**13 reti:** P. Della Cioppa (San Marco)
**12 reti:** I. D'Alessandro (Ari 1972); N. Dell'Elba (Tre Ville)
**11 reti:** D. Di Nunzio (Cantera Adriatica Pescara)
**10 reti:** L. Ottaviani e M. Di Nunzio (Canosa Sannita)
**9 reti:** A. Shyti (Ari 1972); G. Petrongolo (Real Anthos Pescara); N. Cantoli e N. Scarinci (Victoria Cross Ortona)
**8 reti:** A. Di Federico (Atletico Passo Cordone); P. Pleekklang e E. Di Giovacchino (Cantera Adriatica Pescara); A. Capone (Città di Chieti); F. Novelli (Pol. Vacri)
**7 reti:** L. Addante (San Marco); A. Amorese (Sant'Anna); L. Fidanza (Sporting Pianella)
**6 reti:** G. Colagreco (Ari 1972); A. Romeo (Canosa Sannita); A. De Franco (Real Anthos Pescara); R. Stefan (San Marco); S. Renzetti (Sant'Anna); L. Di Nunzio (Tre Ville)
**5 reti:** S. Tacconelli (Ari 1972); M. Piccoli e V. Di Pentima (Atletico Passo Cordone); C. D'Alessio (Canosa Sannita); M. Caforio (Città di Chieti); F. Crisanti (Rapid); C. D'Astolfo (Sant'Anna); A. Dottore e A. Hoxha (Sporting Pianella); G. Cutolo e A. Romagnoli (Tre Ville)
**4 reti:** C. Palombaro (Ari 1972); E. De Luca (Canosa Sannita); F. Maugeri

(Sant'Anna); F. Leporini (Sporting Pianella); M. Bilancia e L. Di Muzio (Victoria Cross Ortona)
**3 reti:** D. Galassi e E. Franceschini (Ari 1972); A. Massimi (Atletico Passo Cordone); D. Antoniani (Cantera Adriatica Pescara); A. Miscia (Città di Chieti); M. Lombardini (Pol. Vacri); G. Di Giacomo e F. Di Roberto (Rapid); E. Pisano (San Marco); A. De Ingeniis (Sant'Anna); M. Di Martile e F. De Leonibus (Sporting Pianella); F. Ramis e T. De Luca (Victoria Cross Ortona)

## I RECORDS girone C

| | | |
|---|---|---|
| **maggior numero di punti** | **51** | Pol. Vacri |
| **minor numero di punti** | **2** | Real Anthos Pescara |
| **maggior numero di vittorie** | **15** | Pol. Vacri |
| **minor numero di vittorie** | **1** | Real Anthos Pescara |
| **maggior numero di pareggi** | **10** | Rapid |
| **minor numero di pareggi** | **0** | Real Anthos Pescara |
| **maggior numero di sconfitte** | **23** | Real Anthos Pescara |
| **minor numero di sconfitte** | **3** | Pol. Vacri e Ari 1972 |
| **miglior attacco** | **55** | Pol. Vacri e Ari 1972 |
| **miglior difesa** | **18** | Città di Chieti |
| **peggior attacco** | **26** | Rapid |
| **peggior difesa** | **92** | Real Anthos Pescara |
| **migliore differenza reti** | **+29** | Ari 1972 |
| **peggiore differenza reti** | **-64** | Real Anthos Pescara |
| **miglior realizzatore** | **17 reti** | F. Mennucci (Pol. Vacri) |

## I VERDETTI FINALI

**Promossa in Prima categoria:** Pol. Vacri
**Retrocesse in Terza categoria:** Sporting Pianella e Real Anthos Pescara

## SECONDA CATEGORIA girone D

### 1ª giornata – domenica 26 settembre 2021

Cappelle sul Tavo 2008-Bisenti **1-3**
*M. Del Papa (C), F. Di Sabatino (B), F. Terregna (B), A. Cirone (B)*
Cepagatti-Torre Calcio **3-0**
*Y. Balde 2, G. Costantini*
Citerius San Valentino-Castilenti **3-1**
*L. Marinucci (Ci), A. Leclerq (Ci), M. Marcucci (Ci), L. Mingione (Ca)*
Lettese-Cellino Calcio **3-3**
*F. Di Mascio 2 (L), S. Cardinale (L), P. Bonadduce (C), F. De Iuliis (C), N. Remigio (C)*
Picciano-Villanova FC **1-2**
*D. Mergiotti (P), G. Pietrangelo (V), G. Chicchiriccò (V)*
Vis Cerratina-Valle del Fino **0-0**

### 2ª giornata – domenica 3 ottobre 2021

Bisenti-Picciano **1-1**
*L. Di Vincenzo (B), L. Di Muzio (P)*
Castilenti-Cepagatti **2-2**
*F. Sorricchio (Ca), L. Mingione (Ca), Y. Balde 2 (Ce)*
Cellino-Cappelle sul Tavo 2008 **5-1**
*M. Di Domenico (Ce), G. Michini 2 (Ce), G. Fanì (Ce), F. De Iuliis (Ce), F. Marchionne (Ca)*
Torre Calcio-Lettese **1-2**
*M. Pesaresi (T), F. Toppi (L), F. Di Mascio (L)*
Valle del Fino-Citerius San Valentino **1-2**
*D. Micolucci (V), D. Ascenzo 2 (C)*
Villanova FC-Vis Cerratina **1-1**
*Z. Traorè (Vil), P. Diouf (Vis)*

### 3ª giornata – domenica 10 ottobre 2021

Cappelle sul Tavo 2008-Torre Calcio **3-1**
*V. Faieta (C), M. Del Papa (C), E. Giovannangelo (C), M. Eboli (T)*
Cepagatti-Citerius San Valentino **5-0**
*Y. Balde, S. Petrucci, S. Di Michele, A. Giampietro, S. Sborgia*
Lettese-Castilenti **3-2**
*F. Di Mascio 2 (L), S. Cardinale (L), F. Sorricchio 2 (C)*
Picciano-Cellino Calcio **0-2**
*A. Sciannella, G. Michini*
Valle del Fino-Villanova FC **0-1**
*S. Grande*

Vis Cerratina-Bisenti **2-2**
*A. Di Giovanni (V), autorete (V), G. D'Orazio (B), autorete (B)*

### 4ª giornata – domenica 17 ottobre 2021

Bisenti-Villanova FC **2-3**
*A. Amraoui (B), F. Di Sabatino (B), A. Giammarino (V), S. Grande (V), C. Fontana (V)*
Castilenti-Cappelle sul Tavo 2008 **1-1**
*G. Pancione (Cas), E. Giovannangelo (Cap)*
Cellino Calcio-Vis Cerratina **1-0**
*P. Giorgini*
Cepagatti-Valle del Fino **3-1**
*S. Di Michele 2 (C), M. Di Battista (C), U. De Sanctis (V)*
Citerius San Valentino-Lettese **0-0**
Torre Calcio-Picciano **1-3**
*A. Galli (T), M. Cardignan (P), U. Diodoro (P), M. Andreoli (P)*

### 5ª giornata – domenica 24 ottobre 2021

Cappelle sul Tavo 2008-Citerius San Valentino **1-0**
*M. Cipollone*
Lettese-Cepagatti **1-2**
*C. Ferrante (L), S. Di Michele (C), S. Petrucci (C)*
Picciano-Castilenti **2-1**
*M. Cardignan 2 (P), E. Di Marco (C)*
Valle del Fino-Bisenti **1-1**
*V. Romanelli (V), F. Terregna (B)*
Villanova FC-Cellino Calcio **1-0**
*M. Nepa*
Vis Cerratina-Torre Calcio **7-4**
*F. Giuliani 4 (V), V. Camerano Spelta (V), I. Coulibaly 2 (V), F. Aielli (T), M. Pesaresi (T), A. Galli (T), E. Smarrelli (T)*

### 6ª giornata – domenica 31 ottobre 2021

Castilenti-Vis Cerratina **0-0**
Cellino Calcio-Bisenti **3-3**
*A. Sciannella (C), P. Giorgini (C), N. Remigio (C), D. Ruggieri (B), A. Etabti (B), F. Di Sabatino (B)*
Cepagatti-Cappelle sul Tavo 2008 **3-1**
*S. Petrucci 2 (Ce), D. Di Battista (Ce), E. Giovannangelo (Ca)*
Citerius San Valentino-Picciano **0-1**
*M. Cardignan*
Lettese-Valle del Fino **8-1**

*F. Di Mascio 4 (L), C. Ferrante (L), L. Di Martino (L), A. Cardinale (L), A. Marcone (L), M. Mergiotti (V)*
Torre Calcio-Villanova FC **1-5**
*M. Iacobucci (T), S. Grande (V), D. Di Girolamo (V), L. Pietrangelo (V), S. Di Cecco (V), G. Pietrangelo (V)*

**7ª giornata – domenica 7 novembre 2021**

Bisenti-Torre Calcio **3-2**
*F. Di Sabatino (B), D. Ruggieri (B), A. Etabti (B), F. Aielli (T), M. Pesaresi (T)*
Cappelle sul Tavo 2008-Lettese **2-2**
*G. Pilla (C), G. Ferretti (C), S. Cardinale (L), A. Di Paolo (L)*
Picciano-Cepagatti **2-2**
*U. Diodoro (P), L. Di Muzio (P), S. Sborgia (C), M. Gasbarro (C)*
Valle del Fino-Cellino Calcio **2-1**
*U. De Sanctis (V), M. Mergiotti (V), G. Fanì (C)*
Villanova FC-Castilenti **1-0**
*D. Di Girolamo*
Vis Cerratina-Citerius San Valentino **2-2**
*V. Marzano (V), I. Coulibaly (V), E. Mastrodicasa (C), G. Zaccagnini (C)*

**8ª giornata – domenica 14 novembre 2021**

Cappelle sul Tavo 2008-Valle del Fino **2-3**
*K. Cipollone (C), autorete (C), M. Mergiotti (V), U. De Sanctis 2 (V)*
Castilenti-Bisenti **0-2**
*F. Di Sabatino, A. Etabti*
Cepagatti-Vis Cerratina **2-1**
*D. Di Battista (C), Y. Balde (C), V. Marzano (V)*
Citerius San Valentino-Villanova FC **1-2**
*S. Passeri (C), G. Pietrangelo (V), A. Falasca (V)*
Lettese-Picciano **3-1**
*F. Di Mascio 2 (L), C. Ferrante (L), S. Mbaye (P)*
Torre Calcio-Cellino Calcio **1-5**
*M. Di Gregorio (T), M. Di Domenico 2 (C), F. De Iuliis (C), N. Remigio (C), G. Michini (C)*

**9ª giornata – domenica 21 novembre 2021**

Bisenti-Citerius San Valentino **4-0**
*F. Terregna, A. Amraoui, F. Di Sabatino 2*
Cellino Calcio-Castilenti **2-0**
*M. Di Domenico, F. Marcheggiani*
Picciano-Cappelle sul Tavo 2008 **5-0**
*F. D'Armi 2, S. Mbaye, L. Di Muzio 2*

| | |
|---|---|
| Valle del Fino-Torre Calcio | **2-1** |
| *U. De Sanctis (V), M. Pantaleone (V), M. Pesaresi (T)* | |
| Villanova FC-Cepagatti | **1-1** |
| *G. Chicchiriccò (V), S. Di Michele (C)* | |
| Vis Cerratina-Lettese | **0-3** |
| *J. Buffone, F. Di Mascio, S. Cardinale* | |

| **10ª giornata – domenica 28 novembre 2012** | |
|---|---|
| Cappelle sul Tavo 2008-Vis Cerratina | **1-4** |
| *M. Del Papa (C), F. Giuliani (V), M. Martello (V), V. Marzano (V), autorete (V)* | |
| Castilenti-Torre Calcio | **3-0** |
| *F. Keita 3* | |
| Cepagatti-Bisenti | **1-1** |
| *M. Gasbarro (C), A. Etatbi (B)* | |
| Citerius San Valentino-Cellino Calcio | **0-3** |
| *M. Di Domenico 2, N. Remigio* | |
| Lettese-Villanova FC | **1-2** |
| *S. Cardinale (L), S. Grande (V), S. D'Alessandro (V)* | |
| Picciano-Valle del Fino | **1-3** |
| *L. Di Muzio (P), M. Mergiotti (V), M. Palmucci (V), A. Di Gianvito (V)* | |

| **11ª giornata – domenica 5 dicembre 2021** | |
|---|---|
| Bisenti-Lettese | **1-0** |
| *D. Ruggieri* | |
| Cellino Calcio-Cepagatti | **2-2** |
| *N. Remigio (Cel), F. De Iuliis (Cel), S. Petrucci (Cep), Y. Balde (Cep)* | |
| Torre Calcio-Citerius San Valentino | **1-3** |
| *M. Di Gregorio (T), L. Santoli (C), M. Marcucci (C), E. Mastrodicasa (C)* | |
| Valle del Fino-Castilenti | **1-1** |
| *U. De Sanctis (V), F. Keita (C)* | |
| Villanova FC-Cappelle sul Tavo 2008 | **5-0** |
| *Z. Traorè, S. Grande 2, I. Palozzo, M. Sambe* | |
| Vis Cerratina-Picciano | **1-2** |
| *T. Fall (V), M. Cardignan (P), A. Castelli (P)* | |

| **12ª giornata – domenica 13 febbraio 2022** | |
|---|---|
| Bisenti-Cappelle sul Tavo 2008 | **3-1** |
| *D. Ruggieri (B), A. Cirone 2 (B), F. Caiarelli (C)* | |
| Castilenti-Citerius San Valentino | **2-1** |
| *S. Maggi (Ca), L. Mingione (Ca), L. Tontodonati (Ci)* | |
| Cellino Calcio-Lettese | **3-1** |
| *A. Sciannella (C), P. Giorgini (C), M. Di Domenico (C), A. Ferrante (L)* | |

Torre Calcio-Cepagatti **0-6**
*S. Petrucci 3, S. Sborgia, A. Nubile, B. Diouf*
Valle del Fino-Vis Cerratina **2-0**
*M. Palmucci, D. Micolucci*
Villanova FC-Picciano **1-1**
*Z. Traorè (V), A. Castelli (P)*

**13ª giornata – domenica 20 febbraio 2022**

Cappelle sul Tavo 2008-Cellino Calcio **3-1**
*F. Caiarelli (Ca), F. Marchionne (Ca), A. Pompeo (Ca), F. Marcheggiani (Ce)*
Cepagatti-Castilenti **1-0**
*S. Passaro*
Citerius San Valentino-Valle del Fino **2-3**
*L. Santoli 2 (C), D. Micolucci (V), Giovanni Di Donato (V), M. Mergiotti (V)*
Lettese-Torre Calcio **8-0**
*S. Cardinale 2, A. Di Paolo, L. Blasioli, A. Cardinale, F. Di Mascio 2, A. Canzano*
Picciano-Bisenti **1-1**
*X. Balia (P), F. Di Sabatino (B)*
Vis Cerratina-Villanova FC **0-4**
*A. Giammarino, S. Grande, P. Maione, F. Di Giambattista*

**14ª giornata – domenica 27 febbraio 2022**

Bisenti-Vis Cerratina **1-1** *(13 marzo)*
*A. Etatbi(B), P. Diouf (V)*
Castilenti-Lettese **4-4** *(13 marzo)*
*E. Affettuosa 2 (C), A. De Sanctis (C), G. Mazzocca (C), F. Di Mascio 2 (L), F. Toppi (L), C. Ferrante (L)*
Cellino Calcio-Picciano **1-0** *(13 marzo)*
*L. Centra*
Citerius San Valentino-Cepagatti **1-4** *(13 marzo)*
*M. Marcucci (Ci), S. Petrucci 2 (Ce), B. Diouf (Ce), S. Cerasa (Ce)*
Torre Calcio-Cappelle sul Tavo 2008 **1-2** *(13 marzo)*
*A. Vallocchia (T), E. Giovannangelo 2 (C)*
Villanova FC-Valle del Fino **1-0**
*C. Fontana*

**15ª giornata – domenica 6 marzo 2022**

Cappelle sul Tavo 2008-Castilenti **1-2**
*F. Marchionne (Cap), L. Mingione (Cas), E. Affettuosa (Cas)*
Lettese-Citerius San Valentino **5-1** *(16 marzo)*
*F. Di Mascio 2 (L), S. Cardinale (L), L. Blasioli (L), M. Marinelli (L), L. Santoli (C)*

Picciano-Torre Calcio **1-1** *(17 marzo)*
*D. Mergiotti (P), A. Alili (T)*
Valle del Fino-Cepagatti **4-2**
*M. Mergiotti 2 (V), P. Sigismondo (V), A. Di Gianvito (V), S. Petrucci (C), S. Passaro (C)*
Villanova FC-Bisenti **4-1**
*L. Pietrangelo (V), C. Fontana (V), S. Di Cecco (V), S. Grande (V), A. Etabti (B)*
Vis Cerratina-Cellino Calcio **2-0** *(24 marzo)*
*F. Giuliani, B. Rosso*

**16ª giornata – domenica 20 marzo 2022**

Bisenti-Valle del Fino **1-0** *(16 aprile)*
*S. Biferi*
Castilenti-Picciano **2-2**
*L. Mingione (C), M. Forcella (C), F. Tabilio (P), X. Balia (P)*
Cellino Calcio-Villanova FC **0-2**
*S. Grande, A. Falasca*
Cepagatti-Lettese **2-2**
*S. Di Michele (C), S. Petrucci (C), S. Cardinale (L), L. Blasioli (L)*
Citerius San Valentino-Cappelle sul Tavo 2008 **5-1**
*L. Tontodonati (Ci), A. Leporini (Ci), M. Marcucci (Ci), D. Ascenzo (Ci), L. Santoli (Ci), E. Giovannangelo (Ca)*
Torre Calcio-Vis Cerratina **2-1**
*G. Di Silvestro (T), A. Alili (T), V. Camerano Spelta (V)*

**17ª giornata – domenica 27 marzo 2022**

Bisenti-Cellino Calcio **1-3**
*A. Cirone (B), M. Varani (C), A. Sciannella (C), M. Di Domenico (C)*
Cappelle sul Tavo 2008-Cepagatti **1-4**
*F. Marchionne (Ca), D. Di Battista (Ce), S. Petrucci (Ce), S. Sborgia (Ce), autorete (Ce)*
Picciano-Citerius San Valentino **0-0**
Valle del Fino-Lettese **2-1**
*M. Mergiotti 2 (V), F. Mura (L)*
Villanova FC-Torre Calcio **3-1**
*Z. Traore (V), M. Sambe (V), D. D'Alessandro (V), D. Di Marco (T)*
Vis Cerratina-Castilenti **2-2**
*F. Giuliani (V), B. Silva Margheri (V), M. Tauro (C), M. Feliciani (C)*

**18ª giornata – domenica 3 aprile 2022**

Castilenti-Villanova FC **0-0**
Cellino Calcio-Valle del Fino **1-1**

*N. Remigio (C), M. Mergiotti (V)*
Cepagatti-Picciano **3-2**
*S. Petrucci 2 (C), S. Di Michele (C), F. D'Armi (P), N. Fana (P)*
Citerius San Valentino-Vis Cerratina **5-3**
*L. Santoli 3 (C), A. Leporini (C), L. Tontodonati (C), V. Camerano Spelta (V), A. Di Giovanni (V), G. Cervetto (V)*
Lettese-Cappelle sul Tavo 2008 **3-2**
*L. Blasioli 2 (L), F. Mura (L), D. Alberoni (C), G. Ferretti (C)*
Torre Calcio-Bisenti **2-1**
*F. Aielli (T), A. Alili (T), T. Tiberi (B)*

**19ª giornata – domenica 10 aprile 2022**

Bisenti-Castilenti **2-0**
*D. Ruggieri, A. Cirone*
Cellino Calcio-Torre Calcio **5-0**
*N. Remigio, A. Sciannella, G. Michini 2, A. Di Silvestre*
Picciano-Lettese **1-1**
*S. Mbaye (P), L. Blasioli (L)*
Valle del Fino-Cappelle sul Tavo 2008 **4-1**
*M. Palmucci (V), D. Micolucci (V), D. Ranieri (V), M. Colicchia (V), D. Alberoni (C)*
Villanova FC-Citerius San Valentino **3-0**
*C. Fontana 2, Z. Traorè*
Vis Cerratina-Cepagatti **0-1**
*S. Petrucci*

**20ª giornata – domenica 24 aprile 2022**

Cappelle sul Tavo 2008-Picciano **0-2**
*S. Mbaye, F. D'Armi*
Castilenti-Cellino Calcio **0-2**
*M. Varani, G. Michini*
Cepagatti-Villanova FC **2-0**
*S. Petrucci, L. Sborgia*
Citerius San Valentino-Bisenti **1-4**
*A. Leporini (C), S. Biferi (B), F. Di Sabatino (B), A. Etabti (B), R. Moscherini (B)*
Lettese-Vis Cerratina **3-1**
*S. Cardinale 2 (L), L. Di Martino (L), V. Camerano Spelta (V)*
Torre Calcio-Valle del Fino **2-4**
*F. Aielli 2 (T), U. De Sanctis 2 (V), D. Ranieri (V), M. Mergiotti (V)*

| 21ª giornata – sabato 1 maggio 2022 | |
|---|---|
| Bisenti-Cepagatti | **1-2** |
| *N. Liberati (B), Y. Balde (C), T. Di Roberto (C)* | |
| Cellino Calcio-Citerius San Valentino | **3-0** (a tavolino) |
| Torre Calcio-Castilenti | **1-2** |
| *F. Aielli (T), A. Mazzocca (C), D. D'Ostilio (C)* | |
| Valle del Fino-Picciano | **1-0** |
| *M. Mergiotti* | |
| Villanova FC-Lettese | **3-1** |
| *C. Fontana (V), D. D'Alessandro 2 (V), S. Cardinale (L)* | |
| Vis Cerratina-Cappelle sul Tavo 2008 | **1-1** |
| *F. Giuliani (V), E. Giovannangelo (C)* | |

| 22ª giornata – domenica 8 maggio 2022 | |
|---|---|
| Cappelle sul Tavo 2008-Villanova FC | **2-5** |
| *F. Marchionne (C), E. Giovannangelo (C), M. Sambe 2 (V), P. Maione (V), Z. Traorè (V), C. Morelli (V)* | |
| Castilenti-Valle del Fino | **0-3** |
| *M. Mergiotti 2, D. Di Donato* | |
| Cepagatti-Cellino Calcio | **3-2** |
| *T. Di Roberto (Cep), S. Passaro (Cep), S. Petrucci (Cep), P. Giorgini (Cel), P. Bonadduce (Cel)* | |
| Citerius San Valentino-Torre Calcio | **4-0** |
| *M. Marcucci 2, S. Passeri, D. Ascenzo* | |
| Lettese-Bisenti | **1-2** |
| *C. Ferrante (L), A. Etabti (B), A. Amraoui (B)* | |
| Picciano-Vis Cerratina | **1-1** |
| *S. Mbaye (P), B. Silva Margheri (V)* | |

## CLASSIFICA FINALE girone D

| squadre | punti | gare | vinte | nulle | perse | reti f. | reti s. | diff. |
|---|---|---|---|---|---|---|---|---|
| Villanova FC | 55 | 22 | 17 | 4 | 1 | 50 | 16 | +34 |
| Cepagatti | 51 | 22 | 15 | 6 | 1 | 56 | 25 | +31 |
| Valle del Fino | 40 | 22 | 12 | 4 | 6 | 39 | 32 | +7 |
| Cellino Calcio | 40 | 22 | 12 | 4 | 6 | 48 | 26 | +22 |
| Bisenti | 37 | 22 | 10 | 7 | 5 | 41 | 30 | +11 |
| Lettese | 33 | 22 | 9 | 6 | 7 | 56 | 36 | +20 |
| Picciano | 27 | 22 | 6 | 9 | 7 | 30 | 28 | +2 |
| Citerius S. Valent. | 21 | 22 | 6 | 3 | 13 | 31 | 49 | -18 |
| Castilenti | 20 | 22 | 4 | 8 | 10 | 25 | 36 | -11 |
| Vis Cerratina | 18 | 22 | 3 | 9 | 10 | 30 | 40 | -10 |
| Cappelle sul Tavo | 15 | 22 | 4 | 3 | 15 | 28 | 63 | -35 |
| Torre Calcio | 7 | 22 | 2 | 1 | 19 | 23 | 76 | -53 |

### semifinali play out – domenica 22 maggio 2022

Castilenti-Vis Cerratina **1-2**
*F. Keita (Ci), V. Marzano (Ca), B. Russo (Ca)*
Citerius San Valentino-Cappelle sul Tavo 2008 **1-2**
*L. Santoli (C), E. Giovannangelo 2 (V)*

### finale play out – domenica 29 maggio 2022

Citerius San Valentino-Castilenti **2-1**
*L. Santoli (Ci), L. Tontodonati (Ci), E. Di Marco (Ca)*

## CLASSIFICA MARCATORI girone D

**18 reti:** S. Petrucci (Cepagatti); F. Di Mascio (Lettese)
**14 reti:** M. Mergiotti (Valle del Fino)
**12 reti:** S. Cardinale (Lettese)
**10 reti:** E. Giovannangelo (Cappelle sul Tavo 2008); L. Santoli (Citerius San Valentino)
**9 reti:** F. Di Sabatino (Bisenti); S. Grande (Villanova FC)
**8 reti:** A. Etabti (Bisenti); M. Di Domenico (Cellino Calcio); Y. Balde (Cepagatti); U. De Sanctis (Valle del Fino); F. Giuliani (Vis Cerratina)
**7 reti:** G. Michini e N. Remigio (Cellino Calcio); S. Di Michele (Cepagatti); Z. Traorè (Villanova FC)
**6 reti:** M. Marcucci (Citerius San Valentino); L. Blasioli (Lettese); F. Aielli (Torre Calcio)
**5 reti:** A. Cirone e D. Ruggieri (Bisenti); F. Marchionne (Cappelle sul Tavo 2008); F. Keita e L. Mingione (Castilenti); A. Sciannella (Cellino Calcio); C. Ferrante (Lettese); S. Mbaye, L. Di Muzio e M. Cardignan (Picciano); C.

Fontana (Villanova FC)
**4 reti:** P. Giorgini e F. De Iuliis (Cellino Calcio); S. Sborgia (Cepagatti); D. Ascenzo e L. Tontodonati (Citerius San Valentino); F. D'Armi (Picciano); M. Pesaresi (Torre Calcio); D. Micolucci (Valle del Fino); V. Marzano e V. Camerano Spelta (Vis Cerratina)
**3 reti:** A. Amraoui e F. Terregna (Bisenti); M. Del Papa (Cappelle sul Tavo 2008); E. Affettuosa e F. Sorricchio (Castilenti); S. Passaro e D. Di Battista (Cepagatti); A. Leporini (Citerius San Valentino); A. Alili (Torre Calcio); M. Palmucci (Valle del Fino); M. Sambe, G. Pietrangelo e D. D'Alessandro (Villanova FC); I. Coulibaly (Vis Cerratina)

## RECORDS girone D

| | | |
|---|---|---|
| **maggior numero di punti** | **55** | Villanova FC |
| **minor numero di punti** | **7** | Torre Calcio |
| **maggior numero di vittorie** | **17** | Villanova FC |
| **minor numero di vittorie** | **2** | Torre Calcio |
| **maggior numero di pareggi** | **9** | Picciano e Vis Cerratina |
| **minor numero di pareggi** | **1** | Torre Calcio |
| **maggior numero di sconfitte** | **19** | Torre Calcio |
| **minor numero di sconfitte** | **1** | Villanova FC e Cepagatti |
| **miglior attacco** | **56** | Cepagatti |
| **miglior difesa** | **16** | Villanova FC |
| **peggior attacco** | **23** | Torre Calcio |
| **peggior difesa** | **76** | Torre Calcio |
| **migliore differenza reti** | **+34** | Villanova FC |
| **peggiore differenza reti** | **-53** | Torre Calcio |
| **miglior realizzatore** | **18 reti** | S. Petrucci (Cepagatti) e F. Di Mascio (Lettese) |

## I VERDETTI FINALI

**Promossa in Prima categoria:** Villanova FC
**Retrocesse in Terza categoria:** Castilenti e Torre Calcio

## SECONDA CATEGORIA girone E

### 1ª giornata – domenica 26 settembre 2021

Atletico Giulianova-Cologna Calcio **0-1**
*R. Sperandio*
Campli Calcio-Teramo Stazione **1-0**
*R. Di Francesco*
Casemolino-Santa Croce **0-0**
Paterno Tofo-Cortino Calcio **1-1**
*E. Di Pietro (P), P. Cassini (C)*
Roseto 1920-Sporting Martinsicuro **1-1**
*G. Di Donato (R), X. Ramilli (S)*
**Hanno riposato:** Pol. Controguerra e Sannicolese 2011

### 2ª giornata – domenica 3 ottobre 2021

Cortino Calcio-Atletico Giulianova **0-4**
*E. Bontà 2, M. Bidetta, N. Cicioni*
Pol. Controguerra-Campli Calcio **2-2**
*L. Vagnoni (P), R. Palma (P), A. Esposito 2 (C)*
Santa Croce-Paterno Tofo **1-1**
*E. Qdoumi (S), M. Narcisi (P)*
Sporting Martinsicuro-Casemolino **1-0**
*G. Paolella*
Teramo Stazione-Sannicolese 2011 **1-2**
*V. Manfredini (T), M. Faiazza 2 (S)*
**Hanno riposato:** Roseto 1920 e Cologna Calcio

### 3ª giornata – domenica 10 ottobre 2021

Atletico Giulianova-Santa Croce **3-1**
*M. Bidetta (A), M. Di Berardino (A), M. Barbieri (A), D. Di Donato (S)*
Casemolino-Roseto 1920 **4-1**
*M. Speranza 2 (C), L. Sclocchini (C), F. Boussoffara (C), A. Repetto (R)*
Campli Calcio-Cologna Calcio **1-3**
*R. Di Francesco (Ca), M. Di Rocco 2 (Co) P. Corso (Co)*
Paterno Tofo-Sporting Martinsicuro **1-0**
*M. Narcisi*
Sannicolese 2011-Pol. Controguerra **1-2**
*L. Croci (S), R. Palma (P), autorete (P)*
**Hanno riposato:** Teramo Stazione e Cortino Calcio

**4ª giornata – domenica 17 ottobre 2021**

Cologna Calcio-Sannicolese 2011 **1-2**
*M. Di Rocco (C), D. Danese (S), L. Croci (S)*
Cortino Calcio-Campli Calcio **1-0**
*P. Cassini*
Pol. Controguerra-Teramo Stazione **1-1**
*R. Palma (P), L. Triponi (T)*
Roseto 1920-Paterno Tofo **1-1**
*G. Di Donato (R), S. De Santis (P)*
Sporting Martinsicuro-Atletico Giulianova **1-1**
*O. Corsi (S), M. Di Berardino (A)*
**Hanno riposato:** Casemolino e Santa Croce

**5ª giornata – domenica 24 ottobre 2021**

Atletico Giulianova-Roseto 1920 **1-1**
*G. Emilii (A), G. D'Emilio (R)*
Campli Calcio-Santa Croce **1-1**
*R. Di Francesco (C), A. Venanzi (S)*
Paterno Tofo-Casemolino **1-4**
*S. De Santis (P), F. Boussoffara 2 (C), D. Sclocchini 2 (C)*
Sannicolese 2011-Cortino Calcio **2-2**
*M. Faiazza (S), L. Croci (S), S. Casimirri (C), P. Cassini (C)*
Teramo Stazione-Cologna Calcio **0-0**
**Ha riposato:** Pol. Controguerra e Sporting Martinsicuro

**6ª giornata – domenica 31 ottobre 2021**

Casemolino-Atletico Giulianova **6-4**
*D. Di Giacomo (C), F. Boussoffara 2 (C), F. Di Bartolomeo (C), L. Sclocchini (C), L. Chiodi (C), M. Bidetta 2 (A), S. Dezi (A), M. Carusi (A)*
Cologna Calcio-Pol. Controguerra **3-1**
*P. Corso (C), E. Chiappini (C), R. Sperandio (C), L. Vagnoni (P)*
Cortino Calcio-Teramo Stazione **1-0**
*P. Cassini*
Santa Croce-Sannicolese 2011 **2-3**
*V. Tosti (Sant), Luca Ippoliti (Sant), G. Torrieri (Sann), L. Croci (Sann), autorete (Sann)*
Sporting Martinsicuro-Campli Calcio **0-3**
*R. Di Francesco 3*
**Hanno riposato:** Paterno Tofo e Roseto 1920

**7ª giornata – domenica 7 novembre 2021**

Atletico Giulianova-Paterno Tofo **4-0**
*M. Di Berardino, A. Celommi, M. Carusi, A. Tiburzi*
Campli Calcio-Roseto 1920 **0-1**
*A. Repetto*
Pol. Controguerra-Cortino Calcio **1-1**
*L. Vagnoni (P), A. Piccinini (C)*
Sannicolese 2011-Sporting Martinsicuro **0-0**
Teramo Stazione-Santa Croce **0-2**
*E. Qdoumi, Lorenzo Ippoliti*
**Hanno riposato:** Cologna Calcio e Casemolino

**8ª giornata – domenica 14 novembre 2021**

Casemolino-Campli Calcio **1-0**
*F. Boussoffara*
Cortino Calcio-Cologna Calcio **4-5**
*S. Casimirri (Cor), A. Piccinini 2 (Cor), P. Cassini (Cor), M. Marinozzi (Col), R. Sperandio 2 (Col), E. Chiappini (Col), M. Bellachioma (Col)*
Roseto 1920-Sannicolese 2011 **1-2**
*M. Feliciani (R), G. Torrieri (S), autorete (S)*
Santa Croce-Pol. Controguerra **3-3** *(2 dicembre)*
*A. Mucci (S), E. Qdoumi 2 (S), L. Ravii (P), K. Elmhajer (P), L. Vagnoni (P)*
Sporting Martinsicuro-Teramo Stazione **0-1**
*M. Masignà*
**Hanno riposato:** Atletico Giulianova e Paterno Tofo

**9ª giornata – domenica 21 novembre 2021**

Campli Calcio-Paterno Tofo **2-1**
*A. Di Giammatteo (C), D. Croce (C), S. De Santis (P)*
Cologna Calcio-Santa Croce **0-1**
*E. Qdoumi*
Pol. Controguerra-Sporting Martinsicuro **3-1**
*K. Elmhajer 2 (P), A. Di Filippo (P), O. Corsi (S)*
Sannicolese 2011-Casemolino **1-2**
*L. Croci (S), F. Boussoffara (C), L. Sclocchini (C)*
Teramo Stazione-Roseto 1920 **2-2**
*G. Falconi 2 (T), M. Feliciani (R), S. Perpetuini (R)*
**Hanno riposato:** Cortino Calcio e Atletico Giulianova

**10ª giornata – domenica 28 novembre 2012**

Atletico Giulianova-Campli Calcio **2-1**
*P. Marcellini (A), M. Bidetta (A), F. Adorante (C)*

Casemolino-Teramo Stazione **0-0**
Paterno Tofo-Sannicolese 2011 **1-2**
*M. Narcisi (P), M. Faiazza (S), A. Francesconi (S)*
Roseto 1920-Pol. Controguerra **3-1**
*A. Lodovichetti (R), C. Ricciutelli (R), A. Mazzarella (R), A. Romandini (P)*
Santa Croce-Cortino Calcio **2-1**
*V. Tosti (S), E. Qdoumi (S), A. Piccinini (C)*
Sporting Martinsicuro-Cologna Calcio **2-2**
*G. Paolella 2 (S), M. Campanella (C), P. Corso (C)*

### 11ª giornata – domenica 5 dicembre 2021

Cologna Calcio-Roseto 1920 **1-1**
*P. Corso (C), M. Feliciani (R)*
Cortino Calcio-Sporting Martinsicuro **0-0**
Pol. Controguerra-Casemolino **3-2** ***(16 dicembre)***
*R. Palma 2 (P), L. Vagnoni (P), D. Sclocchini (C), F. Boussoffara (C)*
Sannicolese 2011-Atletico Giulianova **1-4**
*G. Carusi (S), M. Bidetta (A), E. Bontà 2 (A), M. Di Berardino (A)*
Teramo Stazione-Paterno Tofo **2-2**
*Lorenzo Napolitani (T), G. Falconi (T), M. Narcisi (P), E. Di Pietro (P)*
**Hanno riposato:** Santa Croce e Campli Calcio

### 12ª giornata – domenica 12 dicembre 2021

Atletico Giulianova-Teramo Stazione **4-0**
*M. Di Berardino, E. Bontà, E. Falà, N. Cicioni*
Casemolino-Cologna Calcio **4-3** ***(22 dicembre)***
*F. Boussoffara 2 (Ca), C. Di Saverio (Ca), D. Sclocchini (Ca), P. Corso (Co), M. Di Rocco 2 (Co)*
Paterno Tofo-Pol. Controguerra **1-1**
*G. Cini (Pa), R. Palma (Po)*
Roseto 1920-Cortino Calcio **0-1**
*S. Olivieri*
Sporting Martinsicuro-Santa Croce **1-2**
*A. Barcaroli (SM), E. Qdoumi (SC), Lorenzo Ippoliti (SC)*
**Hanno riposato:** Campli Calcio e Sannicolese 2011

### 13ª giornata – domenica 19 dicembre 2021

Cologna Calcio-Paterno Tofo **3-0**
*D. Di Marzio 2, C. Gualà*
Cortino Calcio-Casemolino **2-5**
*A. Piccinini (Co), M. Palumbo (Co), C. Di Saverio (Ca), F. Boussoffara (Ca), L. Chiodi (Ca), L. Sclocchini 2 (Ca)*

Pol. Controguerra-Atletico Giulianova **2-3**
*L. Vagnoni (P), R. Palma (P), E. Bontà 2 (A), A. Intellini (A)*
Sannicolese 2011-Campli Calcio **0-2**
*F. Adorante, V. Taua*
Santa Croce-Roseto 1920 **2-0**
*V. Tosti, G. Di Antonio*
**Hanno riposato:** Sporting Martinsicuro e Teramo Stazione

### 14ª giornata – domenica 13 febbraio 2022

Cologna Calcio-Atletico Giulianova **0-4**
*M. Barbieri, P. Marcellini, E. Bontà, P. Balducci*
Cortino Calcio-Paterno Tofo **2-1**
*A. Falconi (C), M. Belles Gallego (C), M. Santarelli (P)*
Santa Croce-Casemolino **2-1**
*E. Qdoumi (S), Lorenzo Ippoliti (S), D. Sclocchini (C)*
Sporting Martinsicuro-Roseto 1920 **2-2**
*G. Paolella (S), A. Qatja (S), G. Di Donato (R), M. Coppa (R)*
Teramo Stazione-Campli Calcio **2-1**
*I. Di Antonio (T), autorete (T), G. Di Gennaro (C)*
**Hanno riposato:** Sannicolese 2011 e Pol. Controguerra

### 15ª giornata – domenica 20 febbraio 2022

Atletico Giulianova-Cortino Calcio **3-1**
*L. Di Paolo 2 (A), P. Marcellini (A), A. Piccinini (C)*
Campli Calcio-Pol. Controguerra **2-0**
*R. Di Francesco, M. Di Francesco*
Casemolino-Sporting Martinsicuro **0-0**
Paterno Tofo-Santa Croce **0-1**
*E. Qdoumi*
Sannicolese 2011-Teramo Stazione **2-0**
*D. Danese, M. Montanari*
**Hanno riposato:** Roseto 1920 e Cologna Calcio

### 16ª giornata – domenica 27 febbraio 2022

Cologna Calcio-Campli Calcio **3-4**
*M. Campanella (Co), P. Corso (Co), F. Di Paolo (Co), V. Taua (Ca), D. Tosi (Ca), M. Ciprietti (Ca), D. Croce (Ca)*
Pol. Controguerra-Sannicolese 2011 **2-1**
*R. Palma (P), L. Ravii (P), D. Danese (S)*
Roseto 1920-Casemolino **2-0**
*M. Feliciani, S. Andreoli*
Santa Croce-Atletico Giulianova **1-1**

*M. D'Egidio (S), A. Tiburzi (A)*
Sporting Martinsicuro-Paterno Tofo **1-0**
*O. Corsi*
**Hanno riposato:** Teramo Stazione e Cortino Calcio

**17ª giornata – domenica 6 marzo 2022**

Atletico Giulianova-Sporting Martinsicuro **5-3**
*A. Tiburzi 2 (A), Giacomo D'Ambrosio (A), P. Marcellini (A), A. Intellini (A), G. Paolella (S), X. Ramilli (S), A. Di Felice (S)*
Campli Calcio-Cortino Calcio **0-0**
Paterno Tofo-Roseto 1920 **1-0**
*A. Torini*
Sannicolese 2011-Cologna Calcio **1-2**
*D. Danese (S), M. Bellachioma (C), P. Corso (C)*
Teramo Stazione-Pol. Controguerra **1-1**
*M. Masignà (T), A. Di Filippo (P)*
**Hanno riposato:** Casemolino e Santa Croce

**18ª giornata – domenica 13 marzo 2022**

Casemolino-Paterno Tofo **1-3**
*F. Boussoffara (C), Lorenzo Arcieri 2 (P), M. De Sanctis (P)*
Cologna Calcio-Teramo Stazione **2-3**
*P. Corso (C), autorete (C), S. Di Gregorio 2 (T), S. Poli (T)*
Cortino Calcio-Sannicolese 2011 **2-3** ***(30 marzo)***
*M. Belles Gallego 2 (C), M. Montanari (S), A. Ippoliti (S), P. Cichetti (S)*
Roseto 1920-Atletico Giulianova **1-2**
*S. Andreoli (R), N. Cicioni 2 (A)*
Santa Croce-Campli Calcio **1-0**
*V. Tosti*
**Hanno riposato:** Pol. Controguerra e Sporting Martinsicuro

**19ª giornata – domenica 20 marzo 2022**

Atletico Giulianova-Casemolino **4-2**
*N. Iaconi (A), A. Intellini (A), A. Tiburzi (A), N. Cicioni (A), L. Sclocchini 2 (C)*
Campli Calcio-Sporting Martinsicuro **4-0**
*R. Di Francesco 2, M. Ciprietti, A. Di Giammatteo*
Pol. Controguerra-Cologna Calcio **3-1**
*R. Palma 3 (P), M. Di Rocco (C)*
Sannicolese 2011-Santa Croce **1-0** ***(20 aprile)***
*M. Di Patrizio*
**3-0**

Teramo Stazione-Cortino Calcio
*M. Masignà, L. Villa, F. Di Carlantonio*
**Hanno riposato:** Paterno Tofo e Roseto 1920

**20ª giornata – domenica 27 marzo 2022**

Cortino Calcio-Pol. Controguerra **0-0**
Paterno Tofo-Atletico Giulianova **0-0**
Roseto 1920-Campli Calcio **3-1**
*M. Feliciani 3 (R), D. Croce (C)*
Santa Croce-Teramo Stazione **3-0**
*Lorenzo Ippoliti, D. Sensi, E. Qdoumi*
Sporting Martinsicuro-Sannicolese 2011 **2-0**
*Y. Cusano, G. Paolella*
**Hanno riposato:** Cologna Calcio e Casemolino

**21ª giornata – domenica 3 aprile 2022**

Campli Calcio-Casemolino **2-2**
*F. Adorante (Cam), V. Taua (Cam), C. Di Saverio (Cas), F. Boussoffara (Cas)*
Cologna Calcio-Cortino Calcio **2-1**
*P. Corso (Col), M. Campanella (Col), S. Casimirri (Cor)*
Pol. Controguerra-Santa Croce **1-4**
*A. Romandini (P), E. Qdoumi 3 (S), A. Venanzi (S)*
Sannicolese 2011-Roseto 1920 **2-2**
*R. Di Bonaventura (S), A. Francesconi (S), M. Feliciani (R), G. Di Donato (R)*
Teramo Stazione-Sporting Martinsicuro **2-0**
*M. Masignà, L. Villa*
**Hanno riposato:** Atletico Giulianova e Paterno Tofo

**22ª giornata – domenica 10 aprile 2022**

Casemolino-Sannicolese 2011 **3-1**
*F. Boussoffara 2 (C), L. Chiodi (C), L. Croci (S)*
Paterno Tofo-Campli Calcio **2-0** *(12 aprile)*
*Lorenzo Arcieri, M. Narcisi*
Roseto 1920-Teramo Stazione **1-0**
*G. Di Donato*
Santa Croce-Cologna Calcio **3-1**
*E. Qdoumi (S), A. Lepore (S), Lorenzo Ippoliti (S), M. Di Rocco (C)*
Sporting Martinsicuro-Pol. Controguerra **7-1**
*S. Vicendone 3 (S), P. Toscani 2 (S), A. Fini (S), E. Giobbi (S), K. Elmhajer (P)*
**Ha riposato:** Cortino Calcio e Atletico Giulianova

**23ª giornata – sabato 16 aprile 2022**

Campli Calcio-Atletico Giulianova **1-1**
*R. Di Francesco (C), E. Bontà (A)*
Cologna Calcio-Sporting Martinsicuro **2-1**
*M. Di Rocco 2 (C), M. Albertini (S)*
Cortino Calcio-Santa Croce **0-1**
*Lorenzo Ippoliti*
Pol. Controguerra-Roseto 1920 **3-4**
*G. Simone (P), R. Palma (P), L. Vagnoni (P), G. Colantoni 2 (R), A. Centorame (R), G. Di Donato (R)*
Sannicolese 2011-Paterno Tofo **1-0**
*L. Fazzini*
Teramo Stazione-Casemolino **1-1**
*F. Di Carlantonio (T), F. Boussoffara (C)*

**24ª giornata – domenica 24 aprile 2022**

Atletico Giulianova-Sannicolese 2011 **2-1**
*E. Bontà 2 (A), P. Cichetti (S)*
Casemolino-Pol. Controguerra **0-2**
*S. Lucini, L. Ravii*
Paterno Tofo-Teramo Stazione **0-1** *(8 maggio)*
*E. Lucidoni*
Roseto 1920-Cologna Calcio **2-0**
*M. Feliciani 2*
Sporting Martinsicuro-Cortino Calcio **3-3**
*M. Albertini 3 (S), M. Quaranta (C), S. Casimirri (C), J. Del Monaco (C)*
**Ha riposato:** Santa Croce e Campli Calcio

**25ª giornata – domenica 1 maggio 2022**

Cologna Calcio-Casemolino **3-0**
*R. Sperandio, M. Bellachioma, D. Bianchini*
Cortino Calcio-Roseto 1920 **4-5**
*A. Piccinini (C), M. Belles Gallego (C), autorete (C), A. Falconi (C), A. Giannascoli (R), G. Di Donato 2 (R), F. Giannascoli 2 (R)*
Pol. Controguerra-Paterno Tofo **4-1** *(11 maggio)*
*R. Palma (Po), L. Vagnoni (Po), L. Ravii (Po), A. Romandini (Po), M. Narcisi (Pa)*
Santa Croce-Sporting Martinsicuro **2-1**
*E. Qdoumi (Sa), L. Di Simplicio (Sa), G. Paolella (Sp)*
Teramo Stazione-Atletico Giulianova **2-2**
*S. Di Gregorio (T), G. Falconi (T), M. Bidetta (A), A. Tiburzi (A)*
**Ha riposato:** Campli Calcio e Sannicolese 2011

**26ª giornata – domenica 8 maggio 2022**

Atletico Giulianova-Pol. Controguerra **5-2**
*E. Bontà 2 (A), A. Tiburzi (A), N. Cicioni (A), M. Di Berardino (A), G. Simone 2 (P)*
Campli Calcio-Sannicolese 2011 **3-1**
*V. Taua (C), D. Tosi (C), F. Adorante (C), autorete (S)*
Casemolino-Cortino Calcio **3-6**
*F. Boussoffara 2 (Ca), D. Sclocchini (Ca), A. Falconi (Co), J. Del Monaco (Co), P. Cassini (Co), A. Piccinini (Co), S. Casimirri (Co), M. Belles Gallego (Co)*
Paterno Tofo-Cologna Calcio **5-4**
*Lorenzo Arcieri 2 (P), M. Narcisi (P), E. Di Pietro (P), J. Di Nicolò (P), C. Gualà 2 (C), L. De Berardinis 2 (C)*
Roseto 1920-Santa Croce **3-0**
*G. Di Donato, A. Repetto, M. Feliciani*
**Ha riposato:** Sporting Martinsicuro e Teramo Stazione

## CLASSIFICA FINALE girone E

| squadre | punti | gare | vinte | nulle | perse | reti f. | reti s. | diff. |
|---|---|---|---|---|---|---|---|---|
| Atl. Giulianova | 48 | 22 | 14 | 6 | 2 | 59 | 28 | +31 |
| Santa Croce | 44 | 22 | 13 | 5 | 4 | 35 | 22 | +13 |
| Roseto 1920 | 34 | 22 | 9 | 7 | 6 | 37 | 31 | +6 |
| Cologna Calcio | 30 | 22 | 9 | 3 | 10 | 42 | 43 | -1 |
| Sannicolese 2011 | 30 | 22 | 9 | 3 | 10 | 30 | 36 | -6 |
| Casemolino | 29 | 22 | 8 | 5 | 9 | 41 | 42 | -1 |
| Campli Calcio | 29 | 22 | 8 | 5 | 9 | 31 | 27 | +4 |
| Pol. Controguerra | 28 | 22 | 7 | 7 | 8 | 39 | 47 | -8 |
| Teramo Stazione | 26 | 22 | 6 | 8 | 8 | 22 | 28 | -6 |
| Cortino Calcio | 22 | 22 | 5 | 7 | 10 | 33 | 44 | -11 |
| Paterno Tofo | 21 | 22 | 5 | 6 | 11 | 23 | 36 | -13 |
| Sp. Martinsicuro | 20 | 22 | 4 | 8 | 10 | 27 | 35 | -8 |
| Gagarin Teramo * | 0 | 0 | 0 | 0 | 0 | 0 | 0 | 0 |

*** esclusa dal campionato**

**semifinali play out – domenica 22 maggio 2022**

Teramo Stazione-Sporting Martinsicuro **2-0**
*M. Matani, F. Di Carlantonio*
Cortino Calcio-Paterno Tofo **1-2**
*A. Piccinini (C), M. De Sanctis (P), E. Di Pietro (P)*

**finale play out – domenica 29 maggio 2022**

Cortino Calcio-Sporting Martinsicuro **2-1**

*P. Cassini 2 (C), S. Bastianelli (S)*

## CLASSIFICA MARCATORI girone E

**18 reti:** F. Boussoffara (Casemolino)
**15 reti:** E. Qdoumi (Santa Croce)
**13 reti:** E. Bontà (Atletico Giulianova); R. Palma (Pol. Controguerra)
**11 reti:** M. Feliciani (Roseto 1920)
**10 reti:** R. Di Francesco (Campli Calcio)
**9 reti:** P, Corso e M. Di Rocco (Cologna Calcio); A. Piccinini (Cortino Calcio); G. Di Donato (Roseto 1920)
**8 reti:** P. Cassini (Cortino Calcio); L. Vagnoni (Pol. Controguerra)
**7 reti:** M. Bidetta e A. Tiburzi (Atletico Giulianova); L. Sclocchini (Casemolino); M. Narcisi (Paterno Tofo); Lorenzo Ippoliti (Santa Croce); G. Paolella (Sporting Martinsicuro)
**6 reti:** N. Cicioni e M. Di Berardino (Atletico Giulianova); D. Sclocchini (Casemolino); L. Croci (Sannicolese 2011)
**5 reti:** R. Sperandio (Cologna Calcio); S. Casimirri e M. Belles Gallego (Cortino Calcio); L. Arcieri (Paterno Tofo)
**4 reti:** A. Intellini e P. Marcellini (Atletico Giulianova); V. Taua e F. Adorante (Campli Calcio); E. Di Pietro (Paterno Tofo); L. Ravii e K. Elmhajer (Pol. Controguerra); D. Danese e M. Faiazza (Sannicolese 2011); V. Tosti (Santa Croce); M. Albertini (Sporting Martinsicuro); G. Falconi e M. Masignà (Teramo Stazione)
**3 reti:** D. Croce (Campli Calcio); L. Chiodi e C. Di Saverio (Casemolino); C. Gualà, M. Campanella e M. Bellachioma (Cologna Calcio); A. Falconi (Cortino Calcio); S. De Santis (Paterno Tofo); G. Simone e A. Romandini (Pol. Controguerra); A. Repetto (Roseto 1920); O. Corsi e S. Vicendone (Sporting Martinsicuro); S. Di Gregorio (Teramo Stazione)

## RECORDS girone E

| | | |
|---|---|---|
| maggior numero di punti | 48 | Atletico Giulianova |
| minor numero di punti | 20 | Sporting Martinsicuro |
| maggior numero di vittorie | 14 | Atletico Giulianova |
| minor numero di vittorie | 4 | Sporting Martinsicuro |
| maggior numero di pareggi | 8 | Te Stazione e Sp. Martinsicuro |
| minor numero di pareggi | 3 | Cologna Ca. e Sannicolese 2011 |
| maggior numero di sconfitte | 11 | Paterno Tofo |
| minor numero di sconfitte | 2 | Atletico Giulianova |
| miglior attacco | 59 | Atletico Giulianova |
| miglior difesa | 22 | Santa Croce |
| peggior attacco | 22 | Teramo Stazione |
| peggior difesa | 47 | Pol. Controguerra |
| migliore differenza reti | +31 | Atletico Giulianova |
| peggiore differenza reti | -13 | Paterno Tofo |
| miglior realizzatore | 18 reti | S. Boussoffara (Casemolino) |

## I VERDETTI FINALI

**Promosse in Prima categoria:** Atletico Giulianova e Santa Croce
**Retrocesse in Terza categoria:** Sporting Martinsicuro e Gagarin Teramo

## SECONDA CATEGORIA girone F

### 1ª GIORNATA – domenica 26 settembre 2021

Altinese-Montazzoli **1-0**
*P. Di Toro*
Casalanguida-Torrebruna **1-1**
*G. Di Marco (C), A. Pelliccia (T)*
Odorisiana-Draghi San Luca **1-1**
*A. Fizzani (O), P. Marcucci (D)*
San Buono-Unione Sportiva Gissi **1-1**
*E. Portellini (S), E. Suriano (U)*
Trigno Celenza-Vasto United **2-1**
*O. Di Laudo (T), J. Pollace (T), L. Tana (V)*
Villa Santa Maria-Virtus Vasto **1-1**
*G. Di Matteo (VSM), U. Bevilacqua (VV)*
Virtus Rocca San Giovanni-Atletico Roccascalegna **3-1**
*A. Di Ciano 2 (V), M. Gjikaj (V), autorete (A)*

### 2ª giornata – domenica 3 ottobre 2021

Atletico Roccascalegna-Odorisiana **1-1**
*T. D'Agostino (A), L. Menna (O)*
Draghi San Luca-San Buono **1-0**
*P. Marcucci*
Montazzoli-Casalanguida **1-2**
*M. Carapello (M), N. Menna (C), V. Di Croce (C)*
Torrebruna-Virtus Rocca San Giovanni **4-1**
*G. Farina 3 (T), F. Samba (T), A. Di Ciano (V)*
Unione Sportiva Gissi-Trigno Celenza **2-0**
*G. Piccirilli, A. Di Filippo*
Vasto United-Villa Santa Maria **3-3**
*M. Lammanda (Va), E. Pegna (Va), A. Madonna (Va), G. Di Matteo (Vi), S. Tamburrino 2 (Vi)*
Virtus Vasto-Altinese **3-2**
*N. Falcitelli (V), U. Bevilacqua (V), M. Benvenga (V), B. Coletti (A), P. Di Toro (A)*

### 3ª giornata – domenica 10 ottobre 2021

Altinese-Vasto United **3-2**
*R. Velmishi (A), Andrea D'Alonzo 2 (A), P. Grassi Salvatorelli (V), F. Pianese (V)*
Casalanguida-Virtus Vasto **1-0**
*D. Costantini*

Odorisiana-Virtus Rocca San Giovanni **3-0**
*Giuseppe Di Giacomo, A. Fizzani, L. Menna*
San Buono-Atletico Roccascalegna **4-2**
*M. Del Negro (S), A. Brandolini 2 (S), F. Pica (S), S. Trotta 2 (A)*
Torrebruna-Montazzoli **0-0**
Trigno Celenza-Draghi San Luca **0-0**
Villa Santa Maria-Unione Sportiva Gissi **0-0**

**4ª giornata – domenica 17 ottobre 2021**

Atletico Roccascalegna-Trigno Celenza **0-3**
*W. Di Nocco, L. Antenucci 2*
Draghi San Luca-Villa Santa Maria **2-0**
*P. Marcucci, O. Staniscia*
Odorisiana-Torrebruna **1-1**
*Giuseppe Di Giacomo (O), A. Franchella (T)*
Unione Sportiva Gissi-Altinese **1-0**
*A. Di Filippo*
Vasto United-Casalanguida **2-2**
*L. Tana (V), F. Pianese (V), D. Costantini (C), V. Di Croce (C)*
Virtus Rocca San Giovanni-San Buono **1-0**
*L. Pinotti*
Virtus Vasto-Montazzoli **3-2**
*M. Fiore (V), D. Scardigno (V), M. Benvenga (V), M. Carapello (M), J. Ruggieri (M)*

**5ª giornata – domenica 24 ottobre 2021**

Altinese-Draghi San Luca **1-1**
*B. Coletti (A), O. Staniscia (D)*
Casalanguida-Unione Sportiva Gissi **3-3**
*M. Di Marco (C), A. Del Vecchio (C), N. Menna (C), S. Piccirilli (U), V. Fitti (U), E. Suriano (U)*
Montazzoli-Vasto United **5-2**
*V. Catalano 2 (M), M. Carapello (M), F. Novello 2 (M), F. Pianese 2 (V)*
San Buono-Odorisiana **0-2**
*M. D'Onofrio, N. Del Giango*
Torrebruna-Virtus Vasto **3-2**
*A. Pelliccia 2 (T), A. Franchella (T), M. D'Adamo (V), A. Ciccarone (V)*
Trigno Celenza-Virtus Rocca San Giovanni **3-0**
*E. Antenucci, D. Aquilano, N. Di Laudo*
Villa Santa Maria-Atletico Roccascalegna **3-1**
*P. Schieda 2 (V), D. Carpineta (V), M. D'Amico (A)*

### 6ª giornata – domenica 31 ottobre 2021

Atletico Roccascalegna-Altinese **0-3**
*B. Coletti 2, P. Di Toro*
Draghi San Luca-Casalanguida **0-0**
Odorisiana-Trigno Celenza **0-0**
San Buono-Torrebruna **0-0**
Unione Sportiva Gissi-Montazzoli **1-1**
*E. Suriano (U), D. D'Addario (M)*
Vasto United-Virtus Vasto **2-2**
*A. Iannone (Va), M. Marchesani (Va), M. Fiore (Vi), autorete (Vi)*
Virtus Rocca San Giovanni-Villa Santa Maria **1-3**
*M. Di Tullio (Vir), P. Schieda 2 (Vil), M. De Lollis (Vil)*

### 7ª giornata – domenica 7 novembre 2021

Altinese-Virtus Rocca San Giovanni **2-2**
*P. Di Toro (A), B. Coletti (A), E. Dumitriu 2 (V)*
Casalanguida-Atletico Roccascalegna **1-0** ***(17 novembre)***
*G. Di Marco*
Montazzoli-Draghi San Luca **1-1** ***(29 dicembre)***
*A. Di Prospero (M), E. Russi (D)*
Torrebruna-Vasto United **1-0** ***(17 novembre)***
*F. Samba*
Trigno Celenza-San Buono **3-1** ***(17 novembre)***
*J. Pollace (T), L. Antenucci (T), D. Trofino (T), M. Del Negro (S)*
Villa Santa Maria-Odorisiana **0-3**
*N. Del Giango, N. Di Francesco, Giovanni Di Giacomo*
Virtus Vasto-Unione Sportiva Gissi **1-2**
*P. Fosco (V), V. Fitti (U), E. Suriano (U)*

### 8ª giornata – domenica 14 novembre 2021

Atletico Roccascalegna-Montazzoli **2-3**
*M. D'Amico (A), T. D'Agostino (A), D. D'Addario (M), V. Catalano (M), A. Porfilio (M)*
Draghi San Luca-Virtus Vasto **2-1**
*M. Pantano (D), E. Russi (D), F. Cordisco (V)*
Odorisiana-Altinese **1-0**
*N. Tarquinio*
San Buono-Villa Santa Maria **3-1**
*F. Pica (S), A. D'Ottavio (S), S. Marcianelli (S), P. Schieda (V)*
Trigno Celenza-Torrebruna **0-0**

Unione Sportiva Gissi-Vasto United **3-2**
*E. Suriano 2 (U), G. Piccirilli (U), F. Pianese (V), E. Pegna (V)*
Virtus Rocca San Giovanni-Casalanguida **0-0**

**9ª giornata – domenica 21 novembre 2021**

Altinese-San Buono **2-1**
*R. Velmishi (A), L. Salvi (A), S. Marcianelli (S)*
Casalanguida-Odorisiana **0-0**
Montazzoli-Virtus Rocca San Giovanni **0-1**
*A. Di Ciano*
Torrebruna-Unione Sportiva Gissi **1-0** ***(15 dicembre)***
*F. Samba*
Vasto United-Draghi San Luca **1-0**
*F. Pianese*
Villa Santa Maria-Trigno Celenza **2-2**
*P. Schieda (V), D. Carpineta (V), D. Trofino (T), L. Antenucci (T)*
Virtus Vasto-Atletico Roccascalegna **4-1**
*F. Cordisco 2 (V), W. Iarocci (V), M. Kane (V), A. Di Donato (A)*

**10ª giornata – domenica 28 novembre 2012**

Atletico Roccascalegna-Vasto United **0-1** ***(6 febbraio)***
*M. El Ouattab*
Draghi San Luca-Unione Sportiva Gissi **2-0**
*M. Pantano, E. Russi*
Odorisiana-Montazzoli **2-2**
*Giuseppe Di Giacomo (O), M. Marrollo (O), A. Novello 2 (M)*
San Buono-Casalanguida **1-2**
*M. Del Negro (S), Giuseppe Di Paolo (C), A. Del Vecchio (C)*
Trigno Celenza-Altinese **2-0**
*D. Trofino, N. Di Lando*
Villa Santa Maria-Torrebruna **0-2**
*A. Pelliccia 2*
Virtus Rocca San Giovanni-Virtus Vasto **3-2**
*E. Ciccocioppo (VR), M. Gjikaj (VR), E. Dumitriu (VR), M. Kane (VV), F. Cordisco (VV)*

**11ª giornata – domenica 5 dicembre 2021**

Altinese-Villa Santa Maria **2-0**
*Andrea D'Alonzo, E. Braccia*
Casalanguida-Trigno Celenza **2-1**
*G. Di Marco 2 (C), S. Piedigrosso (T)*
Montazzoli-San Buono **2-1**

*A. Novello (M), V. Catalano (M), M. Del Negro (S)*
Torrebruna-Draghi San Luca **3-1**
*F. Samba (T), A. Franchella (T), G. Di Ninni (T), M. Pantano (D)*
Unione Sportiva Gissi-Atletico Roccascalegna **2-0**
*V. Fitti, S. Piccirilli*
Vasto United-Virtus Rocca San Giovanni **1-1**
*E. Pegna (Va), E. Luciani (Vi)*
Virtus Vasto-Odorisiana **1-1**
*M. Fiore (V), M. D'Onofrio (O)*

**12ª giornata – domenica 12 dicembre 2021**

Altinese-Torrebruna **3-2**
*P. Di Toro 3 (A), F. Samba (T), D. Lella (T)*
Atletico Roccascalegna-Draghi San Luca **0-3**
*P. Marcucci 2, O. Staniscia*
Odorisiana-Vasto United **1-1**
*A. Bassano (O), F. Pianese (V)*
San Buono-Virtus Vasto **2-1**
*A. Brandolini (S), F. Pica (S), F. Cordisco (V)*
Trigno Celenza-Montazzoli **0-0**
Villa Santa Maria-Casalanguida **1-1**
*P. Schieda (V), M. D'Eramo (C)*
Virtus Rocca San Giovanni **2-0**
*A. Di Ciano, S. Saltarella*

**13ª giornata – domenica 19 dicembre 2021**

Casalanguida-Altinese **1-1**
*C. Antonini (C), P. Di Toro (A)*
Draghi San Luca-Virtus Rocca San Giovanni **3-1**
*E. Russi (D), M. Marcucci 2 (D), M. Gjikaj (V)*
Montazzoli-Villa Santa Maria **1-1**
*A. Novello (M), M. Di Stefano (V)*
Torrebruna-Atletico Roccascalegna **1-0**
*F. Samba*
Unione Sportiva Gissi-Odorisiana **2-0**
*V. Fitti, F. Suriano*
Vasto United-San Buono **3-2**
*F. Pianese 2 (V), M. Marchesani (V), F. Pica (S), A. D'Ottavio (S)*
Virtus Vasto-Trigno Celenza **1-1**
*U. Bevilacqua (V), D. Trofino (T)*

| 14ª giornata – domenica 13 febbraio 2022 | | |
|---|---|---|
| Atletico Roccascalegna-Virtus Rocca San Giovanni | **3-3** | |
| *A. Di Tullio 2 (A), V. Di Donato (A), E. Dumitriu 2 (V), A. Di Ciano (V)* | | |
| Draghi San Luca-Odorisiana | **3-1** | |
| *E. Russi 2 (D), M. Pantano (D), Giuseppe Di Giacomo (O)* | | |
| Montazzoli-Altinese | **3-2** | |
| *A. D'Addario (M), M. Carapello (M), V. Catalano (M), B. Coletti 2 (A)* | | |
| Torrebruna-Casalanguida | **1-2** | |
| *D. Lella (T), G. Menna (C), G. Di Marco (C)* | | |
| Unione Sportiva Gissi-San Buono | **2-1** | |
| *V. Fitti (U), E. Suriano (U), S. Marcianelli (S)* | | |
| Vasto United-Trigno Celenza | **3-2** | |
| *L. Tana (V), A. Carlucci (V), A. Madonna (V), D. Trofino (T), W. Di Nocco (T)* | | |
| Virtus Vasto-Villa Santa Maria | **1-1** | |
| *U. Bevilacqua (Vir), S. Lanza (Vil)* | | |

| 15ª giornata – domenica 20 febbraio 2022 | | |
|---|---|---|
| Altinese-Virtus Vasto | **2-0** | |
| *E. Braccia, B. Coletti* | | |
| Casalanguida-Montazzoli | **2-2** | |
| *M. D'Eramo (C), G. Di Marco (C), M. Carapello (M), V. Catalano (M)* | | |
| Odorisiana-Atletico Roccascalegna | **1-1** | |
| *N. Marchesani (O), F. Caniglia (A)* | | |
| San Buono-Draghi San Luca | **1-2** | |
| *M. Del Negro (S), M. Marcucci (D), P. Marcucci (D)* | | |
| Trigno Celenza-Unione Sportiva Gissi | **3-1** | |
| *O. Di Laudo (T), D. Aquilano (T), D. Trofino (T), E. Suriano (U)* | | |
| Villa Santa Maria-Vasto United | **1-1** | |
| *D. Carpineta (Vi), S. Lizzi (Va)* | | |
| Virtus Rocca San Giovanni-Torrebruna | **2-0** | |
| *A. La Farciola, M. Gjikaj* | | |

| 16ª giornata – domenica 27 febbraio 2022 | | |
|---|---|---|
| Atletico Roccascalegna-San Buono | **1-0** | ***(16 marzo)*** |
| *T. D'Agostino* | | |
| Draghi San Luca-Trigno Celenza | **0-1** | ***(16 marzo)*** |
| *D. Aquilano* | | |
| Montazzoli-Torrebruna | **2-0** | ***(16 marzo)*** |
| *V. Catalano, M. Carapello* | | |
| Unione Sportiva Gissi-Villa Santa Maria | **6-3** | ***(16 marzo)*** |
| *E. Suriano 2 (U), V. Fitti 2 (U), Agostino Franchella (U), A. Di Filippo (U), G. Strizzi (V), O. D'Ulisse (V), D. Tamburrino (V)* | | |

Vasto United-Altinese **0-0**
Virtus Rocca San Giovanni-Odorisiana **2-2**
*S. Saltarella (V), E. Dumitriu (V), A. Bassano 2 (O)*
Virtus Vasto-Casalanguida **3-0**
*N. Falcitelli, M. Frangione, G. D'Ambrosio*

**17ª giornata – domenica 6 marzo 2022**

Altinese-Unione Sportiva Gissi **4-2**
*G. D'Alonzo (A), B. Coletti 2 (A), P. Di Toro (A), S. Piccirilli (U), V. Fitti (U)*
Casalanguida-Vasto United **4-1** *(16 marzo)*
*V. Di Croce 2 (C), G. Natale (C), G. Raimondi (C), F. Pianese (V)*
Montazzoli-Virtus Vasto **1-0** *(23 marzo)*
*A. Porfilio*
San Buono-Virtus Rocca San Giovanni **3-2** *(23 marzo)*
*M. Del Negro (S), G. Sambrotta (S), A. D'Ottavio (S), E. Dumitriu (V), A. Di Ciano (V)*
Torrebruna-Odorisiana **0-3** *(23 marzo)*
*E. Vitelli 2, Giuseppe Di Giacomo*
Trigno Celenza-Atletico Roccascalegna **2-1**
*L. Antenucci 2 (T), M. D'Amico (A)*
Villa Santa Maria-Draghi San Luca **0-1**
*M. Pantano*

**18ª giornata – domenica 13 marzo 2022**

Atletico Roccascalegna-Villa Santa Maria **0-2**
*F. Vatieri, O. D'Ulisse*
Draghi San Luca-Altinese **1-1**
*R. De Francesco (D), D. Crognale (A)*
Odorisiana-San Buono **3-2**
*E. Vitelli 2 (O), N. Di Francesco (O), S. Marcianelli 2 (S)*
Unione Sportiva Gissi-Casalanguida **1-0**
*Agostino Franchella*
Vasto United-Montazzoli **2-1**
*F. Pianese 2 (V), M. Carapello (M)*
Virtus Rocca San Giovanni-Trigno Celenza **2-2**
*A. Di Ciano 2 (V), S. Piedigrosso 2 (T)*
Virtus Vasto-Torrebruna **0-2**
*A. Franchella, N. Troilo*

**19ª giornata – domenica 20 marzo 2022**

Altinese-Atletico Roccascalegna **0-0**

Casalanguida-Draghi San Luca **2-0**
*M. D'Eramo, M. Mascitelli*
Montazzoli-Unione Sportiva Gissi **1-0**
*F. Novello*
Torrebuna-San Buono **2-1**
*A. Pelliccia 2 (T), A. D'Ottavio (S)*
Trigno Celenza-Odorisiana **0-3**
*E. Vitelli, N. Del Giango, M. Marrollo*
Villa Santa Maria-Virtus Rocca San Giovanni **3-2**
*G. Strizzi (Vil), O. D'Ulisse (Vil), P. Schieda (Vil), E. Dumitriu 2 (Vir)*
Virtus Vasto-Vasto United **3-1**
*U. Bevilacqua (VV), M. Benvenga (VV), P. Fosco (VV), F. Pianese (VU)*

**20ª giornata – domenica 27 marzo 2022**

Atletico Roccascalegna-Casalanguida **2-5**
*D. Di Gironimo 2 (A), V. Di Croce 3 (C), D. Costantini (C), M. Mascitelli (C)*
Draghi San Luca-Montazzoli **2-1**
*C. D'Arco (D), E. Russi (D), V. Catalano (M)*
Odorisiana-Villa Santa Maria **0-0**
San Buono-Trigno Celenza **0-2** *(20 aprile)*
*D. Aquilano, R. Piccoli*
Unione Sportiva Gissi-Virtus Vasto **3-3**
*M. Ruzzi 2 (U), A. Nanni (U), S. Surace (V), M. Ratta (V), U. Bevilacqua (V)*
Vasto United-Torrebruna **5-3**
M. Marchesani 2 *(V), L. Tana (V), G. Turdò (V), D. Ottaviano (V), N. Troilo 3 (T)*
Virtus Rocca San Giovanni-Altinese **1-2**
*A. Di Ciano (V), P. Di Toro (A), B. Coletti (A)*

**21ª giornata – domenica 3 aprile 2022**

Altinese-Odorisiana **3-1**
*P. Di Toro (A), B. Coletti (A), E. Braccia (A), L. Menna (O)*
Casalanguida-Virtus Rocca San Giovanni **0-0**
Montazzoli-Atletico Roccascalegna **3-1**
*D. D'Addario 2 (M), A. Di Francesco (M), D. Di Gironimo (A)*
Torrebruna-Trigno Celenza **2-0** *(27 aprile)*
*G Farina, F. Samba*
Vasto United-Unione Sportiva Gissi **1-3**
*M. Marchesani (V), D. Lapenna (U), A. Di Filippo (U), E. Suriano (U)*
Villa Santa Maria-San Buono **2-1**
*G. Strizzi (V), P. Schieda (V), E. Portellini (S)*

Virtus Vasto-Draghi San Luca **0-1**
*R. De Francesco*

### 22ª giornata – domenica 10 aprile 2022

Atletico Roccascalegna-Virtus Vasto **1-3**
*autorete (A), D. Natarelli (V), U. Bevilacqua 2 (V)*
Draghi San Luca-Vasto United **1-0**
*P. Marcucci*
Odorisiana-Casalanguida **1-0**
*G. Lamberti*
San Buono-Altinese **2-1**
*S. Marcianelli 2 (S), G. Di Natale (A)*
Trigno Celenza-Villa Santa Maria **5-4**
*M. Serafini (T), D. Vetta (T), E. Antenucci (T), D. Trofino (T), W. Di Nocco (T), G. Strizzi (V), L. Di Cicco (V), P. Schieda (V), G. Salomone (V)*
Unione Sportiva Gissi-Torrebruna **2-0**
*V. Fitti, A. Di Filippo*
Virtus Rocca San Giovanni-Montazzoli **2-0**
*M. Saltarella, L. Pinotti*

### 23ª giornata – sabato 16 aprile 2022

Altinese-Trigno Celenza **2-2**
*P. Di Toro 2 (A), E. Antenucci (T), L. Antenucci (T)*
Casalanguida-San Buono **3-0**
*A. Cinalli, G. Di Marco, Giuseppe Di Paolo*
Montazzoli-Odorisiana **1-3**
*F. Appezzato (M), A. Fizzani 2 (O), M. Lacanale (O)*
Torrebruna-Villa Santa Maria **5-1**
*N. Troilo 2 (T), G. Farina (T), G. Sciartilli (T), G. Di Ninni (T), N. Schieda (V)*
Unione Sportiva Gissi-Draghi San Luca **2-3**
*V. Fitti 2 (U), O. Staniscia (D), E. Russi 2 (D)*
Vasto United-Atletico Roccascalegna **1-1**
*L. Tana (V), M. D'Amico (A)*
Virtus Vasto-Virtus Rocca San Giovanni **3-1**
*D. Natarelli 2 (VV), N. Falcitelli (VV), E. Dumitriu (VR)*

### 24ª giornata – domenica 24 aprile 2022

Atletico Roccascalegna-Unione Sportiva Gissi **1-2**
*D. Di Gironimo (A), V. Fitti (U), E. Suriano (U)*
Draghi San Luca-Torrebruna **1-0**
*E. Russi*

Odorisiana-Virtus Vasto **0-1**
*D. Natarelli*
San Buono-Montazzoli **1-0**
*F. Pica*
Trigno Celenza-Casalanguida **2-2**
*E. Antenucci (T), D. Trofino (T), Giuseppe Di Paolo (C), D. Costantini (C)*
Villa Santa Maria-Altinese **1-4**
*P. Schieda (V), G. Di Natale (A), B. Coletti (A), P. Di Toro (A), M. Di Biase (A)*
Virtus Rocca San Giovanni-Vasto United **4-2**
*E. Luciani (Vi), A. Di Ciano (Vi), Danilo Nenna (Vi), C. Affronti (Vi), F. Pianese (Va), A. Madonna (Va)*

**25ª giornata – domenica 1 maggio 2022**

Casalanguida-Villa Santa Maria **2-0**
*V. Di Croce 2*
Draghi San Luca-Atletico Roccascalegna **4-2**
*M. Totaro (D), P. Marcucci (D), M. Pantano (D), L. Ceccarossi (D), V. Di Donato 2 (A)*
Montazzoli-Trigno Celenza **1-0**
*D. D'Addario*
Torrebruna-Altinese **3-1**
*D. Lella 2 (T), N. Troilo (T), P. Di Toro (A)*
Unione Sportiva Gissi-Virtus Rocca San Giovanni **1-0**
*E. Suriano*
Vasto United-Odorisiana **2-3**
*F. Pianese 2 (V), E. Vitelli 2 (O), N. Marchesani (O)*
Virtus Vasto-San Buono **3-1**
*M. Kane 2 (V), S. Surace (V), F. Pica (S)*

**26ª giornata – domenica 8 maggio 2022**

Altinese-Casalanguida **2-1**
*P. Di Toro 2 (A), V. Di Croce (C)*
Atletico Roccascalegna-Torrebruna **1-2**
*D. Di Gironimo (A), D. Lella (T), N. Troilo (T)*
Odorisiana-Unione Sportiva Gissi **0-3**
*S. Piccirilli, E. Suriano, S. Ianniello*
San Buono-Vasto United **1-1**
*E. Portellini (S), F. Pianese (V)*
Trigno Celenza-Virtus Vasto **3-0**
*S. Marchesani 2, W. Di Nocco*
Villa Santa Maria-Montazzoli **3-2**
*S. Lanza (V), O. D'Ulisse (V), G. Di Pietro (V), A. Di Prospero (M),*

*D. D'Addario (M)*
Virtus Rocca San Giovanni-Draghi San Luca 3-1
*E. Dumitriu 2 (V), L. Pinotti (V), M. Carunchio (D)*

## CLASSIFICA FINALE girone F

| squadre | punti | gare | vinte | nulle | perse | reti f. | reti s. | diff. |
|---|---|---|---|---|---|---|---|---|
| Draghi San Luca | 51 | 26 | 15 | 6 | 5 | 37 | 23 | +14 |
| Unione Sp. Gissi | 47 | 26 | 14 | 5 | 7 | 45 | 33 | +12 |
| Casalanguida | 44 | 26 | 11 | 11 | 4 | 38 | 26 | +12 |
| Torrebruna | 44 | 26 | 13 | 5 | 8 | 39 | 30 | +9 |
| Altinese | 43 | 26 | 12 | 7 | 7 | 44 | 33 | +11 |
| Trigno Celenza | 42 | 26 | 11 | 9 | 6 | 41 | 30 | +11 |
| Odorisiana | 41 | 26 | 10 | 11 | 5 | 37 | 27 | +10 |
| Virtus RSG | 34 | 26 | 9 | 7 | 10 | 40 | 44 | -4 |
| Montazzoli | 34 | 26 | 9 | 7 | 10 | 36 | 35 | +1 |
| Virtus Vasto | 33 | 26 | 9 | 6 | 11 | 42 | 40 | +2 |
| Vasto United | 27 | 26 | 6 | 9 | 11 | 41 | 52 | -11 |
| Villa Santa Maria | 27 | 26 | 6 | 9 | 11 | 36 | 52 | -16 |
| San Buono | 21 | 26 | 6 | 3 | 17 | 30 | 45 | -15 |
| Atl. Roccascalegna | 8 | 26 | 1 | 5 | 20 | 23 | 59 | -36 |

### semifinali play off – domenica 22 maggio 2022

Casalanguida-Torrebruna 2-1
*G. Di Marco 2 (C), N. Troilo (T)*
Unione Sportiva Gissi-Altinese 3-3
*S. Piccirilli (U), V. Fitti (U), M. Ruzzi (U), P. Di Toro 2 (A), B. Coletti (A)*

### semifinale play out – domenica 22 maggio 2022

Vasto United-Villa Santa Maria 4-1
*F. Pianese 2 (Va), L. Tana (Va), A. Madonna (Va), M. Schieda (Vi)*

### finale play out – domenica 29 maggio 2022

Unione Sportiva Gissi-Casalanguida 0-1
*N. Menna*

### finale play out – domenica 29 maggio 2022

Villa Santa Maria-San Buono 4-2
*M. De Lollis (V), P. Schieda (V), M. Di Stefano (V), F. Di Cicco (V),*
*A. Marcianelli (S), E. Portellini (S)*

## CLASSIFICA MARCATORI girone F

**19 reti:** P. Di Toro (Altinese); F. Pianese (Vasto United)
**15 reti:** E. Suriano (Unione Sportiva Gissi)
**14 reti:** B. Coletti (Altinese)
**13 reti:** V. Fitti (Unione Sportiva Gissi)
**12 reti:** P. Schieda (Villa Santa Maria); E. Dumitriu (Virtus Rocca San Giovanni)
**11 reti:** G. Di Marco (Casalanguida); A. Di Ciano (Virtus Rocca San Giovanni)
**10 reti:** V. Di Croce (Casalanguida); E. Russi (Draghi San Luca)
**9 reti:** N. Troilo (Torrebruna)
**8 reti:** P. Marcucci (Draghi San Luca); V. Catalano (Montazzoli); D. Trofino (Trigno Celenza); U. Bevilacqua (Virtus Vasto)
**7 reti:** D. D'Addario e M. Carapello (Montazzoli); E. Vitelli (Odorisiana); S. Marcianelli (San Buono); F. Samba e A. Pelliccia (Torrebruna)
**6 reti:** N. Menna (Casalanguida); M. Pantano (Draghi San Luca); F. Pica e M. Del Negro (San Buono); L. Antenucci (Trigno Celenza); L. Tana (Vasto United)
**5 reti:** D. Di Gironimo (Atletico Roccascalegna); D. Costantini (Casalanguida); Giuseppe Di Giacomo (Odorisiana); D. Lella e G. Farina (Torrebruna); W. Di Nocco (Trigno Celenza); S. Piccirilli e A. Di Filippo (Unione Sportiva Gissi); M. Marchesani (Vasto United); F. Cordisco (Virtus Vasto)
**4 reti:** M. D'Amico (Atletico Roccascalegna); O. Staniscia (Draghi San Luca); A. Novello (Montazzoli); A. Fizzani (Odorisiana); E. Portellini e A. D'Ottavio (San Buono); A. Franchella (Torrebruna); E. Antenucci e D. Aquilano (Trigno Celenza); A. Madonna (Vasto United); G. Strizzi e O. D'Ulisse (Villa Santa Maria); M. Gjikaj (Virtus Rocca San Giovanni); M. Kane e D. Natarelli (Virtus Vasto)
**3 reti:** E. Braccia e Andrea D'Alonzo (Altinese); V. Di Donato e T. D'Agostino (Atletico Roccascalegna); M. D'Eramo e G. Di Paolo (Casalanguida); M. Marcucci (Draghi San Luca); F. Novello (Montazzoli); L. Menna, A. Bassano e N. Del Giango (Odorisiana); A. Brandolini (San Buono); S. Piedigrosso (Trigno Celenza); M. Ruzzi (Unione Sportiva Gissi); E. Pegna (Vasto United); D. Carpineta (Villa Santa Maria); L. Pinotti (Virtus Rocca San Giovanni); M. Fiore, N. Falcitelli e M. Benvenga (Virtus Vasto)

## RECORDS girone F

| | | |
|---|---|---|
| **maggior numero di punti** | **51** | Draghi San Luca |
| **minor numero di punti** | **8** | Atletico Roccascalegna |
| **maggior numero di vittorie** | **15** | Draghi San Luca |
| **minor numero di vittorie** | **1** | Atletico Roccascalegna |
| **maggior numero di pareggi** | **11** | Casalanguida e Odorisiana |
| **minor numero di pareggi** | **3** | San Buono |
| **maggior numero di sconfitte** | **20** | Atletico Roccascalegna |
| **minor numero di sconfitte** | **4** | Casalanguida |
| **miglior attacco** | **45** | Unione Sportiva Gissi |
| **miglior difesa** | **23** | Draghi San Luca |
| **peggior attacco** | **23** | Atletico Roccascalegna |
| **peggior difesa** | **59** | Atletico Roccascalegna |
| **migliore differenza reti** | **+14** | Draghi San Luca |
| **peggiore differenza reti** | **-36** | Atletico Roccascalegna |
| **miglior realizzatore** | **19 reti** | P. Di Toro (Altinese) e F. Pianese (Vasto United) |

## PLAY OFF REGIONALI

**andata spareggio D/E – domenica 22 maggio 2022**

Cepagatti-Santa Croce **0-1**

*A. Cesaroni*

**ritorno spareggio D/E – domenica 29 maggio 2022**

Santa Croce-Cepagatti **4-3 (ai rigori)**

*J. Kaceli*

**andata spareggio A/B – domenica 5 giugno 2022**

San Giuseppe di Caruscino-Preturo **3-2**

*F. Marfia 3 (S), D. Rovo (P), autorete (P)*

**andata spareggio C/F – domenica 5 giugno 2022**

Casalanguida-Ari 1972 **3-2**

*G. Di Marco (C), N. Menna 2 (C), A. Shyti (A), M. Marinelli (A)*

**ritorno spareggio A/B – domenica 12 giugno 2022**

Preturo-San Giuseppe di Caruscino **7-4 (ai rigori)**

*D. Rovo (P), V. Brusco (P), F. Vittorini (P), F. Marfia (S), A. Di Stefano (S)*

**ritorno spareggio C/F – domenica 12 giugno 2022**

Ari 1972-Casalanguida **1-3**

*D. Galassi (A), D. Costantini (C), N. Menna (C), G. Di Marco (C)*

## CLASSIFICA MARCATORI GENERALE SECONDA CATEGORIA

**20 reti:** F. Rossi (Scoppito)

**19 reti:** S. Gioia (Lions Villa); P. Marinova Lazanova (Cerchio); E. Cuccurullo (Roccacasale); P. Di Toro (Altinese); F. Pianese (Vasto United)

**18 reti:** S. Petrucci (Cepagatti); F. Di Mascio (Lettese); F. Boussoffara (Casemolino)

**17 reti:** F. Mennucci (Pol. Vacri)

**16 reti:** Cristian Francipane (Montereale); F. Vittorini (Preturo); C. Visconti (Vestina San Demetrio); A. Liberati (Pol. Vacri)

**15 reti:** E. Qdoumi (Santa Croce); E. Suriano (Unione Sportiva Gissi)

**14 reti:** M. Camaioni (Lions Villa); C. Ponziani (Sim Pontevomano); M. Mergiotti (Valle del Fino); B. Coletti (Altinese)

**13 reti:** D. Rovo (Preturo); P. Della Cioppa (San Marco); E. Bontà (Atletico Giulianova); R. Palma (Pol. Controguerra); V. Fitti (Unione Sportiva Gissi)

**12 reti:** G. Tartaglia (Forconia 2012); L. Barigelli (Montereale); M. Nucci (Aielli 2015); G. Vitale (Canistro); M. Sulli (Pacentro); M. Palombizio e M. Liberatore (Pol. Morronese); F. Marfia (San Giuseppe di Caruscino); I. D'Alessandro (Ari 1972); N. Dell'Elba (Tre Ville); S. Cardinale (Lettese); P. Schieda (Villa Santa Maria); E. Dumitriu (Virtus Rocca San Giovanni)

**11 reti:** F. Graziani (Capitignano); S. Guidone (Castronovo/Canistro); D. Di Nunzio (Cantera Adriatica Pescara); M. Feliciani (Roseto 1920); G. Di Marco (Casalanguida); A. Di Ciano (Virtus Rocca San Giovanni)

**10 reti:** S. Di Giulio (Colleatterrato); L. Ottaviani e M. Di Nunzio (Canosa Sannita); E. Giovannangelo (Cappelle 2008); R. Di Francesco (Campli); L. Santoli (Citerius); V. Di Croce (Casalanguida); E. Russi (Draghi San Luca)

## RECORDS SECONDA CATEGORIA

| | | |
|---|---|---|
| maggior numero di punti | 55 | Villanova FC |
| minor numero di punti | 2 | Real Anthos Pescara |
| maggior numero di vittorie | 17 | Lions Villa e Villanova FC |
| minor numero di vittorie | 1 | Castronovo, Real Anthos Pescara e Atletico Roccascalegna |
| maggior numero di pareggi | 11 | Casalanguida e Odorisiana |
| minor numero di pareggi | 0 | Castronovo |
| maggior numero di sconfitte | 23 | Real Anthos Pescara |
| minor numero di sconfitte | 1 | Villanova FC e Cepagatti |
| miglior attacco | 59 | Atletico Giulianova |
| miglior difesa | 16 | Villanova FC |
| peggior attacco | 12 | Castronovo |
| peggior difesa | 92 | Real Anthos Pescara |
| migliore differenza reti | +34 | Villanova FC |
| peggiore differenza reti | -64 | Castronovo e Real Anthos Pe |
| miglior realizzatore | 20 reti | F. Rossi (Scoppito) |

## I VERDETTI FINALI

**Promosse in Prima categoria:** Draghi San Luca e Casalanguida
**Retrocesse in Terza categoria:** San Buono e Atletico Roccascalegna

## COPPA DISCIPLINA SECONDA CATEGORIA

| posizione | squadre | punteggio |
|---|---|---|
| 1 | Lions Villa | 7,20 |
| 2 | Pianola | 9,10 |
| 3 | Valle del Fino | 9,65 |
| 4 | Sim Pontevomano | 10,20 |
| 5 | Pol. Vacri | 10,30 |
| 6 | Rapid | 10,95 |
| 7 | Torre Calcio | 11,55 |
| 8 | Casemolino | 12,05 |
| 9 | Sannicolese 2011 | 13,05 |
| 10 | Pol. Controguerra | 13,55 |
| 11 | Cortino Calcio | 13,60 |
| 12 | Villanova FC | 13,60 |
| 13 | San Giuseppe di Caruscino | 13,75 |
| 14 | Preturo | 14,00 |
| 15 | Bisenti | 14,45 |
| 16 | Cologna Calcio | 14,75 |
| 17 | Forme Massa Albe | 14,75 |
| 18 | Atletico Giulianova | 14,85 |
| 19 | Picciano | 14,95 |
| 20 | Ari 1972 | 15,35 |
| 21 | Capitignano | 15,65 |
| 22 | Castilenti | 16,00 |
| 23 | Campli Calcio | 16,10 |
| 24 | Casalanguida | 16,15 |
| 25 | Marruci | 16,75 |
| 26 | Cantera Adriatica Pescara | 17,05 |
| 27 | Atletico Roccascalegna | 17,60 |
| 28 | Vis Cerratina | 17,80 |
| 29 | Virtus Rocca San Giovanni | 17,85 |
| 30 | Canistro | 18,30 |
| 31 | Draghi San Luca | 18,75 |
| 32 | Pol. Morronese | 19,35 |
| 33 | Sporting Pianella | 19,55 |
| 34 | Roseto 1920 | 19,65 |
| 35 | Teramo Stazione | 19,75 |
| 36 | Canosa Sannita | 20,30 |
| 37 | Vestina San Demetrio | 21,00 |
| 38 | Atletico Passo Cordone | 21,70 |
| 39 | Tre Ville | 21,70 |

| | | |
|---|---|---|
| 40 | Montereale | 22,05 |
| 41 | Forconia 2012 | 23,45 |
| 42 | Trigno Celenza | 23,50 |
| 43 | Cappelle sul Tavo 2008 | 23,55 |
| 44 | Sant'Anna | 23,80 |
| 45 | Unione Sportiva Gissi | 23,85 |
| 46 | Città di Chieti | 24,05 |
| 47 | Scoppito | 24,70 |
| 48 | Virtus Vasto | 26,40 |
| 49 | Santa Croce | 26,60 |
| 50 | Castronovo | 26,90 |
| 51 | San Buono | 27,05 |
| 52 | Aielli 2015 | 27,20 |
| 53 | Vasto United | 28,10 |
| 54 | San Marco | 29,40 |
| 55 | Roccacasale | 29,95 |
| 56 | Sporting Martinsicuro | 30,40 |
| 57 | Odorisiana | 30,50 |
| 58 | Marsicana | 31,90 |
| 59 | Citerius San Valentino | 32,75 |
| 60 | Victoria Cross Ortona | 33,70 |
| 61 | Cepagatti | 34,35 |
| 62 | Torrebruna | 34,80 |
| 63 | Villa Santa Maria | 35,50 |
| 64 | Cellino Calcio | 36,35 |
| 65 | Montazzoli | 36,90 |
| 66 | Pacentro | 38,05 |
| 67 | Cerchio | 39,95 |
| 68 | Collarmele | 40,95 |
| 69 | Atletico Amiternum | 44,45 |
| 70 | Real Anthos Pescara | 53,75 |
| 71 | Paterno Tofo | 58,00 |
| 72 | Lettese | 64,75 |
| 73 | Colleatterrato | 71,45 |
| 74 | Altinese | 74,35 |
| 75 | Gagarin Teramo | 1.142,10 |

## COPPA ABRUZZO SECONDA CATEGORIA
### PRIMO TURNO A ELIMINAZIONE DIRETTA

**GARE DI ANDATA – domenica 12 settembre 2021**

Atletico Passo Cordone-Cappelle sul Tavo 2008 **2-1**
*V. Di Pentima 2 (A), F. Marchionne (C)*
Capitignano-Monterale **1-2**
*A. De Santis (C), L. Barigelli (M), M. De Santis (M)*
Castilenti-Bisenti **2-1**
*F. Sorricchio (C), M. Feliciani (C), F. Terregna (B)*
Citerius San Valentino-Rapid **1-1**
*A. Lattanzio (C), M. Di Giambattista (R)*
Città di Chieti-Pol. Vacri **2-0**
*A. Capone, M. Di Giannatale*
Cortino Calcio-Santa Croce **2-4**
*P. Rossi 2 (C), Luca Ippoliti (S), A Cesaroni (S), G. Di Antonio 2 (S)*
Draghi San Luca-Victoria Cross Ortona **0-2**
*L. Di Muzio, T. De Luca*
Lettese-Sant'Anna **4-1**
*F. Di Mascio 3 (L), S. Cardinale (L), F. Maugeri (S)*
Marruci-Scoppito **3-3**
*J. Di Carlo 2 (M), D. Capogrossi (M), F. Rossi (S), F. Gabriele 2 (S)*
Montazzoli-Villa Santa Maria **5-2**
*V. Catalano (M), A. Porfilio (M), A. Costantini (M), M. Carapello (M), D. D'Addario (M), G. Strizzi (V), G. Musilli (V)*
Roseto 1920-Sim Pontevomano **1-1**
*G. Di Donato (R), M. Olivieri (S)*
San Marco-Cantera Adriatica Pescara **0-8**
*M. Basso, G. Gagliardi 2, S. Barile, A. Ragno 2, G. Leonzio, D. D'Agostino*
Sporting Pianella-Cepagatti **0-2**
*L. Capitanio 2*
Teramo Stazione-Gagarin Teramo **1-2**
*L. Di Filippo (T), D. Di Marzio (G), F. Pisciaroli (G)*
Tre Ville-Atletico Roccascalegna **1-3**
*S. De Cesare (T), A. Di Donato (A), K. Guerrini (A), D. Di Gironimo (A)*
Trigno Celenza-Odorisiana **0-3** (a tavolino)
Valle del Fino-Sannicolese 2011 **2-0**
*M. Mergiotti 2*
Vasto United-Virtus Rocca San Giovanni **3-2**
*L. Tana (Va), F. Pianese 2 (Va), L. Pinotti (Vi), M. Gjikaj (Vi)*
Vestina San Demetrio-Preturo **3-4**
*F. Faiella (V), C. Visconti (V), M. Marrone (V), D. Rovo (P), F. Vittorini 2 (P),*

*V. Brusco (P)*
Villanova FC-Vis Cerratina **3-2**
*S. Di Cecco (Vil), A. Giammarino (Vil), D. Di Girolamo (Vil), M. Martello (Vis), V. Camerano Spelta (Vis)*

**GARE DI RITORNO – domenica 19 settembre 2021**

ATLETICO ROCCASCALEGNA-Tre Ville **0-1**
*L. Di Nunzio*
BISENTI-Castilenti **5-3**
*G. D'Orazio (B), F. Terregna 2 (B), A. Amraoui (B), F. Alberoni (B), G. Mazzocca (C), E. Di Marco (C), G. Pancione (C)*
CANTERA ADRIATICA PESCARA-San Marco **0-0**
Cappelle sul Tavo 2008-ATLET. PASSO CORDONE **1-2**
*M. Del Papa (C), M. D'Aloisio (A), autorete (A)*
CEPAGATTI-Sporting Pianella **4-1**
*D. Caruso (C), S. Petrucci (C), F. Lazzarini (C), S. Di Michele (C), A. Dottore (S)*
GAGARIN TERAMO-Teramo Stazione **3-3**
*D. Di Marzio (G), S. De Angelis (G), S. Sbraccia (G), L. Di Filippo 2 (T), L. Amicone (T)*
MONTERALE-Capitignano **2-1**
*L. Barigelli (M), A. Repertorio (M), S. Laurenzi (C)*
ODORISIANA-Trigno Celenza **1-0**
*N. Di Francesco*
Pol. Vacri-CITTA' DI CHIETI **0-1**
*M. Caforio*
PRETURO-Vestina San Demetrio **1-2**
*D. Felli (P), F. Faiella (V), M. Marrone (V)*
Rapid-CITERIUS SAN VALENTINO **0-1**
*A. Leporini*
Sannicolese 2011-VALLE DEL FINO **1-0**
*D. Danese*
Sant'Anna-LETTESE **0-3**
*F. Di Mascio 3*
SANTA CROCE-Cortino Calcio **0-0**
SCOPPITO-Marruci **4-3**
*V. Rossi (S), S. Gizzi (S), A. Capulli (S), A. Pitotti (S), R. Centofanti (M), B. Matricini (M), S. Cavalli (M)*
SIM PONTEVOMANO-Roseto 1920 **2-1**
*G. Di Antonio 2 (S), D. Assogna (R)*
VICTORIA CROSS ORTONA-Draghi San Luca **4-2**
*J. Ponce 2 (V), L. Di Muzio (V), T. De Luca (V), L. Lannutti (D), P. Marcucci (D)*

Villa Santa Maria-MONTAZZOLI **2-0**
*M. Di Stefano 2*
Virtus Rocca San Giovanni-VASTO UNITED **1-1**
*A. Di Ciano (Vi), L. Tano (Va)*
VIS CERRATINA-Villanova FC **1-0**
*V. Camerano Spelta*

***N.B. In maiuscolo le squadre qualificate***

## PRIMO TURNO A TRIANGOLARI

### TRIANGOLARE A

**1ª giornata – domenica 12 settembre 2021**

Marsicana-San Giuseppe di Caruscino **1-2**
*L. Salvati Proietti (M), L. Presutti (S), V. Di Berardino (S)*
**Ha riposato:** Aielli 2015

**2ª giornata – giovedì 21 ottobre 2021**

Aelli 2015-Marsicana **4-1**
*Marcello Nucci (A), L. Curitti 2 (A), S. Callocchia (A), A. Esposito (M)*
**Ha riposato:** San Giuseppe di Caruscino

**3ª giornata – giovedì 28 ottobre 2021**

San Giuseppe di Caruscino-Aielli 2015 **3-0** (a tavolino)
**Ha riposato:** Marsicana

**Classifica finale:** SAN GIUSEPPE DI CARUSCINO 6; Aielli 2015 3; Marsicana 0

### TRIANGOLARE B

**1ª giornata – domenica 12 settembre 2021**

Campli Calcio-Atletico Giulianova **1-1**
*R. Di Francesco (C), E. Bontà (A)*
**Ha riposato:** Lions Villa

**2ª giornata – lunedì 20 settembre 2021**

Lion Villa-Campli Calcio **0-1**
*A. Di Paolo*
**Ha riposato:** Atletico Giulianova

**3ª giornata – mercoledì 6 ottobre 2021**

Atletico Giulianova-Lions Villa **5-1**
*N. Cicioni (A), G. Emilii (A), Giacomo D'Ambrosio 2 (A), P. Mascitelli (A), M. Camaioni (L)*
**Ha riposato:** Campli Calcio

**Classifica finale:** ATLETICO GIULIANOVA e Campli Calcio 4; Lions Villa 0

## SECONDO TURNO A ELIMINAZIONE DIRETTA

### GARE DI ANDATA – mercoledì 8 dicembre 2021

Montereale-Preturo **2-3**
*S. Luzi (M), F. Sabatini (M), V. Brusco (P), V. Bafile (P), F. Vittorini (P)*
Scoppito-San Giuseppe di Caruscino **1-2**
*S. Gizzi (Sc), G. Massaro (Sa), U. Di Nicola (Sa)*

### GARE DI RITORNO – mercoledì 2 e 16 marzo 2022

PRETURO-Monterale **3-1**
*E. Mattei (P), V. Bafile (P), M. Di Tommaso (P), L. Barigelli (M)*
San Giuseppe di Caruscino-SCOPPITO **1-4**
*F. Marziale (Sa), M. Porfirio 2 (Sc), T. Cocco (Sc), S. Antonelli (Sc)*

## SECONDO TURNO A TRIANGOLARI

### TRIANGOLARE A

**1ª giornata – mercoledì 8 dicembre 2021**

Victoria Cross Ortona-Atletico Roccascalegna **2-1**
*N. Cantoli (V), L. Serra (V), M. Picciotti (A)*
**Ha riposato:** Città di Chieti

**2ª giornata – mercoledì 22 dicembre 2021**

Atletico Roccascalegna-Città di Chieti **1-3**
*N. Caniglia (A), L. Perta (C), A. Capone (C), N. Giannunzio (C)*
**Ha riposato:** Victoria Cross Ortona

**3ª giornata – mercoledì 2 marzo 2022**

Città di Chieti-Victoria Cross Ortona **0-1**
*F. Hamza*
**Ha riposato:** Atletico Roccascalegna

**Classifica finale:** VICTORIA CROSS ORTONA 6; Città di Chieti 3; Atletico Roccascalegna 0

### TRIANGOLARE B

**1ª giornata – mercoledì 8 dicembre 2021**

Vasto United-Montazzoli **3-0**
*F. Pianese, A. Iannone, A. Madonna*
**Ha riposato:** Odorisiana

**2ª giornata – mercoledì 22 dicembre 2021**

Montazzoli-Odorisiana **4-3**
*F. Appezzato (M), A. Novello (M), V. Catalano (M), A. Di Francesco (M), E. Vitelli 3 (O)*
**Ha riposato:** Vasto United

**3ª giornata – martedì 1 marzo 2022**

Odorisiana-Vasto United **5-1**
*E. Vitelli 3 (O), N. Del Giango (O), G. De Francesco (O), S. Lizzi (V)*
**Ha riposato:** Montazzoli
**Classifica finale:** ODORISIANA, Vasto United e Montazzoli 3

**TRIANGOLARE C**

**1ª giornata – mercoledì 8 dicembre 2021**

Cantera Adriatica Pescara-Vis Cerratina **0-1**
*F. Giuliani*
**Ha riposato:** Atletico Passo Cordone

**2ª giornata – mercoledì 22 dicembre 2021**

Atletico Passo Cordone-Cantera Adriatica Pescara **0-2**
*V. Gatto, P. Pleekklang*
**Ha riposato:** Vis Cerratina

**3ª giornata – giovedì 3 marzo 2022**

Vis Cerratina-Atletico Passo Cordone **3-1**
*B. Russo (V), V. Marzano (V), F. Giuliani (V), M. Miccoli (A)*
**Ha riposato:** Cantera Adriatica Pescara
**Classifica finale:** VIS CERRATINA 6; Cantera Adriatica Pescara 3; Atletico Passo Cordone 0

**TRIANGOLARE D**

**1ª giornata – mercoledì 8 dicembre 2021**

Valle del Fino-Sim Pontevomano **1-2**
*U. De Sanctis (V), M. Olivieri (S), L. Fatati (S)*
**Ha riposato:** Bisenti

**2ª giornata – mercoledì 22 dicembre 2021**

Bisenti-Valle del Fino **1-1**
*N. Liberati (B), M. Mergiotti (V)*
**Ha riposato:** Sim Pontevomano

**3ª giornata – mercoledì 9 marzo 2022**

Sim Pontevomano-Bisenti **2-1**
*A. Di Marzio 2 (S), A. Etabti (B)*
**Ha riposato:** Valle del Fino
**Classifica finale:** SIM PONTEVOMANO 6; Bisenti e Valle del Fino 1

**TRIANGOLARE E**

**1ª giornata – martedì 7 dicembre 2021**

Santa Croce-Atletico Giulianova **2-0**
*Lorenzo Ippoliti 2*
**Ha riposato:** Gagarin Teramo

**2ª giornata – giovedì 23 dicembre 2021**

Atletico Giulianova-Gagarin Teramo **3-1**
*M. Carusi (A), L. Di Nicola (A), Gianmarco D'Ambrosio (A), D. Di Marzio (G)*
**Ha riposato:** Santa Croce

**3ª giornata – giovedì 3 marzo 2022**

Gagarin Teramo-Santa Croce **0-1**
*A. Mucci*
**Ha riposato:** Atletico Giulianova
**Classifica finale:** SANTA CROCE 6; Atletico Giulianova 3; Gagarin Teramo 0

## TRIANGOLARE F

**1ª giornata – mercoledì 8 dicembre 2021**

Lettese-Citerius San Valentino **3-1**
*A. Di Paolo (L), S. Cardinale 2 (L), A. Cicchelli (C)*
**Ha riposato:** Cepagatti

**2ª giornata – domenica 19 dicembre 2021**

Citerius San Valentino-Cepagatti **0-2**
*B. Diouf, A. Giampietro*
**Ha riposato:** Lettese

**3ª giornata – mercoledì 2 marzo 2022**

Cepagatti-Lettese **2-0**
*S. Petrucci, A. Giampietro*
**Ha riposato:** Citerius San Valentino
**Classifica finale:** CEPAGATTI 6; Lettese 3; Citerius San Valentino 0

## QUARTI DI FINALE

**GARA UNICA – mercoledì 6 e giovedì 7 aprile 2022**

CEPAGATTI-Vis Cerratina **2-0**
*S. Petrucci 2*
SANTA CROCE-Sim Pontevomano **4-3** **(ai rigori)**
Scoppito-PRETURO **0-3** **(a tavolino)**
VICTORIA CROSS ORTONA-Odorisiana **1-0**
*F. Hamza*

## SEMIFINALI

**GARA UNICA – mercoledì 20 e mercoledì 27 aprile 2022**

PRETURO-Santa Croce **6-5** **(ai rigori)**
*V. Brusco (P), M. Storgato (P), M. Venanzi (S), Lorenzo Ippoliti (S)*
Victoria Cross Ortona-CEPAGATTI **4-5** **(ai rigori)**
*F. Hamza (V), S. Petrucci (C)*

domenica 15 maggio – Raiano (Aq), stadio "A. Cipriani"

**Cepagatti-Preturo: 5-1**

**Cepagatti:** Di Iorio, Fraccastoro, Capitanio, Di Battista, Gasbarro (41'st L. Sborgia), D. Di Quinzio, Diouf (32'st S. Sborgia), Kaceli (34'st S. Cerasa), Balde (19'st Nubile), Di Roberto (44'st L. Di Quinzio), Petrucci. **All.** Pierdomenico. **Preturo:** Capannolo, Storgato (31'st L. Vittorini), Di Francesco, Parisi (12'st Brusco), Taddei, Scarsella (15'st Bafile), Di Tommaso (31'st Settembri), Pezzuto (14'st Dignani), Rovo, F. Vittorini, Felli. **All.** Fiore. **Arbitro:** Buzzelli di Avezzano. **Rete:** *5'pt, 46'pt e 8'st S. Petrucci (C), 17'pt Y. Balde (C), 18'pt D. Felli (P), 29'st B, Diouf (C).*

## COPPA ABRUZZO SECONDA CATEGORIA
### CLASSIFICA MARCATORI GENERALE

**8 reti:** S. Petrucci (Cepagatti)

**6 reti:** F. Di Mascio (Lettese); E. Vitelli (Odorisiana)

**3 reti:** F. Terregna (Bisenti); D. Di Marzio (Gagarin Teramo); S. Cardinale (Lettese); L. Barigelli (Montereale); V. Brusco e F. Vittorini (Preturo); Lorenzo Ippoliti (Santa Croce); L. Di Filippo (Teramo Stazione); M. Mergiotti (Valle del Fino); F. Pianese (Vasto United); F. Hamza (Victoria Cross Ortona)

**2 reti:** L. Curitti (Aielli 2015); Giacomo D'Ambrosio (Atletico Giulianova); V. Di Pentima (Atletico Passo Cordone); A. Ragno e G, Gagliardi (Cantera Adriatica Pescara); B. Diouf, A. Giampietro e L. Capitanio (Cepagatti); A. Capone (Città di Chieti); P. Rossi (Cortino Calcio); J. Di Carlo (Marruci); V. Catalano (Montazzoli); D. Felli e V. Bafile (Preturo); G. Di Antonio (Santa Croce); S. Gizzi, F. Gabriele e M. Porfirio (Scoppito); M. Olivieri, A. Di Marzio e G. Di Antonio (Sim Pontevomano); L. Tana (Vasto United); F. Faiella e M. Marrone (Vestina San Demetrio); J. Ponce, T. De Luca e L. Di Muzio (Victoria Cross Ortona); M. Di Stefano (Villa Santa Maria); F. Giuliani e V. Camerano Spelta (Vis Cerratina)

**una rete:** M. Nucci e S. Callocchia (Aielli 2015); E. Bontà, N. Cicioni, G. Emilii, M. Carusi, L. Di Nicola, P. Mascitelli e Gianmarco D'Ambrosio (Atletico Giulianova); M. Miccoli e M. D'Aloisio (Atletico Roccascalegna); G. D'Orazio, A. Amraoui, A. Etabti, F. Alberoni e N. Liberati (Bisenti); A. Di Paolo e R. Di Francesco (Campli Calcio); M. Basso, S. Barile, G. Leonzio, V. Gatto, P. Pleekklang e D. D'Agostino (Cantera Adriatica Pescara); S. Laurenzi e A. De Santis (Capitignano); F. Marchionne e M. Del Papa (Cappelle sul Tavo 2008); F. Sorricchio, M. Feliciani, G. Mazzocca, E. Di Marco e G. Pancione (Castilenti); D. Caruso, Y. Balde, F. Lazzarini e S. Di

Michele (Cepagatti); A. Cicchelli, A. Lattanzio e A. Leporini (Citerius San Valentino); L. Perta, M. Caforio, N. Giannunzio e M. Di Giannatale (Città di Chieti); P. Rossi (Cortino Calcio); L. Lannutti e P. Marcucci (Draghi San Luca); S. Sbraccia, F. Pisciaroli e S. De Angelis (Gagarin Teramo); A. Di Paolo (Lettese); L. Camaioni (Lions Villa); S. Cavalli, B. Matricini, D. Capogrossi e R. Centofanti (Marruci); A. Esposito e L. Salvati Proietti (Marsicana); A. Porfilio, A. Novello, F. Appezzato, D. D'Addario, M. Carapello. A. Costantini e A. Di Francesco (Montazzoli); S. Luzi, M. De Santis, F. Sabatini e A. Repertorio (Montereale); N. Di Francesco, M. Del Giango e G. De Francesco (Odorisiana); D. Rovo, E. Mattei, M. Storgato e M. Di Tommaso (Preturo); M. Di Giambattista (Rapid); D. Assogna e G. Di Donato (Roseto 1920); L. Presutti, G, Massaro, F, Marziale, U. Di Nicola e V. Di Berardino (San Giuseppe di Caruscino); D. Danese (Sannicolese 2011); F. Maugeri (Sant'Anna); A. Mucci, A. Cesaroni, M. Venanzi e Luca Ippoliti (Santa Croce); L. Fatati e M. Olivieri (Sim Pontevomano); F. Rossi, T. Cocco, A. Pitotti, A. Capulli, V. Rossi e S. Antonelli (Scoppito); A. Dottore (Sporting Pianella); L. Amicone (Teramo Stazione); L. Di Nunzio e S. De Cesare (Tre Ville); U. De Sanctis (Valle del Fino); S. Lizzi, A. Iannone e A. Madonna (Vasto United); C. Visconti (Vestina San Demetrio); N. Cantoli e L. Serra (Victoria Cross Ortona); G. Strizzi e G. Musilli (Villa Santa Maria); S. Di Cecco, A. Giammarino e D. Di Girolamo (Villanova FC); M. Gjikaj, L. Pinotti e A. Di Ciano (Virtus Rocca San Giovanni); B. Russo, M. Martello e V. Marzano (Vis Cerratina)

## TERZA CATEGORIA girone CHIETI

### 1ª giornata – domenica 3 ottobre 2021

Amatori Casacanditella-Paglieta **0-1**
*G. Bascelli*
San Martino-Guastameroli **1-2**
*D. Primavera (S), F. Montebruno (G), M. Tridenti (G)*
Sant'Apollinare-Civitellese **6-0**
*E. Di Francesco 2, T. Calcan 2, I. Di Nenno, B. Legrady*
Treglio-Torricella 2.2 **2-2**
*N. Angelucci (Tr), N. Malano (Tr), M. Troilo (To), M. Di Iorio (To)*
Villa San Vincenzo-Calcio Torrevecchia **0-2**
*F. Lapenna, G. Morelli*
Villamagna-Fara San Martino **1-0**
*Marco D'Onofrio*

### 2ª giornata – domenica 10 ottobre 2021

Calcio Torrevecchia-Villamagna **0-1**
*M. Di Meo*
Civitellese-Villa San Vincenzo **1-1**
*autorete (C), L. Ranieri (V)*
Fara San Martino-Amatori Casacanditella **1-0**
*S. Pelliccia*
Guastameroli-Sant'Apollinare **2-1**
*J. Ciccotelli 2 (G), autorete (S)*
Paglieta-Treglio **4-2**
*A. Antichi 2 (P), P. Lamarca (P), A. Tracchia (P), D. D'Amario (T), A. Di Battista (T)*
Torricella 2.2-San Martino **1-1**
*M. Di Paolo (T), A. Sangare (S)*

### 3ª giornata – domenica 17 ottobre 2021

Fara San Martino-Calcio Torrevecchia **5-2**
*S. Pelliccia (F), A. Di Biase (F), G. Lallo (F), M. Salvitti (F), U. Paglione (F), F. Lapenna (C), L. Del Vecchio (C)*
San Martino-Paglieta **1-0**
*Davide Di Federico*
Sant'Apollinare-Torricella 2.2 **1-0**
*A. Di Renzo*
Treglio-Amatori Casacanditella **2-2**
*N. Angelucci 2 (T), B. Piattelli (A), F. Di Maggio (A)*
Villa San Vincenzo-Guastameroli **0-3**

*P. Di Camillo 2, R. Bellucci*
Villamagna-Civitellese **5-1**
*G. Ruano (V), E. Durante (V), M. Petrucci (V), Marco D'Onofrio (V), S. Tombion (V), A. Lippis (C)*

**4ª giornata – domenica 24 ottobre 2021**

Amatori Casacanditella-San Martino **0-2**
*D. Primavera, I. Abazi*
Civitellese-Calcio Torrevecchia **0-4**
*D. Zappacosta, C. Pollidoro Bonghi, F. Lapenna, G. La Torre*
Guastameroli-Villamagna **0-1**
*Fabrizio Rutolo*
Paglieta-Sant'Apollinare **3-1**
*D. Iascio (P), A. Antichi (P), M. Bosco (P), A. Di Renzo (S)*
Torricella 2.2-Villa San Vincenzo **3-1**
*M. Di Paolo (T), M. D'Aniello (T), M. Troilo (T), D. Arloro (V)*
Treglio-Fara San Martino **1-2**
*R. Di Campli (T), M. Salvitti (F), G. Lallo (F)*

**5ª giornata – domenica 31 ottobre 2021**

Calcio Torrevecchia-Guastameroli **2-3**
*L. Silvidio (C), L. Di Pasquale (C), D. Montebruno (G), R. Bellucci 2 (G)*
Fara San Martino-Civitellese **4-1**
*A. Di Biase (F), U. Paglione (F), S. Rotunno (F), G. Lallo (F), G. Claudicante (C)*
San Martino-Treglio **3-0**
*G. Buonavitacola, S. Postiglione, D. Primavera*
Sant'Apollinare-Amatori Casalincontrada **0-0**
Villa San Vincenzo-Paglieta **1-1**
*L. Di Sciascio (V), D. Iascio (P)*
Villamagna-Torricella 2.2 **1-1**
*L. Vettori (V), M. Di Paolo (T)*

**6ª giornata – domenica 7 novembre 2021**

Amatori Casacanditella-Villa San Vincenzo **1-0**
*L. Masciarelli*
Fara San Martino-San Martino **1-0**
*S. Rotunno*
Guastameroli-Civitellese **4-0**
*D. Silverio 2, A. Lanci, M. Salvatore*
Paglieta-Villamagna **2-0**
*D. Iascio, A. Antichi*
**2-1**

Torricella 2.2-Calcio Torrevecchia
*M. D'Aniello (T), M. Di Paolo (T), G. La Torre (C)*
Treglio-Sant'Apollinare **2-2**
*L. Taraborrelli 2 (T), A. Di Renzo (S), A. Olivieri (S)*

**7ª giornata – domenica 14 novembre 2021**

Calcio Torrevecchia-Paglieta **1-1**
*L. Silvidio (C), M. Bosco (P)*
Civitellese-Torricella 2.2 **0-1**
*M. Di Paolo*
Fara San Martino-Guastameroli **1-1**
*F. Di Cecco (F), J. Ciccotelli (G)*
Sant'Apollinare-San Martino **1-0**
*T. Calcan*
Villa San Vincenzo-Treglio **1-0**
*L. Ranieri*
Villamagna-Amatori Casacanditella **2-0**
*Marco D'Onofrio, M. Masci*

**8ª giornata – domenica 21 novembre 2021**

Amatori Casacanditella-Calcio Torrevecchia **1-0** ***(12 dicembre)***
*M. Mariani*
Paglieta-Civitellese **2-0**
*L. Di Giulio, I. Kande*
San Martino-Villa San Vincenzo **1-0**
*S. Postiglione*
Sant'Apollinare-Fara San Martino **0-0**
Torricella 2.2-Guastameroli **1-0**
*M. Di Paolo*
Treglio-Villamagna **0-1** ***(12 dicembre)***
*M. Petrucci*

**9ª giornata – domenica 28 novembre 2012**

Calcio Torrevecchia-Treglio **0-1**
*D. D'Amario*
Civitellese-Amatori Casacanditella **1-1**
*M. Masciantonio (C), P. Di Bello (A)*
Fara San Martino-Torricella 2.2 **3-0**
*M. Salvitti, S. Pelliccia 2*
Guastameroli-Paglieta **1-1**
*M. Tridenti (G), M. Caldi (P)*
Villa San Vincenzo-Sant'Apollinare **1-1**

*L. Ranieri (V), I. Di Nenno (S)*
Villamagna-San Martino **0-0**

**10ª giornata – domenica 5 dicembre 2021**

Amatori Casacanditella-Guastameroli **2-3**
*F. Di Maggio (A), L. Masciarelli (A), A. Lanci (G), A. Menno Di Bucchianico (G), J. Ciccotelli (G)*
Paglieta-Torricella 2.2 **0-0**
San Martino-Calcio Torrevecchia **4-1**
*Davide Di Federico (S), M. Mascioli (S), S. Postiglione (S), A. Colagreco (S), F. Lapenna (C)*
Sant'Apollinare-Villamagna **2-3**
*A. Olivieri (S), B. Legrady (S), M. Rutolo (V), Marco D'Onofrio 2 (V)*
Treglio-Civitellese **2-1**
*D. Rosato (T), N. Angelucci (T), A. Lippis (C)*
Villa San Vincenzo-Fara San Martino **0-3**
*S. Rotunno, M. Salvitti, F. Di Cecco*

**11ª giornata – domenica 13 febbraio 2022**

Calcio Torrevecchia-Sant'Apollinare **3-4**
*G. La Torre (C), F. Lapenna 2 (C), B. Legrady (S), A. Di Renzo (S), M. Labbrozzi (S), E. Akugri (S)*
Civitellese-San Martino **1-1**
*D. Masciantonio (C), G. Buonavitacola (S)*
Fara San Martino-Paglieta **2-0**
*A. Di Maio, F. Di Cecco*
Guastameroli-Treglio **3-2**
*D. Silverio (G), J. Ciccotelli (G), A. Menno Di Bucchianico (G), M. Di Battista (T), D. Amoroso (T)*
Torricella 2.2-Amatori Casacanditella **5-1**
*M. Di Paolo 3 (T), M. Troilo 2 (T), V. Di Lisio (A)*
Villamagna-Villa San Vincenzo **0-0**

**12ª giornata – domenica 20 febbraio 2022**

Calcio Torrevecchia-Villa San Vincenzo **2-1**
*G. La Torre (C), F. Lapenna (C), D. Di Prinzio (V)*
Civitellese-Sant'Apollinare **0-3**
*B. Legrady, S. Di Paolo, M. Labbrozzi*
Fara San Martino-Villamagna **2-0**
*F. Di Cecco, D. D'Antonio*
Guastameroli-San Martino **1-2**
*M. Tridenti (G), A. Colagreco (S), D. Primavera (S)*

Paglieta-Amatori Casacanditella **5-0**
*M. Bosco 2, A. Antichi 2, D. Iascio*
Torricella 2.2-Treglio **3-0**
*M. Ottobrini, P. Rossi, M. Di Paolo*

### 13ª giornata – domenica 27 febbraio 2022

Amatori Casacanditella-Fara San Martino **0-6** *(10 aprile)*
*L. Di Lullo, A. Di Maio, D. D'Antonio, G. Lallo, S. Pelliccia, M. Di Rito*
San Martino-Torricella 2.2 **2-1** *(30 marzo)*
*A. Colagreco (S), M. Libertini (S), M. Di Iorio (T)*
Sant'Apollinare-Guastameroli **2-2**
*A. Olivieri 2 (S), M. Tridenti (G), P. Di Camillo (G)*
Treglio-Paglieta **0-3** *(10 aprile)*
*D. Iascio, A. Antichi, L. Di Giulio*
Villa San Vincenzo-Civitellese **0-1** *(10 aprile)*
*D. Masciantonio*
Villamagna-Calcio Torrevecchia **2-1** *(10 aprile)*
*S. Ferrara (V), F. Rutolo (V), C. Pollidoro Bonghi (C)*

### 14ª giornata – domenica 6 marzo 2022

Amatori Casacanditella-Treglio **0-0** *(15 aprile)*
Calcio Torrevecchia-Fara San Martino **1-1**
*C. Pollidoro Bonghi (C), U. Paglione (F)*
Civitellese-Villamagna **1-2**
*F. D'Orazio (C), F. Rutolo (V), Marco D'Onofrio (V)*
Guastameroli-Villa San Vincenzo **4-0**
*D. Montebruno, G. Barone, R. Bellucci 2*
Paglieta-San Martino **2-1**
*M. Bosco (P), A. Antichi (P), A. Colagreco (S)*
Torricella 2.2-Sant'Apollinare **2-3** *(9 aprile)*
*M. Di Paolo (T), M. Di Iorio (T), E. Di Francesco (S), G. Natale (S), A. Di Renzo (S)*

### 15ª giornata – domenica 13 marzo 2022

Calcio Torrevecchia-Civitellese **3-0**
*F. Lapenna 2, L. Silvidio*
Fara San Martino-Treglio **2-0**
*F. Di Cecco, G. Di Cecco*
San Martino-Amatori Casacanditella **2-1**
*Davide Di Federico (S), K. Kouassi (S), L. Masciarelli (A)*
Sant'Apollinare-Paglieta **0-0**
Villa San Vincenzo-Torricella 2.2 **1-2**

*D. Di Prinzio (V), M. Di Paolo (T), P. Rossi (T)*
Villamagna-Guastameroli **0-1**
*M. Tridenti*

**16ª giornata – domenica 20 marzo 2022**

Amatori Casacanditella-Sant'Apollinare **2-1**
*F. Tacconelli (A), L. Masciarelli (A), S. Toro (S)*
Civitellese-Fara San Martino **0-2**
*S. Pelliccia, A. Di Maio*
Guastameroli-Calcio Torrevecchia **2-1**
*V. Pompa (G), D. Silverio (G), G. Morelli (C)*
Paglieta-Villa San Vincenzo **4-1**
*D. Iascio (P), A. Antichi 2 (P), autorete (P), L. Ranieri (V)*
Torricella 2.2-Villamagna **2-2** ***(16 aprile)***
*M. Di Paolo (T), M. Di Iorio (T), J. Depraute (V), S. De Francesco (V)*
Treglio-San Martino **0-2**
*C. Menna, A. Pantalone*

**17ª giornata – domenica 27 marzo 2022**

Calcio Torrevecchia-Torricella 2.2 **2-2**
*F. Lapenna (C), L. Silvidio (C), M. D'Aniello (T), M. Di Paolo (T)*
Civitellese-Guastameroli **1-5**
*M. Di Natale (C), M. Tridenti 2 (G), J. Ciccotelli (G), D. Silverio (G), G. Pagnotta (G)*
San Martino-Fara San Martino **2-1**
*Daniele Di Federico (S), A. Colagreco (S), S. Pelliccia (F)*
Sant'Apollinare-Treglio **0-0**
Villa San Vincenzo-Amatori Casacanditella **2-1**
*L. Ranieri (V), A. Primavera (V), C. Carretta (A)*
Villamagna-Paglieta **3-3**
*D. Vettori (V), P. D'Onofrio (V), Marco D'Onofrio (V), M. Bosco 3 (P)*

**18ª giornata – domenica 3 aprile 2022**

Amatori Casacanditella-Villamagna **2-2**
*L. Masciarelli (A), F. Di Maggio (A), P. D'Onofrio (V), M. Masci (V)*
Guastameroli-Fara San Martino **1-1**
*A. Lanci (G), A. Di Maio (F)*
Paglieta-Calcio Torrevecchia **2-1**
*D. Iascio (P), M. Bosco (P), F. Lapenna (C)*
San Martino-Sant'Apollinare **2-0**
*A. Colagreco, M. Cardone*
**2-1**

Torricella 2.2-Civitellese
*M. Ottobrini (T), P. Rossi (T), S. D'Orazio (C)*
Treglio-Villa San Vincenzo **3-0**
*S. Giordano 2, J. Malano*

## 19ª giornata – domenica 24 aprile 2022

Calcio Torrevecchia-Amatori Casacanditella **4-1**
*G. Morelli 2 (C), C. Pollidoro Bonghi (C), F. Lapenna (C), M. Del Duca (A)*
Civitellese-Paglieta **0-5**
*L. Di Giulio, P. Lamarca, M. Bosco, D. Iascio, autorete*
Fara San Martino-Sant'Apollinare **2-1**
*A. Di Maio 2 (F), E. Di Francesco (S)*
Guastameroli-Torricella 2.2 **3-2**
*M. Tridenti (G), R. Bellucci (G), M. Valentini (G), M. Di Paolo (T), D. D'Ulisse (T)*
Villa San Vincenzo-San Martino **0-2**
*M. Cardone, A. Pantalone*
Villamagna-Treglio **5-0**
*M. Rutolo, Marco D'Onofrio 3, A. Di Biase*

## 20ª giornata – domenica 1 maggio 2022

Amatori Casacanditella-Civitellese **3-1**
*F. Di Maggio 2 (A), L. Masciarelli (A), M. Masciantonio (C)*
Paglieta-Guastameroli **3-2**
*M. Bosco (P), A. Antichi (P), K. Hanxhari (P), D. Montebruno (G), D. Silverio (G)*
San Martino-Villamagna **3-0**
*M. Cardone, I. Abazi, D. Primavera*
Sant'Apollinare-Villa San Vincenzo **3-1**
*G. Natale 2 (S), D. Mattucci (S), L. Di Sciascio (V)*
Torricella 2.2-Fara San Martino **0-1**
*L. Di Lullo*
Treglio-Calcio Torrevecchia **3-0** (a tavolino)

## 21ª giornata – domenica 8 maggio 2022

Calcio Torrevecchia-San Martino **1-2**
*C. Pollidoro Bonghi (C), S. Postiglione 2 (S)*
Civitellese-Treglio **1-3**
*D. Masciantonio (C), N. Angelucci (T), S. Bellisario (T), F. Di Campli (T)*
Fara San Martino-Villa San Vincenzo **4-0**
*S. Rotunno, G. Lallo, F. Di Cecco, M. Di Cencio*
Guastameroli-Amatori Casacanditella **2-0**
*K. Spinelli, M. Valentini*

Torricella 2.2-Paglieta **1-2**
*N. Schieda (T), M. Bosco (P), D. Cicchetti (P)*
Villamagna-Sant'Apollinare **3-1**
*Marco D'Onofrio 2 (V), J. Depraute (V), A. Di Renzo (S)*

## 22ª giornata – domenica 15 maggio 2022

Amatori Casacanditella-Torricella 2.2 **3-5**
*L. Masciarelli (A), F. Tacconelli (A), Stefano Buonavitacola (A), M. Di Paolo 4 (T), M. Di Iorio (T)*
Paglieta-Fara San Martino **4-0**
*M. Bosco 2, M. Caldi, U. Di Giulio*
San Martino-Civitellese **3-0** (a tavolino)
Sant'Apollinare-Calcio Torrevecchia **3-1**
*F. Catenaro (S), E. Bocconcella (S), A. Di Renzo (S), G. Morelli (C)*
Treglio-Guastameroli **1-6**
*J. Malano (T), G. Pagnotta 2 (G), M. Tridenti (G), R. Bellucci 2 (G), G. Mancinelli (G)*
Villa San Vincenzo-Villamagna **0-4**
*G. Serra, Marco D'Onofrio 2, M. De Lutiis*

## CLASSIFICA FINALE girone CHIETI

| squadre | punti | gare | vinte | nulle | perse | reti f. | reti s. | diff. |
|---|---|---|---|---|---|---|---|---|
| Fara San Martino | 49 | 22 | 15 | 4 | 3 | 44 | 15 | +29 |
| Paglieta | 48 | 22 | 14 | 6 | 2 | 48 | 18 | +30 |
| San Martino | 48 | 22 | 15 | 3 | 4 | 37 | 14 | +23 |
| Guastameroli | 46 | 22 | 14 | 4 | 4 | 51 | 25 | +26 |
| Villamagna | 42 | 22 | 12 | 6 | 4 | 38 | 22 | +16 |
| Torricella 2.2 | 33 | 22 | 9 | 6 | 7 | 38 | 31 | +7 |
| Sant'Apollinare | 31 | 22 | 8 | 7 | 7 | 36 | 29 | +7 |
| Treglio | 20 | 22 | 5 | 5 | 12 | 24 | 43 | -19 |
| C. Torrevecchia -1 | 17 | 22 | 5 | 3 | 14 | 33 | 41 | -8 |
| Am.Casacanditella | 17 | 22 | 4 | 5 | 13 | 21 | 47 | -26 |
| Villa S. Vincenzo | 10 | 22 | 2 | 4 | 16 | 11 | 46 | -35 |
| Civitellese -1 | 5 | 22 | 1 | 3 | 18 | 12 | 62 | -50 |

**-1 un punto di penalizzazione**

## SEMIFINALI PLAY OFF – domenica 22 maggio 2022

Paglieta-Villamagna **0-2**
*S. Tombion, Marco D'Onofrio*
San Martino-Guastameroli **3-1**
*M. Cardone (S), K. Kouassi (S), Davide Di Federico (S), M. Valentini (G)*

**FINALE PLAY OFF – domenica 29 maggio 2022**

San Martino-Villamagna **2-1** (dts)

*M. Cardone (S), I. Abazi (S), Francesco Rutolo (V)*

## CLASSIFICA MARCATORI girone CHIETI

**19 reti:** M. Di Paolo (Torricella 2.2)
**15 reti:** Marco D'Onofrio (Villamagna)
**14 reti:** M. Bosco (Paglieta)
**12 reti:** F. Lapenna (Calcio Torrevecchia)
**11 reti:** A. Antichi (Paglieta)
**9 reti:** M. Tridenti (Guastameroli)
**8 reti:** R. Bellucci (Guastameroli); D. Iascio (Paglieta)
**7 reti:** L. Masciarelli (Amatori Casacanditella); S. Pelliccia (Fara San Martino); A. Di Renzo (Sant'Apollinare)
**6 reti:** A. Di Maio e F. Di Cecco (Fara San Martino); D. Silverio e J. Ciccotelli (Guastameroli); A. Colagreco (San Martino)
**5 reti:** F. Di Maggio (Amatori Casacanditella); G. Morelli e C. Pollidoro Borghi (Calcio Torrevecchia); G. Lallo (Fara San Martino); D. Primavera, M. Cardone e S. Postiglione (San Martino); M. Di Iorio (Torricella 2.2); N. Angelucci (Treglio); L. Ranieri (Villa San Vincenzo)
**4 reti:** L. Silvidio e G. La Torre (Calcio Torrevecchia); M. Salvitti e S. Rotunno (Fara San Martino); Davide Di Federico (San Martino); B. Legrady, A. Olivieri e E. Di Francesco (Sant'Apollinare); M. Troilo (Torricella 2.2)
**3 reti:** U. Paglione (Fara San Martino); A. Lanci, G. Pagnotta, M. Valentini, P. Di Camillo e D. Montebruno (Guastameroli); L. Di Giulio (Paglieta); I. Abazi (San Martino); T. Calcan e G. Natale (Sant'Apollinare); P. Rossi e M. D'Aniello (Torricella 2.2); Francesco Rutolo (Villamagna)

## XXI MEMORIAL "ARNALDO SAMMARTINO"
**domenica 5 giugno 2022 a Fara San Martino (Ch) – stadio Comunale**

Fara San Martino-Real San Giacomo **0-1**
*A. Cognata*

## RECORDS girone CHIETI

| | | |
|---|---|---|
| **maggior numero di punti** | **49** | Fara San Martino |
| **minor numero di punti** | **5** | Civitellese |
| **maggior numero di vittorie** | **15** | Fara San Martino |
| **minor numero di vittorie** | **1** | Civitellese |
| **maggior numero di pareggi** | **7** | Sant'Apollinare |
| **minor numero di pareggi** | **3** | San Martino, Civitellese e Calcio Torrevecchia |
| **maggior numero di sconfitte** | **18** | Civitellese |
| **minor numero di sconfitte** | **2** | Paglieta |
| **miglior attacco** | **51** | Guastameroli |
| **miglior difesa** | **14** | San Martino |
| **peggior attacco** | **11** | Villa San Vincenzo |
| **peggior difesa** | **62** | Civitellese |
| **migliore differenza reti** | **+30** | Paglieta |
| **peggiore differenza reti** | **-50** | Civitellese |
| **miglior realizzatore** | **19 reti** | M. Di Paolo (Torricella 2.2) |

## I VERDETTI FINALI

**Promosse in Seconda categoria:** Fara San Martino e San Martino
**nessuna retrocessione**

## TERZA CATEGORIA girone VASTO

### 1ª giornata – domenica 17 ottobre 2021

Audax Palmoli-Real San Giacomo **4-0**
*L. Della Penna, C. Bolognese, F. Riccioni, M. Piccinini*
Furci-Lupi Marini **1-1**
*autorete (F), D. Pasquini (L)*
Guilmi-Biancorossi Fossacesia **1-3**
*L. Tracchia (G), W. Cerrone (B), D. Dumitriu (B), L. Di Nella (B)*
Lentella 2019-Fresa Calcio **3-0**
*M. Gileno, A. Cane, N. Mariani*

### 2ª giornata – domenica 24 ottobre 2021

Biancorossi Fossacesia-Lentella 2019 **2-1**
*D. Caporale (B), autorete (B), F. Costantini (L)*
Fresa Calcio-Audax Palmoli **0-0**
Lupi Marini-Guilmi **4-0**
*D. Scardapane, P. Bussoli, D. Pasquini, F. Pace*
Real San Giacomo-Furci **2-1**
*G. Ferrante (R), A. Cognata (R), M. Di Foglio (F)*

### 3ª giornata – domenica 31 ottobre 2021

Audax Palmoli-Biancorossi Fossacesia **2-1**
*L. Della Penna (A), C. Bolognese (A), A. Torlino (B)*
Furci-Fresa Calcio **2-0**
*N. Di Nardo, B. Colonna*
Lentella 2019-Guilmi **2-0**
*F. Costantini, A. Iuliano*
Real San Giacomo-Lupi Marini **1-0**
*N. Reale*

### 4ª giornata – domenica 7 novembre 2021

Biancorossi Fossacesia-Furci **1-3**
*D. Caporale (B), N. Di Nardo (F), V. Di Renzo (F), B. Colonna (F)*
Guilmi-Audax Palmoli **1-1** *(12 dicembre)*
*A. Iacovone (G), L. Melfi (A)*
Fresa Calcio-Real San Giacomo **0-2** *(12 dicembre)*
*A. D'Adamo, G. Ferrante*
Lupi Marini-Lentella 2019 **2-4**
*D. Pasquini (Lu), R. Sulpizio (Lu), R. Colombaro (Le), F. Costantini (Le), M. Gileno (Le), S. Portanova (Le)*

**5ª giornata – domenica 14 novembre 2021**

Audax Palmoli-Lentella 2019 **1-0**
*M. Piccinini*
Fresa Calcio-Lupi Marini **2-3**
*L. Racano (F), R. D'Ugo (F), D. Pasquini 2 (L), A. Polidoro (L)*
Furci-Guilmi **3-1**
*F. Finamore (F), M. Chiacchia (F), L. Bologna (F), M. Racciatti (G)*
Real San Giacomo-Biancorossi Fossacesia **3-0**
*V. Cinquina, G. Ferrante, A. Cognata*

**6ª giornata – domenica 21 novembre 2021**

Audax Palmoli-Lupi Marini **3-3**
*L. Della Penna (A), M. Piccinini (A), T. Stampone (A), D. Pasquini 2 (L), L. Cannone (L)*
Biancorossi Fossacesia-Fresa Calcio **2-1**
*G. Aimola (B), A. Cristian (B), G. Di Biase (F)*
Guilmi-Real San Giacomo **0-4** ***(19 dicembre)***
*G. Ferrante 2, M. Ranalli, J. Vitelli*
Lentella 2019-Furci **1-1**
*R. Colombaro (L), N. Di Nardo (F)*

**7ª giornata – domenica 28 novembre 2021**

Fresa Calcio-Guilmi **6-0**
*R. D'Ugo, A. Ottaviano, T. Di Biase 2, A. Annibali 2*
Furci-Audax Palmoli **3-1**
*B. Colonna (F), N. Di Nardo (F), M. Chiacchia (F), L. Della Penna (A)*
Lupi Marini-Biancorossi Fossacesia **1-1**
*D. Pasquini (L), W. Cerrone (B)*
Real San Giacomo-Lentella 2019 **4-2**
*G. Ferrante (R), autorete (R), V. Cinquina (R), autorete (R), R. Colombaro (L), M. Tumini (L)*

**8ª giornata – domenica 5 dicembre 2021**

Biancorossi Fossacesia-Guilmi **2-0**
*D. Caporale, A. Torlino*
Fresa Calcio-Lentella 2019 **1-0**
*S. Annibali*
Lupi Marini-Furci **3-3**
*D. Pasquini (L), R. Sulpizio (L), L. Cannone (L), E. Argentieri (F), B. Colonna 2 (F)*
**5-1**

Real San Giacomo-Audax Palmoli
*M. Ranalli (R), L. Orunesu (R), V. Cinquina (R), A. Cognata 2 (R), F. Battista (A)*

**9ª giornata – domenica 10 aprile 2022**

Audax Palmoli-Fresa Calcio **4-2**
*L. Della Penna 3 (A), F. Riccioni (A), R. D'Ugo (F), G. Di Biase (F)*
Furci-Real San Giacomo **4-2**
*B. Colonna 2 (F), N. Di Nardo (F), Stefano Cianciosi (F), G. Ferrante 2 (R)*
Guilmi-Lupi Marini **1-3**
*L. Tracchia (G), D. Valerio (L), D. Pasquini 2 (L)*
Lentella 2019-Biancorossi Fossacesia **3-1**
*D. Fanti (L), S. Portanova (L), autorete (L), L. Salvatore (B)*

**10ª giornata – domenica 6 marzo 2022**

Biancorossi Fossacesia-Audax Palmoli **0-2**
*M. Piccinini, G. De Santis*
Fresa Calcio-Furci **3-1** ***(6 aprile)***
*S. Annibali (Fr), R. D'Ugo 2 (Fr), L. Bologna (Fu)*
Guilmi-Lentella 2019 **2-4** ***(30 marzo)***
*S. Canci (G), L. Tracchia (G), M. Gileno 2 (L), F Costantini (L), S. Portanova (L)*
Lupi Marini-Real San Giacomo **2-1**
*D. Pasquini (L), P. Bussoli (L), D. D'Ascenzo (R)*

**11ª giornata – domenica 13 marzo 2022**

Audax Palmoli-Guilmi **4-0**
*L. Della Penna 3, M. Sulpizio*
Furci-Biancorossi Fossacesia **2-1**
*B. Colonna (F), G. Frasca (F), D. Caporale (B)*
Lentella 2019-Lupi Marini **4-1**
*M. Tumini 2 (Le), A. Cane (Le), S. Portanova (Le), A. Polidoro (Lu)*
Real San Giacomo-Fresa Calcio **6-0**
*G. D'Adamo, G. Ferrante, A. Zinni, D. D'Ascenzo, V. Cinquina, A. D'Adamo*

**12ª giornata – domenica 20 marzo 2022**

Biancorossi Fossacesia-Real San Giacomo **0-3**
*D. Silla, A. Cognata, A. Pomponio*
Guilmi-Furci **1-2**
*M. Racciatti (G), E. Argentieri (F), B. Colonna (F)*
Lupi Marini-Fresa Calcio **4-2**
*F. Pace (L), D. Pasquini (L), P. Bussoli 2 (L), S. Annibali (F), R. Ottaviano (F)*
**0-2**

Lentella 2019-Audax Palmoli
*T. Stampone, L. Della Penna*

### 13ª giornata – domenica 27 marzo 2022

Fresa Calcio-Biancorossi Fossacesia **1-0**
*M. Delle Donne*
Furci-Lentella 2019 **4-2**
*M. Chiacchia (F), B. Colonna (F), V. Di Renzo (F), N. Di Nardo (F), S. Portanova 2 (L)*
Lupi Marini-Audax Palmoli **1-1**
*D. Pasquini (L), L. Della Penna (A)*
Real San Giacomo-Guilmi **6-0**
*G. Finamore 2, V. Tallarino, J. Vitelli, G. Ferrante, A. Pomponio*

### 14ª giornata – domenica 3 aprile 2022

Audax Palmoli-Furci **2-1**
*L. Della Penna 2 (A), M. Di Foglio (F)*
Biancorossi Fossacesia-Lupi Marini **1-1**
*A. Torlino (B), L. Cannone (L)*
Guilmi-Fresa Calcio **1-0**
*L. Tracchia*
Lentella 2019-Real San Giacomo **1-7**
*F. Costantini (L), V. Cinquina 3 (R), G. Ferrante 2 (R), M. Ranalli (R), A. Pomponio (R)*

## CLASSIFICA FINALE girone VASTO

| squadre | punti | gare | vinte | nulle | perse | reti f. | reti s. | diff. |
|---|---|---|---|---|---|---|---|---|
| Real San Giacomo | 33 | 14 | 11 | 0 | 3 | 46 | 15 | +31 |
| Audax Palmoli | 28 | 14 | 8 | 4 | 2 | 28 | 17 | +11 |
| Furci | 27 | 14 | 8 | 3 | 3 | 31 | 21 | +10 |
| Lupi Marini | 21 | 14 | 5 | 6 | 3 | 29 | 25 | +4 |
| Lentella 2019 | 19 | 14 | 6 | 1 | 7 | 27 | 28 | -1 |
| Biancorossi Foss. | 14 | 14 | 4 | 2 | 8 | 15 | 24 | -9 |
| Fresa Calcio | 13 | 14 | 4 | 1 | 9 | 18 | 28 | -10 |
| Guilmi | 4 | 14 | 1 | 1 | 12 | 8 | 44 | -36 |

## SECONDA FASE - CAMPIONE di VASTO

| 1ª giornata – domenica 24 aprile 2022 | |
|---|---|
| Audax Palmoli-Lupi Marini | **3-1** |
| *F. Riccioni (A), L. Della Penna 2 (A), A. Polidoro (L)* | |
| Real San Giacomo-Furci | **4-1** |
| *G. Ferrante 3 (R), A. Scafetta (R), B. Colonna (F)* | |

| 2ª giornata – domenica 1 maggio 2022 | |
|---|---|
| Furci-Audax Palmoli | **0-6** |
| *F. Riccioni 2, S. Fabiani 2, M. Piccinini, C. Bolognese* | |
| Lupi Marini-Real San Giacomo | **1-3** |
| *A. Pacella (L), G. Ferrante (R), D. D'Ascenzo (R), V. Cinquina (R)* | |

| 3ª giornata – domenica 8 maggio 2022 | |
|---|---|
| Lupi Marini-Furci | **2-5** |
| *R. Sulpizio 2 (L), B. Colonna 2 (F), G. Frasca 2 (F), N. Di Nardo (F)* | |
| Real San Giacomo-Audax Palmoli | **3-1** |
| *N. Reale (R), V. Cinquina (R), G. Ferrante (R), T. Stampone (A)* | |

| 4ª giornata – domenica 15 maggio 2022 | |
|---|---|
| Audax Palmoli-Real San Giacomo | **3-1** |
| *C. Bolognese (A), M. Sulpizio (A), L. Della Penna (A), G. Ferrante (R)* | |
| Furci-Lupi Marini | **0-1** |
| *D. Pasquini* | |

| 5ª giornata – domenica 22 maggio 2022 | |
|---|---|
| Furci-Real San Giacomo | **1-2** |
| *N. Argentieri (F), V. Cinquina (R), L. Orunesu (R)* | |
| Lupi Marini-Audax Palmoli | **1-0** |
| *D. Pasquini* | |

| 6ª giornata – domenica 29 maggio 2022 | |
|---|---|
| Audax Palmoli-Furci | **4-3** |
| *S. Fabiani (A), I. Santilli 2 (A), L. Della Penna (A), N. Di Nardo 2 (F), M. Chiacchia (F)* | |
| Real San Giacomo-Lupi Marini | **2-2** |
| *D. D'Ascenzo (R), G. Ferrante (R), D. Pasquini 2 (L)* | |

## CLASSIFICA FINALE CAMPIONE di VASTO

| squadre | punti | gare | vinte | nulle | perse | reti f. | reti s. | diff. |
|---|---|---|---|---|---|---|---|---|
| Real San Giacomo | 13 | 6 | 4 | 1 | 1 | 15 | 9 | +6 |
| Audax Palmoli | 12 | 6 | 4 | 0 | 2 | 17 | 9 | +8 |
| Lupi Marini | 7 | 6 | 2 | 1 | 3 | 8 | 13 | -5 |
| Furci | 3 | 6 | 1 | 0 | 5 | 10 | 19 | -9 |

## TRIANGOLARE PLAY OFF

### 1ª giornata – domenica 5 giugno 2022

Lupi Marini-Audax Palmoli 1-3

*L. Valerio (L), I. Santilli (A), S. Fabiani (A), T. Stampone (A)*

**Ha riposato:** Furci

### 2ª giornata – domenica 12 giugno 2022

Furci-Lupi Marini 3-2

*M. Chiacchia (F), B. Colonna (F), N. Di Nardo (F), P. Sisti (L), N. Sottilini (L)*

**Ha riposato:** Audax Palmoli

### 3ª giornata – domenica 19 giugno 2022

Audax Palmoli-Furci 2-4

*L. Santilli (A), I. Santilli (A), V. Di Renzo (F), B. Colonna (F), G. Frasca (F), P. Natalini (F)*

**Ha riposato:** Lupi Marini

## CLASSIFICA FINALE

| squadre | punti | gare | vinte | nulle | perse | reti f. | reti s. | diff. |
|---|---|---|---|---|---|---|---|---|
| Furci | 6 | 2 | 2 | 0 | 0 | 7 | 4 | +3 |
| Audax Palmoli | 3 | 2 | 1 | 0 | 1 | 5 | 5 | 0 |
| Lupi Marini | 0 | 2 | 0 | 0 | 2 | 3 | 6 | - 3 |

## SECONDA FASE - COPPA "D'ANGELO – RICCIUTI"

### 1ª giornata – domenica 24 aprile 2022

Fresa Calcio-Biancorossi Fossacesia **0-0**

Lentella 2019-Guilmi **7-1**

*F. Costantini (L), S. Portanova 4 (L), G. De Cinque (L), A. Sallese (L), autorete (G)*

### 2ª giornata – domenica 1 maggio 2022

Biancorossi Fossacesia-Lentella 2019 **2-3**

*A. Cristian 2 (B), G. De Cinque (L), M. Tumini (L), M. Gileno (L)*

Guilmi-Fresa Calcio **3-3**

*L. Tracchia (G), M. Racciatti (G), A. Sreti (G), G. Di Biase 2 (F), D. Di Cesare (F)*

### 3ª giornata – domenica 8 maggio 2022

Fresa Calcio-Lentella 2019 **0-3** (a tavolino)

Guilmi-Biancorossi Fossacesia **3-2**

*L. Tracchia (G), A. Sreti (G), N. Mariani (G), G. Iezzi (B), G. Aimola (B)*

### 4ª giornata – domenica 15 maggio 2022

Biancorossi Fossacesia-Guilmi **1-2**

*W. Cerrone (B), L. Tracchia (G), A. Sreti (G)*

Lentella 2019-Fresa Calcio **3-0**

*S. Portanova, R. Colombaro, A. Di Santo*

### 5ª giornata – domenica 22 maggio 2022

Biancorossi Fossacesia-Fresa Calcio **3-0** (a tavolino)

Guilmi-Lentella 2019 **2-3**

*L. Tracchia (G), A. Sreti (G), S. Portanova (L), M. Gileno (L), A. Cane (L)*

### 6ª giornata – domenica 29 maggio 2022

Fresa Calcio-Guilmi **3-5** *(5 giugno)*

*R. D'Ugo 2 (F), R. Ottaviano (F), A. Sreti 2 (G), D. Magnacca (G), A. Nazih (G), M. Racciatti (G)*

Lentella 2019-Biancorossi Fossacesia **2-1**

*S. Portanova (L), G. De Cinque (L), W. Cerrone (B)*

## CLASSIFICA FINALE

| squadre | punti | gare | vinte | nulle | perse | reti f. | reti s. | diff. |
|---|---|---|---|---|---|---|---|---|
| Lentella 2019 | 18 | 6 | 6 | 0 | 0 | 21 | 6 | +15 |
| Guilmi | 10 | 6 | 3 | 1 | 2 | 16 | 19 | -3 |
| Biancorossi Foss. | 4 | 6 | 1 | 1 | 4 | 9 | 10 | -1 |
| Fresa Calcio -1 | 1 | 6 | 0 | 2 | 4 | 6 | 17 | -11 |

**-1 un punto di penalizzazione**

## CLASSIFICA MARCATORI girone VASTO

**19 reti:** G. Ferrante (Real San Giacomo)
**18 reti:** D. Pasquini (Lupi Marini)
**16 reti:** L. Della Penna (Audax Palmoli)
**15 reti:** B. Colonna (Furci)
**13 reti:** S. Portanova (Lentella 2019)
**10 reti:** N. Di Nardo (Furci); V. Cinquina (Real San Giacomo)
**7 reti:** R. D'Ugo (Fresa Calcio); L. Tracchia (Guilmi)
**6 reti:** A. Sreti (Guilmi); M. Gileno e F. Costantini (Lentella 2019)
**5 reti:** F. Riccioni e M. Piccinini (Audax Palmoli); S. Annibali (Fresa Calcio); M. Chiacchia (Furci); A. Cognata (Real San Giacomo)
**4 reti:** I. Santilli, S. Fabiani, T. Stampone e C. Bolognese (Audax Palmoli); W. Cerrone e D. Caporale (Biancorossi Fossacesia); G. Di Biase (Fresa Calcio); G. Frasca (Furci); M. Racciatti (Guilmi); M. Tumini e R. Colombaro (Lentella 2019); P. Bussoli e R. Sulpizio (Lupi Marini); D. D'Ascenzo (Real San Giacomo)
**3 reti:** A. Cristian e A. Torlino (Biancorossi Fossacesia); V. Di Renzo (Furci); A. Cane e G. De Cinque (Lentella 2019); L. Cannone e A. Polidoro (Lupi Marini); M. Ranalli e A. Pomponio (Real San Giacomo)

## I VERDETTI FINALI

**Promosse in Seconda categoria:** Real San Giacomo e Furci
**nessuna retrocessione**

## COPPA DISCIPLINA gironi CHIETI e VASTO

| posizione | squadre | punteggio |
|---|---|---|
| 1 | San Martino | 7,80 |
| 2 | Paglieta | 8,50 |
| 3 | Guastameroli | 10,15 |
| 4 | Torricella 2.2 | 11,05 |
| 5 | Real San Giacomo | 12,15 |
| 6 | Villamagna | 12,20 |
| 7 | Sant'Apollinare | 12,70 |
| 8 | Guilmi | 12,75 |
| 9 | Villa San Vincenzo | 13,65 |
| 10 | Treglio | 13,85 |
| 11 | Lupi Marini | 13,95 |
| 12 | Fara San Martino | 14,20 |
| 13 | Audax Palmoli | 14,75 |
| 14 | Biancorossi Fossacesia | 15,70 |
| 15 | Furci | 20,30 |
| 16 | Amatori Casacanditella | 22,75 |
| 17 | Lentella 2019 | 25,50 |
| 18 | Calcio Torrevecchia | 32,35 |
| 19 | Civitellese | 36,35 |
| 20 | Fresa Calcio | 53,50 |

## TERZA CATEGORIA girone L'AQUILA

### 1ª giornata – domenica 10 ottobre 2021

Bugnara-Goriano Sicoli **0-1**
*F. Cifani*
Castel del Monte-Pescasseroli **0-2**
*G. Pandolfi, D. Ricci*
Peltuinum-Balsorano **0-3**
*D. Fantauzzi 2, F. Fantauzzi*
Pescina MNT-Monticchio 88 **1-1** *(8 dicembre)*
*P. Cerasani (P), S. Manè (M)*
Sangregoriese-Sanpelinese **0-1**
*A. Albertazzi*
United L'Aquila-Majella United **1-0**
*A. Casciola*
**Ha riposato:** Virtus Marsica Est

### 2ª giornata – domenica 17 ottobre 2021

Balsorano-Pescina MNT **2-3**
*G. Panacci (B), D. Buffone (B), D. Parisse (P), M. Taglieri (P), M. Di Salvatore (P)*
Majella United-Peltuinum **3-3**
*C. Recanati 2 (M), A. Sicuro (M), L. Esposito 3 (P)*
Monticchio 88-Castel del Monte **1-1**
*L. Pezzi (M), G. Claradonna (C)*
Pescasseroli-Sangregoriese **11-1** *(8 dicembre)*
*Gerardo Coletti 3 (P), A. Gentile (P), Giordano Coletti 2 (P), G. D'Addezio 2 (P), R. Di Pirro (P), F. D'Addezio (P), E. Cocuzzi (P), G. De Matteis (S)*
Sanpelinese-Bugnara **4-1**
*S. Albertazzi (S), M. Gentile 3 (S), autorete (B)*
Virtus Marsica Est-United L'Aquila **0-1**
*K. Lorja*
**Ha riposato:** Goriano Sicoli

### 3ª giornata – domenica 24 ottobre 2021

Bugnara-Pescasseroli **0-2**
*D. Ricci, Gerardo Coletti*
Castel del Monte-Balsorano **2-1**
*N. Di Battista (C), F. Corino (C), F. Fantauzzi (B)*
Goriano Sicoli-Sanpelinese **3-3**
*C. Paolucci 2 (G), F. Merolli (G), D. De Luca (S), A. Fedele 2 (S)*
Peltuinum-Virtus Marsica Est **1-1**
*E. Buscemi (P), A. Naki (V)*

Pescina MNT-Majella United **6-1**
*M. Taglieri 3 (P), G. Raglione 2 (P), N. Vernarelli (P), E. Di Paolo (M)*
Sangregoriese-Monticchio 88 **1-3**
*G. Speciale (S), I. Runco (M), D. Riocci (M), G. Ludovici (M)*
**Ha riposato:** United L'Aquila

**4ª giornata – domenica 31 ottobre 2021**

Balsorano-Sangregoriese **5-1**
*F. Fantauzzi 3 (B), G. Panacci (B), D. Fantauzzi (B), M. Masciovecchio (S)*
Majella United-Castel del Monte **3-2**
*A. Sicuro 2 (M), L. Iannamorelli (M), F. Mucciante (C), F. Corino (C)*
Monticchio 88-Bugnara **3-0**
*I. Runco, D. Riocci, G. Ludovici*
Pescasseroli-Sanpelinese **2-1**
*G. D'Addezio (P), Gerardo Coletti (P), A. Paniccia (S)*
United L'Aquila-Goriano Sicoli **0-1**
*D. De Mutiis*
Virtus Marsica Est-Pescina MNT **0-2**
*M. Taglieri, N. Vernarelli*
**Ha riposato:** Peltuinum

**5ª giornata – domenica 7 novembre 2021**

Bugnara-Balsorano **3-4**
*M. Berardi (Bu), F. Taglieri (Bu), D. Muratori (Bu), D. Fantauzzi 2 (Ba), G. Panacci (Ba), F. Fantauzzi (Ba)*
Castel del Monte-Virtus Marsica Est **3-8**
*F. Corino 2 (C), M. Roncone (C), G. Aureli 5 (V), B. Karama 2 (V), A. Naki (V)*
Goriano Sicoli-Pescasseroli **4-4**
*D. De Mutiis 2 (G), A. Colella 2 (G), D. De Gasperis (P), Gerardo Coletti 2 (P), A. Pandolfi (P)*
Peltuinum-United L'Aquila **0-3**
*G. Ugwoke, M. Bernardi, L. Di Paolo*
Sangregoriese-Majella United **0-0**
Sanpelinese-Monticchio 88 **1-0**
*G. Vicerè*
**Ha riposato:** Pescina MNT

**6ª giornata – domenica 14 novembre 2021**

Balsorano-Sanpelinese **2-2**
*F. Fantauzzi (B), D. Fantauzzi (B), M. Serta 2 (S)*
Majella United-Bugnara **1-1**
*A. Sicuro (M), F. Taglieri (B)*

Monticchio 88-Pescasseroli **2-2**
*S. Manè 2 (M), Gerardo Coletti (P), G. Finamore (P)*
Peltuinum-Goriano Sicoli **1-2**
*P. Abbandonato (P), F. Cifani (G), D. De Mutiis (G)*
United L'Aquila-Pescina MNT **2-2**
*D. Colorizio (U), autorete (U), G. Tarola (P), G. Raglione (P)*
Virtus Marsica Est-Sangregoriese **2-3**
*S. Terra 2 (V), S. Vasarelli 2 (S), M. Ferrauto (S)*
**Ha riposato:** Castel del Monte

**7ª giornata – domenica 21 novembre 2021**

Bugnara-Virtus Marsica Est **3-3**
*F. Frattaroli 2 (B), M. Di Pietro (B), G. Aureli (V), B. Karama (V), A. Monaco (V)*
Castel del Monte-United L'Aquila **0-2**
*R. Sabelli, K. Lorja*
Goriano Sicoli-Monticchio 88 **4-1**
*D. De Mutiis 2 (G), A. Cifani (G), A. Colella (G), S. Manè (M)*
Pescasseroli-Balsorano **2-2**
*G. Finamore 2 (P), F. Fantauzzi (B), D. Fantauzzi (B)*
Pescina MNT-Peltuinum **3-0**
*M. Di Salvatore, G. Raglione, N. Vernarelli*
Sanpelinese-Majella United **4-1**
*A. Paniccia (S), M. Serta (S), D. De Luca 2 (S), E. Tarulli (M)*
**Ha riposato:** Sangregoriese

**8ª giornata – domenica 28 novembre 2021**

Balsorano-Monticchio 88 **0-3 (a tavolino)**
Majella United-Pescasseroli **3-1**
*O. Alosi (M), M. La Vella (M), E. Tarulli (M), Gerardo Coletti (P)*
Peltuinum-Castel del Monte **2-3**
*L. Esposito (P), L. Colantoni (P), M. Mucciante (C), A. Mucciante (C), A. Cirella (C)*
Pescina MNT-Goriano Sicoli **4-0**
*G. Pera, G. Raglione 2, M. Di Salvatore*
United L'Aquila-Sangregoriese **3-2**
*K. Lorja 2 (U), G. Ugwoke (U), D. Marchetti (S), M. Ferrauto (S)*
Virtus Marsica Est-Sanpelinese **1-1**
*B. Karama (V), M. Serta (S)*
**Ha riposato:** Bugnara

| 9ª giornata – domenica 5 dicembre 2012 | |
|---|---|
| Bugnara-United L'Aquila | **1-3** |
| *F. Frattaroli (B), M. Bernardi (U), G. Ugwoke (U), F. Cotellessa (U)* | |
| Castel del Monte-Pescina MNT | **0-3** |
| *M. Taglieri, D. Farina, M. Di Salvatore* | |
| Goriano Sicoli-Balsorano | **1-0** |
| *F. Cifani* | |
| Monticchio 88-Majella United | **2-0** |
| *L. Pezzi, D. Nardis* | |
| Pescasseroli-Virtus Marsica Est | **4-1** |
| *G. D'Addezio (P), P. Finamore (P), S. Giura (P), Gerardo Coletti (P), B. Karama (V)* | |
| Sangregoriese-Peltuinum | **1-1** |
| *S. Vasarelli (S), L. Esposito (P)* | |
| **Ha riposato:** Sanpelinese | |

| 10ª giornata – domenica 12 dicembre 2021 | |
|---|---|
| Goriano Sicoli-Castel del Monte | **5-2** |
| *F. Cifani 2 (G), A. Colella (G), A. Cifani (G), A. Merolli (G), M. Mucciante (C), A. Cirella (C)* | |
| Majella United-Balsorano | **1-1** |
| *C. Recanati (M), D. Fantuzzi (B)* | |
| Peltuinum-Bugnara | **5-3** |
| *D. Battista (P), L. Esposito (P), V. Rossi 2 (P), A. Iraggi (P), M. Di Pietro 3 (B)* | |
| Pescina MNT-Sangregoriese | **5-5** |
| *G. Raglione (P), N. Vernarelli 2 (P), G. Pera (P), G. Tarola (P), M. Ferrauto (S), G. Speciale (S), D. Marchetti (S), S. Leone (S), D. Giammarco (S)* | |
| United L'Aquila-Sanpelinese | **0-1** |
| *M. Serta* | |
| Virtus Marsica Est-Monticchio 88 | **3-0** |
| *B. Karama, D. Aureli 2* | |
| **Ha riposato:** Pescasseroli | |

| 11ª giornata – domenica 19 dicembre 2021 | |
|---|---|
| Balsorano-Virtus Marsica Est | **1-1** |
| *F. Fantauzzi (B), G. Aureli (V)* | |
| Bugnara-Pescina MNT | **1-1** |
| *M. Di Pietro (B), D. Parisse (M)* | |
| Goriano Sicoli-Majella United | **4-2** |
| *A. Colella 2 (G), D. Ferrini (G), C. Paolucci (G), M. La Vella (M), A. Sicuro (M)* | |
| Pescasseroli-United L'Aquila | **6-1** ***(13 febbraio)*** |
| *Gerardo Coletti 3 (P), N. Del Principe (P), A. Santercole (P), E. Cocuzzi (P),* | |

*G. Ugwoke (U)*
Sangregoriese-Castel del Monte **4-0**
*M. Ferrauto 2, G. Speciale, G. De Matteis*
Sanpelinese-Peltuinum **7-0**
*S. Albertazzi 2, M. Serta 2, A. Fedele, L. Di Giamberardino, D. De Luca*
**Ha riposato:** Monticchio 88

### 12ª giornata – domenica 20 febbraio 2022

Bugnara-Castel del Monte **2-1**
*M. Di Pietro 2 (B), F. Grillo (C)*
Peltuinum-Pescasseroli **1-7**
*V. Rossi (Pel), A. Pandolfi 2 (Pes), A. Santercole (Pes), Giordano Coletti (Pes), autorete (Pes), G. Darboe (Pes), S. Di Nella (Pes)*
Pescina MNT-Sanpelinese **1-0**
*D. Mastrone*
Sangregoriese-Goriano Sicoli **3-5**
*G. Speciale (S), M. Masciovecchio (S), S. Leone (S), F. Cifani (G), A. Colella 2 (G), D. De Mutiis 2 (G)*
United L'Aquila-Monticchio 88 **0-0**
Virtus Marsica Est-Majella United **2-0**
*S. Bianchi, B. Karama*
**Ha riposato:** Balsorano

### 13ª giornata – domenica 27 febbraio 2022

Balsorano-United L'Aquila **2-0**
*D. Fantauzzi, F. Fantauzzi*
Bugnara-Sangregoriese **1-1** *(16 aprile)*
*M. Di Pietro (B), S. Leone (S)*
Goriano Sicoli-Virtus Marsica Est **2-1** *(16 aprile)*
*F. Cifani (G), C. Venditti (G), S. Gentile (V)*
Monticchio 88-Peltuinum **1-3**
*L. Pezzi (M), L. Esposito (P), V. Rossi (P), D. Battista (P)*
Pescasseroli-Pescina MNT **5-0** *(16 aprile)*
*Giordano Coletti, A. Santercole, D. Ricci, G. Finamore, autorete*
Sanpelinese-Castel del Monte **2-1**
*L. Di Giamberardino (S), R. Incerto (S), L. Piccinini (C)*
**Ha riposato:** Majella United

### 14ª giornata – domenica 6 marzo 2022

Balsorano-Peltuinum **3-1**
*A. Giorgi (B), G. Panacci (B), G. Tuzi (B), L. Esposito (P)*
**3-0** *(30 marzo)*

Goriano Sicoli-Bugnara
*A. Colella 2, D. Fasciani*
Majella United-United L'Aquila **0-5**
*F. Pezzopane, K. Lorja, C. Mazzaferro, R. Sabelli 2*
Monticchio 88-Pescina MNT **1-2**
*D. Nardis (M), D. Parisse (P), G. Tarola (P)*
Pescasseroli-Castel del Monte **6-2**
*Giordano Coletti (P), Gerardo Coletti 3 (P), A. Santercole 2 (P), R. Tarquini (C), D. Colauida (C)*
Sanpelinese-Sangregoriese **4-0**
*M. Serta 2, R. Incerto, F. Salvati*
**Ha riposato:** Virtus Marsica Est

**15ª giornata – domenica 13 marzo 2022**

Bugnara-Sanpelinese **1-3**
*M. Di Pietro (B), A. Fedele (S), C. Gamarra Morales (S), R. Incerto (S)*
Castel del Monte-Monticchio 88 **2-2**
*M. Mucciante (C), N. Di Battista (C), S. Manè 2 (M)*
Peltuinum-Majella United **1-2**
*L. Esposito (P), C. Recanati (M), J. Mora Rodriguez (M)*
Pescina MNT-Balsorano **3-2**
*G. Tarola (P), G. Trippardella (P), D. Mastrone (P), A. Giorgi (B), D. Fantauzzi (B)*
Sangregoriese-Pescasseroli **1-1**
*S. Vasarelli (S), A. Pandolfi (P)*
United L'Aquila-Virtus Marsica Est **2-1**
*R. Sabelli (U), L. Flamini (U), M. Di Biase (V)*
**Ha riposato:** Goriano Sicoli

**16ª giornata – domenica 20 marzo 2022**

Balsorano-Castel del Monte **5-0**
*D. Fantauzzi, L. Mastropietro, G. Panacci, F. Conte, L. Venditti*
Majella United-Pescina MNT **2-5**
*C. Recanati (M), autorete (M), M. Taglieri 2 (P), D. Farina (P), D. Mastrone (P), G. Tarola (P)*
Monticchio 88-Sangregoriese **2-2**
*D. Nardis 2 (M), G. De Matteis (S), S. Leone (S)*
Pescasseroli-Bugnara **7-1**
*D. Ricci (P), A. Santercole 2 (P), G. Filancia (P), G. Finamore (P), A. Pandolfi (P), F. D'Addezio (P), F. Taglieri (B)*
Sanpelinese-Goriano Sicoli **4-0**
*C. Gamarra Morales, A. Fedele, D. De Luca, A. Paniccia*

Virtus Marsica Est-Peltuinum **7-2**
*G. Aureli 4 (V), B. Karama 2 (V), C. Amico (V), V. Rossi 2 (P)*
**Ha riposato:** United L'Aquila

**17ª giornata – domenica 27 marzo 2022**

Bugnara-Monticchio 88 **0-1**
*S. Manè*
Castel del Monte-Majella United **0-0**
Goriano Sicoli-United L'Aquila **6-2**
*F. Cifani 3 (G), A. Colella 2 (G), M. De Sanctis (G), R. Sabelli (U), G. Ugwoke (U)*
Pescina MNT-Virtus Marsica Est **3-1**
*G. Pera (P), M. Taglieri (P), D. Farina (P), G. Aureli (V)*
Sangregoriese-Balsorano **1-1**
*S. Leone (S), F. Conte (B)*
Sanpelinese-Pescasseroli **3-0** **(a tavolino)**
**Ha riposato:** Peltuinum

**18ª giornata – domenica 3 aprile 2022**

Balsorano-Bugnara **4-2**
*D. Fantauzzi (Ba), F. Conte 2 (Ba), A. Giorgi (Ba), F. Taglieri (Bu), M. Di Pietro (Bu)*
Majella United-Sangregoriese **7-1**
*E. Di Paolo 3 (M), A. Sicuro 2 (M), M. Della Sabina (M), O. Alosi (M), G. Speciale (S)*
Monticchio 88-Sanpelinese **3-0** **(a tavolino)**
Pescasseroli-Goriano Sicoli **5-0**
*A. Pandolfi 3, D. Roselli, Gerardo Coletti*
United L'Aquila-Peltuinum **5-0**
*A. Ippoliti, R. Imasuen, A. Casciola, A. Ramos Ramirez, A. Tettamanti*
Virtus Marsica Est-Castel del Monte **4-2**
*E. Grassi (V), A. Vitale (V), G. Aureli (V), B. Karama (V), L. Piccinini 2 (C)*
**Ha riposato:** Pescina MNT

**19ª giornata – domenica 10 aprile 2022**

Bugnara-Majella United **1-3**
*M. D Pietro (B), O. Alosi (M), E. Di Paolo 2 (M)*
Goriano Sicoli-Peltuinum **2-0**
*A. Colella 2*
Pescasseroli-Monticchio 88 **8-0**
*Gerardo Coletti 3, D. Ricci, G. Finamore 2, Giordano Coletti, A. Santercole*
**1-1**

Pescina MNT-United L'Aquila
*G. Tarola (P), M. Bernardi (U)*
Sangregoriese-Virtus Marsica Est **0-2**
*G. Aureli 2*
Sanpelinese-Balsorano **2-0**
*M. Gentile, G. Vicerè*
**Ha riposato:** Castel del Monte

**20ª giornata – domenica 24 aprile 2022**

Balsorano-Pescasseroli **1-1**
*A. Giorgi (B), A. Santercole (P)*
Majella United-Sanpelinese **0-0**
Monticchio 88-Goriano Sicoli **1-1**
*D. Nardis (M), L. De Benedictis (G)*
Peltuinum-Pescina MNT **1-4**
*D. Battista (Pel), G. Pera 2 (Pes), M. Taglieri 2 (Pes)*
United L'Aquila-Castel del Monte **4-2**
*L. Flamini 2 (U), R. Sabelli (U), A. Cicchetti (U), L. Piccinini 2 (C)*
Virtus Marsica Est-Bugnara **1-3**
*C. Di Giandomenico (V), S. Valenza 2 (B), M. Di Pietro (B)*
**Ha riposato:** Sangregoriese

**21ª giornata – domenica 1 maggio 2022**

Castel del Monte-Peltuinum **2-6**
*F. Grillo (C), P. Sabatini (C), V. Rossi 2 (P), F. Presenti (P), D. Berardini (P), L. Mazza (P), E. Buscemi (P)*
Goriano Sicoli-Pescina MNT **1-1**
*M. De Sanctis (G), D. Farina (P)*
Monticchio 88-Balsorano **2-2**
*M. Papola (M), L. Pantalone (M), F. Conte 2 (B)*
Pescasseroli-Majella United **2-0**
*Gerardo Coletti, G. Finamore*
Sangregoriese-United L'Aquila **3-1**
*G. Speciale 2 (S), M. Carratelli (S), L. Flamini (U)*
Sanpelinese-Virtus Marsica Est **7-0**
*G. Vicerè, R. Incerto, C. Gamarra Morales, S. Albertazzi, A. Del Rosso, A. Albertazzi 2*
**Ha riposato:** Bugnara

**22ª giornata – domenica 8 maggio 2022**

Balsorano-Goriano Sicoli **1-0**
*F. Carnevale*

Majella United-Monticchio 88 **2-1**
*L. Iannamorelli (M), L. Del Monaco (M), M. Cotellessa (M)*
Peltuinum-Sangregoriese **1-0**
*E. Buscemi*
Pescina MNT-Castel del Monte **4-0**
*D. Farina 3, M. D'Agostino*
United L'Aquila-Bugnara **2-1**
*R. Sabelli (U), M. Bernardi (U), M. Restaino (B)*
Virtus Marsica Est-Pescasseroli **1-2**
*E. Grassi (V), Gerardo Coletti (P), Giordano Coletti (B)*
**Ha riposato:** Sanpelinese

## 23ª giornata – domenica 15 maggio 2022

Balsorano-Majella United **1-0**
*G. Panacci*
Bugnara-Peltuinum **2-2**
*M. Di Pietro 2 (B), F. Mei (P), V. Rossi (P)*
Castel del Monte-Goriano Sicoli **1-3**
*D. Carota (C), D. Fasciani (G), D. De Mutiis 2 (G)*
Monticchio 88-Virtus Marsica Est **5-0**
*S. Manè 2, S. Ludovici, D. Nardis, F. Sebastiani*
Sangregoriese-Pescina MNT **0-3**
*G. Pera, G. Tarola, G. Trippardella*
Sanpelinese-United L'Aquila **6-1**
*M. Serta (S), A. Paniccia (S), A. Del Rosso (S), A. Albertazzi 2 (S), R. Incerto (S), L. Ebuka (U)*
**Ha riposato:** Pescasseroli

## 24ª giornata – domenica 22 maggio 2022

Castel del Monte-Sangregoriese **3-2**
*N. Di Battista 3 (C), G. Miconi (S), E. Ianni (S)*
Majella United-Goriano Sicoli **1-3**
*D. Restaino (M), F. Cifani (G), M. Merolli (G), D. Ferrini (G)*
Peltuinum-Sanpelinese **2-7**
*G. Napoleone (P), L. Colantoni (P), M. Gentile (S), C. Gamarra Morales (S), R. Incerto 2 (S), N. Fiorenzi (S), A. Paniccia (S), A. Del Rosso (S)*
Pescina MNT-Bugnara **4-2**
*N. Vernarelli 2 (P), G. Tarola (P), G. Pera (P), M. Di Pietro 2 (B)*
United L'Aquila-Pescasseroli **1-2**
*F. Moscardi (U), G. Finamore (P), Gerardo Coletti (P)*
**3-1**

Virtus Marsica Est-Balsorano
*B. Karama 2 (V), A. Naki (V), F. Conte (B)*
**Ha riposato:** Monticchio 88

**25ª giornata – domenica 29 maggio 2022**

Castel del Monte-Bugnara **2-4**
*N. Di Battista (C), A. Cirella (C), M. Di Pietro 2 (B), F. Frattaroli 2 (B)*
Goriano Sicoli-Sangregoriese **5-1**
*C. Paolucci 2 (G), D. De Mutis 2 (G), O. Nobile (G), S. Leone (S)*
Majella United-Virtus Marsica Est **2-1**
*C. Recanati 2 (M), G. Aureli (V)*
Monticchio 88-United L'Aquila **3-2**
*G. Ludovici (M), D. Riocci (M), P. Pifano (M), R. Sabelli (U), A. De Matteis (U)*
Pescasseroli-Peltuinum **8-3**
*Gerardo Coletti (Pes), A. Santercole 4 (Pes), S. Di Nella 2 (Pes), G. Filancia (Pes), V. Rossi 2 (Pel), L. Esposito (Pel)*
Sanpelinese-Pescina MNT **1-1**
*R. Incerto (S), D. Farina (P)*
**Ha riposato:** Balsorano

**26ª giornata – giovedì 2 giugno 2022**

Castel del Monte-Sanpelinese **2-1**
*N. Di Battista 2 (C), M. Serta (S)*
Peltuinum-Monticchio 88 **3-4**
*F. Mei (P), V. Rossi (P), Costanzi (P), D. Nardis 2 (M), D. Riocci (M), S. Ludovici (M)*
Pescina MNT-Pescasseroli **2-3**
*G. Papi (MNT), M. Taglieri (MNT), Gerardo Coletti 2 (P), A. Santercole (P)*
Sangregoriese-Bugnara **5-3**
*G. Miconi (S), S. Leone (S), E. Marchitelli (S), S. Vasarelli 2 (S), F. Frattaroli (B), M. Di Pietro 2 (B)*
United L'Aquila-Balsorano **4-1**
*K. Lorja (U), A. Casciola (U), R. Sabelli (U), F. Cotellessa (U), F. Conte (B)*
Virtus Marsica Est-Goriano Sicoli **0-3**
*C. Paolucci 2, C. Venditti*
**Ha riposato:** Majella United

## CLASSIFICA FINALE girone L'AQUILA

| squadre | punti | gare | vinte | nulle | perse | reti f. | reti s. | diff. |
|---|---|---|---|---|---|---|---|---|
| Pescasseroli | 56 | 24 | 17 | 5 | 2 | 93 | 31 | +62 |
| Pescina MNT | 52 | 24 | 15 | 7 | 2 | 64 | 32 | +32 |
| Goriano Sicoli | 52 | 24 | 16 | 4 | 4 | 59 | 38 | +21 |
| Sanpelinese -1 | 49 | 24 | 15 | 5 | 4 | 65 | 22 | +43 |
| United L'Aquila | 39 | 24 | 12 | 3 | 9 | 46 | 41 | +5 |
| Monticchio 88 | 35 | 24 | 9 | 8 | 7 | 42 | 40 | +2 |
| Balsorano | 34 | 24 | 9 | 7 | 8 | 45 | 38 | +7 |
| Majella United | 27 | 24 | 7 | 6 | 11 | 34 | 48 | -14 |
| Virtus Marsica Est | 25 | 24 | 7 | 4 | 13 | 44 | 53 | -9 |
| Sangregoriese | 19 | 24 | 4 | 7 | 13 | 38 | 70 | -32 |
| Peltuinum | 16 | 24 | 4 | 4 | 16 | 39 | 83 | -44 |
| Castel del Monte | 15 | 24 | 4 | 3 | 17 | 33 | 76 | -43 |
| Bugnara | 14 | 24 | 3 | 5 | 16 | 36 | 66 | -30 |
| Lupi Marsi Av. * | 0 | 0 | 0 | 0 | 0 | 0 | 0 | 0 |

**-1 un punto di penalizzazione**
*** esclusa dal campionato**

### SEMIFINALE PLAY OFF – domenica 12 giugno 2022

Goriano Sicoli-Sanpelinese **2-1**
*F. Cifani (G), C. Venditti (G), M. Serta (S)*

### FINALE PLAY OFF – domenica 19 giugno 2022

Pescina MNT-Goriano Sicoli **1-0**
*D. Parisse*

## CLASSIFICA MARCATORI girone L'AQUILA

**26 reti:** Gerardo Coletti (Pescasseroli)
**20 reti:** M. Di Pietro (Bugnara)
**16 reti:** G. Aureli (Virtus Marsica Est)
**14 reti:** A. Colella (Goriano Sicoli); A. Santercole (Pescasseroli)
**13 reti:** M. Serta (Sanpelinese)
**12 reti:** D. Fantauzzi (Balsorano); F. Cifani e D. De Mutiis (Goriano Sicoli); V. Rossi (Peltuinum); M. Taglieri (Pescina MNT); B. Karama (Virtus Marsica Est)
**10 reti:** F. Fantauzzi (Balsorano); L. Esposito (Peltuinum)
**9 reti:** S. Manè (Monticchio 88); G. Finamore (Pescasseroli); R. Sabelli (United L'Aquila)
**8 reti:** F. Conte (Balsorano); N. Di Battista (Castel del Monte); D. Nardis (Monticchio 88); A. Pandolfi (Pescasseroli); G. Tarola e D. Farina (Pescina

MNT); R. Incerto (Sanpelinese)
**7 reti:** C. Paolucci (Goriano Sicoli); A. Sicuro e C. Recanati (Majella United); Giordano Coletti (Pescasseroli); G. Raglione, G. Pera e N. Vernarelli (Pescina MNT); S. Leone e G. Speciale (Sangregoriese)
**6 reti:** G. Panacci (Balsorano); F. Frattaroli (Bugnara); L. Piccinini (Castel del Monte); E. Di Paolo (Majella United); S. Vasarelli (Sangregoriese); K. Lorja (United L'Aquila)
**5 reti:** D. Ricci e G. D'Addezio (Pescasseroli); M. Ferrauto (Sangregoriese); M. Gentile, A. Fedele, A. Albertazzi, A. Paniccia e D. De Luca (Sanpelinese); G. Ugwoke (United L'Aquila)
**4 reti:** A. Giorgi (Balsorano); F. Taglieri (Balsorano); D. Riocci (Monticchio 88); D. Parisse e M. Di Salvatore (Pescina MNT); S. Albertazzi e C. Gamarra Morales (Sanpelinese); L. Flamini e M. Bernardi (United L'Aquila);
**3 reti:** F. Corino, A. Cirella e M. Mucciante (Castel del Monte); C. Venditti (Goriano Sicoli); O. Aloisi (Majella United); L. Pezzi, S. Ludovici e G. Ludovici (Monticchio 88); E. Buscemi e D. Battista (Peltuinum); S. Di Nella (Pescasseroli); D. Mastrone (Pescina MNT); G. De Matteis (Sangregoriese); G. Vicerè e A. Del Rosso (Sanpelinese); A. Cascioli (United L'Aquila); A. Naki (Virtus Marsica Est)

## RECORDS girone L'AQUILA

| | | |
|---|---|---|
| **maggior numero di punti** | **56** | Pescasseroli |
| **minor numero di punti** | **14** | Bugnara |
| **maggior numero di vittorie** | **17** | Pescasseroli |
| **minor numero di vittorie** | **3** | Bugnara |
| **maggior numero di pareggi** | **8** | Monticchio 88 |
| **minor numero di pareggi** | **3** | United L'Aquila e Castel del M. |
| **maggior numero di sconfitte** | **17** | Castel del Monte |
| **minor numero di sconfitte** | **2** | Pescasseroli e Pescina MNT |
| **miglior attacco** | **93** | Pescasseroli |
| **miglior difesa** | **22** | Sanpelinese |
| **peggior attacco** | **33** | Castel del Monte |
| **peggior difesa** | **83** | Peltuinum |
| **migliore differenza reti** | **+62** | Pescasseroli |
| **peggiore differenza reti** | **-44** | Peltuinum |
| **miglior realizzatore** | **26 reti** | Gerardo Coletti (Pescasseroli) |

## I VERDETTI FINALI

**Promosse in Seconda categoria:** Pescasseroli e Pescina MNT
**nessuna retrocessione**

## COPPA DISCIPLINA girone L'AQUILA

| posizione | squadre | punteggio |
|---|---|---|
| 1 | Sangregoriese | 6,60 |
| 2 | Monticchio 88 | 7,30 |
| 3 | Peltuinum | 7,35 |
| 4 | Castel del Monte | 9,30 |
| 5 | Majella United | 12,95 |
| 6 | Goriano Sicoli | 15,45 |
| 7 | Bugnara | 17,65 |
| 8 | Sanpelinese | 29,55 |
| 9 | United L'Aquila | 29,80 |
| 10 | Pescina MNT | 30,85 |
| 11 | Balsorano | 37,10 |
| 12 | Pescasseroli | 131,15 |
| 13 | Virtus Marsica Est | 156,80 |
| 14 | Lupi Marsi Avezzano Nord | 1.025,30 |

## TERZA CATEGORIA girone PESCARA

### 1ª giornata – domenica 10 ottobre 2021

Catignano Vicoli-Curi Pescara **2-1**
*Alessandro Di Lorenzo 2 (Ca), E. D'Alberto (Cu)*
Elice-Montebello di Bertona **1-2**
*D. Delle Vedove (E), D. Delle Monache (M), D. D'Andrea (M)*
Gladius Pescara 2010-Civitaquana **3-1**
*C. Manzo 2 (G), S. Trulli (G), D. Di Gregorio (C)*
Real Alanno-Deportivo Villa Raspa **1-3** ***(31 ottobre)***
*autorete (R), F. Pompeo (D), A. De Berardinis (D), A. Pagliariccia (D)*
Real Montesilvano-Real Caprara **1-1**
*A. Di Sante (RM), Roberto Di Martile (RC)*
Zanni Calcio-Collecorvino **2-1**
*O. Starinieri (Z), S. D'Alesio (Z), F. De Leonibus (C)*

### 2ª giornata – domenica 17 ottobre 2021

Civitaquana-Zanni Calcio **2-0**
*A. Meloni, S. Petrocco*
Collecorvino-Real Alanno **3-0**
*P. Di Clemente, M. Di Girolamo, S. Alpi*
Curi Pescara-Real Montesilvano **0-2**
*L. Palumbo, A. Di Sante*
Deportivo Villa Raspa-Elice **0-2**
*D. Vadini, G. Tafuri*
Montebello di Bertona-Catignano Vicoli **0-2**
*Alessandro Di Lorenzo, P. Agostini*
Real Caprara-Gladius Pescara 2010 **0-1**
*L. Masullo*

### 3ª giornata – domenica 24 ottobre 2021

Catignano Vicoli-Deportivo Villa Raspa **3-0**
*Alessandro Di Lorenzo 2, A. Colaiocco*
Collecorvino-Civitaquana **0-0**
Elice-Real Alanno **1-2**
*D. Vadini (E), E. Buccella (R), A. Shima (R)*
Gladius Pescara 2010-Curi Pescara **4-1**
*C. Manzo 2 (G) G. D'Onofrio (G), E. Tucci (G), L. Marinucci (C)*
Real Montesilvano-Montebello di Bertona **2-2**
*L. Cameli 2 (R), M. Delle Monache (M), S. Scarfagna (M)*
Zanni Calcio-Real Caprara **1-1**
*G. Berghella (Z), A. Pompeo (R)*

**4ª giornata – domenica 7 novembre 2021**

Curi Pescara-Zanni Calcio **0-4**
*S. De Luca, I. Danzo, R. Salutari, G. Di Rocco*
Deportivo Villa Raspa-Real Montesilvano **2-4**
*A. De Berardinis (D), A. Pagliariccia (D), J. Colleluori (R), L. Cameli (R), A. Di Sante (R), L. Palumbo (R)*
Elice-Collecorvino **2-1**
*D. Delle Vedove (E), P. Leone (E), A. Ricci (C)*
Montebello di Bertona-Gladius Pescara 2010 **2-1**
*D. D'Andrea 2 (M), C. Manzo (G)*
Real Alanno-Catignano Vicoli **0-1**
*Alessandro Di Lorenzo*
Real Caprara-Civitaquana **1-1**
*A. Pompeo (R), W. Chiulli (C)*

**5ª giornata – domenica 14 novembre 2021**

Catignano Vicoli-Elice **3-0**
*D. Filosofi, A. Colaiocco, A. Battaglia*
Civitaquana-Curi Pescara **7-1**
*G. Lozzi 3 (Ci), E. Bacciu (Ci), L. Di Francesco (Ci), G. Diodati (Ci), S. Petrocco (Ci), L. Barbetta (Cu)*
Collecorvino-Real Caprara **3-0**
*B. Minchilli 2, L. D'Angelo*
Gladius Pescara 2010-Deportivo Villa Raspa **3-0**
*V. Mantico 2, C. Manzo*
Real Montesilvano-Real Alanno **3-0**
*G. Sorino, C. Stucchi, L. Cameli*
Zanni Calcio-Montebello di Bertona **1-1**
*O. Starinieri (Z), D. Delle Monache (M)*

**6ª giornata – domenica 21 novembre 2021**

Catignano Vicoli-Collecorvino **2-2**
*D. Filosofi (Ca), A. Colaiocco (Ca), J. Schiazza (Co), F. Modesti (Co)*
Curi Pescara-Real Caprara **1-2**
*A. Di Carlo (C), A. Di Cretico (R), G. Leonzio (R)*
Deportivo Villa Raspa-Zanni Calcio **2-2**
*A. Brakaj (D), F. Pompeo (D), G. Berghella 2 (Z)*
Elice-Real Montesilvano **3-1**
*D. Delle Vedove 2 (E), D. Vadini (E), L. Cameli (R)*
Montebello di Bertona-Civitaquana **1-2**
*M. Delli Castelli (M), L. Di Francesco (C), G. Lozzi (C)*
Real Alanno-Gladius Pescara 2010 **0-0**

| 7ª giornata – domenica 28 novembre 2012 | | |
|---|---|---|
| Civitaquana-Deportivo Villa Raspa | **2-1** | |
| *G. Lozzi (C), L. Di Francesco (C), A. De Amicis (D)* | | |
| Collecorvino-Curi Pescara | **4-0** | |
| *A. Ricci, B. Minchilli, R. De Leonibus, L. D'Angelo* | | |
| Gladius Pescara 2010-Elice | **0-1** | |
| *D. Delle Vedove* | | |
| Real Caprara-Montebello di Bertona | **1-2** | |
| *G. Marino (R), D. Delle Monache 2 (M)* | | |
| Real Montesilvano-Catignano Vicoli | **1-1** | |
| *L. Palumbo (R), A. Colaiocco (C)* | | |
| Zanni Calcio-Real Alanno | **2-0** | |
| *S. D'Alesio, N. Di Rocco* | | |

| 8ª giornata – domenica 12 dicembre 2012 | | |
|---|---|---|
| Catignano Vicoli-Gladius Pescara 2010 | **1-0** | |
| *A. Battaglia* | | |
| Deportivo Villa Raspa-Real Caprara | **5-3** | |
| *Davide D'Onofrio 2 (D), L. Pinto (D), M. Bolognese (D), L. Catani (D), A. Pompeo 2 (R), E. Di Muzio (R)* | | |
| Elice-Zanni Calcio | **3-0** | |
| *C. Bozzelli, D. Delle Vedove, D. Vadini* | | |
| Montebello di Bertona-Curi Pescara | **2-0** | |
| *G. Tucci, M. Kone* | | |
| Real Alanno-Civitaquana | **1-4** | |
| *P. Celeste (R), W. Chiulli (C), G. Lozzi (C), L. Di Francesco (C), G. Diodati (C)* | | |
| Real Montesilvano-Collecorvino | **1-0** | ***(2 marzo)*** |
| *L. Palumbo* | | |

| 9ª giornata – domenica 19 dicembre 2012 | | |
|---|---|---|
| Civitaquana-Elice | **4-1** | |
| *E. Florio (C), A. Meloni (C), S. Petrocco (C), L. Di Francesco (C), D. Vadini (E)* | | |
| Collecorvino-Montebello di Bertona | **0-2** | |
| *M. Kone, D. Delle Monache* | | |
| Curi Pescara-Deportivo Villa Raspa | **3-2** | |
| *A. De Cicco 2 (C), K. Di Nardo (C), A. De Berardinis (D), A. De Amicis (D)* | | |
| Gladius Pescara 2010-Real Montesilvano | **3-2** | |
| *C. Manzo 2 (G), M. Marinucci (G), F. Di Benigno (R), L. Cameli (R)* | | |
| Real Caprara-Real Alanno | **3-0** | |
| *E. Di Muzio, A. Pompeo, G. Marino* | | |
| Zanni Calcio-Catignano Vicoli | **1-5** | |
| *F. Berghella (Z), M. Lazzarini (C), A. Battaglia 2 (C), F. Di Stilio 2 (C)* | | |

| 10ª giornata – domenica 27 febbraio 2022 | | |
|---|---|---|
| Catignano Vicoli-Civitaquana | 2-2 | *(9 marzo)* |
| *A. Battaglia 2 (Ca), D. Di Gregorio (Ci), F. Cesarone (Ci)* | | |
| Deportivo Villa Raspa-Montebello di Bertona | 2-0 | *(10 marzo)* |
| *A. De Amicis, A. De Berardinis* | | |
| Elice-Real Caprara | 1-1 | *(9 marzo)* |
| *F. Italiani (E), D. D'Arcangelo (R)* | | |
| Gladius Pescara 2010-Collecorvino | 4-1 | |
| *C. Manzo 2 (G), M. Lullo (G), S. Trulli (G), S. Alpi (C)* | | |
| Real Alanno-Curi Pescara | 2-5 | *(10 marzo)* |
| *A. Shima (R), L. Catenacci (R), E. D'Alberto 2 (C), K. Di Nardo (C), M. Giusti (C), L. Barbetta (C)* | | |
| Real Montesilvano-Zanni Calcio | 5-2 | |
| *A. D'Alberto (R), T. Perazzetti (R), L. Cameli (R), G. Sorino (R), autorete (R), K. Starinieri (Z), F. Berghella (Z)* | | |

| 11ª giornata – domenica 6 marzo 2022 | |
|---|---|
| Civitaquana-Real Montesilvano | 1-1 |
| *L. Di Francesco (C), L. Cameli (R)* | |
| Collecorvino-Deportivo Villa Raspa | 2-2 |
| *L. De Iuliis (C), B. Minchilli (C), A. Di Lizio (D), A. De Berardinis (D)* | |
| Curi Pescara-Elice | 2-3 |
| *K. Di Nardo 2 (C), D. Vadini (E), G. Tafuri 2 (E)* | |
| Montebello di Bertona-Real Alanno | 3-0 |
| *G. Tucci, M. Colangeli, D. Delle Monache* | |
| Real Caprara-Catignano Vicoli | 2-3 |
| *E. Di Muzio (R), G. Di Meo (R), P. Agostini 2 (C), A. Colaiocco (C)* | |
| Zanni Calcio-Gladius Pescara 2010 | 0-1 |
| *C. Manzo* | |

| 12ª giornata – domenica 13 marzo 2022 | | |
|---|---|---|
| Civitaquana-Gladius Pescara 2010 | 1-1 | |
| *W. Chiulli (C), L. Feliciani (G)* | | |
| Collecorvino-Zanni Calcio | 2-1 | |
| *B. Minchilli (C), G. Calista (C), A. Leclerq (Z)* | | |
| Curi Pescara-Catignano Vicoli | 2-3 | |
| *A. De Cicco (Cu), K. Di Nardo (Cu), A. Battaglia 2 (Ca), P. Agostini (Ca)* | | |
| Deportivo Villa Raspa-Real Alanno | 2-0 | *(30 marzo)* |
| *L. Pinto 2* | | |
| Montebello di Bertona-Elice | 2-3 | |
| *D. Delle Monache (M), A. Iannacci (M), G. Tafuri (E), D. Delle Vedove 2 (E)* | | |
| | 0-1 | |

Real Caprara-Real Montesilvano
*S. Coletti*

**13ª giornata – domenica 20 marzo 2022**

Catignano Vicoli-Montebello di Bertona **2-2**
*A. Battaglia 2 (C), A. Rosati (M), D. Delle Monache (M)*
Elice-Deportivo Villa Raspa **3-2**
*G. Tafuri (E), D. Delle Vedove (E), F. Italiani (E), Davide D'Onofrio (V), A. De Berardinis (V)*
Gladius Pescara 2010-Real Caprara **1-1**
*C. Dezio (G), E. Di Muzio (R)*
Real Alanno-Collecorvino **1-1**
*A. Shima (R), B. Minchilli (C)*
Real Montesilvano-Curi Pescara **3-1**
*S. Coletti (R), L. Cameli (R), G. Sorino (R), A. Gigante (C)*
Zanni Calcio-Civitaquana **3-0** (a tavolino)

**14ª giornata – domenica 27 marzo 2022**

Civitaquana-Collecorvino **3-0**
*E. Florio, G. Diodati, D. Di Gregorio*
Curi Pescara-Gladius Pescara 2010 **2-1**
*A. Gigante (C), E. D'Alberto (C), G. D'Onofrio (G)*
Deportivo Villa Raspa-Catignano Vicoli **1-0**
*A. De Berardinis*
Montebello di Bertona-Real Montesilvano **0-0**
Real Alanno-Elice **3-3**
*A. Shima 2 (R), L. Catenacci (R), G. Tafuri (E), D. Delle Vedove (E), D. Vadini (E)*
Real Caprara-Zanni Calcio **1-1**
*E. Di Muzio (R), G. Berghella (Z)*

**15ª giornata – domenica 3 aprile 2022**

Catignano Vicoli-Real Alanno **1-1**
*A. Colaiocco (C), D. Buffone (R)*
Civitaquana-Real Caprara **2-1**
A. Meloni (C), L. Di Francesco (C), A. Di Cretico (R)
Collecorvino-Elice **2-1**
*F. Volpone (C), B. Minchilli (C), D. Delle Vedove (E)*
Gladius Pescara 2010-Montebello di Bertona **2-2**
*G. D'Onofrio (G), N. Padureanu (G), D. Delle Monache (M), M. Kone (M)*
Real Montesilvano-Deportivo Villa Raspa **1-0**
*L. Palumbo*

Zanni Calcio-Curi Pescara **3-2**
*R. Salutari (Z), F. Berghella (Z), G. Berghella (Z), K. Di Nardo (C), autorete (C)*

### 16ª giornata – domenica 10 aprile 2022

Curi Pescara-Civitaquana **2-4**
*L. Barbetta 2 (Cu), S. Petrocco 2 (Ci), L. Di Francesco 2 (Ci)*
Deportivo Villa Raspa-Gladius Pescara 2010 **2-3**
*N. Scordella (D), E. Di Paolo (D), G. D'Onofrio (G), autorete (G), D. Vrnozi (G)*
Elice-Catignano Vicoli **1-2**
*D. Vadini (E), A. Iampieri (C), C. Ronca (C)*
Montebello di Bertona-Zanni Calcio **2-1**
*G. Tucci 2 (M), N. Di Rocco (Z)*
Real Alanno-Real Montesilvano **0-2**
*L. Cameli 2*
Real Caprara-Collecorvino **2-4**
*Roberto Di Martile 2 (R), S. Chiavaroli (C), autorete (C), L. D'Angelo (C), B. Minchilli (C)*

### 17ª giornata – domenica 24 aprile 2022

Civitquana-Montebello di Bertona **4-2**
*D. Di Gregorio 2 (C), autorete (C), L. Di Francesco (C), S. Delli Castelli (M), G. Tucci (M)*
Collecorvino-Catignano Vicoli **0-1**
*A. Gabriele*
Gladius Pescara 2010-Real Alanno **4-3**
*C. Manzo (G), C. Dezio (G), L. Giammarinaro (G), G. D'Onofrio (G), P. Celeste 2 (R). F. Marchionne (R)*
Real Caprara-Curi Pescara **2-0**
*C. Miani, A. Di Cretico*
Real Montesilvano-Elice **2-1**
*L. Cameli 2 (R), D. Vadini (E)*
Zanni Calcio-Deportivo Villa Raspa **4-1**
*G. Berghella 2 (Z), L. Trusso (Z), F. Berghella (Z), F. Pompeo (D)*

### 18ª giornata – domenica 1 maggio 2022

Catignano Vicoli-Real Montesilvano **5-3**
*A. Battaglia 2 (C), A. Colaiocco 3 (C), L. Cameli 2 (R), L. Di Giampietro (R)*
Curi Pescara-Collecorvino **3-1**
*K. Di Nardo (Cu), L. Barbetta (Cu), A. De Cicco (Cu), S. Alpi (Co)*
Deportivo Villa Raspa-Civitaquana **1-1**
*A. De Berardinis (D), E. Bacciu (C)*
Elice-Gladius Pescara 2010 **0-0**

Montebello di Bertona-Real Caprara **2-0**
*S. Delli Castelli, M. Delle Monache*
Real Alanno-Zanni Calcio **1-6**
*L. Di Quilio (R), M. Cucinotta 2 (Z), G. Berghella 2 (Z), R. Salutari (Z), I. Danzo (Z)*

**19ª giornata – domenica 8 maggio 2022**

Civitaquana-Real Alanno **3-2**
*S. Petrocco 2 (C), E. Bacciu (C), L. Catenacci 2 (R)*
Collecorvino-Real Montesilvano **2-2**
*B. Minchilli (C), M. Di Girolamo (C), L. Cameli (R), L. Fagnani (R)*
Curi Pescara-Montebello di Bertona **2-3**
*L. Barbetta 2 (C), G. Tucci (M), S. Delli Castelli (M), A. Rosini (M)*
Gladius Pescara 2010-Catignano Vicoli **2-3**
*G. D'Onofrio (G), C. Dezio (G), A. Battaglia (C), A. Iampieri (C), A. Colaiocco (C)*
Real Caprara-Deportivo Villa Raspa **2-2**
*Roberto Di Martile (R), G. Giansante (R), A. De Amicis (D), F. Pompeo (D)*
Zanni Calcio-Elice **1-1**
*G. Berghella (Z), G. Tafuri (E)*

**20ª giornata – domenica 15 maggio 2022**

Catignano Vicoli-Zanni Calcio **3-3**
*P. Agostini (C), Alessandro Di Lorenzo 2 (C), F. Berghella (Z), G. Berghella (Z), R. Salutari (Z)*
Deportivo Villa Raspa-Curi Pescara **10-2**
*F. Pompeo 2 (D), A . De Berardinis 3 (D), L. Pinto 2 (D), M. Maurizio (D), S. Di Iulio (D), A. Di Lizio (D), L. Barbetta 2 (C)*
Elice-Civitaquana **4-1**
*D. Vadini 2 (E), L. De Sanctis (E), M. De Leonibus (E), S. Morretti (C)*
Montebello di Bertona-Collecorvino **2-1**
*G. Evangelista 2 (M), L. De Iuliis (C)*
Real Alanno-Real Caprara **1-3**
*M. D'Orazio (RA), A. Di Cretico 2 (RC), Roberto Di Martile (RC)*
Real Montesilvano-Gladius Pescara 2010 **0-3**
*C. Manzo 2, F. Agresta*

**21ª giornata – domenica 22 maggio 2022**

Civitaquana-Catignano Vicoli **0-0**
Collecorvino-Gladius Pescara 2010 **0-1**
*C. Manzo*
Curi Pescara-Real Alanno **2-3**

*L. Barbetta 2 (C), P. Celeste 2 (R), L. Dell'Orso (R)*
Montebello di Bertona-Deportivo Villa Raspa **3-0** (a tavolino)
Real Caprara-Elice **3-3**
*Roberto Di Martile (R), A. Chiavaroli (R), M. Cilli (R), F. Italiani (E), L. De Sanctis (E), E. Colatriani (E)*
Zanni Calcio-Real Montesilvano **1-1**
*I. Danzo (Z), S. Coletti (R)*

## 22ª giornata – domenica 29 maggio 2022

Catignano Vicoli-Real Caprara **5-0**
*A. Battaglia 4, P. Agostini*
Deportivo Villa Raspa-Collecorvino **1-0**
*P. Di Rico*
Elice-Curi Pescara **4-0**
*C. Bozzelli, M. Sichetti, M. Gianforte, D. Delle Vedove*
Gladius Pescara 2010-Zanni Calcio **1-0**
*A. Marolla*
Real Alanno-Montebello di Bertona **0-2**
*M. Bucciarelli, G. Evangelista*
Real Montesilvano-Civitaquana **0-1** *(4 giugno)*
*G. Diodati*

## CLASSIFICA FINALE girone PESCARA

| squadre | punti | gare | vinte | nulle | perse | reti f. | reti s. | diff. |
|---|---|---|---|---|---|---|---|---|
| Catignano Vicoli | 49 | 22 | 14 | 7 | 1 | 50 | 24 | +26 |
| Civitaquana | 43 | 22 | 12 | 7 | 3 | 46 | 28 | +18 |
| Montebello di B. | 41 | 22 | 12 | 5 | 5 | 39 | 27 | +12 |
| Gladius Pe 2010 | 41 | 22 | 12 | 5 | 5 | 39 | 23 | +16 |
| Real Montesilvano | 37 | 22 | 10 | 7 | 5 | 38 | 29 | +9 |
| Elice | 35 | 22 | 10 | 5 | 7 | 42 | 34 | +8 |
| Zanni Calcio | 28 | 22 | 7 | 7 | 8 | 39 | 36 | +3 |
| Dep.Villa Raspa -1 | 24 | 22 | 7 | 4 | 11 | 41 | 44 | -3 |
| Collecorvino | 23 | 22 | 6 | 5 | 11 | 30 | 33 | -3 |
| Real Caprara | 20 | 22 | 4 | 8 | 10 | 30 | 41 | -11 |
| Curi Pescara | 12 | 22 | 4 | 0 | 18 | 32 | 71 | -39 |
| Real Alanno | 10 | 22 | 1 | 4 | 16 | 21 | 57 | -36 |

-1 un punto di penalizzazione

## SEMIFINALI PLAY OFF – domenica 12 giugno 2022

Civitaquana-Real Montesilvano **2-1**
*D. Di Gregorio (C), G. Lozzi (C), C. Stucchi (R)*

Montebello di Bertona-Gladius Pescara 2010 **1-0**
*D. Delle Monache*

**FINALE PLAY OFF – sabato 18 giugno 2022**

Civitaquana-Montebello di Bertona **2-0**
*L. Di Francesco 2*

## CLASSIFICA MARCATORI girone PESCARA

**17 reti:** A. Battaglia (Catignano Vicoli)
**16 reti:** L. Cameli (Real Montesilvano)
**15 reti:** C. Manzo (Gladius Pescara 2010)
**12 reti:** L. Di Francesco (Civitaquana); D. Delle Vedove (Elice); G. Berghella (Zanni Calcio)
**11 reti:** L. Barbetta (Curi Pescara); A. De Berardinis (Deportivo Villa Raspa); D. Vadini (Elice)
**10 reti:** A. Colaiocco (Catignano Vicoli); D. Delle Monache (Montebello di Bertona)
**9 reti:** B. Minchilli (Collecorvino); K. Di Nardo (Curi Pescara)
**8 reti:** Alessandro Di Lorenzo (Catignano Vicoli)
**7 reti:** G. Lozzi e S. Petrocco (Civitaquana); G. Tafuri (Elice)
**6 reti:** P. Agostini (Catignano Vicoli); D. Di Gregorio (Civitaquana); F. Pompeo (Deportivo Villa Raspa); G. D'Onofrio (Gladius Pescara 2010); G. Tucci (Montebello di Bertona); Roberto Di Martile (Real Caprara)
**5 reti:** L. Pinto (Deportivo Villa Raspa); A. Shima e P. Celeste (Real Alanno); A. Pompeo, E. Di Muzio e A. Di Cretico (Real Caprara); L. Palumbo (Real Montesilvano); F. Berghella (Zanni Calcio)
**4 reti:** G. Diodati (Civitaquana); E. D'Alberto (Curi Pescara); A. De Amicis (Deportivo Villa Raspa); L. Catenacci (Real Alanno); R. Salutari (Zanni Calcio)
**3 reti:** A. Meloni, E. Bacciu e W. Chiulli (Civitaquana); S. Alpi e L. D'Angelo (Collecorvino); A. De Cicco (Curi Pescara); Davide D'Onofrio (Deportivo Villa Raspa); F. Italiani (Elice); C. Dezio (Gladius Pescara 2010); M. Kone, D. D'Andrea, G. Evangelista e S. Delli Castelli (Montebello di Bertona); G. Sorino e A. Di Sante (Real Montesilvano); I. Danzo (Zanni Calcio)

## RECORDS girone PESCARA

| | | |
|---|---|---|
| maggior numero di punti | 49 | Catignano Vicoli |
| minor numero di punti | 10 | Real Alanno |
| maggior numero di vittorie | 14 | Catignano Vicoli |
| minor numero di vittorie | 2 | Real Alanno |
| maggior numero di pareggi | 8 | Real Caprara |
| minor numero di pareggi | 0 | Curi Pescara |
| maggior numero di sconfitte | 18 | Curi Pescara |
| minor numero di sconfitte | 1 | Catignano Vicoli |
| miglior attacco | 50 | Catignano Vicoli |
| miglior difesa | 23 | Gladius Pescara 2010 |
| peggior attacco | 21 | Real Alanno |
| peggior difesa | 71 | Curi Pescara |
| migliore differenza reti | +26 | Catignano Vicoli |
| peggiore differenza reti | -39 | Curi Pescara |
| miglior realizzatore | 17 reti | A. Battaglia (Catignano Vicoli) |

## I VERDETTI FINALI

**Promosse in Seconda categoria:** Catignano Vicoli e Civitaquana
**nessuna retrocessione**

## COPPA DISCIPLINA girone PESCARA

| posizione | squadre | punteggio |
|---|---|---|
| 1 | Curi Pescara | 9,00 |
| 2 | Gladius Pescara 2010 | 9,95 |
| 3 | Real Caprara | 12,00 |
| 4 | Real Alanno | 13,20 |
| 5 | Real Montesilvano | 16,45 |
| 6 | Elice | 26,00 |
| 7 | Catignano Vicoli | 26,25 |
| 8 | Montebello di Bertona | 27,50 |
| 9 | Civitaquana | 29,05 |
| 10 | Collecorvino | 40,20 |
| 11 | Zanni Calcio | 41,00 |
| 12 | Deportivo Villa Raspa | 56,65 |

## TERZA CATEGORIA girone TERAMO

### 1ª giornata – domenica 26 settembre 2021

Athletic Tortoreto-Bellante 1958 **2-0**
*V. Gorghini, F. Ferroni*
Atletico Teramo-Tossicia '21 **4-0**
*C. Magno, F. Di Antonio, C. Di Stefano 2*
Cerchiara 1990-I Moscianesi **5-2**
*G. Melara 2 (C), C. Di Berardino (C), D. Corti (C), A. Ridolfi (C), F. Emili (I), M. Pultrone (I)*
Cermignano-Nuova Toranese **2-4** ***(8 dicembre)***
*G. Capitani (C), F. Di Natale (C), S. Mancinelli (N), L. Muscella (N), G. Di Emidio (N), G. Di Felice (N)*
Hadranus Calcio-AS Castelli **5-0**
*C. Cocco 2, I. Lupoletti 2, G. Di Sante*
Real Pineto-Virtus Castelnuovo **1-1**
*L. Rapacchietta (R), N. Reginelli (V)*
Rocca Santa Maria-Poggese **3-0**
*R. Zacchei, F. Di Giuseppe, M. Daidone*
Sant'Egidio '89-Frondarola **3-2**
*B. Orazi (S), G. Moretti (S), D. Barbieri (S), S. Rozzi (F), E. Mariotti (F)*

### 2ª giornata – domenica 3 ottobre 2021

AS Castelli-Rocca Santa Maria **0-1**
*F. Di Giuseppe*
Bellante 1958-Cermignano **2-0**
*D. Forcellese, D. Saputelli*
I Moscianesi-Atletico Teramo **2-5**
*V. Bianchetto (I), D. Di Edoardo (I), A. Foschi 2 (A), C. Di Stefano 2 (A), autorete (A)*
Nuova Toranese-Hadranus Calcio **0-6**
*S. Amelii, I. Lupoletti, E. Antonelli 2, C. Cocco, S. Di Luzio*
Poggese-Frondarola **0-1**
*F. Di Marco*
Sant'Egidio '89-Real Pineto **3-1**
*B. Orazi 2 (S), G. Moretti (S), F. Salvatorelli (R)*
Tossicia '21-Athletic Tortoreto **2-1**
*V. Fabii (T), M. Di Marco (T), J. Pelliccioni (A)*
Virtus Castelnuovo-Cerchiara 1990 **1-1**
*L. Temperini (V), G. Melara (C)*

| 3ª giornata – domenica 10 ottobre 2021 | |
|---|---|
| Athletic Tortoreto-I Moscianesi | **9-0** |
| *V. Gorghini 5, G. Core, J. Pelliccioni 2, V. Iacone* | |
| Atletico Teramo-Virtus Castelnuovo | **2-0** |
| *A. Foschi, F. Di Antonio* | |
| Cerchiara 1990-Sant'Egidio '89 | **5-2** |
| *C. Di Berardino (C), L. Di Francesco (C), A. Ridolfi (C), D. Corti (C), Francesco Savini (C), D. Barbieri (S), B. Orazi (S)* | |
| Frondarola-AS Castelli | **0-2** |
| *E. Di Frischia, F. Di Saverio* | |
| Hadranus Calcio-Cermignano | **7-0** |
| *S. Di Luzio, S. Amelii 2, C. Cocco 3, P. Di Marco* | |
| Real Pineto-Poggese | **4-5** |
| *A. Jallow (R), A. Spizzirri (R), S. Djanko (R), G. Dell'Uomo D'Arme (R), A. Amorena 2 (P), S. De Flaviis (P), G. Vammacigno 2 (P)* | |
| Rocca Santa Maria-Nuova Toranese | **3-1** |
| *F. Ciampani (R), S. Di Giovanni 2 (R), D. Tripodi (N)* | |
| Tossicia '21-Bellante 1958 | **0-1** |
| *F. Lo Schiavo* | |

| 4ª giornata – domenica 17 ottobre 2021 | |
|---|---|
| AS Castelli-Real Pineto | **0-2** |
| *A. Jallow, F. Regi* | |
| Bellante 1958-Hadranus Calcio | **0-1** |
| *C. Cocco* | |
| I Moscianesi-Tossicia '21 | **2-4** |
| *E. Di Panfilo (I), D. D'Ignazio (I), M. Di Gennaro (T), P. Marziani 2 (T), M. Di Marco (T)* | |
| Nuova Toranese-Frondarola | **3-2** |
| *D. Tripodi 3 (N), R. Ventilii (F), M. Scianitti (F)* | |
| Poggese-Cerchiara 1990 | **0-1** |
| *autorete* | |
| Rocca Santa Maria-Cermignano | **5-0** |
| *R. Zacchei, S. Di Giovanni, M. Daidone 2, G. Di Domenico* | |
| Sant'Egidio '89-Atletico Teramo | **0-4** |
| *E. Lapaiti, C. Di Stefano, F. Di Antonio 2* | |
| Virtus Castelnuovo-Athletic Tortoreto | **0-4** |
| *A. Di Pancrazio, M. Corso, J. Pelliccioni, V. Iacone* | |

| 5ª giornata – domenica 24 ottobre 2021 | |
|---|---|
| Athletic Tortoreto-Sant'Egidio '89 | **4-0** |
| *F. Ferroni 2, N. Ciprietti, G. Core* | |

Atletico Teramo-Poggese **1-0**
*F. Cirilli*
Cerchiara 1990-AS Castelli **2-2**
*C. Di Berardino (C), F. Bagnoli (C), F. Di Saverio (A), M. Cardone (A)*
Frondarola-Cermignano **1-2**
*F. Ferrante (F), M. Saputelli (C), S. Rampa (C)*
I Moscianesi-Bellante 1958 **1-2**
*V. Bianchetto (I), F. Marconi (B), F. Lo Schiavo (B)*
Real Pineto-Nuova Toranese **1-2**
*A. Lefoer (R), G. Di Felice (N), autorete (N)*
Rocca Santa Maria-Hadranus Calcio **0-1**
*S. Di Luzio*
Tossicia '21-Virtus Castelnuovo **2-1**
*M. Di Marco (T), L. Di Matteo (T), L. D'Amario (V)*

**6ª giornata – domenica 31 ottobre 2021**

AS Castelli-Atletico Teramo **0-4**
*M. Furii, A. Foschi, A. Ruscioli, C. Di Stefano*
Bellante 1958-Rocca Santa Maria **2-1**
*A. Compagnoni (B), D. Saputelli (B), autorete (R)*
Cermignano-Real Pineto **1-2**
*G. Annunziata (C), D. Dilettuso 2 (R)*
Hadranus Calcio-Frondarola **1-0**
*P. Cimini*
Nuova Toranese-Cerchiara 1990 **0-1**
*A. Ridolfi*
Poggese-Athletic Tortoreto **1-4**
*G. Vammacigno (P), G. Core 2 (A), F. Ferroni (A), M. Corso (A)*
Sant'Egidio '89-Tossicia '21 **2-3**
*S. Cialini (S), X. Muhametaj (S), M. Di Marco 2 (T), A. Nustriani (T)*
Virtus Castelnuovo-I Moscianesi **3-2**
*F. Andreone (V), S. Andreone 2 (V), M. Rastelli (I), D. D'Ignazio (I)*

**7ª giornata – domenica 7 novembre 2021**

Athletic Tortoreto-AS Castelli **1-0**
*M. Corso*
Cerchiara 1990-Cermignano **4-0**
*C. Di Berardino, A. Ridolfi, A. Furia, G. Melara*
Frondarola-Rocca Santa Maria **2-0**
*F. Ferrante, D. Rozzi*
I Moscianesi-Sant'Egidio '89 **2-1**
*V. Campanella (I), R. Di Ilario (I), G. Di Francesco (S)*

Atletico Teramo-Nuova Toranese **4-2**
*A. Foschi 3 (A), M. Di Giacobbe (A), N. Brandimarte (N), G. Di Felice (N)*
Real Pineto-Hadranus Calcio **0-3**
*C. Cocco, E. Antonelli, S. Di Luzio*
Tossicia '21-Poggese **2-1**
*A. Nustriani (T), P. Marziani (T), F. Pedata (P)*
Virtus Castelnuovo-Bellante 1958 **0-2**
*S. Cipriani, A. Compagnoni*

**8ª giornata – domenica 14 novembre 2021**

AS Castelli-Tossicia '21 **0-0**
Bellante 1958-Frondarola **5-0**
*S. Cipriani 3, A. Compagnoni, M. Scarola*
Cermignano-Atletico Teramo **1-4**
*G. Annunziata (C), F. Di Antonio (A), C. Di Stefano (A), A. Ruscioli (A), F. Cirilli (A)*
Hadranus Calcio-Cerchiara 1990 **1-2**
*C. Cocco (H), V. Doumbia 2 (C)*
Nuova Toranese-Athletic Tortoreto **1-4**
*autorete (N), M. Corso (A), A. Speca 2 (A), G. Core (A)*
Poggese-I Moscianesi **3-1**
*L. Di Egidio (P), G. Vammacigno (P), S. De Flaviis (P), A. Cacciatore (I)*
Rocca Santa Maria-Real Pineto **3-3**
*J. Di Nicolò (Ro), M. Daidone 2 (Ro), A. Lefoer (Re), D. Dilettuso 2 (Re)*
Sant'Egidio '89-Virtus Castelnuovo **1-4**
*X. Muhametaj (S), L. Temperini 2 (V), S. Andreone (V), F. Andreone (V)*

**9ª giornata – domenica 21 novembre 2021**

Athletic Tortoreto-Cermignano **9-2**
*V. Gorghini 2 (A), M. Corso 2 (A), A. Speca 2 (A), F. Ferroni (A), J. Pelliccioni (A), M. Cicconi (A), G. Annunziata (C), N. Di Lorenzo (C)*
Atletico Teramo-Hadranus Calcio **2-1**
*F. Di Antonio (A), C. Di Stefano (A), C. Di Simone (H)*
Cerchiara 1990-Rocca Santa Maria **3-1**
*G. Melara (C), A. D'Arcangelo (C), A. Lucci (C), S. Di Giovanni (R)*
I Moscianesi-AS Castelli **0-4**
*E. Di Donato 2, K. D'Ostilio, F. Di Saverio*
Real Pineto-Frondarola **3-3**
*G. Appicciutoli (R), G. Dell'Uomo D'Arme (R), L. Valentini (R), B. Merlini (F), R. Di Domenico (F), M. Braccischi (F)*

Sant'Egidio '89-Bellante 1958 **1-8**
*A. Galanti (S), D. Saputelli 4 (B), S. Cipriani 2 (B), F. Lo Schiavo (B), F. Marconi (B)*
Tossicia '21-Nuova Toranese **3-1**
*L. Di Matteo (T), M. Di Gennaro (T), P. Marziani (T), D. Tripodi (N)*
Virtus Castelnuovo-Poggese **1-1**
*S. Andreone (V), A. Ciccantelli (P)*

**10ª giornata – domenica 28 novembre 2021**

AS Castelli-Virtus Castelnuovo **4-1**
*K. D'Ostilio (A), F. Di Saverio 2 (A), P. Pala (A), F. Andreone (V)*
Bellante 1958-Real Pineto **2-0**
*D. Forcellese, D. Saputelli*
Cermignano-Tossicia '21 **2-3**
*G. Annunziata (C), M. Saputelli (C), M. Di Marco (T), A. Di Stefano (T), A. Nustriani (T)*
Frondarola-Cerchiara 1990 **1-4**
*M. Scianitti (F), D. Corti 2 (C), A. Di Eusanio 2 (C)*
Hadranus Calcio-Athletic Tortoreto **2-1**
*I. Lupoletti (H), S. Amelii (H), V. Gorghini (A)*
Nuova Toranese-I Moscianesi **2-0**
*M. D'Angelo, G. Di Felice*
Poggese-Sant'Egidio '89 **3-2**
*A. Amorena (P), F. Pedata 2 (P), X. Elmadhi (S), autorete (S)*
Rocca Santa Maria-Atletico Teramo **2-1**
*S. Franzini (R), S. Di Giovanni (R), M. Furii (A)*

**11ª giornata – domenica 5 dicembre 2012**

Athletic Tortoreto-Rocca Santa Maria **4-1**
*J. Pelliccioni 2 (A), A. Viviani (A), A. Di Pancrazio (A), E. Franzini (R)*
Atletico Teramo-Frondarola **3-1**
*F. Ginoble (A), C. Magno (A), F. Cirilli (A), E. Mariotti (F)*
Cerchiara 1990-Real Pineto **6-1**
*F. Savini (C), L. Di Francesco (C), D. Di Giuseppe (C), G. Melara (C), F. Bagnoli (C), A. Lucci (C), D. Dilettuso (R)*
I Moscianesi-Cermignano **3-1**
*F. Emili (I), A. Cacciatore (I) S. Fratoni (I), G. Ercole Frazzetta (C)*
Poggese-Bellante 1958 **0-3**
*F. Lo Schiavo, D. Forcellese, D. Saputelli*
Sant'Egidio '89-AS Castelli **1-2**
*P. Bacchetta (S), F. Di Saverio (A), P. Pala (A)*
Tossicia '21-Hadranus Calcio **1-2**

*D. Di Donatantonio (T), I. Lupoletti (H), L. Ferreira Da Silva (H)*
Virtus Castelnuovo-Nuova Toranese **0-1**
*L. Muscella*

**12ª giornata – domenica 12 dicembre 2021**

AS Castelli-Poggese **0-1**
*A. Ciccantelli*
Bellante 1958-Cerchiara 1990 **1-0**
*S. Cipriani*
Cermignano-Virtus Castelnuovo **3-1**
*M. Saputelli (C), G. Capitani 2 (C), G. Di Flaviano (V)*
Frondarola-Athletic Tortoreto **1-3**
*L. Rozzi (F), J. Pelliccioni (A), A. Viviani (A), P. Sene (A)*
Hadranus Calcio-I Moscianesi **7-0** ***(5 febbraio)***
*L. Ferreira Da Silva 2, C. Cocco 3, F. Iommarini, S. Di Luzio*
Nuova Toranese-Sant'Egidio '89 **2-1** ***(22 dicembre)***
*N. Brandimarte (N), L. Muscella (N), G. Di Francesco (S)*
Real Pineto-Atletico Teramo **1-3**
*G. Della Poeta (R), C. Di Stefano 2 (R), S. Di Marzio (A)*
Rocca Santa Maria-Tossicia '21 **2-2**
*L. Di Carlo (R), F. Faragalli (R), M. Di Marco (T), M. Marziani (T)*

**13ª giornata – domenica 19 dicembre 2021**

AS Castelli-Bellante 1958 **0-1**
*D. Saputelli*
Athletic Tortoreto-Real Pineto **6-1**
*A. Di Pancrazio (A), J. Pelliccioni 2 (A), A. Speca (A), F. Ferroni (A), G. Citati (A), P. Pelusi (R)*
Atletico Teramo-Cerchiara 1990 **1-1**
*C. Di Stefano (A), A. Lucci (C)*
I Moscianesi-Rocca Santa Maria **2-1**
*F. Emili (I), R. Di Ilario (I), G. Di Domenico (R)*
Poggese-Nuova Toranese **2-0**
*A. Ciccantelli, F. Pedata*
Sant'Egidio '89-Cermignano **0-1**
*M. Saputelli*
Tossicia '21-Frondarola **1-0**
*P. Marziani*
Virtus Castelnuovo-Hadranus Calcio **0-2**
*D. Iezzi, C. Cocco*

**14ª giornata – domenica 13 febbraio 2022**

Atletico Teramo-Bellante 1958 **1-0**
*C. Di Stefano*
Cerchiara 1990-Athletic Tortoreto **0-1**
*J. Pelliccioni*
Cermignano-Poggese **1-4**
*S. Rampa (C), G. Vammacigno 2 (P), F. Pedata (P), R. Di Paolantonio (P)*
Frondarola-I Moscianesi **3-2**
*L. Rozzi (F), B. Merlini (F), A. D'Ignazio (F), A. Cacciatore 2 (I)*
Hadranus Calcio-Sant'Egidio '89 **4-0**
*R. Ferretti, C. Cocco, S. Di Luzio, I. Lupoletti*
Nuova Toranese-AS Castelli **2-4**
*E. Carosi 2 (N), F. Di Saverio (A), P. Pala (A), K. D'Ostilio (A), autorete (A)*
Real Pineto-Tossicia '21 **0-2**
*D. Di Donatantonio, V. Fabii*
Rocca Santa Maria-Virtus Castelnuovo **2-0**
*S. Franzini, E. Franzini*

**15ª giornata – domenica 20 febbraio 2022**

AS Castelli-Cermignano **5-1**
*L. Di Pietro (A), G. Fragassi 2 (A), F. Di Pietro (A), M. Grumi (A), G. Scipione (C)*
Athletic Tortoreto-Atletico Teramo **1-1**
*J. Pelliccioni (Ath), C. Di Stefano (Atl)*
Bellante 1958-Nuova Toranese **1-2**
*D. Saputelli (B), G. Di Emidio (N), E. Carosi (N)*
I Moscianesi-Real Pineto **3-1**
*M. Rastelli (I), N. Di Donato (I), F. Emili (I), T. Rufus (R)*
Poggese-Hadranus Calcio **0-3**
*P. Di Marco, I. Lupoletti, L. Ferreira Da Silva*
Sant'Egidio '89-Rocca Santa Maria **2-3**
*G. Moretti (S), B. Orazi (S), V. Flammini (R), E. Franzini 2 (R)*
Tossicia '21-Cerchiara 1990 **1-2**
*D. Di Donatantonio (T), A. Ridolfi (C), D. Corti (C)*
Virtus Castelnuovo-Frondarola **2-3**
*S. Timperi (V), D. Rocci (V), E. Mariotti (F), M. Scianitti (F), M. Pompilii (F)*

**16ª giornata – domenica 13 marzo 2022**

AS Castelli-Hadranus Calcio **0-3**
*D. Castagna, C. Cocco, L. Ferreira Da Silva*
Bellante 1958-Athletic Tortoreto **0-2**
*F. Ferroni, G. Core*

Frondarola-Sant'Egidio '89 **1-0**
*M. Orsetti*
I Moscianesi-Cerchiara 1990 **0-6**
*F. Geminiani 3, G. Panetta, G. Melara, Francesco Savini*
Nuova Toranese-Cermignano **4-1**
*D. Tripodi (N), G. Di Emidio (N), G. Di Felice (N), S. Mancinelli (N), S. Trignani (C)*
Poggese-Rocca Santa Maria **2-3**
*A. Ciccantelli (P), F. Pedata (P), V. Flammini (R), E. Parissi (R), L. Di Carlo (R)*
Tossicia '21-Atletico Teramo **0-2**
*C. Di Stefano, V. Amorena*
Virtus Castelnuovo-Real Pineto **2-3**
*S. Andreone (V), F. Andreone (V), T. Rufus (R), E. Ndiaye 2 (R)*

## 17ª giornata – domenica 6 marzo 2022

Athletic Tortoreto-Tossicia '21 **4-2**
*A. Viviani 2 (A), A. Speca (A), G. Core (A), D. Di Donatantonio (T), V. Fabii (T)*
Atletico Teramo-I Moscianesi **6-0**
*F. Di Antonio 2, C. Di Stefano 3, A. Foschi*
Cerchiara 1990-Virtus Castelnuovo **3-1**
*D. Di Giuseppe (C), G. Panetta 2 (C), G. Sorrini (V)*
Cermignano-Bellante 1958 **1-6**
*G. Capitani (C), M. Palandrani (B), D. Saputelli 2 (B), S. Cipriani 2 (B), A. Compagnoni (B)*
Frondarola-Poggese **0-0**
Hadranus Calcio-Nuova Toranese **5-0**
*L. Ferreira Da Silva 2, C. Cocco 2, A. Martella*
Real Pineto-Sant'Egidio '89 **2-1**
*G. Dell'Uomo D'Arme (R), V. Larosa (R), B. Orazi (S)*
Rocca Santa Maria-AS Castelli **1-1**
*L. Di Carlo (R), G. Fragassi (A)*

## 18ª giornata – domenica 20 marzo 2022

AS Castelli-Frondarola **2-3**
*G. Di Pietro (A), autorete (A), A. D'Ignazio (F), B. Merlini (F), L. Bucciarelli (F)*
Bellante 1958-Tossicia '21 **3-2**
*M. Cera (B), M. Scarola (B), L. Palandrani (B), V. Fabii (T), P. Marziani (T)*
Cermignano-Hadranus Calcio **1-4**
*G. Capitani (C), L. Ferreira Da Silva 2 (H), S. Amelii (H), A. Martella (H)*
I Moscianesi-Athletic Tortoreto **0-7**
*G. Core 3, F. Ferroni 2, V. Gorghini, S. Zarroli*

Nuova Toranese-Rocca Santa Maria **2-1**
*G. Di Emidio (N), L. Muscella (N), autorete (R)*
Poggese-Real Pineto **2-3**
*F. Pedata (P), G. Vammacigno (P), A. Jallow (R), T. Rufus (R), I. Valentini (R)*
Sant'Egidio '89-Cerchiara 1990 **2-4**
*G. Moretti (S), X. Muhametaj (S), F. Geminiani (C), D. Di Giuseppe (C), G. Melara 2 (C)*
Virtus Castelnuovo-Atletico Teramo **0-4**
*C. Di Stefano 3, A. Foschi*

**19ª giornata – domenica 27 marzo 2022**

Athletic Tortoreto-Virtus Castelnuovo **3-0** *(7 aprile)*
*J. Pelliccioni 2, M. Cicconi*
Atletico Teramo-Sant'Egidio '89 **8-0**
*C. Di Stefano 3, M. Flammini, F. Di Antonio, E. Lapaiti, D. Trignani, M. Daidone*
Cerchiara 1990-Poggese **4-0**
*G. Panetta, G. Lancione, G. D'Alberto, S. Di Saverio*
Cermignano-Rocca Santa Maria **2-2**
*M. Saputelli (C), G. Capitani (C), E. Franzini (R), P. Delli Compagni (R)*
Frondarola-Nuova Toranese **2-4**
*M. Scianitti (F), S. Rozzi (F), G. Aversa 2 (N), G. Di Felice 2 (N)*
Hadranus Calcio-Bellante 1958 **3-1**
*L. Ferreira Da Silva 2 (H), A. Martella (H), S. Cipriani (B)*
Real Pineto-AS Castelli **6-2**
*E. Di Michele (R), G. Dell'Uomo D'Arme (R), A. Jallow (R), T. Rufus 3 (R), G. Fragassi 2 (A)*
Tossicia '21-I Moscianesi **1-0**
*I. Dartagnan*

**20ª giornata – domenica 3 aprile 2022**

AS Castelli-Cerchiara 1990 **1-3**
*G. Fragassi (A), C. Di Berardino (C), G. Lancione (C), L. Di Francesco (C)*
Bellante 1958-I Moscianesi **9-1**
*D. Saputelli 3 (B), S. Cipriani 3 (B), D. Forcellese (B), M. Scarola 2 (B), A. Galassi (I)*
Cermignano-Frondarola **1-2**
*S. Rampa (C), B. Merlini (F), S. Salifu (F)*
Hadranus Calcio-Rocca Santa Maria **4-2**
*C. Cocco 2 (H), L. Ferreira Da Silva (H), R. Martella (H), L. Di Carlo (R), V. Flammini (R)*
Nuova Toranese-Real Pineto **1-2**
*S. Mancinelli (N), D. Contreras Placchet 2 (R)*

Poggese-Atletico Teramo **1-8**
*E. Ippoliti (P), F. Di Antonio 2 (A), S. Di Marzio 2 (A), C. Di Stefano (A), A. Foschi (A), M. Daidone (A), R. De Martinis (A)*
Sant'Egidio '89-Athletic Tortoreto **1-4**
*G. Moretti (S), J. Pelliccioni 3 (A), A. Viviani (A)*
Virtus Castelnuovo-Tossicia '21 **0-2**
*D. Di Donatantonio, A. Di Stefano*

**21ª giornata – domenica 10 aprile 2022**

Athletic Tortoreto-Poggese **9-0**
*V. Gorghini 3, J. Pelliccioni 4, M. Corso, A. Ricchioni*
Atletico Teramo-AS Castelli **5-0**
*C. Di Stefano 3, M. Furii, M. Daidone*
Cerhiara 1990-Nuova Toranese **1-0**
*F. Geminiani*
Frondarola-Hadranus Calcio **2-5**
*M. Pompilii (F), T. Centinaro (F), L. Ferreira Da Silva 2 (H), I. Lupoletti (H), C. Cocco (H), S. Amelii (H)*
I Moscianesi-Virtus Castelnuovo **5-2**
*N. Di Donato (I), A. Galassi (I), A. Cacciatore (I), F. Emili (I), V. Bianchetto (I), G. Sorrini 2 (V)*
Real Pineto-Cermignano **6-1**
*E. Ndiaye (R), A. Jallow (R), P. Pelusi (R), T. Rufus 3 (R), G. Capitani (C)*
Rocca Santa Maria-Bellante 1958 **2-0**
*E. Franzini, S. Di Giovanni*
Tossicia '21-Sant'Egidio '89 **2-1**
*A. Nustriani (T), D. Di Donatantonio (T), X. Muhametaj (S)*

**22ª giornata – mercoledì 13 aprile 2022**

AS Castelli-Athletic Tortoreto **1-0** ***(16 aprile)***
*M. Cardone*
Nuova Toranese-Atletico Teramo **1-4**
*L. Muscella (N), A. Foschi 2 (A), M. Daidone (A), C. Di Stefano (A)*
Bellante 1958-Virtus Castelnuovo **4-0**
*D. Forcellese, D. Saputelli, autorete, M. Settecase*
Cermignano-Cerchiara 1990 **2-5**
*G. Capitani (Cerm), S. Rampa (Cerm), G. Melara (Cerc), C. Di Berardino 2 (Cerc), V. Doumbia (Cerc), L. Di Francesco (Cerc)*
Hadranus Calcio-Real Pineto **6-0**
*C. Cocco 2, I. Lupoletti, L. Ferreira Da Silva, D. Iezzi, R. Ferretti*
Poggese-Tossicia '21 **0-4** ***(21 aprile)***
*V. Fabii 2, D. Di Donatantonio, A. Nustriani*

Rocca Santa Maria-Frondarola **3-0**
*F. Ferrante, L. Di Carlo, F. Di Giuseppe*
Sant'Egidio '89-I Moscianesi **0-2**
*V. Bianchetto, E. Di Panfilo*

**23ª giornata – domenica 24 aprile 2022**

Athletic Tortoreto-Nuova Toranese **2-1**
*S. Zarroli (A), V. Gorghini (A), N. Brandimarte (N)*
Atletico Teramo-Cermignano **5-2**
*C. Magno 2 (A), C. Di Stefano 2 (A), S. Di Marzio (A), S. Rampa (C), G. Capitani (C)*
Cerchiara 1990-Hadranus Calcio **2-4**
*A. Di Eusanio 2 (C), C. Cocco (H), L. Ferreira Da Silva (H), I. Lupoletti (H), E. Antonelli (H)*
Frondarola-Bellante 1958 **0-2**
*D. Saputelli, D. Forcellese*
I Moscianesi-Poggese **1-0**
*A. Galassi*
Real Pineto-Rocca Santa Maria **0-3**
*S. Di Giovanni 2, F. Di Giuseppe*
Tossicia '21-AS Castelli **2-0**
*D. Di Donatantonio, A. Nustriani*
Virtus Castelnuovo-Sant'Egidio '89 **4-0**
*N. Reginelli 2, G. Sorrini, L. D'Amario*

**24ª giornata – domenica 1 maggio 2022**

AS Castelli-I Moscianesi **3-4**
*G. Fragassi (A), M. Cardone (A), L. Di Pietro (A), A. Galassi (I), S. Fratoni (I), F. Emili (I), N. Di Donato (I)*
Bellante 1958-Sant'Egidio '89 **5-1**
*S. Cipriani 2 (B), D. Saputelli (B), M. Palandrani (B), M. Settecase (B), S. Cialini (S)*
Cermignano-Athletic Tortoreto **1-3**
*M. Di Vincenzo (C), V. Gorghini (A), A. Viviani (A), J. Pelliccioni (A)*
Frondarola-Real Pineto **0-1**
*T. Rufus*
Hadranus Calcio-Atletico Teramo **1-1**
*L. Ferreira Da Silva (H), M. Daidone (A)*
Nuova Toranese-Tossicia '21 **2-3**
*M. Filiaci (N), D. Tripodi (N), V. Fabii (T), A. Nustriani (T), A. Di Stefano (T)*
Poggese-Virtus Castelnuovo **1-3** *(18 maggio)*
*F. Pedata (P), A. Carusi (V), M. D'Ottavio 2 (V)*

Rocca Santa Maria-Cerchiara 1990 **2-2**
*D. Brandimarte (R), F. Di Giuseppe (R), G. Melara (C), D. Di Giuseppe (C)*

## 25ª giornata – mercoledì 4 maggio 2022

Athletic Tortoreto-Hadranus Calcio **1-0**
*J. Pellicioni*
Atletico Teramo-Rocca Santa Maria **3-1** ***(12 maggio)***
*F. Cirilli (A), D. Trignani (A), autorete (A), F. Di Domenico (R)*
Cerchiara 1990-Frondarola **5-1**
*G. Melara (C), Francesco Savini (C), F. Geminiani (C), C. Di Berardino (C), G. Panetta (C), T. Centinaro (F)*
I Moscianesi-Nuova Toranese **5-2**
*S. Fratoni (I), A. Galassi (I), F. Emilii (I), A. Cacciatore 2 (I), A. Pellicioni (N), G. Di Emidio (N)*
Real Pineto-Bellante 1958 **1-2** ***(18 maggio)***
*A. Jallow (R), S. Cipriani (B), D. Saputelli (B)*
Sant'Egidio '89-Poggese **3-2**
*B. Orazi (S), A. Ippoliti (S), P. Bacchetta (S), F. Pedata (P), L. Di Egidio (P)*
Tossicia '21-Cermignano **4-1**
*D. Valentini 2 (T), J. Franchi (T), A. Nustriani (T), S. Rampa (C)*
Virtus Castelnuovo-AS Castelli **1-2**
*S. Andreone (V), G. Fragassi (A), W. Campestre (A)*

## 26ª giornata – domenica 8 maggio 2022

AS Castelli-Sant'Egidio '89 **6-1**
*K. D'Ostilio 2 (A), L. Di Pietro (A), G. Fragassi 3 (A), G. Bellucci (S)*
Bellante 1958-Poggese **5-0**
*D. Saputelli 3, autorete, M. Settecase*
Cermignano-I Moscianesi **1-4**
*M. Saputelli (C), A. Cacciatore 3 (I), A. Galassi (I)*
Frondarola-Atletico Teramo **0-1** ***(18 maggio)***
*G. Di Teodoro*
Hadranus Calcio-Tossicia '21 **4-1**
*L. Ferreira Da Silva 2 (H), C. Cocco (H), D. Castagna (H), P. Marziani (T)*
Nuova Toranese-Virtus Castelnuovo **3-3**
*M. Filiaci (N), G. Di Emidio (N), L. Monsignori (N), G. D'Agostino (V), A. Di Filippo (V), L. Tarantella (V)*
Real Pineto-Cerchiara 1990 **1-4**
*S. Sagna (R), F. Geminiani (C), A. Di Eusanio (C), G. Melara (C), A. Ridolfi (C)*
Rocca Santa Maria-Athletic Tortoreto **1-2**
*P. Ciapanna (R), N. Ciprietti (A), J. Pelliccioni (A)*

### 27ª giornata – domenica 15 maggio 2022

Athletic Tortoreto-Frondarola **6-2**
*V. Gorghini 3 (A), F. Compagnoni (A), M. Cicconi (A), S. Zarroli (A), T. Centinaro 2 (F)*
Atletico Teramo-Real Pineto **1-0**
*C. Di Stefano*
Cerchiara 1990-Bellante 1958 **0-3**
*M. Palandrani, D. Saputelli, S. Cipriani*
I Moscianesi-Hadranus Calcio **0-2**
*E. Antonelli, L. Ferreira Da Silva*
Poggese-AS Castelli **1-5**
*G. Vammacigno (P), P. Pala 2 (A), G. Fragassi 3 (A)*
Sant'Egidio '89-Nuova Toranese **1-1**
*G. Di Francesco (S), L. Muscella (N)*
Tossicia '21-Rocca Santa Maria **2-2**
*A. Nustriani 2 (T), E. Franzini (R), S. Di Giovanni (R)*
Virtus Castelnuovo-Cermignano **3-3**
*S. Andreone 2 (V), A. De Angelis (V), G. Capitani (C), G. Di Giannatale (C), S. Rampa (C)*

### 28ª giornata – domenica 22 maggio 2022

Bellante 1958-AS Castelli **2-0**
*M. Cera, M. Settecase*
Cerchiara 1990-Atletico Teramo **1-2**
*C. Di Berardino (C), F. Di Antonio (A), C. Di Stefano (A)*
Cermignano-Sant'Egidio '89 **3-3** *(4 giugno)*
*M. Volpe (C), S. Trignani (C), G. Capitani (C), G. Di Francesco 3 (S)*
Frondarola-Tossicia '21 **2-2**
*L. Di Patrizio 2 (F), A. Nustriani (T), M. Di Marco (T)*
Hadranus Calcio-Virtus Castelnuovo **5-0**
*L. Ferreira Da Silva 2, C. Cocco, S. Amelii, S. Groth*
Nuova Toranese-Poggese **3-0**
*D. Tripodi 2, E. Carosi*
Real Pineto-Athletic Tortoreto **2-3**
*A. Jallow (R), G. Dell'Uomo D'Arme (R), A. Viviani (A), M. Corso (A), J. Pelliccioni (A)*
Rocca Santa Maria-I Moscianesi **3-3**
*E. Franzini 2 (R), S. Di Domenico (R), N. Di Donato (I), A. Cacciatore (I), M. Di Felice (I)*

| 29ª giornata – mercoledì 25 maggio 2022 | |
|---|---|
| AS Castelli-Nuova Toranese | **2-2** |
| *K. D'Ostilio 2 (A), G. Di Felice (N), D. Tripodi (N)* | |
| Athletic Tortoreto-Cerchiara 1990 | **2-1** |
| *V. Gorghini 2 (A), G. Melara (C)* | |
| Bellante 1958-Atletico Teramo | **1-1** |
| *A. Spina (B), A. Ruscioli (A)* | |
| I Moscianesi-Frondarola | **1-3** |
| *S. Fratoni (I), M. Cozzi (F), L. Di Patrizio (F), L. Bucciarelli (F)* | |
| Poggese-Cermignano | **2-1** |
| *F. Pedata (P), M. Di Romano (P), M. Saputelli (C)* | |
| Sant'Egidio '89-Hadranus Calcio | **1-5** |
| *B. Orazi (S), C. Cocco (H), S. Amelii (H), R. Ferretti 2 (H), autorete (H)* | |
| Tossicia '21-Real Pineto | **3-1** |
| *M. Di Marco (T), L. Di Matteo (T), A. Di Stefano (T), T. Rufus (R)* | |
| Virtus Castelnuovo-Rocca Santa Maria | **0-2** |
| *E. Franzini, S. Di Giovanni* | |

| 30ª giornata – domenica 29 maggio 2022 | |
|---|---|
| Atletico Teramo-Athletic Tortoreto | **1-0** |
| *D. Trignani* | |
| Cerchiara 1990-Tossicia '21 | **1-2** |
| *C. Di Berardino (C), V. Fabii (T), A. Tramaglini (T)* | |
| Cermignano-AS Castelli | **2-6** |
| *M. Saputelli (C), G. Capitani (C), G. Fragassi 4 (A), F. Di Saverio (A), P. Pala (A)* | |
| Frondarola-Virtus Castelnuovo | **0-1** |
| *F. Misantone* | |
| Hadranus Calcio-Poggese | **8-0** |
| *C. Cocco 2, L. Ferreira Da Silva, M. Castagna, R. Ferretti, G. Plevani, F. Mattucci, C. Carpegna* | |
| Nuova Toranese-Bellante 1958 | **3-5** |
| *L. Muscella (N), D. Tripodi (N), S. Di Girolamo (N), S. Cipriani 2 (B), A. Spina (B), D. Cintioni (B), A. Compagnoni (B)* | |
| Real Pineto-I Moscianesi | **6-3** |
| *T. Rufus (R), A. Jallow 2 (R), A. Spizzirri (R), S. Sagna (R), L. Valentini (R), A. Cacciatore (I), M. Arcieri (I), autorete (I)* | |
| Rocca Santa Maria-Sant'Egidio '89 | **5-3** |
| *F. Di Domenico 2 (R), S. Di Giovanni (R), S. Franzini (R), F. Ferrante (R), L. Cognitti (S), L. Rocchetti (S), G. Di Francesco (S)* | |

## CLASSIFICA FINALE girone TERAMO

| squadre | punti | gare | vinte | nulle | perse | reti f. | reti s. | diff. |
|---|---|---|---|---|---|---|---|---|
| Hadranus Calcio | 79 | 30 | 26 | 1 | 3 | 105 | 18 | +87 |
| Atletico Teramo | 79 | 30 | 25 | 4 | 1 | 92 | 20 | +72 |
| Athletic Tortoreto | 76 | 30 | 25 | 1 | 4 | 102 | 25 | +77 |
| Bellante 1958 | 67 | 30 | 22 | 1 | 7 | 78 | 26 | +52 |
| Cerchiara 1990 | 61 | 30 | 19 | 4 | 7 | 79 | 38 | +41 |
| Tossicia '21 | 58 | 30 | 18 | 4 | 8 | 58 | 44 | +14 |
| Rocca Santa Maria | 46 | 30 | 13 | 7 | 10 | 61 | 49 | +12 |
| AS Castelli | 37 | 30 | 11 | 4 | 15 | 54 | 58 | -4 |
| Nuova Toranese | 36 | 30 | 11 | 3 | 16 | 52 | 71 | -19 |
| Real Pineto | 33 | 30 | 10 | 3 | 17 | 55 | 77 | -22 |
| I Moscianesi | 31 | 30 | 10 | 1 | 19 | 51 | 102 | -51 |
| Frondarola | 27 | 30 | 8 | 3 | 19 | 38 | 68 | -30 |
| Poggese | 23 | 30 | 7 | 2 | 21 | 32 | 87 | -55 |
| Virt. Castelnuovo | 20 | 30 | 5 | 5 | 20 | 35 | 71 | -36 |
| Cermignano | 12 | 30 | 3 | 3 | 24 | 40 | 113 | -73 |
| Sant'Egidio '89 | 11 | 30 | 3 | 2 | 25 | 37 | 102 | -65 |

## SPAREGGIO PER IL PRIMO POSTO
### mercoledì 8 giugno 2022 a Castelnuovo Vomano – stadio Comunale

Atletico Teramo-Hadranus Calcio **2-4** (ai rigori)

## CLASSIFICA MARCATORI girone TERAMO

**32 reti:** C. Di Stefano (Atletico Teramo)
**29 reti:** C. Cocco (Hadranus Calcio)
**25 reti:** J. Pelliccioni (Athletic Tortoreto)
**23 reti:** D. Saputelli (Bellante 1958); L. Ferreira Da Silva (Hadranus Calcio)
**20 reti:** V. Gorghini (Athletic Tortoreto)
**19 reti:** S. Cipriani (Bellante 1958)
**18 reti:** G. Fragassi (AS Castelli)
**14 reti:** G. Melara (Cerchiara)
**12 reti:** A. Foschi e F. Di Antonio (Atletico Teramo); G. Capitani (Cermignano); A. Cacciatore (I Moscianesi); T. Rufus (Real Pineto); S. Di Giovanni (Rocca Santa Maria)
**11 reti:** C. Di Berardino (Cerchiara); D. Tripodi (Nuova Toranese); A. Nustriani (Tossicia '21)
**10 reti:** G. Core (Athletic Tortoreto); M. Daidone (Rocca Santa Maria/Atl. Teramo); F. Pedata (Poggese); E. Franzini (Rocca Santa Maria)
**9 reti:** F. Ferroni (Athletic Tortoreto); I. Lupoletti (Hadranus Calcio); A. Jallow (Real Pineto); M. Di Marco (Tossicia '21)
**8 reti:** F. Di Saverio (AS Castelli); M. Corso (Athletic Tortoreto); M. Saputelli (Cermignano); S. Amelii (Hadranus Calcio); G. Di Felice (Nuova Toranese); G. Vammacigno (Poggese); B. Orazi (Sant'Egidio '89); V. Fabii e D. Di Donatantonio (Tossicia '21); S. Andreone (Virtus Castelnuovo)
**7 reti:** K. D'Ostilio (AS Castelli); A. Viviani (Athletic Tortoreto); S. Rampa (Cermignano); F. Emili (I Moscianesi); L. Muscella (Nuova Toranese); G. Di Francesco (Sant'Egidio '89); P. Marziani (Tossicia '21)
**6 reti:** P. Pala (AS Castelli); A. Speca (Athletic Tortoreto); D. Forcellese (Bellante 1958); A. Ridolfi e F. Geminiani (Cerchiara); S. Di Luzio (Hadranus Calcio); A. Galassi (I Moscianesi); G. Di Emidio (Nuova Toranese)
**5 reti:** A. Compagnoni (Bellante 1958); D. Corti e G. Panetta (Cerchiara); D. Di Giuseppe e L. Di Francesco (Cerchiara); E. Antonelli e R. Ferretti (Hadranus Calcio); D. Dilettuso e G. Dell'Uomo D'Arme (Real Pineto); F. Di Giuseppe (Rocca Santa Maria); G. Moretti (Sant'Egidio '89)
**4 reti:** C. Magno, F. Cirilli e S. Di Marzio (Atletico Teramo); M. Scarola, M. Settecase e F. Lo Schiavo (Bellante 1958); G. Annunziata (Cermignano); B. Merlini, M. Scianitti e T. Centinaro (Frondarola); S, Fratoni, V. Bianchetto e N. Di Donato (I Moscianesi); E. Carosi (Nuova Toranese); A. Ciccantelli (Poggese); L. Di Carlo (Rocca Santa Maria); X. Muhametaj (Sant'Egidio '89); A. Di Stefano (Tossicia '21); G. Sorrini e F. Andreone (Virtus Castelnuovo)
**3 reti:** M. Cardone e L. Di Pietro (AS Castelli); S. Zarroli, M. Cicconi e A.

Di Pancrazio (Athletic Tortoreto); M. Furii, A. Ruscioli e D. Trignani (Atletico Teramo); M. Palandrani (Bellante 1958); A. Lucci, V. Doumbia e Francesco Savini (Cerchiara); S. Rozzi, E. Mariotti e L. Di Patrizio (Frondarola); A. Martella (Hadranus Calcio); S. Mancinelli e N. Brandimarte (Nuova Toranese); A. Amorena (Poggese); E. Ndiaye e L. Valentini (Real Pineto); S. Franzini e F. Di Domenico (Rocca Santa Maria); L. Di Matteo (Tossicia '21); N. Reginelli e L. Temperini (Virtus Castelnuovo)

## RECORDS girone TERAMO

| | | |
|---|---|---|
| **maggior numero di punti** | **79** | Hadranus Calcio e Atletico Te |
| **minor numero di punti** | **10** | Sant'Egidio '89 |
| **maggior numero di vittorie** | **26** | Hadranus Calcio |
| **minor numero di vittorie** | **3** | Cermignano e Sant'Egidio '89 |
| **maggior numero di pareggi** | **7** | Rocca Santa Maria |
| **minor numero di pareggi** | **1** | Hadranus Calcio, Bellante 1858, Athletic Tortoreto e I Moscianesi |
| **maggior numero di sconfitte** | **25** | Sant'Egidio '89 |
| **minor numero di sconfitte** | **1** | Atletico Teramo |
| **miglior attacco** | **105** | Hadranus Calcio |
| **miglior difesa** | **18** | Hadranus Calcio |
| **peggior attacco** | **32** | Poggese |
| **peggior difesa** | **113** | Cermignano |
| **migliore differenza reti** | **+87** | Hadranus Calcio |
| **peggiore differenza reti** | **-73** | Cermignano |
| **miglior realizzatore** | **32 reti** | C. Di Stefano (Atletico Teramo) |

## I VERDETTI FINALI

**Promosse in Seconda categoria:** Hadranus Calcio, Atletico Teramo e Athletic Tortoreto

**nessuna retrocessione**

## COPPA DISCIPLINA girone TERAMO

| posizione | squadre | punteggio |
|---|---|---|
| 1 | Poggese | 5,55 |
| 2 | Atletico Teramo | 13,25 |
| 3 | Hadranus Calcio | 13,90 |
| 4 | Rocca Santa Maria | 14,10 |
| 5 | Sant'Egidio '89 | 14,35 |
| 6 | Cerchiara 1990 | 19,85 |
| 7 | Real Pineto | 20,15 |
| 8 | Frondarola | 22,30 |
| 9 | Virtus Castelnuovo | 23,50 |
| 10 | Nuova Toranese | 25,25 |
| 11 | AS Castelli | 25,65 |
| 12 | Tossicia '21 | 25,80 |
| 13 | Cermignano | 29,45 |
| 14 | Bellante 1958 | 37,75 |
| 15 | I Moscianesi | 40,10 |
| 16 | Athletic Tortoreto | 51,30 |

## CLASSIFICA MARCATORI GENERALE TERZA CATEGORIA

**32 reti:** C. Di Stefano (Atletico Teramo)
**29 reti:** C. Cocco (Hadranus Calcio)
**26 reti:** Gerardo Coletti (Pescasseroli)
**25 reti:** J. Pelliccioni (Athletic Tortoreto)
**23 reti:** D. Saputelli (Bellante 1958); L. Ferreira Da Silva (Hadranus Calcio)
**20 reti:** M. Di Pietro (Bugnara); V. Gorghini (Athletic Tortoreto)
**19 reti:** M. Di Paolo (Torricella 2.2); G. Ferrante (Real San Giacomo); S. Cipriani (Bellante 1958)
**18 reti:** D. Pasquini (Lupi Marini); G. Fragassi (AS Castelli)
**17 reti:** A. Battaglia (Catignano Vicoli)
**16 reti:** L. Della Penna (Audax Palmoli); G. Aureli (Virtus Marsica Est); L. Cameli (Real Montesilvano)
**15 reti:** Marco D'Onofrio (Villamagna); B. Colonna (Furci); C. Manzo (Gladius Pescara 2010)
**14 reti:** M. Bosco (Paglieta); A. Colella (Goriano Sicoli); A. Santercole (Pescasseroli); G. Melara (Cerchiara)
**13 reti:** S. Portanova (Lentella 2019); M. Serta (Sanpelinese)
**12 reti:** F. Lapenna (Calcio Torrevecchia); D. Fantauzzi (Balsorano); F. Cifani e D. De Mutiis (Goriano Sicoli); V. Rossi (Peltuinum); M. Taglieri

(Pescina MNT); B. Karama (Virtus Marsica Est); A. Foschi e F. Di Antonio (Atletico Teramo); G. Capitani (Cermignano); A. Cacciatore (I Moscianesi); T. Rufus (Real Pineto); S. Di Giovanni (Rocca Santa Maria)
**11 reti:** A. Antichi (Paglieta); L. Barbetta (Curi Pescara); A. De Berardinis (Deportivo Villa Raspa); D. Vadini (Elice); C. Di Berardino (Cerchiara); D. Tripodi (Nuova Toranese); A. Nustriani (Tossicia '21)
**10 reti:** N. Di Nardo (Furci); V. Cinquina (Real San Giacomo); F. Fantauzzi (Balsorano); L. Esposito (Peltuinum); A. Colaiocco (Catignano Vicoli); D. Delle Monache (Montebello di Bertona); G. Core (Athletic Tortoreto); M. Daidone (Rocca Santa Maria/Atletico Teramo); F. Pedata (Poggese); E. Franzini (Rocca Santa Maria)

## RECORDS TERZA CATEGORIA

| | | |
|---|---|---|
| **maggior numero di punti** | **79** | Atletico Teramo e Hadranus C. |
| **minor numero di punti** | **5** | Civitellese |
| **maggior numero di vittorie** | **26** | Hadranus Calcio |
| **minor numero di vittorie** | **1** | Civitellese |
| **maggior numero di pareggi** | **8** | Monticchio 88 e Real Caprara |
| **minor numero di pareggi** | **0** | Curi Pescara |
| **maggior numero di sconfitte** | **25** | Sant'Egidio '89 |
| **minor numero di sconfitte** | **1** | Catignano Vicoli e Atl. Teramo |
| **miglior attacco** | **105** | Hadranus Calcio |
| **miglior difesa** | **15** | Fara San Martino |
| **peggior attacco** | **11** | Villa San Vincenzo |
| **peggior difesa** | **113** | Cermignano |
| **migliore differenza reti** | **+87** | Hadranus Calcio |
| **peggiore differenza reti** | **-73** | Cermignano |
| **miglior realizzatore** | **32 reti** | C. Di Stefano (Atletico Teramo) |

## UNDER 19 REGIONALI girone A

### 1ª giornata – lunedì 27 settembre 2021

Capistrello-Santegidiese **2-1**
*M. Rosati (C), N. Del Grosso (C), J. Talvacchia (S)*
Pucetta-Tagliacozzo **1-1**
*A. Ippoliti (P), autorete (T)*
Torrese-Avezzano **1-0**
*F. Binchi*
New Club Villa Mattoni-Amiternina **2-4**
*G. Lila (N), P. Seck (N), M. Paiola 2 (A), A. Fonti (A), L. Paiola (A)*
**Ha riposato:** Fucense Trasacco

### 2ª giornata – lunedì 4 ottobre 2021

Amiternina-Torrese **2-3**
*D. Carrozzi (A), L. Paiola (A), D. Marini (T), R. Giancarli (T), F. Falasca (T)*
Avezzano-Capistrello **4-6**
*C. Gramegna (A), M. Graziani (A), G. D'Amore (A), G. Giovagnorio (A), M. Rosati (C), N. Del Grosso 5 (C)*
Santegidiese-Fucense Trasacco **4-0**
*J. Talvacchia, M. Gargiulo 2, M. Marinelli*
Tagliacozzo-New Club Villa Mattoni **4-1**
*A. Torturo 2 (T), F. Sefgjini (T), autorete (T), G. Lila (N)*
**Ha riposato:** Pucetta

### 3ª giornata – lunedì 11 ottobre 2021

Capistrello-Amiternina **2-0**
*V. Micocci, N. Del Grosso*
Fucense Trasacco-Avezzano **3-6**
*D. Ferrazzilli (F), A. Buduri (F), P. De Angelis (F), C. Gramegna 2 (A), A. Fedele (A), G. D'Amore (A), G. Giovagnorio (A), M. Graziani (A)*
Torrese-Tagliacozzo **1-5**
*D. Marini (To), N. De Luca 2 (Ta), A. Torturo 2 (Ta), autorete (Ta)*
New Club Villa Mattoni-Pucetta **3-4**
*G. Lila (N), R. Ranalli (N), C. Di Girolamo (N), A. Nazzicone 3 (P), A. Capodacqua (P)*
**Ha riposato:** Santegidiese

### 4ª giornata – domenica 17 ottobre 2021

Amiternina-Fucense Trasacco **8-0**
*L. Paiola 2, D. Carrozzi 3, A. Fonti, M. Paiola, F. Vasi*
**5-0**

Avezzano-Santegidiese
*M. Graziani 2, L. Pergolini 2, G. Giovagnorio*
Pucetta-Torrese **2-1**
*A. Capodacqua (P), M. Odoardi (P), C. Di Francesco (T)*
Tagliacozzo-Capistrello **2-2**
*A. Torturo 2 (T), A. Marianetti (C), N. Del Grosso (C)*
**Ha riposato:** New Club Villa Mattoni

**5ª giornata – lunedì 25 ottobre 2021**

Capistrello-Pucetta **3-2**
*N. Del Grosso 2 (C), M. Rosati (C), A. Fornarola (P), F. Pascucci (P)*
Fucense Trasacco-Tagliacozzo **0-3**
*A. Torturo 2, D. Panella*
Santegidiese-Amiternina **1-2**
*M. Marinelli (S), F. Vasi (A), autorete (A)*
Torrese-New Club Villa Mattoni **3-1**
*A. Circelli (T), C. Di Francesco (T), R. Giancarli (T), C. D'Emidio (N)*
**Ha riposato:** Avezzano

**6ª giornata – lunedì 1 novembre 2021**

Amiternina-Avezzano **4-1**
*D. Carrozzi (Am), L. Paiola 2 (Am), autorete (Am), M. Muliere (Av)*
Pucetta-Fucense Trasacco **2-1**
*A. Ippoliti (P), A. Nazzicone (P), D. Ferrazzilli (F)*
Tagliacozzo-Santegidiese **1-0**
*A. Torturo*
New Club Villa Mattoni-Capistrello **3-7**
*G. Lila (N), P. Seck (N), M. Succitti (N), M. Rosati (C), N. Del Grosso 6 (C)*
**Ha riposato:** Torrese

**7ª giornata – lunedì 8 novembre 2021**

Avezzano-Tagliacozzo **2-4**
*M. Muliere 2 (A), D. Panella 3 (T), V. Di Rocco (T)*
Capistrello-Torrese **2-2**
*N. Del Grosso 2 (C), D. Cintioni (T), D. Micacchioni (T)*
Fucense Trasacco-New Club Villa Mattoni **0-2**
*A. Giovannini 2*
Santegidiese-Pucetta **1-4**
*M. Gargiulo (S), A. Di Marco 2 (P), L. Paolini (P), A. Nazzicone (P)*
**Ha riposato:** Amiternina

| 8ª giornata – lunedì 15 novembre 2021 | |
|---|---|
| New Club Villa Mattoni-Santegidiese | **3-2** |
| *P. Seck 2 (N), M. Succitti (N), R. Cialini (S), M. Marinelli (S)* | |
| Pucetta-Avezzano | **1-2** |
| *D. Cannatelli (P), G. Giovagnorio (A), F. D'Andreis (A)* | |
| Tagliacozzo-Amiternina | **3-0** |
| *D. Panella, F. Sefgjini, A. Torturo* | |
| Torrese-Fucense Trasacco | **2-0** |
| *D. Cintioni, C. Di Francesco* | |
| **Ha riposato:** Capistrello | |

| 9ª giornata – lunedì 22 novembre 2021 | |
|---|---|
| Amiternina-Pucetta | **1-1** |
| *M. Paiola (A), D. Bisciardi (P)* | |
| Avezzano-New Club Villa Mattoni | **6-1** |
| *M. Graziani (A), C. Gramegna (A), M. Muliere (A), N. Di Pietro (A), G. D'Amore (A), L. Pergolini (A), C. D'Emidio (N)* | |
| Fucense Trasacco-Capistrello | **0-3** |
| *L. Buccini, A. Marianetti, N. Del Grosso* | |
| Santegidiese-Torrese | **1-1** |
| *M. Marinelli (S), C. Di Francesco (T)* | |
| **Ha riposato:** Tagliacozzo | |

| 10ª giornata – lunedì 29 novembre 2021 | |
|---|---|
| Amiternina-New Club Villa Mattoni | **2-0** |
| *L. Paiola 2* | |
| Avezzano-Torrese | **4-0** |
| *M. Muliere, N. Di Pietro 2, F. D'Andreis* | |
| Santegidiese-Capistrello | **2-2** |
| *M. Marinelli (S), M. Rosati (C), autorete (C)* | |
| Tagliacozzo-Pucetta | **2-2** |
| *N. De Luca (T), D. Panella (T), F. Pascucci (P), C. Marianella (P)* | |
| **Ha riposato:** Fucense Trasacco | |

| 11ª giornata – lunedì 6 dicembre 2021 | |
|---|---|
| Capistrello-Avezzano | **1-1** |
| *N. Del Grosso (C), M. Graziani (A)* | |
| Fucense Trasacco-Santegidiese | **0-1** |
| *A. Tarulli* | |
| New Club Villa Mattoni-Tagliacozzo | **2-2** |
| *C. D'Emidio (N), P. Seck (N), L. Valente (T), D. Panella (T)* | |
| | **0-2** |

Torrese-Amiternina
*L. Paiola, F. Vasi*
**Ha riposato:** Pucetta

| **12ª giornata – lunedì 13 dicembre 2021** | |
|---|---|
| Amiternina-Capistrello | **1-3** |
| *R. Moretti (A), M. Rosati 2 (C), N. Del Grosso (C)* | |
| Avezzano-Fucense Trasacco | **4-0** |
| *M. Graziani, G. Giovagnorio, M. Muliere, autorete* | |
| Pucetta-New Club Villa Mattoni | **4-3** |
| *A. Capodacqua 2 (P), A. Nazzicone (P), N. Biancone (P), A. Giovannini (N), M. Succitti (N), R. Cardelli (N)* | |
| Tagliacozzo-Torrese | **4-1** |
| *A. Torturo 2 (Ta), N. De Luca (Ta), autorete (Ta), D. Cintioni (To)* | |
| **Ha riposato:** Santegidiese | |

| **13ª giornata – lunedì 20 dicembre 2021** | |
|---|---|
| Capistrello-Tagliacozzo | **3-0** |
| *A. Marianetti, N. Del Grosso 2* | |
| Fucense Trasacco-Amiternina | **1-0** |
| *M. Giovarruscio* | |
| Santegidiese-Avezzano | **1-1** |
| *M. Bashaliu (S), F. D'Andreis (A)* | |
| Torrese-Pucetta | **4-2** |
| *R. Giancarli (T), F. Coia (T), C. Di Francesco (T), C. Shera (T), A. Nazzicone (P), A. Ippoliti (P)* | |
| **Ha riposato:** New Club Villa Mattoni | |

| **14ª giornata – lunedì 14 febbraio 2022** | |
|---|---|
| Amiternina-Santegidiese | **4-2** |
| *D. Carrozzi (A), L. Paiola 2 (A), F. Vasi (A), M. Pompetti (S), autorete (S)* | |
| New Club Villa Mattoni-Torrese | **2-2** |
| *P. Seck (N), A. Giovannini (N), P. Bartolacci (T), R. Giancarli (T)* | |
| Pucetta-Capistrello | **0-4** |
| *N. Del Grosso 4* | |
| Tagliacozzo-Fucense Trasacco | **8-1** |
| *N. De Luca (T), A. Torturo 5, F. Sefgjini (T), L. Valente (T), N. Paneccasio (F)* | |
| **Ha riposato:** Avezzano | |

| **15ª giornata – lunedì 21 febbraio 2022** | |
|---|---|
| Avezzano-Amiternina | **4-1** |
| *G. Giovagnorio (Av), M. Graziani (Av), G. D'Amore (Av), A. Fedele (Av),* | |

*D. Paolucci (Am)*
Capistrello-New Club Villa Mattoni **6-0**
*M. Rosati, N. Del Grosso 4, autorete*
Fucense Trasacco-Pucetta **0-1**
*M. Ricci*
Santegidiese-Tagliacozzo **1-1**
*M. Marinelli (S), A. Torturo (T)*
**Ha riposato:** Torrese

**16ª giornata – lunedì 28 febbraio 2022**

New Club Villa Mattoni-Fucense Trasacco **10-1**
*R. Cardelli (N), C. D'Emidio 2 (N), G. Coccia (N), G. Nori (N), G. Lila 2 (N), A. Giovannini (N), L. Di Giacomo (N), P. Di Silvio (F)*
Pucetta-Santegidiese **3-1**
*D. Bisciardi (P), A. Nazzicone 2 (P), A. Farinelli (S)*
Tagliacozzo-Avezzano **2-1**
*A. Torturo 2 (T), S. Guglietti (A)*
Torrese-Capistrello **1-1**
*R. Giancarli (T), M. Rosati (C)*
**Ha riposato:** Amiternina

**17ª giornata – lunedì 7 marzo 2022**

Amiternina-Tagliacozzo **3-1**
*T. Galeota 2 (A), F. Vasi (A), S. Pascucci (T)*
Avezzano-Pucetta **4-1**
*G. D'Amore (A), I. Mencarini (A), C. Gramegna (A), N. Di Pietro (A), A. Nazzicone (P)*
Fucense Trasacco-Torrese **1-1**
*N. Paneccasio (F), P. Bartolacci (T)*
Santegidiese-New Club Villa Mattoni **1-2**
*A. Tarulli (S), G. Lila (N), A. Giovannini (N)*
**Ha riposato:** Capistrello

**18ª giornata – lunedì 14 marzo 2022**

Capistrello-Fucense Trasacco **6-0**
*D. De Meis, M. Rosati, A. Di Girolamo 2, P. Cipriani, autorete*
New Club Villa Mattoni-Avezzano **3-3**
*P. Seck (N), G. Lila (N), G. Ciarrocchi (N), M. Muliere (A), S. Guglietti (A), A. Fedele (A)*
Pucetta-Amiternina **5-3**
*M. Odoardi (P), autorete (P), A. Capodacqua (P), autorete (P), C. Marianella (P), V. Serpetti (A), F. Vasi (A), L. Paiola (A)*

Torrese-Santegidiese **4-0**
*R. Giancarli 2, F. Coia 2*
**Ha riposato:** Tagliacozzo

## CLASSIFICA FINALE girone A

| squadre | punti | gare | vinte | nulle | perse | reti f. | reti s. | diff. |
|---|---|---|---|---|---|---|---|---|
| CAPISTRELLO | 38 | 16 | 11 | 5 | 0 | 53 | 19 | +34 |
| TAGLIACOZZO | 32 | 16 | 9 | 5 | 2 | 43 | 21 | +22 |
| AVEZZANO | 27 | 16 | 8 | 3 | 5 | 48 | 29 | +19 |
| PUCETTA | 27 | 16 | 8 | 3 | 5 | 35 | 34 | +1 |
| Amiternina | 25 | 16 | 8 | 1 | 7 | 37 | 29 | +8 |
| Torrese | 23 | 16 | 6 | 5 | 5 | 27 | 29 | - 2 |
| New Club V.Matt. | 15 | 16 | 4 | 3 | 9 | 38 | 51 | -13 |
| Santegidiese | 10 | 16 | 2 | 4 | 10 | 19 | 35 | -16 |
| Fucense Trasacco | 4 | 16 | 1 | 1 | 14 | 8 | 61 | -53 |

***N.B. In maiuscolo le squadre qualificate***

## CLASSIFICA MARCATORI girone A

**35 reti:** N. Del Grosso (Capistrello)
**27 reti:** A. Torturo (Tagliacozzo)
**22 reti:** L. Paiola (Amiternina)
**13 reti:** P. Seck (New Club Villa Mattoni)
**12 reti:** A. Nazzicone (Pucetta)
**11 reti:** T. Galeota (Amiternina)
**10 reti:** M. Rosati e R. Tullio (Capistrello); G. Lila (New Club Villa Mattoni); R. Giancarli (Torrese)
**9 reti:** F. Vasi e D. Carrozzi (Amiternina); A. Giovannini (NCVilla Mattoni)
**8 reti:** M. Graziani (Avezzano); D. Panella (Tagliacozzo)
**7 reti:** G. D'Amore e M. Muliere (Avezzano); M. Marinelli (Santegidiese)
**6 reti:** G. Giovagnorio (Avezzano); A. Capodacqua (Pucetta)
**5 reti:** S. Guglietti e C. Gramegna (Avezzano); M. Succitti (New Club Villa Mattoni); N. De Luca (Tagliacozzo); P. Bartolacci e C. Di Francesco (Torrese)
**4 reti:** M. Paiola (Amiternina); N. Di Pietro e F. D'Andreis (Avezzano); A. Paolucci e A. Di Girolamo (Capistrello); A. Buduri (Fucense T.); G. Coccia, C. D'Emidio e C. Di Girolamo (N.C. Villa Mattoni); F. Pascucci (Pucetta)
**3 reti:** L. D'Anniballe (Amiternina); A. Fedele e L. Pergolini (Avezzano); K. Sucapane e A. Marianetti (Capistrello); R. Ranalli (New Club Villa Mattoni); A. Ippoliti e A. Di Marco (Pucetta); E. Medori, A. Cereku e M. Gargiulo (Santegidiese); F. Sefgjini (Tagliacozzo); F. Coia e D. Cintioni (Torrese)

## UNDER 19 REGIONALI girone B

### 1ª giornata – lunedì 27 settembre 2021

Casalbordino-River Chieti 65 **2-1**
*L. Foltran (C), A. Marocco (C), autorete (R)*
Union Fossacesia-Manoppello Arabona **6-0**
*M. Fattore, A. Marfisi 3, M. Macannuco, L. Giovannelli*
Villa 2015-Ortona Calcio **1-3**
*B. Sperinteo (V), G. Colaiezzi 2 (O), D. Chiarini (O)*
Virtus Cupello-Sambuceto **2-2**
*S. Donatelli 2 (V), M. Di Prospero (S), D. Cannella (S)*
**Ha riposato:** Bacigalupo Vasto Marina

### 2ª giornata – lunedì 4 ottobre 2021

Manoppello Arabona-Virtus Cupello **7-2**
*M. Pepe 3 (M), S. Cremonese 2 (M), A. Marino (M), S. Montanaro (M), F. Torricella 2 (V)*
Ortona Calcio-Bacigalupo Vasto Marina **1-4**
*G. Colaiezzi (O), D. Santone 2 (B), A. Fitti (B), A. Santone (B)*
River Chieti 65-Union Fossacesia **2-5**
*A. Verzieri (R), I. Costantini (R), D. Alfino (U), M. Macannuco (U), A. Marfisi (U), C. Scarpari (U), L. Perugino (U)*
Sambuceto-Villa 2015 **2-1**
*M. Di Giovanni (S), D. Cannella (S), D. Crispini (V)*
**Ha riposato:** Casalbordino

### 3ª giornata – lunedì 11 ottobre 2021

Bacigalupo Vasto Marina-Sambuceto **2-1**
*G. Pizzi (B), M. Squadrone (B), M. Di Prospero (S)*
Union Fossacesia-Casalbordino **3-1**
*M. Macannuco (U), M. Fattore 2 (U), E. Natale (C)*
Villa 2015-Manoppello Arabona **1-1**
*D. Crispini (V), S. Montanaro (M)*
Virtus Cupello-River Chieti 65 **4-0**
*F. Torricella, A. D'Ovidio, Luigi Di Giacomo, S. Donatelli*
**Ha riposato:** Ortona Calcio

### 4ª giornata – lunedì 18 ottobre 2021

Casalbordino-Virtus Cupello **1-9**
*A. Marocco (C), F. Torricella 3 (V), M. Ricciardi (V), Luigi Di Giacomo 2 (V), N. Bellano (V), autorete (V), F. Scopa (V)*
**1-0**

Manoppello Arabona-Bacigalupo Vasto Marina
*O. Haymoud*
River Chieti 65-Villa 2015 **0-3**
*R. Delle Donne, C. Diaw, M. Liberato*
Sambuceto-Ortona Calcio **2-1**
*M. Di Giovanni (S), M. Faedo (S), D. Greco (O)*
**Ha riposato:** Union Fossacesia

### 5ª giornata – lunedì 25 ottobre 2021

Bacigalupo Vasto Marina-River Chieti 65 **6-3**
*G. Pizzi 2 (B), M. Squadrone (B), M. Romano (B), C. Vespasiano (B), M. Di Iorio (B), M. Di Giambattista 2 (R), F. Di Renzo (R)*
Ortona Calcio-Manoppello Arabona **3-0**
*G. Colaiezzi 2, G. Rosati*
Villa 2015-Casalbordino **5-2**
*D. Crispini 2 (V), M. Iafisco (V), E. Masciangelo (V). C. Diaw (V), U. Iezzi (C), M. Colasante (C)*
Virtus Cupello-Union Fossacesia **3-3**
*M. Ricciardi (V), F. Torricella (V), S. Donatelli (V), F. Corvettiero (U), C. Scarpari 2 (U)*
**Ha riposato:** Sambuceto

### 6ª giornata – lunedì 1 novembre 2021

Casalbordino-Bacigalupo Vasto Marina **1-7**
*L. Foltran (C), G. Pizzi 2 (B), F. Larivera 2 (B), D. Santone 2 (B), M. Squadrone (B)*
Manoppello Arabona-Sambuceto **2-5**
*S. Cremonese (M), M. Pepe (M), A. Alonzo (S), D. Cannella (S), M. Faedo (S), M. Di Giovanni (S), M. Di Prospero (S)*
River Chieti 65-Ortona Calcio **5-3**
*A. Margiotta (R), M. Di Giambattista 4 (R), F. Moroni (O), S. Petaccia (O), P. Mancini (O)*
Union Fossacesia-Villa 2015 **5-0**
*D. Alfino, M. Macannuco, N. Ambrosini, A. Pau, M. Fattore*
**Ha riposato:** Virtus Cupello

### 7ª giornata – lunedì 8 novembre 2021

Bacigalupo Vasto Marina-Union Fossacesia **4-3**
*D. Santone 3 (B), G. Pizzi (B), M. Macannuco (U), M. Fattore (U), A. Marfisi (U)*
Ortona Calcio-Casalbordino **2-0**
*G. Rosati, N. Nardone*
Sambuceto-River Chieti 65 **4-0**

*M. Faedo, M. Di Prospero, A. Santilli, A. Alonzo*
Villa 2015-Virtus Cupello **2-3**
*D. Crispini (Vil), R. Delle Donne (Vil), Luigi Di Giacomo 2 (Vir), A. D'Ovidio (Vir)*
**Ha riposato:** Manoppello Arabona

**8ª giornata – lunedì 15 novembre 2021**

Casalbordino-Sambuceto **1-2**
*G. Budano (C), M. Di Giovanni (S), M. Di Prospero (S)*
River Chieti 65-Manoppello Arabona **0-1**
*M. Pepe*
Union Fossacesia-Ortona Calcio **4-0**
*M. Macannuco, A. Marfisi, A. Grilli, M. Fattore*
Virtus Cupello-Bacigalupo Vasto Marina **3-3**
*M. Ricciardi 2 (V), Luigi Di Giacomo (V), M. Romano (B), A. Santone (B), M. Squadrone (B)*
**Ha riposato:** Villa 2015

**9ª giornata – lunedì 22 novembre 2021**

Bacigalupo Vasto Marina-Villa 2015 **3-1**
*F. Larivera (B), A. Santone (B), A. Fitti (B), D. Santacroce (V)*
Manoppello Arabona-Casalbordino **5-0**
*S. Cremonese 3, M. Pepe 2*
Ortona Calcio-Virtus Cupello **3-1**
*G. Colaiezzi 2 (O), C. Scenna (O), M. Ricciardi (V)*
Sambuceto-Union Fossacesia **1-0**
*A. Alonzo*
**Ha riposato:** River Chieti 65

**10ª giornata – lunedì 29 novembre 2021**

Manoppello Arabona-Union Fossacesia **1-2**
*F. Rullo (M), A. Pau 2 (U)*
Ortona Calcio-Villa 2015 **2-1**
*M. Albanese (O), S. Petaccia (O), D. Crispini (V)*
River Chieti 65-Casalbordino **3-1**
*M. Ruggieri (R), I. Costantini (R), S. Cozza (R), M. Colasante (C)*
Sambuceto-Virtus Cupello **6-0**
*M. Di Giovanni, M. Di Prospero, A. Alonzo 4*
**Ha riposato:** Bacigalupo Vasto Marina

| 11ª giornata – lunedì 6 dicembre 2021 | |
|---|---|
| Bacigalupo Vasto Marina-Ortona Calcio | **2-2** |
| *D. Santone (B), M. Iammarino (B), V. Scarinci (O), A. Patricelli (O)* | |
| Union Fossacesia-River Chieti 65 | **3-0** |
| *C. Scarpari 2, M. Macannuco* | |
| Villa 2015-Sambuceto | **0-4** |
| *D. Cannella 2, S. La Torre, A. Alonzo* | |
| Virtus Cupello-Manoppello Arabona | **1-3** |
| *M. Guarnieri (V), M. Pepe 2 (M), S. Cremonese (M)* | |
| **Ha riposato:** Casalbordino | |

| 12ª giornata – lunedì 13 dicembre 2021 | |
|---|---|
| Casalbordino-Union Fossacesia | **1-3** |
| *A. Simonetti (C), A. Pau (U), C. Scarpari (U), A. Marfisi (U)* | |
| Manoppello Arabona-Villa 2015 | **3-0** (a tavolino) |
| River Chieti 65-Virtus Cupello | **9-6** |
| *M. Di Giambattista 4 (R), V. Mincone (R), M. Ruggieri 2 (R), M. Palazzolo (R), M. D'Alessandro (R), M. Guarnieri (V), Luigi Di Giacomo (V), P. Civico (V), F. Torricella 2 (V), N. Bellano (V)* | |
| Sambuceto-Bacigalupo Vasto Marina | **0-0** |
| **Ha riposato:** Ortona Calcio | |

| 13ª giornata – lunedì 20 dicembre 2021 | |
|---|---|
| Bacigalupo Vasto Marina-Manoppello Arabona | **5-0** |
| *D. Santone, N. Lemme 2, L. Petrella, M. Di Iorio* | |
| Ortona Calcio-Sambuceto | **1-2** |
| *N. Nardone (O), A. Alonzo (S), R. Canale (S)* | |
| Villa 2015-River Chieti 65 | **2-0** |
| *E. Masciangelo, D. Crispini* | |
| Virtus Cupello-Casalbordino | **0-2** |
| *D. Bologna, L. Fiore* | |
| **Ha riposato:** Union Fossacesia | |

| 14ª giornata – lunedì 14 febbraio 2022 | |
|---|---|
| Casalbordino-Villa 2015 | **3-3** |
| *L. Fiore (C), M. Bonacci (C), U. Iezzi (C), A. Paravati 2 (V), A. D'Arcangelo (V)* | |
| Manoppello Arabona-Ortona Calcio | **1-0** |
| *M. Pepe* | |
| River Chieti 65-Bacigalupo Vasto Marina | **1-2** |
| *I. Costantini (R), F. Larivera (B), R. Bolami (B)* | |
| Union Fossacesia-Virtus Cupello | **2-3** |
| *M. Macannuco (U), C. Scarpari (U), N. Bellano (V), M. Guarnieri 2 (V)* | |

**Ha riposato:** Sambuceto

| 15ª giornata – lunedì 21 febbraio 2022 | |
|---|---|
| Bacigalupo Vasto Marina-Casalbordino | **1-0** |
| *C. Vespasiano* | |
| Ortona Calcio-River Chieti 65 | **4-1** |
| *G. Colaiezzi (O), F. D'Alessandro (O), M. Albanese (O), G. Rosati (O), M. Di Silvestro (R)* | |
| Sambuceto-Manoppello Arabona | **4-0** |
| *E. Berardi, A. Alonzo 2, M. Di Giovanni* | |
| Villa 2015-Union Fossacesia | **3-3** |
| *E. Bombini 3 (V), M. Macannuco (U), C. Scarpari (U), D. Alfino (U)* | |

**Ha riposato:** Virtus Cupello

| 16ª giornata – lunedì 28 febbraio 2022 | |
|---|---|
| Casalbordino-Ortona Calcio | **0-6** |
| *M. Albanese 3, G. Colaiezzi, G. Rosati, S. Petaccia* | |
| River Chieti 65-Sambuceto | **0-3** |
| *D. Cannella 2, A. Alonzo* | |
| Union Fossacesia-Bacigalupo Vasto Marina | **2-2** |
| *A. Marfisi 2 (U), N. Lemme 2 (B)* | |
| Virtus Cupello-Villa 2015 | **1-4** |
| *L. Carlucci (Vir), M. Zona (Vil), A. Paravati 2 (Vil), S. Orellana (Vil)* | |

**Ha riposato:** Manoppello Arabona

| 17ª giornata – lunedì 7 marzo 2022 | |
|---|---|
| Bacigalupo Vasto Marina-Virtus Cupello | **7-0** |
| *D. Santone 2, R. Bolami, N. Lemme, F. Larivera 2, M. Di Iorio* | |
| Manoppello Arabona-River Chieti 65 | **2-2** |
| *M. Di Fulvio (M), E. Sasso (M), I. Costantini (R), M. Di Giambattista (R)* | |
| Ortona Calcio-Union Fossacesia | **2-2** |
| *G. Rosati (O), D. Chiarini (O), M. Fattore (U), A. Grilli (U)* | |
| Sambuceto-Casalbordino | **6-0** |
| *D. Cannella 2, A. Alonzo 2, C. La Torre 2* | |

**Ha riposato:** Villa 2015

| 18ª giornata – domenica 14 marzo 2022 | |
|---|---|
| Casalbordino-Manoppello Arabona | **2-4** |
| *L. Fiore (C), M. Colasante (C), G. Fiasca (M), D. Ammirati (M), M. Pepe (M), D. Mastrogiuseppe (M)* | |
| Union Fossacesia-Sambuceto | **0-3** |
| *D. Cannella 2, M. Di Prospero* | |

Villa 2015-Bacigalupo Vasto Marina **3-1**
*L. Falasca (V), A. Paravati 2 (V), T. Rozanc (B)*
Virtus Cupello-Ortona Calcio **1-5**
*Luigi Di Giacomo (V), M. Albanese 2 (O), G. Colaiezzi 2 (O), S. Palermo (O)*
**Ha riposato:** River Chieti 65

## CLASSIFICA FINALE girone B

| squadre | punti | gare | vinte | nulle | perse | reti f. | reti s. | diff. |
|---|---|---|---|---|---|---|---|---|
| SAMBUCETO | 41 | 16 | 13 | 2 | 1 | 47 | 10 | +27 |
| BACIGALUPO | 34 | 16 | 10 | 4 | 2 | 49 | 22 | +37 |
| UNION FOSS. | 28 | 16 | 8 | 4 | 4 | 46 | 26 | +20 |
| ORTONA C. | 26 | 16 | 8 | 2 | 6 | 38 | 27 | +11 |
| Manoppello Ar. | 26 | 16 | 8 | 2 | 6 | 31 | 33 | -2 |
| Villa 2015 | 17 | 16 | 5 | 3 | 8 | 30 | 36 | -6 |
| Virtus Cupello | 15 | 16 | 4 | 3 | 9 | 39 | 59 | -20 |
| River Chieti 65 | 10 | 16 | 3 | 1 | 12 | 27 | 51 | -24 |
| Casalbordino | 7 | 16 | 2 | 1 | 13 | 17 | 60 | -43 |

***N.B. In maiuscolo le squadre qualificate***

### spareggio per il quarto posto – lunedì 21 marzo 2022 a Tollo (Ch)

Manoppello Arabona-Ortona Calcio **1-3**
*S. Montanaro (M), M. Albanese 2 (O), P. Mancini (O)*

## CLASSIFICA MARCATORI girone B

**19 reti:** A. Paravati (Villa 2015)
**17 reti:** A. Alonzo (Sambuceto)
**16 reti:** M. Di Giambattista (River Chieti 65)
**15 reti:** M. Pepe (Manoppello Arabona)
**14 reti:** D. Cannella (Sambuceto); D. Crispini (Villa 2015)
**13 reti:** D. Santone (Bacigalupo Vasto Marina); G. Colaiezzi (Ortona Calcio); Luigi Di Giacomo (Virtus Cupello)
**11 reti:** A. Marfisi (Union Fossacesia)
**10 reti:** M. Di Prospero (Sambuceto)
**9 reti:** F. Larivera (Bacigalupo Vasto Marina); M. Albanese (Ortona Calcio); M. Macannuco (Union Fossacesia); F. Torricella (Virtus Cupello)
**7 reti:** S. Cremonese (Manoppello Arabona); M. Fattore e C. Scarpari (Union Fossacesia); A. D'Ovidio e M. Guarnieri (Virtus Cupello)
**6 reti:** G. Pizzi e N. Lemme (Bacigalupo Vasto Marina); I. Costantini (River Chieti 65); M. Di Giovanni (Sambuceto); A. Pau (Union Fossacesia); C. Diaw (Villa 2015)
**5 reti:** L. Fiore (Casalbordino); O. Haymoud (Manoppello Arabona); G. Rosati (Ortona Calcio); M. Grossi, A. Verzieri, V. Mincone e M. Ruggieri (River Chieti 65); M. Iafisco (Villa 2015); M. Ricciardi (Virtus Cupello)
**4 reti:** A, Santone, L. Petrella, M. Di Iorio e A. Squadrone (Bacigalupo Vasto Marina); S. Montanaro (Manoppello Arabona); M. Faedo (Sambuceto); N. Bellano e S. Donatelli (Virtus Cupello)
**3 reti:** C. Vespasiano (Bacigalupo Vasto Marina); M. Bonacci e M. Colasante (Casalbordino); M. Di Fulvio (Manoppello Arabona); S. Petaccia (Ortona Calcio); C. Tacchi, E. Bombini e D. De Felice (Villa 2015); F. Scopa (Virtus Cupello)

## UNDER 19 REGIONALI girone C

### 1ª giornata – lunedì 27 settembre 2021

2000 Calcio Montesilvano-Penne **4-4**
*L. Buccione 2 (C), A. Iezzi (C), L. Di Primio (C), P. Barlaam (P), E. Zenone (P), Y. Hassan Gad Ali (P), M. Cutilli (P)*
Il Delfino Curi Pescara-Giulianova **3-0** (a tavolino)
RC Angolana-Silvi **4-1**
*L. Mottini (R), M. Tidiane 2 (R), E. Adaowo (R), A. Palestini (S)*
Rosetana-Alba Adriatica **0-3** (a tavolino)
Spoltore-D'Annunzio Pescara **3-2**
*M. Giampietro 2 (S), N. Ricci (S), M. Cirillo (D), A. Di Zio (D)*

### 2ª giornata – lunedì 4 ottobre 2021

Alba Adriatica-Spoltore **1-3**
*M. Giri (A), D. Orlandi (S), N. Ricci (S), L. Silvestri (S)*
D'Annunzio Pescara-2000 Calcio Montesilvano **3-4**
*A. Di Zio (D), A. Di Cintio (D), F. Parolini (D), E. Chiulli (C), R. Giampietro (C), L. Mammarella (C), J. Vedovato (C)*
Giulianova-Rosetana **4-0**
*L. Berilli 2, autorete, S. Bala*
Penne-RC Angolana **1-3**
*G. Marzola (P), D. Bosica (R), S. Morelli 2 (R)*
Silvi-Il Delfino Curi Pescara **1-3**
*D. Lipari (S), S. Zaffiri (I), F. Canzano (I), S. Bombini (I)*

### 3ª giornata – lunedì 11 ottobre 2021

2000 Calcio Montesilvano-Alba Adriatica **6-0**
*T. Lupinetti, L. Mammarella, R. Giampietro 2, E. Chiulli 2*
Il Delfino Curi Pescara-RC Angolana **0-8**
*M. Tidiane 3, E. D'Amico 2, S. Morelli, A. Ucci, D. Bosica*
Penne-D'Annunzio Pescara **5-2**
*P. Barlaam 3 (P), E. Del Ponte (P), autorete (P), A. Di Zio (D), A. Carminelli (D)*
Rosetana-Silvi **0-6**
*F. Di Giacomo, D. M. Diop, A. Ricci, D. Ciantra, M. Pieri, A. Palestini*
Spoltore-Giulianova **6-2**
*B. Chiacchiaretta 3 (S), J. Ciccotosto (S), L. Frosina 2 (S), L. D'Angelo (G), S. Bala (G)*

| 4ª giornata – lunedì 18 ottobre 2021 | |
|---|---|
| Alba Adriatica-D'Annunzio Pescara | **4-2** |
| *M. Giri (A), A. Rossi (A), G. Iobbi (A), D. Caci (A), F. Di Sipio (D), M. Guerra (D)* | |
| Il Delfino Curi Pescara-Penne | **4-3** |
| *F. Canzano 2 (I), S. Bombini (I), C. Della Marra (I), P. Barlaam 2 (P), D. Carlucci (P)* | |
| Giulianova-2000 Calcio Montesilvano | **2-3** |
| *P. Iacovoni (G), M. Bontà (G), E. Chiulli (C), F. Caporale (C), autorete (C)* | |
| RC Angolana-Rosetana | **6-1** |
| *E. Adaowo (RC), P. Cocullo (RC), D. Bosica (RC), A. Di Lorenzo (RC), J. Vitullo (RC), P. Piedimonte (RC), C. Pisciella (Ro)* | |
| Silvi-Spoltore | **2-3** |
| *K. Di Quilio 2 (Si), A. Karaci (Sp), D. Vitale (Sp), B. Chiacchiaretta (Sp)* | |

| 5ª giornata – lunedì 25 ottobre 2021 | |
|---|---|
| 2000 Calcio Montesilvano-Silvi | **2-1** |
| *E. Chiulli (C), F. Caporale (C), K. Di Quilio (S)* | |
| D'Annunzio Pescara-Giulianova | **0-0** |
| Penne-Alba Adriatica | **2-4** |
| *M. Nardicchia (P), P. Barlaam (P), A. Rossi 2 (A), M. Giri (A), G. Rastellini (A)* | |
| Rosetana-Il Delfino Curi Pescara | **1-3** |
| *J. Rosini (R), F. Canzano (I), C. Della Marra (I), autorete (I)* | |
| Spoltore-RC Angolana | **3-1** |
| *L. Silvestri (S), N. Ricci (S), D. Orlandi (S), E. Adaowo (R)* | |

| 6ª giornata – lunedì 1 novembre 2021 | |
|---|---|
| Il Delfino Curi Pescara-Spoltore | **2-1** |
| *C. Della Marra (I), F. Canzano (I), B. Chiacchiaretta (S)* | |
| Giulianova-Alba Adriatica | **4-0** |
| *M. Tenpera 2, F. Di Domenicantonio, L. Arancio* | |
| RC Angolana-2000 Calcio Montesilvano | **3-3** |
| *E. D'Amico (R), A. Ucci (R), M. Tidiane (R), L. Mammarella (C), F. Fidanza (C), L. Piovani (C)* | |
| Rosetana-Penne | **3-4** |
| *D. Giansante (R), M. Pavone (R), L. Fraccastoro (R), G. Petrucci (P), G. Iezzi (P), D. Carlucci (P), S. Serti (P)* | |
| Silvi-D'Annunzio Pescara | **1-2** |
| *A. Ricci (S), M. Cirillo 2 (D)* | |

| 7ª giornata – lunedì 8 novembre 2021 | |
|---|---|
| 2000 Calcio Montesilvano-Il Delfino Curi Pescara | **2-1** |
| *E. Chiulli (C), L. Piovani (C), C. Della Marra (I)* | |
| Alba Adriatica-Silvi | **1-0** |
| *G. Rastellini* | |
| D'Annunzio Pescara-RC Angolana | **1-1** |
| *D. Mauro (D), P. Piedimonte (R)* | |
| Penne-Giulianova | **1-1** |
| *F. Cirone (P), S. Bala (G)* | |
| Spoltore-Rosetana | **8-1** |
| *E. Cesta 3 (S), L. Silvestri 2 (S), M. Giampietro (S), A. Carusi (S), D. Orlandi (S), C. Martella (R)* | |

| 8ª giornata – lunedì 15 novembre 2021 | |
|---|---|
| Il Delfino Curi Pescara-D'Annunzio Pescara | **2-0** |
| *D. Cauti, S. Demurtas* | |
| RC Angolana-Alba Adriatica | **1-0** |
| *E. D'Amico* | |
| Rosetana-2000 Calcio Montesilvano | **0-8** |
| *L. Piovani, L. Buccione, E. Chiulli 2, A. Iezzi, S. Barretta, F. Fidanza, D. Silvestri* | |
| Silvi-Giulianova | **3-3** |
| *D. Di Sante (S), T. Santucci (S), autorete (S), L. Berilli (G), L. Arancio (G), S. Bala (G)* | |
| Spoltore-Penne | **3-2** |
| *F. De Vincentiis 2 (S), M. Giampietro (S), E. Del Ponte (P), A. Carminelli (P)* | |

| 9ª giornata – lunedì 22 novembre 2021 | |
|---|---|
| 2000 Calcio Montesilvano-Spoltore | **4-3** |
| *D. Daka 2 (C), L. Piovani (C), M. Cavallucci (C), R. Luciani (S), F. Di Tanna (S), F. De Vincentiis (S)* | |
| Alba Adriatica-Il Delfino Curi Pescara | **2-1** |
| *M. Giri 2 (A), A. Bussola (I)* | |
| D'Annunzio Pescara-Rosetana | **3-1** |
| *M. Cirillo 2 (D), L. Manieri (D), D. Davide (R)* | |
| Giulianova-RC Angolana | **1-2** |
| *S. Bala (G), E. Angelozzi (R), A. Vitali (R)* | |
| Penne-Silvi | **2-3** |
| *E. Massimi (P), S. Serti (P), K. Di Quilio 3 (S)* | |

| 10ª giornata – lunedì 29 novembre 2021 | |
|---|---|
| Alba Adriatica-Rosetana | **6-1** |
| *G. Rastellini 2 (A), F. Farh (A), M. Giri 2 (A), S. Roccetti (A), N. Belfiore (R)* | |

D'Annunzio Pescara-Spoltore **3-1**
*A. Di Zio 2 (D), M. Cirillo (D), A. Marcotullio (S)*
Giulianova-Il Delfino Curi Pescara **0-1**
*A. Paolucci*
Penne-2000 Calcio Montesilvano **0-5**
*S. Barretta, A. Iezzi, L. Buccione, F. Fidanza 2*
Silvi-RC Angolana **1-6**
*K. Di Quilio (S), D. Niang 2 (R), E. Adaowo (R), E. D'Amico (R), A. Prospero (R), A. Vitali (R)*

**11ª giornata – lunedì 6 dicembre 2021**

2000 Calcio Montesilvano-D'Annunzio Pescara **2-4**
*F. Kuqueshi (C), S. Barretta (C), A. Di Zio 3 (D), V. Aceto (D)*
Il Delfino Curi Pescara-Silvi **5-0**
*S. Bombini 2, C. Della Marra, A. Salaj, D. Di Nardo*
RC Angolana-Penne **3-1**
*D. Niang 3 (R), P. Barlaam (P)*
Rosetana-Giulianova **3-4**
*L. Iachini (R), D. Giansante (R), S. Sfredda (R), S. Ippoliti 3 (G), M. Tempera (G)*
Spoltore-Alba Adriatica **4-3**
*E. Cesta (S), F. Di Tanna (S), L. Frosina (S), A. Marcotullio (S), M. Galli (A), M. Giri 2 (A)*

**12ª giornata – lunedì 13 dicembre 2021**

Alba Adriatica-2000 Calcio Montesilvano **1-4**
*G. Cialini (A), D. Daka 2 (C), T. Lupinetti 2 (C)*
D'Annunzio Pescara-Penne **2-1**
*M. Cirillo 2 (D), E. Del Ponte (P)*
Giulianova-Spoltore **1-4**
*S. Ippoliti (G), D. Orlandi 2 (S), F. Di Tanna (S), A. Rossetti (S)*
RC Angolana-Il Delfino Curi Pescara **1-1**
*E. D'Amico (R), C. Della Marra (I)*
Silvi-Rosetana **2-1**
*M. Pieri (S), G. Giovannetti (S), D. Giansante (R)*

**13ª giornata – lunedì 20 dicembre 2021**

2000 Calcio Montesilvano-Giulianova **9-0**
*L. Piovani, D. Daka, F. Fidanza, T. Lupinetti, S. Vanni, E. Chiulli 2, A. Iezzi, L. Mammarella*
DAnnunzio Pescara-Alba Adriatica **1-0**
*G. Burigo*
Penne-Il Delfino Curi Pescara **2-1**

*F. Cirone (P), E. Del Ponte (P), F. Terra (I)*
Rosetana-RC Angolana **2-3**
*J. Rosini (Ro), D. Giansante (Ro), E. Adaowo (RC), M. Tidiane (RC), L. Mottini (RC)*
Spoltore-Silvi **3-2**
*D. Orlandi (Sp), A. Puce (Sp), L. Frosina (Sp), autorete (Si), G. Giovannetti (Si)*

**14ª giornata – lunedì 14 febbraio 2022**

Alba Adriatica-Penne **3-2**
*D. Caci (A), M. Giri 2 (A), D. Carlucci (P), S. Serti (P)*
Il Delfino Curi Pescara-Rosetana **5-0**
*F. Terra 2, C. Della Marra, D. Di Nardo, A. Bussola*
Giulianova-D'Annunzio Pescara **4-3**
*P. Iacovoni (G), S. Bala 2 (G), L. D'Angelo (G), M. Cirillo (D), autorete (D), M. Guerra (D)*
RC Angolana-Spoltore **2-0**
*E. D'Amico, D. Niang*
Silvi-2000 Calcio Montesilvano **2-3**
*K. Di Quilio (S), A. Ricci (S), D. Daka (C), J. Vedovato (C), L. Mammarella (C)*

**15ª giornata – lunedì 21 febbraio 2022**

2000 Calcio Montesilvano-RC Angolana **4-0**
*L. Mammarella, A. Iezzi 2, D. Daka*
Alba Adriatica-Giulianova **0-4**
*S. Ippoliti, L. D'Angelo, P. Iacovoni, L. Berilli*
D'Annunzio Pescara-Silvi **2-2**
*M. Cirillo (D), M. Guerra (D), K. Di Quilio (S), autorete (S)*
Penne-Rosetana **5-1**
*D. Carlucci 2 (P), E. Del Ponte (P), L. Squartecchia (P), autorete (P), D. Giansante (R)*
Spoltore-Il Delfino Curi Pescara **1-0**
*C. Colasante*

**16ª giornata – lunedì 28 febbraio 2022**

Il Delfino Curi Pescara-2000 Calcio Montesilvano **1-2**
*F. Terra (I), F. Pento (C), L. Piovani (C)*
Giulianova-Penne **7-0**
*L. Arancio 3, L. Berilli, M. Di Mola, P. Iacovoni, autorete*
RC Angolana-D'Annunzio Pescara **1-2**
*E. Adaowo (RC), A. Di Zio (D), R. Gagliardi (D)*
Rosetana-Spoltore **1-3**
*J. Rosini (R), D. Orlandi (S), F. Di Tanna (S), F. D'Angelo (S)*

Silvi-Alba Adriatica **2-3**
*F. Di Marco (S), M. Guikau (S), A. Migliori (A), K. Staffilani (A), A. Montelisciani (A)*

## 17ª giornata – lunedì 7 marzo 2022

2000 Calcio Montesilvano-Rosetana **9-0**
*M. D'Alessandro 2, E. Chiulli 3, A. Iezzi, D. Daka, L. Piovani, M. Ettorre*
Alba Adriatica-RC Angolana **2-4**
*M. Giri 2 (A), A. Ucci 2 (R), S. Morelli (R), D. Perna (R)*
D'Annunzio Pescara-Il Delfino Curi Pescara **1-4**
*A. Di Zio (D), S. Bombini (I), C. Della Marra 2 (I), autorete (I)*
Giulianova-Silvi **4-3**
*L. Arancio (G), L. D'Angelo (G), P. Iacovoni 2 (G), K. Di Quilio 2 (S), M. Pieri (S)*
Penne-Spoltore **2-5**
*D. Carlucci (P), M. Nardicchia (P), K. Ciccotosto (S), L. Silvestri 2 (S), D. Orlandi (S), L. Frosina (S)*

## 18ª giornata – lunedì 14 marzo 2022

Il Delfino Curi Pescara-Alba Adriatica **2-2**
*C. Carozza (I), L. Cocchini (I), M. Giri 2 (A)*
RC Angolana-Giulianova **0-3**
*L. Arancio, L. D'Angelo 2*
Rosetana-D'Annunzio Pescara **4-6**
*D. Giansante (R), S. Sfredda (R), C. Petrella 2 (R), A. Di Zio 2 (D), M. Guerra (D), M. Cirillo 2 (D), L. Manieri (D)*
Silvi-Penne **1-2**
*K. Di Quilio (S), S. Serti (P), E. Del Ponte (P)*
Spoltore-2000 Calcio Montesilvano **2-3**
*C. Colasante 2 (S), E. Chiulli 2 (C), S. Berretta (C)*

## CLASSIFICA FINALE girone C

| squadre | punti | gare | vinte | nulle | perse | reti f. | reti s. | diff. |
|---|---|---|---|---|---|---|---|---|
| 2000 CALCIO M. | 47 | 18 | 15 | 2 | 1 | 77 | 27 | +50 |
| SPOLTORE | 39 | 18 | 13 | 0 | 5 | 56 | 34 | +22 |
| RC ANGOLANA | 36 | 18 | 11 | 3 | 4 | 49 | 27 | +22 |
| IL DELFINO C. | 32 | 18 | 10 | 2 | 6 | 39 | 27 | +12 |
| Giulianova | 27 | 18 | 8 | 3 | 7 | 44 | 41 | +3 |
| D'Annunzio Pe | 27 | 18 | 8 | 3 | 7 | 39 | 40 | -1 |
| Alba Adriatica | 25 | 18 | 8 | 1 | 9 | 35 | 43 | -8 |
| Penne | 17 | 18 | 5 | 2 | 11 | 39 | 55 | -16 |
| Silvi | 11 | 18 | 3 | 2 | 13 | 33 | 49 | -16 |
| Rosetana | 0 | 18 | 0 | 0 | 18 | 20 | 88 | -68 |

***N.B. In maiuscolo le squadre qualificate***

## CLASSIFICA MARCATORI girone C

**21 reti:** M. Cirillo (D'Annunzio Pescara)
**17 reti:** M. Giri (Alba Adriatica)
**16 reti:** E. Chiulli (2000 Calcio Montesilvano); K. Di Quilio (Silvi)
**14 reti:** A. Di Zio (D'Annunzio Pescara)
**13 reti:** L. Arancio, L. D'Angelo e P. Iacovoni (Giulianova)
**12 reti:** D. Daka (2000 Calcio Montesilvano)
**11 reti:** C. Della Marra (Il Delfino Curi Pescara); D. Niang (RC Angolana);
**10 reti:** L. Piovani e T. Lupinetti (2000 Calcio Montesilvano); M. Guerra (D'Annunzio Pescara); S. Bala (Giulianova); M. Tidiane (RC Angolana); B. Chiacchiaretta (Spoltore)
**9 reti:** E. D'Amico (RC Angolana); L. Silvestri e D. Orlandi (Spoltore)
**8 reti:** A. Iezzi e F. Fidanza (2000 Calcio Montesilvano); P, Barlaam e E. Del Ponte (Penne); E. Adaowo (RC Angolana)
**7 reti:** L. Mammarella (2000 Calcio Montesilvano)
**6 reti:** D. Carlucci (Penne); D. Giansante (Rosetana)
**5 reti:** L. Berilli e S. Ippoliti (Giulianova); F. Canzano e S. Bombini (Il Delfino Curi); Luca Chiavaroli (Silvi); L. Frosina e F. Di Tanna (Spoltore)
**4 reti:** L. Buccione e S. Barretta (2000 Calcio Montesilvano); G. Rastellini (Alba Adriatica); M. Tempera (Giulianova); F. Terra (Il Delfino Curi Pescara); S. Serti (Penne); A. Ucci e L. Mottini (RC Angolana); E. Cesta, C. Colasante e M. Giampietro (Spoltore)
**3 reti:** R. Giampietro (2000 Calcio Montesilvano); A. Rossi (Alba Adriatica); L. Manieri (D'Annunzio Pescara); D. Di Nardo (Il Delfino Curi Pescara); D. Bosica (RC Angolana); J. Rosini (Rosetana); A. Ricci, M. Pieri e R. Presutti (Silvi); N. Ricci e F. De Vincentiis (Spoltore)

# UNDER 19 REGIONALI SECONDA FASE
## ASSEGNAZIONE TITOLO REGIONALE
## GIRONE D

### 1ª giornata – lunedì 28 marzo 2022

Avezzano-2000 Calcio Montesilvano **1-2**
*G. D'Amore (A), L. Piovani (C), G. Sammaciccia (C)*
Bacigalupo Vasto Marina-Ortona Calcio **6-0**
*F. Larivera 3, C. Vespasiano, M. Di Iorio, D. Santone*

### 2ª giornata – lunedì 4 aprile 2022

2000 Calcio Montesilvano-Bacigalupo Vasto Marina **3-1**
*F. Fidanza 3 (C), A. Santone (B)*
Ortona Calcio-Avezzano **0-3**
*F. D'Andreis, G. D'Amore, V. Roncone*

### 3ª giornata – lunedì 11 aprile 2022

2000 Calcio Montesilvano-Ortona Calcio **6-2**
*L. Piovani 2 (C), E. Chiulli (C), T. Lupinetti 2 (C), D. Daka (C), S. Palermo (O), G. Colaiezzi (O)*
Bacigalupo Vasto Marina-Avezzano **1-0**
*D. Santone*

### 4ª giornata – martedì 19 aprile 2022

Avezzano-Bacigalupo Vasto Marina **0-3** (a tavolino)
Ortona Calcio-2000 Calcio Montesilvano **0-3**
*D. Daka, T. Lupinetti 2*

### 5ª giornata – lunedì 25 aprile 2022

2000 Calcio Montesilvano-Avezzano **3-1**
*T. Lupinetti 2 (C), L. Mammarella (C), S. Guglietti (A)*
Ortona Calcio-Bacigalupo Vasto Marina **1-3**
*A. Pizzico (O), M. Squadrone (B), N. Lemme (B), D. Priori (B)*

### 6ª giornata – lunedì 2 maggio 2022

Avezzano-Ortona Calcio **3-1**
*S. Guglietti 2 (A), G. Venditti (A), G. Colaiezzi (O)*
Bacigalupo Vasto Marina-2000 Calcio Montesilvano **1-1**
*N. Lemme (A), A. Iezzi (C)*

## CLASSIFICA FINALE girone D

| squadre | punti | gare | vinte | nulle | perse | reti f. | reti s. | diff. |
|---|---|---|---|---|---|---|---|---|
| 2000 CALCIO M. | 16 | 6 | 5 | 1 | 0 | 18 | 6 | +12 |
| BACIGALUPO | 13 | 6 | 4 | 1 | 1 | 15 | 5 | +10 |
| Avezzano | 6 | 6 | 2 | 0 | 4 | 8 | 10 | -2 |
| Ortona Calcio | 0 | 6 | 0 | 0 | 6 | 4 | 24 | -20 |

***N.B. In maiuscolo le squadre qualificate***

## GIRONE E

### 1ª giornata – lunedì 28 marzo 2022

Spoltore-Capistrello **0-4**
*A. Paolucci, R. Tullio, N. Del Grosso 2*
Union Fossacesia-Il Delfino Curi Pescara **2-4**
*A. Pau 2 (A), C. Della Marra 2 (I), D. Di Nardo (I), autorete (I)*

### 2ª giornata – lunedì 4 aprile 2022

Capistrello-Union Fossacesia **6-0**
*L. Fantozzi, R. Tullio, A. Paolucci, A. Di Girolamo, N. Del Grosso, K. Sucapane*
Il Delfino Curi Pescara-Spoltore **2-1**
*M. Palmaricciotti (I), A. Paolucci (I), B. Chiacchiaretta (S)*

### 3ª giornata – lunedì 11 aprile 2022

Capistrello-Il Delfino Curi Pescara **3-0**
*A. Paolucci, A. Salvati, L. De Meis*
Union Fossacesia-Spoltore **1-6**
*G. Di Tommaso (U), A. Rossetti (S), G. Ciccotosto (S), F. Di Tanna (S), C. Colasante (S), L. Silvestri (S), B. Chiacchiaretta (S)*

### 4ª giornata – martedì 19 aprile 2022

Il Delfino Curi Pescara-Capistrello **1-1**
*D. Cauti (I), P. Cipriani (C)*
Spoltore-Union Fossacesia **4-1**
*D. Orlandi 2 (S), L. Silvestri (S), B. Chiacchiaretta (S), A. Marfisi (U)*

### 5ª giornata – lunedì 25 aprile 2022

Capistrello-Spoltore **0-2**
*L. Silvestri, C. Belli*
Il Delfino Curi Pescara-Union Fossacesia **5-1**
*R. Sciamanda 3 (I), S. Cozzi (I), C. Della Marra (I), N. Di Nella (U)*

### 6ª giornata – lunedì 2 maggio 2022

Spoltore-Il Delfino Curi Pescara **3-2**
*B. Chiacchiaretta 2 (S), S. Di Zio (S), R. Sciamanda (I), A. Quagliano (I)*
Union Fossacesia-Capistrello **1-3**
*A. Marfisi (U), R. Di Tullio (C), A. Di Girolamo (C), K. Sucapane (C)*

## CLASSIFICA FINALE girone E

| squadre | punti | gare | vinte | nulle | perse | reti f. | reti s. | diff. |
|---|---|---|---|---|---|---|---|---|
| CAPISTRELLO | 13 | 6 | 4 | 1 | 1 | 17 | 4 | +13 |
| Spoltore | 12 | 6 | 4 | 0 | 2 | 16 | 10 | +6 |
| Il Delfino Curi Pe | 10 | 6 | 3 | 1 | 2 | 14 | 11 | +3 |
| Union Fossacesia | 0 | 6 | 0 | 0 | 6 | 6 | 28 | -22 |

***N.B. In maiuscolo le squadre qualificate***

## GIRONE F

### 1ª giornata – lunedì 28 marzo 2022

Pucetta-Sambuceto **4-6**
*F. Pascucci 2 (P), A. Mostacci (P), A. Capodacqua (P), M. Di Prospero (S), F. Murina (S), M. Faedo (S), A. Alonzo (S), D. Cannella 2 (S)*
RC Angolana-Tagliacozzo **1-1**
*D. Niang (R), A. Torturo (T)*

### 2ª giornata – lunedì 4 aprile 2022

Sambuceto-RC Angolana **2-2**
*A. Alonzo 2 (S), D. Niang (R), M. Tidiane (R)*
Tagliacozzo-Pucetta **2-0**
*R. Gargano, A. Torturo*

### 3ª giornata – lunedì 11 aprile 2022

Pucetta-RC Angolana **1-3**
*A. Nazzicone (A), E. Adaowo (R), L. Mottini (R), D. Niang (R)*
Tagliacozzo-Sambuceto **2-1**
*V. Di Rocco (T), A. Torturo (T), E. Berardi (S)*

### 4ª giornata – martedì 19 aprile 2022

RC Angolana-Pucetta **3-1**
*D. Niang (R), M. Tidiane (R), L. Di Giandomenico (R), A. Di Marco (P)*
Sambuceto-Tagliacozzo **1-0**
*D. Cannella*

**5ª giornata – lunedì 25 aprile 2022**

Sambuceto-Pucetta **0-1**
*A. Nazzicone*
Tagliacozzo-RC Angolana **0-1**
*E. D'Amico*

**6ª giornata – lunedì 2 maggio 2022**

Pucetta-Tagliacozzo **2-7**
*L. Ferrazza 2 (P), A. Torturo 4 (T), M. Pensa 2 (T), A. Salvi (T)*
RC Angolana-Sambuceto **3-2**
*E. Adaowo (R), M. Tidiane (R), L. Di Giandomenico (R), M. Di Prospero 2 (S)*

## CLASSIFICA FINALE girone F

| squadre | punti | gare | vinte | nulle | perse | reti f. | reti s. | diff. |
|---|---|---|---|---|---|---|---|---|
| RC ANGOLANA | 14 | 6 | 4 | 2 | 0 | 13 | 7 | +6 |
| Tagliacozzo | 10 | 6 | 3 | 1 | 2 | 12 | 6 | +6 |
| Sambuceto | 7 | 6 | 2 | 1 | 3 | 12 | 12 | 0 |
| Pucetta | 3 | 6 | 1 | 0 | 5 | 9 | 21 | -12 |

***N.B. In maiuscolo le squadre qualificate***

## ASSEGNAZIONE TITOLO REGIONALE SEMIFINALI

**GARE DI ANDATA – lunedì 9 maggio 2022**

2000 Calcio Montesilvano-RC Angolana **3-1**
*D. Daka 2 (C), M. Cavallucci (C), A. Lombardi (R)*
Bacigalupo Vasto Marina-Capistrello **3-4**
*L. Petrella 3 (B), R. Tullio 3 (C), D. Rozzi (C)*

**GARE DI RITORNO – mercoledì 25 maggio 2022**

CAPISTRELLO-Bacigalupo Vasto Marina **6-0**
*R. Tullio 3, A. Salvati, N. Del Grosso, K. Sucapane*
RC ANGOLANA-2000 Calcio Montesilvano **4-0**
*D. Niang, L. Mottini, E. D'Amico, autorete*

***N.B. In maiuscolo le squadre qualificate***

## FINALE

**sabato 4 giugno a Castelnuovo Vomano (Te) – stadio Comunale**

**Capistrello-RC Angolana: 2-0**

**Capistrello:** Di Domenico, Salustri, Fantozzi, Rosati, Rozzi, Cipriani, Di Girolamo (31'st Panza), De Meis, Tullio (42'st Sucapane), Salvati, Paolucci (31'st Del Grosso). **All.** P. Giordani. **RC Angolana:** Marino, Vitali (17'pt Farchione), Angelozzi, Mottini, Scurti, Romanelli (43'st Scorrano), D'Amico (31'st Prospero), Lombardi, Adaowo, Tidiane, Niang (18'st Morelli). **All.** Giampietro. **Arbitro:** Niko Pellegrino di Teramo. **Reti:** *10'st A. Paolucci, 37'st R. Tullio.*

## UNDER 19 REGIONALI SECONDA FASE
### ASSEGNAZIONE COPPA ABRUZZO
## GIRONE G

**1ª giornata – lunedì 28 marzo 2022**

Santegidiese-Fucense Trasacco **1-0**
*E. Medori*
Torrese-Amiternina **2-1**
*F. Binchi (T), R. Giancarli (T), D. Carrozzi (A)*
**Ha riposato:** New Club Villa Mattoni

**2ª giornata – lunedì 4 aprile 2022**

Amiternina-New Club Villa Mattoni **1-1**
*D. Paolucci (A), R. Ranalli (N)*
Fucense Trasacco-Torrese **1-4**
*P. De Angelis (F), P. Bartolacci 3 (T), C. Shera (T)*
**Ha riposato:** Santegidiese

**3ª giornata – lunedì 11 aprile 2022**

New Club Villa Mattoni-Fucense Trasacco **6-1**
*P. Seck 3 (N), A. Giovannini 2 (N), G. Coccia (N), D. Martellone (F)*
Torrese-Santegidiese **0-1**
*L. De Carolis*
**Ha riposato:** Amiternina

**4ª giornata – martedì 19 aprile 2022**

Fucense Trasacco-Amiternina **1-3**
*A. Buduri (F), V. Serpetti (A), D. Ciotti (A), L. Paiola (A)*

Santegidiese-New Club Villa Mattoni **0-4**
*G. Coccia, R. Cardelli, P. Seck, C. Di Girolamo*
**Ha riposato:** Torrese

**5ª giornata – martedì 26 aprile 2022**

Amiternina-Santegidiese **2-2**
*L. Paiola (A), L. D'Anniballe (A), E. Medori (S), A. Cereku (S)*
New Club Villa Mattoni-Torrese **1-1**
*A. Giovannini (N), D. Ferrante (T)*
**Ha riposato:** Fucense Trasacco

**6ª giornata – lunedì 2 maggio 2022**

Amiternina-Torrese **7-0**
*F. Vasi, L. Paiola 2, F. Gentile, T. Galeota 2, N. Lepidi*
Fucense Trasacco-Santegidiese **1-3**
*A. Buduri (F), M. Marinelli (S), A. Cereku 2 (S)*
**Ha riposato:** New Club Villa Mattoni

**7ª giornata – lunedì 9 maggio 2022**

New Club Villa Mattoni-Amiternina **2-4**
*L. Ciarrocchi (N), C. Di Girolamo (N), L. Paiola 2 (A), T. Galeota (A), F. Vasi (A)*
Torrese-Fucense Trasacco **3-0** (a tavolino)
**Ha riposato:** Santegidiese

**8ª giornata – lunedì 16 maggio 2022**

Fucense Trasacco-New Club Villa Mattoni **1-3**
*A. Buduri (F), G. Coccia (N), M. Succitti 2 (N)*
Santegidiese-Torrese **1-1**
*M. Bashaliu (S), R. Giancarli (T)*
**Ha riposato:** Amiternina

**9ª giornata – lunedì 23 maggio 2022**

Amiternina-Fucense Trasacco **12-0**
*L. Paiola 4, T. Galeota 4, D. Carrozzi, D. De Rosa, L. D'Anniballe 2*
New Club Villa Mattoni-Santegidiese **3-1**
*G. Lila (N), L. Ciarrocchi (N), P. Seck (N), A. Fazzini (S)*
**Ha riposato:** Torrese

**10ª giornata – lunedì 30 maggio 2022**

Santegidiese-Amiternina **1-3**
*E. Medori (S), T. Galeota (A), M. Ruggeri (A), F. Vasi (A)*

Torrese-New Club Villa Mattoni **1-2**
*R. Giancarli (T), P. Seck (N), G. Lila (N)*
**Ha riposato:** Fucense Trasacco

## CLASSIFICA FINALE girone G

| squadre | punti | gare | Vinte | nulle | perse | reti f. | reti s. | diff. |
|---|---|---|---|---|---|---|---|---|
| AMITERNINA | 17 | 8 | 5 | 2 | 1 | 33 | 9 | +24 |
| NEW CLUB VM. | 17 | 8 | 5 | 2 | 1 | 22 | 10 | +12 |
| Santegidiese | 11 | 8 | 3 | 2 | 3 | 10 | 14 | -4 |
| Torrese | 11 | 8 | 3 | 2 | 3 | 12 | 14 | -2 |
| Fucense Trasac. -1 | -1 | 8 | 0 | 0 | 8 | 5 | 35 | -30 |

**-1 un punto di penalizzazione**

***N.B. In maiuscolo le squadre qualificate***

## GIRONE H

### 1ª giornata – lunedì 28 marzo 2022

River Chieti 65-Villa 2015 **0-3**
*A. Paravati 2, I. Fall*
Virtus Cupello-Casalbordino **4-2**
*M. Guarnieri 2 (V), A. D'Ovidio 2 (V), L. Fiore (C), M. Sabatini (C)*
**Ha riposato:** Manoppello Arabona

### 2ª giornata – lunedì 4 aprile 2022

Casalbordino-Manoppello Arabona **2-1**
*L. Fiore (C), autorete (C), O. Haymoud (M)*
Villa 2015-Virtus Cupello **3-1**
*D. Crispini (Vil), D. De Felice 2 (Vil), Luigi Di Giacomo (Vir)*
**Ha riposato:** River Chieti 65

### 3ª giornata – lunedì 11 aprile 2022

Manoppello Arabona-Villa 2015 **0-1**
*A. Paravati*
Virtus Cupello-River Chieti 65 **6-2**
*Luigi Di Giacomo 2 (V), A. D'Ovidio 3 (V), N. Bellano (V), V. Mincone (R), M. Di Giambattista (R)*
**Ha riposato:** Casalbordino

### 4ª giornata – martedì 19 aprile 2022

River Chieti 65-Manoppello Arabona **4-1**
*V. Mincone (R), A. Verzieri (R), I. Costantini 2 (R), M. Pepe (M)*

Villa 2015-Casalbordino **6-0**
*D. Crispini 2, A. Paravati, I. Fall, F. Ferrara, M. Iafisco*
**Ha riposato:** Virtus Cupello

**5ª giornata – lunedì 25 e martedì 26 aprile 2022**

Casalbordino-River Chieti 65 **4-2**
*L. Fiore (C), M. Bonacci 2 (C), Y. Ciancaglini (C), A. Verzieri (R), M. Ruggieri (R)*
Manoppello Arabona-Virtus Cupello **3-1**
*M. Di Fulvio (M), O. Haymoud (M), S. Montanaro (M), K. Di Fabio (V)*
**Ha riposato:** Villa 2015

**6ª giornata – lunedì 2 maggio 2022**

Villa 2015-River Chieti 65 **6-1**
*M. D'Isidoro (V), D. Crispini 2 (V), A. Paravati 3 (V), M. Grossi (R)*
Casalbordino-Virtus Cupello **1-2**
*M. Colangeli (C), F. Scopa 2 (V)*
**Ha riposato:** Manoppello Arabona

**7ª giornata – lunedì 9 maggio 2022**

Manoppello Arabona-Casalbordino **6-1**
*M. Febbo (M), D. Mastrogiuseppe (M), A. Marino (M), R. Marcone (M), M. Di Fulvio (M), O. Haymoud (M), G. Celso (C)*
Virtus Cupello-Villa 2015 **1-5**
*Luigi Di Giacomo (V), C. Diaw 2 (V), A. Paravati 3 (V)*
**Ha riposato:** River Chieti 65

**8ª giornata – lunedì 16 maggio 2022**

River Chieti 65-Virtus Cupello **9-0**
*M. Di Giambattista 3, M. Grossi 3, V. Mincone, M. Ruggieri, A. Verzieri*
Villa 2015-Manoppello Arabona **3-3**
*C. Diaw (V), R. Angelucci (V), A. Paravati (V), M. Pepe 2 (M), G. D'Angelo 2 (M)*
**Ha riposato:** Casalbordino

**9ª giornata – lunedì 23 maggio 2022**

Casalbordino-Villa 2015 **1-4**
*M. Colasante (C), M. Iafisco 2 (V), C. Tacchi (V), M. D'Intino (V)*
Manoppello Arabona-River Chieti 65 **1-2**
*M. Pepe (M), A. Verzieri (V), V. Mincone (V)*
**Ha riposato:** Virtus Cupello

### 10ª giornata – lunedì 30 maggio 2022

River Chieti 65-Casalbordino **6-0**
*F. Lalli, S. Cozza, autorete, M. Di Giambattista, M. Grossi, D. Di Renzo*
Virtus Cupello-Manoppello Arabona **3-3**
*Luigi Di Giacomo (V), K. Di Fabio (V), M. Guarnieri (V), O. Haymoud (M), M. Pepe (M), R. Di Gregorio (M)*
**Ha riposato:** Villa 2015

## CLASSIFICA FINALE girone H

| squadre | punti | gare | vinte | nulle | perse | reti f. | reti s. | diff. |
|---|---|---|---|---|---|---|---|---|
| VILLA 2015 | 22 | 8 | 7 | 1 | 0 | 31 | 7 | +24 |
| River Chieti 65 | 12 | 8 | 4 | 0 | 4 | 26 | 21 | +5 |
| Virtus Cupello | 10 | 8 | 3 | 1 | 4 | 18 | 28 | -10 |
| Manoppello Arab. | 8 | 8 | 2 | 2 | 4 | 18 | 17 | +1 |
| Casalbordino | 6 | 8 | 2 | 0 | 6 | 11 | 31 | -20 |

***N.B. In maiuscolo le squadre qualificate***

## GIRONE I

### 1ª giornata – lunedì 28 marzo 2022

Alba Adriatica-Silvi **2-1**
*C. Iachini (A), M. Giri (A), Luca Chiavaroli (S)*
Penne-Giulianova **0-2**
*P. Iacovoni 2*
**Ha riposato:** D'Annunzio Pescara

### 2ª giornata – lunedì 4 aprile 2022

Giulianova-Alba Ariatica **0-0**
Silvi-D'Annunzio Pescara **1-5**
*S. Marchetti (S), M. Cirillo 3 (D), M. Guerra (D), A. Mastropietro (D)*
**Ha riposato:** Penne

### 3ª giornata – lunedì 11 aprile 2022

D'Annunzio Pescara-Alba Adriatica **2-2**
*A. Di Zio (D), A. Di Cintio (D), A. Corfiati (A), N. Mataloni (A)*
Penne-Silvi **2-2**
*G. Iezzi (P), E. Del Ponte(P), K. Di Quilio (S), Luca Chiavaroli (S)*
**Ha riposato:** Giulianova

| 4ª giornata – martedì 19 aprile 2022 | |
|---|---|
| Alba Adriatica-Penne | **2-2** |
| *N. Mataloni (A), C. Iachini (A), G. Peretti (P), E. Del Ponte (P)* | |
| D'Annunzio Pescara-Giulianova | **1-1** |
| *M. Cirillo (D) P. Iacovoni (G)* | |
| **Ha riposato:** Silvi | |

| 5ª giornata – lunedì 25 aprile 2022 | |
|---|---|
| Giulianova-Silvi | **3-2** |
| *K. Di Giuseppe (G), L. D'Angelo (G), S. Stoppaccioli (G), K. Di Quilio (S), R. Presutti (S)* | |
| Penne-D'Annunzio Pescara | **0-1** |
| *M. Guerra* | |
| **Ha riposato:** Alba Adriatica | |

| 6ª giornata – lunedì 2 maggio 2022 | |
|---|---|
| Giulianova-Penne | **5-0** |
| *L. Arancio 3, L. D'Angelo, P. Iacovoni* | |
| Silvi-Alba Adriatica | **1-4** |
| *Luca Chiavaroli (S), D. Bengasi 2 (A), L. Liuzzi 2 (A)* | |
| **Ha riposato:** D'Annunzio Pescara | |

| 7ª giornata – lunedì 9 maggio 2022 | |
|---|---|
| Alba Adriatica-Giulianova | **1-3** |
| *M Giri (A), K. Di Giuseppe (G), L. D'Angelo (G), L. Arancio (G)* | |
| D'Annunzio Pescara-Silvi | **4-0** |
| *M. Cirillo, A. Di Zio, V. Aceto, M. Guerra* | |
| **Ha riposato:** Penne | |

| 8ª giornata – lunedì 16 maggio 2022 | |
|---|---|
| Alba Adriatica-D'Annunzio Pescara | **2-4** |
| *J. Esposito (A), J. Di Serafino (A), M. Cirillo 2 (D), M. Guerra 2 (D)* | |
| Silvi-Penne | **4-0** |
| *K. Di Quilio 2, Luca Chiavaroli, R. Presutti* | |
| **Ha riposato:** Giulianova | |

| 9ª giornata – lunedì 23 maggio 2022 | |
|---|---|
| Giulianova-D'Annunzio Pescara | **3-1** |
| *G. Maffione (G), L. D'Angelo (G), S. Bala (G), L. Manieri (D)* | |
| Penne-Alba Adriatica | **2-1** |
| *R. Antonacci 2 (P), A. Angelini (A)* | |
| **Ha riposato:** Silvi | |

### 10ª giornata – lunedì 30 maggio 2022

D'Annunzio Pescara-Penne **5-3**
*M. Cirillo 2 (D), M. Guerra (D), S. Di Sipio (D), A. Mastropietro (D), F. Fonticoli (P), F. Carancia (P), M. Buffetti (P)*
Silvi-Giulianova **3-3**
*L. Cilli (S), Luca Chiavaroli (S), R. Presutti (S), S. Bala (G), M. Tempera (G), M. Tribuiani (G)*
**Ha riposato:** Alba Adriatica

## CLASSIFICA FINALE girone I

| squadre | punti | gare | vinte | nulle | perse | reti f. | reti s. | diff. |
|---|---|---|---|---|---|---|---|---|
| GIULIANOVA | 18 | 8 | 5 | 3 | 0 | 21 | 9 | +12 |
| D'Annunzio Pe | 17 | 8 | 5 | 2 | 1 | 23 | 12 | +11 |
| Alba Adriatica | 9 | 8 | 2 | 3 | 3 | 15 | 16 | -1 |
| Silvi | 5 | 8 | 1 | 2 | 5 | 14 | 23 | -9 |
| Penne | 5 | 8 | 1 | 2 | 5 | 9 | 22 | -13 |
| Rosetana * | 0 | 0 | 0 | 0 | 0 | 0 | 0 | 0 |

* esclusa dal campionato

***N.B. In maiuscolo le squadre qualificate***

## ASSEGNAZIONE COPPA ABRUZZO SEMIFINALI

### GARE DI ANDATA – giovedì 2 giugno 2022

Amiternina-Giulianova **0-3**
*S. Bala, L. D'Angelo, M. Di Tinco*
New Club Villa Mattoni-Villa 2015 **0-3**
*M. Iafisco, C. Diaw, A. Paravati*

### GARE DI RITORNO – sabato 5 giugno 2022

GIULIANOVA-Amiternina **3-1**
*L. Arancio 2 (G), L. D'Angelo (G), D. Carrozzi (A)*
VILLA 2015-New Club Villa Mattoni **1-0**
*D. De Felice*

## ASSEGNAZIONE COPPA ABRUZZO FINALE

### domenica 12 giugno 2022 a Pineto (Te) – stadio "Druda"

Villa 2015-Giulianova **3-4**
*C. Tacchi 2 (V), A. Paravati (V), P. Iacovoni 3 (G), L. D'Angelo (G)*

## COPPA DISCIPLINA UNDER 19 REGIONALI

| posizione | squadre | punteggio |
|---|---|---|
| 1 | Santegidiese | 6,30 |
| 2 | River Chieti 65 | 7,35 |
| 3 | 2000 Calcio Montesilvano | 8,35 |
| 4 | RC Angolana | 8,50 |
| 5 | Ortona Calcio | 8,85 |
| 6 | Sambuceto | 8,85 |
| 7 | Il Delfino Curi Pescara | 8,95 |
| 8 | Union Fossacesia | 10,60 |
| 9 | Spoltore | 11,35 |
| 10 | Torrese | 11,40 |
| 11 | Amiternina | 11,55 |
| 12 | D'Annunzio Pescara | 11,70 |
| 13 | Pucetta | 12,40 |
| 14 | New Club Villa Mattoni | 13,50 |
| 15 | Bacigalupo Vasto Marina | 13,95 |
| 16 | Alba Adriatica | 15,30 |
| 17 | Penne | 16,25 |
| 18 | Silvi | 16,65 |
| 19 | Manoppello Arabona | 16,70 |
| 20 | Casalbordino | 17,90 |
| 21 | Tagliacozzo | 18,55 |
| 22 | Capistrello | 19,25 |
| 23 | Virtus Cupello | 22,65 |
| 24 | Avezzano | 36,40 |
| 25 | Fucense Trasacco | 36,90 |
| 26 | Giulianova | 36,95 |
| 27 | Villa 2015 | 43,60 |
| 28 | Rosetana | 1.077,90 |

# CLASSIFICA MARCATORI GENERALE UNDER 19 REGIONALI

**35 reti:** N. Del Grosso (Capistrello)
**27 reti:** A. Torturo (Tagliacozzo)
**22 reti:** L. Paiola (Amiternina)
**21 reti:** M. Cirillo (D'Annunzio Pescara)
**19 reti:** A. Paravati (Villa 2015)
**17 reti:** A. Alonzo (Sambuceto); M. Giri (Alba Adriatica)
**16 reti:** M. Di Giambattista (River Chieti 65); E. Chiulli (2000 Calcio Montesilvano); K. Di Quilio (Silvi)
**15 reti:** M. Pepe (Manoppello Arabona)
**14 reti:** D. Cannella (Sambuceto); D. Crispini (Villa 2015); A. Di Zio (D'Annunzio Pescara)
**13 reti:** P. Seck (New Club Villa Mattoni); D. Santone (Bacigalupo Vasto Marina); G. Colaiezzi (Ortona Calcio); Luigi Di Giacomo (Virtus Cupello); L. Arancio, L. D'Angelo e P. Iacovoni (Giulianova)
**12 reti:** A. Nazzicone (Pucetta); D. Daka (2000 Calcio Montesilvano)
**11 reti:** T. Galeota (Amiternina); A. Marfisi (Union Fossacesia); C. Della Marra (Il Delfino Curi Pescara); D. Niang (RC Angolana)
**10 reti:** M. Rosati e R. Tullio (Capistrello); G. Lila (New Club Villa Mattoni); R. Giancarli (Torrese); M. Di Prospero (Sambuceto); L. Piovani e T. Lupinetti (2000 Calcio Montesilvano); M. Guerra (D'Annunzio Pescara); S. Bala (Giulianova); M. Tidiane (RC Angolana); B. Chiacchiaretta (Spoltore)

## UNDER 17 REGIONALI girone A

### 1ª giornata – domenica 26 settembre 2021

L'Aquila Soccer School-Pucetta **2-3**
*D. Baldacci (L), L. Corona (L), S. Rosati 2 (P), L. Tolomello (P)*
Manoppello Arabona-Avezzano **1-8**
*L. Ciammaichella (M), F. Baliva 2 (A), F. Lancia (A), S. Guglietti 2 (A), S. De Leonardis (A), S. Giordani 2 (A)*
Olympia Cedas Sulmona-Academy L'Aquila **1-3**
*F. Petrilli (O), D. Feltrin (A), G. Fattapposta (A), D. Flaiano (A)*
Valle Peligna-Amiternina **5-1**
*A. Aielli (V), A. Di Paolo 2 (V), C. Gasbarro (V), L. Falcocchia (V), L. Franchetti (A)*
**Ha riposato:** Celano

### 2ª giornata – domenica 3 ottobre 2021

Academy L'Aquila-L'Aquila Soccer School **2-2**
*D. Feltrin (A), D. Flaiano (A), N. Centi 2 (L)*
Amiternina-Celano **0-1**
*F. Cordischi*
Avezzano-Valle Peligna **4-1**
*S. Guglietti 2 (A), F. Baliva (A), S. Giordani (A), F. Camarra (V)*
Pucetta-Manoppello Arabona **6-0**
*D. Di Vittorio, A. Graziani 2, autorete, R. Rametta, F. Bernabale*
**Ha riposato:** Olympia Cedas Sulmona

### 3ª giornata – domenica 10 ottobre 2021

Celano-Avezzano **3-2**
*B. Flammini (C), F. Cordischi (C), autorete (C), V. Catalani (A), S. Giordani (A)*
L'Aquila Soccer School-Olympia Cedas Sulmona **3-2**
*T. Centi (L), A. Coletti (L), L. Corona (L), T. Tronca (O), F. Siani (O)*
Manoppello Arabona-Academy L'Aquila **2-2**
*F. Marinelli (M), A. Di Francesco (M), C. Lorenzini (A), F. Ficara (A)*
Valle Peligna-Pucetta **2-2**
*F. Camarra (V), I. D'Ortenzio (V), F. Bernabale (P), L. Tolomello (P)*
**Ha riposato:** Amiternina

### 4ª giornata – domenica 17 ottobre 2021

Academy L'Aquila-Valle Peligna **8-1**
*M. Di Battista (A), G. Fattapposta (A), D. Flaiano (A), A. Scimia 2 (A), D. Feltrin (A), G. Larcinese (A), F. Ficara (A), F. Zoccoli (V)*
Avezzano-Amiternina **16-0**

*S. De Leonardis, S. Guglietti 3, S. Giordani 4, G. Crispino, L. Neri, F. Baliva 2, F. Lancia, G. Bisegna 2, autorete*
Olympia Cedas Sulmona-Manoppello Arabona **2-3**
*G. Iengo 2 (O), L. Ciammaichella (M), G. D'Angelo 2 (M)*
Pucetta-Celano **7-1**
*S. Rosati 2 (P), D. Di Vittorio 2 (P), F. D'Agostini (P), F. Bernabale (P), autorete (P), A. Giorgini (C)*
**Ha riposato:** L'Aquila Soccer School

**5ª giornata – domenica 24 ottobre 2021**

Amiternina-Pucetta **0-3**
*A. Graziani 3*
Celano-Academy L'Aquila **2-4**
*M. Coccia (C), A. Vicaretti (C), C. Lorenzini (A), D. Flaiano (A), A. Scimia (A), autorete (A)*
Manoppello Arabona-L'Aquila Soccer School **1-1**
*G. D'Angelo (M), D. Baldacci (L)*
Valle Peligna-Olympia Cedas Sulmona **2-5**
*F. Epifano (V), I. D'Ortenzio (V), E. Osmani 2 (O), G. Iengo (O), autorete (O), A. Di Giallonardo (O)*
**Ha riposato:** Avezzano

**6ª giornata – domenica 31 ottobre 2021**

Academy L'Aquila-Amiternina **10-1**
*G. Fattapposta (Ac), D. Flaiano (Ac), D. Feltrin (Ac), M. Di Battista 2 (Ac), F. Ficara 2 (Ac), C. Lorenzini 2 (Ac), J. Bonanni (Ac), L. Albani (Am)*
L'Aquila Soccer School-Valle Peligna **3-3**
*D. Baldacci (L), N. Centi (L), L. Corona (L), A. Aielli 2 (V), autorete (V)*
Olympia Cedas Sulmona-Celano **4-2**
*F. De Chellis 2 (O), P. Schiavo (O), F. Caputo (O), F. Cordischi (C), B. Flammini (C)*
Pucetta-Avezzano **2-1**
*F. D'Agostini (P), R. Rametta (P), F. Baliva (A)*
**Ha riposato:** Manoppello Arabona

**7ª giornata – domenica 7 novembre 2021**

Amiternina-Olympia Cedas Sulmona **3-5**
*L. Ferrazza (A), L. Albani 2 (A), P, Schiavo 2 (O), E. Osmani 2 (O), G. Iengo (O)*
Avezzano-Academy L'Aquila **2-1**
*S. Giordani (Av), G. Bisegna (Av), A. Scimia (Ac)*
Celano-L'Aquila Soccer School **3-1**

*B. Flammini 2 (C), A. Vicaretti (C), D. Baldacci (L)*
Valle Peligna-Manoppello Arabona **3-1**
*C. Gasbarro (V), F. Zoccoli 2 (V), autorete (M)*
**Ha riposato:** Pucetta

### 8ª giornata – domenica 14 novembre 2021

Academy L'Aquila-Pucetta **1-1**
*C. Lorenzini (A), F. D'Agostini (P)*
L'Aquila Soccer School-Amiternina **4-0**
*D. Baldacci 2, A. Di Pompeo, A. Coletti*
Manoppello Arabona-Celano **3-0**
*D. Ranieri, G. D'Angelo, I. D'Astolfo*
Olympia Cedas Sulmona-Avezzano **2-3**
*E. Balassone (O), E. Osmani (O), V. Catalani (A), S. De Leonardis (A), F. Baliva (A)*
**Ha riposato:** Valle Peligna

### 9ª giornata – domenica 20 novembre 2021

Amiternina-Manoppello Arabona **2-4**
*L. Albani (A), A. Limaj (A), A. Iacobucci (M), G. D'Angelo 2 (M), C. Zazzara (M)*
Avezzano-L'Aquila Soccer School **1-0**
*S. Giordani*
Celano-Valle Peligna **1-2**
*A. Vicaretti (C), E. D'Aprile (V), R. Nuri (V)*
Pucetta-Olympia Cedas Sulmona **2-1**
*L. Tolomello (P), T. Costantini (P), E. Balassone (O)*
**Ha riposato:** Academy L'Aquila

### 10ª giornata – domenica 28 novembre 2021

Academy L'Aquila-Olympia Cedas Sulmona **4-1**
*G. Fattapposta 2 (A), D. Flaiano (A), J. Bonanni (A), A. Pulsone (O)*
Amiternina-Valle Peligna **1-3**
*D. Carrozzi (A), M. Rosati (V), F. Epifano (V), A. Sabatini (V)*
Avezzano-Manoppello Arabona **3-1**
*S. Giordani (A), G. Bisegna (A), S. Guglietti (A), S. De Luca (M)*
Pucetta-L'Aquila Soccer School **3-0**
*T. Costantini, M. Pensa, T. Giordani*
**Ha riposato:** Celano

**11ª giornata – domenica 5 dicembre 2021**

Celano-Amiternina **4-1**
*B. Flammini (C), A. Vicaretti (C), A. Giordani (C), F. Cordischi (C), L. Albani (A)*
L'Aquila Soccer School-Academy L'Aquila **1-3**
*A. Di Pompeo (L), C. Lorenzini (A), M. Alija 2 (A)*
Manoppello Arabona-Pucetta **1-3**
*G. D'Angelo (M), F. D'Agostini (P), M. Michetti (P), T. Costantini (P)*
Valle Peligna-Avezzano **0-5**
*S. Giordani 3, S. Guglietti 2*
**Ha riposato:** Olympia Cedas Sulmona

**12ª giornata – mercoledì 8 dicembre 2021**

Academy L'Aquila-Manoppello Arabona **1-0**
*A. Scimia*
Avezzano-Celano **7-0**
*S. Giordani, E. Neri, S. Guglietti 2, L. Neri, D. Salustri, G. Caruso*
Olympia Cedas Sulmona-L'Aquila Soccer School **1-1**
*E. Osmani (O), D. Baldacci (L)*
Pucetta-Valle Peligna **2-2**
*D. Di Vittorio (P), M. Cipollone (P), E. D'Aprile (V), F. Zoccoli (V)*
**Ha riposato:** Amiternina

**13ª giornata – domenica 12 dicembre 2021**

Amiternina-Avezzano **0-3**
*V. Catalani, G. Caruso, S. Giordani*
Celano-Pucetta **0-8**
*T. Costantini, A. Graziani 2, R. Rametta, F. Bernabale, D. Di Vittorio, F. D'Agostini, M. Cipollone*
Manoppello Arabona-Olympia Cedas Sulmona **2-2**
*P. Pantalone (M), L. Ciammaichella (M), G. Iengo 2 (O)*
Valle Peligna-Academy L'Aquila **0-4**
*L. Miconi, D. Feltrin, A. Scimia, D. Flaiano*
**Ha riposato:** L'Aquila Soccer School

**14ª giornata – domenica 19 dicembre 2021**

Academy L'Aquila-Celano **4-2**
*D. Feltrin (A), J. Bonanni (A), L. Miconi (A), C. Lorenzini (A), B. Flammini (C), M. Coccia (C)*
L'Aquila Soccer School-Manoppello Arabona **4-0**
*N. Centi 2, L. Corona, D. Baldacci*
**1-0**

Olympia Cedas Sulmona-Valle Peligna
*P. Schiavo*
Pucetta-Amiternina **10-2**
*R. Rametta (P), A. Graziani 2 (P), F. Bernabale 2 (P), A. Gualtieri (P), autorete (P), L. Benigno (P), A. Desideri (P), L. Tolomello (P), L. Albani 2 (A)*
**Ha riposato:** Avezzano

**15ª giornata – domenica 13 febbraio 2022**

Amiternina-Academy L'Aquila **0-6**
*L. Miconi, C. Lorenzini, G. Fattapposta, D. Feltrin, D. Flaiano, A. Scimia*
Avezzano-Pucetta **2-5**
*S. De Leonardis (A), F. Baliva (A), M. Michetti (P), S. Rosati 3 (P), D. Di Vittorio (P)*
Celano-Olympia Cedas Sulmona **2-2**
*S. Lippa (C), A. Vicaretti (C), T. Tronca (O), E. Balassone (O)*
Valle Peligna-L'Aquila Soccer School **0-2**
*D. Baldacci, T. Centi*
**Ha riposato:** Manoppello Arabona

**16ª giornata – domenica 20 febbraio 2022**

Academy L'Aquila-Avezzano **2-0**
*M. Alija, A. Scimia*
L'Aquila Soccer School-Celano **6-0**
*D. Baldacci 3, A. Di Pompeo, L. Corona, L. Villante*
Manoppello Arabona-Valle Peligna **2-1**
*M. Carnassale (M), A. Di Francesco (M), F. Camarra (V)*
Olympia Cedas Sulmona-Amiternina **4-1**
*E. Osmani 2 (O), F. Petrilli (O), T. Tronca (O), M. Bentivoglio (A)*
**Ha riposato:** Pucetta

**17ª giornata – domenica 27 febbraio 2022**

Amiternina-L'Aquila Soccer School **1-5**
*M. Bentivoglio (A), L. Corona (L), F. Taddei (L), S. Rossi (L), N. Centi (L), D. Baldacci (L)*
Avezzano-Olympia Cedas Sulmona **7-0**
*S. Guglietti 3, F. Baliva 2, D. Salustri, autorete*
Celano-Manoppello Arabona **0-0**
Pucetta-Academy L'Aquila **2-2**
*S. Scolari 2 (P), A. Scimia (A), D. Feltrin (A)*
**Ha riposato:** Valle Peligna

**18ª giornata – domenica 6 marzo 2022**

L'Aquila Soccer School-Avezzano 4-0
*L. Corona, T. Centi, D. Baldacci, S. Rossi*
Manoppello Arabona-Amiternina 3-0
*F. Marinelli, A. Ciammaichella, I. D'Astolfo*
Olympia Cedas Sulmona-Pucetta 1-1
*P. Schiavo (O), R. Rametta (P)*
Valle Peligna-Celano 4-2
*D. Kadriu (V), F. Zoccoli (V), E. DAprile (V), M. Nastasi (V), A. Benedetti (C), A. Vicaretti (C)*
**Ha riposato:** Academy L'Aquila

## CLASSIFICA FINALE girone A

| squadre | punti | gare | vinte | nulle | perse | reti f. | reti s. | diff. |
|---|---|---|---|---|---|---|---|---|
| PUCETTA | 38 | 16 | 11 | 5 | 0 | 60 | 18 | +42 |
| ACADEMY AQ | 37 | 16 | 11 | 4 | 1 | 57 | 18 | +39 |
| AVEZZANO | 33 | 16 | 11 | 0 | 5 | 64 | 22 | +42 |
| L'Aquila Soccer | 25 | 16 | 7 | 4 | 5 | 39 | 23 | +16 |
| Manoppello Arab. | 19 | 16 | 5 | 4 | 7 | 24 | 38 | -14 |
| Olmpia Cedas | 19 | 16 | 5 | 4 | 7 | 34 | 39 | -5 |
| Valle Peligna | 18 | 16 | 5 | 3 | 8 | 29 | 44 | -15 |
| Celano | 14 | 16 | 4 | 2 | 10 | 23 | 55 | -32 |
| Amiternina | 0 | 16 | 0 | 0 | 16 | 13 | 86 | -73 |

***N.B. In maiuscolo le squadre qualificate***

## CLASSIFICA MARCATORI girone A

**25 reti:** D. Baldacci (L'Aquila Soccer School)
**22 reti:** S. Giordani (Avezzano)
**16 reti:** S. Guglietti (Avezzano)
**15 reti:** A. Scimia (Academy L'Aquila)
**13 reti:** S. Rosati (Pucetta)
**12 reti:** L. Corona (L'Aquila Soccer School); G. D'Angelo (Manoppello Arabona); E. Osmani (Olympia Cedas Sulmona); A. Graziani (Pucetta); F. Zoccoli (Valle Peligna)
**11 reti:** D. Flaiano (Academy L'Aquila)
**10 reti:** F. Baliva (Avezzano); A. Vicaretti e B. Flamini (Celano); N. Centi (L'Aquila Soccer School)
**9 reti:** D. Feltrin (Academy L'Aquila); S. De Leonardis (Avezzano); R. Rametta e F. Bernabale (Pucetta)
**8 reti:** C. Lorenzini (Academy L'Aquila); L. Albani (Amiternina); F. Cordischi (Celano); P. Schiavo (Olympia Cedas Sulmona); F. D'Agostini e D. Di Vittorio (Pucetta)
**7 reti:** G. Fattapposta (Academy L'Aquila); G. Iengo (Olympia Cedas Sulmona); C. Gasbarro (Valle Peligna)
**6 reti:** J. Bonanni (Academy L'Aquila); A. Di Francesco (Manoppello Arabona); E. Balassone (Olympia Cedas Sulmona); L. Tolomello (Pucetta); E. D'Aprile (Valle Peligna)
**5 reti:** F. Marinelli (Manoppello Arabona); T. Tronca e A. Pulsone (Olympia Cedas Sulmona); T. Costantini (Pucetta); A. Aielli (Valle Peligna)
**4 reti:** F. Ficara, M. Alija e L. Miconi (Academy L'Aquila); A. Zeca (Amiternina); A. Giordani (Celano); A. Coletti e A. Di Pompeo (L'Aquila Soccer School); M. Carnassale (Manoppello Arabona); M. Nastasi e F. Camarra (Valle Peligna)
**3 reti:** M. Di Battista (Academy L'Aquila); G. Bisegna e V. Catalani (Avezzano); K. Di Matteo (Celano); S. Rossi e T. Centi (L'Aquila Soccer School); I. D'Astolfo, C. Zazzara, D. Ranieri e L. Ciammaichela (Manoppello Arabona); F. Petrilli (Olympia Cedas Sulmona); S. Scolari (Pucetta); A. Sabatini (Valle Peligna)

## UNDER 17 REGIONALI girone B

### 1ª giornata – domenica 26 settembre 2021

Bacigalupo Vasto Marina-River Chieti 65 **2-2**
*G. Annunziata (B), D. Priori (B), V. Mincone (R), M. Palazzolo (R)*
Francavilla 1927-Atessa **1-3**
*A. Zappacosta (F), L. Papa 3 (A)*
Val di Sangro-Union Fossacesia **2-4**
*G. Trisi (V), S. Paravia (V), F. Paolucci (U), G. Di Tommaso 2 (U), E. Priori (U)*
Virtus Lanciano-Aquilotti San Salvo **3-1**
*M. Nasuti (V), A. Masciangelo (V), D' D'Ippolito (V), L. Guidi (A)*
**Ha riposato:** Virtus Vasto

### 2ª giornata – domenica 3 ottobre 2021

Aquilotti San Salvo-Bacigalupo Vasto Marina **0-6**
*L. Piccoli, T. Rozanc 2, F. Larivera 3*
Atessa-Val di Sangro **1-3**
*F. D'Ortona (A), V. Giorgio 2 (V), M. Impicciatore (V)*
River Chieti 65-Virtus Vasto **2-7**
*V. Mincone 2 (R), S. Mateescu 2 (V), J. Majo (V), A. Capitanio (V), D. Martiniello (V), F. Ricciardi (V), D. Aprea (V)*
Union Fossacesia-Virtus Lanciano **0-0**
**Ha riposato:** Francavilla 1927

### 3ª giornata – domenica 10 ottobre 2021

Aquilotti San Salvo-Virtus Vasto **0-4**
*D. Aprea, F. Ricciardi, J. Majo, L. Passalacqua*
Bacigalupo Vasto Marina-Union Fossacesia **5-0**
*F. Larivera 3, G. Annunziata 2*
Francavilla 1927-River Chieti 65 **0-6**
*M. Palazzolo, F. Lalli, E. D'Aprile, M. Epifano, S. Carbone, D. Di Renzo*
Virtus Lanciano-Val di Sangro **0-0**
**Ha riposato:** Atessa

### 4ª giornata – domenica 17 ottobre 2021

Aquilotti San Salvo-Francavilla 1927 **1-0**
*A. Masciotta*
Union Fossacesia-Virtus Vasto **1-5**
*A. Paone (U), L. Passalacqua (V), D. Di Genni (V), D. Martiniello (V), F. Ricciardi (V), J. Majo (V)*
Val di Sangro-Bacigalupo Vasto Marina **1-4**
*D. Scutti (V), G. Annunziata 2 (B), N. Lemme (B), L. Piccoli (B)*

Virtus Lanciano-Atessa **3-0**
*A. Masciangelo, D. D'Ippolito 2*
**Ha riposato:** River Chieti 65

### 5ª giornata – domenica 24 ottobre 2021

Atessa-River Chieti 65 **2-3**
*M. Appezzato 2 (A), F. Lalli (R), V. Mincone (R), M. Epifano (R)*
Bacigalupo Vasto Marina-Virtus Lanciano **4-0**
*M. Di Iorio, C. Angelicola, N. Lemme, S. Di Martino*
Francavilla-Union Fossacesia **0-9**
*F. Paolucci 4, E. Priori, G. Di Tommaso 2, A. Paone, L. Verì*
Virtus Vasto-Val di Sangro **7-1**
*D. Martiniello (Vi), D. Aprea 2 (Vi), J. Majo 2 (Vi), F. Zullo 2 (Vi), V. Giorgio (Va)*
**Ha riposato:** Aquilotti San Salvo

### 6ª giornata – domenica 31 ottobre 2021

Aquilotti San Salvo-River Chieti 65 **0-5**
*M. Epifano 3, M. Palazzolo, autorete*
Bacigalupo Vasto Marina-Atessa **10-0**
*N. Lemme 2, G. Annunziata, T. Rozanc, L. Piccoli, M. Di Iorio, C. Angelicola, A. Tracchia, D. Nero, autorete*
Val di Sangro-Francavilla 1927 **2-0**
*G. Trisi, D. Gallo*
Virtus Lanciano-Virtus Vasto **3-2**
*D. D'Ippolito (VL), M. Nasuti (VL), autorete (VL), D. Martiniello (VV), A. Capitanio (VV)*
**Ha riposato:** Union Fossacesia

### 7ª giornata – domenica 7 novembre 2021

Atessa-Aquilotti San Salvo **2-0**
*L. Papa, M. Appezzato*
Francavilla 1927-Virtus Lanciano **3-5**
*E. Sforzato 3 (F), D. D'Ippolito 3 (V), M. Coletti 2 (V)*
River Chieti 65-Union Fossacesia **4-5**
*M. Epifano 2 (R), F. Lalli (R), M. Palazzolo (R), F. Paolucci 2 (U), autorete (U), G. Di Tommaso (U), A. Paone (U)*
Virtus Vasto-Bacigalupo Vasto Marina **0-0**
**Ha riposato:** Val di Sangro

**8ª giornata – domenica 14 novembre 2021**

Bacigalupo Vasto Marina-Francavilla 1927 **7-1**
*C. Vespasiano (B), N. Lemme 3 (B), L. Piccoli (B), T. Rozanc (B), M. Martelli (B), D. Medoro (F)*
Union Fossacesia-Aquilotti San Salvo **2-1**
*F. Paolucci (U), M. Paolini (U), M. Gningue (A)*
Val di Sangro-River Chieti 65 **1-3**
*M. Impicciatore (V), F. Lalli (R), M. Epifano (R), V. Mincone (R)*
Virtus Vasto-Atessa **7-1**
*D. Aprea 3 (V), S. Mateescu 3 (V), D. Di Genni (V), autorete (A)*
**Ha riposato:** Virtus Lanciano

**9ª giornata – domenica 20 novembre 2021**

Aquilotti San Salvo-Val di Sangro **1-0**
*G. Aquilano*
Atessa-Union Fossacesia **1-3**
*L. Papa (A), F. Paolucci (U), A. Paone (U), G. Di Tommaso (U)*
Francavilla 192-Virtus Vasto **0-4**
*S. Mateescu 3, L. Passalacqua*
River Chieti 65-Virtus Lanciano **4-1**
*N. Palumbo (R), M. Patrizio (R), V. Mincone 2 (R), D. D'Ippolito (V)*
**Ha riposato:** Bacigalupo Vasto Marina

**10ª giornata – domenica 28 novembre 2021**

Aquilotti San Salvo-Virtus Lanciano **2-0**
*M. Gningue 2*
Atessa-Francavilla 1927 **2-0**
*M. Appezzato, P. Canuto*
River Chieti 65-Bacigalupo Vasto Marina **1-0**
*autorete*
Union Fossacesia-Val di Sangro **2-2**
*F. Paolucci (U), E. Priori (U), D. Scutti 2 (V)*
**Ha riposato:** Virtus Vasto

**11ª giornata – domenica 5 dicembre 2021**

Bacigalupo Vasto Marina-Aquilotti San Salvo **4-0**
*N. Marino, C. Angelicola, E. Tafili, T. Rozanc*
Val di Sangro-Atessa **1-2**
*V. Giorgio (V), S. Romanelli (A), J. Martelli (A)*
Virtus Lanciano-Union Fossacesia **4-2**
*L. Chiacchiari (V), M. Coletti (V), D. D'Ippolito 2 (V), G. Di Tommaso (U), F. Paolucci (U)*

Virtus Vasto-River Chieti 65 **2-3**
*D. Martiniello (V), J. Majo (V), M. Palazzolo 2 (R), V. Mincone (R)*
**Ha riposato:** Francavilla 1927

**12ª giornata – mercoledì 8 dicembre 2021**

River Chieti 65-Francavilla 1927 **3-0**
*N. Palumbo, M. Epifano, M. Palazzolo*
Union Fossacesia-Bacigalupo Vasto Marina **1-4**
*F. Paolucci (U), G. Annunziata (B), N. Lemme 2 (B), A. Tracchia (B)*
Val di Sangro-Virtus Lanciano **5-2**
*G. Trisi (Va), V. Giorgio (Va), D. Scutti 2 (Va), S. Paravia (Va), G. Borriello (Vi), L. Chiacchiari (Vi)*
Virtus Vasto-Aquilotti San Salvo **9-0**
*F. Persoglio, J. Majo, F. Ricciardi, S. Mateescu 4, D. Aprea, D. Di Genni*
**Ha riposato:** Atessa

**13ª giornata – domenica 12 dicembre 2021**

Atessa-Virtus Lanciano **0-1**
*D. D'Ippolito*
Bacigalupo Vasto Marina-Val di Sangro **4-1**
*N. Marino 2 (B), N. Lemme (B), M. Di Iorio (B), V. Giorgio (V)*
Francavilla 1927-Aquilotti San Salvo **0-2**
*F. D'Angelo, A. Sambrotta*
Virtus Vasto-Union Fossacesia **4-1**
*J. Majo 2 (V), S. Mateescu (V), A. Capitanio (V), F. Paolucci (U)*
**Ha riposato:** River Chieti 65

**14ª giornata – domenica 19 dicembre 2021**

River Chieti 65-Atessa **3-1**
*V. Mincone (R), M. Epifano 2 (R), M. Appezzato (A)*
Union Fossacesia-Francavilla 1927 **9-1**
*F. Paolucci 4 (U), E. Priori (U), G. Di Tommaso 3 (U), A. Maddonni (U), F. Orsini (F)*
Val di Sangro-Virtus Vasto **0-3**
*D. Aprea 2, S. Mateeuscu*
Virtus Lanciano-Bacigalupo Vasto Marina **2-4**
*D. D'Ippolito 2 (V), T. Rozanc (B), N. Marino (B), F. Larivera 2 (B)*
**Ha riposato:** Aquilotti San Salvo

**15ª giornata – domenica 13 febbraio 2022**

Atessa-Bacigalupo Vasto Marina **3-5**
*F. D'Ortona (A), L. Papa (A), F. Gatti (A), S. Di Martino 2 (B), L. Piccoli (B),*

*M. Di Laudo (B), G. Annunziata (B)*
Francavilla 1927-Val di Sangro **2-1**
*E. Sforzato (F), A. Zappacosta (F), S. Paravia (V)*
River Chieti 65-Aquilotti San Salvo **3-0**
*V. Mincone 2, S. Cozza*
Virtus Vasto-Virtus Lanciano **5-0**
*J. Majo, S. Mateescu 2, A. Capitanio, A. Molinaro*
**Ha riposato:** Union Fossacesia

**16ª giornata – domenica 20 febbraio 2022**

Aquilotti San Salvo-Atessa **0-3**
*J. Martelli, F. D'Ortona, M. Appezzato*
Bacigalupo Vasto Marina-Virtus Vasto **1-3**
*N. Marino (B), J. Majo (V), S. Mateescu (V), D. Aprea (V)*
Union Fossacesia-River Chieti 65 **2-2**
*F. Paolucci 2 (U), F. Di Renzo (R), S. Cozza (R)*
Virtus Lanciano-Francavilla 1927 **1-0**
*D. D'Ippolito*
**Ha riposato:** Val di Sangro

**17ª giornata – domenica 27 febbraio 2022**

Aquilotti San Salvo-Union Fossacesia **0-6**
*S. Giuliante, G. Di Tommaso, F. Paolucci 3, E. Priori*
Atessa-Virtus Vasto **2-4**
*F. D'Ortona (A), S. Celiberti (A), G. Caterino (V), A. Preta (V), F. Ricciardi (V), S. Mateescu (V)*
Francavilla 1927-Bacigalupo Vasto Marina **0-7**
*G. Annunziata 2, F. Giammichele, N. Marino, N. Lemme 2, S. Di Martino*
River Chieti 65-Val di Sangro **2-1**
*M. Palazzolo (R), V. Mincone (R), G. Trisi (V)*
**Ha riposato:** Virtus Lanciano

**18ª giornata – domenica 6 marzo 2022**

Union Fossacesia-Atessa **5-0**
*F. Paolucci 2, A. Paone, G. Di Tommaso 2*
Val di Sangro-Aquilotti San Salvo **3-0**
*G. Trisi, S. Paravia, G. Cinalli*
Virtus Lanciano-River Chieti 65 **1-2**
*D. Sbaraglia (V), M. Grossi (R), V. Mincone (R)*
Virtus Vasto-Francavilla 1927 **3-0** (a tavolino)
**Ha riposato:** Bacigalupo Vasto Marina

## CLASSIFICA FINALE girone B

| squadre | punti | gare | vinte | nulle | perse | reti f. | reti s. | diff. |
|---|---|---|---|---|---|---|---|---|
| VIRTUS VASTO | 40 | 16 | 13 | 1 | 2 | 69 | 15 | +54 |
| RIVER CH 65 | 38 | 16 | 12 | 2 | 2 | 48 | 25 | +23 |
| BACIGALUPO | 38 | 16 | 12 | 2 | 2 | 67 | 15 | +52 |
| Union Fossacesia | 27 | 16 | 8 | 3 | 5 | 52 | 35 | +17 |
| Virtus Lanciano | 23 | 16 | 7 | 2 | 7 | 26 | 34 | -8 |
| Atessa | 15 | 16 | 5 | 0 | 11 | 23 | 49 | -26 |
| Val di Sangro | 14 | 16 | 4 | 2 | 10 | 24 | 37 | -13 |
| Aquilotti S. Salvo | 12 | 16 | 4 | 0 | 12 | 8 | 50 | -42 |
| Francavilla | 2 | 16 | 1 | 0 | 15 | 8 | 65 | -57 |

*N.B. In maiuscolo le squadre qualificate*

## CLASSIFICA MARCATORI girone B

**44 reti:** F. Paolucci (Union Fossacesia)
**30 reti:** G. Di Tommaso (Union Fossacesia)
**27 reti:** D. D'Ippolito (Virtus Lanciano); S. Mateescu (Virtus Vasto)
**23 reti:** J. Majo (Virtus Vasto)
**18 reti:** N. Lemme (Bacigalupo Vasto Marina)
**16 reti:** A. Capitanio (Virtus Vasto)
**15 reti:** V. Mincone (River Chieti 65)
**14 reti:** M. Epifano (River Chieti 65)
**12 reti:** N. Marino e G. Annunziata (Bacigalupo Vasto Marina); M. Palazzolo (River Chieti 65); D. Aprea (Virtus Vasto)
**11 reti:** F. Ricciardi (Virtus Vasto)
**10 reti:** G. Trisi (Val di Sangro)
**9 reti:** L. Papa e M. Appezzato (Atessa)
**8 reti:** T. Rozanc e F. Larivera (Bacigalupo Vasto Marina); E. Priori (Union Fossacesia); V. Giorgio (Val di Sangro)
**7 reti:** A. Paone (Union Fossacesia); D. Scutti e D. Salca (Val di Sangro)
**6 reti:** E. Sforzato (Francavilla 1927); F. Lalli (River Chieti 65); M. Nasuti, M. Coletti, D. Sbaraglia e A. Masciangelo (Virtus Lanciano)
**5 reti:** L. Menna (Atessa); L. Piccoli, S. Di Martino e C. Angelicola (Bacigalupo Vasto Marina); D. Medoro (Francavilla 1927); M. Impicciatore (Val di Sangro); D. Martiniello (Virtus Vasto)
**4 reti:** S. D'Amelio, F. D'Ortona e S. Romanelli (Atessa); A. Tracchia e M. Di Iorio (Bacigalupo Vasto Marina); A. Zappacosta (Francavilla 1927); G. Cinalli (Val di Sangro); A. Preta e D. Di Genni (Virtus Vasto)
**3 reti:** A. Masciotta e M. Gningue (Aquilotti San Salvo); M. Teti e S. Celiberti (Atessa); E. Gelsumini (Francavilla 1927); M. Di Campli (Union Fossacesia); D. Gallo, A. Manuri e S. D'Orazio (Val di Sangro); L Chiacchiari (Virtus Lanciano); L. Passalacqua (Virtus Vasto)

## UNDER 17 REGIONALI girone C

### 1ª giornata – domenica 26 settembre 2021

Il Delfino Curi Pescara-Curi **4-0**
*M. Di Giovacchino, L. Lepri, C. Di Felice, A. D'Onofrio*
Gladius Pescara 2010-2000 Calcio Montesilvano **3-3**
*C. Dezio (G), A. Alonzo (G), N. Di Pentima (G), M. Di Quilio 2 (C), L. D'Anastasio (C)*
Penne-Silvi **7-1**
*G. Filippone (P), G. Peretti 3 (P), D. Di Martile 3 (P), N. Di Blasio (S)*
Sambuceto-D'Annunzio Pescara **1-3**
*S. Berardi (S), R. Gagliardi (D), autorete (D), A. Ricciuti (D)*
**Ha riposato:** Fater Angelini

### 2ª giornata – domenica 3 ottobre 2021

2000 Calcio Montesilvano-Penne **1-1**
*E. Valerio (C), G. Peretti (P)*
Curi-Sambuceto **1-4**
*F. Iervese (C), D. De Sanctis (S), A. Kopshti 2 (S), A. Sebastiani (S)*
D'Annunzio Pescara-Gladius Pescara 2010 **0-2**
*N. Di Pentima, F. Liguori*
Silvi-Fater Angelini **0-7**
*D. Mucci, A. Costantini, F. Palma, R. Ciancetta, S. Mezzazappa, N. Golini, A. D'Orazio*
**Ha riposato:** Il Delfino Curi Pescara

### 3ª giornata – domenica 10 ottobre 2021

Fater Angelini-2000 Calcio Montesilvano **2-1**
*F. Di Carluccio (F), A. Costantini (F), S. Pelusi (C)*
Gladius Pescara 2010-Curi **5-0**
*N. Di Pentima 2, C. Dezio, F. Berardi, L. Giammarinaro*
Penne-D'Annunzio Pescara **1-2**
*G. Filipppone (P), F. Collalti (D), A. Carminelli (D)*
Sambuceto-Il Delfino Curi Pescara **0-5**
*D. Teraschi, A. Cattafesta 2, M. Brandimarte, M. Agostinone*
**Ha riposato:** Silvi

### 4ª giornata – domenica 17 ottobre 2021

2000 Calcio Montesilvano-Silvi **5-0**
*F. Marino, A. Chiatamone 2, E. Valerio, L. D'Anastasio*
Curi-Penne **0-4**
*G. Peretti, A. Carminelli, J. D'Andrea, M. D'Angelo*

D'Annunzio Pescara-Fater Angelini **3-2**
*B. Venturini (D), R. Gagliardi (D), A. Carminelli (D), M. Di Sabatino (F), D. Mucci (F)*
Il Delfino Curi Pescara-Gladius Pescara 2010 **3-4**
*D. Sbaraglia (I), C. Di Felice (I), A. Cattafesta (I), L. Giammarinaro (G), F. Iampieri (G), N. Di Pentima (G), W. Di Francesco (G)*
**Ha riposato:** Sambuceto

**5ª giornata – domenica 24 ottobre 2021**

Fater Angelini-Curi **2-0**
*R. Ciancetta, S. Mezzazappa*
Gladius Pescara 2010-Sambuceto **1-1**
*F. Berardi (G), A. Sebastiani (S)*
Penne-Il Delfino Curi Pescara **1-2**
*G. Peretti (P), S. Di Rino (I), A. Cattafesta (I)*
Silvi-D'Annunzio Pescara **2-3**
*A. Marsilio 2 (S), F. Collalti 2 (D), S. Gubbiotti (D)*
**Ha riposato:** 2000 Calcio Montesilvano

**6ª giornata – domenica 31 ottobre 2021**

Curi-Silvi **0-3**
*L. Chiavaroli, A. Marsilio 2*
D'Annunzio Pescara-2000 Calcio Montesilvano **2-0**
*R. Gagliardi, B. Venturini*
Il Delfino Curi Pescara-Fater Angelini **1-1**
*A. Cattafesta (I), N. Golini (F)*
Sambuceto-Penne **1-6**
*D. De Sanctis (S), G. Filippone (P), A. Carminelli (P), G. Peretti 2 (P), F. Fonticoli 2 (P)*
**Ha riposato:** Gladius Pescara 2010

**7ª giornata – domenica 7 novembre 2021**

2000 Calcio Montesilvano-Curi **2-0**
*S. Pelusi, L. D'Anastasio*
Fater Angelini-Sambuceto **2-1**
*S. Mezzazappa (F), F. Palma (F), D. De Sanctis (S)*
Penne-Gladius Pescara 2010 **2-3**
*F. Fonticoli (P), M. D'Angelo (P), N. Bomba (G), N. Di Pentima 2 (G)*
Silvi-Il Delfino Curi Pescara **0-5**
*M. Di Giovacchino 3, M. Agostinone, A. Cattafesta*
**Ha riposato:** D'Annunzio Pescara

**8ª giornata – domenica 14 novembre 2021**

Curi-D'Annunzio Pescara **1-2**
*F. Iervese (C), L. Buccione (D), A. Carminelli (D)*
Il Delfino Curi Pescara-2000 Calcio Montesilvano **1-1**
*M. Di Giovacchino (I), S. Pelusi (C)*
Gladius Pescara 2010-Fater Angelini **5-0**
*N. Di Pentima 3, A. Mariani, F. Iampieri*
Sambuceto-Silvi **4-1**
*D. De Sanctis (Sa), A. Marchionne (Sa), S. Berardi (Sa), A. Kopshti (Sa), G. De Martino (Si)*
**Ha riposato:** Penne

**9ª giornata – domenica 20 novembre 2021**

2000 Calcio Montesilvano-Sambuceto **4-1**
*E. Valerio (C), A. Monti (C), A. Costantini (C), M. Di Quilio (C), D. De Sanctis (S)*
D'Annunzio Pescara-Il Delfino Curi Pescara **3-1**
*L. Capozucco (D), A. Carminelli (D), M. Chichi (D), C. Di Felice (I)*
Fater Angelini-Penne **0-2**
*M. Di Blasio, A. Pisarsky*
Silvi-Gladius Pescara 2010 **0-9**
*N. Bomba, N. Di Pentima 3, F. Iampieri, F. Berardi, C. Dezio 2, F. Liguori*
**Ha riposato:** Curi

**10ª giornata – domenica 28 novembre 2021**

2000 Calcio Montesilvano-Gladius Pescara 2010 **1-1**
*F. Cellini (C), N. Di Pentima (G)*
Curi-Il Delfino Curi Pescara **0-4**
*M. Agostinone, J. Forte, M. Dell'Elce, D. Teraschi*
D'Annunzio Pescara-Sambuceto **1-1**
*L. Capozucco (D), A. Sebastiani (S)*
Silvi-Penne **1-7**
*A. Marsilio (S), G. Peretti 2 (P), D. Di Martile 2 (P), G. Iezzi (P), M. Tonelli (P), G. Filippone (P)*
**Ha riposato:** Fater Angelini

**11ª giornata – domenica 5 dicembre 2021**

Fater Angelini-Silvi **2-1**
*A. Costantini (F), F. Palma (F), L. Chiavaroli (S)*
Gladius Pescara 2010-D'Annunzio Pescara **2-0**
*F. Berardi, autorete*
Penne-2000 Calcio Montesilvano **5-0**

*D. Di Martile, G. Peretti 3, G. Filippone*
Sambuceto-Curi **2-2**
*D. De Sanctis (S), A. Marchionne (S), M. Perfetto (C), A. Di Gregorio (C)*
**Ha riposato:** Il Delfino Curi Pescara

### 12ª giornata – mercoledì 8 dicembre 2021

2000 Calcio Montesilvano-Fater Angelini **3-2**
*L. D'Anastasio (C), A. Monti (C), B. Creati (C), N. Golini (F), A. Costantini (F)*
Curi-Gladius Pescara 2010 **0-6**
*N. Di Pentima 3, N. Sagazio 2, C. Dezio*
D'Annunzio Pescara-Penne **5-1**
*B. Venturini 2 (D), L. Capozucco (D), M. Chichi 2 (D), A. Antonacci (P)*
Il Delfino Curi Pescara-Sambuceto **3-1**
*C. Di Felice (I), G. Paponetti (I), A. De Feo (I), D. De Sanctis (S)*
**Ha riposato:** Silvi

### 13ª giornata – domenica 12 dicembre 2021

Fater Angelini-D'Annunzio Pescara **1-2**
*A. Costantini (F), M. Chichi (D), F. Collalti (D)*
Gladius Pescara 2010-Il Delfino Curi Pescara **3-1**
*N. Sagazio (G), N. Di Pentima (G), N. Bomba (G), G. Paponetti (I)*
Penne-Curi **7-2**
*G. Filippone 2 (P), G. Peretti 4 (P), M. Tonelli (P), A. Di Gregorio (C), A. Ruffilli (C)*
Silvi-2000 Calcio Montesilvano **4-13**
*L. Chiavaroli 2 (S), A. Chiavaroli (S), N. Di Blasio (S), M. Di Quilio 3 (C), B. Creati (C), E. Valerio 3 (C), R. De Berardinis 2 (C), F. Cellini 2 (C), A. Monti (C), A. D'Arcangelo (C)*
**Ha riposato:** Sambuceto

### 14ª giornata – domenica 19 dicembre 2021

Curi-Fater Angelini **1-4**
*A. Orsini (C), S. Mezzazappa 2 (F), R. Ciancetta (F), A. Vagnoni (F)*
D'Annunzio Pescara-Silvi **6-1**
*B. Venturini 2 (D), L. Capozucco (D), M. Chichi 3 (D), J. Passeri (S)*
Il Delfino Curi Pescara-Penne **4-0**
*M. Di Giovacchino, A. De Feo, C. Di Felice, A. Cattafesta*
Sambuceto-Gladius Pescara 2010 **1-2**
*D. De Sanctis (S), A. Alonzo 2 (G)*
**Ha riposato:** 2000 Calcio Montesilvano

| 15ª giornata – domenica 13 febbraio 2022 | |
|---|---|
| 2000 Calcio Montesilvano-D'Annunzio Pescara | **2-4** |
| *G. Scipioni (C), S. Pelusi (C), S. Vollaro (D), R. Gagliardi (D), L. Buccione (D), S. Sollazzo (D)* | |
| Fater Angelini-Il Delfino Curi Pescara | **0-2** |
| *M. Dell'Elce, M. Agostinone* | |
| Penne-Sambuceto | **5-0** |
| *A. Carminelli, G. Peretti, D. Di Martile, G. Filippone, M. Tonelli* | |
| Silvi-Curi | **1-6** |
| *S. Marchetti (S), G. De Martino (C), E. Sciortino (C), L. Piacentini (C), A. Di Gregorio (C), M. Fiore 2 (C)* | |
| **Ha riposato:** Gladius Pescara 2010 | |

| 16ª giornata – domenica 20 febbraio 2022 | |
|---|---|
| Curi-2000 Calcio Montesilvano | **1-5** |
| *A. Ruffilli (Cu), S. Pelusi (Ca), L. D'Anastasio (Ca), A. D'Arcangelo (Ca), C. Fanti (Ca), G. Dell'Elce (Ca)* | |
| Il Delfino Curi Pescara-Silvi | **10-0** |
| *G. Paponetti 2, A. Cattafesta, S. Passeri, autorete, A. D'Onofrio, M. Panzera, M. Di Giovacchino, C. Di Felice 2* | |
| Gladius Pescara 2010-Penne | **1-2** |
| *N. Di Pentima (G), G. Peretti (P), F. Fonticoli (P)* | |
| Sambuceto-Fater Angelini | **1-5** |
| *D. De Sanctis (S), M. Di Sabatino (F) S. Mezzazappa 3 (F), J. Coletti (F)* | |
| **Ha riposato:** D'Annunzio Pescara | |

| 17ª giornata – domenica 27 febbraio 2022 | |
|---|---|
| 2000 Calcio Montesilvano-Il Delfino Curi Pescara | **1-1** |
| *E. Valerio (C), A. De Feo (I)* | |
| D'Annunzio Pescara-Curi | **8-0** |
| *R. Gagliardi 2, M. Chichi 2, A. Marsilio 3, B. Venturini* | |
| Fater Angelini-Gladius Pescara 2010 | **3-4** |
| *J. Coletti (F), N. Palucci 2 (F), N. Sagazio 3 (G), N. Di Pentima (G)* | |
| Silvi-Sambuceto | **1-4** |
| *A. Chiavaroli (Si), A. Marchionne 3 (Sa), D. De Sanctis (Sa)* | |
| **Ha riposato:** Penne | |

| 18ª giornata – domenica 6 marzo 2022 | |
|---|---|
| Il Delfino Curi Pescara-D'Annunzio Pescara | **3-1** |
| *M. Agostinone (I), A. De Feo (I), M. Ascani (I), autorete (D)* | |
| Gladius Pescara 2010-D'Annunzio Pescara | **17-0** |
| *N. Sagazio 4, N. Di Pentima 4, F. Iampieri, F. D'Alesio, W. Di Francesco,* | |

*F. Berardi 4, N. Bomba 2*
Penne-Fater Angelini **3-0**
*D. Di Martile 2, R. Palmucci*
Sambuceto-2000 Calcio Montesilvano **1-1**
*D. De Sanctis (S), E. Valerio (C)*
**Ha riposato:** Curi

## CLASSIFICA FINALE girone C

| squadre | punti | gare | vinte | nulle | perse | reti f. | reti s. | diff. |
|---|---|---|---|---|---|---|---|---|
| GLADIUS PE | 39 | 16 | 12 | 3 | 1 | 68 | 17 | +51 |
| D'ANNUNZIO | 37 | 16 | 12 | 1 | 3 | 45 | 21 | +24 |
| IL DELFINO C. | 33 | 16 | 10 | 3 | 3 | 50 | 16 | +34 |
| Penne | 31 | 16 | 10 | 1 | 5 | 54 | 23 | +31 |
| 2000 Calcio Mont. | 24 | 16 | 6 | 6 | 4 | 43 | 29 | +14 |
| Fater Angelini | 22 | 16 | 7 | 1 | 8 | 33 | 30 | +3 |
| Sambuceto | 13 | 16 | 3 | 4 | 9 | 24 | 43 | -19 |
| Curi | 4 | 16 | 1 | 1 | 14 | 14 | 63 | -49 |
| Silvi | 3 | 16 | 1 | 0 | 15 | 16 | 105 | -89 |

***N.B. In maiuscolo le squadre qualificate***

## CLASSIFICA MARCATORI girone C

**32 reti:** G. Peretti (Penne)
**27 reti:** N. Di Pentima (Gladius Pescara 2010)
**24 reti:** E. Valerio (2000 Calcio Montesilvano)
**19 reti:** J. Coletti (Fater Angelini)
**17 reti:** D. De Sanctis (Sambuceto)
**13 reti:** G. Filippone e D. Di Martile (Penne)
**12 reti:** S. Pelusi (2000 Calcio Montesilvano)
**11 reti:** S. Mezzazappa (Fater Angelini); N. Sagazio (Gladius Pescara 2010); A. Cattafesta (Il Delfino Curi Pescara)
**10 reti:** M. Chichi (D'Annunzio Pescara); F. Berardi (Gladius Pescara 2010); C. Di Felice (Il Delfino Curi Pescara); A. Marchionne (Sambuceto)
**9 reti:** L. D'Anastasio (2000 Calcio Montesilvano)
**8 reti:** M. Di Quilio (2000 Calcio Montesilvano); F. Fonticoli (Penne); S. Marchetti (Silvi)
**7 reti:** B. Venturini (D'Annunzio Pescara); N. Golini (Fater Angelini); M. Agostinone e M. Di Giovacchino (Il Delfino Curi Pescara)
**6 reti:** R. Gagliardi (D'Annunzio Pescara); S, Berardi e A. Kopshti (Sambuceto)
**5 reti:** A. Monti (2000 Calcio Montesilvano); F. Collalti (D'Annunzio Pescara); C. Dezio e N. Bomba (Gladius Pescara 2010); A. Marsilio (Silvi)
**4 reti:** A. D'Arcangelo e R. De Berardinis (2000 Calcio Montesilvano); F. Cialini, F. Iervese e A. Di Gregorio (Curi); A. Carminelli e L. Capozucco (D'Annunzio Pescara); D. Mucci e R. Ciancetta (Fater Angelini); F. Iampieri (Gladius Pescara 2010); A. De Feo, G. Paponetti e M. Dell'Elce (Il Delfino Curi Pescara); M. Tonelli e C. Serenata (Penne); A. Sebastiani (Sambuceto); L. Chiavaroli (Silvi)
**3 reti:** G. Scipioni (2000 Calcio Montesilvano); M. Perfetto e S. Contessa (Curi); A. Marsilio (D'Annunzio Pescara); F. Palma, A. Berardi e G. Donatelli (Fater Angelini); A. Alonzo e L. Giammarinaro (Gladius Pescara 2010); S. Passeri e M. Panzera (Il Delfino Curi Pescara); A. Carminelli (Penne); G. Lasaponara (Sambuceto)

## UNDER 17 REGIONALI girone D

### 1ª giornata – domenica 26 settembre 2021

Giulianova-Pineto **2-3**
*M. Tempera (G), M. Tribuiani (G), F. Toracchio (P), M. Piccioni (P), G. Lipari (P)*
S.N. Notaresco-Curi Pescara **3-10**
*P. Di Sante (S), T. Di Giamberardino (S), F. Sposetti (S), A. Shyti 7 (C), S. Tondo (C), A. Tenaglia 2 (C)*
Torrese-Valle del Vomano **1-1**
*G. Pietropaolo (T), A. Rota (V)*
Universal Roseto-Alba Adriatica **1-0**
*T. Lagonigro*
**Ha riposato:** Cologna Calcio

### 2ª giornata – domenica 3 ottobre 2021

Alba Adriatica-Giulianova **1-4**
*D. Calvarese (A), M. Bilardi (G), D. Dell'Erba 2 (G), M. Tribuiani (G)*
Curi Pescara-Cologna Calcio **10-2**
*C. Di Giovanni (Cu), A. Di Tanna (Cu), R. D'Arcangelo (Cu), D. Gambone (Cu), C. Tatozzi (Cu), C. Spinelli (Cu), S. Tondo 2 (Cu), autorete (Cu), A. Shyti (Cu), F. Sanlorenzo (Co), T. Graziani (Co)*
Pineto-S.N. Notaresco **5-3**
*F. Toracchio (P), M. Piccioni (P), F. Pierdomenico (P), P. Recchiuti (P), G. Lipari (P), D. Di Berardo (S), autorete (S), P. Di Sante (S)*
Valle del Vomano-Universal Roseto **3-4**
*M. Santone 2 (V), autorete (V), A. Croce 2 (U), B. Columna Asencio (U), L. Melchiorre (U)*
**Ha riposato:** Torrese

### 3ª giornata – domenica 10 ottobre 2021

Cologna Calcio-Pineto **1-5**
*T. Graziani (C), J. Cipriani (P), M. Carpegna 2 (P), F. Pierdomenico (P), G. Corda (P)*
Giulianova-Valle del Vomano **3-3**
*S. Bala 2 (G), F. Binetti (G), M. Santone 2 (V), D. Centurani (V)*
S.N. Notaresco-Alba Adriatica **1-2**
*G. Lucchi (S), S. Spinelli (A), M. Bevilacqua (A)*
Universal Roseto-Torrese **3-1**
*A. Croce 3 (U), M. Pingiotti (T)*
**Ha riposato:** Curi Pescara

**4ª giornata – domenica 17 ottobre 2021**

Alba Adriatica-Cologna Calcio **14-0**
*D. Calvarese 3, L. De Angelis, M. Bevilacqua, G. De Simone 2, F. Branciaroli, E. Palumbo 3, S. Spinelli 2, D. Nardini*
Pineto-Curi Pescara **9-0**
*M. Piccioni 3, F. Toracchio, K. Boccabella, F. Pierdomenico, M. Carpegna 2, F. D'Auria*
Torrese-Giulianova **1-4**
*D. Pellegrino (T), S. Bala 3 (G), M. Di Paolo (G)*
Valle del Vomano-S.N. Notaresco **4-0**
*M. Di Cristofaro, L. Tondo, D. Centurani, T. Di Pasquale*
**Ha riposato:** Universal Roseto

**5ª giornata – domenica 24 ottobre 2021**

Cologna Calcio-Valle del Vomano **0-15**
*A. Di Amario 5, L. Tondo 2, D. Centurani, S. De Baptistis, M. Di Cristofaro 4, T. Di Pasquale, A. Rota*
Curi Pescara-Alba Adriatica **2-0**
*A. Shyti 2*
Giulianova-Universal Roseto **0-0**
S.N. Notaresco-Torrese **1-4**
*P. Di Sante (S), G. Pietropaolo (T), M. Pingiotti (T), B. Kryezi (T), U. Nori (T)*
**Ha riposato:** Pineto

**6ª giornata – domenica 31 ottobre 2021**

Alba Adriatica-Pineto **1-2**
*S. Spinelli (A), A. Russo 2 (P)*
Torrese-Cologna Calcio **7-0**
*B. Kryezi, D. Di Luigi 2, S. Cerasi, M. Pingiotti, P. Stortone 2*
Universal Roseto-S.N. Notaresco **6-2**
*L. Melchiorre (U), A. Croce 3 (U), S. Sulaj (U), B. Columna Asencio (U), M. Valiante (S), D. Di Berardo (S)*
Valle del Vomano-Curi Pescara **5-1**
*M. Di Cristofaro 2 (V), M. Ioannone (V), D. Centurani (V), A. Di Amario (V), A. Tenaglia (C)*
**Ha riposato:** Giulianova

**7ª giornata – domenica 7 novembre 2021**

Cologna Calcio-Universal Roseto **2-9**
*T. Graziani (C), K. Macrini (C), M. Cimino 2 (U), A. Croce 2 (U), P. Bruni (U), S. Sulaj (U), E. Ziu (U), S. Carangelo 2 (U)*
Curi Pescara-Torrese **2-4**

*M. Panzera (C), C. Spinelli (C), M. Pingiotti (T), D. Contrisciani (T), A. Cataldi (T), G. Pietropaolo (T)*
Pineto-Valle del Vomano **5-0**
*F. Toracchio 2, A. Russo, F. D'Auria, autorete*
S.N. Notaresco-Giulianova **1-4**
*autorete (S), S. Bala (G), A. Di Pietro 2 (G), M. Tribuiani (G)*
**Ha riposato:** Alba Adriatica

**8ª giornata – domenica 14 novembre 2021**

Giulianova-Cologna Calcio **4-1**
*S. Stoppaccioli (G), A. Collevecchio (G), D. Pirozzi (G), M. Tribuiani (G), T. Graziani (C)*
Torrese-Pineto **1-6**
*M. Pingiotti (T), M. Carpegna (P), M. Piccioni 2 (P), A. Renzetti (P), G. Corda (P), F. Pierdomenico (P)*
Universal Roseto-Curi Pescara **2-1**
*S. Sulaj 2 (U), S. Tondo (C)*
Valle del Vomano-Alba Adriatica **2-2**
*M. Di Cristofaro (V), D. Centurani (V), E. Agrebi (A), L. Di Eugenio (A)*
**Ha riposato:** S.N. Notaresco

**9ª giornata – domenica 20 novembre 2021**

Alba Adriatica-Torrese **2-1**
*L. Di Eugenio 2 (A), D. Recchioni (T)*
Cologna Calcio-S.N. Notaresco **1-13**
*T. Graziani (C), R. Castelli (S), M. De Francesco (S), C. Calabrese (S), P. Di Sante 2 (S), G. Lucchi 3 (S), F. Sposetti 2 (S), M. Valiante 3 (S)*
Curi Pescara-Giulianova **0-1**
*M. Tribuiani*
Pineto-Universal Roseto **5-2**
*M. Carpegna (P), F. Toracchio (P), M. Piccioni 2 (P), F. Pierdomenico (P), E. Ziu (U), A. Croce (U)*
**Ha riposato:** Valle del Vomano

**10ª giornata – domenica 28 novembre 2021**

Alba Adriatica-Universal Roseto **1-2**
*L. De Angelis (A), G. D'Ettorre (U), S. Sulaj (U)*
Curi Pescara-S.N. Notaresco **4-3**
*F. Menna (C), D. Gambone (C), S. Tondo (C), M. Panzera (C), P. Di Sante (s), D. Di Berardo 2 (S)*
Pineto-Giulianova **6-1**
*M. Piccioni 2 (P), A. Russo 2 (P), G. Corda (P), K. Boccabella (P), M. Tribuiani (G)*

Valle del Vomano-Torrese **1-2**
*M. Santone (V), B. Kryezi (T), C. Shera (T)*
**Ha riposato:** Cologna Calcio

## 11ª giornata – domenica 5 dicembre 2021

Cologna Calcio-Curi Pescara **1-6**
*L. Trivelloni (Co), S. Tondo (Cu), C. Di Giovanni 2 (Cu), M. Loreto (Cu), A. Tenaglia (Cu), A. Cinquino (Cu)*
Giulianova-Alba Adriatica **2-3**
*S. Stoppaccioli (G), F. Traini (G), D. Nardini (A), E. Palumbo 2 (A)*
S.N. Notaresco-Pineto **2-7**
*D. Di Berardo 2 (S), A. Russo (P), M. Piccioni 3 (P), F. Toracchio 2 (P), F. Bucciarelli (P)*
Universal Roseto-Valle del Vomano **2-0**
*A. Croce 2*
**Ha riposato:** Torrese

## 12ª giornata – mercoledì 8 dicembre 2021

Alba Adriatica-S.N. Notaresco **2-0**
*G. De Simone, D. Talamonti*
Pineto-Cologna Calcio **4-0**
*F. Pierdomenico 2, A. Russo 2*
Torrese-Universal Roseto **2-3**
*D. Di Luigi 2 (T), M. Cimino (U), L. Melchiorre (U), A. Prosperi (U)*
Valle del Vomano-Giulianova **1-3**
*L. Tondo (V), S. Bala 2 (G), M. Tempera (G)*
**Ha riposato:** Curi Pescara

## 13ª giornata – domenica 12 dicembre 2021

Cologna Calcio-Alba Adriatica **0-4**
*E. Palumbo 2, B. Merkaj 2*
Curi Pescara-Pineto **4-5**
*C. Di Giovanni (C), D. Gambone (C), A. Shyti 2 (C), M. Piccioni (P), A. Russo (P), G. Lipari (P), F. Toracchio 2 (P)*
Giulianova-Torrese **2-2**
*S. Bala 2 (G), G. Pietropaolo (T), M. Pingiotti (T)*
S.N. Notaresco-Valle del Vomano **0-6**
*L. Di Furia 2, A. Rota, L. Taraschi 2, M. Di Cristofaro*
**Ha riposato:** Universal Roseto

## 14ª giornata – domenica 19 dicembre 2021

Alba Adriatica-Curi Pescara **2-1**

*E. Palumbo (A), B. Merkaj (A), E. Cecamore (C)*
Torrese-S.N. Notaresco **2-0**
*M. Pingiotti 2*
Universal Roseto-Giulianova **2-1**
*E. Ziu (U), A. Croce (U), D. Dell'Erba (G)*
Valle del Vomano-Cologna Calcio **13-0**
*D. Centurani 3, A. Pompei 3, F. Puglia, M. Di Cristofaro 5, M. Ioannone*
**Ha riposato:** Pineto

**15ª giornata – domenica 13 febbraio 2022**

Cologna Calcio-Torrese **1-4**
*T. Graziani (C), M. Pingiotti 3 (T), D. Recchioni (T)*
Curi Pescara-Valle del Vomano **1-2**
*C. Spinelli (C), M. Ioannone (V), T. Di Pasquale (V)*
Pineto-Alba Adriatica **5-1**
*M. Piccioni 2 (P), F. Toracchio (P), S. Manzo (P), F. Pierdomenico (P), A. Di Egidio (A)*
S.N. Notaresco-Universal Roseto **1-1**
*M. Valiante (S), L. Melchiorre (U)*
**Ha riposato:** Giulianova

**16ª giornata – domenica 20 febbraio 2022**

Giulianova-S.N. Notaresco **3-1**
*M. Tempera (G), S. Stoppaccioli (G), S. Bala (G), E. Dioguardi (S)*
Torrese-Curi Pescara **2-0**
*M. Pingiotti 2*
Universal Roseto-Cologna Calcio **5-1**
*S. Sulaj 2 (U), A. Prosperi (U), L. Bianchini (U), L. Melchiorre (U), K. Macrini (C)*
Valle del Vomano-Pineto **1-1**
*D. Centurani (V), F. Pierdomenico (P)*
**Ha riposato:** Alba Adriatica

**17ª giornata – domenica 27 febbraio 2022**

Alba Adriatica-Valle del Vomano **1-1**
*E. Agrebi (A), F. Puglia (V)*
Cologna Calcio-Giulianova **0-5**
*S. Bala 2, D. Dell'Erba 2, M. Di Paolo*
Curi Pescara-Universal Roseto **1-3**
*A. Shyti (C), B. Columna Asencio (P), E. Ziu 2 (P)*
Pineto-Torrese **5-0**
*M. Piccioni, G. Corda, A. Russo 2, S. Manzo*
**Ha riposato:** S.N. Notaresco

**18ª giornata – domenica 6 marzo 2022**

Giulianova-Curi Pescara **2-1**
*M. Tempera 2 (G), C. Tatozzi (C)*
S.N. Notaresco-Cologna Calcio **11-0**
*E. Dioguardi 4, G. Angelucci, M. Valiante 2, M. Massacci, M. D'Antonio 2, P. Di Sante*
Torrese-Alba Adriatica **1-0**
*S. Cerasi*
Universal Roseto-Pineto **1-2**
*L. Melchiorre (U), M. Carpegna (P), A. Russo (P)*
**Ha riposato:** Valle del Vomano

## CLASSIFICA FINALE girone D

| squadre | punti | gare | vinte | nulle | perse | reti f. | reti s. | diff. |
|---|---|---|---|---|---|---|---|---|
| PINETO | 46 | 16 | 15 | 1 | 0 | 75 | 20 | +55 |
| UNIV. ROSETO | 38 | 16 | 12 | 2 | 2 | 46 | 23 | +23 |
| GIULIANOVA | 30 | 16 | 9 | 3 | 4 | 41 | 26 | +15 |
| Torrese | 26 | 16 | 8 | 2 | 6 | 35 | 31 | +4 |
| Valle del Vomano | 23 | 16 | 6 | 5 | 5 | 58 | 26 | +32 |
| Alba Adriatica | 23 | 16 | 7 | 2 | 7 | 36 | 25 | +11 |
| Curi Pescara | 15 | 16 | 5 | 0 | 11 | 44 | 46 | -2 |
| S.N. Notaresco | 7 | 16 | 2 | 1 | 13 | 42 | 61 | -19 |
| Cologna Calcio | 0 | 16 | 0 | 0 | 16 | 10 | 129 | -119 |

***N.B. In maiuscolo le squadre qualificate***

## CLASSIFICA MARCATORI girone D

**23 reti:** M. Piccioni (Pineto)
**22 reti:** M. Cristofaro (Valle del Vomano)
**21 reti:** A. Shyti (Curi Pescara)
**19 reti:** M. Pingiotti (Torrese)
**17 reti:** E. Dioguardi (S.N. Notaresco)
**14 reti:** S. Bala (Giulianova); A. Croce (Universal Roseto)
**13 reti:** A. Russo e F. Toracchio (Pineto)
**12 reti:** E. Palumbo (Alba Adriatica); D. Centurani (Valle del Vomano)
**11 reti:** F. Pierdomenico (Pineto)
**10 reti:** M. Valiante e P. Di Sante (S.N. Notaresco)
**9 reti:** S. Sulaj e L. Melchiorre (Universal Roseto)
**8 reti:** M. Carpegna (Pineto)
**7 reti:** T. Graziani (Cologna C.); M. Tribuiani (Giulianova); D. Di Berardo e M. De Francesco (S.N. Notaresco); A. Di Amario (Valle del Vomano)
**6 reti:** S. Spinelli (Alba Adriatica); S. Tondo, C. Tatozzi e C. Di Giovanni (Curi Pescara); M. Tempera (Giulianova); G. Lucchi (S.N. Notaresco); G. Pietropaolo (Torrese); F. Puglia (Valle del Vomano)
**5 reti:** B. Merkaj e V. Granato (Alba Adriatica); A. Tenaglia e C. Spinelli (Curi Pescara); D. Dell'Erba (Giulianova); S. Cerasi (Torrese); E. Ziu (Universal Roseto); L. Di Furia, L. Taraschi, M. Santone e T. Di Pasquale (Valle del Vomano); A. Rota, L. Tondo e A. Pompei (Valle del Vomano)
**4 reti:** D. Calvarese, D. Talamonti, L. Di Eugenio e G. De Simone (Alba Adriatica); A. Ciarrocchi (Cologna Calcio); F. Menna e A. Di Tanna (Curi Pescara); G Corda (Pineto); B. Kryezi e D. Di Luigi (Torrese)
**3 reti:** D. Nardini e L. De Angelis (Alba Adriatica); K. Macrini (Cologna Calcio); M. Ferrante, D. Gambone e E. Cecamore (Curi Pescara); A. Di Pietro e S. Stoppaccioli (Giulianova); S. Manzo e G. Lipari (Pineto); F. Sposetti e M. Massacci (S.N. Notaresco); C. Shera, P. Stortone e D. Recchioni (Torrese); M. Cimino e B. Columna Asencio (Universal Roseto); M. Ioannone (Valle del Vomano)

# UNDER 17 REGIONALI SECONDA FASE
## ASSEGNAZIONE TITOLO REGIONALE
## GIRONE E

### 1ª giornata – sabato 19 marzo 2022

Avezzano-Virtus Vasto **2-2**
*S. De Leonardis (A), S. Giordani (A), D. Aprea (V), F. Ricciardi (V)*
Giulianova-Gladius Pescara 2010 **2-2**
*M. Tempera (Gi), A. Mucciconi (Gi), F. Berardi 2 (Gl)*

### 2ª giornata – domenica 27 marzo 2022

Gladius Pescara 2010-Avezzano **1-1**
*L. Giammarinaro (G), S. Guglietti (A)*
Virtus Vasto-Giulianova **5-0**
*J. Maio 3, A. Capitanio, F. Ricciardi*

### 3ª giornata – domenica 3 aprile 2022

Giulianova-Avezzano **0-2**
*S. De Leonardis, V. Di Battista*
Virtus Vasto-Gladius Pescara 2010 **6-1**
*J. Maio 2 (V), A. Preta (V), A. Capitanio 2 (V), G. Caterino (V), N. Di Pentima (G)*

### 4ª giornata – domenica 10 aprile 2022

Avezzano-Giulianova **4-1**
*S. De Leonardis 2 (A), S. Giordani 2 (A), M. Tribuiani (G)*
Gladius Pescara 2010-Virtus Vasto **3-7**
*N. Sagazio (G), M. Coccia (G), N. Di Pentima (G), L. Rossi (V), J. Majo 2 (V), F. Ricciardi (V), S. Mateescu 3 (V)*

### 5ª giornata – sabato 16 aprile 2022

Gladius Pescara 2010-Giulianova **0-4**
*S. Bala, A. Di Pietro, L. Di Felice, M. Costantini*
Virtus Vasto-Avezzano **4-2**
*J. Maio (V), A. Capitanio 2 (V), S. Mateescu (V), S. Giordani 2 (A)*

### 6ª giornata – domenica 24 aprile 2022

Avezzano-Gladius Pescara 2010 **3-1**
*S. De Leonardis (A), S. Giordani (A), A. Venditti (A), N. Di Pentima (G)*
Giulianova-Virtus Vasto **1-3**
*G. Camaioni (G), J. Maio (V), A. Capitanio 2 (V)*

## CLASSIFICA FINALE girone E

| squadre | punti | gare | vinte | nulle | perse | reti f. | reti s. | diff. |
|---|---|---|---|---|---|---|---|---|
| VIRTUS VASTO | 16 | 6 | 5 | 1 | 0 | 27 | 9 | +18 |
| Avezzano | 11 | 6 | 3 | 2 | 1 | 14 | 9 | +5 |
| Giulianova | 4 | 6 | 1 | 1 | 4 | 8 | 16 | -8 |
| Gladius Pescara | 2 | 6 | 0 | 2 | 4 | 8 | 23 | -15 |

***N.B. In maiuscolo le squadre qualificate***

## GIRONE F

### 1ª giornata – sabato 19 marzo 2022

Bacigalupo Vasto Marina-Universal Roseto **2-2**
*N. Lemme (B), N. Marino (B), S. Sulaj (U), L. Melchiorre (U)*
D'Annunzio Pescara-Pucetta **0-3**
*F. D'Agostini 2, F. Bernabale*

### 2ª giornata – domenica 27 marzo 2022

Pucetta-Bacigalupo Vasto Marina **1-1**
*S. Rosati (P), G. Annunziata (B)*
Universal Roseto-D'Annunzio Pescara **0-1**
*A. Ricciuti*

### 3ª giornata – domenica 3 aprile 2022

D'Annunzio Pescara-Bacigalupo Vasto Marina **1-5**
*F. Collalti (D), A. Tracchia (B), N. Marino 2 (B), G. Annunziata (B), T. Rozanc (B)*
Universal Roseto-Pucetta **0-2**
*F. Bernabale, A. Graziani*

### 4ª giornata – domenica 10 aprile 2022

Bacigalupo Vasto Marina-D'Annunzio Pescara **2-1**
*N. Lemme (B), N. Marino (B), S. Gubbiotti (D)*
Pucetta-Universal Roseto **7-0**
*S. Rosati 2, M. Gallipoli, R. Rametta 2, S. Scolari, D. Di Vittorio*

### 5ª giornata – sabato 16 aprile 2022

Pucetta-D'Annunzio Pescara **7-0**
*R. Rametta, D. Di Vittorio, L. Tolomello 2, S. Rosati, T. Costantini, F. Bernabale*
Universal Roseto-Bacigalupo Vasto Marina **3-0**
*S. Sulaj, L. Melchiorre 2*

### 6ª giornata – domenica 24 aprile 2022

Bacigalupo Vasto Marina-Pucetta **6-2**
*C. Angelicola (B), T. Rozanc 2 (B), N. Lemme 2 (B), N. Marino (B), A. Graziani (P), F. D'Agostini (P)*
D'Annunzio Pescara-Universal Roseto **1-0**
*M. Chichi*

## CLASSIFICA FINALE girone F

| squadre | punti | gare | vinte | nulle | perse | reti f. | reti s. | diff. |
|---|---|---|---|---|---|---|---|---|
| PUCETTA | 13 | 6 | 4 | 1 | 1 | 22 | 7 | +15 |
| BACIGALUPO | 11 | 6 | 3 | 2 | 1 | 16 | 10 | +6 |
| D'Annunzio Pe | 6 | 6 | 2 | 0 | 4 | 4 | 17 | -13 |
| Universal Roseto | 4 | 6 | 1 | 1 | 4 | 5 | 13 | -8 |

***N.B. In maiuscolo le squadre qualificate***

## GIRONE G

### 1ª giornata – sabato 19 marzo 2022

Il Delfino Curi Pescara-Academy L'Aquila **1-3**
*S. Passeri (I), A. Scimia 2 (A), M. Ianni (A)*
Pineto-River Chieti 65 **4-0**
*F. Toracchio 2, A. Russo, F. Pierdomenico*

### 2ª giornata – domenica 27 marzo 2022

Academy L'Aquila-Pineto **2-1**
*J. Bonanni (A), G. Fattapposta (A), M. Piccioni (P)*
River Chieti 65-Il Delfino Curi Pescara **1-1**
*M. Epifano (R), A. Cattafesta (I)*

### 3ª giornata – domenica 3 aprile 2022

Academy L'Aquila-River Chieti 65 **5-1**
*M. Ianni (A), A. Scimia 2 (A), L. Miconi (A), J. Bonanni (A), M. Chiacchiaretta (R)*
Pineto-Il Delfino Curi Pescara **2-0**
*M. Piccioni, M. Carpegna*

### 4ª giornata – domenica 10 aprile 2022

Il Delfino Curi Pescara-Pineto **2-3**
*M. Dell'Elce (I), C. Di Felice (I), F. Toracchio (P), M. Piccioni 2 (P)*
River Chieti 65-Academy L'Aquila **2-1**
*F. Lalli (R), V. Mincone (R), D. Feltrin (A)*

**5ª giornata – sabato 16 aprile 2022**

Academy L'Aquila-Il Delfino Curi Pescara **5-3**
*D. Flaiano 3 (A), A. Scimia (A), J. Bonanni (A), C. Di Felice (I), S. Passeri (I), M. Agostinone (I)*
River Chieti 65-Pineto **2-2**
*N. Conti (R), M. Palazzolo (R), S. Manzo (P), F. Pierdomenico (P)*

**6ª giornata – domenica 24 aprile 2022**

Il Delfino Curi Pescara-River Chieti 65 **7-5**
*M. Dell'Elce (I), A. Cattafesta 2 (I), M. Panzera 2 (I), M. Agostinone (I), C. Di Felice (I), M. Epifano (R), M. Palazzolo 3 (R), D. Pasqualone (R)*
Pineto-Academy L'Aquila **1-1**
*M. Piccioni (P), A. Scimia (A)*

## CLASSIFICA FINALE girone G

| squadre | punti | gare | vinte | nulle | perse | reti f. | reti s. | diff. |
|---|---|---|---|---|---|---|---|---|
| ACADEMY AQ | 13 | 6 | 4 | 1 | 1 | 17 | 9 | +8 |
| Pineto | 11 | 6 | 3 | 2 | 1 | 13 | 7 | +6 |
| River Chieti 65 | 5 | 6 | 1 | 2 | 3 | 11 | 20 | -9 |
| Il Delfino Curi Pe | 4 | 6 | 1 | 1 | 4 | 14 | 19 | -5 |

***N.B. In maiuscolo le squadre qualificate***

## ASSEGNAZIONE TITOLO REGIONALE SEMIFINALI

**GARE DI ANDATA – domenica 8 maggio 2022**

Pucetta-Academy L'Aquila Calcio **1-0**
*R. Rametta*
Virtus Vasto-Bacigalupo Vasto Marina **2-3**
*S. Mateescu (V), A. Preta (V), N. Marino (B), N. Lemme (B), A. Tracchia (B)*

**GARE DI RITORNO – domenica 15 maggio 2022**

Academy L'Aquila Calcio-PUCETTA **1-2**
*M. Alija (A), S. Rosati 2 (P)*
Bacigalupo Vasto Marina-VIRTUS VASTO **1-4**
*C. Vespasiano (B), A. Capitanio (V), F. Ricciardi (V), A. Preta (V), J. Majo (V)*

***N.B. In maiuscolo le squadre qualificate***

## FINALE

**domenica 29 maggio a L'Aquila – stadio "Gran Sasso d'Italia"**

**Virtus Vasto-Pucetta: 3-1**

**Virtus Vasto:** D'Ermilio, Palmisciano (11'st Berardi), Caterino, Di Genni, Preta, Ricciardi, Rossi, Giangiulio, Mattescu (48'st Persoglio), Majo (40'st Di Ninni), Capitanio (46'st Fazzano). **All.** Anzivino. **Pucetta:** Brassetti, Desideri (37'st Pensa), Di Vittorio, Tolomello (35'st Cipollone), Michetti, Scolari, Costantini (17'st Federici), Graziani, Rosati, D'Agostini, Rametta. **All.** Liberati. **Arbitro:** Giammarco Cianca dell'Aquila. **Reti:** *23'pt e 18'st A. Capitanio (V), 20'st A. Graziani (P), 43'st S. Mateescu (V).*

## ASSEGNAZIONE TITOLO NAZIONALE PRIMA FASE A GIRONI

**1ª giornata GIRONE E – domenica 5 giugno 2022**

| | |
|---|---|
| Nick Calcio Bari-Cavese 1919 | **2-2** |
| Virtus Vasto-Aurora Alto Casertano | **3-1** |

*D. Di Genni (V), J. Majo (V), F. Ricciardi (V), P. De Ninno (A)*

**2ª giornata GIRONE E – mercoledì 8 e giovedì 9 giugno 2022**

| | |
|---|---|
| Cavese 1919-Aurora Alto Casertano | **7-0** |
| Nick Calcio Bari-Virtus Vasto | **0-0** |

**3ª giornata GIRONE E – domenica 12 giugno 2022**

| | |
|---|---|
| Aurora Alto Casertano-Nick Calcio Bari | **3-4** |
| Virtus Vasto-Cavese 1919 | **3-2** |

*S. Mateescu (V), J. Maio (V), A. Capitanio (V), F. Cinque (C), G. Cesarano (C)*

## CLASSIFICA FINALE

| squadre | punti | gare | vinte | nulle | perse | reti f. | reti s. | diff. |
|---|---|---|---|---|---|---|---|---|
| VIRTUS VASTO | 7 | 3 | 2 | 1 | 0 | 6 | 3 | +3 |
| Nick Calcio Bari | 5 | 3 | 1 | 2 | 0 | 6 | 5 | +1 |
| Cavese 1919 | 4 | 3 | 1 | 1 | 1 | 11 | 5 | +6 |
| Aurora Alto Cas. | 0 | 3 | 0 | 0 | 3 | 4 | 14 | -10 |

***N.B. In maiuscolo le squadre qualificate***

## ASSEGNAZIONE TITOLO NAZIONALE
## SECONDA FASE A TRIANGOLARI

### 1ª giornata TRIANGOLARE B – mercoledì 15 giugno 2022

Virtus Vasto-Academy Katane School **3-2**
*A. Capitanio (V), F. Ricciardi (V), S. Mateescu (V), D. Cutispoto (K), S. La Spina (K)*
**Ha riposato:** Lodigiani

### 2ª giornata TRIANGOLARE B – domenica 19 giugno 2022

Academy Katane School-Lodigiani **0-5**
**Ha riposato:** Virtus Vasto

### 3ª giornata TRIANGOLARE B – mercoledì 22 giugno 2022

Lodigiani-Virtus Vasto **6-1**
*A. Conti 3 (L), S. Fiore (L), L. Tranquilli (L), M. Miliucci (L), S. Mateescu (V)*
**Ha riposato:** Academy Katane School

## CLASSIFICA FINALE

| squadre | punti | gare | vinte | nulle | perse | reti f. | reti s. | diff. |
|---|---|---|---|---|---|---|---|---|
| LODIGIANI | 6 | 2 | 2 | 0 | 0 | 11 | 1 | +10 |
| Virtus Vasto | 3 | 2 | 1 | 0 | 1 | 4 | 8 | -4 |
| Academy Katane | 0 | 2 | 0 | 0 | 2 | 2 | 8 | - 6 |

***N.B. In maiuscolo la squadra qualificata***

## UNDER 17 REGIONALI SECONDA FASE
### ASSEGNAZIONE COPPA ABRUZZO
## GIRONE H

**1ª giornata – domenica 20 marzo 2022**

Amiternina-Manoppello Arabona **1-3**
*L. Buttari (A), M. Carnassale (M), F. Marinelli (M), G. D'Angelo (M)*
Olympia Cedas Sulmona-Celano **1-1**
*P. Schiavo (O), B. Flammini (C)*
Valle Peligna-L'Aquila Soccer School **1-2**
*C. Gasbarro (V), N. Centi 2 (L)*

**2ª giornata – domenica 27 marzo 2022**

Amiternina-Celano **1-1**
*A. Zeca (A), A. Giordani (C)*
L'Aquila Soccer School-Olympia Cedas Sulmona **4-2**
*D. Baldacci 3 (L), N. Centi (L), G. Orfanelli (O), E. Osmani (O)*
Manoppello Arabona-Valle Peligna **2-0**
*D. Ranieri, A. Ciammaichella*

**3ª giornata – domenica 3 aprile 2022**

Celano-L'Aquila Soccer School **3-0**
*K. Di Matteo, A. Giordani, A. Vicaretti*
Olympia Cedas Sulmona-Manoppello Arabona **4-5**
*T. Tronca (O), E. Osmani (O), F. Siani (O), autorete (O), A. Di Francesco 2 (M), C. Zazzara (M), M. Carnassale (M), P. Spadaccini (M)*
Valle Peligna-Amiternina **5-0**
*M. Nastasi 2, A. Aielli, F. Camarra, J. Caldarozzi*

**4ª giornata – domenica 10 aprile 2022**

Amiternina-Olympia Cedas Sulmona **1-4**
*L. Albani (A), A. Pulsone (O), P. Schiavo (O), P. Di Ianni (O), E. Balassone (O)*
Manoppello Arabona-L'Aquila Soccer School **2-1**
*F. Marinelli 2 (M), A. Coletti (L)*
Valle Peligna-Celano **3-3**
*A. Aielli (V), F. Camarra (V), E. D'Aprile (V), F. Cordischi (C), S. Ranieri (C), B. Flammini (C)*

**5ª giornata – sabato 16 aprile 2022**

Celano-Manoppello Arabona **0-1**
*G. D'Angelo*
L'Aquila Soccer School-Amiternina **7-2**

*D. Baldacci 3 (L), A. Coletti (L), M. Fiori 2 (L), F. Frappetta (L), A. Zeca 2 (A)*
Olympia Cedas Sulmona-Valle Peligna **0-2**
*C. Gasbarro, F. Zoccoli*

**6ª giornata – domenica 24 aprile 2022**

Celano-Olympia Cedas Sulmona **1-2**
*S. Lippa (C), T. Tronca (O), P. Schiavo (O)*
L'Aquila Soccer School-Valle Peligna **5-2**
*D. Baldacci 3 (C), M. Calvano (C), S. Rossi (C), A. Aielli (V), A. Sabatini (V)*
Manoppello Arabona-Amiternina **3-0**
*G. D'Angelo 2, A. Di Francesco*

**7ª giornata – domenica 1 maggio 2022**

Amiternina-Celano **0-11**
*A. Vicaretti 3, F. Cordischi 2, B. Flammini 2, K. Di Matteo 2, A. Giordani, G. Di Loreto*
Olympia Cedas Sulmona-L'Aquila Soccer School **1-1**
*E. Osmani (O), N. Centi (L)*
Valle Peligna-Manoppello Arabona **5-3**
*F. Zoccoli 3 (V), E. D'Aprile (V), M. Nastasi (V), A. Di Francesco (M), G. D'Angelo (M), P. Pantalone (M)*

**8ª giornata – domenica 8 maggio 2022**

Amiternina-Valle Peligna **1-5**
*S. Ferrazza (A), C. Gasbarro (V), A. Sabatini (V), E. D'Aprile 2 (V), F. Zoccoli (V)*
L'Aquila Soccer School-Celano **4-1**
*L. Corona 2 (L), M. Calvano (L), D. Baldacci (L), F. Cordischi (C)*
Manoppello Arabona-Olympia Cedas Sulmona **2-2**
*C. Zazzara (M), D. Ranieri (M), T. Tronca (O), E. Balassone (O)*

**9ª giornata – domenica 15 maggio 2022**

Celano-Valle Peligna **0-4**
*F. Zoccoli 2, D. Kadriu, C. Gasbarro*
L'Aquila Soccer School-Manoppello Arabona **2-2**
*L. Corona (L), A. Di Pompeo (L), I. D'Astolfo (M), M. Carnassale (M)*
Olympia Cedas Sulmona-Amiternina **10-0**
*F. Petrilli 2, A. Pulsone 3, E. Osmani 2, T. Tronca, G. Iengo, E. Balassone*

### 10ª giornata – domenica 22 maggio 2022

Amiternina-L'Aquila Soccer School **2-5**
*L. Albani (A), A. Zeca (A), L. Corona 2 (L), D. Baldacci (L), M. Palumbo (L), D. Ferrara (L)*
Manoppello Arabona-Celano **3-0** (a tavolino)
Valle Peligna-Olympia Cedas Sulmona **1-1**
*C. Gasbarro (V), M. Biondi (O)*

## CLASSIFICA FINALE girone H

| squadre | punti | gare | vinte | nulle | perse | reti f. | reti s. | diff. |
|---|---|---|---|---|---|---|---|---|
| MANOPPELLO | 23 | 10 | 7 | 2 | 1 | 26 | 15 | +11 |
| Aq Soccer School | 20 | 10 | 6 | 2 | 2 | 31 | 18 | +13 |
| Valle Peligna | 17 | 10 | 5 | 2 | 3 | 28 | 17 | +11 |
| Olympia Cedas | 13 | 10 | 3 | 4 | 3 | 27 | 18 | +9 |
| Celano -1 | 8 | 10 | 2 | 3 | 5 | 21 | 19 | +2 |
| Amiternina -1 | 0 | 10 | 0 | 1 | 9 | 8 | 54 | -46 |

**-1 un punto di penalizzazione**

***N.B. In maiuscolo le squadre qualificate***

## GIRONE I

### 1ª giornata – domenica 20 marzo 2022

Aquilotti San Salvo-Val di Sangro **0-2**
*G. Cinalli 2*
Francavilla-Atessa **0-4**
*L. Papa, M. Teti, L. Menna, S. D'Amelio*
Virtus Lanciano-Union Fossacesia **2-1**
*G. Gaeta (V), L. Chiacchiari (V), F. Paolucci (U)*

### 2ª giornata – domenica 27 marzo 2022

Atessa-Aquilotti San Salvo **4-0**
*M . Teti, L. Papa, S. Romanelli, S. Celiberti*
Union Fossacesia-Francavilla **4-0**
*F. Paolucci 2, L. Verì, G. Di Tommaso*
Val di Sangro-Virtus Lanciano **1-0**
*D. Salca*

### 3ª giornata – domenica 3 aprile 2022

Aquilotti San Salvo-Union Fossacesia **1-5**
*G. Aquilano (A), F. Paolucci 3 (U), G. Di Tommaso (U), M. D'Orsogna Bucci (U)*
Francavilla-Virtus Lanciano **1-1**

*E. Sforzato (F), D. D'Ippolito (V)*
Val di Sangro-Atessa **4-0**
*D. Salca, G. Trisi, S. Paravia, G. Cinalli*

**4ª giornata – domenica 10 aprile 2022**

Francavilla-Val di Sangro **3-5**
*D. Cerrone (F), D. Medoro 2 (F), D. Salca 3 (V), V. Giorgio 2 (V)*
Union Fossacesia-Atessa **7-3**
*M. Di Campli 2 (U), M. D'Orsogna Bucci (U), G. Di Tommaso 2 (U), F. Paolucci 2 (U), S. D'Amelio (A), autorete (A), S. Celiberti (A)*
Virtus Lanciano-Aquilotti San Salvo **5-1**
*M. Coletti (V), D. Sbaraglia 2 (V), M. Nasuti (V), D. D'Ippolito (V), A. Masciotta (A)*

**5ª giornata – sabato 16 aprile 2022**

Aquilotti San Salvo-Francavilla **1-3**
*A. Masciotta (A), D. Medoro (F), A. Zappacosta 2 (F)*
Atessa-Virtus Lanciano **1-3**
*M. Appezzato (A), M. Nasuti (V), D. Sbaraglia (V), D. D'Ippolito (V)*
Val di Sangro-Union Fossacesia **0-3**
*A. Paone, F. Paolucci 2*

**6ª giornata – domenica 24 aprile 2022**

Atessa-Francavilla **5-0**
*L. Papa, M. Teti, M. Di Matteo 2, S. Romanelli*
Union Fossacesia-Virtus Lanciano **4-1**
*F. Paolucci 2 (U), G. Di Tommaso 2 (U), autorete (V)*
Val di Sangro-Aquilotti San Salvo **3-0**
*S. Paravia, A. Manuri, D. Salca*

**7ª giornata – domenica 1 maggio 2022**

Aquilotti San Salvo-Atessa **0-3**
*L. Menna 2, S. D'Amelio*
Francavilla-Union Fossacesia **0-7**
*F. Paolucci 2, A. Paone, E. Priori, G. Di Tommaso 2, D. Pojana*
Virtus Lanciano-Val di Sangro **1-2**
*M. Azzarà (VL), A. Manuri 2 (VDS)*

**8ª giornata – domenica 8 maggio 2022**

Atessa-Val di Sangro **3-1**
*S. D'Amelio (A), P. Valente (A), S. Romanelli (A), G. Trisi (V)*
Union Fossacesia-Aquilotti San Salvo **5-0**

*F. Paolucci 2, G. Di Tommaso 2, S. Giuliante*
Virtus Lanciano-Francavilla **11-1**
*D. Sbaraglia 2 (V), D. D'Ippolito 5 (V), A. Masciangelo 2 (V), M. Nasuti (V), M. La Scala (V), E. Sforzato (F)*

### 9ª giornata – domenica 15 maggio 2022

Aquilotti San Salvo-Virtus Lanciano **1-5**
*A. Sambrotta (A), D. D'Ippolito 2 (V), A. Masciangelo (V), M. Nasuti (V), M. Coletti (V)*
Atessa-Union Fossacesia **1-5**
*L. Menna (A), M. Di Campli (U), F. Paolucci 2 (U), G. Di Tommaso 2 (U)*
Val di Sangro-Francavilla **14-1**
*D. Scutti 2 (V), G. Trisi 3 (V), D. Gallo 2 (V), S. D'Orazio 3 (V), D. Salca (V), S. Paravia (V), M. Impicciatore (V), C. Monfrecola (V), D. Medoro (F)*

### 10ª giornata – domenica 22 maggio 2022

Francavilla-Aquilotti San Salvo **3-0**
*E. Gelsumini 3*
Union Fossacesia-Val di Sangro **4-1**
*F. Paolucci (U), E. Priori (U), G. Di Tommaso 2 (U), M. Impicciatore (V)*
Virtus Lanciano-Atessa **5-1**
*D. D'Ippolito 3 (V), M. Coletti (V), A. Masciangelo (V), L. Menna (A)*

## CLASSIFICA FINALE girone I

| squadre | punti | gare | vinte | nulle | perse | reti f. | reti s. | diff. |
|---|---|---|---|---|---|---|---|---|
| UNION FOSS. | 27 | 10 | 9 | 0 | 1 | 44 | 9 | +35 |
| Val di Sangro | 21 | 10 | 7 | 0 | 3 | 33 | 15 | +18 |
| Virtus Lanciano | 19 | 10 | 6 | 1 | 3 | 34 | 14 | +20 |
| Atessa | 15 | 10 | 5 | 0 | 5 | 25 | 25 | 0 |
| Francavilla 1927 | 7 | 10 | 2 | 1 | 7 | 12 | 51 | -39 |
| Aquilotti San S. -1 | -1 | 10 | 0 | 0 | 10 | 4 | 38 | -34 |

**-1 un punto di penalizzazione**

***N.B. In maiuscolo le squadre qualificate***

## GIRONE L

### 1ª giornata – domenica 20 marzo 2022

2000 Calcio Montesilvano-Silvi **7-0**
*S. Pelusi 3, M. Florindi 2, E. Valerio, S. D'Angelo*
Curi-Penne **2-5**
*M. Perfetto (C), A. Di Gregorio (C), G. Peretti 3 (P), G. Filippone 2 (P)*

Sambuceto-Fater Angelini **1-3**
*G. Lasaponara (S), J. Coletti 2 (F), F. Di Virgilio (F)*

**2ª giornata – domenica 27 marzo 2022**

Fater Angelini-Curi **2-1**
*J. Coletti 2 (F), M. Perfetto (C)*
Penne-2000 Calcio Montesilvano **1-2**
*G. Peretti (P), E. Valerio (C), S. Pelusi (C)*
Silvi-Sambuceto **2-9**
*L. Della Marra (Si), S. Marchetti (Si), A. Marchionne 3 (Sa), S. Berardi 2 (Sa), D. De Sanctis 3 (Sa), M. Santurbano (Sa)*

**3ª giornata – domenica 3 aprile 2022**

2000 Calcio Montesilvano-Curi **1-0**
*E. Valerio*
Fater Angelini-Silvi **7-1**
*J. Coletti 5 (F), A. Vagnoni (F), F. Della Penna (F), M. Nano (S)*
Sambuceto-Penne **5-2**
*S. Berardi (S), A. Sebastiani (S), D. De Sanctis (S), G. Lasaponara (S), A. Kopshti (S), G. Peretti 2 (P)*

**4ª giornata – sabato 9 aprile 2022**

2000 Calcio Montesilvano-Fater Angelini **1-0**
*E. Valerio*
Curi-Sambuceto **1-1**
*S. Contessa (C), A. Kopshti (S)*
Penne-Silvi **6-1**
*F. Fonticoli 2 (P), G. Peretti 2 (P), autorete (P), D. Di Martile (P), M. Nano (S)*

**5ª giornata – sabato 16 aprile 2022**

Fater Angelini-Penne **3-2**
*J. Coletti 2 (F), G. Donatelli (F), R. Palmucci (P), D. Di Martile (P)*
Sambuceto-2000 Calcio Montesilvano **2-3**
*A. Kopshti (S), A. Marchionne (S), S. Pelusi (C), A. Costantini (C), E. Valerio (C)*
Silvi-Curi **0-4**
*F. Cialini, S. Contessa 2, F. Iervese*

**6ª giornata – domenica 24 aprile 2022**

Fater Angelini-Sambuceto **5-0**
*R. Ciancetta, D. Mucci, S. Colazzilli, J. Coletti, S. Mezzazappa*
Penne-Curi **0-0**

Silvi-2000 Calcio Montesilvano **0-8**
*M. Vaccaro, A. D'Arcangelo, S. Pelusi 2, M. Di Quilio, L. D'Anastasio 2, G. Scipioni*

**7ª giornata – domenica 1 maggio 2022**

2000 Calcio Montesilvano-Penne **4-3**
*F. Cellini (C), E. Valerio 2 (C), M. Florindi (C), G. Peretti 2 (P), F. Fonticoli (P)*
Curi-Fater Angelini **1-2**
*E. D'Andrea (C), J. Coletti (F), D. Mucci (F)*
Sambuceto-Silvi **3-0** (a tavolino)

**8ª giornata – domenica 8 maggio 2022**

Curi-2000 Calcio Montesilvano **0-5**
*E. Valerio 3, L. D'Anastasio 2*
Penne-Sambuceto **2-1**
*G. Peretti (P), D. Di Martile (P), A. Marchionne (S)*
Silvi-Fater Angelini **1-13**
*S. Marchetti (S), J. Coletti 4 (F), A. Berardi 3 (F), N. Golini 3 (F), R. Sferrella (F), S. Mezzazappa (F), F. Di Carluccio (F)*

**9ª giornata – domenica 15 maggio 2022**

Fater Angelini-2000 Calcio Montesilvano **1-2**
*G. Donatelli (F), E. Valerio 2 (C)*
Sambuceto-Curi **1-3**
*G. Lasaponara (S), F. Iervese (C), F. Cialini (C), A. Di Gregorio (C)*
Silvi-Penne **2-10**
*S. Marchetti 2 (S), C. Serenata 4 (P), M. Tonelli (P), G. Filippone 2 (P), M. Di Blasio (P), V. D'Agostino (P), D. Di Martile (P)*

**10ª giornata – domenica 22 maggio 2022**

2000 Calcio Montesilvano-Sambuceto **3-3**
*M. Florindi (C), A. D'Arcangelo (C), R. De Berardinis (C), D. De Sanctis 2 (S), S. Berardi (S)*
Curi-Silvi **7-3**
*F. Cialini 2 (C), C. D'Incecco 2 (C), E. Sciortino (C), M. Mennilli (C), D. Brito (C), S. Marchetti 3 (S)*
Penne-Fater Angelini **4-3**
*G. Peretti 2 (P), F. Fonticoli (P), G. Filippone (P), G. Donatelli (F), N. Golini (F), S. Mezzazappa (F)*

## CLASSIFICA FINALE girone L

| squadre | punti | gare | vinte | nulle | perse | reti f. | reti s. | diff. |
|---|---|---|---|---|---|---|---|---|
| 2000 CALCIO M. | 28 | 10 | 9 | 1 | 0 | 36 | 10 | +26 |
| Fater Angelini | 21 | 10 | 7 | 0 | 3 | 38 | 14 | +24 |
| Penne | 16 | 10 | 5 | 1 | 4 | 35 | 22 | +13 |
| Curi | 11 | 10 | 3 | 2 | 6 | 19 | 20 | -1 |
| Sambuceto | 11 | 10 | 3 | 2 | 5 | 25 | 24 | +1 |
| Silvi -1 | -1 | 10 | 0 | 0 | 0 | 10 | 73 | -63 |

-1 un punto di penalizzazione

***N.B. In maiuscolo le squadre qualificate***

## GIRONE M

### 1ª giornata – domenica 20 marzo 2022

Alba Adriatica-Cologna Calcio 6-1
*S. Spinelli 2 (A), L. De Angelis (A), A. Di Egidio (A), R. De Nicola 2 (A), T. Graziani (C)*
Curi Pescara-Valle del Vomano 2-2
*A. Shyti (C), C. Tatozzi (C), autorete (V), M. Di Cristofaro (V)*
S.N. Notaresco-Torrese 2-1
*R. Castelli 2 (S), M. Pingiotti (T)*

### 2ª giornata – domenica 27 marzo 2022

Cologna Calcio-Curi Pescara 1-6
*A. Ciarrocchi (Co), A. Shyti 2 (Cu), C. Di Giovanni (Cu), R. D'Arcangelo (Cu), M. Ferrante (Cu), F. Menna (Cu)*
Torrese-Alba Adriatica 2-0
*M. Pingiotti, A. Di Egidio*
Valle del Vomano-S.N. Notaresco 2-1
*L. Taraschi (V), M. Di Cristofaro (V), E. Dioguardi (S)*

### 3ª giornata – domenica 3 aprile 2022

Alba Adriatica-Valle del Vomano 0-2
*D. Centurani, M. Di Cristofaro*
Cologna Calcio-Torrese 0-8
*S. Cerasi 3, M. Pingiotti 3, C. Shera, D. Pellegrino*
S.N. Notaresco-Curi Pescara 7-2
*R. Castelli (S), E. Dioguardi 3 (S), M. De Francesco 2 (S), D. Di Berardo (S), F. Menna 2 (C)*

**4ª giornata – domenica 10 aprile 2022**

Curi Pescara-Alba Adriatica **3-1**
*A. Shyti 2 (C), C. Tatozzi (C), B. Merkaj (A)*
S.N. Notaresco-Cologna Calcio **8-1**
*M. Valiante (S), M. De Francesco 4 (S), E. Dioguardi 2 (S), G. Lucchi (S), A. Ciarrocchi (C)*
Valle del Vomano-Torrese **2-0**
*F. Puglia, M, Di Cristofaro*

**5ª giornata – sabato 16 aprile 2022**

Alba Adriatica-S.N. Notaresco **3-2**
*V. Granato (A), D. Talamonti 2 (A), P. Di Sante (S), M. Massacci (S)*
Cologna Calcio-Valle del Vomano **0-8**
*F. Puglia, A. Marini, A. Pompei, D. Centurani 2, L. Di Furia, M. Di Cristofaro, T. Di Pasquale*
Torrese-Curi Pescara **2-3**
*P. Stortone (T), D. Recchioni (T), A. Shyti (C), A. Di Tanna 2 (C)*

**6ª giornata – domenica 24 aprile 2022**

Cologna Calcio-Alba Adriatica **1-6**
*T. Graziani (C), E. Palumbo 4 (A), B. Merkaj (A), V. Granato (A)*
Torrese-S.N. Notaresco **1-0**
*autorete*
Valle del Vomano-Curi Pescara **3-4**
*L. Di Furia (V), A. Marini (V), A. Di Amario (V), C. Di Giovanni (C), A. Shyti 2 (C), C. Spinelli (C)*

**7ª giornata – domenica 1 maggio 2022**

Alba Adriatica-Torrese **0-1**
*C. Shera*
Curi Pescara-Cologna Calcio **3-1**
*C. Spinelli (Cu), A. Di Tanna (Cu), E. Cecamore (Cu), A. Ciarrocchi (Co)*
S.N. Notaresco-Valle del Vomano **2-3**
*E. Dioguardi 2 (S), L. Di Furia (V), F. Puglia (V), T. Di Pasquale (V)*

**8ª giornata – domenica 8 maggio 2022**

Curi Pescara-S.N. Notaresco **2-3**
*M. Ferrante 2 (C), P. Di Sante (S), E. Dioguardi (S), M. Valiante (S)*
Torrese-Cologna Calcio **3-0**
*M. Pingiotti, G. Pietropaolo 2*
Valle del Vomano-Alba Adriatica **1-3**
*A. Rota (V), G. De Simone (A), V. Granato (A), D. Talamonti (A)*

### 9ª giornata – domenica 15 maggio 2022

Alba Adriatica-Curi Pescara **1-1**
*V. Granato (A), F. Fizzani (C)*
Cologna Calcio-S.N. Notaresco **2-6**
*K. Macrini (C), A. Ciarrocchi (C), M. Valiante (S), E. Dioguardi 3 (S), F. Luciani 2 (S)*
Torrese-Valle del Vomano **0-0**

### 10ª giornata – domenica 22 maggio 2022

Curi Pescara-Torrese **3-2**
*C. Tatozzi 2 (C), A. Tenaglia (C), N. Ippoliti (T), E. Gjergie (T)*
S.N. Notaresco-Alba Adriatica **1-2**
*G. Lucchi (S), V. Granato (A), D. Nardini (A)*
Valle del Vomano-Cologna Calcio **9-1**
*A. Pompei (V), L. Taraschi 2 (V), F. Lucchino (), M. Di Cristofaro 3 (V), A. Barcaro (V), F. Puglia (V), F. Sanlorenzo (C)*

## CLASSIFICA FINALE girone M

| squadre | punti | gare | vinte | nulle | perse | reti f. | reti s. | diff. |
|---|---|---|---|---|---|---|---|---|
| CURI PESCARA | 20 | 10 | 6 | 2 | 2 | 29 | 23 | +6 |
| Valle del Vomano | 20 | 10 | 6 | 2 | 2 | 30 | 13 | +17 |
| Torrese | 16 | 10 | 5 | 1 | 4 | 19 | 10 | +9 |
| Alba Adriatica | 16 | 10 | 5 | 1 | 4 | 22 | 15 | +7 |
| S.N. Notaresco | 15 | 10 | 5 | 0 | 5 | 32 | 19 | +13 |
| Cologna Calcio | 0 | 10 | 0 | 0 | 10 | 8 | 60 | -52 |

***N.B. In maiuscolo le squadre qualificate***

## ASSEGNAZIONE COPPA ABRUZZO SEMIFINALI

### GARE DI ANDATA – domenica 29 maggio 2022

Curi Pescara-2000 Calcio Montesilvano **0-2**
*E. Valerio, A. Monti*
Union Fossacesia-Manoppello Arabona **3-0**
*F. Paolucci, G. Di Tommaso 2*

### GARE DI RITORNO – sabato 4 giugno 2022

2000 CALCIO MONTESILVANO-Curi Pescara **5-1**
*M. Di Quilio (Ca), E. Valerio (Ca), G. Scipioni (Ca), R. De Berardinis (Ca), A. Monti (Ca), E. Cecamore (Cu)*
Manoppello Arabona-UNION FOSSACESIA **0-2**
*D. Cimini, G. Di Tommaso*

## ASSEGNAZIONE COPPA ABRUZZO FINALE

### domenica 12 giugno 2022 a Pineto (Te) – stadio "Druda"

2000 Calcio Montesilvano-Union Fossacesia **2-1**
*E. Valerio 2 (C), E. Priori (U)*

## CLASSIFICA MARCATORI GENERALE UNDER 17 REGIONALI

**44 reti:** F. Paolucci (Union Fossacesia)
**32 reti:** G. Peretti (Penne)
**30 reti:** G. Di Tommaso (Union Fossacesia)
**27 reti:** D. D'Ippolito (Virtus Lanciano); S. Mateescu (Virtus Vasto)
**25 reti:** D. Baldacci (L'Aquila Soccer School); N. Di Pentima (Gladius Pescara 2010)
**24 reti:** E. Valerio (2000 Calcio Montesilvano)
**23 reti:** J. Majo (Virtus Vasto); M. Piccioni (Pineto)
**22 reti:** S. Giordani (Avezzano); M. Cristofaro (Valle del Vomano)
**19 reti:** J. Coletti (Fater Angelini); M. Pingiotti (Torrese)
**18 reti:** N. Lemme (Bacigalupo Vasto Marina)
**17 reti:** D. De Sanctis (Sambuceto); E. Dioguardi (S.N. Notaresco)
**16 reti:** S. Guglietti (Avezzano); A. Capitanio (Virtus Vasto)
**15 reti:** A. Scimia (Academy L'Aquila); V. Mincone (River Chieti 65)
**14 reti:** M. Epifano (River Chieti 65); S. Bala (Giulianova); A. Croce (Universal Roseto)
**13 reti:** S. Rosati (Pucetta); G. Filippone e D. Di Martile (Penne); A. Russo e F. Toracchio (Pineto)
**12 reti:** L. Corona (L'Aquila Soccer School); G. D'Angelo (Manoppello Arabona); E. Osmani (Olympia Cedas); A. Graziani (Pucetta); F. Zoccoli (Valle Peligna); N. Marino e G. Annunziata (Bacigalupo Vasto M.); M. Palazzolo (River Chieti 65); D. Aprea (Virtus Vasto); S. Pelusi (2000 Calcio Montes.); E. Palumbo (Alba Adriatica); D. Centurani (Valle del Vomano)
**11 reti:** D. Flaiano (Academy L'Aquila); F. Ricciardi (Virtus Vasto); S. Mezzazappa (Fater Angelini); N. Sagazio (Gladius Pescara 2010); A. Cattafesta (Il Delfino Curi Pescara); F. Pierdomenico (Pineto)
**10 reti:** F. Baliva (Avezzano); A. Vicaretti e B. Flamini (Celano); N. Centi (L'Aquila Soccer School); G. Trisi (Val di Sangro); M. Chichi (D'Annunzio Pescara); F. Berardi (Gladius Pe 2010); C. Di Felice (Il Delfino Curi Pe); A. Marchionne (Sambuceto); M. Valiante e P. Di Sante (S.N. Notaresco)

## COPPA DISCIPLINA UNDER 17 REGIONALI

| posizione | squadre | punteggio |
|---|---|---|
| 1 | Cologna Calcio | 7,20 |
| 2 | Pineto | 11,00 |
| 3 | Curi | 11,20 |
| 4 | Val di Sangro | 16,60 |
| 5 | Curi Pescara | 16,90 |
| 6 | Giulianova | 18,10 |
| 7 | Universal Roseto | 19,10 |
| 8 | Valle del Vomano | 19,70 |
| 9 | L'Aquila Soccer School | 20,80 |
| 10 | D'Annunzio Pescara | 21,50 |
| 11 | River Chieti 65 | 21,50 |
| 12 | Olympia Cedas Sulmona | 23,60 |
| 13 | Bacigalupo Vasto Marina | 23,80 |
| 14 | S.N. Notaresco | 24,30 |
| 15 | Union Fossacesia | 24,40 |
| 16 | Penne | 25,90 |
| 17 | Sambuceto | 25,90 |
| 18 | Gladius Pescara 2010 | 26,80 |
| 19 | Academy L'Aquila Calcio | 27,70 |
| 20 | Pucetta | 28,40 |
| 21 | Virtus Vasto | 29,10 |
| 22 | Alba Adriatica | 30,00 |
| 23 | Atessa | 31,00 |
| 24 | Valle Peligna | 31,90 |
| 25 | 2000 Calcio Montesilvano | 33,50 |
| 26 | Avezzano | 35,60 |
| 27 | Fater Angelini | 36,10 |
| 28 | Manoppello Arabona | 38,50 |
| 29 | Il Delfino Curi Pescara | 38,70 |
| 30 | Virtus Lanciano | 42,40 |
| 31 | Torrese | 43,80 |
| 32 | Aquilotti San Salvo | 45,40 |
| 33 | Celano | 46,50 |
| 34 | Silvi | 84,50 |
| 35 | Francavilla | 88,60 |
| 36 | Amiternina | 118,40 |

## UNDER 16 REGIONALI girone unico

### 1ª giornata – domenica 24, lunedì 25 e martedì 26 ottobre 2021

Academy L'Aquila-Spoltore **2-0**
*M. Navarra, G. Barone*
Fater Angelini-River Chieti 65 **2-2**
*F. Di Virgilio (F), J. Menna (F), N. Palumbo (R), A. D'Amicodatri (R)*
Gladius Pescara 2010-Villa 2015 **4-2**
*L. Berardi (G), L. Giammarinaro (G), autorete (G), S. Iannascoli (G), E. Maio 2 (V)*
Virtus Lanciano-Union Fossacesia **9-1**
*P. Turdò 2 (V), L. Chiacchiari 3 (V), autorete (V), S. Paolucci 3 (V), A. Maddonni (U)*
**Ha riposato:** Bacigalupo Vasto Marina

### 2ª giornata – lunedì 1 e martedì 2 novembre 2021

River Chieti 65-Academy L'Aquila **3-0**
*M. Epifano, M. Chiacchiaretta, A. D'Amicodatri*
Spoltore-Virtus Lanciano **2-2**
*F. Maccarone (S), L. De Felice (S), G. Manzi (V), L. Chiacchiari (V)*
Union Fossacesia-Bacigalupo Vasto Marina **0-10**
*G. Annunziata 3, S. Di Martino 2, N. Marino 2, A. Tracchia, A. Moretti, I. Waldi*
Villa 2015-Fater Angelini **2-1**
*E. Bassi (V), E. Maio (V), J. Coletti (F)*
**Ha riposato:** Gladius Pescara 2010

### 3ª giornata – martedì 9 e mercoledì 10 novembre 2021

Academy L'Aquila-Villa 2015 **2-1**
*T. Palmerini 2 (A), E. Maio (V)*
Bacigalupo Vasto Marina-Virtus Lanciano **2-2**
*G. Annunziata (B), I. Waldi (B), G. Gaeta (V), L. Chiacchiari (V)*
Gladius Pescara 2010-Union Fossacesia **5-0**
*P. Giangrande 2, L. Berardi 2, L. Giammarinaro*
Spoltore-River Chieti 65 **1-3**
*L. De Felice (S), M. Epifano (R), N. Palumbo 2 (R)*
**Ha riposato:** Fater Angelini

### 4ª giornata – lunedì 22 e mercoledì 24 novembre 2021

Bacigalupo Vasto Marina-Spoltore **5-0**
*N. Marino 4, G. Annunziata*
**1-6**

Union Fossacesia-Fater Angelini
*E. D'Alessandro (U), N. Palucci 2 (F), S. Soccio (F), S. Mariani (F), J. Coletti 2 (F)*
Villa 2015-River Chieti 65 **0-3**
*N. Conti, M. Epifano, A. D'Amicodatri*
Virtus Lanciano-Gladius Pescara 2010 **1-1**
*L. Chiacchiari (V), W. Di Francesco (G)*
**Ha riposato:** Academy L'Aquila

**5ª giornata – domenica 28 e lunedì 29 novembre 2021**

Academy L'Aquila-Union Fossacesia **2-0**
*T. Palmerini 2*
Fater Angelini-Virtus Lanciano **1-1**
*F. Pancione (F), F. Turchi (V)*
Gladius Pescara 2010-Bacigalupo Vasto Marina **1-2**
*L. Berardi (G), N. Marino (B), S. Di Martino (B)*
Spoltore-Villa 2015 **1-0**
*L. Di Massimo*
**Ha riposato:** River Chieti 65

**6ª giornata – lunedì 13, martedì 14 e mercoledì 15 dicembre 2021**

Bacigalupo Vasto Marina-Fater Angelini **2-1**
*A. Tracchia (B), N. Marino (B), N. Perna (F)*
Gladius Pescara 2010-Spoltore **5-2**
*L. Berardi (G), L. Giammarinaro (G), F. Agresta (G), W. Di Francesco (G), M. Lullo (G), S. Di Meco 2 (S)*
Union Fossacesia-River Chieti 65 **3-3**
*F. Paolucci 2 (U), A. Maddonni (U), N. Conti 2 ®, F. Cavallo ®*
Virtus Lanciano-Academy L'Aquila **4-1**
*M. Antonelli (V), L. Chiacchiari 2 (V), G. Manzi (V), T. Palmerini (A)*
**Ha riposato:** Villa 2015

**7ª giornata – lunedì 20 e martedì 21 dicembre 2021**

Academy L'Aquila-Bacigalupo Vasto Marina **0-6**
*G. Annunziata 2, A. Tracchia 2, N. Marino, S. Di Martino*
Fater Angelini-Gladius Pescara 2010 **2-1**
*N. Palucci (F), A. Berardi (F), S. Iannascoli (G)*
River Chieti 65-Virtus Lanciano **4-0**
*M. Passari, A. Zampoli, M. Epifano, N. Palumbo*
Villa 205-Union Fossacesia **3-4**
*D. Di Cintio 2 (V), A. Petrongolo (V), F. Paolucci 2 (U), A. Maddonni (U), M. Paolini (U)*

**Ha riposato:** Spoltore

**8ª giornata – sabato 12, lunedì 14 e mercoledì 16 febbraio 2022**

Bacigalupo Vasto Marina-River Chieti 65 **4-1**
*G. Annunziata 2 (B), S. Di Martino (B), J. Iarocci (B), M. Chiacchiaretta (R)*
Fater Angelini-Spoltore **5-0**
*J. Coletti 4, L. Bazzucco*
Gladius Pescara 2010-Academy L'Aquila **4-1**
*F. Agresta (G), L. Berardi (G), S. Iannascoli (G), L. Giammarinaro (G), G. Scipioni (A)*
Virtus Lanciano-Villa 2015 **4-1**
*N. Antenucci 2 (Vir), F. Maio (Vir), L. Chiacchiari (Vir), E. Maio (Vil)*
**Ha riposato:** Union Fossacesia

**9ª giornata – lunedì 21 e martedì 22 febbraio 2022**

Academy L'Aquila-Fater Angelini **0-1**
*J. Coletti*
River Chieti 65-Gladius Pescara 2010 **0-2**
*L. Berardi, S. Iannascoli*
Spoltore-Union Fossacesia **6-2**
*L. De Felice 3 (S), L. Di Massimo (S), M. De Felice (S), F. Maccarone (S), A. Ucci (U), F. Paolucci (U)*
Villa 2015-Bacigalupo Vasto Marina **1-4**
*D. Di Cintio (V), A. Tracchia (B), G. Annunziata (B), N. Marino (B), E. Tafili (B)*
**Ha riposato:** Virtus Lanciano

**10ª giornata – lunedì 28 febbraio e martedì 1 marzo 2022**

River Chieti 65-Fater Angelini **1-2**
*N. Conti (R), J. Coletti 2 (F)*
Spoltore-Academy L'Aquila **0-4**
*D. Casilli 2, A. Roselli, Q. Murrizi*
Union Fossacesia-Virtus Lanciano **1-2**
*A. Ucci (U), L. Chiacchiari 2 (V)*
Villa 2015-Gladius Pescara 2010 **0-2**
*A. Pisano, L. Berardi*
**Ha riposato:** Bacigalupo Vasto Marina

**11ª giornata – domenica 6, lunedì 7 e martedì 8 marzo 2022**

Academy L'Aquila-River Chieti 65 **1-2**
*D. Casilli (A), M. Passari (R), M. Chiacchiaretta (R)*
**5-1**

Bacigalupo Vasto Marina-Union Fossacesia
*N. Marino (B), A. Riganelli (B), E. Tafili (B), L. Valentini (B), S. Di Martino (B), L. Angelucci (U)*
Fater Angelini-Villa 2015 **3-0**
*N. Palucci, N. Perna, L. Rossetti*
Virtus Lanciano-Spoltore **4-2**
*G. Gaeta (V), G. Manzi (V), F. Turchi (V), M. Pantaleo (V), S. Di Meco (S), L. Di Massimo (S)*
**Ha riposato:** Gladius Pescara 2010

**12ª giornata – sabato 12, lunedì 14 e martedì 15 marzo 2022**

River Chieti 65-Spoltore **2-0**
*N. Conti, A. D'Amicodatri*
Union Fossacesia-Gladius Pescara 2010 **4-2**
*F. Paolucci 2 (U), A. Ucci 2 (U), L. Berardi (G), S. Iannascoli (G)*
Villa 2015-Academy L'Aquila **1-1**
*F. Passeri (V), T. Palmerini (A)*
Virtus Lanciano-Bacigalupo Vasto Marina **2-3**
*G. Gaeta (V), A. Giovannelli (V), A. Tracchia 2 (B), E. Tafili (B)*
**Ha riposato:** Fater Angelini

**13ª giornata – domenica 20, lunedì 21 e mercoledì 23 marzo 2022**

Fater Angelini-Union Fossacesia **4-1**
*J. Menna (F), A. Berardi (F), A. Chiatamone 2 (F), D. Pojana (U)*
Gladius Pescara 2010-Virtus Lanciano **5-1**
*A. Pisano 3 (G), M. Lullo (G), T. Zapis (F), F. Turchi (V)*
River Chieti 65-Villa 2015 **0-0**
Spoltore-Bacigalupo Vasto Marina **2-3**
*M. Agostinone (S), M. De Felice (S), G. Annunziata (B), S. Di Martino (B), D. Nero (B)*
**Ha riposato:** Academy L'Aquila

**14ª giornata – lunedì 28 e mercoledì 30 marzo 2022**

Bacigalupo Vasto Marina-Gladius Pescara 2010 **6-2**
*G. Annunziata 3 (B), A. Moretti (B), I. Waldi (B), S. Di Martino (B), A. Pisano (G), S. Iannascoli (G)*
Union Fossacesia-Academy L'Aquila **0-1**
*D. Casilli*
Villa 2015-Spoltore **4-1**
*D. Di Cintio (V), A. Petrongolo 2 (V), F. D'Aversa (V), M. De Felice (S)*
Virtus Lanciano-Fater Angelini **0-2**
*A. Chiatamone 2*

**Ha riposato:** River Chieti 65

**15ª giornata – lunedì 4 e martedì 5 aprile 2022**

Academy L'Aquila-Virtus Lanciano **3-2**
*D. Casilli (A), G. Barone (A), autorete (A), G. Manzi (V), L. Chiacchiari (V)*
Fater Angelini-Bacigalupo Vasto Marina **3-2**
*L. Bazzucco (F), A. Chiatamone (F), D. Di Clerico (F), G. Annunziata (B), A. Tracchia (B)*
River Chieti 65-Union Fossacesia **1-4**
*L. Virgili (R), A. Ucci (U), D. Pojana (U), F. Paolucci 2 (U)*
Spoltore-Gladius Pescara 2010 **2-2**
*M. Di Michele (S), M. Agostinone (S), A. Pisano (G), L. Giammarinaro (G)*
**Ha riposato:** Villa 2015

**16ª giornata – lunedì 11, martedì 12 e mercoledì 13 aprile 2021**

Bacigalupo Vasto Marina-Academy L'Aquila **3-0**
*N. Marino, A. Riganelli, S. Di Martino*
Gladius Pescara 2010-Fater Angelini **3-2**
*F. Agresta (G), L. Berardi (G), L. Giammarinaro (G), L. Bazzucco (F), J. Coletti (F)*
Union Fossacesia-Villa 2015 **1-2**
*F. Paolucci (U), E. Maio (V), F. Passeri (V)*
Virtus Lanciano-River Chieti 65 **7-0**
*L. Chiacchiari 3, F. Turchi 2, G, Manzi 2*
**Ha riposato:** Spoltore

**17ª giornata – martedì 19 e giovedì 21 aprile 2021**

Academy L'Aquila-Gladius Pescara 2010 **1-5**
*Q. Murrizi (A), A. Pisano (G), L. Berardi (G), T. Zapis 2 (G), S. Iannascoli (G)*
River Chieti 65-Bacigalupo Vasto Marina **3-3**
*M. Passari (R), M. Chiacchiaretta (R), N. Palumbo (R), A. Riganelli (B), N. Marino (B), L. Valentini (B)*
Spoltore-Fater Angelini **5-3**
*L. De Felice (S), M. Agostinone 2 (S), autorete (S), M. De Felice (S), J. Menna (F), J. Coletti (F), L. Bazzucco (F)*
Villa 2015-Virtus Lanciano **0-5**
*G. Manzi, L. Chiacchiari 2, F. Turchi, M. Antenucci*
**Ha riposato:** Union Fossacesia

| 18ª giornata – domenica 24, lunedì 25 e martedì 26 aprile 2021 | |
|---|---|
| Bacigalupo Vasto Marina-Villa 2015 | **2-1** |
| *A. Tracchia (B), L. Valentini (B), D. Di Cintio (V)* | |
| Fater Angelini-Academy L'Aquila | **3-2** |
| *J. Coletti 2 (F), F. Verì (F), A. Rosati 2 (A)* | |
| Gladius Pescara 2010-River Chieti 65 | **2-0** |
| *F. Agresta, A. Pisano* | |
| Union Fossacesia-Spoltore | **5-0** |
| *L. Angelucci, A. Ucci, D. Pojana, F. Paolucci, D. Cimini* | |
| **Ha riposato:** Virtus Lanciano | |

## CLASSIFICA FINALE UNDER 16 REGIONALI

| squadre | punti | gare | vinte | nulle | perse | reti f. | reti s. | diff. |
|---|---|---|---|---|---|---|---|---|
| Bacigalupo Vasto | 41 | 16 | 13 | 2 | 1 | 62 | 20 | +42 |
| Gladius Pescara | 32 | 16 | 10 | 2 | 4 | 46 | 26 | +20 |
| Fater Angelini | 32 | 16 | 10 | 2 | 4 | 41 | 23 | +18 |
| Virtus Lanciano | 25 | 16 | 7 | 4 | 5 | 46 | 29 | +17 |
| River Chieti 65 | 22 | 16 | 6 | 4 | 6 | 28 | 31 | -3 |
| Academy L'Aquila | 19 | 16 | 6 | 1 | 9 | 21 | 35 | -14 |
| Union Fossacesia | 13 | 16 | 4 | 1 | 11 | 28 | 61 | -33 |
| Villa 2015 | 11 | 16 | 3 | 2 | 11 | 18 | 38 | -20 |
| Spoltore | 11 | 16 | 3 | 2 | 11 | 24 | 51 | -27 |
| Casalbordino * | 0 | 0 | 0 | 0 | 0 | 0 | 0 | 0 |

*** esclusa dal campionato**

## CLASSIFICA MARCATORI GENERALE UNDER 16 REGIONALI

**18 reti:** L. Chiacchiari (Virtus Lanciano)
**15 reti:** G. Annunziata (Bacigalupo Vasto Marina); J. Coletti (Fater Angelini)
**13 reti:** N. Marino (Bacigalupo Vasto Marina)
**11 reti:** L. Berardi (Gladius Pescara 2010); F. Paolucci (Spoltore)
**9 reti:** A. Tracchia e S. Di Martino (Bacigalupo Vasto Marina)
**8 reti:** A. Pisano (Gladius Pescara 2010)
**7 reti:** S. Iannascoli (Gladius Pescara 2010)
**6 reti:** T. Palmerini (Academy L'Aquila); L. Giammarinaro (Gladius Pescara 2010); L. De Felice (Spoltore); A. Ucci (Spoltore); E. Maio (Villa 2015); G. Manzi (Virtus Lanciano)
**5 reti:** D. Casilli (Academy L'Aquila); A. Chiatamone (Fater Angelini); N. Conti e N. Palumbo (River Chieti 65); D. Di Cintio (Villa 2015); F. Turchi (Virtus Lanciano)
**4 reti:** N. Palucci e L. Bazzucco (Fater Angelini); F. Agresta (Gladius Pescara 2010); M. Epifano, A. D'Amicodatri e M. Chiacchiaretta (River Chieti 65); M. Agostinone e M. De Felice (Spoltore); G. Gaeta e N. Antenucci (Virtus Lanciano)
**3 reti:** I. Waldi, E. Tafili e A. Riganelli (Bacigalupo Vasto Marina); J. Menna (Fater Angelini); T. Zapis (Gladius Pescara 2010); M. Passari (River Chieti 65); S. Di Meco e L. Di Massimo (Spoltore); A. Maddonni e D. Pojana (Spoltore); A. Petrongolo (Villa 2015); S. Paolucci (Virtus Lanciano)

## COPPA DISCIPLINA UNDER 16 REGIONALI

| posizione | squadre | punteggio |
|---|---|---|
| 1 | Bacigalupo Vasto Marina | 7,20 |
| 2 | Gladius Pescara 2010 | 7,80 |
| 3 | River Chieti 65 | 10,50 |
| 4 | Villa 2015 | 14,00 |
| 5 | Virtus Lanciano | 16,00 |
| 6 | Union Fossacesia | 16,80 |
| 7 | Fater Angelini | 17,40 |
| 8 | Academy L'Aquila | 20,40 |
| 9 | Spoltore | 30,60 |
| 10 | Casalbordino | 1.025,50 |

## UNDER 15 REGIONALI girone A

### 1ª giornata – domenica 3 ottobre 2021

L'Aquila Soccer School-Academy L'Aquila **6-0**
*F. Capulli 2, C. Guaragna 2, T. Ciccarelli, autorete*
Pucetta-Avezzano **0-5**
*D. Castellani 2, A. Macchia 2, G. Lodico*
Real L'Aquila-Amiternina **3-5**
*N. Manuele (R), L. Masci (R), G. Scognamiglio (R), D. Del Pinto 2 (A), D. Capulli (A), A. Fischione (A), W. Hassouna (A)*
Valle Peligna-Olympia Cedas Sulmona **1-5**
*G. D'Aprile (V), N. De Angelis 2 (O), C. Bucci (O), S. Camassa (O), E. Di Cioccio (O)*

### 2ª giornata – domenica 10 ottobre 2021

Academy L'Aquila-Valle Peligna **8-3**
*S. Campagna 2 (A), D. Norscia 2 (A), D. Casilli 2 (A), B. Cirone (A), F. Battistelli (A), G. D'Ortenzio (V), V. De Angelis (V), autorete (V)*
Amiternina-L'Aquila Soccer School **0-11**
*T. Mastropietro 3, A. Ianni, L. Sebastiani, C. Guaragna 3, F. Capulli 2, autorete*
Avezzano-Real L'Aquila **5-3**
*G. Lodico 2 (A), A. Macchia 3 (A), D. Ruggeri (R), N. Manuele 2 (R)*
Olympia Cedas Sulmona-Pucetta **9-1**
*C. Bucci 2 (O), A. Di Giallonardo 3 (O), E. Di Cioccio (O), S. Camassa (O), N. De Angelis 2 (O), C. Lucchini (P)*

### 3ª giornata – domenica 17 ottobre 2021

L'Aquila Soccer School-Avezzano **2-3**
*C. Guaragna 2 (L), E. Neri 3 (A)*
Olympia Cedas Sulmona-Academy L'Aquila **4-1**
*E. Di Cioccio (O), A. Di Padova (O), C. Bucci (O), N. De Angelis (O), A. Di Cesare (A)*
Real L'Aquila-Pucetta **2-1**
*N. Manuele 2 (R), C. Lucchini (P)*
Valle Peligna-Amiternina **3-2**
*V. De Angelis 2 (V), M. Civitareale (V), D. Del Pinto (A), A. Fischione (A)*

### 4ª giornata – domenica 24 ottobre 2021

Amiternina-Academy L'Aquila **0-5**
*S. Campagna 2, F. Battistelli, D. Casilli, D. Norscia*
Avezzano-Valle Peligna **5-1**
*E. Neri 3 (A), N. Iervolino 2 (A), G. D'Ortenzio (V)*

Pucetta-L'Aquila Soccer School **1-5**
*C. Lucchini (P), A. Ianni 2 (L), F. Capulli (L), L. Sebastiani (L), T. Mastropietro (L)*
Real L'Aquila-Olympia Cedas Sulmona **1-6**
*M. Ponziani (R), E. Di Cioccio 2 (O), N. De Angelis 2 (O), C. Bucci (O), P. Formichetti (O)*

### 5ª giornata – domenica 7 novembre 2021

Academy L'Aquila-Avezzano **3-3**
*S. Campagna (Ac), D. Casilli (Ac), M. Caca (Ac), E. Neri 3 (Av)*
L'Aquila Soccer School-Real L'Aquila **9-0**
*L. Sebastiani 2, T. Mastropietro 2, F. Di Lazzaro, F. Capulli, L. Spezza, C. Cupo, A. Tircu*
Olympia Cedas Sulmona-Amiternina **4-1**
*E. Di Cioccio (O), T. Colangelo (O), C. Bucci 2 (O), M. Nardocci (A)*
Valle Peligna-Pucetta **4-2**
*E. Berisha (V), S. Hidalgo Santilli 2 (V), V. De Angelis (V), E. Petricca (P), C. Lucchini (P)*

### 6ª giornata – domenica 14 novembre 2021

Avezzano-Amiternina **9-0**
*G. Lodico 2, N. Iervolino 2, E. Neri 2, A. Cipriani, D. Salustri, A. Macchia*
L'Aquila Soccer School-Olympia Cedas Sulmona **2-1**
*M. Coletti (L), T. Mastropietro (L), A. Del Re (O)*
Pucetta-Academy L'Aquila **1-7**
*S. Murzilli (P), D. Norscia 2 (A), S. Campagna (A), J. Caca (A), F. Battistelli (A), D. Casilli 2 (A)*
Real L'Aquila-Valle Peligna **3-1**
*G. Scognamiglio 2 (R), A. Eliseo (R), S. Hidalgo Santilli (V)*

### 7ª giornata – domenica 21 novembre 2021

Academy L'Aquila-Real L'Aquila **1-0**
*D. Norscia*
Amiternina-Pucetta **4-1**
*D. Del Pinto 2 (A), G. Amaturo (A), A. Fischione (A), C. Lucchini (P)*
Olympia Cedas Sulmona-Avezzano **3-0 (a tavolino)**
Valle Peligna-L'Aquila Soccer School **0-6**
*C. Guaragna 2, M. Coletti, L. Sebastiani 2, F. Capulli*

### 8ª giornata – domenica 28 novembre 2021

Academy L'Aquila-L'Aquila Soccer School **3-1**
*D. Norscia (A), M. Caca (A), D. Casilli (A), F. Di Lazzaro (L)*

Amiternina-Real L'Aquila **1-2**
*D. Del Pinto (A), A. Eliseo (R), P. Ruiz Diaz (R)*
Avezzano-Pucetta **12-3**
*G. Franchi (A), E. Neri (A), A. Macchia (A), V. Di Battista 4 (A), F. Caputi (A), E. Gallotti (A), D. Castellani (A), G. Lodico 2 (A), C. Lucchini (P), E. Petricca (P), F. Persia (P)*
Olympia Cedas Sulmona-Valle Peligna **7-0**
*M. La Civita, T. Colangelo, C. Bucci, A. Di Giallonardo, R. Cifani, E. Di Cioccio, A. Formichetti*

**9ª giornata – domenica 5 dicembre 2021**

L'Aquila Soccer School-Amiternina **6-1**
*T. Mastropietro (L), A. Ianni 2 (L), F. Capulli 3 (L), D. Del Pinto (A)*
Pucetta-Olympia Cedas Sulmona **0-7**
*T. Colangelo 4, C. Bucci 2, E. Di Cioccio*
Real L'Aquila-Avezzano **1-6**
*A. Eliseo (R), E. Neri 2 (A), A. Cipriani (A), D. Salustri (A), N. Iervolino (A), V. Di Battista (A)*
Valle Peligna-Academy L'Aquila **1-5**
*G. D'Ortenzio (V), D. Casilli 3 (A), D. Norscia (A), M. Caca (A)*

**10ª giornata – domenica 12 dicembre 2021**

Academy L'Aquila-Olympia Cedas Sulmona **1-1**
*F. Battistelli (A), C. Bucci (O)*
Amiternina-Valle Peligna **2-6**
*G. Pelliccione (A), autorete (A), G. D'Ortenzio 3 (V). V. De Angelis 2 (V), A. Casale (V)*
Avezzano-L'Aquila Soccer School **3-1**
*E. Neri (A), V. Di Battista (A), A. Cipriani (A), T. Padilla (L)*
Pucetta-Real L'Aquila **0-1**
*N. Manuele*

**11ª giornata – domenica 19 dicembre 2021**

Academy L'Aquila-Amiternina **5-1**
*D. Norscia 2 (Ac), D. Casilli 2 (Ac), L. Scarsella (Ac), D. Del Pinto (Am)*
L'Aquila Soccer School-Pucetta **4-0**
*F. Capulli, F. Di Lazzaro, L. Sebastiani, A. Di Gravio*
Olympia Cedas Sulmona-Real L'Aquila **8-0**
*C. Bucci 2, T. Colangelo 2, S. Cruz 2, E. Di Cioccio, A. Di Padova*
Valle Peligna-Avezzano **1-5**
*V. De Angelis (V), V. Di Battista 2 (A), D. Salustri (A), L. Morelli 2 (A)*

**12ª giornata – domenica 13 febbraio 2022**

Amiternina-Olympia Cedas Sulmona **1-7**
*D. Del Pinto (A), T. Colangelo 2 (O), S. Cruz 2 (O), M. La Civita (O), autorete (O), C. Bucci (O)*
Avezzano-Academy L'Aquila **9-1**
*G. Lodico (Av), A. Cipriani (Av), D. Salustri (Av), V. Di Battista 6 (Av), D. Casilli (Ac)*
Pucetta-Valle Peligna **3-2**
*D. Di Rienzo (P), C. Lucchini (P), E. Petricca (P), G. D'Aprile 2 (V)*
Real L'Aquila-L'Aquila Soccer School **0-6**
*C. Guaragna, A. Ianni, autorete, F. Capulli 3*

**13ª giornata – domenica 20 febbraio 2022**

Academy L'Aquila-Pucetta **4-2**
*D. Casilli 3 (A), J. Caca (A), C. Lucchini 2 (P)*
Amiternina-Avezzano **1-5**
*D. Del Pinto (Am), D. Castellani (Av), G. Franchi (Av), V. Di Battista (Av), G. Coco (Av), A. Di Cosimo (Av)*
Olympia Cedas Sulmona-L'Aquila Soccer School **3-2**
*C. Bucci (O), A. Di Giallonardo (O), S. Cruz (O), F. Capulli 2 (L)*
Valle Peligna-Real L'Aquila **3-2**
*S. Hidalgo Santilli (V), G. D'Ortenzio (V), D. De Amicis (V), P. Ruiz Diaz (R), G. Scognamiglio (R)*

**14ª giornata – domenica 27 febbraio 2022**

Avezzano-Olympia Cedas Sulmona **6-1**
*D. Salustri (A), V. Di Battista 4 (A), G. Coco (A), E. Di Cioccio (O)*
L'Aquila Soccer School-Valle Peligna **8-0**
*C. Guaragna 4, L. Sebastiani, M. Coletti, T. Ciccarelli, G. Cupo*
Pucetta-Amiternina **3-1**
*T. Cecchini (P), C. Lucchini (P), M. Maurizi (P), D. Del Pinto (A)*
Real L'Aquila-Academy Soccer School **0-1**
*S. Campagna*

## CLASSIFICA FINALE girone A

| squadre | punti | gare | vinte | nulle | perse | reti f. | reti s. | diff. |
|---|---|---|---|---|---|---|---|---|
| AVEZZANO | 37 | 14 | 12 | 1 | 1 | 76 | 21 | +55 |
| OLYMPIA CED. | 34 | 14 | 11 | 1 | 2 | 66 | 17 | +49 |
| AQ SOCCER SC. | 30 | 14 | 10 | 0 | 4 | 69 | 15 | +54 |
| Academy L'Aquila | 29 | 14 | 9 | 2 | 3 | 45 | 32 | +13 |
| Real L'Aquila | 12 | 14 | 4 | 0 | 10 | 18 | 53 | -35 |
| Valle Peligna | 12 | 14 | 4 | 0 | 10 | 26 | 63 | -37 |
| Amiternina | 6 | 14 | 2 | 0 | 12 | 20 | 70 | -50 |
| Pucetta | 6 | 14 | 2 | 0 | 12 | 18 | 67 | -49 |

***N.B. In maiuscolo le squadre qualificate***

## CLASSIFICA MARCATORI girone A

**33 reti:** D. Casilli (Academy L'Aquila)
**24 reti:** V. Di Battista (Avezzano)
**23 reti:** E. Neri (Avezzano)
**18 reti:** F. Capulli (L'Aquila Soccer School)
**17 reti:** C. Guaragna (L'Aquila Soccer School)
**15 reti:** C. Bucci (Olympia Cedas Sulmona)
**14 reti:** D. Norscia (Academy L'Aquila); E. Di Cioccio (Olympia Cedas)
**13 reti:** T. Colangelo (Olympia Cedas Sulmona); C. Lucchini (Pucetta)
**12 reti:** D. Del Pinto (Amiternina)
**11 reti:** M. Caca (Academy L'Aquila); G. Scognamiglio (Real L'Aquila); G. D'Ortenzio (Valle Peligna)
**10 reti:** D. Capulli (Amiternina); L. Sebastiani e T. Mastropietro (L'Aquila Soccer School)
**9 reti:** A. Macchia e G. Lodico (Avezzano); S. Cruz (Olympia Cedas Sulmona); N. Manuele (Real L'Aquila)
**8 reti:** S. Campagna (Academy L'Aquila); D. Salustri (Avezzano); S. Murzilli (Pucetta); V. De Angelis (Valle Peligna)
**7 reti:** N. Iervolino (Avezzano); N. De Angelis (Olympia Cedas Sulmona); T. Cecchini (Pucetta); A. Eliseo (Real L'Aquila); G. D'Aprile (Valle Peligna);
**6 reti:** A. Fischione (Amiternina)
**5 reti:** F. Battistelli (Academy L'Aquila); A. Cipriani e D. Castellani (Avezzano); A. Di Giallonardo (Olympia Cedas Sulmona); E. Petricca (Olympia Cedas Sulmona); S. Hidalgo Santilli (Valle Peligna)
**4 reti:** A. Di Cesare (Academy Aq); F. Di Lazzaro (L'Aquila Soccer School)
**3 reti:** J. Caca (Academy L'Aquila); M. Coletti (L'Aquila Soccer School); M. La Civita (Olympia Cedas Sulmona); G. Bottino e P. Ruiz Diaz (Real L'Aquila); S. Camassa (Valle Peligna)

## UNDER 15 REGIONALI girone B

### 1ª giornata – domenica 26 settembre 2021

Aquilotti San Salvo-Union Fossacesia **3-3**
*E. Mastragostino (A), F. Arena (A), G. Griguoli (A), D. Di Stefano (U), M. Fraioli (U), L. Savio (U)*
Atessa-Vigor Don Bosco **8-3**
*L. Di Donato 3 (A), S. Zaccaglino (A), F. Zinni (A), P. Valente (A), L. Papirio 2 (A), F. Sacramone 2 (V), L. Perrucci (V)*
Curi-Virtus Vasto **1-9**
*N. Golini (C), A. Fazzano (V), A. Ventrella 3 (V), E. Di Fonzo (V), R. Colanzi 2 (V), C. Carlucci 2 (V)*
Val di Sangro-Bacigalupo Vasto Marina **2-5**
*V. Aliji 2 (V), L. Valentini 3 (B), M. Sallese (B), F. Di Marino (B)*
Virtus Cupello-Virtus Lanciano **0-10**
*S. Salerno 3, C. D'Intino, F. Tozzi 2, G. Testa 2, E. Finzi, T. Di Nenno*

### 2ª giornata – domenica 3 ottobre 2021

Bacigalupo Vasto Marina-Aquilotti San Salvo **4-0**
*A. Tracchia, A. Palladino, M. Sallese, L. Valentini*
Union Fossacesia-Atessa **2-2**
*G. Brighella (U), D. Marrone (U), L. Papirio (A), F. Zinni (A)*
Vigor Don Bosco-Curi **12-2**
*D. D'Angelo (V), S. Zurlino 2 (V), autorete (V), L. Perrucci (V), R. Felice 2 (V), F. Sacramone 3 (V), A. Galante (V), M. Monteferrante (V), A. D'Arcangelo (C), A. Comignani (C)*
Virtus Lanciano-Val di Sangro **3-1**
*G. Testa (Vi), S. Salerno (Vi), J. Cericola (Vi), E. Leka (Va)*
Virtus Vasto-Virtus Cupello **6-3**
*J. Iarocci (VV), A. Fazzano (VV), C. Carlucci 3 (VV), R. Colanzi (VV), L. Di Giacomo 3 (VC)*

### 3ª giornata – domenica 10 ottobre 2021

Aquilotti San Salvo-Virtus Lanciano **1-5**
*M. Soriano (A), M. De Fabritiis (V), S. Tupone 2 (V), S. Salerno (V), autorete (V)*
Curi-Atessa **1-6**
*L. Ciammaichella (C), L. Di Donato (A), P. Valente (A), G. Di Giulio (A), T. Venturi 2 (A), autorete (A)*
Union Fossacesia-Bacigalupo Vasto Marina **0-6**
*L. Valentini 2, A. Tracchia, F. Di Marino, M. Gallo, G. Giuliani*
**5-1**

Val di Sangro-Virtus Vasto
*E. Leka (Va), G. Mattoscio (Va), M. Bevilacqua (Va), L. Solimeno (Va), A. Paone (Va), A. Ventrella (Vi)*
Virtus Cupello-Vigor Don Bosco **3-3**
*L. Di Giacomo 2 (Vir), F. Peschetola (Vir), S. Zurlino (Vig), F. Sacramone 2 (Vig)*

**4ª giornata – domenica 17 ottobre 2021**

Atessa-Virtus Cupello **1-2**
*C. Razionale (A), F. Peschetola (V), R. Loreta (V)*
Curi-Union Fossacesia **2-6**
*K. Ciccotosto (C), A. Comignani (C), L. Casalanguida (U), G. Delle Monache (U), N. D'Altocolle (U), D. Marrone (U), G. Brighella (U), D. Di Stefano (U)*
Vigor Don Bosco-Val di Sangro **0-11**
*G. Scutti, D. Di Lallo, A. Hakani 2, N. Di Tommaso, E. Leka 3, L. Solimeno, F. Mastronardi, A. Paone*
Virtus Lanciano-Bacigalupo Vasto Marina **1-1**
*S. Salerno (V), M. Piccoli (B)*
Virtus Vasto-Aquilotti San Salvo **7-2**
*R. Colanzi 2 (V), C. Carlucci (V), G. Luciani (V), A. Fazzano 2 (V), autorete (V), G. Griguoli (A), F. Arena (A)*

**5ª giornata – domenica 24 ottobre 2021**

Aquilotti San Salvo-Vigor Don Bosco **1-1**
*M. Soriano (A), E. Raspa (V)*
Bacigalupo Vasto Marina-Virtus Vasto **5-0**
*L. Valentini 2, M. Sallese, I. Waldi, M. Gallo*
Union Fossacesia-Virtus Lanciano **0-4**
*S. Tupone 3, G. Testa*
Val di Sangro-Atessa **1-2**
*L. Solimeno (V), L. Di Donato (A), P. Valente (A)*
Virtus Cupello-Curi **2-0**
*L. Di Giacomo, F. Peschetola*

**6ª giornata – domenica 31 ottobre 2021**

Atessa-Aquilotti San Salvo **3-1**
*P. Valente (At), T. Venturi 2 (At), D. De Risio (Aq)*
Curi-Val di Sangro **0-9**
*V. Aliji, N. Di Tommaso 2, E. Leka 2, L. Solimeno, J. Dalù, N. Squadrone, F. Legorano*
Vigor Don Bosco-Bacigalupo Vasto Marina **2-4**
*S. Zurlino (V), F. Sacramone (V), L. Valentini 2 (B), A. Stivaletta (B), A. Tracchia (B)*

Virtus Cupello-Union Fossacesia **1-1**
*F. Peschetola (V), G. Brighella (U)*
Virtus Vasto-Virtus Lanciano **1-2**
*G. Luciani (VV), G. Testa (VL), S. Salerno (VL)*

## 7ª giornata – domenica 7 novembre 2021

Aquilotti San Salvo-Curi **5-0**
*F. Arena 2, D. De Risio 2, E. Mastragostino*
Bacigalupo Vasto Marina-Atessa **2-1**
*L. Valentini (B), F. Lanza (B), P. Valente (A)*
Union Fossacesia-Virtus Vasto **3-5**
*G. Brighella (U), D. Di Stefano 2 (U), A. Fazzano (V), G. Cupaioli (V), A. Ventrella 2 (V), E. Di Fonzo (V)*
Val di Sangro-Virtus Cupello **7-1**
*J Dalù 4 (Va), E. Leka 2 (Va), L. Solimeno (Va), G. Ferrara (Vi)*
Virtus Lanciano-Vigor Don Bosco **11-1**
*S. Salerno 4 (Vir), J. Cericola (Vir), M. Verì (Vir), G. Testa 3 (Vir), M. D'Ulisse (Vir), T. Di Nenno (Vir), M. Boccia (Vig)*

## 8ª giornata – domenica 14 novembre 2021

Atessa-Virtus Lanciano **1-6**
*L. Papirio (A), S. Salerno 2 (V), G. Testa 2 (V), J. Cericola (V), G. Di Florio (V)*
Curi-Bacigalupo Vasto Marina **0-2**
*G. Cela, L. Valentini*
Val di Sangro-Union Fossacesia **5-3**
*E. Leka 3 (V), F. Legorano (V), N. Squadrone (V), D. Di Stefano 3 (U)*
Vigor Don Bosco-Virtus Vasto **1-8**
*F. Sacramone (Vig), A. Ventrella 2 (Vir), L. Abbonizio (Vir), E. Di Fonzo (Vir), C. Carlucci (Vir), A. Fazzano (Vir), L. Di Ninni (Vir), S. D'Aloisio (Vir)*
Virtus Cupello-Aquilotti San Salvo **1-6**
*F. Peschetola (V), M. Soriano (A), F. Arena 2 (A), E. Mastragostino (A), S. Antenucci (A), D. De Risio (A)*

## 9ª giornata – domenica 21 novembre 2021

Aquilotti San Salvo-Val di Sangro **3-3**
*L. Di Tullio (A), E. Mastragostino (A), F. Arena (A), J. Dalù 3 (V)*
Bacigalupo Vasto Marina-Virtus Cupello **6-0**
*L. Valentini, M. Sallese, A. Tracchia 2, F. Di Marino, M. Piccoli*
Union Fossacesia-Vigor Don Bosco **3-1**
*G. Brighella 2 (U), D. Di Stefano (U), R. Felice (V)*
Virtus Lanciano-Curi **9-0**
*S. Salerno 6, G. Testa 2, J. Cericola*

Virtus Vasto-Atessa **1-1**
*R. Colanzi (V), L. Di Donato (A)*

**10ª giornata – domenica 28 novembre 2021**

Bacigalupo Vasto Marina-Val di Sangro **4-0**
*M. Piccoli, A. Tracchia, L. Valentini 2*
Union Fossacesia-Aquilotti San Salvo **2-1**
*D. Di Stefano 2 (U), D. De Risio (A)*
Vigor Don Bosco-Atessa **1-5**
*E. Raspa (V), P. Valente 2 (A), F. Zinni 2 (A), T. Venturi (A)*
Virtus Lanciano-Virtus Cupello **7-1**
*M. Verì 2 (VL), J. Cericola (VL), S. Salerno (VL), F. Tozzi (VL), G. Testa (VL), M. Rossi (VL), F. Peschetola (VC)*
Virtus Vasto-Curi **8-1**
*P. Koval (V), A. Esposito 2 (V), A. Fazzano (V), A. Ventrella 3 (V), C. Carlucci (V), K. Ciccotosto (C)*

**11ª giornata – domenica 5 dicembre 2021**

Aquilotti San Salvo-Bacigalupo Vasto Marina **0-3**
*F. Di Marino, L. Valentini, A. Tracchia*
Atessa-Union Fossacesia **4-1**
*F. Zinni (A), C. Razionale (A), L. Di Donato (A), P. Valente (A), A. Alessandrini (U)*
Curi-Vigor Don Bosco **1-4**
*L. Ciammaichella (C), E. Sacramone (V), C. Adriano 2 (V), F. Sacramone (V)*
Val di Sangro-Virtus Lanciano **3-1**
*J. Dalù 2 (Va), N. Pagliarone (Va), F. Tozzi (Vi)*
Virtus Cupello-Virtus Vasto **0-10**
*E. Di Fonzo 3, A. Esposito 3, R. Colanzi, A. Fazzano, A. Ventrella, G. Luciani*

**12ª giornata – mercoledì 8 dicembre 2021**

Atessa-Curi **6-1**
*C. Razionale (A), F. Zinni 2 (A), J. Turchetta (A), P. Valente (A), autorete (A), A. Comignani (C)*
Bacigalupo Vasto Marina-Union Fossacesia **3-3**
*L. Valentini (B), I. Waldi (B), M. Piccoli (B), D. Di Stefano (U), G. Brighella 2 (U)*
Vigor Don Bosco-Virtus Cupello **4-4**
*E. Raspa (Vig), F. Sacramone 2 (Vig), R. Felice (Vig), L. Di Giacomo 4 (Vir)*
Virtus Lanciano-Aquilotti San Salvo **4-2**
*S. Tupone (V), S. Salerno 3 (V), G. Griguoli (A), F. Arena (A)*
Virtus Vasto-Val di Sangro **3-4**
*E. Di Fonzo (Vi), A. Fazzano (Vi), M. De Santis (Vi), N. Pagliarone 2 (Va),*

*E. Leka (Va), J. Dalù (Va)*

**13ª giornata – domenica 12 dicembre 2021**

Aquilotti San Salvo-Virtus Vasto **1-1**
*F. Arena (A), G. Cupaioli (V)*
Bacigalupo Vasto Marina-Virtus Lanciano **1-2**
*F. Di Marino (B), G. Testa (V), M. Ulisse (V)*
Union Fossacesia-Curi **3-1**
*G. Brighella (U), D. Di Stefano 2 (U), A. Comignani (C)*
Val di Sangro-Vigor Don Bosco **11-0**
*F. Legorano, F. Mastronardi 2, J. Dalù, E. Leka 3, R. Nardella 2, V. Aliji 2*
Virtus Cupello-Atessa **1-5**
*L. Di Giacomo (V), L. Di Donato (A), T. Venturi 2 (A), G. Di Giulio (A), F. Zinni (A)*

**14ª giornata – domenica 19 dicembre 2021**

Atessa-Val di Sangro **0-6**
*F. Mastronardi, J. Dalù, D. Di Lallo, E. Leka 2, S. Di Domenica*
Curi-Virtus Cupello **0-2**
*F. Peschetola, L. Di Giacomo*
Vigor Don Bosco-Aquilotti San Salvo **2-2**
*F. Sacramone (V), E. Raspa (V), M. Soriano (A), D. De Risio A)*
Virtus Lanciano-Union Fossacesia **3-1**
*T. Di Nenno (V), G. Testa (V), S. Salerno (V), G. Brighella (U)*
Virtus Vasto-Bacigalupo Vasto Marina **4-3**
*E. Di Fonzo (V), A. Ventrella 2 (V), A. Fazzano (V), L. Valentini (B), I. Waldi (B), M. Piccoli (B)*

**15ª giornata – domenica 13 febbraio 2022**

Aquilotti San Salvo-Atessa **1-1**
*M. Soriano (Aq), C. Razionale (At)*
Bacigalupo Vasto Marina-Vigor Don Bosco **11-1**
*L. Valentini 5 (B), A. Tracchia (B), I. Waldi 2 (B), F. Lanza (B), M. Brognoli (B), A. Palladino (B), D. D'Angelo (V)*
Union Fossacesia-Virtus Cupello **6-1**
*D. Di Stefano 5 (U), M. Kebe (U), A. Boschetti (V)*
Val di Sangro-Curi **15-0**
*V. Aliji 3, E. Leka 9, D. Di Lallo, J. Dalù, A. Hakani*
Virtus Lanciano-Virtus Vasto **3-0**
*S. Salerno 2, M. Verì*

| 16ª giornata – domenica 20 febbraio 2022 | |
|---|---|
| Atessa-Bacigalupo Vasto Marina | **1-1** |
| *F. Zinni (A), A. Tracchia (B)* | |
| Curi-Aquilotti San Salvo | **1-5** |
| *L. Ciammaichella (C), D. De Risio (A), G. Griguoli 2 (A), M. Soriano (A), C. Faienza (A)* | |
| Vigor Don Bosco-Virtus Lanciano | **0-6** |
| *S. Tupone, S. Salerno 2, M. Verì, D. Cellucci, F. Tozzi* | |
| Virtus Cupello-Val di Sangro | **1-5** |
| *L. Di Giacomo (Vi), J. Dalù (Va), E. Leka 2 (Va), F. Legorano 2 (Va)* | |
| Virtus Vasto-Union Fossacesia | **7-0** |
| *E. Di Fonzo 2, A. Ventrella, N. Piscicelli, R. Colanzi, C. Carlucci, P. Koval* | |

| 17ª giornata – domenica 27 febbraio 2022 | |
|---|---|
| Aquilotti San Salvo-Virtus Cupello | **3-1** |
| *G. Griguoli 2 (A), L. Di Tullio (A), G. Galuppi (V)* | |
| Bacigalupo Vasto Marina-Curi | **14-1** |
| *M. Di Francesco 4 (B), L. Valentini 3 (B), I. Waldi 2 (B), M. Brognoli 2 (B), A. Tracchia (B), F. Di Marino (B), G. Giuliani (B), autorete (C)* | |
| Union Fossacesia-Val di Sangro | **2-3** |
| *S. Amoroso (U), A Ricciotti (U), N. Pagliarone (V), A. Hakani (V), autorete (V)* | |
| Virtus Lanciano-Atessa | **2-0** |
| *S. Tupone, G. Di Florio* | |
| Virtus Vasto-Vigor Don Bosco | **1-1** |
| *N. Piscicelli (Vir), F. Di Virgilio (Vig)* | |

| 18ª giornata – domenica 6 marzo 2022 | |
|---|---|
| Atessa-Virtus Vasto | **1-0** |
| *F. Zinni* | |
| Curi-Virtus Lanciano | **0-7** |
| *J. Cericola 2, S. Tupone 2, N. Pozzolini, G. Di Florio 2* | |
| Val di Sangro-Aquilotti San Salvo | **2-0** |
| *E. Leka, N. Pagliarone* | |
| Vigor Don Bosco-Union Fossacesia | **1-7** |
| *F. Sacramone (V), D. Di Stefano 2 (U), A. Alessandrini 3 (U), D. Marrone (U), R. Di Biase (U)* | |
| Virtus Cupello-Bacigalupo Vasto Marina | **0-4** |
| *L. Valentini, F. Di Marino, M. Piccoli 2* | |

## CLASSIFICA FINALE girone B

| squadre | punti | gare | vinte | nulle | perse | reti f. | reti s. | diff. |
|---|---|---|---|---|---|---|---|---|
| V. LANCIANO | 49 | 18 | 16 | 1 | 1 | 86 | 14 | +72 |
| BACIGALUPO | 42 | 18 | 13 | 3 | 2 | 79 | 18 | +61 |
| V. DI SANGRO | 40 | 18 | 13 | 1 | 4 | 93 | 29 | +64 |
| Atessa | 31 | 18 | 9 | 4 | 5 | 48 | 33 | +15 |
| Virtus Vasto | 30 | 18 | 9 | 3 | 6 | 73 | 37 | +36 |
| Union Fossacesia | 22 | 18 | 6 | 4 | 8 | 46 | 54 | -8 |
| Aquilotti S. Salvo | 18 | 18 | 4 | 6 | 8 | 37 | 44 | -7 |
| Virtus Cupello | 12 | 18 | 3 | 3 | 12 | 24 | 84 | -60 |
| Vigor Don Bosco | 11 | 18 | 2 | 5 | 11 | 38 | 99 | -61 |
| Curi | 0 | 18 | 0 | 0 | 18 | 12 | 124 | -112 |

***N.B. In maiuscolo le squadre qualificate***

## CLASSIFICA MARCATORI girone B

**32 reti:** E. Leka (Val di Sangro)
**30 reti:** L. Valentini (Bacigalupo Vasto Marina); S. Salerno (Virtus Lanciano)
**25 reti:** D. Di Stefano (Union Fossacesia); A. Ventrella (Virtus Vasto)
**20 reti:** F. Sacramone (Vigor Don Bosco)
**16 reti:** J. Dalù (Val di Sangro); L. Di Giacomo (Virtus Cupello); G. Testa (Virtus Lanciano)
**15 reti:** G. Brighella (Union Fossacesia); A. Esposito e E. Di Fonzo (Virtus Vasto)
**14 reti:** F. Arena e G. Griguoli (Aquilotti San Salvo); F. Zinni e P. Valente (Atessa)
**13 reti:** L. Di Donato (Atessa)
**12 reti:** S. Tupone (Virtus Lanciano); C. Carlucci (Virtus Vasto)
**11 reti:** D. De Risio (Aquilotti San Salvo)
**10 reti:** A. Tracchia (Bacigalupo Vasto Marina); V. Aliji (Val di Sangro); F. Peschetola (Vigor Don Bosco)
**9 reti:** T. Venturi (Atessa); F. Di Marino (Bacigalupo Vasto Marina); S. Zurlino (Vigor Don Bosco)
**8 reti:** M. Soriano (Aquilotti San Salvo); I. Waldi (Bacigalupo Vasto Marina); A. Alessandrini (Union Fossacesia); R. Colanzi (Virtus Vasto)
**7 reti:** M. Piccoli (Bacigalupo Vasto Marina); J. Cericola (Virtus Lanciano);
**6 reti:** E. Mastragostino (Aquilotti San Salvo); N. Pagliarone (Val di Sangro); E. Raspa e R. Felice (Vigor Don Bosco); F. Tozzi (Virtus Lanciano); R. Tomeo (Virtus Vasto)

**5 reti:** L. Papirio (Atessa); L. Solimeno, A. HaKani, F. Legorano e F. Mastronardi (Val di Sangro); M. Verì (Virtus Lanciano)
**4 reti:** L. Di Tullio (Aquilotti San Salvo); C. Razionale (Atessa); M. Sallese e M. Di Francesco (Bacigalupo Vasto Marina); A. Comignani (Curi); G. Di Florio (Virtus Lanciano); G. Luciani e G. Cupaioli (Virtus Vasto)
**3 reti:** S. Antenucci (Aquilotti San Salvo); M. Brognoli (Bacigalupo Vasto Marina); L. Ciammaichella (Curi); D. Marrone (Union Fossacesia); D. Di Lallo, N. Squadrone e N. Di Tommaso (Val di Sangro); C. Damiani (Vigor Don Bosco); G. Galuppi (Virtus Cupello); T. Di Nenno (Virtus Lanciano); P. Koval (Virtus Vasto)

## UNDER 15 REGIONALI girone C

### 1ª giornata – domenica 26 settembre 2021

Accademia Biancazzurra-Il Delfino Curi Pescara **2-0**
*N. Marcone, E. Boaventura Medina*
Curi Pescara-Villa 2015 **3-1**
*M. Aruffo (C), S. Muttoni (C), N. Aceto (C), K. Metushi (V)*
D'Annunzio Pescara-Gladius Pescara 2010 **2-7**
*M. Starinieri (D), D. Basile (D), S. Baccarini 2 (G), G. Romagnolo 3 (G), C. Pace (G), S. Betancourt (G)*
Fater Angelini-Penne **1-1**
*I. De Felice (F), S. Alcino (P)*
River Chieti 65-Manoppello Arabona **8-2**
*S. Pasqualone (R), A. Di Sabatino (R), A. Seccia 2 (R), S. Buccione (R), W. Pettinella 2 (R), N. Zappacosta (R), T. Mancini (M), M. Rulli (M)*

### 2ª giornata – domenica 3 ottobre 2021

Il Delfino Curi Pescara-Curi Pescara **0-5**
*S. Muttoni, A. Adducchio, N. Aceto, M. Creati, M. Ferrone*
Gladius Pescara 2010-Accademia Biancazzurra **7-1**
*S. Betancourt (G), G. Romagnolo (G), L. Martelli (G), G. Giannandrea (G), A. Pomposo 2 (G), C. Bernabeo (G), N. Marcone (A)*
Manoppello Arabona-D'Annunzio Pescara **4-6**
*D. Di Pasquale (M), T. Mancini 2 (M), A. Zappacosta (M), F. Crisante 2 (D), D. Basile (D), M. Starinieri 3 (D)*
Penne-River Chieti 65 **2-3**
*M. D'Agostino (P), autorete (P), S. Pinti (R), A. Di Sabatino (R), W. Pettinella (R)*
Villa 2015-Fater Angelini **2-1**
*K. Metushi (V), J. Tanzi (V), K. Barbetta (F)*

### 3ª giornata – domenica 10 ottobre 2021

Accademia Biancazzurra-Manoppello Arabona **3-2**
*N. Marcone 2 (A), E. Boaventura Medina (A), M. Rullo (M), T. Mancini (M)*
D'Annunzio Pescara-Penne **0-1**
*D. Ruscitti*
Fater Angelini-Curi Pescara **2-3**
*K. Barbetta 2 (F), N. Aceto (C), M. Basile (C), D. D'Amico (C)*
Il Delfino Curi Pescara-Gladius Pescara 2010 **1-2**
*C. Uslenghi (I), S. Baccarini (G), G. Romagnolo (G)*
River Chieti 65-Villa 2015 **2-1**
*S. Pasqualone (R), N. Zappacosta (R), K. Metushi (V)*

| 4ª giornata – domenica 17 ottobre 2021 | |
|---|---|
| Curi Pescara-River Chieti 65 | **3-0** |
| *D. D'Amico, N. Aceto 2* | |
| Fater Angelini-Il Delfino Curi Pescara | **3-0** |
| *F. Barbetta, I. De Felice 2* | |
| Manoppello Arabona-Gladius Pescara 2010 | **1-5** |
| *T. Mancini (M), D. Di Russo (G), G. Romagnolo 2 (G), A. Pomposo (G), S. Baccarini (G)* | |
| Penne-Accademia Biancazzurra | **5-0** |
| *K. Spalletta, F. Antonioli 2, S. Bellante, S. Alcino* | |
| Villa 2015-D'Annunzio Pescara | **6-0** |
| *J. Tanzi, C. Volpe 2, C. Panaccio, K. Metushi, C. De Bellis* | |

| 5ª giornata – domenica 24 ottobre 2021 | |
|---|---|
| Accademia Biancazzurra-Villa 2015 | **0-3** |
| *E. Fusco, M. Mammarella, C. Panaccio* | |
| D'Annunzio Pescara-Curi Pescara | **1-1** |
| *M. Barbuzza (D), V. Gentile (C)* | |
| Gladius Pescara 2010-Penne | **0-1** |
| *S. Bellante* | |
| Il Delfino Curi Pescara-Manoppello Arabona | **0-1** |
| *T. Mancini* | |
| River Chieti 65-Fater Angelini | **2-0** |
| *J. Ricciutelli, N. Zappacosta* | |

| 6ª giornata – domenica 31 ottobre 2021 | |
|---|---|
| Curi Pescara-Accademia Biancazzurra | **8-0** |
| *M. Aruffo, S. Muttoni 2, D. D'Amico, G. Lisio 2, M. Basile, N. Luiso* | |
| Fater Angelini-D'Annunzio Pescara | **5-1** |
| *K. Barbetta 3 (F), F. Aulino 2 (F), M. Morelli (D)* | |
| Penne-Manoppello Arabona | **8-1** |
| *S. Ferrante (P), S. Bellante (P), S Alcino 2 (P), M. Luciani (P), N. Cantagallo (P), M. Di Massa (P), D. Ruscitti (P), T. Mancini (M)* | |
| River Chieti 65-Il Delfino Curi Pescara | **1-1** |
| *S. Buccione (R), C. Uslenghi (I)* | |
| Villa 2015-Gladius Pescara 2010 | **0-0** |

| 7ª giornata – domenica 7 novembre 2021 | |
|---|---|
| Accademia Biancazzurra-Fater Angelini | **1-2** |
| *G. Di Cesare (A), F. Scordella (F), A. Panunzio (F)* | |
| D'Annunzio Pescara-River Chieti 65 | **0-5** |
| *W. Pettinella, A. Di Sabatino 3, S. Buccione* | |

Gladius Pescara 2010-Curi Pescara **6-0**
*D. Di Russo, G. Romagnolo 2, S. Betancourt, C. Pace 2*
Il Delfino Curi Pescara-Penne **3-0**
*C. Uslenghi 2, A. Lozzi*
Manoppello Arabona-Villa 2015 **0-8**
*F. Di Crescenzo, J. Tanzi 2, K. Metushi 3, C. Panaccio, M. Mammarella*

**8ª giornata – domenica 14 novembre 2021**

Curi Pescara-Manoppello Arabona **6-0**
*S. Della Rovere 2, A. Castellano 2, D. D'Amico, M. Basile*
D'Annunzio Pescara-Il Delfino Curi Pescara **3-0**
*M. Morelli 3*
Fater Angelini-Gladius Pescara 2010 **1-2**
*K. Barbetta (F), G. Romagnolo (G), autorete (G)*
River Chieti 65-Accademia Biancazzurra **3-0**
*W. Pettinella, A. Seccia, A. Anconitano*
Villa 2015-Penne **2-2**
*K. Metushi (V), C. Panaccio (V), D. Ruscitti (P), S. Alcino (P)*

**9ª giornata – domenica 21 novembre 2021**

Accademia Biancazzurra-D'Annunzio Pescara **3-0**
*M. Di Properzio, E. Boaventura Medina, N. Marcone*
Il Delfino Curi Pescara-Villa 2015 **1-3**
*L. Di Deo Iurisci (I), M. Mammarella (V), C. Panaccio (V), K. Metushi (V)*
Gladius Pescara 2010-River Chieti 65 **2-2**
*S. Baccarini (G), D. Di Russo (G), A. Anconitano 2 (R)*
Manoppello Arabona-Fater Angelini **2-3**
*T. Mancini (M), D. Di Pasquale (M), I. De Felice 2 (F), F. Barbetta (F)*
Penne-Curi Pescara **1-1**
*S. Ferrante (P), N. Aceto (C)*

**10ª giornata – domenica 28 novembre 2021**

Il Delfino Curi Pescara-Accademia Biancazzurra **2-2**
*C. Uslenghi 2 (I), E. Boaventura Medina (A), G. Di Cesare (A)*
Gladius Pescara 2010-D'Annunzio Pescara **1-0**
*C. Pace*
Manoppello Arabona-River Chieti 65 **0-7**
*S. Buccione 2, A. Di Sabatino 2, C. Cuozzo, A. Anconitano, autorete*
Penne-Fater Angelini **1-2**
*S. Alcino (P), F. Barbetta (F), K. Barbetta (F)*
Villa 2015-Curi Pescara **0-1**
*E. Di Carlo*

| 11ª giornata – domenica 5 dicembre 2021 | |
|---|---|
| Accademia Biancazzurra-Gladius Pescara 2010 | **0-2** |
| *G. Romagnolo, L. Martelli* | |
| Curi Pescara-Il Delfino Curi Pescara | **0-0** |
| D'Annunzio Pescara-Manoppello Arabona | **3-0** |
| *M. Morelli, A. D'Agostino, L. D'Ettorre* | |
| Fater Angelini-Villa 2015 | **2-1** |
| *D. Di Biase (F), F. Barbetta (F), K. Metushi (V)* | |
| River Chieti 65-Penne | **1-0** |
| *A. Di Sabatino* | |

| 12ª giornata – mercoledì 8 dicembre 2021 | |
|---|---|
| Curi Pescara-Fater Angelini | **4-2** |
| *S. Muttoni (C), A. Castellano (C), V. Gentile (C), M. Basile (C), A. Panunzio (F), F. Aulino (F)* | |
| Gladius Pescara 2010-Il Delfino Curi Pescara | **3-2** |
| *D. Di Russo (G), A. Pomposo (G), L. Martelli (G), C. Uslenghi (I), C. Di Giacomo (I)* | |
| Manoppello Arabona-Accademia Biancazzurra | **1-2** |
| *C. Marinelli (M), A. Casalaspro (A), M. Lupone (A)* | |
| Penne-D'Annunzio Pescara | **3-0** |
| *S. Ferrante, L. Procacci, D. Ruscitti* | |
| Villa 2015-River Chieti 65 | **1-2** |
| *K. Metushi (V), S. Buccione (R), J. Ricciutelli (R)* | |

| 13ª giornata – domenica 12 dicembre 2021 | |
|---|---|
| Accademia Biancazzurra-Penne | **2-6** |
| *G. Di Cesare (A), N. Marcone (A), S. Ferrante (P), S. Alcino (P), autorete (P), S. Bellante 3 (P)* | |
| D'Annunzio Pescara-Villa 2015 | **0-3** |
| *J. Tanzi, C. Volpe, K. Metushi* | |
| Gladius Pescara 2010-Manoppello Arabona | **4-2** |
| *S. Baccarini (G), A. Sabatelli 2 (G), S. Betancourt (G), A. Zappacosta (M), T. Mancini (M)* | |
| Il Delfino Curi Pescara-Fater Angelini | **0-2** |
| *K. Barbetta, F. Barbetta* | |
| River Chieti 65-Curi Pescara | **0-2** |
| *N. Luiso, S. Muttoni* | |

| 14ª giornata – domenica 19 dicembre 2021 | |
|---|---|
| Curi Pescara-D'Annunzio Pescara | **3-0** |
| *S. Berardi, S. Muttoni, G. Oronzo* | |

Fater Angelini-River Chieti 65 **0-2**
*W. Pettinella, A. Seccia*
Manoppello Arabona-Il Delfino Curi Pescara **1-2**
*T. Mancini (M), I. Di Cocco (I), A. Lozzi (I)*
Penne-Gladius Pescara 2010 **0-1**
*A. Capobianco*
Villa 2015-Accademia Biancazzurra **5-2**
*C. Panaccio 2 (V), J. Tanzi 2 (V), K. Metushi (V), G. Di Cesare (A), N. Marcone (A)*

**15ª giornata – domenica 13 febbraio 2022**

Accademia Biancazzurra-Curi Pescara **0-8**
*M. Aruffo, M. Basile 2, L. Blasioli, A. Castellano, D. D'Amico, N. Luiso, S. Muttoni*
D'Annunzio Pescara-Fater Angelini **0-1**
*I. De Felice*
Gladius Pescara 2010-Villa 2015 **0-0**
Il Delfino Curi Pescara-River Chieti 65 **1-3**
*I. Di Cocco (I), S. Tontodonati (R), S. Buccione 2 (R)*
Manoppello Arabona-Penne **1-4**
*D. Di Pasquale (M), D. Ruscitti 2 (P), M. Marchionne (P), A. Bellante (P)*

**16ª giornata – domenica 20 febbraio 2022**

Curi Pescara-Gladius Pescara 2010 **1-1**
*S. Della Rovere (C), S. Baccarini (G)*
Fater Angelini-Accademia Biancazzurra **5-0**
*F. Barbetta 2, F. Scordella, A. Panunzio 2*
Penne-Il Delfino Curi Pescara **0-0**
River Chieti 65-D'Annunzio Pescara **6-0**
*S. Pasqualone, W. Pettinella 2, N. Zappacosta, S. Buccione, C. Cuozzo*
Villa 2015-Manoppello Arabona **5-0**
*C. Volpe, K. Metushi, J. Tanzi, F. Di Crescenzo, M. D'Onofrio*

**17ª giornata – domenica 27 febbraio 2022**

Accademia Biancazzurra-River Chieti 65 **0-5**
*S. Pasqualone 2, S. Buccione, A. Di Sabatino, S. Pinti*
Gladius Pescara 2010-Fater Angelini **2-2**
*G. Romagnolo (G), S. Baccarini (G), K. Barbetta 2 (D)*
Il Delfino Curi Pescara-D'Annunzio Pescara **4-1**
*C. Uslenghi 3 (I), A. Lozzi (I), M. Morelli (D)*
Manoppello Arabona-Curi Pescara **0-3**
*N. Luiso, S. Muttoni, N. Aceto*

Penne-Villa 2015 **4-2**
*E. D'Angelo (P), L. Procacci (P), S. Ferrante (P), S. Alcino (P), K. Metushi (V), E. Fusco (V)*

## 18ª giornata – domenica 6 marzo 2022

Curi Pescara-Penne **2-1**
*S. Muttoni 2 (C), N. D'Agostino (P)*
D'Annunzio Pescara-Accademia Biancazzurra **1-1**
*M. Morelli (D), E. Boaventura Medina (A)*
Fater Angelini-Manoppello Arabona **0-3** (a tavolino)
River Chieti 65-Gladius Pescara 2010 **4-0**
*S. Buccione 2, S. Pinti, A. Di Sabatino*
Villa 2015-Il Delfino Curi Pescara **1-0**
*E. Fusco*

## CLASSIFICA FINALE girone C

| squadre | punti | gare | vinte | nulle | perse | reti f. | reti s. | diff. |
|---|---|---|---|---|---|---|---|---|
| RIVER CH 65 | 44 | 18 | 14 | 2 | 2 | 56 | 15 | +41 |
| CURI PESCARA | 43 | 18 | 13 | 4 | 1 | 54 | 15 | +39 |
| GLADIUS PE | 38 | 18 | 11 | 5 | 2 | 45 | 20 | +25 |
| Villa 2015 | 30 | 18 | 9 | 3 | 6 | 44 | 20 | +24 |
| Fater Angelini | 29 | 18 | 9 | 2 | 7 | 34 | 27 | +7 |
| Penne | 28 | 18 | 8 | 4 | 6 | 40 | 22 | +18 |
| Accademia Bianc. | 14 | 18 | 4 | 2 | 12 | 19 | 65 | -46 |
| Il Delfino Curi Pe | 13 | 18 | 3 | 4 | 11 | 17 | 33 | -16 |
| D'Annunzio Pe | 11 | 18 | 3 | 2 | 13 | 18 | 54 | -36 |
| Manoppello Arab. | 6 | 18 | 2 | 0 | 16 | 21 | 77 | -56 |

***N.B. In maiuscolo le squadre qualificate***

## CLASSIFICA MARCATORI girone C

**22 reti:** T. Mancini (Manoppello Pescara)
**19 reti:** K. Metushi (Villa 2015)
**18 reti:** K. Barbetta (Fater Angelini)
**16 reti:** G. Romagnolo (Gladius Pescara 2010); S. Alcino (Penne)
**13 reti:** S. Muttoni (Curi Pescara); C. Panaccio (Villa 2015)
**12 reti:** N. Marcone (Accademia Biancazzurra); S. Buccione (River Chieti 65); J. Tanzi (Villa 2015)
**11 reti:** N. Morelli (D'Annunzio Pescara); C. Uslenghi (Il Delfino Curi Pescara); A. Di Sabatino (River Chieti 65)
**10 reti:** W. Pettinella (River Chieti 65)
**9 reti:** I. De Felice (Fater Angelini); S. Baccarini (Gladius Pescara 2010); S. Ferrante e S. Bellante (Penne)
**8 reti:** M. Starinieri (D'Annunzio Pescara); D. Ruscitti (Penne); S. Pasqualone (River Chieti 65)
**7 reti:** N. Aceto (Curi Pescara); F. Aulino e F. Barbetta (Fater Angelini); D. Di Pasquale (Manoppello Pescara)
**6 reti:** M. Lupone (Accademia Biancazzurra); N. Luiso, M. Basile e D. D'Amico (Curi Pe); N. Zappacosta (River Ch 65); C. Volpe (Villa 2015)
**5 reti:** G. Di Cesare e E. Boaventura Medina (Accademia Biancazzurra); V. Gentile (Curi Pescara); F. Crisante (D'Annunzio Pescara); A. Panunzio (Fater Angelini); D. Di Russo (Gladius Pescara 2010); E. Fusco (Villa 2015);
**4 reti:** A. Castellano e S. Della Rovere (Curi Pescara); F. Scordella (Fater Angelini); C. Pace, L. Martelli, A. Pomposo e S. Betancourt (Gladius Pescara 2010); I. Di Cocco (Il Delfino Curi Pescara); C. Marinelli e A. Zappacosta (Manoppello Pescara); A. Seccia e A. Anconitano (River Chieti 65); M. Mammarella (Villa 2015)
**3 reti:** M. Aruffo (Curi Pescara); A. Lozzi (Il Delfino Curi Pescara); E. D'Angelo (Penne); E. Toppi e S. Pinti (River Chieti 65); S. Mammarella e F. Di Crescenzo (Villa 2015)

## UNDER 15 REGIONALI girone D

**1ª giornata – domenica 3 ottobre 2021**

Cantera Adriatica Pescara-Valle del Vomano **9-0**
*J. Giunchedi 3, A. Lupacchini 2, M. Giannattasio, S. Iacobucci, L. Teccarelli, G. Camplone*
Giulianova-Alba Adriatica **2-1**
*M. Costantini 2 (G), D. Vagnoni (A)*
Pineto-2000 Calcio Montesilvano **6-1**
*R. Fanì (P), A. Cellinese 3 (P), R. Brindisi (P), M. Di Pardo (P), A. Damiano (C)*
S.N. Notaresco-Universal Roseto **5-2**
*S. Grosso (S), A. Cerqueti (S), R. Di Matteo (S), A. Parabella (S), L. Rossi (S), A. Falò (U), N. Di Michele (U)*

**2ª giornata – domenica 10 ottobre 2021**

2000 Calcio Montesilvano-Giulianova **1-7**
*D. Romanelli (C), F. Di Gennaro (G), L. Petrella 2 (G), M. Costantini (G), P. Mancini (G), S. Gallucci (G), autorete (G)*
Alba Adriatica-Cantera Adriatica Pescara **0-4**
*L. Teccarelli, S. Iacobucci, F Aielli, G. Camplone*
Universal Roseto-Pineto **0-5**
*R. Brindisi 3, M. Dei Rocini, F. Rosa*
Valle del Vomano-S.N. Notaresco **0-3**
*G. Orsatti, S. Grosso 2*

**3ª giornata – domenica 17 ottobre 2021**

Cantera Adriatica Pescara-2000 Calcio Montesilvano **16-0**
*M. Marchionne 2, J. Giunchedi, A. Cicconetti, G. Camplone, F. Masciovecchio 3, R. Di Giuseppe, J. Cigliano, S. Iacobucci 2, autorete, C. Cocco 2, L. Carchiolo*
Giulianova-Pineto **2-2**
*M. Costantini (G), L. Giorgini (G), A. Cellinese (P), R. Fanì (P)*
S.N. Notaresco-Alba Adriatica **3-1**
*L. Rossi 2 (S), A. Cerqueti (S), N. Eleuteri (A)*
Universal Roseto-Valle del Vomano **1-5**
*D. Taddei (U), F. Lucchino 2 (V), A. D'Orazio (V), A. Di Giovannantonio (V), G. Ferretti (V)*

**4ª giornata – domenica 24 ottobre 2021**

2000 Calcio Montesilvano-S.N. Notaresco **0-3**
*L. Rossi, A. Cerqueti 2*
Alba Adriatica-Valle del Vomano **1-2**
*N. Eleuteri (A), R. Di Simone (V), F. Bufalari (V)*

Giulianova-Universal Roseto **3-1**
*M. Costantini (G), L. Giorgini (G), A. Odracci (G), R. Santi (U)*
Pineto-Cantera Adriatica Pescara **2-1**
*N. Aliprandi (P), A. Cellinese (P), S. Iacobucci (C)*

### 5ª giornata – domenica 7 novembre 2021

Cantera Adriatica Pescara-Giulianova **6-1**
*J. Giunchedi (C), C. Cocco 3 (C), S. Iacobucci (C), G. Camplone (C), M. Costantini (G)*
S.N. Notaresco-Pineto **1-3**
*E. Ercoli (S), F. Rosa (P), R. Brindisi (P), E. Salladini (P)*
Universal Roseto-Alba Adriatica **1-2**
*F. Vagnoni (U), D. Vagnoni (A), L. Butricchi (A)*
Valle del Vomano-2000 Calcio Montesilvano **1-0**
*C. Di Battista*

### 6ª giornata – domenica 14 novembre 2021

2000 Calcio Montesilvano-Alba Adriatica **0-1**
*N. Eleuteri*
Cantera Adriatica Pescara-Universal Roseto **6-0**
*J. Giunchedi, M. Marchionne, A. Cicconetti, G. Camplone 3*
Giulianova-S.N. Notaresco **2-1**
*A. Ripani 2 (G), S. Grosso (S)*
Pineto-Valle del Vomano **1-0**
*A. Cellinese*

### 7ª giornata – domenica 21 novembre 2021

Alba Adriatica-Pineto **1-5**
*D. Vagnoni (A), F. Rosa (P), M. Di Pardo (P), R. Brindisi (P), R. Fanì (P), G. Savini Marcucci (P)*
S.N. Notaresco-Cantera Adriatica Pescara **3-1**
*S. Grosso (S), A. Parabella (S), R. Di Matteo (S), A. Lupacchini (C)*
Universal Roseto-2000 Calcio Montesilvano **10-0**
*G. Mion 2, A. Falò 2, R. Santi 2, L. Sacchini 2, N. Di Michele 2*
Valle del Vomano-Giulianova **1-3**
*G. Ferretti (V), M. Costantini 3 (G)*

### 8ª giornata – domenica 28 novembre 2021

2000 Calcio Montesilvano-Pineto **1-7**
*G. Di Francesco (C), R. Brindisi 2 (P), N. Aliprandi (P), M. Di Pardo (P), G. Amelii (P), M. Ferretti (P), M. Perini (P)*
**0-4**

Alba Adriatica-Giulianova
*C. Di Serafino, F. Traini, M. Costantini 2*
Universal Roseto-S.N. Notaresco **1-2**
*A. Falò (A), M. Evangelista (S), A. Cerqueti (S)*
Valle del Vomano-Cantera Adriatica Pescara **1-2**
*F. Lucchino (V), L. Teccarelli (C), G. Camplone (C)*

**9ª giornata – domenica 5 dicembre 2021**

Cantera Adriatica Pescara-Alba Adriatica **2-1**
*G. Camplone 2 (C), N. Eleuteri (A)*
Giulianova-2000 Calcio Montesilvano **7-0**
*M. Costantini 3, U. Iacomino, L. Gui, M. Caprioni, A. Ripani*
Pineto-Universal Roseto **4-0**
*R. Brindisi, A. Cellinese 3*
S.N. Notaresco-Valle del Vomano **2-1**
*S. Grosso (S), A. Cerqueti (S), G. Ferretti (V)*

**10ª giornata – domenica 12 dicembre 2021**

2000 Calcio Montesilvano-Cantera Adriatica Pescara **0-7**
*G. Camplone 3, J. Cigliano, A. Lupacchini, L. Carchiolo, F. Masciovecchio*
Alba Adriatica-S.N. Notaresco **1-1**
*N. Eleuteri (A), A. Parabella (S)*
Pineto-Giulianova **3-2**
*R. Fanì (P), A. Cellinese 2 (P), M. Costantini (G), F. Di Gennaro (G)*
Valle del Vomano-Universal Roseto **0-3**
*N. Di Michele, A. Falò, F. Vagnoni*

**11ª giornata – domenica 19 dicembre 2021**

Cantera Adriatica Pescara-Pineto **2-1**
*G. Camplone (C), J. Giunchedi (C), R. Fanì (P)*
S.N. Notaresco-2000 Calcio Montesilvano **2-0**
*S. Grosso, A. Cerqueti*
Universal Roseto-Giulianova **1-6**
*N. Di Michele (U), M. Costantini 2 (G), A. Del Sordo 2 (G), U. Iacomino (G), L. Petrella (G)*
Valle del Vomano-Alba Adriatica **1-1**
*F. Lucchino (V), N. Iampieri (A)*

**12ª giornata – domenica 13 febbraio 2022**

2000 Calcio Montesilvano-Valle del Vomano **1-3**
*A. Damiano (C), F. Lucchino 2 (V), R. Anelli (V)*
Alba Adriatica-Universal Roseto **2-0**

*N. Iampieri 2*
Giulianova-Cantera Adriatica Pescara **3-0**
*F. Traini, M. Costantini, F. Di Gennaro*
Pineto-S,N. Notaresco **1-0**
*R. Brindisi*

### 13ª giornata – domenica 20 febbraio 2022

Alba Adriatica-2000 Calcio Montesilvano **5-1**
*N. Eleuteri (A), N. Iampieri 3 (A), L. Troili (A), F. Di Rocco (C)*
S.N. Notaresco-Giulianova **2-5**
*M. Di Francesco (S), E. San Lorenzo (S), A. Paoletti (G), M. Costantini (G), U. Iacomino (G), F. Traini (G), L. Giorgini (G)*
Universal Roseto-Cantera Adriatica Pescara **0-2**
*S. Iacobucci, F. Masciovecchio*
Valle del Vomano-Pineto **2-2**
*M. Forcina (V), A. Di Giovannantonio (V), R. Brindisi 2 (P)*

### 14ª giornata – domenica 27 febbraio 2022

2000 Calcio Montesilvano-Universal Roseto **1-6**
*A. Damiano (C), G. Di Renzo 2 (U), L. Rapone (U), R. Santi 2 (U), F. Vagnoni (U)*
Cantera Adriatica Pescara-S.N. Notaresco **5-1**
*F. Masciovecchio 4 (C), C. Cocco (C), S. Grosso (S)*
Giulianova-Valle del Vomano **4-0**
*F. Traini 2, L. Petrella, M. Costantini*
Pineto-Alba Adriatica **6-1**
*R. Fanì 2 (P), E. Salladini 2 (P), A. Cellinese (P), M. Perini (P), D. Vagnoni (A)*

## CLASSIFICA FINALE girone D

| squadre | punti | gare | vinte | nulle | perse | reti f. | reti s. | diff. |
|---|---|---|---|---|---|---|---|---|
| PINETO | 35 | 14 | 11 | 2 | 1 | 48 | 14 | +34 |
| GIULIANOVA | 34 | 14 | 11 | 1 | 2 | 51 | 19 | +32 |
| CANTERA ADR. | 33 | 14 | 11 | 0 | 3 | 63 | 13 | +50 |
| S.N. Notaresco | 25 | 14 | 8 | 1 | 5 | 29 | 23 | +6 |
| Valle del Vomano | 17 | 14 | 5 | 2 | 7 | 20 | 30 | -10 |
| Alba Adriatica | 11 | 14 | 3 | 2 | 9 | 17 | 33 | -16 |
| Universal Roseto | 9 | 14 | 3 | 0 | 11 | 24 | 45 | -21 |
| 2000 Calcio Mont. | 0 | 14 | 0 | 0 | 14 | 6 | 81 | -75 |

***N.B. In maiuscolo le squadre qualificate***

## CLASSIFICA MARCATORI girone D

**25 reti:** M. Costantini (Giulianova)
**19 reti:** R. Brindisi (Pineto)
**18 reti:** S. Grosso (S.N. Notaresco); F. Lucchino (Valle del Monaco)
**16 reti:** G. Camplone (Cantera Adriatica Pescara)
**15 reti:** A. Falò (Universal Roseto)
**14 reti:** N. Iampieri (Alba Adriatica)
**12 reti:** A. Cellinese (Pineto)
**11 reti:** J. Giunchedi e F. Masciovecchio (Cantera Adriatica Pescara); A. Cerqueti (S.N. Notaresco)
**9 reti:** N. Eleuteri (Alba Adriatica); C. Cocco (Cantera Adriatica Pescara); L. Rossi (S.N. Notaresco)
**8 reti:** A. Damiano (2000 Calcio Montesilvano); S. Iacobucci (Cantera Adriatica Pescara)
**7 reti:** D. Vagnoni (Alba Adriatica); A. Lupacchini (Cantera Adriatica Pescara); R. Fanì (Pineto); L. Sacchini e N. Di Michele (Universal Roseto); G. Ferretti (Valle del Monaco)
**6 reti:** F. Traini e F. Di Gennaro (Giulianova)
**5 reti:** L. Butricchi (Alba Adriatica); A. Matone, G. Orsatti e E. San Lorenzo (Notaresco); R. Santi, D. Taddei e G. Di Renzo (Universal Roseto)
**4 reti:** L. Troili e C. Augusto (Alba Adriatica); L. Teccarelli (Cantera Adriatica Pescara); L. Giorgini, L. Petrella e U. Iacomino (Giulianova); N. Aliprandi e M. Di Pardo (Pineto); R. Di Matteo (S.N. Notaresco); G. Mion, L. Rapone e F. Vagnoni (Universal Roseto); C. Di Battista e A. Di Giovannantonio (Valle del Monaco)
**3 reti:** M. Marchionne (Cantera Adriatica Pescara); A. Ripani (Giulianova); F. Rosa, E Salladini e A. Di Nardo Di Maio (Pineto); A. Cerqueti, A. Parabella e M. Di Francesco (S.N. Notaresco);

# UNDER 15 REGIONALI SECONDA FASE
## ASSEGNAZIONE TITOLO REGIONALE
## GIRONE E

**1ª giornata – sabato 19 marzo 2022**

Olympia Cedas Sulmona-Bacigalupo Vasto Marina **3-1**
*T. Colangelo (O), F. Scarfò (O), M. La Civita (O), I. Waldi (B)*
River Chieti 65-Cantera Adriatica Pescara **0-1**
*J. Giunchedi*

**2ª giornata – domenica 27 marzo 2022**

Bacigalupo Vasto Marina-River Chieti 65 **2-2**
*F. Di Marino (B), L. Valentini (B), E. Toppi (R), S. Pasqualone (R)*
Cantera Adriatica Pescara-Olympia Cedas Sulmona **6-1**
*C. Cocco 2 (C), J. Giunchedi (C), A. Lupacchini (C), G. Camplone (C), S. Iacobucci (C), T. Colangelo (O)*

**3ª giornata – domenica 3 aprile 2022**

Bacigalupo Vasto Marina-Cantera Adriatica Pescara **0-0**
River Chieti 65-Olympia Cedas Sulmona **3-2**
*W. Pettinella (R), E. Toppi (R), A. Di Sabatino (R), E. Di Cioccio (O), A. Del Re (O)*

**4ª giornata – domenica 10 aprile 2022**

Cantera Adriatica Pescara-Bacigalupo Vasto Marina **3-0**
*L. Teccarelli, F Masciovecchio 2*
Olympia Cedas Sulmona-River Chieti 65 **1-0**
*E. Di Cioccio*

**5ª giornata – sabato 16 aprile 2022**

Bacigalupo Vasto Marina-Olympia Cedas Sulmona **1-3**
*F. Di Marino (B), S. Cruz (O), T. Colangelo (O), E. Di Cioccio (O)*
Cantera Adriatica Pescara-River Chieti 65 **3-1**
*C. Cocco (C), A. Lupacchini (C), C. Spadafora (C), W. Pettinella (R)*

**6ª giornata – domenica 24 aprile 2022**

Olympia Cedas Sulmona-Cantera Adriatica Pescara **2-1**
*S. Cruz 2 (O), J. Giunchedi (C)*
River Chieti 65-Bacigalupo Vasto Marina **5-0**
*E. Toppi, S. Pasqualone 2, N. Zappacosta 2*

## CLASSIFICA FINALE girone E

| squadre | punti | gare | vinte | nulle | perse | reti f. | reti s. | diff. |
|---|---|---|---|---|---|---|---|---|
| CANTERA ADR. | 13 | 6 | 4 | 1 | 1 | 14 | 4 | +10 |
| OL. CEDAS SUL. | 12 | 6 | 4 | 0 | 2 | 12 | 12 | 0 |
| River Chieti 65 | 7 | 6 | 2 | 1 | 3 | 11 | 9 | +2 |
| Bacigalupo Vasto | 2 | 6 | 0 | 2 | 4 | 4 | 16 | -12 |

***N.B. In maiuscolo le squadre qualificate***

## GIRONE F

### 1ª giornata – sabato 19 marzo 2022

Gladius Pescara 2010-Pineto **1-6**
*G. Romagnolo (G), R. Brindisi 3 (P), A. Di Nardo Di Maio 2 (P), N. Aliprandi (P)*
L'Aquila Soccer School-Virtus Lanciano **1-1**
*C. Guaragna (L), S. Tupone (V)*

### 2ª giornata – domenica 27 marzo 2022

Pineto-L'Aquila Soccer School **4-0**
*M. Di Pardo, R. Brindisi, M. Savignani 2*
Virtus Lanciano-Gladius Pescara 2010 **1-5**
*S. Tupone (V), G. Romagnolo 2 (G), D. Di Russo (G), C. Bernabeo (G), L. Martelli (G)*

### 3ª giornata – domenica 3 aprile 2022

Gladius Pescara 2010-L'Aquila Soccer School **1-1**
*G. Romagnolo (G), L. Sebastiani (L)*
Virtus Lanciano-Pineto **2-1**
*G. Testa (V), S. Salerno (V), R. Brindisi (P)*

### 4ª giornata – domenica 10 aprile 2022

L'Aquila Soccer School-Gladius Pescara 2010 **3-1**
*L. Sebastiani (L), T. Mastropietro (L), C. Guaragna (L), A. Pomposo (G)*
Pineto-Virtus Lanciano **3-2**
*R. Brindisi (P), N. Aliprandi (P), A. Di Nardo Di Maio (P), M. Ranieri (V), S. Tupone (V)*

### 5ª giornata – sabato 16 aprile 2022

Pineto-Gladius Pescara 2010 **1-1**
*R. Brindisi (P), S. Baccarini (G)*
Virtus Lanciano-L'Aquila Soccer School **2-4**

*M. Canciello 2 (V), F. Capulli (L), F. Di Lazzaro (L), T. Mastropietro (L), A. Ianni (L)*

### 6ª giornata – domenica 24 aprile 2022

Gladius Pescara 2010-Virtus Lanciano **0-1**
*F. Tozzi*
L'Aquila Soccer School-Pineto **1-0**
*F. Capulli*

## CLASSIFICA FINALE girone F

| squadre | punti | gare | vinte | nulle | perse | reti f. | reti s. | diff. |
|---|---|---|---|---|---|---|---|---|
| AQ SOCCER SC. | 11 | 6 | 3 | 2 | 1 | 10 | 9 | +1 |
| Pineto | 10 | 6 | 3 | 1 | 2 | 15 | 7 | +8 |
| Virtus Lanciano | 7 | 6 | 2 | 1 | 3 | 9 | 14 | -5 |
| Gladius Pescara | 5 | 6 | 1 | 2 | 3 | 9 | 13 | -4 |

***N.B. In maiuscolo le squadre qualificate***

## GIRONE G

### 1ª giornata – sabato 19 marzo 2022

Curi Pescara-Giulianova **4-1**
*N. Luiso (C), V. Gentile (C), D. D'Amico (C), autorete (C), M. Costantini (G)*
Val di Sangro-Avezzano **0-1**
*D. Castellani*

### 2ª giornata – domenica 27 marzo 2022

Avezzano-Curi Pescara **2-0**
*N. Iervolino, E. Neri*
Giulianova-Val di Sangro **4-1**
*F. Di Gennaro 2 (G), M. Costantini 2 (G), F. Mastronardi (V)*

### 3ª giornata – domenica 3 aprile 2022

Avezzano-Giulianova **2-0**
*G. Lodico, A. Macchia*
Curi Pescara-Val di Sangro **3-2**
*V. Gentile (C), S. Muttoni (C), S. Della Rovere (C), N. Pagliarone (V), L. Cascella (V)*

### 4ª giornata – domenica 10 aprile 2022

Giulianova-Avezzano **1-3**
*M. Costantini (G), E. Neri (A), L. Barbarossa (A), D. Salustri (A)*

Val di Sangro-Curi Pescara **2-2**
*E. Leka 2 (V), N. Luiso (C), V. Gentile (C)*

**5ª giornata – sabato 16 aprile 2022**

Avezzano-Val di Sangro **4-4**
*V. Di Battista 2 (A), E. Neri (A), A. Capodacqua (A), V. Aliji 2 (V), J. Dalù (V), N. Squadrone (V)*
Giulianova-Curi Pescara **1-0**
*U. Iacomino*

**6ª giornata – domenica 24 aprile 2022**

Curi Pescara-Avezzano **1-0**
*S. Muttoni*
Val di Sangro-Giulianova **1-4**
*A. Hakani (V), F. Traini (G), M. Costantini (G), L. Giorgini (G), F. Di Gennaro (G)*

## CLASSIFICA FINALE girone G

| squadre | punti | gare | vinte | nulle | perse | reti f. | reti s. | diff. |
|---|---|---|---|---|---|---|---|---|
| AVEZZANO | 13 | 6 | 4 | 1 | 1 | 12 | 6 | +6 |
| Curi Pescara | 10 | 6 | 3 | 1 | 2 | 10 | 8 | +2 |
| Giulianova | 9 | 6 | 3 | 0 | 3 | 11 | 11 | 0 |
| Val di Sangro | 2 | 6 | 0 | 2 | 4 | 10 | 18 | -8 |

***N.B. In maiuscolo le squadre qualificate***

## ASSEGNAZIONE TITOLO REGIONALE SEMIFINALI

**GARE DI ANDATA – domenica 8 maggio 2022**

Avezzano-Olympia Cedas Sulmona **2-2**
*E. Neri (A), A. Cipriani (A), E. Di Cioccio (O), T. Colangelo (O)*
L'Aquila Soccer School-Cantera Adriatica Pescara **0-0**

**GARE DI RITORNO – domenica 15 maggio 2022**

CANTERA ADRIATICA PE-L'Aquila Soccer School **3-1**
*G. Camplone (C), A. Lupacchini (C), J. Giunchedi (C), C. Guaragna (L)*
Olympia Cedas Sulmona-AVEZZANO **1-3**
*S. Cruz (O), E. Neri 2 (A), N. Iervolino (A)*

***N.B. In maiuscolo le squadre qualificate***

## FINALE

domenica 29 maggio a L'Aquila – stadio "Gran Sasso d'Italia"

**Avezzano-Cantera Adriatica Pescara: 1-0**

**Avezzano:** Cirone, Iervolino, Capodacqua, Salustri, Barbarossa, Castellani, Cipriani, Macchia, Di Battista, Neri, Lodico (35'st Coco). **All.** Fidanza. **Cantera Adriatica Pescara:** Di Giorgio, Spadafora, Giannattasio, Gabriele (34'st Cigliano), Aielli, Teccarelli, Giunchedi, Lupacchini (18'st Galli), Camplone (8't Masciovecchio), Iacobucci, Cocco (8'st Finocchio). **All.** Leva. **Arbitro:** Stanislav Ungureanu di Lanciano. **Rete:** *31'st E. Neri.*

## ASSEGNAZIONE TITOLO NAZIONALE PRIMA FASE A GIRONI

### 1ª giornata GIRONE E – domenica 5 giugno 2022

Blue Devils-San Paolo Levante Azzurro **5-1**
Sesto Campano-Avezzano **0-4**
*V. Di Battista 2, E. Neri, A. Macchia*

### 2ª giornata GIRONE E – mercoledì 8 giugno 2022

Blue Devils-Sesto Campano **2-0**
San Paolo Levante Azzurro-Avezzano **3-4**
*C. Di Cagno 2 (S), E. Fracchiolla (S), E. Neri (A), D. Salustri 2 (A), V. Di Battista (A)*

### 3ª giornata GIRONE E – domenica 12 giugno 2022

Avezzano-Blue Devils **0-1**
*A. Vanore*
Sesto Campano-San Paolo Levante Azzurro **1-7**

## CLASSIFICA FINALE

| squadre | punti | gare | vinte | nulle | perse | reti f. | reti s. | diff. |
|---|---|---|---|---|---|---|---|---|
| BLUE DEVILS | 9 | 3 | 3 | 0 | 0 | 8 | 1 | +7 |
| Avezzano | 6 | 3 | 2 | 0 | 1 | 8 | 4 | +4 |
| San Paolo Levante | 3 | 3 | 1 | 0 | 2 | 11 | 10 | +1 |
| Sesto Campano | 0 | 3 | 0 | 0 | 3 | 1 | 13 | -12 |

***N.B. In maiuscolo le squadre qualificate***

## UNDER 15 REGIONALI SECONDA FASE
### ASSEGNAZIONE COPPA ABRUZZO
## GIRONE H

**1ª giornata – domenica 20 marzo 2022**

| | |
|---|---|
| Academy L'Aquila-Real L'Aquila | 2-2 |
| *D. Casilli (A), D. Norscia (A), N. Manuele (R), G. Scognamiglio (R)* | |
| Manoppello Arabona-Amiternina | 4-4 |
| *T. Mancini 2 (M), F. Di Renzo (M), D. Di Pasquale (M), D. Del Pinto (A), D. Capulli 2 (A), W. Hassouna (A)* | |
| Pucetta-Valle Peligna | 2-2 |
| *S. Murzilli (P), E. Petricca (P), S. Camassa (V), D. De Amicis (V)* | |

**2ª giornata – domenica 27 marzo 2022**

| | |
|---|---|
| Amiternina-Academy L'Aquila | 2-3 |
| *D. Capulli (Am), G. Amaturo (Am), D. Casilli (Ac), D. Norscia 2 (Ac)* | |
| Real L'Aquila-Pucetta | 3-1 |
| *N. Manuele (R), A. Eliseo (R), R. Serpetti (R), T. Cecchini (P)* | |
| Valle Peligna-Manoppello Arabona | 1-4 |
| *G. D'Aprile (V), T. Mancini 3 (M), D. Di Pasquale (M)* | |

**3ª giornata – domenica 3 aprile 2022**

| | |
|---|---|
| Amiternina-Valle Peligna | 2-0 |
| *D. Capulli, M. Castaldi* | |
| Manoppello Arabona-Real L'Aquila | 4-2 |
| *T. Mancini 2 (M), C. Marinelli 2 (M), G. Bottino (R), G. Scognamiglio (R)* | |
| Pucetta-Academy L'Aquila | 2-2 |
| *F. Persia (P), S. Murzilli (P), J. Caca (A), G. Palazzone (A)* | |

**4ª giornata – domenica 10 aprile 2022**

| | |
|---|---|
| Academy L'Aquila-Manoppello Arabona | 4-0 |
| *D. Casilli 2, M. Caca, S. Campagna* | |
| Pucetta-Amiternina | 5-0 |
| *C. Lucchini 2, M. Maurizi, E. Petricca, S. Murzilli* | |
| Real L'Aquila-Valle Peligna | 2-1 |
| *A. Eliseo (R), G. Scognamiglio (R), S. Hidalgo Santilli (V)* | |

**5ª giornata – sabato 16 aprile 2022**

| | |
|---|---|
| Amiternina-Real L'Aquila | 2-3 |
| *A. Fulvimari (A), D. Capulli (A), A. Eliseo (R), N. Manuele (R), P. Ruiz Diaz (R)* | |
| Manoppello Arabona-Pucetta | 6-3 |

*T. Mancini 3 (M), C. Marinelli (M), F. Di Renzo (M), A. Zappacosta (M), S. Murzilli 2 (P), C. Lucchini (P)*
Valle Peligna-Academy L'Aquila **3-4**
*G. D'Aprile 2 (V), G. D'Ortenzio (V), M. Caca 3 (A), Di Nardo (A)*

**6ª giornata – domenica 24 aprile 2022**

Amiternina-Manoppello Arabona **0-2**
*F. Gagliardone, A. Zappacosta*
Real L'Aquila-Academy L'Aquila **0-2**
*D. Casilli, D. Norscia*
Valle Peligna-Pucetta **3-2**
*G. D'Ortenzio 2 (V), S. Camassa (V), T. Cecchini (P), autorete (P)*

**7ª giornata – domenica 1 maggio 2022**

Academy L'Aquila-Amiternina **9-0**
*D. Casilli 4, M. Caca, E. Valloni, A. Di Cesare, M. Circi, autorete*
Manoppello Arabona-Valle Peligna **3-2**
*T. Mancini (M), A. Zappacosta (M), D. Di Pasquale (M), G. D'Ortenzio (V), autorete (V)*
Pucetta-Real L'Aquila **1-0**
*T. Cecchini*

**8ª giornata – domenica 8 maggio 2022**

Academy L'Aquila-Pucetta **3-0**
*D. Casilli 2, G. Palazzone*
Real L'Aquila-Manoppello Arabona **1-1**
*G. Bottino (R), F. Chiarieri (M)*
Valle Peligna-Amiternina **2-4**
*D. De Amicis (V), N. La Capruccia (V), D. Capulli 2 (A), A. Fischione 2 (A)*

**9ª giornata – domenica 15 maggio 2022**

Amiternina-Pucetta **2-3**
*J. Pasquazi (A), D. Capulli (A), R. Di Francesco (P), S. Murzilli (P), T. Cecchini (P)*
Manoppello Arabona-Academy L'Aquila **1-4**
*T. Mancini (M), M. Caca (A), D. Casilli (A), F. Battistelli (A), A. Di Cesare (A)*
Valle Peligna-Real L'Aquila **4-2**
*E. Berisha (V), G. D'Aprile (V), S. Camassa (V), T. Di Giannantonio (V), G. Scognamiglio 2 (R)*

### 10ª giornata – domenica 22 maggio 2022

Academy L'Aquila-Valle Peligna 4-0
*D. Casilli, A. Di Cesare, F. Picchioni, L. Scarsella*
Pucetta-Manoppello Arabona 3-2
*T. Cecchini 2 (P), S. Murzilli (P), F. Pomposo (M), D. Di Pasquale (M)*
Real L'Aquila-Amiternina 4-2
*G. Bottino (R), A. Eliseo (R), G. Scognamiglio 2 (R), A. Fischione (A), D. Capulli (A)*

## CLASSIFICA FINALE girone H

| squadre | punti | gare | vinte | nulle | perse | reti f. | reti s. | diff. |
|---|---|---|---|---|---|---|---|---|
| ACADEMY AQ | 26 | 10 | 8 | 2 | 0 | 37 | 10 | +27 |
| Manoppello Arab. | 17 | 10 | 5 | 2 | 3 | 27 | 24 | +3 |
| Real L'Aquila | 14 | 10 | 4 | 2 | 4 | 19 | 20 | -1 |
| Pucetta | 14 | 10 | 4 | 2 | 4 | 22 | 23 | -1 |
| Amiternina | 7 | 10 | 2 | 1 | 7 | 18 | 35 | -17 |
| Valle Peligna | 7 | 10 | 2 | 1 | 7 | 18 | 29 | -11 |

***N.B. In maiuscolo le squadre qualificate***

## GIRONE I

### 1ª giornata – domenica 20 marzo 2022

Atessa-Aquilotti San Salvo 0-5
*L. Di Tullio, G. Griguoli 2, M. Soriano, S. Antenucci*
Union Fossacesia-Vigor Don Bosco 2-2
*D. Di Stefano 2 (U), C. Damiani (V), S. Zurlino (V)*
Virtus Vasto-Virtus Cupello 6-0
*N. Soria, E. Di Fonzo 2, A. Ventrella, G. Luciani, A. Esposito*

### 2ª giornata – domenica 27 marzo 2022

Aquilotti San Salvo-Union Fossacesia 3-0
*G. Griguoli 2, F. La Sala*
Vigor Don Bosco-Virtus Vasto 2-4
*E. Raspa (Vig), F. Di Virgilio (Vig.), A. Esposito 2 (Vir), R. Tomeo 2 (Vir)*
Virtus Cupello-Atessa 0-2
*F. Zinni, autorete*

### 3ª giornata – domenica 3 aprile 2022

Atessa-Virtus Vasto 1-1
*F. Paglione (A), A. Ventrella (V)*
Union Fossacesia-Virtus Cupello 3-1

*C. Zulli (U), G. Brighella (U), N. D'Altocolle (U), L. Di Giacomo (V)*
Vigor Don Bosco-Aquilotti San Salvo **1-5**
*autorete (V), F. Arena 3 (A), G. Griguoli (A), D. De Risio (A)*

**4ª giornata – domenica 10 aprile 2022**

Atessa-Vigor Don Bosco **2-4**
*P. Valente (A), T. Venturi (A), F. Sacramone (V), M. Monteferrante (V), C. Damiani (V), S. Zurlino (V)*
Virtus Cupello-Aquilotti San Salvo **1-3**
*L. Di Giacomo (V), L. Di Tullio (A), D. De Risio (A), S. Antenucci (A)*
Virtus Vasto-Union Fossacesia **6-1**
*G. Cupaioli (V), A. Ventrella 2 (V), A. Fazzano 2 (V), R. Tomeo (V), C. Zulli (U)*

**5ª giornata – sabato 16 aprile 2022**

Aquilotti San Salvo-Virtus Vasto **1-3**
*M. Carpineta (A), A. Esposito 2 (V), C. Carlucci (V)*
Union Fossacesia-Atessa **2-1**
*A. Alessandrini 2 (U), T. Venturi (A)*
Vigor Don Bosco-Virtus Cupello **5-2**
*S. Zurlino (VDB), R. Felice (VDB), F. Sacramone (VDB), E. Raspa (VDB), autorete (VDB), O. Jrida (VC), G. Galuppi (VC)*

**6ª giornata – domenica 24 aprile 2022**

Aquilotti San Salvo-Atessa **1-1**
*F. Arena (Aq), P. Valente (At)*
Vigor Don Bosco-Union Fossacesia **3-2**
*R. Felice (V), I. Sallese (V), F. Sacramone (V), A. Alessandrini (U), G. Brighella (U)*
Virtus Cupello-Virtus Vasto **2-5**
*G. Galuppi (VC), F. Peschetola (VC), A. Esposito (VV), E. Di Fonzo 2 (VV), A. Ventrella (VV), A. Fazzano (VV)*

**7ª giornata – domenica 1 maggio 2022**

Atessa-Virtus Cupello **2-0**
*F. Zinni, P. Valente*
Union Fossacesia-Aquilotti San Salvo **6-1**
*G. Brighella 3 (U), D. Di Stefano 2 (U), A. Alessandrini (U), D. De Risio (A)*
Virtus Vasto-Vigor Don Bosco **6-1**
*A. Ventrella 2 (VV), E. Di Fonzo 2 (VV), A. Esposito (VV), R. Tomeo (VV), S. Zurlino (VDB)*

**8ª giornata – domenica 8 maggio 2022**

Aquilotti San Salvo-Vigor Don Bosco **3-2**
*M. Soriano (A), E. Mastragostino 2 (A), F. Sacramone 2 (V)*
Virtus Cupello-Union Fossacesia **1-1**
*L. Di Giacomo (V), R. Di Biase (U)*
Virtus Vasto-Atessa **5-1**
*G. Cupaioli (V), A. Esposito (V), A. Fazzano (V), L. Frangione (V), P. Koval (V), L. Di Donato (A)*

**9ª giornata – domenica 15 maggio 2022**

Aquilotti San Salvo-Virtus Cupello **5-1**
*F. Arena (A), G. Griguoli 2 (A), D. De Risio (A), M. Carpineta (A), G. Ferrara (V)*
Union Fossacesia-Virtus Vasto **1-4**
*G. Brighella (U), C. Carlucci (V), A. Esposito (V), A. Ventrella (V), P. Della Gatta (V)*
Vigor Don Bosco-Atessa **4-5**
*S. Zurlino (V), E. Ronzitti 2 (V), C. Damiani (V), F. Zinni (A), G. Di Giulio (A), L. Di Donato 3 (A)*

**10ª giornata – domenica 22 maggio 2022**

Atessa-Union Fossacesia **5-2**
*F. Zinni (A), P. Valente 2 (A), L. Papirio (A), L. Di Donato (A), C. Lops (U), A. Ricciotti (U)*
Virtus Cupello-Vigor Don Bosco **2-1**
*F. Peschetola 2 (VC), F. Sacramone (VDB)*
Virtus Vasto-Aquilotti San Salvo **3-0**
*C. Carlucci, A. Ventrella 2*

## CLASSIFICA FINALE girone I

| squadre | punti | gare | vinte | nulle | perse | reti f. | reti s. | diff. |
|---|---|---|---|---|---|---|---|---|
| VIRTUS VASTO | **28** | **10** | **9** | **1** | **0** | **42** | **10** | **+32** |
| Aquilotti S. Salvo | **19** | **10** | **6** | **1** | **3** | **27** | **18** | **+9** |
| Atessa | **14** | **10** | **4** | **2** | **4** | **20** | **24** | **-4** |
| Vigor Don Bosco | **10** | **10** | **3** | **1** | **6** | **25** | **33** | **-8** |
| Union Fossac. -1 | **10** | **10** | **3** | **2** | **5** | **20** | **26** | **-6** |
| Virtus Cupello | **4** | **10** | **1** | **1** | **8** | **10** | **33** | **-23** |

-1 un punto di penalizzazione

***N.B. In maiuscolo le squadre qualificate***

## GIRONE L

### 1ª giornata – domenica 20 marzo 2022

Fater Angelini-Accademia Biancazzurra **3-4**
*E. Costa (F), K. Barbetta 2 (F), G. Piretti (A), G. Di Cesare (A), M. Lupone 2 (A)*
Penne-Il Delfino Curi Pescara **2-0**
*S. Alcino, E. D'Angelo*
Villa 2015-D'Annunzio Pescara **1-0**
*E. Fusco*

### 2ª giornata – domenica 27 marzo 2022

D'Annunzio Pescara-Penne **4-2**
*F. Crisante (D), M. Morelli 2 (D), M. Starinieri (D), S. Bellante 2 (P)*
Il Delfino Curi Pescara-Fater Angelini **3-1**
*G. Ciaramellano (I), I. Di Cocco (I), R. Ciccocioppo (I), F. Aulino (F)*
Villa 2015-Accademia Biancazzurra **2-0**
*E. Fusco, M. Mammarella*

### 3ª giornata – domenica 3 aprile 2022

Il Delfino Curi Pescara-D'Annunzio Pescara **0-1**
*M. Starinieri*
Penne-Accademia Biancazzurra **3-2**
*S. Alcino 2 (P), M. Luciani (P), M. Lupone (A), N. Marcone (A)*
Villa 2015-Fater Angelini **1-1**
*J. Tanzi (V), I De Felice (F)*

### 4ª giornata – domenica 10 aprile 2022

Accademia Biancazzurra-D'Annunzio Pescara **2-2**
*N. Marcone 2 (A), F. Crisante (D), S. Scapin (D)*
Fater Angelini-Penne **0-1**
*E. D'Angelo*
Villa 2015-Il Delfino Curi Pescara **1-1**
*C. Panaccio (V), J. Pavone (I)*

### 5ª giornata – sabato 16 aprile 2022

D'Annunzio Pescara-Fater Angelini **1-2**
*F. Crisante (D), F. Scordella 2 (F)*
Il Delfino Curi Pescara-Accademia Biancazzurra **2-0**
*J. Pavone, A. Gallinari*
Penne-Villa 2015 **1-1**
*D. Ruscitti (P), S. Mammarella (V)*

| 6ª giornata – domenica 24 aprile 2022 | |
|---|---|
| Accademia Biancazzurra-Fater Angelini | **1-4** |
| *M. Lupone (A), K. Barbetta 3 (F), D. D'Alanno (F)* | |
| D'Annunzio Pescara-Villa 2015 | **0-2** |
| *C. Panaccio, J. Tanzi* | |
| Il Delfino Curi Pescara-Penne | **0-1** |
| *S. Alcino* | |

| 7ª giornata – domenica 1 maggio 2022 | |
|---|---|
| Accademia Biancazzurra-Villa 2015 | **2-3** |
| *M. Pica (A), N. Marcone (A), J. Tanzi (V), K. Metushi (V), S. Mammarella (V)* | |
| Fater Angelini-Il Delfino Curi Pescara | **5-0** |
| *F. Aulino 2, A. Mazzarino, A. Panunzio, K. Barbetta* | |
| Penne-D'Annunzio Pescara | **6-0** |
| *S. Ferrante 3, S. Alcino, D. Ruscitti, S. Bellante* | |

| 8ª giornata – domenica 8 maggio 2022 | |
|---|---|
| Accademia Biancazzurra-Penne | **0-4** |
| *S. Alcino 3, N. D'Agostino* | |
| D'Annunzio Pescara-Il Delfino Curi Pescara | **0-1** |
| *A. Marcello* | |
| Fater Angelini-Villa 2015 | **1-2** |
| *F. Aulino (F), C. Panaccio (V), S. Mammarella (V)* | |

| 9ª giornata – domenica 15 maggio 2022 | |
|---|---|
| D'Annunzio Pescara-Accademia Biancazzurra | **3-3** |
| *M. Morelli 2 (D), M. Starinieri (D), M. Orsini (A), N. Marcone (A), G. Piretti (A)* | |
| Il Delfino Curi Pescara-Villa 2015 | **2-2** |
| *C. Uslenghi (I), I. Di Cocco (I), C. Volpe (V), K. Metushi (V)* | |
| Penne-Fater Angelini | **2-3** |
| *S. Ferrante (P), K. Spalletta (P), I. De Felice 2 (F), D. Di Biase (F)* | |

| 10ª giornata – domenica 22 maggio 2022 | |
|---|---|
| Accademia Biancazzurra-Il Delfino Curi Pescara | **1-0** |
| *M. Lupone* | |
| Fater Angelini-D'Annunzio Pescara | **2-2** |
| *E. Costa (F), K. Barbetta (F), M. Starinieri (D), P. D'Alonzo (D)* | |
| Villa 2015-Penne | **2-0** |
| *C. Panaccio 2* | |

## CLASSIFICA FINALE girone L

| squadre | punti | gare | vinte | nulle | perse | reti f. | reti s. | diff. |
|---|---|---|---|---|---|---|---|---|
| VILLA 2015 | 22 | 10 | 6 | 4 | 0 | 17 | 8 | +9 |
| Penne | 19 | 10 | 6 | 1 | 3 | 22 | 12 | +10 |
| Fater Angelini | 14 | 10 | 4 | 2 | 4 | 22 | 17 | +5 |
| Il Delfino Curi Pe | 11 | 10 | 3 | 2 | 5 | 9 | 14 | -5 |
| D'Annunzio Pe | 9 | 10 | 2 | 3 | 5 | 13 | 21 | -8 |
| Accademia Bianc. | 8 | 10 | 2 | 2 | 6 | 15 | 26 | -11 |

***N.B. In maiuscolo le squadre qualificate***

## GIRONE M

### 1ª giornata – domenica 20 marzo 2022

Curi-2000 Calcio Montesilvano **0-1**
*N. De Fabritiis*
Universal Roseto-Alba Adriatica **0-0**
Valle del Vomano-S.N. Notaresco **2-4**
*F. Lucchino 2 (V), G. Orsatti 3 (S), S. Grosso (S)*

### 2ª giornata – domenica 27 marzo 2022

2000 Calcio Montesilvano-Valle del Vomano **0-2**
*F. Lucchino, G. Ferretti*
Alba Adriatica-Curi **8-0**
*D. Vagnoni 2, N. Iampieri 2, E. Mazzilli, N. Eleuteri, L. Butricchi, C. Augusto*
S.N. Notaresco-Universal Roseto **1-2**
*P. Olivieri (S), A. Falò 2 (U)*

### 3ª giornata – domenica 3 aprile 2022

Curi-Universal Roseto **1-3**
*M. Laezza (C), A. Falò 2 (U), L. Rapone (U)*
S.N. Notaresco-2000 Calcio Montesilvano **8-0**
*L. Rossi 3, A. Cerqueti 2, G. Orsatti, R. Di Matteo, M. Di Francesco*
Valle del Vomano-Alba Adriatica **1-1**
*F. Lucchino (V), N. Iampieri (A)*

### 4ª giornata – domenica 10 aprile 2022

Alba Adriatica-2000 Calcio Montesilvano **4-1**
*L. Butricchi 2 (A), K. Nepa (A), N. Iampieri (A), C. Morelli (C)*
Curi-S.N. Notaresco **0-6**
*N. Di Simone, A. Matone 3, A. Cerqueti, E. San Lorenzo*

Universal Roseto-Valle del Vomano **4-1**
*D. Taddei (U), A. Falò 2 (U), L. Rapone (U), F. Bufalari (V)*

**5ª giornata – sabato 16 aprile 2022**

2000 Calcio Montesilvano-Universal Roseto **0-3**
*M. Maiolo, A. Falò, L. Sacchini*
Alba Adriatica-S.N. Notaresco **3-1**
*C. Augusto (A), N. Eleuteri (A), N. Iampieri (A), N. Di Simone (S)*
Valle del Vomano-Curi **7-0**
*G. Ferretti 2, F. Lucchino 2, D. Monticelli, M. Di Battista, autorete*

**6ª giornata – domenica 24 aprile 2022**

2000 Calcio Montesilvano-Curi **6-0**
*F. Di Rocco, A. Damiano 3, E. Gutesa, N. De Fabritiis*
Alba Adriatica-Universal Roseto **1-1**
*K. Nepa (A), L. Sacchini (U)*
S.N. Notaresco-Valle del Vomano **4-2**
*L. Rossi (S), S. Grosso 2 (S), A. Cerqueti (S), F. Lucchino 2 (V)*

**7ª giornata – domenica 1 maggio 2022**

Curi-Alba Adriatica **1-6**
*M. Zingaro (C), N. Iampieri (A), C. Augusto 2 (A), L. Troili 2 (A), N. Eleuteri (A)*
Universal Roseto-S.N. Notaresco **2-2**
*N. Di Michele (U), M. Scarpone (U), R. Di Matteo (S), A. Matone (S)*
Valle del Vomano-2000 Calcio Montesilvano **3-0**
*C. Di Battista 3*

**8ª giornata – domenica 8 maggio 2022**

2000 Calcio Montesilvano-S.N. Notaresco **1-2**
*A. Damiano (C), S. Grosso (S), E. San Lorenzo (S)*
Alba Adriatica-Valle del Vomano **1-0**
*N. Iampieri*
Universal Roseto-Curi **15-1**
*L. Sacchini 2 (U), A. Falò 3 (U), G. Di Renzo 4 (U), N. Brughitta 2 (U), G. Mion 2 (U), S. Panzarino (U), N. Di Michele (U), M. Laezza (C)*

**9ª giornata – domenica 15 maggio 2022**

2000 Calcio Montesilvano-Alba Adriatica **0-4**
*N. Iampieri, M. Papiri, L. Troili, D. Vagnoni*
S.N. Notaresco-Curi **5-0**
*S. Grosso 3, L. Rossi, E. San Lorenzo*

Valle del Vomano-Universal Roseto **2-1**
*D. Monticelli (V), F. Lucchino (V), F. Vagnoni (U)*

**10ª giornata – domenica 22 maggio 2022**

Curi-Valle del Vomano **2-7**
*L. Marinozzi (C), F. Di Primio (C), F. Lucchino 3 (V), A. D'Orazio (V), A. Di Giovannantonio 2 (V), G. Ferretti (V)*
S.N. Notaresco-Alba Adriatica **3-1**
*S. Grosso 2 (S), autorete (S), L. Butricchi (A)*
Universal Roseto-2000 Calcio Montesilvano **5-1**
*D. Taddei 3 (U), L. Rapone (U), L. Sacchini (U), A. Damiano (C)*

## CLASSIFICA FINALE girone M

| squadre | punti | gare | vinte | nulle | perse | reti f. | reti s. | diff. |
|---|---|---|---|---|---|---|---|---|
| NOTARESCO | 22 | 10 | 7 | 1 | 2 | 36 | 13 | +23 |
| Universal Roseto | 21 | 10 | 6 | 3 | 1 | 34 | 10 | +24 |
| Alba Adriatica | 21 | 10 | 6 | 3 | 1 | 29 | 8 | +21 |
| Valle del Vomano | 16 | 10 | 5 | 1 | 4 | 27 | 17 | +10 |
| 2000 Calcio Mont. | 6 | 10 | 2 | 0 | 8 | 10 | 30 | -20 |
| Curi | 0 | 10 | 0 | 0 | 10 | 5 | 63 | -58 |

***N.B. In maiuscolo le squadre qualificate***

## ASSEGNAZIONE COPPA ABRUZZO SEMIFINALI

### GARE DI ANDATA – sabato 28 e domenica 29 maggio 2022

Academy L'Aquila-Villa 2015 **3-5**
*M. Caca (A), D. Casilli 2 (A), T. Laska (V), F. Di Crescenzo (V), C. Volpe (V), C. Panaccio (V), K. Metushi (V)*
Virtus Vasto-S.N. Notaresco **3-3**
*R. Tomeo (V), A. Esposito (V), A. Fazzano (V), S. Grosso (S), A. Cerqueti (S), E. San Lorenzo (S)*

### GARE DI RITORNO – sabato 4 e martedì 7 giugno 2022

S.N. NOTARESCO-Virtus Vasto **4-1**
*A. Cerqueti 2 (S), M. Di Francesco (S), autorete (S), R. Tomeo (V)*
VILLA 2015-Academy L'Aquila **2-3**
*K. Metushi (V), C. Panaccio (V), M. Caca (A), D. Casilli 2 (A)*

## ASSEGNAZIONE COPPA ABRUZZO FINALE

### domenica 12 giugno 2022 a Pineto (Te) – stadio "Druda"

Villa 2015-S.N. Notaresco **0-2**
*E. Ercoli, A. Matone*

## CLASSIFICA MARCATORI GENERALE UNDER 15 REGIONALI

**33 reti:** D. Casilli (Academy L'Aquila)
**32 reti:** E. Leka (Val di Sangro)
**30 reti:** L. Valentini (Bacigalupo Vasto Marina); S. Salerno (Virtus Lanciano)
**25 reti:** D. Di Stefano (Union Fossacesia); A. Ventrella (Virtus Vasto); M. Costantini (Giulianova)
**24 reti:** V. Di Battista (Avezzano)
**23 reti:** E. Neri (Avezzano)
**22 reti:** T. Mancini (Manoppello Pescara)
**20 reti:** F. Sacramone (Vigor Don Bosco)
**19 reti:** K. Metushi (Villa 2015); R. Brindisi (Pineto)
**18 reti:** F. Capulli (L'Aquila Soccer School); K. Barbetta (Fater Angelini); S. Grosso (S.N. Notaresco); F. Lucchino (Valle del Monaco)
**17 reti:** C. Guaragna (L'Aquila Soccer School)
**16 reti:** J. Dalù (Val di Sangro); L. Di Giacomo (Virtus Cupello); G. Testa

(Virtus Lanciano); G. Romagnolo (Gladius Pescara 2010); S. Alcino (Penne); G. Camplone (Cantera Adriatica Pescara)
**15 reti:** C. Bucci (Olympia Cedas); G. Brighella (Union Fossacesia); A. Esposito e E. Di Fonzo (Virtus Vasto); A. Falò (Universal Roseto)
**14 reti:** D. Norscia (Academy L'Aquila); E. Di Cioccio (Olympia Cedas Sulmona); F. Arena e G. Griguoli (Aquilotti San Salvo); F. Zinni e P. Valente (Atessa); N. Iampieri (Alba Adriatica)
**13 reti:** T. Colangelo (Olympia Cedas Sulmona); C. Lucchini (Pucetta); L. Di Donato (Atessa); S. Muttoni (Curi Pescara); C. Panaccio (Villa 2015)
**12 reti:** D. Del Pinto (Amiternina); S. Tupone (Virtus Lanciano); C. Carlucci (Virtus Vasto); N. Marcone (Accademia Biancazzurra); S. Buccione (River Chieti 65); J. Tanzi (Villa 2015); A. Cellinese (Pineto)
**11 reti:** M. Caca (Academy L'Aquila); G. Scognamiglio (Real L'Aquila); G. D'Ortenzio (Valle Peligna); D. De Risio (Aquilotti San Salvo); N. Morelli (D'Annunzio Pescara); C. Uslenghi (Il Delfino Curi Pescara); A. Di Sabatino (River Chieti 65); J. Giunchedi e F. Masciovecchio (Cantera Adriatica Pescara); A. Cerqueti (S.N. Notaresco)
**10 reti:** D. Capulli (Amiternina); L. Sebastiani e T. Mastropietro (L'Aquila Soccer School); A. Tracchia (Bacigalupo Vasto Marina); V. Aliji (Val di Sangro); F. Peschetola (Vigor Don Bosco); W. Pettinella (River Chieti 65)

## COPPA DISCIPLINA UNDER 15 REGIONALI

| posizione | squadre | punteggio |
|---|---|---|
| 1 | Bacigalupo Vasto Marina | 4,60 |
| 2 | Pineto | 5,80 |
| 3 | Valle Peligna | 7,90 |
| 4 | Valle del Vomano | 9,70 |
| 5 | Olympia Cedas Sulmona | 10,60 |
| 6 | Virtus Lanciano | 11,40 |
| 7 | Cantera Adriatica Pescara | 11,50 |
| 8 | Giulianova | 11,90 |
| 9 | Alba Adriatica | 12,90 |
| 10 | D'Annunzio Pescara | 13,30 |
| 11 | Curi Pescara | 13,70 |
| 12 | Academy L'Aquila Calcio | 14,20 |
| 13 | Penne | 14,20 |
| 14 | 2000 Calcio Montesilvano | 14,90 |
| 15 | Universal Roseto | 16,90 |
| 16 | Rievr Chieti 65 | 17,20 |
| 17 | Aquilotti San Salvo | 18,60 |
| 18 | Pucetta | 18,60 |
| 19 | Real L'Aquila | 19,40 |
| 20 | S.N. Notaresco | 19,60 |
| 21 | L'Aquila Soccer School | 20,20 |
| 22 | Villa 2015 | 21,30 |
| 23 | Manoppello Arabona | 21,40 |
| 24 | Gladius Pescara 2010 | 22,30 |
| 25 | Amiternina | 23,50 |
| 26 | Virtus Cupello | 24,10 |
| 27 | Il Delfino Curi Pescara | 25,40 |
| 28 | Atessa | 26,90 |
| 29 | Fater Angelini | 28,10 |
| 30 | Val di Sangro | 32,90 |
| 31 | Accademia Biancazzurra | 34,30 |
| 32 | Avezzano | 35,00 |
| 33 | Curi | 35,80 |
| 34 | Virtus Vasto | 35,90 |
| 35 | Vigor Don Bosco | 37,50 |
| 36 | Union Fossacesia | 65,90 |

## UNDER 14 REGIONALI girone unico

### 1ª giornata – sabato 16, lunedì 18 e martedì 19 ottobre 2021

Academy L'Aquila-Fater Angelini **1-1**
*E. Virga (A), M. Pompeo (F)*
Bacigalupo Vasto Marina-L'Aquila Soccer School **3-5**
*A. Stivaletta (B), M. Piccoli (B), M. Di Francesco (B), A. Rossi 2 (L), C. Cupo (L), C. Spaziani (L), G. Aquilani (L)*
Gladius Pescara 2010-Spoltore **1-0**
*A. Sabatelli*
Pineto-Giulianova **1-3**
*F. Bucciarelli (P), L. Sistarelli 2 (G), D. Mengarelli (G)*
Union Fossacesia-River Chieti 65 **0-9**
*E. Toppi 3, T. Mimola, autorete, M. Tremante, S. Stella, C. Di Renzo, M. Chiavaroli*
Virtus Anxanum-Delfino Pescara 1936 **0-14**
*E. Fuschi 2, M. Capuzzi 2, M. Margarita 2, M. Colonna, F. Parisse, T. Fedele, F. Di Loreto 2, A. Tarantelli, L. Di Leonardo, M. Di Salvatore*
**Ha riposato:** Villa 2015

### 2ª giornata – sabato 23 e domenica 24 ottobre 2021

Delfino Pescara 1936-Pineto **7-2**
*M. Capuzzi 4 (D), R. Quieti (D), M. Colonna (D), autorete (D), M. Rossi 2 (P)*
Fater Angelini-Gladius Pescara 2010 **1-4**
*M. Pompeo (F), C. Bernabeo 2 (G), R. Polleggioni (G), C. Fumisetto (G)*
Giulianova-Villa 2015 **6-2**
*L. Gui (G), A. Ettorre 2 (G), A. Cordone (G), L. Sistarelli (G), F. Torbidone (G), E. Fusco (V), M. Mammarella (V)*
L'Aquila Soccer School-Virtus Anxanum **11-0**
*C. Spaziani 3, L. Vespa 2, A. Iuculano, A. Rossi 2, E. Roselli, M. Puopolo, Matteo Bambini*
River Chieti 65-Bacigalupo Vasto Marina **4-1**
*L. Ciaschetti (R), F. Di Luzio (R), T. Mimola (R), S. Del Monaco (R), M. Piccoli (B)*
Spoltore-Union Fossacesia **8-0**
*L. Papa 2, L, L. Rotondi 4, G. Mino, S. Ronci*
**Ha riposato:** Academy L'Aquila

### 3ª giornata – lunedì 1, martedì 2 e mercoledì 3 novembre 2021

Bacigalupo Vasto Marina-Spoltore **3-6**
*M. Piccoli (B), F. Lanza 2 (B), L. Rotondi 3 (S), F. Palladoro (S), autorete (S), P. Incollingo (S)*

Gladius Pescara 2010-Academy L'Aquila **4-0**
*C. Bernabeo, A. Ciarelli, M. Marchionno, R. Polleggioni*
Pineto-L'Aquila Soccer School **5-2**
*M. Rossi 4 (P), R. Fanì (P), Marco Bambini (L), C. Spaziani (L)*
Union Fossacesia-Fater Angelini **1-0**
*G. Brighella*
Villa 2015-Delfino Pescara 1936 **2-8**
*C. Panaccio (V), M. Mammarella (V), F. Di Loreto (D), M. Di Salvatore 2 (D), M. Capuzzi, M. Colonna, M. Margarita 2, A. Tarantelli*
Virtus Anxanum-River Chieti 65 **0-4**
*E. Toppi, C. Palazzolo, F. Di Luzio, P. Mordini*
**Ha riposato:** Giulianova

### 4ª giornata – sabato 6, lunedì 8 e martedì 9 novembre 2021

Academy L'Aquila-Union Fossacesia **8-1**
*B. Cirone 4 (A), A. Maiezza (A), A. Centi (A), L. Ciccone (A), L. Maccarone (A), G. Cannarozzi (U)*
Delfino Pescara 1936-Giulianova **5-0**
*M. Margarita 2, A. Sulli, M. Colonna, G. Tombion*
Fater Angelini-Bacigalupo Vasto Marina **1-2**
*M. Pompeo (F), M. Piccoli (B), M. Di Francesco (B)*
L'Aquila Soccer School-Villa 2015 **6-0**
*A. Rossi 3, C. Spaziani, A. Iuculano, M. Puopolo*
River Chieti 65-Pineto **4-1**
*E. Toppi (R), A. Rigillo 3 (R), L. Valerio (P)*
Spoltore-Virtus Anxanum **10-0**
*L. Papa 3, G. Mino 2, R. Collalto 3, F. Palladoro 2*
**Ha riposato:** Gladius Pescara 2010

### 5ª giornata – lunedì 15, martedì 16 e mercoledì 17 novembre 2021

Bacigalupo Vasto Marina-Academy L'Aquila **1-6**
*N. Graziani (B), A. Centi 2 (A), B. Cirone (A), A. Maiezza (A), Z. Slimani (A), S. Pezzopane (A)*
Giulianova-L'Aquila Soccer School **4-2**
*M. Triaca (G), A. Ettorre (G), G. Visciotti (G), A. Di Rocco (G), M. Puopolo (L), A. Iuculano (L)*
Pineto-Spoltore **3-4**
*M. Rossi 3 (P), L. Papa 2 (S), F. Palladoro (S), G. Mino (S)*
Union Fossacesia-Gladius Pescara 2010 **3-7**
*M. Tritapepe (U), autorete (U), O. D'Alessandro (U), A. Sabatelli 2 (G), A. Ciarelli (G), C. Bernabeo 2 (G), A. Di Nenno (G), M. Marchionno (G)*
Villa 2015-River Chieti 65 **2-1**

*C. De Bellis 2 (V), autorete (R)*
Virtus Anxanum-Fater Angelini **0-3**
*N. D'Emilio, A. Pace, A. Berardinelli*
**Ha riposato:** Delfino Pescara 1936

**6ª giornata – sabato 20, domenica 21 e lunedì 22 novembre 2021**

Academy L'Aquila-Virtus Anxanum **2-0**
*Z. Slimani, A. Di Nardo*
Fater Angelini-Pineto **0-1**
*A. Schiavano*
Gladius Pescara 2010-Bacigalupo Vasto Marina **6-1**
*C. Bernabeo (G), A. Di Nenno 2 (G), A. Sabatelli (G), R. Polleggioni (G), C. Esposito (G), F. Lanza (B)*
L'Aquila Soccer School-Delfino Pescara 1936 **3-1**
*C. Cupo (L), E. Roselli (L), M. Puopolo (L), M. Di Salvatore (D)*
River Chieti 65-Giulianova **3-2**
*T. Mimola (R), F. Di Luzio (R), A. Cascini (R), C. Di Ruggiero (G), A. Ettorre (G)*
Spoltore-Villa 2015 **8-1**
*U. Pezzi 2 (S), L. Papa (S), M. Surricchio (S), F. Pantaleone 2 (S), L. Rotondi (S), P. Incollingo (S), M. Mammarella (V)*
**Ha riposato:** Union Fossacesia

**7ª giornata – sabato 27, lunedì 29 e martedì 30 novembre 2021**

Bacigalupo Vasto Marina-Union Fossacesia **7-3**
*M. Piccoli 3 (B), A. Stivaletta (B), A. Palladino (B), F. Lanza (B), L. Tambelli (B), N. Rossi 2 (U), D. Giancristofaro (U)*
Delfino Pescara 1936-River Chieti 65 **3-0**
*M. Capuzzi, F. Di Loreto, M. Colonna*
Giulianova-Spoltore **1-1**
*A. Odracci (G), L. Papa (S)*
Pineto-Academy L'Aquila **2-0**
*M. Rossi, A. Cataldo*
Villa 2015-Fater Angelini **2-1**
*E. Fusco (V), A. Volpe (V), A. Berardinelli (F)*
Virtus Anxanum-Gladius Pescara 2010 **2-2**
*F. Musa (V), S. Di Nunzio (V), A. Ciarelli (G), C. Fumisetto (G)*
**Ha riposato:** L'Aquila Soccer School

**8ª giornata – venerdì 3 e sabato 4 dicembre 2021**

Academy L'Aquila-Villa 2015 **5-0**
*Z. Slimani 2, A. Di Nardo, autorete, E. Chiaravalle*

Giulianova-Fater Angelini **4-1**
*A. Odracci 2 (G), A. Ettorre (G), C. Di Ruggiero (G), N. Colarossi (F)*
Gladius Pescara 2010-Pineto **3-3**
*R. Polleggioni 2 (G), A. Ciarelli (G), F. Bucciarelli (P), A. Schiavano (P), A. Cataldo (P)*
River Chieti 65-L'Aquila Soccer School **6-0**
*L. Maggiore, L. Ciaschetti, M. Selami, A. Salerno, F. Di Luzio, M. Tremante*
Spoltore-Delfino Pescara 1936 **2-5**
*L. Rotondi (S), P. Incollingo (S), M. Margarita 2 (D), L. Di Leonardo (D), T. Fedele (D), F. Di Loreto (D)*
Union Fossacesia-Virtus Anxanum **2-2**
*G. Brighella 2 (U), N. Di Santo 2 (V)*
**Ha riposato:** Bacigalupo Vasto Marina

## 9ª giornata – lunedì 6 e martedì 7 dicembre 2021

Delfino Pescara 1936-Fater Angelini **10-0**
*S. Iocco, S. Cicchitti, T. Fedele, M. Margarita 3, M. Colonna, F. Di Blasio, D. Pompili, L. Labricciosa*
Giulianova-Academy L'Aquila **7-0**
*N. Casciabianco, A. Cordone 2, A. Odracci, G. Visciotti, C. Di Ruggiero 2*
L'Aquila Soccer School-Spoltore **3-1**
*C. Cupo (L), Matteo Bambini (L), C. Spaziani (L), L. Rotondi (S)*
Pineto-Union Fossacesia **17-0**
*M. Rossi 3, A. Cataldo 3, A. Schiavano 2, P. Diomede, S. Montefiore 3, R. Fanì 2, M. Cosanni 3*
Villa 2015-Gladius Pescara 2010 **0-3**
*C. Bernabeo, A. Ciarelli, A. Sabatelli*
Virtus Anxanum-Bacigalupo Vasto Marina **3-3**
*R. Rapino 2 (V), J. Mariotti (V), L. Tambelli 2 (B), M. Piccoli (B)*
**Ha riposato:** River Chieti 65

## 10ª giornata – sabato 11 e martedì 14 dicembre 2021

Academy L'Aquila-Delfino Pescara 1936 **0-2**
*M. Colonna, A. Tarantelli*
Bacigalupo Vasto Marina-Pineto **2-2**
*C. Cericola (B), A. Palladino (B), A. Cataldo (P), M. Rossi (P)*
Fater Angelini-L'Aquila Soccer School **1-2**
*A. Pace (F), A. Rossi (L), E. Roselli (L)*
Gladius Pescara 2010-Giulianova **2-1**
*A. Ciarelli (Gl), A. Sabatelli (Gl), D. Aloisi (Gi)*
Spoltore-River Chieti 65 **0-3**
*E. Toppi, M. Selami, G. Di Sipio*

Union Fossacesia-Villa 2015 **1-5**
*M. Tritapepe (U), T. Fingo (V), C. De Bellis 2 (V), M. Mammarella 2 (V)*
**Ha riposato:** Virtus Anxanum

**11ª giornata – sabato 18, lunedì 20 e martedì 21 dicembre 2021**

Delfino Pescara 1936-Gladius Pescara 2010 **6-1**
*F. Parisse 2 (D), A. Sulli (D), A. Tarantelli (D), T. Fedele (D), M. Margarita (D), A. Ciarelli (G)*
Giulianova-Union Fossacesia **13-0**
*A. Ettorre 6, D. Mengarelli 2, A. Di Rocco, M. Triaca, L. Sistarelli, A. Cordone, S. Mattiucci*
L'Aquila Soccer School-Academy L'Aquila **1-1**
*A. Iuculano (L), A. Di Nardo (A)*
Pineto-Virtus Anxanum **9-0**
*M. Rossi 2, D. Tosi 2, A. Cataldo 2, M. Pennese, F. Bucciarelli, S. Montefiore*
River Chieti 65-Fater Angelini **6-0**
*L. Ciaschetti, C. Palazzolo, M. Selami, G. Di Sipio 2. M. Chiavaroli*
Villa 2015-Bacigalupo Vasto Marina **6-1**
*E. Fusco (V), C. De Bellis 3 (V), D. Morelli (V), M. Trovato (V), L. Piccoli (B)*
**Ha riposato:** Spoltore

**12ª giornata – lunedì 14 e martedì 15 febbraio 2022**

Academy L'Aquila-River Chieti 65 **1-2**
*D, Mandolini (A), A. Salerno (R), T. Mimola (R)*
Bacigalupo Vasto Marina-Giulianova **2-4**
*C. Cericola (B), F. Lanza (B), A. Ettorre 2 (G), C. Di Ruggiero 2 (G)*
Fater Angelini-Spoltore **1-5**
*A. Berardinelli (F), G. Mino 3 (S), S. Ronci (S), L. Rotondi (S)*
Gladius Pescara 2010-L'Aquila Soccer School **0-3**
*L. Vespa, A. Rossi 2*
Union Fossacesia-Delfino Pescara 1936 **0-10**
*G. Tombion 4, M. Colonna, A. Sulli, L. Di Leonardo, M. Capuzzi, M. Margarita 2*
Virtus Anxanum-Villa 2015 **1-1**
*J. Mariotti (Vir), M. Mammarella (Vil)*
**Ha riposato:** Pineto

**13ª giornata – sabato 19, lunedì 21 e martedì 22 febbraio 2022**

Delfino Pescara 1936-Bacigalupo Vasto Marina **4-1**
*F. Di Loreto 2 (D), I. Ivanov (D), R. Sabatelli (D), F. Lanza (B)*
Giulianova-Virtus Anxanum **11-1**
*C. Di Ruggiero 3 (G), A. Ettorre 5 (G), A. Cordone 2 (G), F. Torbidone (G), G. De Rosa (V)*

L'Aquila Soccer School-Union Fossacesia **7-1**
*E. Roselli (L), A. Rossi 2 (L), C. Spaziani 2 (L), N. Ranieri (L), Matteo Bambini (L), S. Nativio (U)*
River Chieti 65-Gladius Pescara 2010 **0-3**
*A. Pace 2, A. Sabatelli*
Spoltore-Academy L'Aquila **3-3**
*L. Papa (S), P. Incollingo (S), R. Collalto (S), Z. Slimani 2 (A), A. Di Nardo (A)*
Villa 2015-Pineto **1-2**
*E. Fusco (V), G. Lefoer (P), M. Petretto (P)*
**Ha riposato:** Fater Angelini

**14ª giornata – lunedì 28 febbraio e martedì 1 marzo 2022**

Delfino Pescara 1936-Virtus Anxanum **8-0**
*M. Margarita 3, A. Sulli, F. Di Blasio, M. Capuzzi, I. Ivanov, T. Fedele*
Fater Angelini-Academy L'Aquila **0-3**
*B. Cirone 2, autorete*
Giulianova-Pineto **2-0**
*F. Torbidone, A. Odracci*
L'Aquila Soccer School-Bacigalupo Vasto Marina **8-0**
*C. Spaziani 4, L. Vespa, M. Scimia, M Puopolo, G. Aquilani*
River Chieti 65-Union Fossacesia **7-0**
*L. Ciaschetti 4, P. Mordini, D. Tamburro, L. De Cesare*
Spoltore-Gladius Pescara 2010 **0-1**
*A. Sabatelli*
**Ha riposato:** Villa 2015

**15ª giornata – sabato 5 e lunedì 7 marzo 2022**

Bacigalupo Vasto Marina-River Chieti 65 **1-2**
*M. Piccoli (B), A. Salerno (R), D. Tamburro (R)*
Gladius Pescara 2010-Fater Angelini **2-1**
*C. Bernabeo (G), C. Fumisetto (G), A. Berardinelli (F)*
Pineto-Delfino Pescara 1936 **1-1**
*M. Rossi (P), M. Margarita (D)*
Union Fossacesia-Spoltore **0-8**
*L. Papa 4, R. Collalto 2, autorete, E. Di Rocco*
Villa 2015-Giulianova **2-4**
*E. Fusco (V), M. Mammarella (V), M. Brilli (G), A. Ettorre (G), G. Visciotti (G), S. Mattiucci (G)*
Virtus Anxanum-L'Aquila Soccer School **0-5**
*C. Spaziani 3, C. Cupo, G. Aquilani*
**Ha riposato:** Academy L'Aquila

**16ª giornata – sabato 12, domenica 13 e lunedì 14 marzo 2022**

Academy L'Aquila-Gladius Pescara 2010 **1-2**
*B. Cirone (A), C. Bernabeo (G), R. Polleggioni (G)*
Delfino Pescara 1936-Villa 2015 **4-1**
*F. Parisse (D), A. Sulli (D), M. Margarita 2 (D), C. De Bellis (V)*
Fater Angelini-Union Fossacesia **7-0**
*M. Pantalone, N. Colarossi, S. D'Amico, S. D'Isidoro, S. Sciortino, F. Simongini, N. D'Emilio*
L'Aquila Soccer School-Pineto **3-2**
*C. Cupo 2 (L), A. Rossi (L), D. Tosi (P), M. Rossi (P)*
River Chieti 65-Virtus Anxanum **9-0**
*L. Ciaschetti, C. Palazzolo 2, P. Mordini, M. Selami, G. Di Sipio 2, L. Maggiore, M. Chiavaroli*
Spoltore-Bacigalupo Vasto Marina **2-1**
*C. Ammazzalorso (S), autorete (S), F. Lanza (B)*
**Ha riposato:** Giulianova

**17ª giornata – lunedì 21, martedì 22 e mercoledì 23 marzo 2022**

Bacigalupo Vasto Marina-Fater Angelini **1-0**
*F. Lanza*
Giulianova-Delfino Pescara 1936 **1-4**
*A. Ettorre (G), E. Fuschi (D), T. Fedele (D), I. Ivanov (D), M. Margarita (D)*
Pineto-River Chieti 65 **3-3**
*E. Martella (P), N. Tuttolani (P), M. Rossi (P), S. Del Monaco (R), M. Selami (R), C. Palazzolo (R)*
Union Fossacesia-Academy L'Aquila **0-7**
*B. Cirone 2, D. Mandolini 2, Z. Slimani 2, L. Ciccone*
Villa 2015-L'Aquila Soccer School **2-7**
*C. De Bellis 2 (V), A. Rossi 4 (L), L. Vespa (L), autorete (L), F. Bambini (L)*
Virtus Anxanum-Spoltore **2-7**
*N. Di Santo 2 (V), F. Pantaleone 6 (S), P. Incollingo (S)*
**Ha riposato:** Gladius Pescara 2010

**18ª giornata – sabato 26 e martedì 29 marzo 2022**

Academy L'Aquila-Bacigalupo Vasto Marina **2-1**
*A. Maiezza (A), A. Di Nardo (A), F. Lanza (B)*
Fater Angelini-Virtus Anxanum **2-1**
*M. Pompeo (F), A. Berardinelli (F), J. Mariotti (V)*
Gladius Pescara 2010-Union Fossacesia **3-0**
*C. Fumisetto, A. Salemi, autorete*

**8-3**

L'Aquila Soccer School-Giulianova
*C. Spaziani 3 (L), A. Rossi 2 (L), E. Roselli (L), M. Scimia (L), autorete (L), A. Ettorre (G), S. Mattiucci (G), C. Di Ruggiero (G)*
River Chieti 65-Villa 2011 **8-1**
*L. Ciaschetti 2 (R), G. Di Sipio (R), M. Selami 2 (R), F. Di Luzio (R), P. Mordini (R), D. Tamburro (R), M. Trovato (V)*
Spoltore-Pineto **1-4**
*P. Incollingo (S), A. Schiavano (P), M. Rossi (P), S. Montefiore (P), M. Petretto (P)*
**Ha riposato:** Delfino Pescara 1936

**19ª giornata – lunedì 4 e mercoledì 6 aprile 2022**

Bacigalupo Vasto Marina-Gladius Pescara 2010 **4-0**
*M. Gallo, F. Lanza, M. Piccoli, A. Palladino*
Delfino Pescara 1936-L'Aquila Soccer School **2-3**
*M. Margarita (D), L. Di Leonardo (D), A. Rossi 2 (L), C. Cupo (L)*
Giulianova-River Chieti 65 **1-0**
*D. Mengarelli*
Pineto-Fater Angelini **4-1**
*R. Fanì 2 (P), S. Montefiore 2 (P), A. Pace (F)*
Villa 2015-Spoltore **5-3**
*E. Fusco 2 (V), C. De Bellis (V), T. Fingo (V), M. Mammarella (V), P. Incollingo 2 (S), F. Pantaleone (S)*
Virtus Anxanum-Academy L'Aquila **1-4**
*F. Pierri (V), B. Cirone (A), A. Di Nardo (A), A. Maiezza (A), Z. Slimani (A)*
**Ha riposato:** Union Fossacesia

**20ª giornata – sabato 9, lunedì 11 e martedì 12 aprile 2022**

Academy L'Aquila-Pineto **2-1**
*B. Cirone (A), Z. Slimani (A), M. Pennese (P)*
Fater Angelini-Villa 2015 **4-2**
*A. Pace (F), A. D'Angelo (F), A. Berardinelli 2 (F), M. Trovato 2 (V)*
Gladius Pescara 2010-Virtus Anxanum **5-2**
*L. Silvidii 2 (G), A. Salemi (G), R. Del Rosso (G), L. Di Francesco (G), A. Micolucci (V), G. Santeusanio (V)*
River Chieti 65-Delfino Pescara 1936 **0-2**
*M. Colonna, T. Fedele*
Spoltore-Giulianova **2-2**
*R. Collalto (S), F. Pantaleone (S), A. Ettorre (G), F. De Angelis (G)*
Union Fossacesia-Bacigalupo Vasto Marina **2-4**
*M. Chiarini (U), A. Spoltore (U), F. Lanza 2 (B), M. Piccoli (B), R. Marrone (B)*
**Ha riposato:** L'Aquila Soccer School

**21ª giornata – sabato 16, martedì 19 e mercoledì 20 aprile 2022**

Delfino Pescara 1936-Spoltore **7-1**
*C. Montebello 2 (D), A. Tarantelli 2 (D), F. Parisse (D), F. Di Blasio (D), G. Tombion (D), F. Pantaleone (S)*
Fater Angelini-Giulianova **1-0**
*A. D'Angelo*
L'Aquila Soccer School-River Chieti 65 **1-1**
*L. Vespa (L), L. Ciaschetti (R)*
Pineto-Gladius Pescara 2010 **4-1**
*M. Rossi 3 (P), A. Schiavano (P), C. Bernabeo (G)*
Villa 2015-Academy L'Aquila **2-3**
*E. Fusco (V), M. Trovato (V), L. Ciccone 2 (A), S. Ciancarella (A)*
Virtus Anxanum-Union Fossacesia **4-4**
*N. Di Santo (V), J. Mariotti (V), E. Scaglione (V), A. Micolucci (V), M. Kebe (U), S. Nativio (U), autorete (U), M. Tritapepe (U)*
**Ha riposato:** Bacigalupo Vasto Marina

**22ª giornata – sabato 23, lunedì 25 e martedì 26 aprile 2022**

Academy L'Aquila-Giulianova **0-3**
*F. Torbidone, A. Ettorre, C. Di Ruggiero*
Bacigalupo Vasto Marina-Virtus Anxanum **5-3**
*D. Giammichele (B), F. Lanza (B), C. Cericola (B), T. Di Paolo (B), N. Graziani (B), J. Mariotti 2 (V), N. Di Santo (V)*
Fater Angelini-Delfino Pescara 1936 **0-7**
*M. Margarita 2, A. Tarantelli 2, A. Sulli, T. Fedele, L. Di Leonardo*
Gladius Pescara 2010-Villa 2015 **2-0**
*C. Bernabeo 2*
Spoltore-L'Aquila Soccer School **0-6**
*C. Cupo, G. Aquilani, L. Vespa, M. Popuolo, C. Spaziani, autorete*
Union Fossacesia-Pineto **1-3**
*M. Kebe (U), M. Rossi (P), A. Schiavano 2 (P)*
**Ha riposato:** River Chieti 65

**23ª giornata – lunedì 2, martedì 3 e mercoledì 4 maggio 2022**

Delfino Pescara 1936-Academy L'Aquila **5-0**
*M. Margarita, A. Sulli, F. Di Loreto 2, F. Parisse*
Giulianova-Gladius Pescara 2010 **1-1**
*D. Mengarelli (Gi), C. Bernabeo (Gl)*
L'Aquila Soccer School-Fater Angelini **2-0**
*L. Vespa 2*
**5-3**

Pineto-Bacigalupo Vasto Marina
*M. Rossi 3 (P), A. Schiavano (P), S. Montefiore (P), F. Lanza 2 (B), L. Tambelli (B)*
River Chieti 65-Spoltore **11-0**
*C. Palazzolo 2, F. Di Luzio, P. Mordini, C. Di Renzo 2, S. Del Monaco 2, M. Chiavaroli, D. Tamburro, L. Ciaschetti*
Villa 2015-Union Fossacesia **10-1**
*E. Fusco 4 (V), C. De Bellis 2 (V), F. Paris (V), M. Trovato (V), M. Tinari (V), M. Mammarella (V), M. Kebe (U)*
**Ha riposato:** Virtus Anxanum

**24a giornata – sabato 7, domenica 8 e martedì 10 maggio 2022**

Academy L'Aquila-L'Aquila Soccer School **4-5**
*B. Cirone (A), A. Maiezza (A), S. Capozzi (A), Z. Slimani (A), C. Cupo 2 (L), A. Rossi (L), C. Spaziani 2 (L)*
Bacigalupo Vasto Marina-Villa 2015 **4-1**
*F. Lanza (B), G. Giuliani (B), M. Gallo 2 (B), F. Paris (V)*
Fater Angelini-River Chieti 65 **0-3**
*T. Mimola, A. Salerno, F. Di Luzio*
Gladius Pescara 2010-Delfino Pescara 1936 **0-1**
*L. Di Leonardo*
Union Fossacesia-Giulianova **1-1**
*M. Tritapepe (U), D. Mengarelli (G)*
Virtus Anxanum-Pineto **1-6**
*S. Di Nunzio (V), M. Rossi 2 (P), R. Fanì (P), A. Schiavano 2 (P), P. Diomede (P)*
**Ha riposato:** Spoltore

**25ª giornata – martedì 17 maggio 2022**

Delfino Pescara 1936-Union Fossacesia **1-0**
*M. Margarita*
Giulianova-Bacigalupo Vasto Marina **6-0**
*L. Sistarelli, A. Ettorre, D. Mengarelli, F. De Angelis, C. Di Ruggiero, G. Visciotti*
L'Aquila Soccer School-Gladius Pescara 2010 **1-1**
*C. Cupo (L), C. Bernabeo (G)*
River Chieti 65-Academy L'Aquila **4-2**
*E. Toppi 2 (R), A. Cascini (R), L. Ciaschetti (R), C. Carrozzi 2 (A)*
Spoltore-Fater Angelini **2-2**
*C. Ammazzalorso 2 (S), A. D'Angelo (F), M. Pompeo (F)*
Villa 2015-Virtus Anxanum **5-2**
*M. Trovato 3 (Vil), F. Giuliani (Vil), C. De Bellis (Vil), F. Pierri 2 (Vir)*
**Ha riposato:** Pineto

**26ª giornata – martedì 24 maggio 2022**

Academy L'Aquila-Spoltore **2-4**
*B. Cirone (A), D. Mandolini (A), E. Di Rocco (S), F. Palladoro 2 (S), F. Pantaleone (S)*
Bacigalupo Vasto Marina-Delfino Pescara 1936 **1-6**
*F. Lanza (B), M. Colonna (D), A. Sulli (D), A. Tarantelli 2 (D), F. Parisse 2 (D)*
Gladius Pescara 2010-River Chieti 65 **2-0**
*C. Esposito, A. Sabatelli*
Pineto-Villa 2015 **3-0** (a tavolino)
Union Fossacesia-L'Aquila Soccer School **1-5**
*S. Berardi (U), L. Vespa (L), A. Iuculano 2 (L), C. Cupo (L), autorete (L)*
Virtus Anxanum-Giulianova **1-4**
*N. Di Santo (V), A. Ettorre 2 (G), F. De Angelis (G), C. Di Ruggiero (G)*
**Ha riposato:** Fater Angelini

## CLASSIFICA FINALE UNDER 14 REGIONALI

| squadre | punti | gare | vinte | nulle | perse | reti f. | reti s. | diff. |
|---|---|---|---|---|---|---|---|---|
| Delfino Pe 1936 | 64 | 24 | 21 | 1 | 2 | 123 | 20 | +103 |
| Aq Soccer School | 57 | 24 | 18 | 3 | 3 | 99 | 39 | +60 |
| River Chieti 65 | 50 | 24 | 16 | 2 | 6 | 90 | 26 | +64 |
| Gladius Pescara | 49 | 24 | 15 | 4 | 5 | 56 | 35 | +21 |
| Giulianova | 46 | 24 | 14 | 4 | 6 | 84 | 40 | +44 |
| Pineto | 43 | 24 | 13 | 4 | 7 | 84 | 45 | +39 |
| Spoltore | 34 | 24 | 10 | 4 | 10 | 78 | 67 | +11 |
| Academy Aq | 33 | 24 | 10 | 3 | 11 | 57 | 52 | +5 |
| Bacigalupo V.M. | 23 | 24 | 7 | 2 | 15 | 53 | 87 | -34 |
| Villa 2015 | 21 | 24 | 7 | 1 | 16 | 53 | 88 | -35 |
| Fater Angelini | 17 | 24 | 5 | 2 | 17 | 28 | 65 | -37 |
| Union Fossacesia | 6 | 24 | 1 | 3 | 20 | 22 | 153 | -131 |
| Virtus Anxanum | 5 | 24 | 0 | 5 | 19 | 26 | 136 | -110 |

## CLASSIFICA MARCATORI GENERALE UNDER 14 REGIONALI

**29 reti:** M. Rossi (Pineto)
**26 reti:** M. Margarita (Delfino Pescara 1936); A. Ettorre (Giulianova)
**22 reti:** A. Rossi e C. Spaziani (L'Aquila Soccer School)
**18 reti:** F. Lanza (Bacigalupo Vasto Marina)
**14 reti:** B. Cirone (Academy L'Aquila); C. Bernabeo (Gladius Pescara 2000); L. Papa (Spoltore)
**13 reti:** C. Di Ruggiero (Giulianova); L. Ciaschetti (River Chieti 65); C. De

Bellis (Villa 2015)
**12 reti:** M. Piccoli (Bacigalupo Vasto Marina); C. Cupo (L'Aquila Soccer School); F, Pantaleone (Spoltore); E. Fusco (Villa 2015)
**11 reti:** Z. Slimani (Academy L'Aquila); A. Schiavano (Pineto); L. Rotondi (Spoltore)
**10 reti:** M. Colonna, M. Capuzzi e A. Tarantelli (Delfino Pescara 1936); L. Vespa (L'Aquila Soccer School); M. Mammarella (Villa 2015)
**9 reti:** F. Di Loreto (Delfino Pescara 1936); A. Sabatelli (Gladius Pescara 2000); M. Trovato (Villa 2015)
**8 reti:** A. Sulli, T. Fedele e F. Parisse (Delfino Pescara 1936); A. Cataldo e S. Montefiore (Pineto); E. Toppi (River Chieti 65); P. Incollingo (Spoltore)
**7 reti:** A. Berardinelli (Fater Angelini); D. Mengarelli (Giulianova); A. Ciarelli (Gladius Pescara 2000); M. Selami, F. Di Luzio e C. Palazzolo (River Chieti 65); G. Mino e R. Collalto (Spoltore); N. Di Santo (Virtus Anxanum);
**6 reti:** A. Di Nardo (Academy L'Aquila); G. Tombion e L. Di Leonardo (Delfino Pescara 1936); R. Polleggioni (Gladius Pescara 2000); M. Puopolo e A. Iuculano (L'Aquila Soccer School); R. Fanì (Pineto); G. Di Sipio (River Chieti 65); F. Palladoro (Spoltore)
**5 reti:** A. Maiezza (Academy L'Aquila); M. Pompeo (Fater Angelini); A. Odracci, A. Cordone e L. Sistarelli (Giulianova); E. Roselli (L'Aquila Soccer School); T. Mimola e P. Mordini (River Chieti 65); J. Mariotti (Virtus Anxanum)
**4 reti:** L. Ciccone e D. Mandolini (Academy L'Aquila); L. Tambelli (Bacigalupo Vasto Marina); M. Di Salvatore (Delfino Pescara 1936); A. Pace (Fater Angelini); G. Visciotti e F. Torbidone (Giulianova); C. Fumisetto (Gladius Pescara 2000); G. Aquilani (L'Aquila Soccer School); A. Salerno, D. Tamburro, M. Chiavaroli e S. Del Monaco (River Chieti 65); M. Tritapepe (Union Fossacesia)
**3 reti:** A. Centi (Academy L'Aquila); M. Gallo, C. Cericola e A. Palladino (Bacigalupo Vasto M.); E. Fuschi, I. Ivanov e F. Di Blasio (Delfino Pe 1936); A. D'Angelo (Fater Angelini); S. Mattiucci e F. De Angelis (Giulianova); A. Di Nenno (Gladius Pe 2000); Matteo Bambini (L'Aquila Soccer School); D. Tosi, M. Cosanni e F. Bucciarelli (Pineto); A. Rigillo e C. Di Renzo (River Chieti 65); C. Ammazzolorso (Spoltore); S. Nativio, M. Kebe e G. Brighella (Union Fossacesia); F. Pierri (Virtus Anxanum)

## COPPA DISCIPLINA UNDER 14 REGIONALI

| posizione | squadre | punteggio |
|---|---|---|
| 1 | Union Fossacesia | 5,10 |
| 2 | Academy L'Aquila | 6,60 |
| 3 | Fater Angelini | 7,80 |
| 4 | River Chieti 65 | 9,30 |
| 5 | Virtus Anxanum | 10,20 |
| 6 | Delfino Pescara 1936 | 10,60 |
| 7 | Pineto | 12,20 |
| 8 | Spoltore | 12,80 |
| 9 | Gladius Pescara 2010 | 13,50 |
| 10 | Bacigalupo Vasto Marina | 14,30 |
| 11 | Giulianova | 14,50 |
| 12 | L'Aquila Soccer School | 18,20 |
| 13 | Villa 2015 | 37,10 |

## CLASSIFICA MARCATORI GENERALE CAMPIONATI GIOVANILI REGIONALI

**44 reti:** F. Paolucci (Union Fossacesia Under 17)
**35 reti:** N. Del Grosso (Capistrello Under 19)
**33 reti:** D. Casilli (Academy L'Aquila Under 15)
**32 reti:** G. Peretti (Penne Under 17); E. Leka (Val di Sangro Under 15)
**30 reti:** G. Di Tommaso (Union Fossacesia Under 17); L. Valentini (Bacigalupo Vasto Marina Under 15); S. Salerno (Virtus Lanciano Under 15)
**29 reti:** M. Rossi (Pineto Under 14)
**27 reti:** A. Torturo (Tagliacozzo Under 19) D. D'Ippolito (Virtus Lanciano Under 17); S. Mateescu (Virtus Vasto Under 17); N. Di Pentima (Gladius Pescara 2010 Under 17)
**26 reti:** M. Margarita (Delfino Pescara 1936 Under 14); A. Ettorre (Giulianova Under 14)
**25 reti:** D. Baldacci (L'Aquila Soccer School Under 17); D. Di Stefano (Union Fossacesia Under 15); A. Ventrella (Virtus Vasto Under 15); M. Costantini (Giulianova Under 15)
**24 reti:** E. Valerio (2000 Calcio Montesilvano Under 17); V. Di Battista (Avezzano Under 15)
**23 reti:** J. Majo (Virtus Vasto Under 17); M. Piccioni (Pineto Under 17); E. Neri (Avezzano Under 15)
**22 reti:** L. Paiola (Amiternina Under 19); S. Giordani (Avezzano Under 17); M. Cristofaro (Valle del Vomano Under 17); T. Mancini (Manoppello Pescara Under 15); A. Rossi e C. Spaziani (L'Aquila Soccer School Und. 14)

**21 reti:** M. Cirillo (D'Annunzio Pescara Under 19); A. Shyti (Curi Pescara Under 17)
**20 reti:** F. Sacramone (Vigor Don Bosco Under 15)
**19 reti:** A. Paravati (Villa 2015 Under 19); J. Coletti (Fater Angelini Under 17); M. Pingiotti (Torrese Under 17); K. Metushi (Villa 2015 Under 15); R. Brindisi (Pineto Under 15)
**18 reti:** N. Lemme (Bacigalupo Vasto Marina Under 17); L. Chiacchiari (Virtus Lanciano Under 16); F. Capulli (L'Aquila Soccer School Under 15); K. Barbetta (Fater Angelini Under 15); S. Grosso (S.N. Notaresco Under 15); F. Lucchino (Valle del Monaco Under 15); F. Lanza (Bacigalupo Vasto Marina Under 14)
**17 reti:** A. Alonzo (Sambuceto Under 19); M. Giri (Alba Adriatica Under 19); D. De Sanctis (Sambuceto Under 17); E. Dioguardi (S.N. Notaresco Under 17); C. Guaragna (L'Aquila Soccer School Under 15)
**16 reti:** M. Di Giambattista (River Chieti 65 Under 19); E. Chiulli (2000 Calcio Montesilvano Under 19); K. Di Quilio (Silvi Under 19); S. Guglietti (Avezzano Under 17); A. Capitanio (Virtus Vasto Under 17); J. Dalù (Val di Sangro Under 15); L. Di Giacomo (Virtus Cupello Under 15); G. Testa (Virtus Lanciano Under 15); G. Romagnolo (Gladius Pescara 2010 Under 15); S. Alcino (Penne Under 15); G. Camplone (Cantera Adriatica Pescara Under 15)
**15 reti:** M. Pepe (Manoppello Arabona Under 19); A. Scimia (Academy L'Aquila Under 17); V. Mincone (River Chieti 65 Under 17); G. Annunziata (Bacigalupo Vasto Marina Under 16); J. Coletti (Fater Angelini Under 16); C. Bucci (Olympia Cedas Sulmona Under 15); G. Brighella (Union Fossacesia Under 15); A. Esposito e E. Di Fonzo (Virtus Vasto Under 15); A. Falò (Universal Roseto Under 15)

## AMATORI AVEZZANO girone A

### 1ª giornata – sabato 13 novembre 2021

Aielli 2015-Celano 2020 **1-5**
*G. Paris (A), A. Trippardella (C), L. Bonfà (C), C. Valente (C), M. Bonfà (C), G. Guerra (C)*
San Benedetto Venere-Longobarda Cerchio **2-1**
*M. Balzani (S), autorete (S), L. Tucceri (L)*
Team Az '93-Sante Marie **0-4**
*G. Mione, I. Di Felice, A. Tomei 2*
United L'Aquila-Old Pucetta **2-1**
*Maurizio Di Paolo 2 (U), A. Sammarone (O)*
**Ha riposato:** Pescina

### 2ª giornata – sabato 20 novembre 2021

Longobarda Cerchio-United L'Aquila **4-3**
*V. Zavarella 2 (L), L. Tucceri (L), F. D'Amore (L), E. Vaggi (U), D. Fattore (U), Maurizio Di Paolo (U)*
Old Pucetta-Aielli 2015 **3-0**
*G. Nuccetelli, R. Lucantonio, G. Bisegna*
Pescina-Team Az '93 **3-0**
*F. Massimi 2, D. Ruggeri*
Sante Marie-San Benedetto Venere **1-1**
*S. Di Giacomo (SM), S. Romanelli (SB)*
**Ha riposato:** Celano 2020

### 3ª giornata – sabato 27 novembre 2021

Longobarda Cerchio-Old Pucetta **1-3**
*G. Rosati (L), C. Abruzzo (O), G. Angelosante (O), R. Palozzi (O)*
San Benedetto Venere-Pescina **1-1**
*M. Balzani (S), F. Massimi (P)*
Team Az '93-Celano 2020 **1-5**
*F. Pappalardo (T), A. Trippaldella 2 (C), L. Bonfà (C), A. Salustri (C), M. Bonfà (C)*
United L'Aquila-Sante Marie **2-3**
*P. Scimia (U), Maurizio Di Paolo (U), I. Di Felice (S), S. Di Giacomo (S), F. Verolino (S)*
**Ha riposato:** Aielli 2015

### 4ª giornata – sabato 4 dicembre 2021

Aielli 2015-Team Az '93 **1-2**
*E. Ranieri (A), V. Boleo (T), F. Pappalardo (T)*

Celano 2020-San Benedetto Venere **1-1**
*C. Amendola (C), D. Di Iulio (S)*
Pescina-United L'Aquila **4-0**
*F. Massimi 3, A. Serchia*
Sante Marie-Longobarda Cerchio **2-2**
*I. Di Felice 2 (S), G. Rosati (L), L. Tucceri (L)*
**Ha riposato:** Old Pucetta

**5ª giornata – sabato 11 dicembre 2021**

Longobarda Cerchio-Pescina **0-4**
*L. Pera, R. Felli, F. Massimi 2*
Old Pucetta-Sante Marie **3-0**
*P. Cardilli 3*
San Benedetto Venere-Aielli 2015 **3-0** (a tavolino)
United L'Aquila-Celano 2020 **2-3**
*Maurizio Di Paolo (U), A. Boccanera (U), B. Fegatilli (C), E. Di Summo 2 (C)*
**Ha riposato:** Team Az '93

**6ª giornata – sabato 18 dicembre 2021**

Aielli 2015-United L'Aquila **0-7**
*E. Di Francia 3, Maurizio Di Paolo, P. Scimia, A. Boccanera, Mauro Di Paolo*
Celano 2020-Longobarda Cerchio **1-1**
*M. Bonfà (C), F. Cipriani (L)*
Old Pucetta-Team Az '93 **7-0**
*G. Nuccetelli, L. Ranalletta 2, P. Cardilli 2, L. Abruzzo, Z. Gjoka*
Pescina-Sante Marie **3-0**
*F. Di Egidio, F. Massimi 2*
**Ha riposato:** San Benedetto Venere

**7ª giornata – sabato 26 febbraio 2022**

Longobarda Cerchio-Aielli 2015 **4-0**
*G. Rosati 3, F. Cipriani*
Pescina-Old Pucetta **1-3**
*D. Ruggeri (P), V. De Carolis 2 (O), A. Paciotti (O)*
San Benedetto Venere-Team Az '93 **7-0**
*M. Balzani 3, H. Bellakhdar, E. Sbattella, N. Di Genova, A. Danese*
Sante Marie-Celano 2020 **2-3**
*D. Casale (S), S. Di Giacomo (S), L. Bonfà 2 (C), M. Bonfà (C)*
**Ha riposato:** United L'Aquila

**8ª giornata – sabato 5 marzo 2022**

Aielli 2015-Sante Marie **0-6**

*I. Di Felice, S. Di Giacomo, A. Fiore, F. Paoluzi 2, A. Liberati*
Celano 2020-Pescina **1-2**
*C. Valente (C), M. Pisotta (P), R. Felli (P)*
San Benedetto Venere-Old Pucetta **3-2**
*M. Balzani 3 (S), G. Angelosante (O), A. Sammarone (O)*
Team Az '93-United L'Aquila **1-2**
*A. D'Agostino (T), E. Di Francia (U), Maurizio Di Paolo (U)*
**Ha riposato:** Longobarda Cerchio

**9ª giornata – sabato 12 marzo 2022**

Longobarda Cerchio-Team Az '93 **3-2**
*V. Zavarella 2 (L), G. Rosati (L), M. Scafati 2 (T)*
Old Pucetta-Celano 2020 **3-0**
*V. De Carolis, A. Sammarone 2*
Pescina-Aielli 2015 **3-0** (a tavolino)
United L'Aquila-San Benedetto Venere **1-5**
*E. Di Franica (U), N. Di Genova 2 (S), A. Palenca Tabulazzi (S), M. Balzani 2 (S)*
**Ha riposato:** Sante Marie

**10ª giornata – sabato 19 marzo 2022**

Celano 2020-Aielli 2015 **3-1**
*L. Bonfà 2 (C), M. Bonfà (C), E. Ranieri (A)*
Longobarda Cerchio-San Benedetto Venere **0-4**
*D. Di Iulio, M. Balzani, A. Marmotta, E. Sbattella*
Old Pucetta-United L'Aquila **2-0**
*M. Oddi, G. Angelosante*
Sante Marie-Team Az '93 **3-0**
*D. Casale 2, A. Nanni*
**Ha riposato:** Pescina

**11ª giornata – sabato 26 marzo 2022**

Aielli 2015-Old Pucetta **2-6**
*N. Valenzano (A), G. Maialetti (A), G. Angelosante 3 (O), P. Cardilli 2 (O), R. Lucantonio (O)*
San Benedetto Venere-Sante Marie **2-0**
*M. Balzani, A. Marmotta*
Team Az '93-Pescina **0-5**
*F. Massimi 2, A. Serchia 2, L. Laureti*
United L'Aquila-Longobarda Cerchio **2-1**
*G. Ippoliti (U), E. Di Francia (U), D. Di Domenico (L)*
**Ha riposato:** Celano 2020

**12ª giornata – sabato 2 aprile 2022**

Celano 2020-Team Az '93 **6-0**
*M. Bonfà 2, C. Amendola, E. Di Summo, L. Bonfà, N. Ranalletta*
Old Pucetta-Longobarda Cerchio **5-1**
*M. Oddi (O), P. Cardilli 3 (O), Z. Gjoka (O), D. Di Domenico (L)*
Pescina-San Benedetto Venere **1-2**
*M. Pisotta (P), M. Balzani (S), N. Di Genova (S)*
Sante Marie-United L'Aquila **2-1**
*D. Casale (S), I. Di Felice (S), P. Scimia (U)*
**Ha riposato:** Aielli 2015

**13ª giornata – sabato 9 aprile 2022**

Longobarda Cerchio-Sante Marie **2-3**
*G. Rosati (L), R. Tucceri (L), A. Fiore 2 (S), D. Casale (S)*
San Benedetto Venere-Celano 2020 **3-0**
*M. Balzani 3*
Team Az '93-Aielli 2015 **3-0** (a tavolino)
United L'Aquila-Pescina **0-3** (a tavolino)
**Ha riposato:** Old Pucetta

**14ª giornata – sabato 16 aprile 2022**

Aielli 2015-San Benedetto Venere **0-3** (a tavolino)
Celano 2020-United L'Aquila **1-2**
*S. Baruffa (A), R. Ostili (U), A. Del Pinto (U)*
Pescina-Longobarda Cerchio **7-2**
*F. Massimi 6 (P), R. Matrone (P), F. D'Amore (L), R. Amiconi (L)*
Sante Marie-Old Pucetta **1-3**
*A. Accorroni (S), G. Bisegna 3 (O)*
**Ha riposato:** Team Az '03

**15ª giornata – sabato 23 aprile 2022**

Longobarda Cerchio-Celano 2020 **0-3**
*G. Celli, E. Di Summo, B. Fegatilli*
Sante Marie-Pescina **0-2**
*R. Felli, F. Massimi*
Team Az '93-Old Pucetta **2-6**
*M. Scafati 2 (T), A. Paciotti 2 (O), M. Oddi (O), R. Palozzi (O), P. Cardilli (O), G. Bisegna (O)*
United L'Aquila-Aielli 2015 **3-0** (a tavolino)
**Ha riposato:** San Benedetto Venere

**16ª giornata – sabato 30 aprile 2022**

Aielli 2015-Longobarda Cerchio **3-2**
*F. Montagliani (A), N. Valenziani (A), P. Pacchiarotta (A), D. Di Domenico (L), D. Bonaldi (L)*
Celano 2020-Sante Marie **3-0** (a tavolino)
Old Pucetta-Pescina **3-2**
*P. Cardilli 2 (O), A. Sammarone (O), R. Felli (P), D. Casciola (P)*
Team Az '93-San Benedetto Venere **1-4**
*M. Scafati (T), M. Percossi (S), M. Balzani 2 (S), F. Allega (S)*
**Ha riposato:** United L'Aquila

**17ª giornata – sabato 7 maggio 2022**

Old Pucetta-San Benedetto Venere **3-3**
*P. Cardilli 2 (O), A. Paciotti (O), M. Balzani 2 (S), E. Sbattella (S)*
Pescina-Celano 2020 **3-1**
*C. D'Elia (P), D. Ruggeri 2 (P), C. Amendola (C)*
Sante Marie-Aielli 2015 **4-0**
*D. Casale, A. Tomei, A. Nanni, S. Di Giacomo*
United L'Aquila-Team Az '93 **4-1**
*R. Ostili (U), A. Boccanera (U), Maurizio Di Paolo (U), S. Galanti (U), M. Scafati (T)*
**Ha riposato:** Longobarda Cerchio

**18ª giornata – sabato 14 maggio 2022**

Aielli 2015-Pescina **2-8**
*G. Paris (A), J. Polla (A), D. Ruggeri 4 (P), F. Massimi 3 (P), A. Cappoli (P)*
Celano 2020-Old Pucetta **4-1**
*C. Amendola (C), M. Bonfà (C), G. Guerra (C), A. Trippardella (C), M. Oddi (O)*
San Benedetto Venere-United L'Aquila **6-1**
*M. Balzani 3 (S) A. De Ioris (S), W. D'Urbano (S), E. Passante (S), Maurizio Di Paolo (U)*
Team Az '93-Longobarda Cerchio **4-1**
*M. Scafati 3 (T), M. Di Stefano (T), M. Porfirio (L)*
**Ha riposato:** Sante Marie

## CLASSIFICA FINALE girone A

| squadre | punti | gare | vinte | nulle | perse | reti f. | reti s. | diff. |
|---|---|---|---|---|---|---|---|---|
| San Benedetto V. | 40 | 17 | 12 | 4 | 4 | 50 | 13 | +37 |
| Old Pucetta | 37 | 17 | 12 | 1 | 3 | 54 | 22 | +32 |
| Pescina | 37 | 17 | 12 | 1 | 3 | 52 | 15 | +37 |
| Celano 2020 | 26 | 17 | 8 | 2 | 5 | 37 | 23 | +14 |
| Sante Marie | 23 | 16 | 7 | 2 | 6 | 31 | 24 | +7 |
| United L'Aquila | 21 | 16 | 7 | 0 | 9 | 32 | 37 | -5 |
| Longobarda | 11 | 16 | 3 | 2 | 11 | 25 | 48 | -23 |
| Team Az '93 | 9 | 17 | 3 | 0 | 13 | 17 | 61 | -44 |
| Aielli 2015 | 3 | 17 | 1 | 0 | 15 | 10 | 65 | -55 |
| Avezzano '89 * | 0 | 0 | 0 | 0 | 0 | 0 | 0 | 0 |

*** esclusa dal campionato**

## CLASSIFICA MARCATORI girone A

**26 reti:** M. Balzani (San Benedetto Venere)
**24 reti:** F. Massimi (Pescina)
**16 reti:** P. Cardilli (Old Pucetta)
**11 reti:** I. Di Felice (San Benedetto Venere)
**10 reti:** D. Ruggeri (Pescina); M. Scafati (Team Az '93); Maurizio Di Paolo (United L'Aquila)
**8 reti:** L. Bonfà e M. Bonfà (Celano 2020); G. Rosati (Longobarda Cerchio); E. Di Francia (United L'Aquila)
**6 reti:** G. Angelosante (Old Pucetta); D. Casale (San Benedetto Venere)
**5 reti:** G. Bisegna e A. Sammarone (Old Pucetta); A. Nanni, A. Tomei e S. Di Giacomo (San Benedetto Venere); A. Boccanera (United L'Aquila)
**4 reti:** C. Amendola, E. Di Summo e A. Trippardella (Celano 2020); V. Zavarella e D. Di Domenico (Longobarda Cerchio); M. Oddi e A. Paciotti (Old Pucetta); R. Felli e A. Serchia (Pescina); A. Marmotta, E. Sbattella e N. Di Genova (San Benedetto Venere); A. Fiore (San Benedetto Venere)
**3 reti:** L. Tucceri (Longobarda Cerchio); R. Palozzi e V. De Carolis (Old Pucetta); D. Di Iulio (San Benedetto Venere); P. Scimia (United L'Aquila)
**2 reti:** G. Paris e E. Ranieri (Aielli 2015); G. Guerra, C. Valente e B. Fegatilli (Celano 2020); R. Tucceri, F. Cipriani e F. D'Amore (Longobarda Cerchio); Z. Gjoka, L. Ranalletta, G. Nuccetelli e R. Lucantonio (Old Pucetta); M. Pisotta e A. Boukhrais (Pescina); F. Paoluzi (Sante Marie); R. Ostili e S. Galantie (United L'Aquila)

## AMATORI AVEZZANO girone B

### 1ª giornata – sabato 13 novembre 2021

Capistrello-Amatori Aielli **1-1**
*P. Giordani (C), A. Vallifuoco (A)*
Celano 1999-Villa San Sebastiano **3-2**
*A. Di Renzo (C), E. Angeloni (C), C. D'Agostino (C), E. Valente (V), V. Ciminelli (V)*
Marruviana-Midia Avezzano **0-1**
*A. Aloisi*
Paterno-Ortigia **2-3**
*M. Mounabih (P), A. Tenace (P), S. Carufo 2 (O), M. D'Agostino (O)*
Trasacco-Sanpelinese **3-2**
*T. Cancelli (T), L. D'Apice (T), G. Monaco (T), L. Palazzi 2 (S)*

### 2ª giornata – sabato 20 novembre 2021

Amatori Aielli-Celano 1999 **4-0**
*C. Fieraru 4*
Midia Avezzano-Capistrello **4-0**
*D. Mei, A. Aloisi, F. De Luca, M. Vasselli*
Ortigia-Marruviana **1-1**
*M. D'Agostino (O), D. De Flaviis (M)*
Sanpelinese-Paterno **2-2**
*G. Cappelli (S), A. Palma (S), P. Cardarelli (P), M. Fiasca (P)*
Villa San Sebastiano-Trasacco **3-3**
*F. Gargano (V), A. Di Luca (V), R. Rubino (V), E. Cambise (T), T Cancelli 2 (T)*

### 3ª giornata – sabato 27 novembre 2021

Amatori Aielli-Villa San Sebastiano **3-3**
*C. Giurati (A), A. Dernjani 2 (A), R. Rubino (V), E. Valente (V), M. Pensa (V)*
Capistrello-Ortigia **2-3**
*R. Persia (C), P. Mione (C), S. Carufo (O), B. Gargale (O), M. Galassi (O)*
Celano 1999-Midia Avezzano **1-2**
*W. Renzi (C), F. Salvati 2 (M)*
Marruviana-Sanpelinese **1-4**
*R. Torge (M), P. Cirella (S), Q. Del Manso 2 (S), D. Ricci (S)*
Paterno-Trasacco **1-3**
*S. Cacchione (P), A. Della Torre (T), L. D'Apice (T), M. Terenzi (T)*

### 4ª giornata – sabato 4 dicembre 2021

Midia Avezzano-Amatori Aielli **6-1**
*F. Salvati 4 (M), A. Aloisi (M), F. De Luca (M), N. Murgescu (A)*

Ortigia-Celano 1999 **3-1**
*M. D'Agostino (O), S. Carufo (O), D. Taglieri (O), E. Angeloni (C)*
Sanpelinese-Capistrello **2-0**
*P. Cirella, G. Galliani*
Trasacco-Marruviana **4-0**
*A. Della Torre, M. Terenzi 2, T. Cancelli*
Villa San Sebastiano-Paterno **4-1**
*R. Rubino 3 (V), G. Mastroddi (V), M. Salvatore (P)*

**5ª giornata – sabato 11 dicembre 2021**

Amatori Aielli-Ortigia **5-3**
*A. Dernjani 3 (A), D. Sherifi 2 (A), M. D'Agostino 2 (O), S. Carufo (O)*
Capistrello-Trasacco **2-6**
*N. Grasso (C), C. Leonio (C), T. Cancelli 2 (T), L. D'Apice 4 (T)*
Celano 1999-Sanpelinese **2-6**
*A. Di Renzo (C), C. D'Agostino (C), Q. Del Manso 2 (S), G. Cappelli (S), G. Ottavi (S), R. Flamini 2 (S)*
Marruviana-Paterno **1-2**
*R. Torge (M), M. Mounabih 2 (P)*
Midia Avezzano-Villa San Sebastiano **2-2**
*F. De Luca (M), G. Iervolino (M), R. Rubino (V), E. Liberati (V)*

**6ª giornata – sabato 18 dicembre 2021**

Ortigia-Midia Avezzano **1-4**
*S, Carufo (O), A. Aloisi (M), F. Salvati 2 (M), D. Battaglia (M)*
Paterno-Capistrello **5-2**
*M. Mounabih (P), V. Ciminelli (P), P. Cardarelli (P), S. Cacchione (P), M. Fiasca (P), L. Andreozzi (C), C. Leonio (C)*
Sanpelinese-Amatori Aielli **1-1**
*G. Cappelli (S), N. Murgescu (A)*
Trasacco-Celano 1999 **2-1**
*M. Terenzi 2 (T), E. Angeloni (C)*
Villa San Sebastiano-Marruviana **3-1**
*E. Valente 2 (V), M. Piacente (V), M. Patanè (M)*

**7ª giornata – sabato 26 febbraio 2022**

Amatori Aielli-Trasacco **4-3**
*D. Sherifi (A), A. Dernjani (A), I. Mulak (A), C. Fieraru (A), T. Cancelli (T), L. Catarinacci (T), P. De Foglio (T)*
Capistrello-Marruviana **1-4**
*R. Persia (C), D. De Flaviis (M), T. Fiori (M), S. Serra (M), F. Tersigni (M)*
Celano 1999-Paterno **3-1**

*C. D'Agostino 3 (C), P. Cardarelli (P)*
Midia Avezzano-Sanpelinese **3-4**
*M. Vasselli 2 (M), M. Eligi (M), P. Cirella (S), Q. Del Manso (S), M. Iero (S), G. Ottavi (S)*
Ortigia-Villa San Sebastiano **3-3**
*S. Carufo 2 (O), M. D'Agostino (O), E. Valente (V), M. Gargano (V), R. Rubino (V)*

**8ª giornata – sabato 5 marzo 2022**

Capistrello-Villa San Sebastiano **2-8**
*C. Leonio 2 (C), R. Rubino 6 (V), E. Valente 2 (V)*
Marruviana-Celano 1999 **2-4**
*P. Giordani 2 (M), E. Angeloni 2 (C), F. Pestilli (C), W. Renzi (C)*
Paterno-Amatori Aielli **0-5**
*F. Cipriani, A. Dernjani 2, C. Fieraru, A. Vallifuoco*
Sanpelinese-Ortigia **9-1**
*M. Iero 3 (S), Q. Del Manso (S), P. Cirella (S), G. Galliani 2 (S), G. Cappelli (S), F. Allegritti (S), D. Campomizzi (O)*
Trasacco-Midia Avezzano **3-0**
*T. Cancelli 2, M. Terenzi*

**9ª giornata – sabato 12 marzo 2022**

Amatori Aielli-Marruviana **2-2**
*C. Fieraru (A), A. Dernjani (A), F. Staffieri (M), P. Giordani (M)*
Celano 1999-Capistrello **2-4**
*A. Di Renzo (Ce), E. Angeloni (Ce), N. Grasso (Ca), W. Alonzi (Ca), G. Lusi (Ca), D. Di Natale (Ca)*
Midia Avezzano-Paterno **2-2**
*A. Aloisi 2 (M), M. Monabih (P), S. Cacchione (P)*
Ortigia-Trasacco **2-7**
*M. D'Agostino (O), S. Carufo (O), T. Cancelli (T), N. Venditti (T), A. Santini (T), L. D'Apice 3 (T), E. Cambise (T)*
Villa San Sebastiano-Sanpelinese **4-4**
*E. Valente (V), R. Rubino (V), A. Di Luca 2 (V), G. Cappelli (S), A. Palma (S), A. Petricone (S), G. Galliani (S)*

**10ª giornata – sabato 19 marzo 2022**

Amatori Aielli-Capistrello **7-1**
*F. Cipriani 2 (A), A. Vallifuoco 2 (A), C. Fieraru 2 (A), Y. Dullovi (A), C. Leonio (C)*
Midia Avezzano-Marruviana **1-4**
*D. Battaglia (Mi), F. Staffieri 3 (Ma), D. De Flaviis (Ma)*

Ortigia-Paterno **2-4**
*S. Carufo (O), D. Campomizzi (O), M. Tirabassi (P), M. Mounabih (P), R. Seritti (P), J. Mounabih (P)*
Sanpelinese-Trasacco **1-4**
*A. Palma (S), M. Terenzi (T), T. Cancelli 2 (T), L. D'Apice (T)*
Villa San Sebastiano-Celano 1999 **4-2**
*R. Rubino 2 (V), E. Valente 2 (V), W. Renzi (C), C. D'Agostino (C)*

**11ª giornata – sabato 26 marzo 2022**

Capistrello-Midia Avezzano **1-5**
*C. Leonio (C), D. Mei (M), L. De Luca (M), F. Salvati 3 (M)*
Celano 1999-Amatori Aielli **3-12**
*G. Prosia (C), G. D'Alessandro 2 (C), A. Vallifuoco 3 (A), A. Dernjani (A), C. Fieraru 3 (A), D. Sherifi (A), I. Mulak (A), N. Murgescu 2 (A), F. Cipriani (A)*
Marruviana-Ortigia **2-2**
*R. Torge 2 (M), M. Galassi (O), D. Taglieri (O)*
Paterno-Sanpelinese **2-8**
*M. Mounabih 2 (P), A. Palma 3 (S), G. Galliani (S), L. Maggioli (S), R. Flamini (S), D. Pomohaci 2 (S)*
Trasacco-Villa San Sebastiano **3-0** (a tavolino)

**12ª giornata – sabato 2 aprile 2022**

Midia Avezzano-Celano 1999 **6-1**
*F. Salvati 4 (M), F. Damiani (M), F. De Luca (M), F. Caroso (C)*
Ortigia-Capistrello **2-0**
*S. Carufo, D. Campomizzi*
Sanpelinese-Marruviana **2-0**
*M. Iero, L. Palazzi*
Trasacco-Paterno **3-0** (a tavolino)
Villa San Sebastiano-Amatori Aielli **1-4**
*R. Mastroddi (V), A. Vallifuoco 2 (A), N. Murgescu (A), A. Dernjani (A)*

**13ª giornata – sabato 9 aprile 2022**

Amatori Aielli-Midia Avezzano **3-3**
*N. Murgescu (A), D. Sherifi (A), C. Fieraru (A), A. Aloisi 2 (M), F. Salvati (M)*
Capistrello-Sanpelinese **1-5**
*N. Grasso (C), Q. Del Manso (S), R. Flamini (S), L. Maggioli (S), L. Palazzi (S), E. Gregori (S)*
Celano 1999-Ortigia **2-4**
*F. Caroso (C), C. D'Agostino (C), S. Carufo 2 (O), D. Taglieri (O), D. Campomizzi (O)*

Marruviana-Trasacco **0-1**
*T. Cancelli*
Paterno-Villa San Sebastiano **3-6**
*M. Mounabih (P), Y. Mounabih (P), autorete (P), R. Rubino 3 (V), E. Liberati (V), A. Di Luca 2 (V)*

**14ª giornata – sabato 16 aprile 2022**

Ortigia-Amatori Aielli **2-4**
*S. Carufo (O), M. D'Agostino (O), I. Mulak (A), N. Murgescu (A), C. Fieraru (A), A. Dernjani (A)*
Paterno-Marruviana **1-2**
*S. Cacchione (P), F. Tersigni (M), L. Giordani (M)*
Sanpelinese-Celano 1999 **4-0**
*A. Palma 2, L. Maggioli, E. Gregori*
Trasacco-Capistrello **3-0** (a tavolino)
Villa San Sebastiano-Midia Avezzano **1-3**
*L. Zuccaro (V), G. Iervolino (M), F. Salvati (M), F. De Luca (M)*

**15ª giornata – sabato 23 aprile 2022**

Amatori Aielli-Sanpelinese **5-1**
*A. Vallifuoco 2 (A), N. Murgescu 2 (A), I. Mulak (A), E. Gregori (S)*
Capistrello-Paterno **3-4**
*C. Leonio 2 (C), L. Andreozzi (C), M. Salvatore (P), A. Mounabih (P), S. Cacchione (P), A. Maciocia (P)*
Celano 1999-Trasacco **1-2**
*W. Renzi (C), T. Cancelli (T), L. D'Apice (T)*
Marruviana-Villa San Sebastiano **2-3**
*M. Patanè (M), F. Tersigni (M), D. Tripodi (V), A. Di Paolantonio (V), M. Pensa (V)*
Midia Avezzano-Ortigia **7-0**
*F. Salvati 3, A. Aloisi 3, L. Di Battista*

**16ª giornata – sabato 30 aprile 2022**

Marruviana-Capistrello **4-2**
*F. Staffieri 3 (M), R. Torge (M), C. Leonio (C), L. Andreozzi (C)*
Paterno-Celano 1999 **9-1**
*M. Salvatore 3 (P), S. Cacchione 2 (P), A. Mounabih (P), A. Cavasinni (P), A. Valeri (P), J. Mounabih (P), W. Renzi (C)*
Sanpelinese-Midia Avezzano **5-1**
*L. Palazzi (S), G. Cappelli (S), A. Palma (S), E. Gregori (S), U. Antonelli (S), G. Iervolino (M)*
Trasacco-Amatori Aielli **0-3** (a tavolino)

Villa San Sebastiano-Ortigia **3-3**
*L. Zuccaro 2 (V), E. Liberati (V), M. Galassi 2 (O), M. D'Agostino (O)*

## 17ª giornata – sabato 7 maggio 2022

Amatori Aielli-Paterno **2-1**
*F. Cipriani (A), A. Dernjani (A), M. Salvatore (P)*
Celano 1999-Marruviana **2-4**
*F. Caroso (C), G. Prosia (C), F. Staffieri 3 (M), T. Fiori (M)*
Midia Avezzano-Trasacco **2-2**
*F. Salvati (M), F. De Luca (M), T. Cancelli (T), M. Di Gianfilippo (T)*
Ortigia-Sanpelinese **3-2**
*M. D'Agostino 2 (O), D. Campomizzi (O), A. Petricone (S), L. Maggioli (S)*
Villa San Sebastiano-Capistrello **2-0**
*M. Piacente 2*

## 18ª giornata – sabato 14 maggio 2022

Capistrello-Celano 1999 **3-3**
*N. Grasso (Ca), C. Leonio 2 (Ca), F. Pestilli (Ce), G. Prosia (Ce), C. Ranalletta (Ce)*
Marruviana-Amatori Aielli **1-3**
*F. Staffieri (M), A. Vallifucoco (A), C. Fieraru 2 (A)*
Paterno-Midia Avezzano **1-4**
*R. Seritti (P), F. Salvati 3 (M), D. Battaglia (M)*
Sanpelinese-Villa San Sebastiano **3-2**
*A. Palma (S), autorete (S), autorete (S), M. Piacente (V), E. Valente (V)*
Trasacco-Ortigia **5-1**
*T. Cancelli 2 (T), E. Cambise (T), A. Bellotta (T), A. Della Torre (T), M. D'Agostino (O)*

## CLASSIFICA FINALE girone B

| squadre | punti | gare | vinte | nulle | perse | reti f. | reti s. | diff. |
|---|---|---|---|---|---|---|---|---|
| Trasacco | 44 | 18 | 14 | 2 | 2 | 57 | 23 | +34 |
| Aielli | 41 | 18 | 12 | 5 | 1 | 69 | 32 | +37 |
| Sanpelinese | 36 | 18 | 11 | 3 | 4 | 65 | 35 | +30 |
| Midia Avezzano | 34 | 18 | 10 | 4 | 4 | 56 | 32 | +24 |
| Villa S. Sebastiano | 27 | 18 | 7 | 6 | 5 | 54 | 45 | +9 |
| Ortigia | 22 | 18 | 6 | 4 | 8 | 39 | 63 | -24 |
| Marruviana | 18 | 18 | 5 | 3 | 10 | 31 | 39 | -8 |
| Paterno | 17 | 18 | 5 | 2 | 11 | 41 | 56 | -15 |
| Celano 1999 | 10 | 18 | 3 | 1 | 14 | 32 | 74 | -42 |
| Capistrello | 5 | 18 | 1 | 2 | 15 | 25 | 70 | -45 |

## CLASSIFICA MARCATORI girone B

**24 reti:** F. Salvati (Midia Avezzano)
**19 reti:** R. Rubino (Villa San Sebastiano)
**18 reti:** C. Fieraru (Amatori Aielli)
**17 reti:** S. Carufo (Ortigia); T. Cancelli (Trasacco)
**14 reti:** M. D'Agostino (Ortigia)
**13 reti:** A. Dernjani (Amatori Aielli); E. Valente (Villa San Sebastiano)
**12 reti:** A. Vallifuoco (Amatori Aielli); F. Staffieri (Marruviana); L. D'Apice (Trasacco)
**11 reti:** C. Leonio (Capistrello); A. Aloisi (Midia Avezzano)
**10 reti:** A. Palma (Sanpelinese)
**9 reti:** N. Murgescu (Amatori Aielli); M. Mounabih (Paterno)
**8 reti:** M. Terenzi (Trasacco)
**7 reti:** C. D'Agostino (Celano 1999); S. Cacchione (Paterno); Q. Del Manso (Sanpelinese)
**6 reti:** E. Angeloni (Celano 1999); F. De Luca (Midia Avezzano); M. Galassi e D. Campomizzi (Ortigia); M. Salvatore (Paterno); G. Cappelli (Sanpelinese)
**5 reti:** D. Sherifi e F. Cipriani (Amatori Aielli); W. Renzi (Celano 1999); R. Torge (Marruviana); L. Palazzi, M. Iero, G. Galliani e L. Maggioli (Sanpelinese); A. Di Luca e M. Piacente (Villa San Sebastiano)
**4 reti:** I. Mulak (Amatori Aielli); N. Grasso (Capistrello); F. Tersigni e D. De Flaviis (Marruviana); P. Cirella, E. Gregori e R. Flamini (Sanpelinese)
**3 reti:** L. Andreozzi (Capistrello); F. Caroso, G. Prosia e A. Di Renzo (Celano 1999); P. Giordani (Marruviana); M. Vasselli, D. Battaglia e G. Iervolino (Midia Avezzano); D. Taglieri (Ortigia); J. Mounabih e P. Cardarelli (Paterno); E. Cambise e A. Della Torre (Trasacco); E. Liberati, L. Zuccaro e A. Di Paolantonio (Villa San Sebastiano)
**2 reti:** R. Persia (Capistrello); F. Pestilli e G. D'Alessandro (Celano 1999); M. Patanè (Marruviana); D. Mei (Midia Avezzano); M. Fiasca, R. Seritti, A. Mounabih e A. Cavasinni (Paterno); G. Ottavi, A. Petricone e D. Pomohaci (Sanpelinese); M. Pensa e G. Mastroddi (Villa San Sebastiano)

## PLAY OFF – ENRICO DE LUCA
## QUARTI DI FINALE

### GARA UNICA – sabato 28 maggio 2022

Aielli-PESCINA **2-3**
*C. Fieraru 2 (A), D. Ruggeri 2 (P), F. Massimi (P)*
OLD PUCETTA-Sanpelinese **2-1**
*P. Cardilli (O), R. Palozzi (O), L. Maggioli (S)*
SAN BENEDETTO VENERE-Midia Avezzano **4-0**
*D. Di Iulio, M. Balzani, E. Sbattella, A. Marmotta*
TRASACCO-Celano 2020 **4-2** (ai rigori)
*L. D'Apice (T), M. Bonfà (C)*

***N.B. In maiuscolo le squadre qualificate***

## SEMIFINALI

### GARA UNICA – sabato 4 giugno 2022

Trasacco-PESCINA **1-4**
*M. Terenzi (T), D. Ruggeri (P), A. Boukhrais(P), G. Marianella (P), A. Serchia (P)*
SAN BENEDETTO VENERE-Old Pucetta **4-3** (ai rigori)

## FINALE

### sabato 11 giugno 2022 ad Aielli (Aq), stadio Comunale

San Benedetto Venere-Pescina **4-5** (ai rigori)
*A. Marmotta (S), E. Di Censo (P)*

## PLAY OUT – ALFREDO DI STEFANO
## QUARTI DI FINALE

### GARA UNICA – sabato 28 maggio 2022

ORTIGIA-Longobarda Cerchio **3-2**
*D. Campomizzi (O), M. Galassi (O), G. Montanaro (O), G. Rosati (L), R. Tucceri (L)*
SANTE MARIE-Paterno **4-1**
*A. Fiore (S), I. Di Felice 3 (S), A. Cavasinni (P)*
UNITED L'AQUILA-Marruviana **6-2**
*Maurizio Di Paolo (U), A. Boccanera (U), V. Ranieri (U), F. Riga (U), S. Galanti (U), E. Di Francia (U), F. Staffieri (M), F. Tersigni (M)*
VILLA SAN SEBASTIANO-Team Az '93 **4-1**
*E. Valente 2 (V), M. Piacente (V), A. Di Paolantonio (V), M. Scafati (T)*

***N.B. In maiuscolo le squadre qualificate***

## SEMIFINALI

### GARA UNICA – sabato 4 giugno 2022

SANTE MARIE-United L'Aquila **4-0**
*A .Tomei 2, I. Di Felice 2*
Villa San Sebastiano-ORTIGIA **1-2**
*A. Di Paolantonio (V), M. Galassi (O), autorete (O)*

## FINALE

### sabato 11 giugno 2022 ad Aielli (Aq), stadio Comunale

Sante Marie-Ortigia **6-5 (ai rigori)**
*G. Mione (S), A. Nanni 2 (S), S. Carufo 2 (O), M. D'Agostino (O)*

## CLASSIFICA MARCATORI GENERALE
## AMATORI AVEZZANO

**26 reti:** M. Balzani (San Benedetto Venere)
**24 reti:** F. Massimi (Pescina); F. Salvati (Midia Avezzano)
**19 reti:** R. Rubino (Villa San Sebastiano)
**18 reti:** C. Fieraru (Amatori Aielli)
**17 reti:** S. Carufo (Ortigia); T. Cancelli (Trasacco)
**16 reti:** P. Cardilli (Old Pucetta)
**14 reti:** M. D'Agostino (Ortigia)
**13 reti:** A. Dernjani (Amatori Aielli); E. Valente (Villa San Sebastiano)
**12 reti:** A. Vallifuoco (Amatori Aielli); F. Staffieri (Marruviana); L. D'Apice

(Trasacco)
**11 reti:** I. Di Felice (San Benedetto Venere); C. Leonio (Capistrello); A. Aloisi (Midia Avezzano)
**10 reti:** D. Ruggeri (Pescina); M. Scafati (Team Az '93); Maurizio Di Paolo (United L'Aquila); A. Palma (Sanpelinese)
**9 reti:** N. Murgescu (Amatori Aielli); M. Mounabih (Paterno)
**8 reti:** L. Bonfà e M. Bonfà (Celano 2020); G. Rosati (Longobarda Cerchio); E. Di Francia (United L'Aquila); M. Terenzi (Trasacco)
**7 reti:** C. D'Agostino (Celano 1999); S. Cacchione (Paterno); Q. Del Manso (Sanpelinese)
**6 reti:** G. Angelosante (Old Pucetta); D. Casale (San Benedetto Venere); E. Angeloni (Celano 1999); F. De Luca (Midia Avezzano); M. Galassi e D. Campomizzi (Ortigia); M. Salvatore (Paterno); G. Cappelli (Sanpelinese)
**5 reti:** G. Bisegna e A. Sammarone (Old Pucetta); A. Nanni, A. Tomei e S. Di Giacomo (San Benedetto Venere); A. Boccanera (United L'Aquila); D. Sherifi e F. Cipriani (Amatori Aielli); W. Renzi (Celano 1999); R. Torge (Marruviana); L. Palazzi, M. Iero, G. Galliani e L. Maggioli (Sanpelinese); A. Di Luca e M. Piacente (Villa San Sebastiano)

## COPPA DISCIPLINA AMATORI AVEZZANO

| posizione | squadre | punteggio |
|---|---|---|
| 1 | Team Az '93 | 1,45 |
| 2 | Trasacco | 1,95 |
| 3 | San Benedetto Venere | 2,65 |
| 4 | Celano 1999 | 2,95 |
| 5 | Midia Avezzano | 3,60 |
| 6 | United L'Aquila | 3,95 |
| 7 | Pescina | 4,15 |
| 8 | Ortigia | 4,55 |
| 9 | Sanpelinese | 4,55 |
| 10 | Celano 2020 | 6,20 |
| 11 | Old Pucetta | 11,80 |
| 12 | Longobarda Cerchio | 13,00 |
| 13 | Sante Marie | 14,10 |
| 14 | Villa San Sebastiano | 14,15 |
| 15 | Capistrello | 14,90 |
| 16 | Paterno | 15,40 |
| 17 | Aielli | 25,10 |
| 18 | Marruviana | 44,70 |
| 19 | Aielli 2015 | 53,55 |

## AMATORI LANCIANO/VASTO girone A

### 1ª giornata – sabato 13 novembre 2021

AC Lancianese-Virtus Frentana **11-2**
*F. Colacioppo 2 (A), A. Paone (A), D. Mallardi (A), D. Ciccocioppo 2 (A), A. Doris (A), S. Malvone 4 (A), M. Paolucci (V), F. Carinci (V)*
Crecchio 88-Videotom **4-0**
*D. Finocchio 2, A. Mancini, S. Dello Scarparo*
Santa Liberata-Stilottica Rapino **1-2**
*V. Bellisario (Sa), G. Di Battista 2 (St)*
Tollo 2008-San Vito 83 **3-3**
*C. Salemme (T), V. Cavuto (T), N. Cavuto (T), A. Catenaro 2 (S), Valerio Antonio Catenaro (S)*
Virtus Castel Frentano-Pol. Vacri **5-1**
*S. Colarusso (V), A. Donosa (V), R. Hernandez Pichardo 2 (V), P. Riso (V), M. Paolini (P)*

### 2ª giornata – sabato 20 novembre 2021

Pol. Vacri-Santa Liberata **3-5**
*V. Giurastante (P), T. Iezzi (P), F. Paolucci (P), U. Del Grosso 2 (S), V. Bucci (S), G. Ostacolo (S), V. Bellisario (S)*
San Vito 83-Virtus Castel Frentano **4-4**
*D. Iezzi 2 (S), A. Ciamarone (S), R. Nardone (S), U. Scafetta (V), T. Tacu (V), S. Di Tiello (V), P. Riso (V)*
Stilottica Rapino-AC Lancianese **2-6**
*G. Di Battista 2 (S), S. Malvone 2 (A), D. Mallardi (A), D. Ciccocioppo (A), A. Paone (A), F. Colacioppo (A)*
Videotom-Tollo 2008 **3-1**
*L. Canzano (V), D. Colasante (V), autorete (V), N. Cavuto (T)*
Virtus Frentana-Crecchio 88 **1-0**
*M. Paolucci*

### 3ª giornata – sabato 27 novembre 2021

AC Lancianese-Pol. Vacri **3-0**
*S. Malvone 3*
Crecchio 88-Stilottica Rapino **2-1**
*L. D'Attanasio 2 (C), G. Di Florio (R)*
Santa Liberata-Virtus Castel Frentano **1-1**
*U. Del Grosso (S), A. Donosa (V)*
Tollo 2008-Virtus Frentana **3-0**
*N. Cavuto, M. Di Marco, V. Cavuto*

Videotom-San Vito 83 **0-3**
*R. Nardone 2, Valerio Antonio Catenaro*

**4ª giornata – sabato 11 dicembre 2021**

Pol. Vacri-Crecchio 88 **2-6**
*M. Paolini (P), F. Pelusi (P), F. Napoletano (C), L. D'Attanasio (C), G. Elisii (C), D. Finocchio 2 (C), G. Berardinucci (C)*
San Vito 83-Santa Liberata **1-2**
*Valerio Antonio Catenaro (SV), G. Ostacolo 2 (SL)*
Stilottica Rapino-Tollo 2008 **3-1**
*G. Cocco (S), A. Turdò (S), F. Esposito (S), M. Di Marco (T)*
Virtus Castel Frentano-AC Lancianese **0-2**
*D. Ciccocioppo, I. Geniola*
Virtus Frentana-Videotom **0-4**
*M. Sesay, A. Orlando 2, D. Colasante*

**5ª giornata – sabato 18 dicembre 2021**

AC Lancianese-Santa Liberata **7-0**
*D. Cicoccioppo 2, I. Geniola, D. Mallardi, S. Malvone, F. Colacioppo, A. Paone*
Crecchio 88-Virtus Castel Frentano **1-0**
*A. Santeusanio*
Tollo 2008-Pol. Vacri **3-0**
*L. Veliaj, N. Cavuto, M. Di Marco*
Videotom-Stilottica Rapino **1-0**
*F. Ferrari*
Virtus Frentana-San Vito 83 **0-2**
*S. Olivieri, N. Nardone*

**6ª giornata – sabato 12 febbraio 2022**

Pol. Vacri-Videotom **2-1**
*F. Paolucci 2 (P), autorete (V)*
San Vito 83-AC Lancianese **1-5**
*R. Nardone (S), N. Giammarino (A), S. Malvone 2 (A), A. Monaco (A), A. Romito (A)*
Santa Liberata-Crecchio 88 **0-5**
*G. Spoltore 2, D. Finocchio 2, L. D'Attanasio*
Stilottica Rapino-Virtus Frentana **10-3**
*M. Bomba (S), R. Giovannelli (S), G. Di Florio (S), G. Di Battista 2 (S), A. Bruno (S), D. Rapino (S), G. Cocco 3 (S), R. Borzillo (V), M. Paolucci 2 (V)*
Virtus Castel Frentano-Tollo 2008 **4-1**
*N. Budulig 3 (V), T. Tacu (V), autorete (T)*

| 7ª giornata – sabato 19 febbraio 2022 | |
|---|---|
| Crecchio 88-AC Lancianese | **3-0** |
| *L. D'Attanasio, D. Finocchio, G. Spoltore* | |
| Stilottica Rapino-San Vito 83 | **4-2** |
| *G. Cocco 2 (St), M. Bomba (St), A. Di Nunzio (St), E. Nocerino (Sa), E. Cocco (Sa)* | |
| Tollo 2008-Santa Liberata | **0-3** |
| *S. D'Alicarnasso, G. Ostacolo 2* | |
| Videotom-Virtus Castel Frentano | **0-3** |
| *N. Budulig 2, A. Donosa* | |
| Virtus Frentana-Pol. Vacri | **4-3** |
| *G. Ramundi 2 (V), R. Borzillo (V), M. Paolucci (V), M. Paolini (P), F. Paolucci 2 (P)* | |

| 8ª giornata – sabato 5 marzo 2022 | |
|---|---|
| AC Lancianese-Tollo 2008 | **8-2** |
| *S. Malvone 2 (A), F. Colacioppo (A), A. Doris 3 (A), D. Ciccocioppo (A), A. Romito (A), L. Veliaj (T), P. Lalli (T)* | |
| Crecchio 88-San Vito 83 | **5-1** |
| *G. Berardinucci (C), A. Santeusanio 3 (C), S. Dello Scarparo (C), A. Ciamarone (S)* | |
| Pol. Vacri-Stilottica Rapino | **0-1** |
| *A. Di Nunzio* | |
| Santa Liberata-Videotom | **4-1** |
| *S. D'Alicarnasso (S), E. Colanero 2 (S), V. Bucci (S), M. Giordano (V)* | |
| Virtus Castel Frentano-Virtus Frentana | **6-1** |
| *N. Budulig 4 (VC), P. Riso (VC), T. Tacu (VC), R. Borzillo (VF)* | |

| 9ª giornata – sabato 19 marzo 2022 | |
|---|---|
| San Vito 83-Pol. Vacri | **1-6** |
| *A. Ciamarone (S), V. Giurastante 2 (P), M. Paolini (P), A. Kacmoli (P), T. Iezzi (P), F. Paolucci (P)* | |
| Stilottica Rapino-Virtus Castel Frentano | **0-5** |
| *N. Budulig 3, T. Tacu, D. Cellucci* | |
| Tollo 2008-Crecchio 88 | **0-5** |
| *G. Elisii 2, L. D'Attanasio, G. Spoltore, G. Berardinucci* | |
| Videotom-AC Lancianese | **0-4** |
| *M. Marfisi, F. Colacioppo, A. Paone, M. Iafelice* | |
| Virtus Frentana-Santa Liberata | **3-0** |
| *M. Paolucci, M. Casciato, C. Santacroce* | |

## CLASSIFICA FINALE girone A

| squadre | punti | gare | Vinte | nulle | perse | reti f. | reti s. | diff. |
|---|---|---|---|---|---|---|---|---|
| Crecchio 88 | 24 | 9 | 8 | 0 | 1 | 31 | 5 | +26 |
| AC Lancianese | 24 | 9 | 8 | 0 | 1 | 46 | 10 | +36 |
| V. Castel Frentano | 17 | 9 | 5 | 2 | 2 | 28 | 11 | +17 |
| Stilottica Rapino | 15 | 9 | 5 | 0 | 4 | 23 | 21 | +2 |
| Santa Liberata | 13 | 9 | 4 | 1 | 4 | 16 | 23 | -7 |
| Videotom | 9 | 9 | 3 | 0 | 6 | 10 | 21 | -11 |
| Virtus Frentana | 9 | 9 | 3 | 0 | 6 | 14 | 39 | -25 |
| San Vito 83 | 8 | 9 | 2 | 2 | 5 | 18 | 29 | -11 |
| Tollo 2008 | 7 | 9 | 2 | 1 | 6 | 14 | 29 | -15 |
| Pol. Vacri | 6 | 9 | 2 | 0 | 7 | 17 | 29 | -12 |

## CLASSIFICA MARCATORI girone A

**25 reti:** N. Budulig (Virtus Castel Frentano)
**16 reti:** S. Malvone (AC Lancianese)
**15 reti:** D. Ciccocioppo (AC Lancianese)
**12 reti:** F. Colacioppo (AC Lancianese); F. Paolucci (Pol. Vacri)
**10 reti:** G. Elisii e L. D'Attanasio (Crecchio 88)
**9 reti:** D. Finocchio e A. Santeusanio (Crecchio 88); T. Tacu (Virtus Castel Frentano)
**8 reti:** A. Catenaro (San Vito 83); G. Ostacolo (Santa Liberata); G. Di Battista (Stilottica Rapino); N. Cavuto (Tollo 2008)
**7 reti:** I. Geniola (AC Lancianese); G. Spoltore (Crecchio 88); G. Cocco (Stilottica Rapino)
**6 reti:** M. Paolini e V. Giurastante (Pol. Vacri); D. Cellucci (Virtus Castel Frentano); M. Paolucci (Virtus Frentana)
**5 reti:** P. Riso e A. Donosa (Virtus Castel Frentano)
**4 reti:** A. Paone, A. Doris e D. Mallardi (AC Lancianese); G. Berardinucci e S. Dello Scarparo (Crecchio 88); R. Nardone, A. Ciamarone e Valerio Antonio Catenaro (San Vito 83); V. Bellisario e U. Del Grosso (Santa Liberata); F. Esposito (Stilottica Rapino); P. Lalli (Tollo 2008); F. Ferrari e D. Colasante (Videotom); R. Hernandez Pichardo (Virtus Castel Frentano);
**3 reti:** A. Romito (AC Lancianese); F. Napoletano (Crecchio 88); T. Iezzi (Pol. Vacri); A. Chirurgi (San Vito 83); E. Colanero (Santa Liberata); M. Bomba (Stilottica Rapino); L. Veliaj e M. Di Marco (Tollo 2008); A. Scionti e M. Colasante (Videotom); C. Doicaru (Virtus Castel Frentano); R. Borzillo e C. Santacroce (Virtus Frentana)
**2 reti:** M. Marfisi, M. Iafelice e N. Giammarino (AC Lancianese); A. Cavaliere (Crecchio 88); A. Kacmoli (Pol. Vacri); D. Iezzi, E. Nocerino e Maximilian Mininni (San Vito 83); A. Russo, V. Bucci e S. D'Alicarnasso (Santa Liberata); D. Rapino, A. Di Nunzio, G. Di Florio, L. Liberatore e D. Di Campli San Vito (Stilottica Rapino); V. Cavuto (Tollo 2008); A. Orlando e G. Zazzara (Videotom); A. Coletta e M. Di Bucchianico (Virtus Castel Frentano); F. Carinci e G. Ramundi (Virtus Frentana)

## AMATORI LANCIANO/VASTO girone B

### 1ª giornata – sabato 13 novembre 2021

Athletic Lanciano-Fossacesia 90 **1-0**
*G. Carlini*
Atletico Roccascalegna-Val di Sangro **2-3**
*C. Giglio 2 (A), F. Di Tondo (V), A. Di Iorio 2 (V)*
Perano-Sporting Altino **0-3**
*P. Verratti, L. Travaglini, V. D'Orazio*
Real Villa Scorciosa-Colledimezzo **3-4**
*M. Cericola (R), A. Di Fazio (R), autorete (R), C. D'Amico 2 (C), M. Giannetta 2 (C)*
Tornareccio-Calcio Club **1-3**
*F. Negrey (T), R. Di Pendima (C), M. Turchi (C), L. Giammarino (C)*

### 2ª giornata – sabato 20 novembre 2021

Calcio Club-Real Villa Scorciosa **4-2**
*F. Paolucci (C), A. Giammarino (C), F. Rapino (C), G. Giancristofaro (C), D. Tridenti 2 (R)*
Colledimezzo-Athletic Lanciano **4-1**
*C. D'Amico (C), M. Giannetta (C), M. Palermo (C), L. Fantasia (C), Andrea Giusti (A)*
Fossacesia 90-Perano **3-1**
*G. Vittorioso 2 (F), F. Strizzi (F), E. De Camillis (P)*
Sporting Altino-Atletico Roccascalegna **2-0**
*M. Scutti, L. Travaglini*
Val di Sangro-Tornareccio **4-4**
*A. Di Iorio 2 (V), F. Di Tondo (V), S. Arif (V), M. Marchetti (T), N. Pietrodarchi (T), P. Mangione (T), A. Di Iorio (T)*

### 3ª giornata – sabato 27 novembre 2021

Atletico Roccascalegna-Fossacesia 90 **4-0**
*C. Giglio 3, G. Di Iorio*
Calcio Club-Colledimezzo **2-2**
*L. Giammarino (Ca), A. Celli (Ca), P. Consalvo (Co), C. D'Amico (Co)*
Perano-Athletic Lanciano **1-4**
*R. Di Risio (P), Antonio Giusti 2 (A), A. Giovannelli 2 (A)*
Real Villa Scorciosa-Val di Sangro **1-7**
*A. Mattioli (R), A. Di Matteo 2 (V), A. Di Iorio 4 (V), M. Giovannangelo (V)*
Tornareccio-Sporting Altino **2-4**
*N. Pietrodarchi 2 (T), P. Verratti (S), L. Travaglini (S), N. Mosca (S), E. Delimurati (S)*

**4ª giornata – sabato 11 dicembre 2021**

Athletic Lanciano-Atletico Roccascalegna **2-1**
*Andrea Giusti (AL), Antonio Giusti (AL), D. Staniscia (AR)*
Colledimezzo-Perano **6-0**
*C. D'Amico, M. Giannetta, P. Consalvo, M. Palermo 2, N. Sanguinetti*
Fossacesia 90-Tornareccio **2-5**
*D. Paolucci 2 (F), N. Pietrodarchi 2 (T), F. Pili (T), M. Costantini 2 (T)*
Sporting Altino-Real Villa Scorciosa **2-1**
*V. D'Orazio (S), M. Di Bravo (S), A. Di Fazio (R)*
Val di Sangro-Calcio Club **0-4**
*R. Di Pendima 2, W. Marfisi, L. Giammarino*

**5ª giornata – sabato 18 dicembre 2021**

Atletico Roccascalegna-Perano **3-0**
*S. Arif 2, A. Cinalli*
Calcio Club-Sporting Altino **3-0**
*L. Giammarino 3*
Real Villa Scorciosa-Fossacesia 90 **2-4**
*P. Gaeta (R), A. Di Nunzio (R), Alessio Di Nardo (F), G. Vittorioso (F), D. Paolucci (F), F. Strizzi (F)*
Tornareccio-Athletic Lanciano **3-4**
*F. Fioriti 2 (T), E. Falcone (T), Andrea Giusti 2 (A), A. De Luca 2 (A)*
Val di Sangro-Colledimezzo **5-1**
*A. Di Iorio 4 (V), A. Cirigliano (V), C. D'Amico (C)*

**6ª giornata – sabato 12 febbraio 2022**

Athletic Lanciano-Real Villa Scorciosa **0-1**
*A. Di Fazio*
Colledimezzo-Atletico Roccascalegna **1-2**
*M. Palermo (C), S. Arif (A), R. Campitelli (A)*
Fossacesia 90-Calcio Club **3-3**
*F. Strizzi (F), D. Paolucci (F), A. Cotellessa (F), L. Giammarino (C), M. Pasquini 2 (C)*
Perano-Tornareccio **2-7**
*P. D'Orazio (P), E. De Camillis (P), F. Fioriti 2 (T), N. Pietrodarchi 2 (T), R. Pili (T), S. Cinalli (T), P. Iezzi (T)*
Sporting Altino-Val di Sangro **1-1**
*P. Verratti (S), A. Di Matteo (V)*

**7ª giornata – sabato 19 febbraio 2022**

Calcio Club-Athletic Lanciano **3-1**
*R. Di Pendima (C), L. Giammarino 2 (C), M. Scutti (A)*

Real Villa Scorciosa-Perano **1-0**
*P. Gaeta*
Sporting Altino-Colledimezzo **6-2**
*V. D'Orazio (S), N. Mosca (S), P. Verratti 2 (S), L. Travaglini (S), D. Mosca (S), C. D'Amico (C), M. Giannetta (C)*
Tornareccio-Atletico Roccascalegna **1-1**
*F. Fioriti (T), A. Cinalli (A)*
Val di Sangro-Fossacesia 90 **6-1**
*A. Di Iorio 4 (V), A. Di Matteo (V), A. Elezi (V), D. Paolucci (F)*

**8ª giornata – sabato 5 marzo 2022**

Athletic Lanciano-Val di Sangro **0-1**
*A. Di Iorio*
Atletico Roccascalegna-Real Villa Scorciosa **3-0**
*P. Stolfi, D. Staniscia 2*
Fossacesia 90-Sporting Altino **2-4**
*L. Luciani (F), Alessio Di Nardo (F), A. Scutti (S), P. Verratti 2 (S), E. Delimurati (S)*
Perano-Calcio Club **0-5**
*L. Giammarino 2, R. Di Pendima, F. Rapino, G. Massimini*
Tornareccio-Colledimezzo **8-7**
*P. Iezzi 4 (T), F. Fioriti 2 (T), N. Pietrodarchi (T), F. Negrey (T), C. Di Pietro (C), C. D'Amico 3 (C), S. D'Alessandro 2 (C), A. Di Toro (C)*

**9ª giornata – sabato 19 marzo 2022**

Calcio Club-Atletico Roccascalegna **4-1**
*L. Giammarino 2 (C), F. Rapino (C), A. Giammarino (C), V. Scaccia (A)*
Colledimezzo-Fossacesia 90 **4-2**
*M. Giannetta 2 (C), C. D'Amico (C), M. Palermo (C), A. Kabali (F), D. Paolucci (F)*
Real Villa Scorciosa-Tornareccio **1-4**
*D. Tridenti (A), N. Pietrodarchi 2 (T), P. Iezzi (T), F. Fioriti (T)*
Sporting Altino-Athletic Lanciano **3-1**
*L. Travaglini 2 (S), V. D'Orazio (S), A. Geniola (A)*
Val di Sangro-Perano **2-3**
*A. Di Iorio (V), F. Di Tondo (V), S. Coscia 2 (P), E. De Camillis (P)*

## CLASSIFICA FINALE girone B

| squadre | punti | gare | vinte | nulle | perse | reti f. | reti s. | diff. |
|---|---|---|---|---|---|---|---|---|
| Calcio Club | 23 | 9 | 7 | 2 | 0 | 31 | 10 | +21 |
| Sporting Altino | 22 | 9 | 7 | 1 | 1 | 25 | 12 | +13 |
| Val di Sangro | 17 | 9 | 5 | 2 | 2 | 29 | 17 | +12 |
| Tornareccio | 14 | 9 | 4 | 2 | 3 | 35 | 28 | +7 |
| Atl. Roccascalegna | 13 | 9 | 4 | 1 | 4 | 17 | 13 | +4 |
| Colledimezzo | 13 | 9 | 4 | 1 | 4 | 31 | 29 | +2 |
| Athletic Lanciano | 12 | 9 | 4 | 0 | 5 | 14 | 17 | -3 |
| Fossacesia 90 | 7 | 9 | 2 | 1 | 6 | 17 | 30 | -13 |
| Real V. Scorciosa | 6 | 9 | 2 | 0 | 7 | 12 | 28 | -16 |
| Perano | 3 | 9 | 1 | 0 | 8 | 7 | 34 | -27 |

## CLASSIFICA MARCATORI girone B

**24 reti:** A. Di Iorio (Val di Sangro)
**17 reti:** L. Giammarino (Calcio Club)
**12 reti:** N. Pietrodarchi (Tornareccio)
**11 reti:** C. D'Amico (Colledimezzo)
**10 reti:** P. Iezzi (Tornareccio)
**9 reti:** C. Giglio (Atletico Roccascalegna); M. Giannetta (Colledimezzo); D. Paolucci (Fossacesia 90); P. Verratti e L. Travaglini (Sporting Altino); F. Fioriti (Tornareccio)
**8 reti:** R. Di Pendima (Calcio Club); V. D'Orazio (Sporting Altino); A. Di Matteo (Val di Sangro)
**7 reti:** M. Palermo (Colledimezzo)
**6 reti:** Andrea Giusti (Athletic Lanciano); P. D'Orazio (Perano)
**5 reti:** A. Geniola e Antonio Giusti (Athletic Lanciano); M. Pasquini (Calcio Club); E. De Camillis (Perano)
**4 reti:** D. Staniscia (Atletico Roccascalegna); M. Turchi (Calcio Club); P. Gaeta, A. Di Fazio e M. Cericola (Real Villa Scorciosa)
**3 reti:** G. Carlini (Athletic Lanciano); S. Arif (Atletico Roccascalegna); F. Rapino e A. Giammarino (Calcio Club); L. Fantasia, C. Di Pietro, G. Simonetti e S. D'Alessandro (Colledimezzo); F. Strizzi e G. Vittorioso (Fossacesia 90); S. Coscia (Perano); D. Tridenti (Real Villa Scorciosa); N. Mosca e E. Delimurati (Sporting Altino); F. Di Tondo (Val di Sangro)
**2 reti:** A. De Luca e A. Giovannelli (Athletic Lanciano); P. Stolfi, A. Cinalli e R. Campitelli (Atletico Roccascalegna); D. Luciani e A. Sterlicco (Calcio Club); P. Consalvo e A. Di Toro (Colledimezzo); A. Kabali e Alessio Di Nardo (Fossacesia 90); G. Piccirilli (Real Villa Scorciosa); D. Mosca (Sporting Altino); F. Negrey, P. Mangione e M. Costantini (Tornareccio); M. Giovannangelo (Val di Sangro)

## AMATORI LANCIANO/VASTO girone C

### 1ª giornata – sabato 6 novembre 2021

Amatori 2013-Pollutri **2-1**
*M. Tarquinio (A), E. Mirolli (A), A. Cantelmo (P)*
Bar Giglio Vasto-All Becks **5-6**
*S. Scurti (B), A. De Simone 2 (B), A. Puteanu 2 (B), L. Ardelan 2 (A), S. Fagnani (A), L. Bellano (A), G. Marino (A), S. Pollutri (A)*
Ristorante Da Moretti-Amatori '88 **2-1**
*S. Cericola (R), G. D'Ercole (R), M. Vitelli (A)*
Vasto Sud-Real Casale **2-0**
*M. D'Ermilio 2*
Vasto United-Biancazzurri Casalanguida **1-0**
*A. Verrone*
**Ha riposato:** Torino di Sangro

### 2ª giornata – sabato 13 novembre 2021

All Becks-Vasto United **1-5**
*S. Pollutri (A), A. Verrone 2 (V), A. Valentini 2 (V), M. Massari (V)*
Amatori '88-Torino di Sangro **9-0**
*M. Vitelli 3, A. Di Pardo, E. Marrocco, M. Capraro 2, N. Di Francesco, N. Amoroso*
Biancazzurri Casalanguida-Ristorante Da Moretti **0-2**
*S. Giacomucci 2*
Pollutri-Vasto Sud **1-2**
*S. Pallotta (P), U. Cristini (V), A. Mormile (V)*
Real Casale-Bar Giglio Vasto **1-2**
*P. Piscicelli (R), A. Bratan (B), A. Mascilli (B)*
**Ha riposato:** Amatori 2013

### 3ª giornata – sabato 20 novembre 2021

Bar Giglio Vasto-Pollutri **3-1**
*L. Ciccotosto (B), S. Scurti (B), A. Puteanu (B), M. Monachetti (P)*
Ristorante Da Moretti-All Beck **1-4**
*P. Di Pasquale (R), L. Ardelan 2 (A), G. Paglialonga (A), L. Bellano (A)*
Torino di Sangro-Biancazzurri Casalanguida **0-3**
*M. Zocaro 3*
Vasto Sud-Amatori 2013 **2-1**
*P. Rigato (V), autorete (V), F. Antinoro (A)*
Vasto United-Real Casale **6-1**
*D. Pellegrino 3 (V), A. Verrone 2 (V), G. D'Adamo (V), A. Picciotti (R)*
**Ha riposato:** Amatori '88

| 4ª giornata – sabato 4 dicembre 2021 | |
|---|---|
| All Becks-Torino di Sangro | **3-0** |
| *G. Marino, A. Antenucci, L. Ardelan* | |
| Amatori 2013-Bar Giglio Vasto | **1-1** |
| *F. Antinoro (A), M. Stivaletta (B)* | |
| Biancazzurri Casalanguida-Amatori '88 | **2-1** |
| *D. Di Croce (B), N. Di Paolo (B), D. Desiderio (A)* | |
| Pollutri-Vasto United | **0-6** |
| *M. Massari 3, A. Verrone 2, D. Pellegrino* | |
| Real Casale-Ristorante Da Moretti | **1-1** |
| *A. Picciotti (Re), P. Di Pasquale (Ri)* | |
| **Ha riposato:** Vasto Sud | |

| 5ª giornata – sabato 11 dicembre 2021 | |
|---|---|
| Amatori '88-All Becks | **0-4** |
| *N. Battista, A. Antenucci 2, G. Paglialonga* | |
| Bar Giglio Vasto-Vasto Sud | **2-2** |
| *S. Scurti (B), A. Puteanu (B), L. Teti (V), E. Talia (V)* | |
| Ristorante Da Moretti-Pollutri | **4-3** |
| *G. Pomponio 2 (R), P. Di Pasquale 2 (R), A. Mariotti 2 (P), V. De Giacomo (P)* | |
| Torino di Sangro-Real Casale | **0-2** |
| *E. Scardapane, G. Fornaro* | |
| Vasto United-Amatori 2013 | **5-0** |
| *M. Massari, E. Bucci, A, Verrone 3* | |
| **Ha riposato:** Biancazzurri Casalanguida | |

| 6ª giornata – sabato 18 dicembre 2021 | |
|---|---|
| All Becks-Biancazzurri Casalanguida | **2-1** |
| *L. Ardelan (A), L. Bellano (A), L. Galizia (C)* | |
| Amatori 2013-Ristorante Da Moretti | **3-2** |
| *D. Marrocco (A), M. Tarquinio (A), A. Latrofa (A), P. Di Pasquale (R), A. Toscano (R)* | |
| Pollutri-Torino di Sangro | **4-1** |
| *S. Pallotta 2 (P), V. De Giacomo (P), N. Pallotta (P), F. Cimini (T)* | |
| Real Casale-Amatori '88 | **3-0** |
| *E. Scardapane, A. Picciotti, L. Tiberio* | |
| Vasto Sud-Vasto United | **0-0** |
| **Ha riposato:** Bar Giglio Vasto | |

| 7ª giornata – sabato 19 febbraio 2022 | |
|---|---|
| Amatori '88-Pollutri | **5-1** |
| *E. Mirolli 2 (A), G. Santini (A), A. Budano (A), M. Vitelli (A), G. Graziani (P)* | |

Biancazzurri Casalanguida-Real Casale **0-0**
Ristorante Da Moretti-Vasto Sud **3-2**
*M. D'Ercole (R), S. Giacomucci (R), P. Di Pasquale (R), P. Rigato (V), M. Fitti (V)*
Torino di Sangro-Amatori 2013 **2-6**
*F. Cimini (T), R. Cericola (T), M. Tarquinio 2 (A), I. Rosati (A), M. Silvestri (A), M. Galante 2 (A)*
Vasto United-Bar Giglio Vasto **3-0**
*D. Pellegrino, M. Massari, S. Di Domenico*
**Ha riposato:** All Becks

**8ª giornata – sabato 26 febbraio 2022**

Amatori 2013-Amatori '88 **2-0**
*F. Antinoro, M. Galante*
Bar Giglio Vasto-Ristorante Da Moretti **2-0**
*D. Bozzelli, A. Puteanu*
Pollutri-Biancazzurri Casalanguida **1-1**
*A. Di Martino (P), M. Zocaro (B)*
Real Casale-All Becks **1-2**
*P. Racciatti (R), L. Ardelan 2 (A)*
Vasto Sud-Torino di Sangro **6-0**
*U. Cristini 2, L. Teti, P. Rigato, M. Fitti, A. Di Blasio*
**Ha riposato:** Vasto United

**9ª giornata – sabato 5 marzo 2022**

All Becks-Pollutri **3-0**
*L. Ardelan, L. Bellano, M. Di Martino*
Amatori '88-Vasto Sud **1-5**
*E. Mirolli (A), U. Cristini 2 (V), G. Natale (V), M. Scalzo (V), G. Zappone (V)*
Biancazzurri Casalanguida-Amatori 2013 **1-4**
*M. Zacco (B), F. Antinoro 2 (A), D. Marrocco (A), M. Tarquinio (A)*
Ristorante Da Moretti-Vasto United **0-4**
*M. Massari, A. Verrone 3*
Torino di Sangro-Bar Giglio Vasto **2-3**
*D. Fantini (T), F. Bocchini (T), A. Puteanu 2 (B), D. Bozzelli (B)*
**Ha riposato:** Real Casale

**10ª giornata – sabato 12 marzo 2022**

Amatori 2013-All Becks **0-0**
Bar Giglio Vasto-Amatori '88 **1-1**
*A. Bratan (B), N. Amoroso (A)*
Pollutri-Real Casale **2-6**

*E. Di Martino (P), M. Monachetti (P), E. Scardapane 3 (R), B. Di Giacomo 2 (R), G. Fornaro (R)*
Vasto Sud-Biancazzurri Casalanguida **4-2**
*U. Cristini 2 (V), M. Fitti (V), M. Scalzo (V), D. Di Croce (B), G. Di Rado (B)*
Vasto United-Torino di Sangro **8-0**
*M. Massari 2, A. Verrone 2, E. Bucci, N. Iaciancio, D. Pellegrino, G. La Guardia*
**Ha riposato:** Ristorante Da Moretti

### 11ª giornata – sabato 19 marzo 2022

All Becks-Vasto Sud **1-1**
*S. Fagnani (A), U. Cristini (V)*
Amatori '88-Vasto United **1-3**
*D. Desiderio (A), M. Massari 2 (V), D. Ventrella (V)*
Biancazzurri Casalanguida-Bar Giglio Vasto **1-3**
*M. Di Croce (Bi), A. Bratan (Ba), A. Puteanu 2 (Ba)*
Real Casale-Amatori 2013 **0-0**
Torino di Sangro-Ristorante Da Moretti **0-2**
*P. Di Pasquale 2*
**Ha riposato:** Pollutri

## CLASSIFICA FINALE girone C

| squadre | punti | gare | vinte | nulle | perse | reti f. | reti s. | diff. |
|---|---|---|---|---|---|---|---|---|
| Vasto United | **28** | **10** | **9** | **1** | **0** | **41** | **3** | **+38** |
| All Becks | **23** | **10** | **7** | **2** | **1** | **26** | **14** | **+12** |
| Vasto Sud | **21** | **10** | **6** | **3** | **1** | **26** | **11** | **+15** |
| Amatori 2013 | **18** | **10** | **5** | **3** | **2** | **19** | **14** | **+5** |
| Bar Giglio Vasto | **18** | **10** | **5** | **3** | **2** | **22** | **18** | **+4** |
| Rist. Da Moretti | **16** | **10** | **5** | **1** | **4** | **17** | **20** | **-3** |
| Real Casale | **12** | **10** | **3** | **3** | **4** | **15** | **15** | **0** |
| Biancazzurri Cas. | **8** | **10** | **2** | **2** | **6** | **11** | **18** | **-7** |
| Amatori '88 | **7** | **10** | **2** | **1** | **7** | **19** | **23** | **-4** |
| Pollutri | **4** | **10** | **1** | **1** | **8** | **14** | **33** | **-19** |
| Torino di Sangro | **0** | **10** | **0** | **0** | **10** | **5** | **46** | **-41** |

## CLASSIFICA MARCATORI girone C

**26 reti:** A. Verrone (Vasto United)
**24 reti:** M. Massari (Vasto United)
**16 reti:** L. Ardelan (All Becks)
**15 reti:** P. Di Pasquale (Ristorante Da Moretti)
**14 reti:** A. Puteanu (Bar Giglio Vasto)
**13 reti:** E. Mirolli (Amatori 88)
**12 reti:** E. Scardapane (Real Casale); U. Cristini (Vasto Sud)
**11 reti:** S. Giacomucci (Ristorante Da Moretti)
**9 reti:** A. Bratan (Bar Giglio Vasto)
**8 reti:** F. Antinoro (Amatori 2013)
**7 reti:** A. Antenucci (All Becks); P. Rigato (Vasto Sud);
**6 reti:** M. Tarquinio (Amatori 2013); M. Vitelli (Amatori 88); M. Zocaro (Biancazzurri Casalanguida); D. Pellegrino (Vasto United)
**5 reti:** V. De Giacomo (Pollutri)
**4 reti:** G. Marino e L. Bellano (All Becks); G. Santini e A. Scardapane (Amatori 88); A. De Simone (Bar Giglio Vasto); A. Mariotti, E. Di Martino e M. Monachetti (Pollutri); P. Piscicelli (Real Casale); N. Monachetti (Ristorante Da Moretti); M. Fitti e M. Scalzo (Vasto Sud); A. Valentini e G. La Guardia (Vasto United)
**3 reti:** G. Paglialonga (All Becks); M. Galante (Amatori 2013); N. Amoroso e N. Di Francesco (Amatori 88); S. Scurti e D. Bozzelli (Bar Giglio Vasto); D. Di Croce (Biancazzurri Casalanguida); S. Pallotta (Pollutri); A. Picciotti (Real Casale); G. Pomponio (Ristorante Da Moretti); F. Cimini (Torino di Sangro); A. Mormile e N. Stivaletta (Vasto Sud); D. Ventrella (Vasto United)
**2 reti:** S. Pollutri e S. Fagnani (All Becks); A. Latrofa e D. Marrocco (Amatori 2013); M. Manzi, M. Capraro e D. Desiderio (Amatori 88); N. Di Paolo e T. Iannone (Biancazzurri Casalanguida); G. Fornaro e B. Di Giacomo (Real Casale); S. Cericola (Ristorante Da Moretti); R. Cericola (Torino di Sangro); A. Di Blasio, L. Teti, M. D'Ermilio e E. Torricella (Vasto Sud); E. Bucci e V. Frasca (Vasto United)

## AMATORI LANCIANO/VASTO girone D

### 1ª giornata – sabato 13 novembre 2021

Cliternina-FC Termoli 42 15 **2-1**
*S. De Pascalis (C), F. Tigano (C), A. Pizzuto (F)*
Sporting San Salvo-Aragonese Vasto **4-2**
*F. D'Amico (S), M. De Ninis (S), G. Ramundi (S), F. Giurastante (S), V. Veseliwskyy 2 (A)*
SR Calcio-Montalfano **5-2**
*M. Pascucci (S), R. Bevilacqua (S), A. Marchione 3 (S), M. Silvestri (M), V. Cipollone (M)*
Termoli-Il Golfo Vasto **2-6**
*N. Spada (T), G. Mancini (T), S. D'Adamo (I), M. Cicchini (I), C. De Foglio (I), D. Sambrotta (I), A. Zaccaria (I), M. Menabuoni (I)*
Trigno Celenza-Montenero **2-2**
*G. Valentini (T), D. Di Pardo (T), N. Gentile (M), A. Pasciullo (M)*

### 2ª giornata – sabato 20 novembre 2021

Aragonese Vasto-Termoli **5-3**
*R. Budano (A), G. Spallini 2 (A), V. Veseliwskyy 2 (A), N. Mugnano (T), G. Micucci 2 (T)*
FC Termoli 42 15-Trigno Celenza **5-1**
*A. Pizzuto 2 (F), F. Tammaro (F), A. Iezzi (F), E. Cordisco (F), D. Di Pardo (T)*
Il Golfo Vasto-Cliternina **2-0**
*A. Zaccaria, autorete*
Montalfano-Sporting San Salvo **1-4**
*J. Miri (M), N. Cilli (S), S, Fabiani (S), G. Turchi (S), G. Ramundi (S)*
Montenero-SR Calcio **3-2**
*N. Gentile (M), A. Pasciullo (M), S. Catalano (M), A. Marchione 2 (S)*

### 3ª giornata – sabato 27 novembre 2021

Cliternina-Aragonese Vasto **3-0**
*P. Rocchi, S. Marinucci, D. De Pascalis*
Il Golfo Vasto-FC Termoli 42 15 **2-0**
*M. Menabuoni 2*
Sporting San Salvo-Montenero **3-0**
*C. Rossi 2, S. Cardarella*
SR Calcio-Trigno Celenza **2-2**
*G. Mucci (S), A. Marchione (S), P. Di Pardo (T), D. Antenucci (T)*
**3-3**

Termoli-Montalfano
*B. Gentile (T), R. Pennella (T), G. Di Vincenzo (T), J. Miri (M), D. Manzone (M), T. Ialacci (M)*

| 4ª giornata – sabato 11 dicembre 2021 | |
|---|---|
| Aragonese Vasto-Il Golfo Vasto | **1-3** |
| *V. Veseliwskyy (A), R. Vetta 2 (I), N. Sputore (I)* | |
| FC Termoli 42 15-SR Calcio | **3-0** |
| *C. Cau, E. Varanese, R. De Fenza* | |
| Montalfano-Cliternina | **2-7** |
| *J. Miri (M), T. Ialacci (M), F. Tigano 5 (C), D. Di Lisa (C), D. Tigano (C)* | |
| Montenero-Termoli | **2-0** |
| *N. Gentile, M. D'Aulerio* | |
| Trigno Celenza-Sporting San Salvo | **1-1** |
| *D. Di Pardo (T), S. Cardarella (S)* | |

| 5ª giornata – sabato 18 dicembre 2021 | |
|---|---|
| Aragonese Vasto-FC Termoli 42 15 | **4-1** |
| *V. Veseliwskyy 2 (A), G. Di Lena (A), D. Bucciarelli (A), A. Pizzuto (F)* | |
| Cliternina-Montenero | **4-0** |
| *D. De Pascalis 2, F. Tigano, E. Kaja* | |
| Il Golfo Vasto-Montalfano | **5-2** |
| *C. De Foglio (I), S. D'Adamo (I), D. Di Marco (I), M. Menabuoni 2 (I), M. Silvestri (M), S. Carosella (M)* | |
| Sporting San Salvo-SR Calcio | **8-3** |
| *V. Ialacci (Sp), G. Ramundi 2 (Sp), D. Ciavatta (Sp), S. Cardarella 2 (Sp), N. Cilli (Sp), S. Fabiani (Sp), R. Bevilacqua (SR), A. Marchione (SR), R. Vinci (SR)* | |
| Termoli-Trigno Celenza | **0-2** |
| *D. Di Pardo 2* | |

| 6ª giornata – sabato 12 febbraio 2022 | |
|---|---|
| FC Termoli 42 15-Sporting San Salvo | **0-3** |
| *D. Pollutri, D. Ciavatta, M. De Ninis* | |
| Montalfano-Aragonese Vasto | **1-4** |
| *S. Carosella (M), V. Veseliwskyy 4 (A)* | |
| Montenero-Il Golfo Vasto | **0-4** |
| *M. Menabuoni 2, A. Zaccaria, A. Baccaglini* | |
| SR Calcio-Termoli | **1-1** |
| *autorete (S), N. Spada (T)* | |
| Trigno Celenza-Cliternina | **0-2** |
| *F. Tigano, D. De Pascalis* | |

| **7ª giornata – sabato 19 febbraio 2022** | |
|---|---|
| Aragonese Vasto-Montenero | **1-0** |
| *A. Rossi* | |
| Cliternina-SR Calcio | **4-0** |
| *F. Tigano 2, D. De Pascalis, autorete* | |
| Il GolfoVasto-Trigno Celenza | **3-2** |
| *M. Cicchini (I), A. Zaccaria (I), S. D'Adamo (I), D. Di Pardo 2 (T)* | |
| Montalfano-FC Termoli 42 15 | **5-4** |
| *M. Silvestri 2 (M), D. Manzone (M), T. Ialacci (M), D. Campobassi (M), F. Marchese 2 (F), E. Varanese (F), C. Cau (F)* | |
| Termoli-Sporting San Salvo | **0-1** |
| *S. Cardarella* | |

| **8ª giornata – sabato 5 marzo 2022** | |
|---|---|
| Montenero-Montalfano | **3-1** |
| *M. D'Aulerio (Monte), A. D'Annunzio (Monte), F. D'Aulerio (Monte), M. Silvestri (Monta)* | |
| SR Calcio-Il Golfo Vasto | **1-2** |
| *A. Marchione (S), G. Sottile (I), N. Sputore (I)* | |
| Sporting San Salvo-Cliternina | **0-0** |
| Termoli-FC Termoli 42 15 | **1-6** |
| *G. Micucci (T), A. Esposito (F), F. Marchese 2 (F), R. De Fenza (F), A. Copalucci (F), E. Cordisco (F)* | |
| Trigno Celenza-Aragonese Vasto | **5-1** |
| *D. Di Pardo 4 (T), L. Di Laudo (T), A. Nocciolino (A)* | |

| **9ª giornata – sabato 19 marzo 2022** | |
|---|---|
| Aragonese Vasto-SR Calcio | **4-3** |
| *V. Veseliwskyy 3 (A), M. Kourbany (A), A. Marchione (S), A. Pellegrini 2 (S)* | |
| Cliternina-Termoli | **1-1** |
| *D. Pelliccia (C), N. Spada (T)* | |
| FC Termoli 42 15-Montenero | **4-5** |
| *C. Cau (F), A. Menna (F), F. Marchese 2 (F), A. De Luca 2 (M), G. Magnaterra (M), N. Gentile (M), S. Catalano (M)* | |
| Il Golfo Vasto-Sporting San Salvo | **3-5** |
| *S. D'Adamo (I), A. Zaccaria (I), M. Menabuoni (I), C. Di Ghionno (S), N. Cilli (S), S. Cardarella 2 (S), C. Natale (S)* | |
| Montalfano-Trigno Celenza | **2-3** |
| *J. Miri 2 (M), A. Piccoli (T), D. Di Pardo 2 (T)* | |

## CLASSIFICA FINALE girone D

| squadre | punti | gare | Vinte | nulle | perse | reti f. | reti s. | diff. |
|---|---|---|---|---|---|---|---|---|
| Il Golfo Vasto | 24 | 9 | 8 | 0 | 1 | 30 | 13 | +17 |
| Sporting S. Salvo | 23 | 9 | 7 | 2 | 0 | 29 | 10 | +19 |
| Cliternina | 20 | 9 | 6 | 2 | 1 | 23 | 6 | +17 |
| Aragonese Vasto | 15 | 9 | 5 | 0 | 4 | 22 | 23 | -1 |
| Montenero | 13 | 9 | 4 | 1 | 4 | 15 | 21 | -6 |
| Trigno Celenza | 12 | 9 | 3 | 3 | 3 | 18 | 18 | 0 |
| FC Termoli 42 15 | 9 | 9 | 3 | 0 | 6 | 24 | 23 | +1 |
| SR Calcio | 5 | 9 | 1 | 2 | 6 | 17 | 29 | -12 |
| Montalfano | 4 | 9 | 1 | 1 | 7 | 19 | 38 | -19 |
| Termoli | 3 | 9 | 0 | 3 | 6 | 11 | 27 | -16 |

## CLASSIFICA MARCATORI girone D

**30 reti:** D. Di Pardo (Trigno Celenza)
**19 reti:** A. Marchione (SR Calcio)
**16 reti:** V. Veseliwskyy (Aragonese Vasto)
**15 reti:** F. Menabuoni (Il Golfo Vasto)
**12 reti:** F. Tigano e D. De Pascalis (Cliternina)
**10 reti:** A. Zaccaria (Il Golfo Vasto)
**9 reti:** S. D'Adamo (Il Golfo Vasto); G. Ramundi e S. Cardarella (Sporting San Salvo)
**8 reti:** R. Vetta (Il Golfo Vasto); N. Gentile (Montenero)
**7 reti:** F. Marchese (FC Termoli 42 15); R. Bevilacqua (SR Calcio); N. Spada (Termoli)
**6 reti:** M. Silvestri (Montalfano); A. De Luca (Montenero)
**5 reti:** C. Cau e A. Pizzuto (FC Termoli 42 15); G. Sottile, N. Sputore e D. Sambrotta (Il Golfo Vasto); J. Miri (Montalfano)
**4 reti:** E. Varanese (FC Termoli 42 15); C. De Foglio (Il Golfo Vasto); T. Ialacci (Montalfano); S. Catalano (Montenero); N. Cilli, D. Ciavatta e F. Buccione (Sporting San Salvo); G. Mucci (SR Calcio); G. Micucci e M. Armillotta (Termoli)
**3 reti:** G. Spallini e G. Di Lena (Aragonese Vasto); E. Kaja e D. Di Lisa (Cliternina); R. De Fenza (FC Termoli 42 15); A. Spadaccini (Il Golfo Vasto); D. Manzone (Montalfano); A. D'Annunzio (Montenero); M. De Ninis (Sporting San Salvo); N. Mugnano (Termoli); L. Di Laudo e C. Antenucci (Trigno Celenza)
**2 reti:** A. Rossi e M. Kourbany (Aragonese); S. De Pascalis (Cliternina); E. Cordisco (FC Termoli 42 15); M. Cicchini, S. Carlucci e S. Di Santo Morelli (Il Golfo Vasto); M. D'Auria, S. Carosella e D. Campobassi (Montalfano); A. Pasciullo, M. D'Aulerio e D. Soppracone (Montenero); C. Rossi, F.

D'Amico, S. Fabiani, D. Costantini e F. Giurastante (Sporting San Salvo); R. Vinci e A. Pellegrini (SR Calcio); B. Gentile e D. Berardis (Termoli); R. Gaspari, A. Piccoli e P. Di Pardo (Trigno Celenza)

## SECONDA FASE – primo/quarto posto GIRONE AA

### 1ª giornata – sabato 26 e domenica 27 marzo 2022

All Becks-Aragonese **3-2**
*G. Marino (Al), A. Antenucci (Al), L. Ardelan (Al), G. Di Lena (Ar), G. Spallini (Ar)*
Val di Sangro-Crecchio 88 **4-2**
*A. Di Iorio 3 (V), A. Di Matteo (V), G. Spoltore (C), D. Finocchio (C)*

### 2ª giornata – venerdì 1 e sabato 2 aprile 2022

Aragonese-Crecchio 88 **3-1**
*A. Rossi (A), A. Ciffolilli (A), autorete (A), G. Elisii (C)*
Val di Sangro-All Becks **1-1**
*A. Di Iorio (V), G. Paglialonga (A)*

### 3ª giornata – venerdì 8 e domenica 10 aprile 2022

Aragonese-Val di Sangro **1-2**
*A. Martino (A), A. Di Iorio (V), A. Di Matteo (V)*
Crecchio 88-All Becks **2-0**
*G. Elisii, D. Finocchio*

### 4ª giornata – sabato 23 aprile 2022

All Becks-Crecchio 88 **1-3**
*L. Ardelan (A), F. Napoletano (C), G. Elisii (C), A. Santeusanio (C)*
Val di Sangro-Aragonese **1-1**
*A. Di Iorio (V), L. Salvatore (A)*

### 5ª giornata – venerdì 29 e sabato 30 aprile 2022

Aragonese-All Becks **1-3**
*V. Veseliwskyy (Ar), L. Ardelan 2 (Al), A. Antenucci 2 (Al)*
Crecchio 88-Val di Sangro **3-1**
*G. Elisii (C), A. Santeusanio 2 (C), A. Di Matteo (V)*

### 6ª giornata – sabato 7 e domenica 8 maggio 2022

All Becks-Val di Sangro **4-1**
*G. Marino (A), A. Antenucci (A), L. Ardelan 2 (A), A. Di Matteo (V)*

Crecchio 88-Aragonese **7-2**
*F. Napoletano (C), A. Cavaliere 2 (C), A. Santeusanio (C), S. Dello Scarparo 2 (C), G. Prezioso (C), A. Reale (A), V. Veseliwskyy (A)*

## CLASSIFICA FINALE girone AA

| squadre | punti | gare | vinte | nulle | perse | reti f. | reti s. | diff. |
|---|---|---|---|---|---|---|---|---|
| Crecchio 88 | 12 | 6 | 4 | 0 | 2 | 18 | 11 | +7 |
| All Becks | 10 | 6 | 3 | 1 | 2 | 12 | 10 | +2 |
| Val di Sangro | 8 | 6 | 2 | 2 | 2 | 10 | 12 | -1 |
| Aragonese | 4 | 6 | 1 | 1 | 4 | 10 | 17 | -7 |

## GIRONE BB

### 1ª giornata – sabato 26 marzo 2022

Amatori 2013-Virtus Castel Frentano **3-3**
*G. Vitelli (A), M. Tarquinio (A), C. Mirolli (A), N. Budulig 2 (V), A. Donosa (V)*

Sporting San Salvo-Calcio Club **3-3**
*D. Ciavatta (S), M. De Ninis (S), S. Cardarella (S), A. Giammarino (C), D. Luciani (C), L. Giammarino (C)*

### 2ª giornata – venerdì 1 e sabato 2 aprile 2022

Calcio Club-Amatori 2013 **9-2**
*M. Pasquini 2 (C), L. Giammarino 2 (C), M. Turchi 3 (C), R. Di Pendima (C), D. Luciani (C), F. Antinoro (A), A. Latrofa (A)*

Virtus Castel Frentano-Sporting San Salvo **1-1**
*N. Budulig (V), D. Ciavatta (S)*

### 3ª giornata – sabato 9 aprile 2022

Sporting San Salvo-Amatori 2013 **4-0**
*F. Buccione, S. Cardarella, N. Cilli, G. Ramundi*

Virtus Castel Frentano-Calcio Club **2-1**
*N. Budulig 2 (V), M. Casalanguida (C)*

### 4ª giornata – venerdì 22 e sabato 23 aprile 2022

Calcio Club-Virtus Castel Frentano **1-1**
*L. Giammarino (C), C. Doicaru (V)*

Amatori 2013-Sporting San Salvo **1-5**
*F. Antinoro (A), F. Buccione 3 (S), F. D'Amico (S), G. Ramundi (S)*

### 5ª giornata – venerdì 29 e sabato 30 aprile 2022

Calcio Club-Sporting San Salvo **2-1**

*R. Di Pendima (C), A. Sterlicco (C), F. Giurastante (S)*
Virtus Castel Frentano-Amatori 2013 **5-2**
*T. Tacu 2 (V), A. Donosa (V), D. Cellucci 2 (V), G. Di Giacomo (A), M. D'Addario (A)*

### 6ª giornata – sabato 7 maggio 2022

Amatori 2013-Calcio Club **1-2**
*F. Antinoro (A), P. Magnante (C), D. Luciani (C)*
Sporting San Salvo-Virtus Castel Frentano **2-0**
*D. Costantini 2*

## CLASSIFICA FINALE girone BB

| squadre | punti | gare | vinte | nulle | perse | reti f. | reti s. | diff. |
|---|---|---|---|---|---|---|---|---|
| Calcio Club | 11 | 6 | 3 | 2 | 1 | 18 | 10 | +8 |
| Sporting S. Salvo | 11 | 6 | 3 | 2 | 1 | 16 | 7 | +9 |
| Virtus C.Frentano | 9 | 6 | 2 | 3 | 1 | 12 | 10 | +2 |
| Amatori 2013 | 1 | 6 | 0 | 1 | 5 | 9 | 28 | -19 |

## GIRONE CC

### 1ª giornata – sabato 26 e lunedì 28 marzo 2022

Cliternina-Tornareccio **3-1**
*E. Kaja (C), D. De Pascalis 2 (C), N. Pietrodarchi (T)*
AC Lancianese-Vasto United **1-1**
*D. Ciccocioppo (A), A. Verrone (V)*

### 2ª giornata – sabato 2 aprile 2022

Tornareccio-AC Lancianese **1-4**
*P. Mangione (T), F. Colacioppo (A), I. Geniola (A), D. Ciccocioppo (A), A. Romito (A)*
Vasto United-Cliternina **0-1**
*S. De Pascalis*

### 3ª giornata – sabato 9 aprile 2022

Cliternina-AC Lancianese **2-0**
*D. De Pascalis 2*
Vasto United-Tornareccio **7-0**
*M. Massari 3, A. Verrone 3, D. Ventrella*

### 4ª giornata – sabato 23 e lunedì 25 aprile 2022

Tornareccio-Vasto United **2-3**
*S. Di Vincenzo (T), P. Iezzi (T), D. Ventrella (V), V. Frasca (V), M. Massari (V)*

AC Lancianese-Cliternina **5-2**
*S. Malvone (A), F. Colacioppo 2 (A), I. Geniola (A), D. Ciccocioppo (A), F. Tigano (C), G. Ebreo (C)*

### 5ª giornata – sabato 30 aprile 2022

Tornareccio-Cliternina **0-2**
*D. Di Lisa, D. De Pascalis*
Vasto United-AC Lancianese **4-4**
*M. Massari 2 (V), A. Verrone 2 (V), D. Mallardi (A), D. Ciccocioppo (A), I. Geniola (A), M. Iafelice (A)*

### 6ª giornata – sabato 7 e lunedì 9 maggio 2022

Cliternina-Vasto United **3-0**
*D. De Pascalis 2, E. Kaja*
AC Lancianese-Tornareccio **8-1**
*F. Colacioppo (A), I. Geniola 2 (A), D. Ciccocioppo 3 (A), N. Giammarino (A), A. La Morgia (A), N. Pietrodarchi (T)*

## CLASSIFICA FINALE girone CC

| squadre | punti | gare | vinte | nulle | perse | reti f. | reti s. | diff. |
|---|---|---|---|---|---|---|---|---|
| Cliternina | 15 | 6 | 5 | 0 | 1 | 13 | 6 | +7 |
| AC Lancianese | 11 | 6 | 3 | 2 | 1 | 22 | 11 | +11 |
| Vasto United | 8 | 6 | 2 | 2 | 2 | 15 | 4 | +4 |
| Tornareccio | 0 | 6 | 0 | 0 | 6 | 5 | 27 | -22 |

## GIRONE DD

### 1ª giornata – sabato 26 marzo 2022

Il Golfo Vasto-Vasto Sud **2-3**
*D. Sambrotta 2 (I), N. Stivaletta 2 (V), E. Torricella (V)*
Sporting Altino-Stilottica Rapino **2-1**
*P. Verratti (Sp), V. D'Orazio (Sp), D. Rapino (St)*

### 2ª giornata – domenica 3 e lunedì 4 aprile 2022

Vasto Sud-Sporting Altino **2-2**
*N. Stivaletta (V), L. Colomba (V), L. Travaglini (S), P. Verratti (S)*
Stilottica Rapino-Il Golfo Vasto **2-6**
*F. Esposito 2 (S), R. Vetta 2 (I), S. D'Adamo 2 (I), C. Caldarelli (I), A. Zaccaria (I)*

### 3ª giornata – sabato 9 e lunedì 11 aprile 2022

Il Golfo Vasto-Sporting Altino **8-0**
*D. Sambrotta 2, R. Vetta, A. Zaccaria 2, G. Sottile, S. Carlucci 2*

Stilottica Rapino-Vasto Sud **3-2**
*V. D'Ovidio (S), G. Memmo (S), D. Di Campli Sanvito (S), U. Cristini (V), P. Rigato (V)*

**4ª giornata – sabato 23 e domenica 24 aprile 2022**

Sporting Altino-Il Golfo Vasto **1-3**
*G. Gattone (S), M. Menabuoni 3 (I)*
Vasto Sud-Stilottica Rapino **1-2**
*E. Torricella (V), A. Di Biase (S), L. Liberatore (S)*

**5ª giornata – domenica 1 e lunedì 2 maggio 2022**

Vasto Sud-Il Golfo Vasto **1-3**
*U. Cristini (V), A. Zaccaria (I), R. Vetta (I), M. Menabuoni (I)*
Stilottica Rapino-Sporting Altino **3-0**
*M. Bomba, F. Esposito, G. Di Battista*

**6ª giornata – sabato 7 maggio 2022**

Il Golfo Vasto-Stilottica Rapino **4-2**
*M. Menabuoni (I), S. D'Adamo (I), G. Sottile (I), P. Smerilli (I), G. Di Battista (S), L. Liberatore (S)*
Sporting Altino-Vasto Sud **0-2**
*M. Fitti, M. Scalzo*

## CLASSIFICA FINALE girone DD

| squadre | punti | gare | vinte | nulle | perse | reti f. | reti s. | diff. |
|---|---|---|---|---|---|---|---|---|
| Il Golfo Vasto | 15 | 6 | 5 | 0 | 1 | 26 | 9 | +17 |
| Stilottica Rapino | 9 | 6 | 3 | 0 | 3 | 13 | 15 | -2 |
| Vasto Sud | 7 | 6 | 2 | 1 | 3 | 11 | 12 | -1 |
| Sporting Altino | 4 | 6 | 1 | 1 | 4 | 5 | 19 | -14 |

## SECONDA FASE – quinto/nono posto GIRONE E

**1ª giornata – sabato 26 marzo 2022**

Santa Liberata-Tollo 2008 **3-1**
*G. Ostacolo 3 (S), L. Veliaj (T)*
Athletic Lanciano-SR Calcio **1-1**
*Antonio Giusti (A), R. Bevilacqua (S)*
**Ha riposato:** Ristorante Da Moretti

**2ª giornata – sabato 2 aprile 2022**

SR Calcio-Ristorante Da Moretti **1-2**
*R. Bevilacqua (S), F. Colasante (R), P. Di Pasquale (R)*
Tollo 2008-Athletic Lanciano **4-5**
*R. Cavuto (T), autorete (T), N. Cavuto (T), autorete (T), Andrea Giusti (A), A. Geniola 2 (A), G. Carlini 2 (A)*
**Ha riposato:** Santa Liberata

**3ª giornata – sabato 16 aprile 2022**

Athletic Lanciano-Santa Liberata **3-1**
*A. Geniola (A), P. Nasuti (A), Antonio Giusti (A), A. Russo (S)*
Ristorante Da Moretti-Tollo 2008 **14-4**
*P. Di Pasquale 3 (R), S. Giacomucci 6 (R), N. Colasante (R), N. Monachetti 3 (R), S. Cericola (R), P. Lalli 3 (T), N. Cavuto (T)*
**Ha riposato:** SR Calcio

**4ª giornata – sabato 23 aprile 2022**

Santa Liberata-Ristorante Da Moretti **2-4**
*V. Bellisario (S), A. Russo (S), P. Di Pasquale 2 (R), S. Giacomucci (R), N. Monachetti (R)*
Tollo 2008-SR Calcio **1-6**
*G. Iannotta (T), A. Marchione 3 (S), R. Bevilacqua 2 (S), G. Mucci (S)*
**Ha riposato:** Athletic Lanciano

**5ª giornata – sabato 30 aprile 2022**

Ristorante Da Moretti-Athletic Lanciano **2-2**
*P. Di Pasquale (R), G. Pomponio (R), Andrea Giusti (A), A. Geniola (A)*
SR Calcio-Santa Liberata **5-1**
*G. Mucci 2 (SR), A. Marchione 3 (SR), U. Del Grosso (SL)*
**Ha riposato:** Tollo 2008

## CLASSIFICA FINALE girone E

| squadre | punti | gare | vinte | nulle | perse | reti f. | reti s. | diff. |
|---|---|---|---|---|---|---|---|---|
| Rist. Da Moretti | 10 | 4 | 2 | 1 | 0 | 21 | 9 | +12 |
| Athletic Lanciano | 8 | 4 | 2 | 2 | 0 | 11 | 8 | +3 |
| SR Calcio | 7 | 4 | 2 | 1 | 1 | 13 | 5 | +8 |
| Santa Liberata | 3 | 4 | 1 | 0 | 3 | 7 | 13 | -6 |
| Tollo 2008 | 0 | 4 | 0 | 0 | 4 | 10 | 27 | -17 |

## GIRONE F

### 1ª giornata – sabato 26 marzo 2022

Atletico Roccascalegna-Virtus Frentana **1-0**
*R. Campitelli*
Biancazzurri Casalanguida-Real Villa Scorciosa **2-0**
*M. Zocaro, D. Di Croce*
**Ha riposato:** Trigno Celenza

### 2ª giornata – sabato 2 e domenica 3 aprile 2022

Real Villa Scorciosa-Trigno Celenza **2-6**
*R. Preziuso (R), G. Piccirilli (R), D. Di Pardo 3 (T), M. Di Zillo (T), R. Gaspari (T), P. Di Pardo (T)*
Virtus Frentana-Biancazzurri Casalanguida **0-0**
**Ha riposato:** Atletico Roccascalegna

### 3ª giornata – sabato 9 aprile 2022

Biancazzurri Casalanguida-Atletico Roccascalegna **1-1**
*T. Iannone (B), C. Giglio (A)*
Trigno Celenza-Virtus Frentana **8-0**
*L. Di Laudo, D. Di Pardo 2, C Antenucci 2, R Gaspari, A. Martella, E. Piccoli*
**Ha riposato:** Real Villa Scorciosa

### 4ª giornata – sabato 16 aprile 2022

Atletico Roccascalegna-Trigno Celenza **0-0**
Virtus Frentana-Real Villa Scorciosa **1-2**
*C. Santacroce (V), M. Cericola (R), L. Caravaggio (R)*
**Ha riposato:** Biancazzurri Casalanguida

### 5ª giornata – sabato 30 aprile 2022

Real Villa Scorciosa-Atletico Roccascalegna **1-1**
*G. Piccirilli (R), C. Giglio (A)*
Trigno Celenza-Biancazzurri Casalanguida **2-2**
*N. Pelliccia (T), D. Di Pardo (T), T. Iannone (B), autorete (B)*
**Ha riposato:** Virtus Frentana

## CLASSIFICA FINALE girone F

| squadre | punti | gare | vinte | nulle | perse | reti f. | reti s. | diff. |
|---|---|---|---|---|---|---|---|---|
| Trigno Celenza | 8 | 4 | 2 | 2 | 0 | 16 | 4 | +12 |
| Biancazzurri Cas. | 6 | 4 | 1 | 3 | 0 | 5 | 2 | +2 |
| Atl. Roccascalegna | 6 | 4 | 1 | 3 | 0 | 3 | 2 | +1 |
| Real V. Scorciosa | 4 | 4 | 1 | 1 | 2 | 5 | 10 | -5 |
| Virtus Frentana | 1 | 4 | 0 | 1 | 3 | 1 | 11 | -10 |

## GIRONE G

### 1ª giornata – sabato 26 marzo 2022

Fossacesia 90-Amatori 88 **1-5**
*A. Kabali (F), G. Santini 3 (A), E. Mirolli (A), N. Di Francesco (A)*
Videotom-Bar Giglio Vasto **3-2**
*D. Colasante (V), F. Ferrari (V), A. Scionti (V), S. Della Penna (B), A. Bratan (B)*
**Ha riposato:** FC Termoli 42 15

### 2ª giornata – sabato 2 aprile 2022

Amatori 88-Videotom **5-0**
*E. Mirolli 2, A. Scardapane, N. Amoroso, M. Di Francesco*
Bar Giglio Vasto-FC Termoli 42 15 **3-2**
*A. Bratan 2 (B), D. Bozzelli (B), C. Cau (T), R. De Fenza (T)*
**Ha riposato:** Fossacesia 90

### 3ª giornata – venerdì 8 e sabato 9 aprile 2022

FC Termoli 42 15-Amatori 88 **2-2**
*T. Ferrara (F), E. Varanese (F), A. Scardapane (A), E. Mirolli (A)*
Videotom-Fossacesia 90 **4-0**
*G. Zazzara 2, A. Scionti, D. Colasante*
**Ha riposato:** Bar Giglio Vasto

### 4ª giornata – sabato 16 aprile 2022

Amatori 88-Bar Giglio Vasto **2-2**
*M. Manzi (A), E. Mirolli (A), A. Puteanu (B), A. Bratan (B)*
Fossacesia 90-FC Termoli 42 15 **1-1**
*D. De Liberato (Fo), A. Pizzuto (FC)*
**Ha riposato:** Videotom

### 5ª giornata – venerdì 22 e sabato 23 aprile 2022

FC Termoli 42 15-Videotom **3-1**
*C. Cau (F), E. Varanese (F), F. Marchese (F), F. Ferrari (V)*

Bar Giglio Vasto-Fossacesia 90 **7-0**
*A. Bratan 2, A. Puteanu 2, G. Minchilli, A. De Simone 2*
**Ha riposato:** Amatori 88

## CLASSIFICA FINALE girone G

| squadre | punti | gare | vinte | nulle | perse | reti f. | reti s. | diff. |
|---|---|---|---|---|---|---|---|---|
| Amatori 88 | **8** | **4** | **2** | **2** | **0** | **14** | **5** | **+9** |
| Bar Giglio Vasto | **7** | **4** | **2** | **1** | **1** | **14** | **7** | **+7** |
| Videotom | **6** | **4** | **2** | **0** | **2** | **8** | **10** | **-2** |
| FC Termoli 42 15 | **5** | **4** | **1** | **2** | **1** | **8** | **7** | **+1** |
| Fossacesia 90 | **1** | **4** | **0** | **1** | **3** | **2** | **17** | **-15** |

## GIRONE H

### 1ª giornata – sabato 26 marzo 2022

Colledimezzo-Montalfano **1-0**
*A. Di Toro*
Real Casale-Montenero **0-5**
*N. Gentile, A. De Luca 3, V. Subrani*
**Ha riposato:** San Vito 83

### 2ª giornata – sabato 9 aprile 2022

Montalfano-San Vito 83 **2-3**
*M. D'Auria (M), A. Sansiviero (M), A. Catenaro (V), D. De Grandis (S), Valerio Antonio Catenaro (S)*
Montenero-Colledimezzo **5-2**
*N. Gentile 3 (M), A. D'Annunzio (M), S. Catalano (M), M. Palermo (C), G. Tidò (C)*
**Ha riposato:** Real Casale

### 3ª giornata – sabato 16 aprile 2022

Colledimezzo-Real Casale **2-0**
*M. Giannetta, S. D'Alessandro*
San Vito 83-Montenero **3-1**
*E. Nocerino (S), A. Catenaro 2 (S), S. Catalano (M)*
**Ha riposato:** Montalfano

### 4ª giornata – sabato 23 aprile 2022

Montenero-Montalfano **3-1**
*D. Sappracone 2 (Monte), A. De Luca (Monte), M. D'Auria (Monta)*
**7-6**

Real Casale-San Vito 83
*E. Scardapane 4 (R), P. Piscicelli 3 (R), A. Chirurgi (S), Maximilian Mininni 2 (S), A. Catenaro (S), W. Flamminio 2 (S)*
**Ha riposato:** Colledimezzo

**5ª giornata – sabato 30 aprile 2022**

Montalfano-Real Casale **2-2**
*T. Ialacci (M), M. Silvestri (M), G. Di Tullio (R), E. Scardapane (R)*
San Vito 83-Colledimezzo **3-1**
*A. Catenaro 2 (S), L. Ieluzzi (S), R. Di Cencio (C)*
**Ha riposato:** Montenero

## CLASSIFICA FINALE girone H

| squadre | punti | gare | vinte | nulle | perse | reti f. | reti s. | diff. |
|---|---|---|---|---|---|---|---|---|
| San Vito 83 | 9 | 4 | 3 | 0 | 1 | 15 | 11 | +4 |
| Montenero | 9 | 4 | 3 | 0 | 1 | 14 | 6 | +8 |
| Colledimezzo | 6 | 4 | 2 | 0 | 2 | 6 | 8 | -2 |
| Real Casale | 4 | 4 | 1 | 1 | 2 | 9 | 15 | -6 |
| Montalfano | 1 | 4 | 0 | 1 | 3 | 5 | 9 | -4 |

## SECONDA FASE – decimo/undicesimo posto GIRONE FAIR PLAY

**1ª giornata – sabato 2 aprile 2022**

Pollutri-Perano **4-2**
*E. Di Martino (Po), V. De Giacomo 3 (Po), P. D'Orazio 2 (Pe)*
Pol. Vacri-Torino di Sangro **3-1**
*L. Merlino (P), F. Paolucci (P), M. Paolini (P), P. Di Nella (T)*
**Ha riposato:** Termoli

**2ª giornata – sabato 9 aprile 2022**

Torino di Sangro-Pollutri **0-1**
*E. Di Martino*
Perano-Termoli **0-1**
*N. Spada*
**Ha riposato:** Pol. Vacri

**3ª giornata – sabato 16 aprile 2022**

Pollutri-Pol. Vacri **3-0**
*M. Monachetti, A. Mariotti, E. Di Martino*
Termoli-Torino di Sangro **5-0**

*N. Spada 3, B. Gentile, N. Mugnano*
**Ha riposato:** Perano

**4ª giornata – sabato 23 aprile 2022**

Torino di Sangro-Perano **2-1**
*R. Cericola (T), F. Cimini (T), E. De Camillis (P)*
Pol. Vacri-Termoli **4-6**
*F. Paolucci 3 (P), G. Di Fulvio (P), M. Armillotta 2 (T), D. Berardis (T), A. Corbo (T), G. Mbyeti (T), G. Micucci (T)*
**Ha riposato:** Pollutri

**5ª giornata – sabato 30 aprile 2022**

Perano-Pol. Vacri **4-2**
*P. D'Orazio 2 (Pe), E. De Camillis (Pe), F. Pasquini (Pe), L. Mammarella (Po), F. Paolucci (Po)*
Termoli-Pollutri **2-0**
*N. Mugnano, M. Armillotta*
**Ha riposato:** Torino di Sangro

## CLASSIFICA FINALE girone FAIR PLAY

| squadre | punti | gare | vinte | nulle | perse | reti f. | reti s. | diff. |
|---|---|---|---|---|---|---|---|---|
| Termoli | 12 | 4 | 4 | 0 | 0 | 14 | 4 | +10 |
| Pollutri | 9 | 4 | 3 | 0 | 1 | 8 | 4 | +4 |
| Perano | 3 | 4 | 1 | 0 | 3 | 7 | 9 | -2 |
| Po. Vacri | 3 | 4 | 1 | 0 | 3 | 9 | 14 | -5 |
| Torino di Sangro | 3 | 4 | 1 | 0 | 3 | 3 | 10 | -7 |

## FASE FINALE – TITOLO CAMPIONE PROVINCIALE
## QUARTI DI FINALE

### GARE DI ANDATA – sabato 14 maggio 2022

AC Lancianese-Calcio Club **2-0**
*S. Malvone, D. Ciccocioppo*
All Becks-Il Golfo Vasto **1-3**
*L. Ardelan (A), C. De Foglio (I), A. Zaccaria (I), S. D'Adamo (I)*
Sporting San Salvo-Cliternina **2-0**
*G. Ramundi 2*
Stilottica Rapino-Crecchio 88 **1-1**
*G. Cocco (A), G. Spoltore (C)*

### GARE DI RITORNO – sabato 21 maggio 2022

Calcio Club-AC LANCIANESE **2-3**
*M. Pasquini (C), R. Di Pendima (C), M. Marfisi (A), F. Colacioppo 2 (A)*
Cliternina-SPORTING SAN SALVO **1-0**
*F. Tigano*
CRECCHIO 88-Stilottica Rapino **3-1**
*L. D'Attanasio 2 (C), A. Santeusanio (C), D. Di Campli Sanvito (S)*
IL GOLFO VASTO-All Becks **5-1**
*A. Zaccaria (I), A. Spadaccini (I), A. D'Angelo (I), S. D'Adamo (I), N. Sputore (I), L. Ardelan (A)*

***N.B. In maiuscolo le squadre qualificate***

## SEMIFINALI

### GARA UNICA – sabato 28 maggio 2022

CRECCHIO 88-AC Lancianese **4-3 (ai rigori)**
IL GOLFO VASTO-Sporting San Salvo **4-1**
*M. Menabuoni 2 (I), A. Spadaccini (I), R. Vetta (I), G. Ramundi (S)*

## FINALE

### sabato 11 giugno 2022 a Scerni (Ch), stadio "G. Di Vittorio"

IL GOLFO VASTO-Crecchio 88 **4-2**
*G. Sottile (I), N. Sputore 2 (I), A. Spadaccini (I), L. D'Attanasio (C), G. Elisii (C)*

## FASE FINALE – COPPA TEATE
## QUARTI DI FINALE

### GARE DI ANDATA – sabato 14 maggio 2022

Amatori 2013-Vasto United **1-7**
*A. Sciulli (A), A. Verrone 4 (V), V. Frasca (V), M. Massari (V), G. La Guardia (V)*
Aragonese-Vasto Sud **1-5**
*autorete (A), A. Di Blasio (V), M. Scalzo (V), U. Cristini 2 (V), P. Rigato (V)*
Sporting Altino-Val di Sangro **1-0**
*E. Delimurati*
Tornareccio-Virtus Castel Frentano **3-6**
*P. Iezzi 2 (T), F. Fioriti (T), T. Tacu 2 (V), P. Riso (V), C. Doicaru (V), R. Hernandez Pichardo (V), I. Calmuc (V)*

### GARE DI RITORNO – sabato 21 maggio 2022

Val di Sangro-SPORTING ALTINO **1-1**
*M. Giovannangelo (V), V. D'Orazio (S)*
VASTO SUD-Aragonese **2-2**
*P. Rigato (V), A. Mormile (V), M. Kourbany (A), G. Di Lena (A)*
VASTO UNITED-Amatori 2013 **7-0**
*G. La Guardia 2, M. Massari 3, A. Verrone, F. Mustafaj*
VIRTUS CASTEL FRENTANO-Tornareccio **6-1**
*N. Budulig 2 (V), P. Riso (V), C. Doicaru (V), R. Hernandez Pichardo (V), autorete (V), P. Iezzi (T)*

***N.B. In maiuscolo le squadre qualificate***

## SEMIFINALI

### GARA UNICA – sabato 28 maggio 2022

Vasto United-Vasto Sud-VASTO UNITED **0-3**
*M. Massari 2, G. La Guardia*
VIRTUS CASTEL FRENTANO- Sporting Altino **4-3 (dts)**
*N. Budulig (V), D. Cellucci (V), A. Coletta (V), M. Di Bucchianico (V), V. D'Orazio (S), N. Mosca (S), L. Travaglini (S)*

## FINALE

### sabato 11 giugno 2022 a Scerni (Ch), stadio "G. Di Vittorio"

Virtus Castel Frentano-VASTO UNITED **1-2**
*N. Budulig (Vi), M. Massari (Va), A. Valentini (Va)*

## FASE FINALE – COPPA ANXANUM
## QUARTI DI FINALE

### GARE DI ANDATA – sabato 7 maggio 2022

Athletic Lanciano-San Vito 83 **1-1**
*C. D'Onofrio (A), A. Chirurgi (S)*
Bar Giglio Vasto-Trigno Celenza **2-3**
*A. Puteanu 2 (B), D. Di Pardo 2 (T), A. Piccoli (T)*
Biancazzurri Casalanguida-Amatori 88 **1-3**
*M. Pomponio (B), E. Mirolli 3 (A)*
Montenero-Ristorante Da Moretti **2-1**
*F. Cirulli (M), A. D'Annunzio (M), S. Giacomucci (R)*

### GARE DI RITORNO – sabato 14 maggio 2022

AMATORI 88-Biancazzurri Casalanguida **4-2**
*E. Mirolli 2 (A), A. Scardapane 2 (A), M. Zocaro (B), N. Di Paolo (B)*
Ristorante Da Moretti-MONTENERO **2-2**
*P. Di Pasquale 2 (R), N. Gentile (M), A. De Luca (M)*
San Vito 83-ATHLETIC LANCIANO **4-5** (ai rigori)
*A. Chirurgi (S), A. Ammirati (A)*
TRIGNO CELENZA-Bar Giglio Vasto **3-1**
*D. Di Pardo 3 (T), A. Di Nanno (B)*

***N.B. In maiuscolo le squadre qualificate***

## SEMIFINALI

### GARA UNICA – sabato 21 maggio 2022

AMATORI 88-Athletic Lanciano **2-1**
*M. Manzi (Am), M. Vitelli (Am), L. Salvatore (At)*
TRIGNO CELENZA-Montenero **3-0**
*D. Di Pardo, R. Orlandi, L. Di Laudo*

## FINALE

### sabato 4 giugno 2022 a Lanciano (Ch), stadio "M. Di Meco"

TRIGNO CELENZA-Amatori 88 **6-0**
*D. Di Pardo 5, C. Antenucci*

## FASE FINALE – COPPA HISTONIUM

### TRIANGOLARE 1

**1ª giornata – sabato 7 maggio 2022**

Virtus Frentana-FC Termoli 42 15 **3-0** (a tavolino)
**Ha riposato:** SR Calcio

**2ª giornata – sabato 14 maggio 2022**

FC Termoli 42 15-SR Calcio **0-3** (a tavolino)
**Ha riposato:** Virtus Frentana

**3ª giornata – sabato 21 maggio 2022**

SR Calcio-Virtus Frentana **3-2**
*A. Marchione 2 (S), autorete (S), F. Carinci (V), D. Cerrone (V)*
**Ha riposato:** FC Termoli 42 15
**Classifica finale:** SR CALCIO 6; Virtus Frentana 3; FC Termoli 42 15 -1

### TRIANGOLARE 2

**1ª giornata – sabato 7 maggio 2022**

Tollo 2008-Real Casale **2-2**
*N. Cavuto 2 (T), M. Bonacci (R), P. Cericola (R)*
**Ha riposato:** Atletico Roccascalegna

**2ª giornata – sabato 14 maggio 2022**

Atletico Roccascalegna-Tollo 2008 **3-0** (a tavolino)
**Ha riposato:** Real Casale

**3ª giornata – sabato 21 maggio 2022**

Real Casale-Atletico Roccascalegna **2-3**
*E. Scardapane 2 (R), C. Giglio 2 (A), P. Stolfi (A)*
**Ha riposato:** Tollo 2008
**Classifica finale:** ATLETICO ROCCASCALEGNA 6; Real Casale 1; Tollo 2008 0

### TRIANGOLARE 3

**1ª giornata – sabato 7 maggio 2022**

Montalfano-Santa Liberata **0-1**
*V. Bellisario*
**Ha riposato:** Videotom

**2ª giornata – sabato 14 maggio 2022**

Videotom-Montalfano **3-2**
*M. Colasante (V), A. Scionti (V), G. Perfettibile (V), F. Fiore (M), D. Manzone (M)*
**Ha riposato:** Santa Liberata

**3ª giornata – sabato 21 maggio 2022**

Santa Liberata-Videotom **2-2**
*E. Colanero (S), M. Camiscia (S), M. Colasante 2 (V)*
**Ha riposato:** Montalfano
**Classifica finale:** VIDEOTOM e Santa Liberata 4; Montalfano 0

## TRIANGOLARE 4

**1ª giornata – sabato 7 maggio 2022**

Fossacesia 90-Real Villa Scorciosa **2-6**
*D. Paolucci 2 (F), M. Cericola 2 (R), P. Gaeta 2 (R), G. Angelucci (R), A. Di Fazio (R)*
**Ha riposato:** Colledimezzo

**2ª giornata – sabato 14 maggio 2022**

Colledimezzo-Fossacesia 90 **3-1**
*L. Fantasia (C), C. Di Pietro 2 (C), D. Paolucci (F)*
**Ha riposato:** Real Villa Scorciosa

**3ª giornata – sabato 21 maggio 2022**

Real Villa Scorciosa-Colledimezzo **0-1**
*G. Simonetti*
**Ha riposato:** Fossacesia 90
**Classifica finale:** COLLEDIMEZZO 6; Real Villa Scorciosa 3; Fossacesia 90 0

***N.B. In maiuscolo le squadre qualificate***

## SEMIFINALI

**GARA UNICA – sabato 28 maggio 2022**

COLLEDIMEZZO-Videotom **2-1**
*G. Simonetti (C), M. Giannetta (C), F. Ferrari (V)*
SR CALCIO-Atletico Roccascalegna **3-1**
*M. Pierabella (S), A. Marchione (S), R. Bevilacqua (S), D. Staniscia (A)*

## FINALE

**sabato 4 giugno 2022 a Lanciano (Ch), stadio "M. Di Meco"**

COLLEDIMEZZO-SR Calcio **4-3** (dts)
*G. Simonetti (C), D. Carrea (C), C. D'Amico (C), L. Fantasia (C), R. Vinci (S), A. Marchione (S), D. Dzierwa (S)*

## FASE FINALE – COPPA FAIR PLAY SEMIFINALI

**GARE DI ANDATA – sabato 14 maggio 2022**

Perano-Pollutri **1-1**
*S. Coscia (Pe), P. Di Virgilio (Po)*
Pol. Vacri-Termoli **0-1**
*M. Armillotta*

**GARE DI RITORNO – sabato 21 maggio 2022**

Pollutri-PERANO **1-3**
*A. Mariotti (Po), P. D'Orazio (Pe), R. Spinelli (Pe), R. Ceroli (Pe)*
TERMOLI-Pol. Vacri **5-4** (ai rigori)
*V. Giurastante (P)*

## FINALE

**sabato 28 maggio 2022 a Termoli, stadio "Porticone"**

TERMOLI-Perano **1-0**
*D. Berardis*

## CLASSIFICA MARCATORI GENERALE AMATORI LANCIANO/VASTO

**30 reti:** D. Di Pardo (Trigno Celenza)
**26 reti:** A. Verrone (Vasto United)
**25 reti:** N. Budulig (Virtus Castel Frentano)
**24 reti:** A. Di Iorio (Val di Sangro); M. Massari (Vasto United)
**19 reti:** A. Marchione (SR Calcio)
**17 reti:** L. Giammarino (Calcio Club)
**16 reti:** S. Malvone (AC Lancianese); L. Ardelan (All Becks); V. Veseliwskyy (Aragonese Vasto)
**15 reti:** D. Ciccocioppo (AC Lancianese); P. Di Pasquale (Ristorante Da Moretti); F. Menabuoni (Il Golfo Vasto)
**14 reti:** A. Puteanu (Bar Giglio Vasto)
**13 reti:** E. Mirolli (Amatori 88)
**12 reti:** F. Colacioppo (AC Lancianese); F. Paolucci (Pol. Vacri); N. Pietrodarchi (Tornareccio); E. Scardapane (Real Casale); U. Cristini (Vasto Sud); F. Tigano e D. De Pascalis (Cliternina)
**11 reti:** C. D'Amico (Colledimezzo); S. Giacomucci (Ristorante Da Moretti)
**10 reti:** G. Elisii e L. D'Attanasio (Crecchio 88); P. Iezzi (Tornareccio); A. Zaccaria (Il Golfo Vasto)

## COPPA DISCIPLINA AMATORI LANCIANO/VASTO

| posizione | squadre | punteggio |
|---|---|---|
| 1 | Tollo 200 | **0,058** |
| 2 | Crecchio 88 | **0,110** |
| 3 | Stilottica Rapino | **0,110** |
| 4 | Santa Liberata | **0,162** |
| 5 | Biancazzurri Casalanguida | **0,171** |
| 6 | San Vito 83 | **0,173** |
| 7 | Montalfano | **0,173** |
| 8 | Amatori 2013 | **0,184** |
| 9 | Cliternina | **0,200** |
| 10 | Virtus Castel Frentano | **0,200** |
| 11 | Videotom | **0,204** |
| 12 | Real Casale | **0,221** |
| 13 | Vasto United | **0,225** |
| 14 | Atletico Roccascalegna | **0,238** |
| 15 | Montenero | **0,238** |
| 16 | Fossacesia 90 | **0,242** |
| 17 | Perano | **0,250** |

| | | |
|---|---|---|
| 18 | Sporting Altino | 0,260 |
| 19 | Pol. Vacri | 0,262 |
| 20 | Trigno Celenza | 0,265 |
| 21 | Aragonese | 0,270 |
| 22 | Pollutri | 0,279 |
| 23 | Amatori 88 | 0,286 |
| 24 | Real Villa Scorciosa | 0,300 |
| 25 | All Becks | 0,309 |
| 26 | Sporting San Salvo | 0,310 |
| 27 | Virtus Frentana | 0,312 |
| 28 | Bar Giglio Vasto | 0,321 |
| 29 | Colledimezzo | 0,335 |
| 30 | AC Lancianese | 0,337 |
| 31 | Torino di Sangro | 0,375 |
| 32 | Termoli | 0,381 |
| 33 | Vasto Sud | 0,394 |
| 34 | FC Termoli 42 15 | 0,431 |
| 35 | Ristorante Da Moretti | 0,443 |
| 36 | Il Golfo Vasto | 0,447 |
| 37 | Athletic Lanciano | 0,458 |
| 38 | Val di Sangro | 0,473 |
| 39 | SR Calcio | 0,688 |
| 40 | Tornareccio | 0,937 |
| 41 | Calcio Club | 1,283 |

## FINALE PER IL TITOLO REGIONALE

**sabato 28 maggio 2022 a Lettomanoppello (Pe) – stadio Comunale**

Pescina-IL GOLFO VASTO **1-3**

*A. Boukhrais (A), S. Di Santo Morelli 2 (I), C. De Foglio (I)*

## CLASSIFICA MARCATORI GENERALE CAMPIONATI AMATORI FEDERALI

**30 reti:** D. Di Pardo (Trigno Celenza)
**26 reti:** M. Balzani (San Benedetto Venere); A. Verrone (Vasto United)
**25 reti:** N. Budulig (Virtus Castel Frentano)
**24 reti:** F. Massimi (Pescina); F. Salvati (Midia Avezzano); A. Di Iorio (Val di Sangro); M. Massari (Vasto United)
**19 reti:** R. Rubino (Villa San Sebastiano); A. Marchione (SR Calcio)
**18 reti:** C. Fieraru (Amatori Aielli)
**17 reti:** S. Carufo (Ortigia); T. Cancelli (Trasacco); L. Giammarino (Calcio Club)
**16 reti:** P. Cardilli (Old Pucetta); S. Malvone (AC Lancianese); L. Ardelan (All Becks); V. Veseliwskyy (Aragonese Vasto)
**15 reti:** D. Ciccocioppo (AC Lancianese); P. Di Pasquale (Ristorante Da Moretti); F. Menabuoni (Il Golfo Vasto)
**14 reti:** M. D'Agostino (Ortigia); A. Puteanu (Bar Giglio Vasto)
**13 reti:** A. Dernjani (Amatori Aielli); E. Valente (Villa San Sebastiano); E. Mirolli (Amatori 88)
**12 reti:** A. Vallifuoco (Amatori Aielli); F. Staffieri (Marruviana); L. D'Apice (Trasacco); F. Colacioppo (AC Lancianese); F. Paolucci (Pol. Vacri); N. Pietrodarchi (Tornareccio); E. Scardapane (Real Casale); U. Cristini (Vasto Sud); F. Tigano e D. De Pascalis (Cliternina)
**11 reti:** I. Di Felice (San Benedetto Venere); C. Leonio (Capistrello); A. Aloisi (Midia Avezzano); C. D'Amico (Colledimezzo); S. Giacomucci (Ristorante Da Moretti)
**10 reti:** D. Ruggeri (Pescina); M. Scafati (Team Az '93); Maurizio Di Paolo (United L'Aquila); A. Palma (Sanpelinese); G. Elisii e L. D'Attanasio (Crecchio 88); P. Iezzi (Tornareccio); A. Zaccaria (Il Golfo Vasto)

## CLASSIFICA SUPERBOMBER d'ABRUZZO CALCIO A UNDICI

**44 reti:** F. Paolucci (Union Fossacesia Under 17)
**35 reti:** N. Del Grosso (Capistrello Under 19)
**33 reti:** D. Casilli (Academy L'Aquila Under 15)
**32 reti:** C. Di Stefano (Atletico Teramo); G. Peretti (Penne Under 17); E. Leka (Val di Sangro Under 15)
**30 reti:** G. Di Tommaso (Union Fossacesia Under 17); L. Valentini (Bacigalupo Vasto Marina Under 15); S. Salerno (Virtus Lanciano Under 15); D. Di Pardo (Amatori Trigno Celenza)

**29 reti:** M. Ribeiro Dos Santos (Avezzano); C. Cocco (Hadranus Calcio); M. Rossi (Pineto Under 14)
**27 reti:** A. Torturo (Tagliacozzo Under 19) D. D'Ippolito (Virtus Lanciano Under 17); S. Mateescu (Virtus Vasto Under 17); N. Di Pentima (Gladius Pescara 2010 Under 17)
**26 reti:** Gerardo Coletti (Pescasseroli); M. Margarita (Delfino Pescara 1936 Under 14); A. Ettorre (Giulianova Under 14); M. Balzani (Amatori San Benedetto Venere); A. Verrone (Amatori Vasto United)
**25 reti:** J. Pelliccioni (Athletic Tortoreto); D. Baldacci (L'Aquila Soccer School Under 17); D. Di Stefano (Union Fossacesia Under 15); A. Ventrella (Virtus Vasto Under 15); M. Costantini (Giulianova Under 15)
**24 reti:** A. Polisena (Pontevomano); B. Sferrella (San Vito 83); M. Bizzarri (Real C. Guardia Vomano); E. Valerio (2000 Calcio Montesilvano Under 17); V. Di Battista (Avezzano Under 15); F. Massimi (Amatori Pescina); F. Salvati (Amatori Midia Avezzano); A. Di Iorio (Amatori Val di Sangro); M. Massari (Amatori Vasto United)
**23 reti:** M. Di Sante (Montorio 88); D. Saputelli (Bellante 1958); L. Ferreira Da Silva (Hadranus Calcio); J. Majo (Virtus Vasto Under 17); M. Piccioni (Pineto Under 17); E. Neri (Avezzano Under 15)
**22 reti:** R. Mascigrande (Villa San Sebastiano); B. Baldeh (Roccaspinalveti); F. Fini (Favale 1980); L. Paiola (Amiternina Under 19); S. Giordani (Avezzano Under 17); M. Cristofaro (Valle del Vomano Under 17); T. Mancini (Manoppello Arabona Under 15); A. Rossi e C. Spaziani (L'Aquila Soccer School Under 14)
**21 reti:** M. Ciuffetelli (Il Moro Paganica); A. Di Girolamo (Luco Calcio); M. Cirillo (D'Annunzio Pescara Under 19); A. Shyti (Curi Pescara Under 17)
**20 reti:** A. Pendenza (Avezzano); G. Petre (Rosetana); G. Di Fazio (Pennese); F. Rossi (Scoppito); M. Di Pietro (Bugnara); V. Gorghini (Athletic Tortoreto); F. Sacramone (Vigor Don Bosco Under 15)
**19 reti:** D. Fieroni (Bacigalupo Vasto Marina); I. Anaya Ruiz (Amiternina); N. Surugiu (Sport Montesilvano 1926); S. Gioia (Lions Villa); P. Marinova Lazanova (Cerchio); E. Cuccurullo (Roccacasale); P. Di Toro (Altinese); F. Pianese (Vasto United); M. Di Paolo (Torricella 2.2); G. Ferrante (Real San Giacomo); S. Cipriani (Bellante 1958); A. Paravati (Villa 2015 Under 19); J. Coletti (Fater Angelini Under 17); M. Pingiotti (Torrese Under 17); K. Metushi (Villa 2015 Under 15); R. Brindisi (Pineto Under 15); R. Rubino (Amatori Villa San Sebastiano); A. Marchione (Amatori SR Calcio)
**18 reti:** A. Vasiu (Union Fossacesia); V. Mascitti (Ortigia); A. Ettorre (San Benedetto V.); Fabrizio Baruffa (Sportland Celano); S. Petrucci (Cepagatti); F. Di Mascio (Lettese); F. Boussoffara (Casemolino); D. Pasquini (Lupi Marini); G. Fragassi (AS Castelli); N. Lemme (Bacigalupo Vasto Marina Under 17); L. Chiacchiari (Virtus Lanciano Under 16); F. Capulli (L'Aquila

Soccer School Under 15); K. Barbetta (Fater Angelini Under 15); S. Grosso (S.N. Notaresco Under 15); F. Lucchino (Valle del Monaco Under 15); F. Lanza (Bacigalupo Vasto Marina Under 14); C. Fieraru (Amatori Aielli)
**17 reti:** S. Miani (RC Angolana); L. Sparvoli (Spoltore/L'Aquila 1927); D. De Angelis (Santegidiese); A. Criscolo (Miglianico); N. Briciu (Luco Calcio); M. Fazzoli (Real Carsoli); F. Mennucci (Pol. Vacri); A. Battaglia (Catignano Vicoli); A. Alonzo (Sambuceto Under 19); M. Giri (Alba Adriatica Under 19); D. De Sanctis (Sambuceto Under 17); E. Dioguardi (S.N. Notaresco Under 17); C. Guaragna (L'Aquila Soccer School Under 15)
**16 reti:** F. Ranieri (Sambuceto); G. Fusco (Cantera Adriatica Pescara femminile); E. Cirelli (Fontanelle); M. Di Muzio (Pianella 2012); L. Del Conte (Popoli); R. Di Renzo (Manoppello Arabona); Cristian Francipane (Montereale); F. Vittorini (Preturo); C. Visconti (Vestina San Demetrio); A. Liberati (Pol. Vacri); L. Della Penna (Audax Palmoli); G. Aureli (Virtus Marsica Est); L. Cameli (Real Montesilvano); M. Di Giambattista (River Chieti 65 Under 19); E. Chiulli (2000 Calcio Montesilvano Under 19); K. Di Quilio (Silvi Under 19); S. Guglietti (Avezzano Under 17); A. Capitanio (Virtus Vasto Under 17); J. Dalù (Val di Sangro Under 15); L. Di Giacomo (Virtus Cupello Under 15); G. Testa (Virtus Lanciano Under 15); G. Romagnolo (Gladius Pescara 2010 Under 15); S. Alcino (Penne Under 15); G. Camplone (Cantera Adriatica Pescara Under 15); P. Cardilli (Amatori Old Pucetta); S. Malvone (Amatori AC Lancianese); L. Ardelan (Amatori All Becks); V. Veseliwskyy (Amatori Aragonese Vasto)
**15 reti:** Francesco Di Paolo (Avezzano/Giulianova); G. Cellucci (Penne); M. Cissè e S. Buonavoglia (Giulianova); A. Cristofano (Campodipietra femminile); A. Di Ninni (Bacigalupo Vasto Marina femminile); P. Rapino (Faresina); C. Tano (Tollo 2008); S. Di Berardino (Vis Montesilvano); E. Qdoumi (Santa Croce); E. Suriano (Unione Sportiva Gissi); Marco D'Onofrio (Villamagna); B. Colonna (Furci); C. Manzo (Gladius Pescara 2010); M. Pepe (Manoppello Arabona Under 19); A. Scimia (Academy L'Aquila Under 17); V. Mincone (River Chieti 65 Under 17); G. Annunziata (Bacigalupo Vasto Marina Under 16); J. Coletti (Fater Angelini Under 16); C. Bucci (Olympia Cedas Sulmona Under 15); G. Brighella (Union Fossacesia Under 15); A. Esposito e E. Di Fonzo (Virtus Vasto Under 15); A. Falò (Universal Roseto Under 15); D. Ciccocioppo (Amatori AC Lancianese); P. Di Pasquale (Amatori Ristorante Da Moretti); F. Menabuoni (Amatori Il Golfo Vasto)

# CAMPIONATI di CALCIO a 5

## SERIE C1 MASCHILE girone unico

### 1ª giornata – sabato 18 settembre 2021

Academy L'Aquila-Città di Chieti **4-1**
*L. Bizzarri 2 (A), S. Marinelli (A), M. Speranza (A), M. Ciommi (C)*
Dynamo Faras-Futsal Lanciano **4-5**
*M. Farina (D), A. Scurti 2 (D), A. Rocchigiani (D), M. Travaglini 2 (F), M. Di Giulio 2 (F), A. Caravaggio (F)*
Futsal Celano-Sulmona Futsal **3-2**
*E. Fieramosca 2 (F), M. Fellini (F), G. Notarandrea (S), G. Coiado Del Andrea (S)*
Futsal Vasto-Sport Center Celano **1-4**
*S. Cupido (F), R. Lancia 2 (S), O. Della Rocca (S), P. Cotturone (S)*
Lions Bucchianico-Orione Avezzano **1-4**
*F. Talucci (L), G. Conte (O), A. Piccirilli (O), R. Camelo (O), A. Stornelli (O)*
Lisciani Teramo-Atletico Silvi **1-3**
*G. Marini (L), A. Fragassi (A), A. Giancaterino 2 (A)*
Minerva-Hatria Team **0-0**
**Ha riposato:** La Fenice

### 2ª giornata – sabato 25 settembre 2021

Atletico Silvi-Academy L'Aquila **8-0**
*F. Iezzi, A. Giancaterino 3, A. Fragassi, A. Cafarelli 2, G. Planamente*
Città di Chieti-La Fenice **2-1**
*N. Toto (C), M. Di Paolo (C), F. Salvi (L)*
Futsal Lanciano-Futsal Celano **1-5**
*M. Di Giulio (FL), M. Fellini (FC), L. Biondi (FC), E. Fieramosca 2 (FC), M. Proietti (FC)*
Hatria Team-Futsal Vasto **4-1**
*L. Marcone 2 (H), L. Angelozzi (H), M. Di Matteo (H), D. Salvatore (F)*
Orione Avezzano-Dynamo Faras **4-1**
*G. Conte 2 (O), M. Bajouri (O), D. Rossetti (O), M. Farina (D)*
Sport Center Celano-Lisciani Teramo **4-1**
*R. Lancia (S), R. D'Andrea (S), P. Cotturone 2 (S), G. Marini (L)*
Sulmona Futsal-Minerva **5-2**
*O. Ginnetti 2 (S), O. Ed Dyoury (S), G. Veneziale (S), G. Notarandrea (S), D. Di Lorenzo (M), S. Zamperini (M)*
**Ha riposato:** Lions Bucchianico

**3ª giornata – sabato 2 ottobre 2021**

Academy L'Aquila-Sport Center Celano **1-4**
*L. Giammatteo (A), R. Biocca (S), R. Lancia 2 (S), P. Cotturone (S)*
Dynamo Faras-Lions Bucchianico **3-2**
*A. Scurti (D), L. Falasca (D), A. Rocchigiani (D), A. Buscio (L), M. De Sanctis (L)*
Futsal Celano-Orione Avezzano **2-2**
*Dustin Calvet 2 (F), R. Camelo 2 (O)*
Futsal Vasto-Sulmona Futsal **2-6**
*U. Di Donato (F), A. Di Giacomo (F), O. Ginnetti 2 (S), E. Giansante (S), G. Veneziale (S), G. Coiado Del Andrea (S), L. Degli Esposti (S)*
La Fenice-Atletico Silvi **2-6**
*D. Di Nicola (L), N. Virgilio (L), L. Cornacchia (A), A. Giancaterino 3 (A), F. Iezzi (A), A. Cafarelli (A)*
Lisciani Teramo-Hatria Team **0-6**
*L. Angelozzi 3, L. Marcone, A. Ortega Perea, autorete*
Minerva-Futsal Lanciano **1-5**
*L. La Rovere (M), F. Primavera (F), M. Travaglini (F), N. Massimini (F), L. Palmerio (F), A. Di Loreto (F)*
**Ha riposato:** Città di Chieti

**4ª giornata – sabato 9 ottobre 2021**

Atletico Silvi-Città di Chieti **9-3**
*F. Iezzi 2 (A), M. Castagna 2 (A), A. Giancaterino (A), L. Della Matrice 2 (A), S. Colantonio (A), L. Cornacchia (A), M. Pica 2 (C), A. Rutolo (C)*
Futsal Lanciano-Futsal Vasto **3-2**
*M. Di Giulio (FL), A. Di Loreto (FL), M. Travaglini (FL), D. Tallarino (FV), S. Cupido (FV)*
Hatria Team-Academy L'Aquila **6-2**
*L. Marcone 2 (H), G. Giorgini (H), L. Angelozzi (H), M. Cafarelli 2 (H), A. Ciucci (A), M. Speranza (A)*
Lions Bucchianico-Futsal Celano **2-3**
*F. Talucci (L), F. Guida (L), L. Biondi (F), Dustin Calvet (F), E. Fieramosca (F)*
Orione Avezzano-Minerva **1-2**
*D. Di Nicola (O), G. Pantalone (M), S. Di Nardo (M)*
Sport Center Celano-La Fenice **5-0**
*R. Biocca, P. Ianni, R. Lancia, P. Cotturone, O. Della Rocca*
Sulmona Futsal-Lisciani Teramo **4-3**
*G. Basso (S), I. Alves 2 (S), O. Ed Dyoury (S), P. Di Vincenzo (L), N. Fanà (L), L. Di Donato (L)*
**Ha riposato:** Dynamo Faras

**5ª giornata – sabato 16 ottobre 2021**

Academy L'Aquila-Sulmona Futsal **3-4**
*M. Garcia Ciuro 3 (A), O. Ed Dyoury (S), G. Coiado Del Andrea (S), I. Alves 2 (S)*
Città di Chieti-Sport Center Celano **2-4**
*L. Blasioli (C), F. Di Muzio (C), R. Biocca 3 (S), E. Panacci (S)*
Futsal Celano-Dynamo Faras **2-2**
*Dustin Calvet (F), E. Fieramosca (F), A. Piccioni 2 (D)*
Futsal Vasto-Orione Avezzano **5-3**
*U. Di Donato 3 (F), D. Salvatore (F), M. Francescano (F), L. Maceroni (O), F. Berardi (O), D. Rossetti (O)*
La Fenice-Hatria Team **2-5**
*N. Virgilio (L), G. Crisante (L), G. Giorgini (H), M. Di Matteo 2 (H), autorete (H), L. Angelozzi (H)*
Lisciani Teramo-Futsal Lanciano **4-5**
*A. Novelli (L), A. Ferretti (L), G. Columbaro (L), P. Di Vincenzo (L), M. Di Giulio (F), L. Palmerio (F), N. Massimini (F), M. Travaglini (F), autorete (F)*
Minerva-Lions Bucchianico **6-0**
*G. Pantalone 2, E. Ciccotosto 2, D. Di Lorenzo 2*
**Ha riposato:** Atletico Silvi

**6ª giornata – sabato 23 ottobre 2021**

Dynamo Faras-Minerva **3-4**
*A. Scurti (D), E. Lo Iacono 2 (D), S. Di Nardo 3 (M), L. La Rovere (M)*
Futsal Lanciano-Academy L'Aquila **4-3**
*M. Di Giulio 2 (F), M. Travaglini (F), N. Massimini (F), M. Garcia Ciuro (A), A. Tortiello 2 (A)*
Hatria Team-Città di Chieti **7-2**
*L. Marcone 2 (H), L. Angelozzi 2 (H), M. Cafarelli (H), M. Di Matteo 2 (H), M. Pica (C), F. Di Muzio (C)*
Lions Bucchianico-Futsal Vasto **1-8**
*M. De Sanctis (L), S. Cupido (F), L. Falorio (F), M. Gaspari 3 (F), D. Salvatore (F), U. Di Donato (F), A. Di Giacomo (F)*
Orione Avezzano-Lisciani Teramo **4-1**
*M. Bajouri (O), A. Piccirilli 2 (O), F. Berardi (O), M. Galanti (L)*
Sport Center Celano-Atletico Silvi **8-1**
*R. Biocca 3 (S), G. Paris (S), R. D'Andrea 2 (S), O. Della Rocca 2 (S), S. Colantonio (A)*
Sulmona Futsal-La Fenice **2-1**
*I. Alves (S), G. Veneziale (S), N. Virgilio (L)*
**Ha riposato:** Futsal Celano

**7ª giornata – sabato 29 ottobre 2021**

Academy L'Aquila-Orione Avezzano **2-1**
*L. Bizzarri (A), A. Tortiello (A), M. Bajouri (O)*
Atletico Silvi-Hatria Team **3-2**
*L. Cornacchia (A), A. Amelii (A), S. Colantonio (A), A. Ortega Perea (H), L. Marcone (H)*
Città di Chieti-Sulmona Futsal **2-4**
*N. Toto (C), M. Pica (C), O. Ginnetti (S), O. Ed Dyoury (S), J. Tomasi Conti (S), autorete (S)*
Futsal Vasto-Dynamo Faras **4-4**
*S. Cupido 2 (F), M. Gaspari (F), U. Di Donato (F), A. Scurti 3 (D), E. Lo Iacono (D)*
La Fenice-Futsal Lanciano **2-4**
*M. Dosa (L), D. Di Nicola (L), M. Di Giulio (F), N. Massimini (F), F. Primavera (F), M. Travaglini (F)*
Lisciani Teramo-Lions Bucchianico **6-1**
*M. Galanti 3 (Lis), A. Novelli (Lis), L. Martelli (Lis), P. Di Vincenzo (Lis), L. Graziani (Lio)*
Minerva-Futsal Celano **2-2**
*S. Di Nardo (M), E. Ciccotosto (M), M. Venti (F), Dustin Calvet (F)*
**Ha riposato:** Sport Center Celano

**8ª giornata – sabato 6 novembre 2021**

Dynamo Faras-Lisciani Teramo **1-4**
*L. Falasca (D), A. Novelli (L), L. Cicconetti 2 (L), P. Di Vincenzo (L)*
Futsal Celano-Futsal Vasto **6-3**
*Dustin Calvet 3 (FC), M. Proietti (FC), E. Fieramosca 2 (FC), L. Falorio (FV), S. Cupido (FV), D. Tallarino (FV)*
Futsal Lanciano-Città di Chieti **5-5**
*L. Palmerio (F), M. Di Giulio (F), N. Massimini 2 (F), A. Caravaggio (F), M. Pica (C), A. Rutolo 2 (C), F. Di Muzio (C), G. Mincarini (C)*
Hatria Team-Sport Center Celano **1-2**
*G. Giorgini (H), R. Lancia (S), R. Biocca (S)*
Lions Bucchianico-Academy L'Aquila **0-1**
*A. Agrusti*
Orione Avezzano-La Fenice **2-1**
*G. Conte (O), F. Berardi (O), D. Di Nicola (L)*
Sulmona Futsal-Atletico Silvi **3-6**
*O. Ginnetti (S), J. Tomasi Conti (S), G. Notarandrea (S), A. Giancaterino 3 (A), S. Colantonio 2 (A), A. Cafarelli (A)*
**Ha riposato:** Minerva

**9ª giornata – sabato 13 novembre 2021**

Academy L'Aquila-Dynamo Faras **1-1**
*S. Marinelli (A), autorete (D)*
Atletico Silvi-Futsal Lanciano **4-4**
*D. Morelli (A), G. Planamente 2 (A), S. Colantonio (A), M. Di Giulio (F), A. Di Loreto (F), D. Di Matteo (F), M. Travaglini (F)*
Città di Chieti-Orione Avezzano **1-2**
*N. Toto (C), S. Bussi (O), M. Bajouri (O)*
Futsal Vasto-Minerva **1-5**
*D. Salvatore (F), A. Dell'Oso (M), S. Di Nardo (M), D. Di Lorenzo 2 (M), autorete (M)*
La Fenice-Lions Bucchianico **3-4**
*M. Dosa (La), D. Di Nicola 2 (La), L. Graziani (Li), M. De Sanctis 2 (Li), M. D'Alonzo (Li)*
Lisciani Teramo-Futsal Celano **6-4**
*M. Galanti 2 (L), A. Ferretti (L), L. Di Donato (L), P. Di Vincenzo (L), L. Cicconetti (L), Dylan Calvet 2 (F), L. Biondi (F), Dustin Calvet (F)*
Sport Center Celano-Sulmona Futsal **3-3**
*R. Lancia 2 (Sp), O. Della Rocca (Sp), E. Giansante (S), G. Coiado Del Andrea (S), I. Alves (S)*
**Ha riposato:** Hatria Team

**10ª giornata – sabato 20 novembre 2021**

Dynamo Faras-La Fenice **4-3**
*A. Di Blasio 3 (D), R. Lib Alizadeh (D), N. Virgilio 2 (L), autorete (L)*
Futsal Celano-Academy L'Aquila **7-3**
*Dylan Calvet 2 (F), M. Venti (F), F. Marianetti 2 (F), E. Fieramosca (F), L. Biondi (F), A. Tortiello 2 (A), M. Garcia Ciuro (A)*
Futsal Lanciano-Sport Center Celano **8-3**
*N. Massimini 4 (F), M. Di Giulio (F), M. Travaglini 2 (F), A. Di Loreto (F), R. Lancia (S), S. Fantauzzi (S), G. Paris (S)*
Lions Bucchianico-Città di Chieti **3-1**
*D. La Rovere (L), M. De Sanctis (L), D. Mastrovincenzo (L), F. Di Muzio (C)*
Minerva-Lisciani Teramo **2-2**
*G. Pantalone (M), F. Cornacchia (M), A. Novelli (L), G. Marini (L)*
Orione Avezzano-Atletico Silvi **2-1**
*M. Bajouri 2 (O), A. Amelii (A)*
Sulmona Futsal-Hatria Team **3-2**
*E. Giansante (S), G. Coiado Del Andrea 2 (S), L. Marcone (H), M. Cafarelli (H)*
**Ha riposato:** Futsal Vasto

**11ª giornata – sabato 27 novembre 2021**

Academy L'Aquila-Minerva **0-2**
*G. Pantalone, autorete*
Atletico Silvi-Lions Bucchianico **5-1**
*F. Lupinetti (A), A. Fragassi (A), A. Giancaterino (A), L. Cornacchia 2 (A), L. Graziani (L)*
Città di Chieti-Dynamo Faras **5-2**
*M. Pica (C), N. Toto (C), L. Blasioli (C), F. Di Muzio 2 (C), S. Marignetti (D), E. Lo Iacono (D)*
Hatria Team-Futsal Lanciano **6-4**
*M. Cafarelli (H), L. Angelozzi 4 (H), M. Di Matteo (H), M. Travaglini (F), S. Forte (F), M. Di Giulio (F), N. Massimini (F)*
La Fenice-Futsal Celano **2-4**
*D. Di Nicola 2 (L), Dustin Calvet 2 (F), L. Biondi (F), M. Fellini (F)*
Lisciani Teramo-Futsal Vasto **3-2**
*G. Marini (L), M. Galanti (L), M. Passamonti (L), N. Aquilano (F), D. Tallarino (F)*
Sport Center Celano-Orione Avezzano **3-2**
*R. Biocca (S), P. Cotturone (S), E. Panacci (S), G. Conte (O), M. Maceroni (O)*
**Ha riposato:** Sulmona Futsal

**12ª giornata – sabato 4 dicembre 2021**

Dynamo Faras-Atletico Silvi **0-7**
*F. Iezzi 3, A. Amelii, D. Morelli, A. Giancaterino, L. Della Matrice*
Futsal Celano-Città di Chieti **2-2**
*L. Biondi 2 (F), L. Blasioli (C), F. Di Muzio (C)*
Futsal Lanciano-Sulmona Futsal **3-5**
*L. Palmerio 2 (F), N. Massimini (F), J. Tomasi Conti (S), O. Ed Dyoury (S), O. Ginnetti (S), I. Alves (S), E. Giansante (S)*
Futsal Vasto-Academy L'Aquila **3-2**
*S. Colombaro (F), D. Salvatore (F), N. Aquilano (F), M. Garcia Ciuro (A), S. Marinelli (A)*
Lions Bucchianico-Sport Center Celano **0-4**
*P. Cotturone 4*
Minerva-La Fenice **4-1**
*S. Di Nardo 2 (M), A. Dell'Oso (M), G. Pantalone (M), F. Salvi (L)*
Orione Avezzano-Hatria Team **4-2**
*G. Conte (O), A. Piccirilli (O), L. Maceroni 2 (O), A. Ortega Perea 2 (H)*
**Ha riposato:** Lisciani Teramo

**13ª giornata – sabato 11 dicembre 2021**

Academy L'Aquila-Lisciani Teramo **3-2**
*L. Eliseo (A), L. Giammatteo (A), autorete (A), M. D'Onofrio (L), L. Di Donato (L)*
Atletico Silvi-Futsal Celano **4-4**
*F. Lupinetti 2 (A), A. Giancaterino (A), L. Cornacchia (A), F. Marianetti (F), L. Biondi (F), Dustin Calvet 2 (F)*
Città di Chieti-Minerva **2-3**
*F. Di Muzio (C), L. Blasioli (C), A. Dell'Oso (M), L. La Rovere (M), G. Pantalone (M)*
Hatria Team-Lions Bucchianico **4-3**
*D. Luciani (H), M. Di Matteo 3 (H), A. Buscio 2 (L), F. Talucci (L)*
La Fenice-Futsal Vasto **2-2**
*N. Virgilio (L), D. Di Nicola (L), S. Colombaro (F), D. Salvatore (F)*
Sport Center Celano-Dynamo Faras **7-0**
*R. Biocca 3, R. Lancia, G. Paris, E. Panacci, P. Cotturone*
Sulmona Futsal-Orione Avezzano **4-2**
*I. Alves 2 (S), A. Nunes Freire (S), D. De Vincentis (S), M. Bajouri (O), L. Maceroni (O)*
**Ha riposato:** Futsal Lanciano

**14ª giornata – sabato 18 dicembre 2021**

Dynamo Faras-Hatria Team **1-5**
*A. Di Blasio (D), A. Ortega Perea 2 (H), M. Di Matteo 2 (H), L. Marcone (H)*
Futsal Celano-Sport Center Celano **2-4**
*F. Marianetti (F), E. Normanno (F), M. Di Curzio (S), E. Panacci (S), P. Cotturone (S), R. Lancia (S)*
Futsal Vasto-Città di Chieti **2-1**
*M. Gaspari (F), S. Colombaro (F), M. Pica (C)*
Lions Bucchianico-Sulmona Futsal **3-5**
*F. Guida (L), G. Basso (L), D. Mastrovincenzo (L), I. Alves (S), O. Ginnetti (S), G. Veneziale 2 (S), G. Coiado Del Andrea (S)*
Lisciani Teramo-La Fenice **3-1**
*L. Di Donato (Li), A. Novelli (Li), P. Di Vincenzo (Li), L. Casillo (La)*
Minerva-Atletico Silvi **0-5**
*F. Lupinetti, A. Amelii, A. Cafarelli 2, A. Giancaterino*
Orione Avezzano-Futsal Lanciano **3-4**
*D. Rossetti (O), A. Piccirilli (O), E. Rancitelli (O), M. Di Giulio 2 (F), S. Forte (F), M. Travaglini (F)*
**Ha riposato:** Academy L'Aquila

**15ª giornata – sabato 29 gennaio 2022**

Atletico Silvi-Futsal Vasto **6-0**
*S. Colantonio 2, A. Cafarelli, D. Babini, G. Planamente 2*
Città di Chieti-Lisciani Teramo **3-3**
*M. Pica 2 (C), L. Petaccia (C), M. Passamonti (L), P. Di Vincenzo (L), M. Galanti (L)*
Futsal Lanciano-Lions Bucchianico **7-6**
*N. Massimini 4 (F), S. Forte (F), M. Di Giulio (F), F. Primavera (F), G. Basso (L), A. Buscio 2 (L), F. Talucci (L), autorete (L), M. De Sanctis (L)*
Hatria Team-Futsal Celano **2-3**
*L. Marcone (H), L. Angelozzi (H), Dustin Calvet 2 (F), M. Venti (F)*
La Fenice-Academy L'Aquila **2-3**
*M. Dosa (L), F. Salvi (L), L. Eliseo 3 (A)*
Sport Center Celano-Minerva **4-2**
*G. Paris (S), R. Biocca (S), R. D'Andrea (S), P. Cotturone (S), A. Corregiari (M), N. Mincone (M)*
Sulmona Futsal-Dynamo Faras **5-2**
*O. Ginnetti (S), I. Alves 2 (S), G. Coiado Del Andrea (S), autorete (S), R. Caputo 2 (D)*
**Ha riposato:** Orione Avezzano

**16ª giornata – sabato 5 febbraio 2022**

Atletico Silvi-Lisciani Teramo **4-5**
*F. Iezzi (A), A. Amelii (A), A. Cafarelli (A), G. Planamente (A), M. Galanti 2 (L), L. Di Donato (L), L. Cicconetti (L), M. Passamonti (L)*
Città di Chieti-Academy L'Aquila **4-2**
*L. Blasioli (C), M. Pica (C), M. Ciommi (C), F. Di Muzio (C), A. Tortiello 2 (A)*
Futsal Lanciano-Dynamo Faras **5-3**
*S. Forte (F), M. Di Giulio (F), M. Travaglini 3 (F), A. Piccioni 2 (D), autorete (D)*
Hatria Team-Minerva **0-0**
Orione Avezzano-Lions Bucchianico **9-0**
*D. Rossetti 2, M. Banjouri 2, E. Rancitelli 2, L. Maceroni, D. Di Nicola, M. Maceroni*
Sport Center Celano-Futsal Vasto **8-2**
*R. Lancia 2 (S), R. Biocca (S), E. Panacci 2 (S), S. Fantauzzi (S), G. Paris (S), M. Crescimbello (S), A. Di Giacomo 2 (F)*
Sulmona Futsal-Futsal Celano **7-6**
*O. Ed Dyoury 2 (S), I. Alves 2 (S), E. Giansante (S), G. Coiado Del Andrea (S), G. Veneziale (S), L. Biondi (F), Dustin Calvet (F), E. Normanno 4 (F)*
**Ha riposato:** La Fenice

**17ª giornata – sabato 12 febbraio 2022**

Academy L'Aquila-Atletico Silvi **1-2**
*M. Garcia Ciuro (Ac), A. Amelii 2 (At)*
Dynamo Faras-Orione Avezzano **2-3**
*C. Marzoli (D), R. Caputo (D), G. Conte (O), M. Bajouri (O), D. Rossetti (O)*
Futsal Celano-Futsal Lanciano **3-2**
*L. Biondi 3 (FC), A. Di Loreto (FL), S. Cupido (FL)*
Futsal Vasto-Hatria Team **2-5**
*M. Gaspari (F), S. Colombaro (F), M. Cafarelli (H), L. Angelozzi (H), G. Giorgini (H), G. Calista (H), L. Marcone (H)*
La Fenice-Città di Chieti **7-3**
*M. Dosa (L), E. Liuzzi 2 (L), F. Salvi (L), G. Crisante (L), D. Di Nicola (L), N. Virgilio (L), M. Pica (C), F. Di Muzio (C), L. Blasioli (C)*
Lisciani Teramo-Sport Center Celano **5-3**
*M. Galanti (L), A. Ferretti (L), L. Cicconetti (L), M. Passamonti (L), D. Marrazzo (L), R. Biocca (S), E. Panacci (S), S. Fantauzzi (S)*
Minerva-Sulmona Futsal **1-4**
*D. Di Lorenzo (M), I. Alves (S), A. Nunes Freire (S), J. Tomasi Conti (S), E. Giansante (S)*
**Ha riposato:** Lions Bucchianico

**18ª giornata – sabato 19 febbraio 2022**

Atletico Silvi-La Fenice **4-3**
*D. Morelli 2 (A), A. Amelii (A), S. Colantonio (A), M. Dosa 2 (L), F. Salvi (L)*
Futsal Lanciano-Minerva **0-2**
*S. Di Nardo, G. Pantalone*
Hatria Team-Lisciani Teramo **4-5**
*G. Giorgini 2 (H), L. Angelozzi (H), M. Cafarelli (H), G. Columbaro (L), A. Novelli (L), M. Galanti (L), L. Di Donato 2 (L)*
Lions Bucchianico-Dynamo Faras **4-0**
*L. Toto 2, A. Buscio, M. De Sanctis*
Orione Avezzano-Futsal Celano **0-4**
*L. Biondi, M. Fellini, M. Proietti 2*
Sport Center Celano-Academy L'Aquila **3-3**
*R. Biocca (S), R. D'Andrea (S), P. Cotturone (S), L. Eliseo (A), A. Tortiello (A), M. Garcia Ciuro (A)*
Sulmona Futsal-Futsal Vasto **7-6**
*O. Ginnetti 3 (S), I. Alves 2 (S), E. Giansante (S), D. De Vincentiis (S), D. Tallarino 2 (F), A. Cagnazzo (F), L. Di Donato (F), L. Rodrigues Leite 2 (F)*
**Ha riposato:** Città di Chieti

### 19ª giornata – mercoledì 23 febbraio 2022

Academy L'Aquila-Hatria Team **2-2**
*S. Scipione (A), S. Marotta (A), G. Giorgini (H), L. Angelozzi (H)*
Città di Chieti-Atletico Silvi **2-2**
*M. Ciommi (C), autorete (C), A. Amelii (A), S. Colantonio (A)*
Futsal Celano-Lions Bucchianico **8-3**
*L. Biondi 2 (F), Dustin Calvet 2 (F), M. Fellini (F), E. Normanno (F), M. Proietti (F), I. Tramontano (F), A. Buscio (L), G. Basso (L), F. Talucci (L)*
Futsal Vasto-Futsal Lanciano **2-9**
*L. Rodrigues Leite (FV), A. Di Giacomo (FV), N. Massimini 4 (FL), M. Di Giulio 3 (FL), A. Di Loreto (FL), F. Primavera (FL)*
La Fenice-Sport Center Celano **1-2**
*D. Di Nicola (L), E. Panacci (S), L. Contestabile (S)*
Lisciani Teramo-Sulmona Futsal **0-2**
*O. Ed Dyoury, G. Coiado Del Andrea*
Minerva-Orione Avezzano **3-1**
*S. Di Nardo (M), G. Pantalone (M), E. Ciccotosto (M), M. Bajouri (O)*
**Ha riposato:** Dynamo Faras

### 20ª giornata – sabato 26 febbraio 2022

Dynamo Faras-Futsal Celano **1-3**
*E. Lo Iacono (D), L. Biondi (F), E. Normanno (F), I. Tramontano (F)*
Futsal Lanciano-Lisciani Teramo **6-5**
*M. Di Giulio (F), M. Travaglini 2 (F), A. Caravaggio (F), M. Francescano (F), A. Di Loreto (F), A. Ferretti (L), M. Galanti 2 (L), P. Di Vincenzo (L), L. Di Donato (L)*
Hatria Team-La Fenice **1-1**
*L. Marcone (H), A. Petrei (L)*
Lions Bucchianico-Minerva **3-6**
*M. D'Alonzo (L), A. Buscio (L), M. De Sanctis (L), E. Ciccotosto 2 (M), S. Di Nardo (M), F. Cornacchia (M), L. La Rovere 2 (M)*
Orione Avezzano-Futsal Vasto **4-2**
*L. Maceroni (O), D. Rossetti (O), M. Maceroni (O), S. Ghera (O), S. Colombaro (F), L. Rodrigues Leite (F)*
Sport Center Celano-Città di Chieti **6-2**
*R. Lancia 3 (S), P. Cotturone 3 (S), M. Pica (C), F. Petaccia (C)*
Sulmona Futsal-Academy L'Aquila **9-3**
*O. Ginnetti 2 (S), I. Alves 3 (S), O. Ed Dyoury (S), A. Nunes Freire (S), E. Giansante (S), G. Coiado Del Andrea (S), S. Scipione (A), F. Fabiani (A), L. Eliseo (A)*
**Ha riposato:** Atletico Silvi

**21ª giornata – sabato 5 marzo 2022**

Academy L'Aquila-Futsal Lanciano **0-5**
*M. Di Giulio, M. Francescano, F. Primavera, N. Massimini, M. Travaglini*
Atletico Silvi-Sport Center Celano **5-3**
*A. Amelii (A), A. Cafarelli 4 (A), R. Lancia (S), R. Biocca (S), E. Panacci (S)*
Città di Chieti-Hatria Team **6-3**
*M. Pica (C), F. Di Muzio 4 (C), F. Petaccia (C), A. Ortega Perea (H), L. Angelozzi (H), L. Marcone (H)*
Futsal Vasto-Lions Bucchianico **10-5**
*S. Colombaro 2 (F), D. Salvatore 3 (F), A. Di Giacomo 2 (F), U. Di Donato (F), J. Barbosa Oliveira 2 (F), A. Buscio 2 (L), F. Talucci 3 (L)*
La Fenice-Sulmona Futsal **2-6**
*N. Virgilio (L), autorete (L), I. Alves 2 (S), O. Ed Dyoury (S), G. Notarandrea (S), G. Veneziale (S), G. Coiado Del Andrea (S)*
Lisciani Teramo-Orione Avezzano **2-2**
*M. Galanti (L), A. Novelli (L), R. Camelo (O), L. Maceroni (O)*
Minerva-Dynamo Faras **5-2**
*E. Ciccotosto 2 (M), A. Dell'Oso (M), D. Di Lorenzo 2 (M), A. Di Blasio (D), M. Poma (D)*
**Ha riposato:** Futsal Celano

**22ª giornata – sabato 12 marzo 2022**

Dynamo Faras-Futsal Vasto **3-5**
*E. Lo Iacono (D), D. Carminelli 2 (D), M. Frasca (F), L. Rodrigues Leite (F), S. Colombaro (F), U. Di Donato 2 (F)*
Futsal Celano-Minerva **8-2**
*Dustin Calvet 3 (F), M. Proietti (F), F. Marianetti (F), O. Della Rocca 2 (F), L. Biondi (F), E. Ciccotosto (M), D. Di Lorenzo (M)*
Futsal Lanciano-La Fenice **3-6**
*M. Di Giulio 2 (F), N. Massimini (F), G. Crisante (L), D. Di Nicola 3 (L), M. Palumbo 2 (L)*
Hatria Team-Atletico Silvi **3-2**
*M. Cafarelli (H), L. Angelozzi (H), A. Ortega Perea (H), S. Morelli (A), F. Iezzi (A)*
Lions Bucchianico-Lisciani Teramo **2-1**
*A. Buscio (Lio), D. Mastrovincenzo (Lio), D. Marrazzo (Lis)*
Orione Avezzano-Academy L'Aquila **1-1**
*R. Camelo (O), L. Bizzarri (A)*
Sulmona Futsal-Città di Chieti **6-3**
*O. Ginnetti (S), I. Alves 4 (S), G. Coiado Del Andrea (S), L. Petaccia (C), M. Pica (C), F. Di Muzio (C)*
**Ha riposato:** Sport Center Celano

**23ª giornata – sabato 19 marzo 2022**

Academy L'Aquila-Lions Bucchianico **6-2**
*L. Eliseo (A), S. Marotta (A), M. Garcia Ciuro 3 (A), autorete (A), M. D'Alonzo (L), D. Mastrovincenzo (L)*
Atletico Silvi-Sulmona Futsal **5-8**
*S. Colantonio (A), A. Amelii (A), A. Cafarelli (A), L. Della Matrice 2 (A), I. Alves 4 (S), G. Coiado Del Andrea 2 (S), O. Ed Dyoury (S), G. Veneziale (S)*
Città di Chieti-Futsal Lanciano **2-2**
*N. Toto (C), F. Di Muzio (C), S. Forte (F), M. Di Giulio (F)*
Futsal Vasto-Futsal Celano **1-5**
*L. Rodrigues Leite (FV), M. Proietti (FC), L. Biondi (FC), I. Tramontano 2 (FC), Dustin Calvet (FC)*
La Fenice-Orione Avezzano **1-1**
*M. Dosa (L), D. Rossetti (O)*
Lisciani Teramo-Dynamo Faras **7-2**
*M. Galanti 3 (L), L. Martelli (L), L. Di Donato (L), P. Di Vincenzo (L), L. Cicconetti (L), D. Carminelli (D), autorete (D)*
Sport Center Celano-Hatria Team **3-3**
*R. Biocca (S), E. Panacci 2 (S), L. Marcone (H), M. Cafarelli (H), L. Angelozzi (H)*
**Ha riposato:** Minerva

**24ª giornata – mercoledì 23 marzo 2022**

Dynamo Faras-Academy L'Aquila **3-4**
*D. Carminelli (D), A. Scurti (D), E. Lo Iacono (D), S. Marotta 2 (A), M. Speranza (A), S. Scipione (A)*
Futsal Celano-Lisciani Teramo **8-3**
*L. Biondi 2 (F), M. Fellini 2 (F), E. Normanno 3 (F), O. Della Rocca (F), L. Martelli (L), A Ferretti (L), L. Di Donato (L)*
Futsal Lanciano-Atletico Silvi **5-5**
*M. Di Giulio 3 (F), S. Cupido (F), M. Travaglini (F), L. Della Matrice 2 (A), A. Amelii (A), A. Cafarelli (A), M. Castagna (A)*
Lions Bucchianico-La Fenice **1-4**
*M. De Sanctis (Li), M. Dosa (La), N. Virgilio 2 (La), D. Di Nicola (La)*
Minerva-Futsal Vasto **6-1**
*S. Di Nardo (M), E. Ciccotosto 2 (M), G. Pantalone (M), D. Ambrosini (M), A. Dell'Oso (M), S. Colombaro (F)*
Orione Avezzano-Città di Chieti **3-2**
*M. Bajouri (O), S. Ghera (O), L. Maceroni (O), N. Toto (C), M. Ciommi (C)*
Sulmona Futsal-Sport Center Celano **3-3**
*O. Ginnetti (Su), E. Giansante (Su), G. Coiado Del Andrea (Su), P. Cotturone 2 (Sp), E. Panacci (Sp)*
**Ha riposato:** Hatria Team

**25ª giornata – sabato 26 marzo 2022**

Academy L'Aquila-Futsal Celano **1-4**
*M. Speranza (A), E. Normanno 3 (F), M. Fellini (F)*
Atletico Silvi-Orione Avezzano **1-5**
*D. Morelli (A), R. Camelo (O), M. Bajouri 3 (O), M. Maceroni (O)*
Città di Chieti-Lions Bucchianico **4-0**
*F. Di Muzio 3, R. Stefanachi*
Hatria Team-Sulmona Futsal **2-0**
*L. Marcone, M. Di Sante*
La Fenice-Dynamo Faras **3-0**
*N. Virgilio 3*
Lisciani Teramo-Minerva **1-8**
*M. Galanti (L), S. Di Nardo 2 (M), L. La Rovere 2 (M), D. Di Lorenzo (M), A. Dell'Oso (M), A. Corregiari (M), S. Zamperini (M)*
Sport Center Celano-Futsal Lanciano **8-1**
*R. Biocca 3 (S), R. Lancia 2 (S), P. Cotturone 2 (S), G. Paris (S), M. Travaglini (F)*
**Ha riposato:** Futsal Vasto

**26ª giornata – sabato 2 aprile 2022**

Dynamo Faras-Città di Chieti **0-4**
*M. Ciommi, F. Petaccia, M. Pica, M. Di Paolo*
Futsal Celano-La Fenice **3-2**
*F. Marianetti (F), E. Normanno 2 (F), M. Dosa (L), G. Crisante (L)*
Futsal Lanciano-Hatria Team **5-0**
*L. Palmerio, A. Di Loreto, N. Massimini, S. Cupido, M. Travaglini*
Futsal Vasto-Lisciani Teramo **1-3**
*U. Di Donato (F), D. Marrazzo (L), L. Di Donato 2 (L)*
Lions Bucchianico-Atletico Silvi **0-5**
*D. Morelli, F. Lupinetti 2, D. Babini, S. Colantonio*
Minerva-Academy L'Aquila **3-1**
*S. Di Nardo 2 (M), D. Di Lorenzo (M), M. Speranza (A)*
Orione Avezzano-Sport Center Celano **1-7**
*S. Bussi (O), R. Lancia 2 (S), E. Panacci (S), R. Biocca (S), P. Cotturone (S), R. D'Andrea (S), S. Fantauzzi (S)*
**Ha riposato:** Sulmona Futsal

**27ª giornata – sabato 9 aprile 2022**

Academy L'Aquila-Futsal Vasto **6-2**
*S. Marotta (A), A. Agrusti 2 (A), L. Eliseo (A), M. Garcia Ciuro (A), M. Speranza (A), J. Notarangelo 2 (F)*

**11-6**

Atletico Silvi-Dynamo Faras
*F. Lupinetti 4 (A), A. Cafarelli 2 (A), L. Della Matrice 2 (A), D. Morelli (A), G. Planamente 2 (A), A. Di Blasio 3 (D), E. Lo Iacono 2 (D), M. Poma (D)*
Città di Chieti-Futsal Celano **2-3**
*M. Di Paolo (C), M. Ciommi (C), Dustin Calvet (F), O. Della Rocca (F), E. Normanno (F)*
Hatria Team-Orione Avezzano **4-1**
*M. Cafarelli (H), L. Marcone (H), F. Caporale (H), L. Angelozzi (H), M. Bajouri (O)*
La Fenice-Minerva **2-2**
*G. Crisante (L), D. Di Nicola (L), S. Di Nardo (M), D. Di Lorenzo (M)*
Sport Center Celano-Lions Bucchianico **3-2**
*E. Panacci (S), P. Cotturone (S), M. Ciciotti (S), D. Mastrovincenzo (L), M. De Sanctis (L)*
Sulmona Futsal-Futsal Lanciano **5-5**
*G. Coiado Del Andrea 4 (S), A. Nunes Freire (S), A. Di Loreto (F), N. Massimini 3 (F), S. Forte (F)*
**Ha riposato:** Lisciani Teramo

**28ª giornata – sabato 16 aprile 2022**

Dynamo Faras-Sport Center Celano **0-7**
*R. Lancia, P. Cotturone 2, R. D'Andrea 2, G. Paris, S. Fantauzzi*
Futsal Celano-Atletico Silvi **4-3**
*M. Fellini (F), E. Normanno (F), O. Della Rocca 2 (F), L. Della Matrice (A), A. Cafarelli (A), D. Morelli (A)*
Futsal Vasto-La Fenice **0-6**
*G. Crisante 2, D. Di Nicola 3, L. Casillo*
Lions Bucchianico-Hatria Team **0-5**
*G. Giorgini, M. Cafarelli, R. Pavone, L. Marcone, L. Angelozzi*
Lisciani Teramo-Academy L'Aquila **3-4**
*A. Novelli (L), A. Ferretti (L), autorete (L), A. Tortiello (A), M. Speranza (A), L. Eliseo (A), S. Scipione (A)*
Minerva-Città di Chieti **1-5**
*S. Di Nardo (M), M. Pica 2 (C), N. Toto (C), L. Blasioli (C), F. De Luca (C)*
Orione Avezzano-Sulmona Futsal **3-5**
*S. Bussi 2 (O), D. Di Nicola (O), I. Alves 2 (S), O. Ed Dyoury 3 (S)*
**Ha riposato:** Futsal Lanciano

**29ª giornata – sabato 23 aprile 2022**

Atletico Silvi-Minerva **6-5**
*G. Planamente (A), A. Amelii (A), D. Morelli (A), L. Della Matrice 2 (A), F. Lupinetti (A), C. Carabella (M), S. Di Nardo 2 (M), G. Pantalone (M),*

*L. La Rovere (M)*
Città di Chieti-Futsal Vasto **5-1**
*M. Ciommi 3 (C), M. Pica (C), F. Di Muzio (C), U. Di Donato (F)*
Futsal Lanciano-Orione Avezzano **6-3**
*A. Di Loreto 2 (F), A. Caravaggio (F), S. Forte (F), N. Massimini 2 (F), M. Maceroni 2 (O), L. Maceroni (O)*
Hatria Team-Dynamo Faras **12-4**
*L. Angelozzi 2 (H), M. Cafarelli 2 (H), L. Marcone 3 (H), F. Caporale (H), D. Luciani (H), L. Piarulli (H), R. Pavone (H), G. Giorgini (H), A. Innamorati 2 (D), A. Piccioni (D), E. Lo Iacono (D)*
La Fenice-Lisciani Teramo **4-2**
*G. Crisante 2 (La), M. Dosa (La), L. Di Paolo (La), A. Ferretti (Li), L. Lauri (Li)*
Sport Center Celano-Futsal Celano **2-1**
*P. Cotturone 2 (S), Dustin Calvet (F)*
Sulmona Futsal-Lions Bucchianico **11-0**
*E. Giansante, A. Liberatore 2, O. Ed Dyoury 2, J. Tomasi Conti, A. Biancone, G. Veneziale, G. Notarandrea, D. De Vincentis 2*
**Ha riposato:** Academy L'Aquila

**30ª giornata – sabato 30 aprile 2022**

Academy L'Aquila-La Fenice **0-0**
*A (A)*
Dynamo Faras-Sulmona Futsal **0-11**
*D. De Vincentis 3, I. Alves 3, G. Coiado Del Andrea, J. Tomasi Corti, O. Ed Dyoury, A. Liberatore, E. Giansante*
Futsal Celano-Hatria Team **2-2**
*F. Marianetti (F), L. Biondi (F), F. Caporale (H), L. Marcone (H)*
Futsal Vasto-Atletico Silvi **5-5**
*L. Di Donato (F), A. Di Giacomo 2 (F), L. Rodrigues Leite (F), D. Di Foglio (F), G. Planamente 2 (A), A. Amelii (A) F. Lupinetti 2 (A)*
Lions Bucchianico-Futsal Lanciano **3-7**
*L. Toto (L), M. De Sanctis 2 (L), S. Cupido 2 (F), M. Travaglini (F), S. Forte (F), M. Di Giulio 2 (F), L. Palmerio (F)*
Lisciani Teramo-Città di Chieti **0-1**
*F. Di Muzio*
Minerva-Sport Center Celano **1-5**
*F. Cornacchia (M), S. Fantauzzi (S), P. Cotturone 3 (S), E. Panacci (S)*
**Ha riposato:** Orione Avezzano

## CLASSIFICA FINALE SERIE C1 MASCHILE

| squadre | punti | gare | vinte | nulle | perse | reti f. | reti s. | diff. |
|---|---|---|---|---|---|---|---|---|
| Sulmona Futsal | 69 | 28 | 22 | 3 | 3 | 139 | 76 | +63 |
| Sp. Center Celano | 67 | 28 | 21 | 4 | 3 | 122 | 54 | +68 |
| Futsal Celano | 60 | 28 | 18 | 6 | 4 | 111 | 68 | +43 |
| Atletico Silvi | 53 | 28 | 16 | 5 | 7 | 128 | 85 | +43 |
| Futsal Lanciano | 53 | 28 | 16 | 5 | 7 | 123 | 100 | +23 |
| Hatria Team | 48 | 28 | 14 | 6 | 8 | 98 | 63 | +35 |
| Minerva | 44 | 28 | 13 | 5 | 10 | 80 | 70 | +10 |
| Orione Avezzano | 40 | 28 | 12 | 4 | 12 | 73 | 70 | +3 |
| Lisciani Teramo | 36 | 28 | 11 | 3 | 14 | 81 | 94 | -13 |
| Academy L'Aquila | 32 | 28 | 9 | 5 | 14 | 62 | 88 | -26 |
| Città di Chieti | 32 | 28 | 9 | 5 | 14 | 77 | 87 | -10 |
| La Fenice | 23 | 28 | 6 | 5 | 17 | 65 | 78 | -13 |
| Futsal Vasto | 21 | 28 | 6 | 3 | 19 | 76 | 127 | -51 |
| Lions Bucchianico | 12 | 28 | 4 | 0 | 24 | 52 | 139 | -87 |
| Dynamo Faras | 9 | 28 | 2 | 3 | 23 | 54 | 142 | -88 |

## SEMIFINALE PLAY OFF

**sabato 7 maggio 2022**

Futsal Celano-Atletico Silvi **4-0**
*Dustin Calvet 3, M. Proietti*

## FINALE PLAY OFF

**sabato 14 maggio 2022**

Sport Center Celano-Futsal Celano **4-5**
*E. Panacci 2 (S), R. Biocca (S), M. Di Curzio (S), Dustin Calvet 2 (F), Dylan Calvet (F), E. Normanno 2 (F)*

## SEMIFINALE PLAY OUT

**sabato 7 maggio 2022**

La Fenice-Futsal Vasto **6-3**
*N. Virgilio (L), M. Dosa (L), F. Salvi (L), G. Crisante (L), D. Di Nicola 2 (L), M. Gaspari (F), J. Notarangelo (F), J. Barbosa Oliveira (F)*

## FINALE PLAY OUT

**sabato 14 maggio 2022**

Città di Chieti-La Fenice **1-1 (dts)**
*M. Pica (C), D. Di Nicola (L)*

## RECORDS SERIE C1 MASCHILE

| | | |
|---|---|---|
| maggior numero di punti | 69 | Sulmona Futsal |
| minor numero di punti | 9 | Dynamo Faras |
| maggior numero di vittorie | 22 | Sulmona Futsal |
| minor numero di vittorie | 2 | Dynamo Faras |
| maggior numero di pareggi | 6 | Futsal Celano e Hatria Team |
| minor numero di pareggi | 0 | Lions Bucchianico |
| maggior numero di sconfitte | 24 | Lions Bucchianico |
| minor numero di sconfitte | 3 | Sulmona Futsal |
| miglior attacco | 139 | Sulmona Futsal |
| miglior difesa | 54 | Sport Center Celano |
| peggior attacco | 52 | Lions Bucchianico |
| peggior difesa | 142 | Dynamo Faras |
| migliore differenza reti | +68 | Sport Center Celano |
| peggiore differenza reti | -88 | Dynamo Faras |
| miglior realizzatore | 35 reti | I. Alves (Sulmona Futsal) |

## I VERDETTI FINALI

**Promosse in serie B:** Sulmona Futsal e Futsal Celano

**Retrocesse in serie C2:** La Fenice, Futsal Vasto, Lions Bucchianico e Dynamo Fara

## COPPA DISCIPLINA SERIE C1 MASCHILE

| posizione | squadre | punteggio |
|---|---|---|
| 1 | La Fenice | 7,10 |
| 2 | Sulmona Futsal | 9,55 |
| 3 | Futsal Lanciano | 9,75 |
| 4 | Lions Bucchianico | 10,05 |
| 5 | Lisciani Teramo | 10,15 |
| 6 | Minerva | 12,15 |
| 7 | Città di Chieti | 16,65 |
| 8 | Hatria Team | 18,10 |
| 9 | Sport Center Celano | 18,65 |
| 10 | Futsal Vasto | 21,30 |
| 11 | Orione Avezzano | 22,55 |
| 12 | Dynamo Faras | 23,45 |
| 13 | Academy L'Aquila | 23,85 |
| 14 | Futsal Celano | 29,95 |
| 15 | Atletico Silvi | 46,90 |

## FASE NAZIONALE
## PRIMO TURNO a TRIANGOLARI

### TRIANGOLARE F
**1ª giornata – sabato 28 maggio 2022**

Colli Al Volturno-New Taranto **3-13**
**Ha riposato:** Futsal Celano

### TRIANGOLARE F
**2ª giornata – sabato 4 giugno 2022**

Futsal Celano-Colli Al Volturno **11-3**
*Dylan Calvet 2 (F), E. Normanno 2 (F), O. Della Rocca (F), M. Proietti 2 (F), F. Marianetti (F), M. Fellini 2 (F), G. Catenacci (F), L. Paolone 2 (C), F. Mancini (C)*
**Ha riposato:** New Taranto

### TRIANGOLARE F
**3ª giornata – sabato 11 giugno 2022**

New Taranto-Futsal Celano **5-6**
*S. Isidoro (N), G. Bottiglione (N), M. Teodoro 2 (N), R. Lopes (N), L. Biondi (F), Dylan Calvet 2 (F), F. Marianetti (F), Dustin Calvet (F), P. Di Terlizzi (F)*
**Ha riposato:** Colli Al Volturno
**Classifica finale:** FUTSAL CELANO 6; New Taranto 3; Colli Al Volturno 0

***N.B. In maiuscolo le squadre qualificate***

## FASE NAZIONALE
## SPAREGGI PER LA SERIE B

### GARA UNICA – sabato 18 e 25 giugno 2022

CASAGIOVE-Farmacia Vincenzo Arturi Paola **7-3**
FUTSAL CELANO-Atletico Grande Impero **6-2**
*Dustin Calvet (F), M. Fellini (CF), F. Marianetti (F), E. Normanno 2 (F), M. Proietti (F), M. Giorgi 2 (A)*
VIGOR FUCECCHIO-Cerreto d'Esi **4-3**
CARDANO '91-Compagnia Malo **5-4**

## CLASSIFICA MARCATORI GENERALE SERIE C1 MASCHILE

**35 reti:** I. Alves (Sulmona Futsal)
**31 reti:** Dustin Calvet (Futsal Celano)
**30 reti:** P. Cotturone (Sport Center Celano)
**29 reti:** M. Di Giulio (Futsal Lanciano)
**28 reti:** N. Massimini (Futsal Lanciano)
**24 reti:** R. Biocca (Sport Center Celano)
**23 reti:** E. Normanno (Futsal Celano); L. Angelozzi (Hatria Team); R. Lancia (Sport Center Celano)
**22 reti:** L. Biondi (Futsal Celano); M. Travaglini (Futsal Lanciano); L. Marcone (Hatria Team); G. Coiado Del Andrea (Sulmona Futsal)
**21 reti:** F. Di Muzio (Città di Chieti); D. Di Nicola (La Fenice)
**20 reti:** S. Di Nardo (Minerva)
**19 reti:** M. Pica (Città di Chieti); M. Galanti (Lisciani Teramo)
**17 reti:** A. Cafarelli (Atletico Silvi); E. Panacci (Sport Center Celano); O. Ed. Dyoury (Sulmona Futsal)
**16 reti:** A. Giancaterino (Atletico Silvi); M. Bajouri (Orione Avezzano)
**15 reti:** O. Ginnetti (Sulmona Futsal)
**14 reti:** A. Amelii (Atletico Silvi); N. Virgilio (La Fenice)
**13 reti:** F. Lupinetti (Atletico Silvi); S. Cupido (Futsal Vasto/Futsal Lanciano); M. Cafarelli (Hatria Team)
**12 reti:** M. Garcia Ciuro (Academy L'Aquila); S. Colantonio e L. Della Matrice (Atletico Silvi); M. Fellini (Futsal Celano); A. Di Loreto (Futsal Lanciano); M. De Sanctis (Lions Bucchianico); L. Di Donato (Lisciani Teramo); D. Di Lorenzo (Minerva); O. Della Rocca (Sport Center Celano/Futsal Celano)
**11 reti:** G. Planamente (Atletico Silvi); M. Proietti (Futsal Celano); U. Di Donato (Futsal Vasto); M. Di Matteo (Hatria Team); M. Dosa (La Fenice); A. Buscio (Lions Bucchianico); E. Ciccotosto e G. Pantalone (Minerva); E. Giansante (Sulmona Futsal)
**10 reti:** E. Lo Iacono (Dynamo Faras); F. Marianetti (Futsal Celano); G. Crisante (La Fenice)
**9 reti:** A. Tortiello e L. Eliseo (Academy L'Aquila); F. Iezzi e D. Morelli (Atletico Silvi); M. Ciommi (Città di Chieti); Dylan Calvet e E. Fieramosca (Futsal Celano); S. Colombaro, D. Salvatore e A. Di Giacomo (Futsal Vasto); G. Giorgini (Hatria Team); P. Di Vincenzo (Lisciani Teramo); L. Maceroni (Orione Avezzano); G. Veneziale (Sulmona Futsal)
**8 reti:** A. Scurti e A. Di Blasio (Dynamo Faras); S. Forte (Futsal Lanciano); A. Ortega Perea (Hatria Team); F. Talucci (Lions Bucchianico); A. Novelli (Lisciani Teramo); L. La Rovere (Minerva); D. Rossetti (Orione Avezzano);

R. D'Andrea (Sport Center Celano)
**7 reti:** M. Speranza (Academy L'Aquila); L. Blasioli (Atletico Silvi); L. Palmerio (Futsal Lanciano); M. Gaspari e L. Rodrigues Leite (Futsal Vasto); A. Ferretti (Lisciani Teramo); G. Conte (Orione Avezzano); G. Paris (Sport Center Celano); D. De Vincentiis (Sulmona Futsal)
**6 reti:** L. Cornacchia (Atl. Silvi); F. Salvi (La Fenice); L. Cicconetti (Lisciani Te); A. Dell'Oso (Minerva); R. Camelo e M. Maceroni (Orione Avezzano); S. Fantauzzi (Sport Center Celano); J. Tomasi Conti (Sulmona Futsal)
**5 reti:** S. Marotta (Academy L'Aquila); A. Piccioni (Dynamo Faras); F. Primavera (Futsal Lanciano); D. Tallarino (Futsal Vasto); D. Mastrovincenzo (Lions Bucchianico); A. Piccirilli (Orione Avezzano); G. Notarandrea (Sulmona Futsal)

## COPPA ITALIA – SERIE C1 MASCHILE
## PRIMO TURNO A ELIMINAZIONE DIRETTA

### GARE DI ANDATA – sabato 11 settembre 2021

Dynamo Faras-Futsal Lanciano **2-3**
*M. Farina (D), A. Scurti (D), M. Di Giulio 2 (F), M. Travaglini (F)*
Futsal Celano-Sulmona Futsal **1-0**
*M. Proietti*
La Fenice-Hatria Team **0-0**
Minerva-Academy L'Aquila **5-4**
*S. Di Nardo 3 (M), F. Cornacchia (M), D. Di Lorenzo (M), S, Marinelli 3 (A), L. Bizzarri (A)*
Orione Avezzano-Lisciani Teramo **0-6** (a tavolino)
Sport Center Celano-Futsal Vasto **4-2**
*R. Lancia (S), R. Biocca (S), E. Panacci 2 (S), S. Cupido (F), S. Mileno (F)*

### GARE DI RITORNO – mercoledì 22 settembre 2021

Academy L'Aquila-MINERVA **1-4**
*A. Agrusti (A), D. D'Intino (M), S. Zamperini (M), D. Di Lorenzo (M), L. La Rovere (M)*
FUTSAL LANCIANO-Dynamo Faras **6-3**
*F. Primavera 2 (F), M. Travaglini 2 (F), N. Massimini (F), M. Di Giulio (F), A. Scurti 3 (D)*
Futsal Vasto-SPORT CENTER CELANO **7-7**
*D. Tallarino 5 (F), M. Lombardi (F), S. Cupido (F), G. Paris (S), R. Biocca (S), O. Della Rocca (S), P. Cotturone 3 (S), R. D'Andrea (S)*
HATRIA TEAM-La Fenice **6-2**
*L. Angelozzi 2 (H), A. Ortega Perea 3 (H), M. Di Matteo (H), F. Marziale (L), G. Crisante (L)*
LISCIANI TERAMO-Orione Avezzano **6-5**
*N. Fanà 4 (L), A. Ferretti (L), S. Visciotti (L), A. Piccirilli 2 (O), G. Conte (O), M. Bajouri (O), L. Maceroni (O)*
Sulmona Futsal-FUTSAL CELANO **2-4**
*O. Ed Dyoury 2 (S), L. Biondi (F), Dustin Calvet (F), M. Venti (F), M. Proietti (F)*

***N.B. In maiuscolo le squadre qualificate***

## PRIMO TURNO A TRIANGOLARI

### TRIANGOLARE A

**1ª giornata – sabato 11 settembre 2021**

Città di Chieti-Atletico Silvi **0-3**
*A. Giancaterino 3*
**Ha riposato:** Lions Bucchianico

**2ª giornata – mercoledì 15 settembre 2021**

Lions Bucchianico-Città di Chieti **4-9**
*F. Guida 2 (L), F. Talucci (L), S. Bevilacqua (L), M. Di Paolo 3 (C), M. Pica (C), F. Di Muzio 3 (C), L. Blasioli (C), M. Ciommi (C)*
**Ha riposato:** Atletico Silvi

**3ª giornata – mercoledì 22 settembre 2021**

Atletico Silvi-Lions Bucchianico **3-3**
*G. Planamente (A), A. Giancaterino 2 (A), G. Calista (L), F. Talucci (L), autorete (L)*
**Ha riposato:** Città di Chieti

**Classifica finale:** ATLETICO SILVI 4; CITTÀ DI CHETI 3; Lions Bucchianico 1

## QUARTI DI FINALE

**GARE DI ANDATA – mercoledì 24 novembre 2021**

Futsal Celano-Futsal Lanciano **7-3**
*Dustin Calvet 4 (FC), L. Biondi 2 (FC), F. Marianetti (FC), N. Massimini (FL), M. Di Giulio (FL), P. Monte (FL)*
Hatria Team-Atletico Silvi **1-1**
*A. Ortega Perea (H), G. Planamente (A)*
Lisciani Teramo-Sport Center Celano **5-3**
*M. Galanti (L), L. Cicconetti 2 (L), L. Di Donato 2 (L), M. Di Curzio (S), R. D'Andrea (S), P. Cotturone (S)*
Minerva-Città di Chieti **2-3**
*S. Di Nardo (M), G. Pantalone (M), M. Di Paolo (C), S. Marcuccitti (C), L. Blasioli (C)*

**GARE DI RITORNO – mercoledì 8 dicembre 2021**

ATLETICO SILVI-Hatria Team **3-0**
*L. Della Matrice, A. Giancaterino 2*
CITTÀ DI CHETI-Minerva **6-1**
*M. Pica 2 (C), M. Ciommi 2 (C), L. Blasioli (C), F. Di Muzio (C), S. Di Nardo (M)*
Futsal Lanciano-FUTSAL CELANO **1-4**

*autorete (FL), Dylan Calvet 3 (FC), L. Biondi (FC)*
SPORT CENTER CELANO-Lisciani Teramo **5-2**
*R. Lancia 2 (S), E. Panacci 2 (S), M. Di Curzio (S), L. Di Donato (L), A. Ferretti (L)*

## SEMIFINALI

### GARA UNICA – domenica 2 e mercoledì 19 gennaio 2022

ATLETICO SILVI-Città di Chieti **5-1**
*D. Morelli (A), F. Iezzi (A), A. Cafarelli 2 (A), L. Della Matrice (A), L. Blasioli (C)*
Sport Center Celano-FUTSAL CELANO **2-4**
*R. Biocca (S), E. Panacci (S), Dustin Calvet 2 (F), E. Normanno (F), F. Marianetti (F)*

## FINALE REGIONALE

### Pala Roma di Montesilvano (Pe) – martedì 1 febbraio 2022

Atletico Silvi-FUTSAL CELANO **4-5**
*A. Amelii 2 (A), G. Planamente 2 (A), Dustin Calvet 2 (F), L. Biondi (F), Dylan Calvet (F), E. Normanno (F)*

## COPPA ITALIA SERIE C1 MASCHILE FASE NAZIONALE

### GARA 1 – martedì 8 marzo 2022

Atletico Ciampino-Futsal Alghero **2-1**

### GARA 2 GIRONE E – martedì 15 marzo

**Futsal Celano-Atletico Ciampino: 9-6**

**Futsal Celano:** Di Terlizzi, Tramontano, Normanno, Fellini, Sannito, Marianetti, Catenacci, Dustin Calvet, Bonari, Della Rocca, Proietti. **All.** Cimini. **Atletico Ciampino:** Beltrano, Grossi, Ruzzier, Aletto, Rossi, Priori, Chiomenti, Rosati, Falozzi, Da Silva, Mattarocci, Di Nappo. **All.** Guiducci. **Arbitri:** Bomboletti di Città di Castello e Domenici di Terni. **Reti:** *4'pt e 14'pt Rosati (A), 6'pt, 18'st e 19'st Dustin Calvet (F), 9'pt e 17'pt M. Proietti (F), 10'pt F. Marianetti (F), 12'pt, 19'pt e 18'st Chiomenti (A), 19'pt e 13'st O. Della Rocca (F), 1'st Ruzzier (A), 6'st M. Fellini (F).*

### GARA 3 GIRONE E – martedì 22 marzo

**Futsal Alghero-Futsal Celano: 6-6**

**Futsal Alghero:** A. Pilo, D. Pilo, Pica, Torres Iborra, Fiori, Becca, Fozzi, Marogna, Idili, Molina, Canu, Azzalin. **All.** Fenu. **Futsal Celano:** Di Terlizzi, Tramontano, Normanno, Fellini, Sannito, Marianetti, Biondi, Dustin Calvet, Dylan Calvet, Bonari, Della Rocca, Proietti. **All.** Cimini. **Arbitri:** Oggiano di Olbia e Manca di Sassari. **Reti:** *1'pt Molina (FA), 3'pt e 8'st F. Marianetti (FC), 12'pt, 3'st e 16'st Becca (FA), 15'pt R. Fiori (FA), 5'st Dustin Calvet (FC), 15'st E. Normanno (FC), 15'st e 16'st L. Biondi (FC), 17'st Idili (FA).*

**Classifica finale:** FUTSAL CELANO 4; Atletico Ciampino 3; Futsal Alghero 1

***N.B. In maiuscolo le squadre qualificate***

### ANDATA QUARTI DI FINALE – martedì 5 aprile

**Futsal Celano-Napoli Barrese: 1-4**

**Futsal Celano:** Di Terlizzi, Tramontano, Normanno, Fellini, Marianetti, Catenacci, Biondi, Dustin Calvet, Dylan Calvet, Bonari, Proietti. **All.** Cimini. **Napoli Barrese:** Fiore, Esposito, Pipolo, Mennella, Mouhsin, Di Dato, Ferraro, Lavagna, Pelentir, C. Oranges, Faraone, Mora. **All.** I. Oranges. **Arbitri:** Barillà di Cinisello Balsamo e Lamorgese di Roma 2. **Reti:** *4'pt F. Marianetti (F), 12'pt Di Dato (N), 16'pt Ferraro (N), 15'st Faraone (N), 19'st Bico (N).*

### RITORNO QUARTI DI FINALE – mercoledì 13 aprile

**Napoli Barrese-Futsal Celano: 6-1**

**Napoli Barrese:** Fiore, Esposito, Pipolo, Mennella, Virenti, Mouhsin, Di Dato, Ferraro, Lavagna, Pelentir, C. Oranges, Faraone, Terracciano. **All.** I. Oranges. **Futsal Celano:** Di Terlizzi, Tramontano, Normanno, Fellini, Marianetti, Catenacci, Biondi, Dustin Calvet, Dylan Calvet, Bonari, Proietti. **All.** Cimini. **Arbitri:** Capaldi di Isernia e Calenzo di Formia. **Reti:** *6'pt Dustin Calvet (F), 9'pt e 15'pt Lavagna (N), 14'pt e 19'pt Ferraro (N), 17'pt Pipolo (N), 14'st Di Dato (N).*

## COPPA ITALIA – SERIE C1 MASCHILE
## CLASSIFICA MARCATORI GENERALE

**14 reti:** Dustin Calvet (Futsal Celano)
**7 reti:** L. Biondi (Futsal Celano)
**6 reti:** A. Giancaterino (Atletico Silvi); F. Marianetti (Futsal Celano)
**5 reti:** D. Tallarino (Futsal Vasto); S. Di Nardo (Minerva); E. Panacci (Sport Center Celano)
**4 reti:** G. Planamente (Atletico Silvi); M. Di Paolo, L. Blasioli e F. Di Muzio (Città di Chieti); A. Scurti (Dynamo Faras); Dylan Calvet (Futsal Celano); M. Di Giulio (Futsal Lanciano); A. Ortega Perea (Hatria Team); N. Fanà (Lisciani Teramo); P. Cotturone (Sport Center Celano)
**3 reti:** S. Marinelli (Academy L'Aquila); L. Della Matrice (Atletico Silvi); M. Pica e M. Ciommi (Città di Chieti); M. Proietti e E. Normanno (Futsal Celano); O. Della Rocca (Sport Center Celano/Futsal Celano); M. Travaglini (Futsal Lanciano); L. Di Donato (Lisciani Teramo); R. Biocca e R. Lancia (Sport Center Celano)
**2 reti:** A. Amelii e A. Cafarelli (Atletico Silvi); F. Primavera e N. Massimini (Futsal Lanciano); S. Cupido (Futsal Vasto); L. Angelozzi (Hatria Team); F. Guida e F. Talucci (Lions Bucchianico); A. Ferretti e L. Cicconetti (Lisciani Teramo); D. Di Lorenzo (Minerva); A. Piccirilli (Orione Avezzano); R. D'Andrea e M. Di Curzio (Sport Center Celano); O. Ed Dyoury (Sulmona Futsal)

## SERIE C FEMMINILE girone unico

### 1ª giornata – domenica 10 ottobre 2021

ES Chieti-Cantera Adriatica **1-1**
*C. Barbetta (E), R. Di Fazio (C)*
Giulianova-Valle Peligna **18-0**
*C. Patacca 5, G. Carlini 4, C. Capannelli 2, V. Cintioni, K. Narcisi 2, A. Magno, I. Pedicelli 2, A. Di Giannuario*
Nora Calcio Femminile-Montorio 88 **1-1**
*J. Ciferni (N), M. Olivieri (M)*
Virtus Castel Frentano-Centrostoricomontesilvano **0-6**
*R. Carota 2, C. Febo, F. Colleluori, E. Conte, A. Pasqualone*
Virtus Scerne 2004-La Fenice **0-7**
*G. Di Mascio 2, A. Battini 2, A. Gentile, I. Quaresima 2*
**Ha riposato:** 2019 Montesilvano

### 2ª giornata – domenica 17 ottobre 2021

Cantera Adriatica Pescara-2019 Montesilvano **5-1**
*G. Fusco 3 (C), C. Masi (C), R. Di Fazio (C), C. Marmo (M)*
Centrostoricomontesilvano-ES Chieti **2-4**
*F. Colatriani (C), S. Di Vincenzo (C), V. Brattelli (E), A. Paoletti 2 (E), V. Pedante (E)*
La Fenice-Giulianova **4-2**
*A. Battini (L), I. Quaresima (L), A. D'Alessandri 2 (L), C. Patacca (G), G. Vagnoni (G)*
Montorio 88-Virtus Scerne 2004 **4-0**
*M. Trapasso 2, M. Olivieri 2*
Valle Peligna-Virtus Castel Frentano **1-5**
*A. Petrella (Va), P. Russo 4 (Vi), C. Memmo (Vi)*
**Ha riposato:** Nora Calcio Femminile

### 3ª giornata – domenica 24 ottobre 2021

Centrostoricomontesilvano-Cantera Adriatica Pescara **3-2**
*F. Colatriani (Ce), G. Vianale (Ce), F. Colleluori (Ce), G. Fusco (Ca), C. Masciulli (Ca)*
ES Chieti-Valle Peligna **14-0**
*C. Barbetta 2, R. Faraone, B. Lancini 2, A. Paoletti, A. Contini 3, V. Mattioli 3, S. Zuccarini, V. Brattelli*
Giulianova-Montorio 88 **1-2**
*G. Vagnoni (G), F. Pezzullo (M), A. Fidanza (M)*
Nora Calcio Femminile-2019 Montesilvano **3-0**
*G. Gabriele, J. Ciferni, C. Di Francesco*

Virtus Castel Frentano-La Fenice **1-7**
*E. Pica (V), A. DAlessandri 3 (L), P. Federici 4 (L)*
**Ha riposato:** Virtus Scerne 2004

**4ª giornata – domenica 31 ottobre 2021**

2019 Montesilvano-Virtus Scerne 2004 **10-1**
*D. Nolasco 2 (M), F. Toscano 3 (M), V. Battista 2 (M), S. Travaglini 2 (M), D. Berbery Limpias (M), M. Di Sante (V)*
Cantera Adriatica Pescara-Nora Calcio Femminile **4-2**
*C. Masciulli 3 (C), G. Fusco (C), E. De Astis (N), G. Gabriele (N)*
La Fenice-ES Chieti **3-8**
*I. Quaresima (L), A. Battini (L), A. D'Alessandri (L), A. Paoletti 3 (E), V. Pedante (E), B. Silvetti (E), A. Di Renzo (E), C. Barbetta 2 (E)*
Montorio 88-Virtus Castel Frentano **9-2**
*M. Olivieri 2 (M), M. Trapasso 2 (M), A. Fidanza 3 (M), L. Trapasso (M), F. Pezzotti (M), A. Carpineta 2 (V)*
Valle Peligna-Centro Sportivo Montesilvano **1-15**
*V. Coci (V), F. Provenzano 4 (C), R. Carota 2 (C), C. Febo 2 (C), autorete (C), F. Colatriani 4 (C), F. Colleluori 2 (C)*
**Ha riposato:** Giulianova

**5ª giornata – domenica 7 novembre 2021**

Centro Sportivo Montesilvano-La Fenice **1-0**
*C. Febo*
ES Chieti-Montorio 88 **5-0**
*B. Silvetti, V. Brattelli, A. Di Renzo, C. Barbetta, A. Paoletti*
Giulianova-2019 Montesilvano **8-1**
*G. Vagnoni 2 (G), C. Patacca 3 (G), E. Giri 2 (G), A. Magno (G), D. Nolasco (M)*
Valle Peligna-Cantera Adriatica Pescara **2-9**
*V. Coci (V), F. Amicucci (V), S. Toro 2 (C), C. Masciulli 4 (C), R. Di Fazio (C), R. Zito (C), O. Kovalenko (C)*
Virtus Scerne 2004-Nora Calcio Femminile **2-5**
*C. Marini (V), B. Foglia (V), E. De Astis (N), L. Mancini (N), J. Ciferni (N), B. Serafini 2 (N)*
**Ha riposato:** Virtus Castel Frentano

**6ª giornata – domenica 14 novembre 2021**

2019 Montesilvano-Virtus Castel Frentano **4-1**
*C. Marmo (M), V. Battista (M), S. Travaglini (M), D. Berbery Limpias (M), F. Gentile (V)*
**8-1**

Cantera Adriatica Pescara-Virtus Scerne 2004
*G. Fusco (C), C. Masciulli 3 (C), P. Di Fazio 2 (C), C. Ambrosioni (C), S. Toro (C), M. Di Sante (V)*
La Fenice-Valle Peligna **8-1**
*V. Selle 3 (L), N. Tortora 2 (L), A. Battini (L), F. Federici (L), I. Quaresima (L), F. Amicucci (V)*
Montorio 88-Centrostoricomontesilvano **1-3**
*A. Fidanza (M), C. Febo 2 (C), F. Colatriani (C)*
Nora Calcio Femminile-Giulianova **1-6**
*J. Ciferni (N), G. Carlini 2 (G), C. Patacca 4 (G)*
**Ha riposato:** ES Chieti

**7ª giornata – domenica 21 novembre 2021**

ES Chieti-2019 Montesilvano **7-0**
*V. Pedante 2, A. Di Renzo, A. Contini, C. Barbetta 2, A. Paoletti*
Giulianova-Virtus Scerne 2004 **13-0**
*G. Carlini 4, A. Magno 2, C. Patacca 3, K. Narcisi 2, G. Vagnoni, E. Giri*
La Fenice-Cantera Adriatica Pescara **2-4**
*A. Battini (L), I. Quaresina (L), S. Toro (C), C. Masciulli (C), G. Fusco (C), C. Calvano (C)*
Valle Peligna-Montorio 88 **2-7**
*L. Mackevic 2 (V), A. Fidanza 3 (M), M. Trapasso 2 (M), S. Di Carlo (M), L. Trapasso (M)*
Virtus Castel Frentano-Nora Calcio Femminile **0-7**
*E. De Astis 2, J. Ciferni 2, G. Trabucco, B. Serafini, C. Caporali*
**Ha riposato:** Centrostoricomontesilvano

**8ª giornata – domenica 28 novembre 2021**

2019 Montesilvano-Centrostoricomontesilvano **2-7**
*V. Battista (M), D. Berbery Limpias (M), F. Colatriani 2 (C), M. Di Giacinto (C), C. Febo 2 (C), F. Provenzano 2 (C)*
Cantera Adriatica Pescara-Giulianova **2-1**
*C. Masciulli 2 (C), G. Vagnoni (G)*
Montorio 88-La Fenice **4-0**
*M. Olivieri 2, F. Pezzotti, M. Trapasso*
Nora Calcio Femminile-ES Chieti **1-7**
*C. Caporali (N), B. Silvetti 3 (E), V. Pedante 2 (E), C. Barbetta (E), A. Di Renzo (E)*
Virtus Scerne 2004-Virtus Castel Frentano **2-7**
*M. Di Sante (VS), D. Rompicapo (VS), E. Pica 2 (VC), L. Angelucci (VC), A. Baccile (VC), V. Caruso (VC), F. Gentile 2 (VC)*
**Ha riposato:** Valle Peligna

**9ª giornata – domenica 5 dicembre 2021**

Centrostoricomontesilvano-Nora Calcio Femminile **2-0**
*F. Colatriani 2*
ES Chieti-Virtus Scerne 2004 **18-1**
*V. Mattioli 4 (E), A. Paoletti 3 (E), B. Lancini 2 (E), A. Di Renzo 2 (E), V. Brattelli (E), V. Pedante 2 (E), S. Zuccarini (E), A. Contini 3 (E), K. Mariani (V)*
Montorio 88-Cantera Adriatica Pescara **4-3**
*M. Olivieri (M), A. Fidanza (M), F. Pezzotti (M), M. Trapasso (M), C. Calvano (C), C. Masciulli 2 (C)*
Valle Peligna-2019 Montesilvano **1-4**
*V. Coci (V), F. Toscano 3 (M), S. Travaglini (M)*
Virtus Castel Frentano-Giulianova **1-8**
*E. Pica (V), C. Patacca 3 (G), A. Magno (G), G. Carlini 2 (G), G. Vagnoni (G), C. Capannelli (G)*
**Ha riposato:** La Fenice

**10ª giornata – domenica 12 dicembre 2021**

2019 Montesilvano-La Fenice **1-2**
*D. Nolasco (M), A. Battini (L), V. Selle (L)*
Giulianova-ES Chieti **2-3**
*G. Vagnoni (G), C. Patacca (G), A. Paoletti (E), V. Pedante (E), B. Silvetti (E)*
Nora Calcio Femminile-Valle Peligna **13-4**
*B. Belli (N), C. Caporali 2 (N), C. Di Francesco 3 (N), E. De Astis 3 (N), G. Trabucco (N), F. Colangeli 2 (N), M. Perinetti (N), V. Coci (V), B. Sciore (V), F. Amicucci (V), L. Mackevic (V)*
Virtus Castel Frentano-Cantera Adriatica Pescara **6-11**
*E. Pica 4 (V), P. Russo (V), A. Carpineta (V), C. Masciulli 6 (C), S. Toro 2 (C), G. Fusco (C), autorete (C), O. Kovalenko (C)*
Virtus Scerne 2004-Centrostoricomontesilvano **0-13**
*F. Colleluori 5, A. Innocenti 2, F. Colatriani 3, F. Provenzano, E. Conte, C. Febo*
**Ha riposato:** Montorio 88

**11ª giornata – domenica 19 dicembre 2021**

Centrostoricomontesilvano-Giulianova **2-3**
*F. Colleluori (C), E. Conte (C), C. Patacca (G), G. Vagnoni (G), I. Pedicelli (G)*
ES Chieti-Virtus Castel Frentano **10-1**
*B. Silvetti 2 (E), V. Pedante (E), A. Di Renzo 2 (E), A. Paoletti (E), C. Santini (E), C. Barbetta (E), V. Mattioli (E), G. Malatesta (E), P. Russo (V)*
La Fenice-Nora Calcio Femminile **2-1**
*N. Tortora (L), I. Quaresima (L), C. Antinarella (N)*
**3-0**

Montorio 88-2019 Montesilvano
*M. Olivieri, A. Fidanza, M. Trapasso*
Valle Peligna-Virtus Scerne 2004 **0-1**
*K. Mariani*
**Ha riposato:** Cantera Adriatica Pescara

**12ª giornata – domenica 30 gennaio 2022**

Cantera Adriatica Pescara-ES Chieti **5-2**
*G. Fusco 3 (C), C. Masciulli (C), F. Ruggieri (C), V. Pedante (E), B. Silvetti (E)*
Centrostoricomontesilvano-Virtus Castel Frentano **7-2**
*E. Conte 2 (C), G. Vianale 2 (C), R. Carota 2 (C), F. Colleluori (C), E. Pica (V), I. Ferrante (V)*
La Fenice-Virtus Scerne 2004 **9-0**
*N. Tortora 3, A. Battini, A. D'Alessandri 2, G. Di Mascio, V. Selle, P. Federici*
Montorio 88-Nora Calcio Femminile **3-3**
*F. Pezzotti (M), M. Trapasso 2 (M), J. Ciferni (N), G. Gabriele 2 (N)*
Valle Peligna-Giulianova **1-16**
*V. Coci (V), A. Magno 3 (G), C. Patacca 3 (G), G. Carlini 3 (G), V. Cintioni (G), G. Vagnoni 3 (G), G. Anemone 2 (G), A Di Giannuario (G)*
**Ha riposato:** 2019 Montesilvano

**13ª giornata – domenica 6 febbraio 2022**

2019 Montesilvano-Cantera Adriatica Pescara **2-6**
*F. Toscano (M), D. Berbery Limpias (M), C. Masciulli 2 (C), O. Kovalenko (C), F. Ruggieri (C), G. Vianale (C), F. Verzulli (C)*
ES Chieti-Centrostoricomontesilvano **2-3**
*V. Pedante (E), C. Santini (E), C. Febo (C), R. Carota (C), F. Colatriani (C)*
Giulianova-La Fenice **1-2**
*A. Magno (G), A. Battini (L), I. Quaresima (L)*
Virtus Castel Frentano-Valle Peligna **9-3**
*E. Pica 2 (VCF), I. Ferrante 3 (VCF), C. Memmo 2 (VCF), L. Angelucci (VCF), P. Russo (VCF), V. Coci (VP), A. Del Boccio 2 (VP)*
Virtus Scerne 2004-Montorio 88 **1-6**
*B. Foglia (V), M. Trapasso (M), F. Pezzotti 2 (M), A. Fidanza (M), G. Guizzetti 2 (M)*
**Ha riposato:** Nora Calcio Femminile

**14ª giornata – domenica 13 febbraio 2022**

2019 Montesilvano-Nora Calcio Femminile **0-1**
*C. Antinarella*
Cantera Adriatica Pescara-Centrostoricomontesilvano **7-0**
*C. Masciulli, G, Vianale, F. Verzulli, G. Fusco, A. Tontodonati, S. Toro,*

*C. Ambrosioni*
La Fenice-Virtus Castel Frentano **7-2**
*V. Selle (L), A. Battini (L), F. Federici 2 (L), A. D'Alessandri 2 (L), I. Quaresima (L), E. Pica (V), P. Russo (V)*
Montorio 88-Giulianova **4-2**
*M. Olivieri (M), A. Fidanza 2 (M), M. Trapasso (M), G. Carlini (G), G. Vagnoni (G)*
Valle Peligna-ES Chieti **0-10**
*V. Pedante 4, A. Contini 4, L. Fino, V. Brattelli*
**Ha riposato:** Virtus Scerne 2004

**15ª giornata – domenica 20 febbraio 2022**

Centrostoricomontesilvano-Valle Peligna **9-0**
*E. Conte, F. Colleluori 3, C. Febo, R. Carota, F. Provenzano, M. Di Giacinto, F. Colatriani*
ES Chieti-La Fenice **4-2**
*C. Santini (E), V. Pedante (E), V. Brattelli (E), A. Di Renzo (E), V. Selle (L), G. Di Mascio (L)*
Nora Calcio Femminile-Cantera Adriatica Pescara **3-3**
*G. Gabriele 2 (N), E. De Astis (N), C. Masciulli 2 (C), F. Verzulli (C)*
Virtus Castel Frentano-Montorio 88 **1-1**
*A. Baccile (V), L. Trapasso (M)*
Virtus Scerne 2004-2019 Montesilvano **0-9**
*C. Mincarelli, V. Del Gaudio 2, D. Nolasco, D. Berbery Limpias 2, C. Riccitelli, V. Battista, G. Di Gianvittorio*
**Ha riposato:** Giulianova

**16ª giornata – domenica 27 febbraio 2022**

2019 Montesilvano-Giulianova **0-3**
*G. Carlini, V. Cintioni 2*
Cantera Adriatica Pescara-Valle Peligna **19-0**
*C. Masciulli 7, G. Fusco 2, F. Verzulli 3, R. Zito, R. Di Fazio, C. Ambrosioni, F. Ruggieri, G. Vianale 2, N. Salzetta*
La Fenice-Centrostoricomontesilvano **0-1**
*F. Colatriani*
Montorio 88-ES Chieti **2-6**
*M. Trapasso (M), A. Fidanza (M), B. Silvetti 2 (E), A. Di Renzo 2 (E), C. Santini 2 (E)*
Nora Calcio Femminile-Virtus Scerne 2004 **12-0**
*L. Mancini 2, J. Ciferni 2, E. De Astis 3, B. Serafini 2, M. De Massis, autorete, C. Di Francesco*
**Ha riposato:** Virtus Castel Frentano

**17ª giornata – domenica 6 marzo 2022**

Centrostoricomontesilvano-Montorio 88 **2-0**
*F. Colleluori, M. Di Giacinto*
Giulianova-Nora Calcio Femminile **4-6**
*G. Carlini 2 (G), G. Vagnoni (G), A. Magno (G), C. Di Francesco 2 (N), J. Ciferni 2 (N), L. Mancini (N), E. De Astis (N)*
Valle Peligna-La Fenice **1-5**
*L. Mackevic (V), A. Gentile 2 (L), A. D'Alessandri (L), M. Pulcinelli (L), autorete (L)*
Virtus Castel Frentano-2019 Montesilvano **2-3**
*E. Pica (V), A. Baccile (V), C. Polidoro (M), D. Nolasco (M), V. Del Gaudio (M)*
Virtus Scerne 2004-Cantera Adriatica Pescara **1-16**
*D. Rompicapo (V), C. Masciulli 3 (C), P. Di Fazio 3 (C), C. Ambrosioni (C), G. Vianale (C), R. Di Fazio 4 (C), N. Salzetta (C), R. Zito 2 (C), F. Verzulli (C)*
**Ha riposato:** ES Chieti

**18ª giornata – domenica 13 marzo 2022**

2019 Montesilvano-ES Chieti **2-4**
*C. Mincarelli (M), S. Mutignani (M), C. Santini 2 (E), G. Malatesta (E), B. Silvetti (E)*
Cantera Adriatica Pescara-La Fenice **2-1**
*C. Masciulli (C), F. Verzulli (C), V. Selle (L)*
Montorio 88-Valle Peligna **7-1**
*M. Trapasso 2 (M), A. Fidanza 3 (M), L. Trapasso 2 (M), B. Sciore (V)*
Nora Calcio Femminile-Virtus Castel Frentano **6-0**
*G. Gabriele 2, J. Ciferni, E. De Astis, M. De Massis 2*
Virtus Scerne 2004-Giulianova **0-7**
*E. Giri 2, G. Anemone 3, A. Magno, K. Narcisi*
**Ha riposato:** Centrostoricomontesilvano

**19ª giornata – domenica 20 marzo 2022**

Centrostoricomontesilvano-2019 Montesilvano **3-1**
*R. Carota 2 (C), F. Colleluori (C), C. Polidoro (M)*
ES Chieti-Nora Calcio Femminile **3-0**
*B. Silvetti 2, V. Pedante*
Giulianova-Cantera Adriatica Pescara **2-1**
*A. Magno (G), C. Patacca (G), C. Masciulli (C)*
La Fenice-Montorio 88 **4-1**
*M. Pulcinelli (L), A. Gentile (L), A. D'Alessandri 2 (L), F. Pezzotti (M)*
Virtus Castel Frentano-Virtus Scerne 2004 **8-4**
*P. Russo 2 (VC), E. Pica 2 (VC), A. Baccile 2 (VC), I. Ferrante (VC), S. Battiston (VC), L. Ferretti (VS), M. Di Sante 2 (VS), S. Speziale (VS)*

**Ha riposato:** Valle Peligna

| 20ª giornata – domenica 27 marzo 2022 | |
|---|---|
| 2019 Montesilvano-Valle Peligna | **2-1** |
| *C. Marmo 2 (M), V. Coci (V)* | |
| Cantera Adriatica Pescara-Montorio 88 | **3-2** |
| *F. Verzulli (C), C. Masciulli 2 (C), M. Olivieri (M), F. Pezzotti (M)* | |
| Giulianova-Virtus Castel Frentano | **9-2** |
| *G. Carlini 3 (G), E. Giri 2 (G), C. Patacca 3 (G), A. Magno (G), E. Pica (V), I. Ferrante (V)* | |
| Nora Calcio Femminile-Centrostoricomontesilvano | **4-3** |
| *G. Gabriele (N), C. Antinarella 3 (N), F. Colleluori (C), F. Colatriani (C), R. Carota (C)* | |
| Virtus Scerne 2004-ES Chieti | **0-12** |
| *R. Faraone 3, A. Paoletti 4, V. Pedante, A. Di Renzo 2, L. Fino, G. Malatesta* | |

**Ha riposato:** La Fenice

| 21ª giornata – domenica 3 aprile 2022 | |
|---|---|
| Cantera Adriatica Pescara-Virtus Castel Frentano | **9-3** |
| *R. Di Fazio 2 (C), C. Masciulli (C), G. Vianale 2 (C), S. Toro 2 (C), F. Verzulli (C), P. Di Fazio (C), V. Caruso (V), A. Carpineta 2 (V)* | |
| Centrostoricomontesilvano-Virtus Scerne 2004 | **20-1** |
| *C. Febo 3 (C), F. Provenzano 4 (C), R. Carota 4 (C), S. Di Vincenzo (C), E. Conte 2 (C), F. Colleluori 2 (C), F. Colatriani 4 (C), L. Ferretti (V)* | |
| ES Chieti-Giulianova | **4-1** |
| *V. Brattelli 2 (E), C. Santini 2 (E), A. Magno (G)* | |
| La Fenice-2019 Montesilvano | **4-1** |
| *V. Selle (L), I. Quaresima 2 (L), A. Gentile (L), C. Marmo (M)* | |
| Valle Peligna-Nora Calcio Femminile | **0-13** |
| *G. Gabriele 5, C. Di Francesco 2, B. Belli, J. Ciferni, autorete, M. De Massis 2, G. Trabucco* | |

**Ha riposato:** Montorio 88

| 22ª giornata – domenica 10 aprile 2022 | |
|---|---|
| 2019 Montesilvano-Montorio 88 | **0-4** |
| *M. Trapasso 2, M. Olivieri, A. Fidanza* | |
| Giulianova-Centrostoricomontesilvano | **1-3** |
| *C. Capannelli (G), F. Colleluori (C), M. Di Giacinto (C), F. Provenzano (C)* | |
| Nora Calcio Femminile-La Fenice | **1-1** |
| *G. Trabucco (N), A. D'Alessandri (L)* | |
| Virtus Castel Frentano-ES Chieti | **1-6** |
| *E. Pica (V), R. Faraone 3 (E), A, Di Renzo (E), G. Malatesta 2 (E)* | |

Virtus Scerne 2004-Valle Peligna 2-4
*B. Foglia (Vi), L. Ferretti (Vi), V. Coci 3 (Va), L. Mackevic (Va)*
**Ha riposato:** Cantera Adriatica Pescara

## CLASSIFICA FINALE SERIE C FEMMINILE

| squadre | punti | gare | vinte | nulle | perse | reti f. | reti s. | diff. |
|---|---|---|---|---|---|---|---|---|
| ES Chieti | 52 | 20 | 17 | 1 | 2 | 131 | 27 | +104 |
| Centro St.Montes. | 48 | 20 | 16 | 0 | 4 | 105 | 32 | +73 |
| Cantera Adriatica | 47 | 20 | 15 | 2 | 3 | 120 | 39 | +81 |
| La Fenice | 37 | 20 | 12 | 1 | 7 | 70 | 37 | +33 |
| Montorio 88 | 36 | 20 | 11 | 3 | 6 | 65 | 40 | +25 |
| Nora C.Femminile | 34 | 20 | 10 | 4 | 6 | 83 | 45 | +38 |
| Giulianova | 33 | 20 | 11 | 0 | 9 | 108 | 39 | +69 |
| 2019 Montesilv. | 18 | 20 | 6 | 0 | 14 | 43 | 66 | -23 |
| Virtus C.Frentano | 13 | 20 | 4 | 1 | 15 | 54 | 120 | -66 |
| Valle Peligna | 3 | 20 | 1 | 0 | 19 | 23 | 186 | -163 |
| V. Scerne 2004 | 3 | 20 | 1 | 0 | 19 | 17 | 188 | -171 |

## FINALE REGIONALE PLAY OFF - domenica 1 maggio 2022

Centrostoricomontesilvano-Cantera Adriatica Pescara 2-4
*F. Colleluori 2 (Ce), F. Verzulli 2 (Ca), C. Masciulli (Ca), G. Vianale (Ca)*

## FASE NAZIONALE PLAY OFF – PRIMO TURNO

**TRIANGOLARE E**

**1ª giornata – domenica 29 maggio 2022**

Academy Sava-Cantera Adriatica Pescara **1-3**
*R. Conte (A), G. Fusco 2 (C), F. Verzulli (C)*
**Ha riposato:** Miranda FC

**2ª giornata – domenica 5 giugno 2022**

Miranda FC-Academy Sava **6-0** **(a tavolino)**
**Ha riposato:** Cantera Adriatica Pescara

**3ª giornata – domenica 12 giugno 2022**

Cantera Adriatica Pescara-Miranda FC **10-0**
*C. Ambrosioni, V. Catena, F. Verzulli 2, G. Cicala, C. Masciulli 2, G. Vianale, S. Toro, R. Di Fazio*
**Ha riposato:** Academy Sava

**Classifica finale:** CANTERA ADRIATICA PESCARA 6; Miranda FC 3; Academy Sava 0

***N.B. In maiuscolo la squadra qualificata***

## FASE NAZIONALE PLAY OFF - FINALI

**domenica 19 giugno 2022**

Atletico San Lorenzo-SANTA MARIA APPARENTE **2-4**
Città di Canicattì-CANTERA ADRIATICA PESCARA **1-3**
*E. Garlisi (Ci), C. Masciulli 2 (Ca), G. Fusco (Ca)*
CUS MILANO-Futsal Hurricane **4-3**

***N.B. In maiuscolo le squadre promosse in A2***

## CLASSIFICA MARCATORI GENERALE SERIE C FEMMINILE

**48 reti:** C. Masciulli (Cantera Adriatica Pescara)
**29 reti:** C. Patacca (Giulianova)
**22 reti:** F. Colleluori e F. Colatriani (Centrostoricomontesilvano); G. Carlini (Giulianova)
**19 reti:** V. Pedante (ES Chieti)
**18 reti:** A. Fidanza e M. Trapasso (Montorio 88)
**17 reti:** G. Fusco (Cantera Adriatica Pescara); A. Paoletti (ES Chieti); E. Pica (Valle Peligna)
**15 reti:** R. Carota (Centrostoricomontesilvano); F. Verzulli (Cantera Adriatica Pescara)
**14 reti:** C. Febo (Centrostoricomontesilvano); B. Silvetti e A. Di Renzo (ES

Chieti); A. Magno e G. Vagnoni (Giulianova); A. D'Alessandri (La Fenice); G. Gabriele (Nora Calcio Femminile

**13 reti:** F. Provenzano (Centrostoricomontesilvano); E. De Astis (Nora Calcio Femminile)

**12 reti:** C. Olivieri (Montorio 88); J. Ciferni (Nora Calcio Femminile)

**11 reti:** A. Contini (ES Chieti); I. Quaresima (La Fenice)

**10 reti:** C. Barbetta (ES Chieti); A. Battini (La Fenice); V. Coci (Valle Peligna); P. Russo (Valle Peligna)

**9 reti:** G. Vianale (Cantera Adriatica Pescara); C. Santini (ES Chieti); V. Selle (La Fenice); C. Di Francesco (Nora Calcio Femminile)

**8 reti:** V. Mattioli e V. Brattelli (ES Chieti); F. Pezzotti (Montorio 88)

**7 reti:** F. Toscano (2019 Montesilvano); R. Faraone (ES Chieti); E. Giri (Giulianova)

**6 reti:** D. Nolasco e D. Berbery Limpias (2019 Montesilvano); P. Di Fazio (Cantera Adriatica Pescara); N. Tortora (La Fenice); I. Ferrante (Valle Peligna)

**5 reti:** C. Marmo (2019 Montesilvano); C. Ambrosioni (Cantera Adriatica Pescara); E. Conte (Centrostoricomontesilvano); G. Malatesta (ES Chieti); K. Narcisi e G, Anemone (Giulianova); A. Gentile e P. Federici (La Fenice); L. Trapasso (Montorio 88); B. Serafini, C. Antinarella e M. De Massis (Nora Calcio Femminile); L. Mackevic (Valle Peligna); A. Baccile e A. Carpineta (Valle Peligna); M. Di Sante (Virtus Scerne 2004)

## COPPA DISCIPLINA SERIE C FEMMINILE

| posizione | squadre | punteggio |
|---|---|---|
| 1 | Valle Peligna | **0,15** |
| 2 | Virtus Scerne 2004 | **0,75** |
| 3 | Centrostoricomontesilvano | **1,80** |
| 4 | Montorio 88 | **1,95** |
| 5 | 2019 Montesilvano | **1,95** |
| 6 | Cantera Adriatica Pescara | **2,95** |
| 7 | ES Chieti | **3,25** |
| 8 | Virtus Castel Frentano | **3,55** |
| 9 | La Fenice | **3,70** |
| 10 | Nora Calcio Femminile | **6,15** |
| 11 | Giulianova | **7,35** |

## RECORDS SERIE C FEMMINILE

| | | |
|---|---|---|
| maggior numero di punti | **52** | ES Chieti |
| minor numero di punti | **3** | Valle Peligna e Virtus Scerne 2004 |
| maggior numero di vittorie | **17** | ES Chieti |
| minor numero di vittorie | **1** | Valle Peligna e Virtus Scerne 2004 |
| maggior numero di pareggi | **4** | Nora Calcio Femminile |
| minor numero di pareggi | **0** | Centrostoricomontesilvano, Giulianova, Virtus Scerne 2004, 2019 Montesilvano e Valle Peligna |
| maggior numero di sconfitte | **19** | Valle Peligna e Virtus Scerne 2004 |
| minor numero di sconfitte | **2** | ES Chieti |
| miglior attacco | **131** | ES Chieti |
| miglior difesa | **27** | ES Chieti |
| peggior attacco | **17** | Virtus Scerne 2004 |
| peggior difesa | **188** | Virtus Scerne 2004 |
| migliore differenza reti | **+104** | ES Chieti |
| peggiore differenza reti | **-171** | Virtus Scerne 2004 |
| miglior realizzatrice | **48 reti** | C. Masciulli (Cantera Adriatica Pe) |

## I VERDETTI FINALI

**Promosse in serie A2:** ES Chieti e Cantera Adriatica Pescara
**nessuna retrocessione**

## COPPA ITALIA – SERIE C FEMMINILE
## PRIMO TURNO A ELIMINAZIONE DIRETTA

**GARA DI ANDATA – domenica 26 settembre 2021**

La Fenice-Virtus Scerne 2004 **10-0**
*L. Seritti, A. Blasi, V. Selle 2, I. Quaresima 2, G. Di Mascio, A. Gentile, A. Battini, A. D'Alessandri*

**GARA DI RITORNO – domenica 3 ottobre 2021**

Virtus Scerne 2004-LA FENICE **0-6**
*A. Battini 2, A. Gentile, A. D'Alessandri 3*

***N.B. In maiuscolo le squadre qualificate***

## PRIMO TURNO A TRIANGOLARI

**TRIANGOLARE A**

**1ª giornata – domenica 19 settembre 2021**

Virtus Castel Frentano-Giulianova **2-6**
*E. Pica (V), autorete (V), G. Carlini 3 (G), C. Capannelli (G), A. Magno (G), K. Narcisi (G)*
**Ha riposato:** Montorio 88

**2ª giornata – domenica 26 settembre 2021**

Montorio 88-Virtus Castel Frentano **6-0**
*L. Trapasso, A. Fidanza 4, M. Trapasso*
**Ha riposato:** Giulianova

**3ª giornata – sabato 2 ottobre 2021**

Giulianova-Montorio 88 **5-2**
*C. Patacca 3 (G), G. Carlini 2 (G), M. Trapasso (M), A. Fidanza (M)*
**Ha riposato:** Virtus Castel Frentano

**Classifica finale:** GIULIANOVA 6; Montorio 88 3; Virtus Castel Frentano 0

**TRIANGOLARE B**

**1ª giornata – domenica 19 settembre 2021**

ES Chieti-Cantera Adriatica Montesilvano **5-5**
*C. Barbetta (E), A. Di Renzo 2 (E), V. Brattelli 2 (E), C. Masciulli 2 (C), S. Toro (C), G. Fusco 2 (C)*
**Ha riposato:** Centrostoricomontesilvano

**2ª giornata – domenica 26 settembre 2021**

Centrostoricomontesilvano-ES Chieti **2-4**
*R. Carota 2 (C), A. Paoletti 3 (E), V. Pedante (E)*
**Ha riposato:** Cantera Adriatica Pescara

**3ª giornata – domenica 3 ottobre 2021**

Cantera Adriatica Pescara-Centrostoricomontesilvano **1-2**
*G. Fusco (Ca), R. Carota (Ce), F. Provenzano (Ce)*
**Ha riposato:** ES Chieti

**Classifica finale:** ES CHIETI 4; Centrostoricomontesilvano 3; Cantera Adriatica Pescara 1

**TRIANGOLARE C**

**1ª giornata – domenica 19 settembre 2021**

Valle Peligna-Nora Calcio Femminile **0-16**
*C. Caporali, C. Di Francesco 3, E. De Astis 2, G. Gabriele 3, M. Di Leonardo, G. Trabucco, J Ciferni 2, L. Mancini 2, F. Colangeli*
**Ha riposato:** 2019 Montesilvano

**2ª giornata – domenica 26 settembre 2021**

2019 Montesilvano-Valle Peligna **5-0**
*D. Nolasco 3, C. Polidoro 2*
**Ha riposato:** Nora Calcio Femminile

**3ª giornata – domenica 3 ottobre 2021**

Nora Calcio Femminile-2019 Montesilvano **5-0**
*G. Trabucco, J. Ciferni, E. De Astis, B. Belli, C. Caporali*
**Ha riposato:** Valle Peligna

**Classifica finale:** NORA CALCIO FEMMINILE 6; 2019 Montesilvano 3; Valle Peligna 0

## SEMIFINALI

**GARA UNICA – mercoledì 4 gennaio 2022**

Giulianova-ES CHIETI **1-2**
*G. Vagnoni (G), B. Silvetti (E), C. Santini (E)*
NORA CALCIO FEMMINILE-La Fenice **2-1**
*G. Gabriele (N), C. Antinarella (N), V. Selle (L)*

## FINALE REGIONALE

**Pala Roma di Montesilvano (Pe) – giovedì 6 gennaio 2022**

ES CHIETI-Nora Calcio Femminile **3-1**
*V. Pedante (E), A. Paoletti (E), A. Di Renzo (E), B. Belli (N)*

## COPPA ITALIA SERIE C FEMMINILE
## FASE NAZIONALE
## PRIMO TURNO A TRIANGOLARI

### TRIANGOLARE F

**1ª giornata – mercoledì 9 marzo 2022**

ES Chieti-Miranda FC **8-1**
*C. Nobilio 3 (E), V. Brattelli 2 (E), A. Di Renzo (E), L. Fino (E), B. Silvetti (E), L. Cerrone (M)*
**Ha riposato:** Futsal Sidicina Cremisi

**2ª giornata – mercoledì 16 marzo 2022**

Miranda FC-Futsal Sidicina Cremisi **1-4**
**Ha riposato:** ES Chieti

**3ª giornata – mercoledì 23 marzo 2022**

Futsal Sidicina Cremisi-ES Chieti **2-6**
*V. Nuzzo (F), O. Salemme (F), A. Di Renzo 3 (E), G. Malatesta (E), V. Brattelli (E), C. Nobilio (E)*
**Ha riposato:** Miranda FC

**Classifica finale:** ES CHIETI 6; Futsal Sidicina Cremisi 3; Miranda FC 0

## QUARTI DI FINALE

**GARE di ANDATA – mercoledì 6 aprile 2022**

Futsal Ragusa-Levante Caprarica **1-1**
Grifo Perugia-ES Chieti **4-5**
*G. Bianconi 2 (G), C. Fiorucci (G), C. Moscatelli (G), C. Nobilio 2 (E), B. Silvetti (E), V. Pedante 2 (E)*
Infinity Futsal Academy-Futsal Prandone **2-0**
L84-La 10 Soccer **6-4**

**GARE di RITORNO – martedì 12 e mercoledì 13 aprile 2022**

ES CHIETI-Grifo Perugia **4-2**
*V. Brattelli 2 (E), C. Nobilio (E), C. Santini (E), C. Fiorucci (G), C. Serravalle (G)*
Futsal Prandone-INFINITY FUTSAL ACADEMY **3-5**
La 10 Soccer-L84 **6-7**
Levante Caprarica-FUTSAL RAGUSA **6-7** **(ai rigori)**

## FINAL FOUR

**Palasport di Brandizzo (To) – sabato 30 aprile 2022**

| | |
|---|---|
| INFINITY FUTSAL ACADEMY-Futsal Ragusa | **5-2** |
| ES Chieti-L84 | **3-4** |

*C. Santini (E), G. Malatesta (E), C. Nobilio (E), R. Diaferia (L), E. Veglio (L), B. Grimbergs 2 (L)*

## COPPA ITALIA – SERIE C FEMMINILE CLASSIFICA MARCATORI GENERALE

**8 reti:** C. Nobilio e A. Di Renzo (ES Chieti)
**7 reti:** V. Brattelli (ES Chieti)
**5 reti:** A. Paoletti e V. Pedante (ES Chieti); G. Carlini (Giulianova); A. Fidanza (Montorio 88)
**4 reti:** A. D'Alessandri (La Fenice); G. Gabriele (Nora Calcio Femminile)
**3 reti:** D. Nolasco (2019 Montesilvano); G. Fusco (Cantera Adriatica Pescara); R. Carota (Centrostoricomontesilvano); C. Patacca (Giulianova); V. Selle e A. Battini (La Fenice); J. Ciferni, E. De Astis e C. Di Francesco (Nora Calcio Femminile)
**2 reti:** C. Polidoro (2019 Montesilvano); C. Masciulli (Cantera Adriatica Pescara); B. Silvetti e C. Santini (ES Chieti); G. Malatesta (ES Chieti); G. Vagnoni (Giulianova); A. Gentile e I. Quaresima (La Fenice); M. Trapasso (Montorio 88); B. Belli, L. Mancini, G, Trabucco e C. Caporali (Nora Calcio Femminile)
**una rete:** S. Toro (Cantera Adriatica Pescara); F. Provenzano (Centrostoricomontesilvano); L. Fino e C. Barbetta (ES Chieti); A. Magno, K. Narcisi e C. Capannelli (Giulianova); A. Blasi, L. Seritti e G. Di Mascio (La Fenice); L. Trapasso (Montorio 88); F. Colangeli, C, Antinarella e M. Di Leonardo (Nora Calcio Femminile); E. Pica (Virtus Castel Frentano)

## SERIE C2 MASCHILE girone A

### 1ª giornata – sabato 16 ottobre 2021

Cus L'Aquila-Valle Peligna **0-6** (a entrambe)
Giulianova-L'Aquila City Futsal Club **3-2**
*T. Lamolinara (G), A. Caporale (G), D. Compagnoni (G), L. Del Conte (L), F. Di Felice (L)*
Scanno-Atletico Celano **4-6**
*G. Nassi (S), G. Lancione (S), M. Roncone (S), C. Di Franco (S), M. Aloisi 4 (A), P. Torti (A), A. De Turris (A)*
Superaequum 2018-Magnificat **0-5**
*S. Onorato, A. Crisante, G. Repetto, M. Comignani, C. D'Ambrosio*
Virtus San Vincenzo V.R.-Dynamica Futsal **7-2**
*Giovanni Tolli 2 (V), P. Milanese 3 (V), A. Pomponio (V), L. Di Girolamo (V), A. Di Francesco (D), A. Antonosante (D)*
**Ha riposato:** Calcetto Avezzano

### 2ª giornata – sabato 23 ottobre 2021

Atletico Celano-Superaequum 2018 **6-2**
*P. Torti 3 (A), C. Santucci (A), D. Vicaretti (A), R. Albertazzi (A), M. Perna (S), F. Colangelo (S)*
Dynamica Futsal-Cus L'Aquila **3-4**
*A. Di Francesco 2 (D), A. Antonosante (D), D. Ferrara 2 (C), V. Fracassi (C), V. Aconito (C)*
L'Aquila City Futsal Club-Scanno **5-2**
*V. Ippoliti 2 (L), F. Di Felice (L), R. D'Eramo 2 (L), M. Fronterotta (S), G. Lancione (S)*
Magnificat-Calcetto Avezzano **12-0**
*M. Comignani 3, A. Crisante 2, J. Alvarez Alvarez 2, A. Rocchigiani 2, G. Repetto, C. Sartorelli 2*
Valle Peligna-Giulianova **5-5**
*D. Muca 2 (A), I. Iacobucci 3 (A), S. Di Pasquantonio 2 (G), A. Caporale (G), L. Marrancone (G), autorete (G)*
**Ha riposato:** Virtus San Vincenzo V.R.

### 3ª giornata – sabato 30 ottobre 2021

Calcetto Avezzano-Atletico Celano **5-3**
*L. Battistelli (C), M. Fusarelli (C), G. Cinque (C), L. Fantozzi (C), F. Fantozzi (C), P. Torti 2 (A), C. Santucci (A)*
Giulianova-Dynamica Futsal **3-0**
*G. Di Sabatino, T. Lamolinara, S. Di Pasquantonio*
L'Aquila City Futsal Club-Superaequum 2018 **7-1**

*R. D'Eramo 2 (L), L. Giuliani 2 (L), V. Ippoliti 2 (L), F. Caggiano (L), F. Colangelo (S)*

Scanno-Valle Peligna **3-2**

*M. Roncone (S), M. Di Marco 2 (S), D. Muca (V), C. Biancone (V)*

Virtus San Vincenzo V.R.-Cus L'Aquila **9-0**

*Giovanni Tolli 3, P. Milanese 2, L. Di Girolamo 2, D. Di Francescantonio, P. Colone*

**Ha riposato:** Magnificat

## 4ª giornata – sabato 6 novembre 2021

Atletico Celano-Magnificat **2-9**

*R. Albertazzi 2 (A), A. Rocchigiani 2 (M), J. Alvarez Alvarez (M), G. Repetto 2 (M), S. Onorato (M), C. D'Ambrosio 2 (M), M. Comignani (M)*

Dynamica Futsal-Scanno **0-3**

*G. Nassi, S. Di Cesare, L. Caranfa*

L'Aquila City Futsal Club-Calcetto Avezzano **8-2**

*M. Anemone 2 (L), M. Musicò (L), L. Del Conte (L), F. Caggiano (L), L. Giuliani (L), F. Di Felice (L), M. Piccirilli (L), L. Cosimo (C), autorete (C)*

Valle Peligna-Superaequum 2018 **5-1**

*E. Santangelo 2 (V), S. Petrella (V), I. Iacobucci (V), G. Iurisevich (V), D. Vestini (S)*

Virtus San Vincenzo V.R.-Giulianova **3-2**

*P. Milanese 2 (V), D. Di Francescantonio (V), S. Di Pasquantonio (G), A. Caporale (G)*

**Ha riposato:** Cus L'Aquila

## 5ª giornata – sabato 13 novembre 2021

Calcetto Avezzano-Valle Peligna **3-3**

*L. Cosimo (A), M. Fusarelli (C), M. Cinque (C), I. Iacobucci 2 (V), G. Iurisevich (V)*

Giulianova-Cus L'Aquila **2-2**

*S. Di Pasquantonio 2 (G), L. Martini (C), V. Fracassi (C)*

Magnificat-L'Aquila City Futsal Club **3-1**

*C. D'Ambrosio (M), M. Comignani (M), A. Rocchigiani (M), R. D'Eramo (L)*

Scanno-Virtus San Vincenzo V.R. **2-5**

*M. Fronterotta (S), A. Tarullo (S), P. Milanese 2 (V), D. Di Francescantonio 2 (V), Giovanni Tolli (V)*

Superaequum 2018-Dynamica Futsal **7-4**

*D. Vestini 2 (S), D'Alessandro 2 (S), L. Pignatelli (S), M. Di Gregorio (S), L. Placidi (S), A. Cococcia 3 (D), C. Desiato (D)*

**Ha riposato:** Atletico Celano

| 6ª giornata – sabato 20 novembre 2021 | |
|---|---|
| Cus L'Aquila-Scanno | **1-1** |
| *V. Aconito (C), D. Colarossi (S)* | |
| Dynamica Futsal-Calcetto Avezzano | **3-4** |
| *D. Bove (D), A. Pomponio (D), A. Di Francesco (D), F. Fantozzi 3 (C), M. Cinque (C)* | |
| L'Aquila City Futsal Club-Atletico Celano | **7-0** |
| *L. Giuliani 2, R. D'Eramo, M. Anemone 2, M. Musicò, F. Di Felice* | |
| Valle Peligna-Magnificat | **2-8** |
| *P. Gualtieri (V), I. Iacobucci (V), A. Crisante 3 (M), M. Comignani (M), A. Rocchigiani (M), G. Repetto (M), C. D'Ambrosio (M), S. Onorato (M)* | |
| Virtus San Vincenzo V.R.-Superaequum 2018 | **9-4** |
| *Giovanni Tolli 2 (V), P. Milanese 2 (V), D. Di Francescantonio 4 (V), D. Fabriani (V), M. Perna 3 (S), L. Acconcia (S)* | |
| **Ha riposato:** Giulianova | |

| 7ª giornata – sabato 27 novembre 2021 | |
|---|---|
| Atletico Celano-Valle Peligna | **5-3** |
| *P. Torti (A), M. Aloisi 2 (A), R. Albertazzi 2 (A), D. Muca 2 (V), L. Fabrizi (V)* | |
| Calcetto Avezzano-Virtus San Vincenzo V.R. | **3-7** |
| *M. Cinque (C), L. Fantozzi 2 (C), Giovanni Tolli (V), L. Di Girolamo (V), D. Colone 2 (V), P. Milanese 2 (V), P. Colone (V)* | |
| Magnificat-Dynamica Futsal | **11-0** |
| *M. Comignani 4, C. D'Ambrosio 3, A. Crisante 2, J. Alvarez Alvarez, S. Onorato* | |
| Scanno-Giulianova | **3-1** |
| *C. Di Franco (S), A. Giansante (S), G. Lancione (S), A. Caporale (G)* | |
| Superaequum 2018-Cus L'Aquila | **5-5** |
| *L. Pignatelli 2 (S), M. Di Gregorio 3 (S), A. Fiordigiglio (C), L. Di Carlo (C), L. Martini (C), V. Fracassi (C), F. Falancia (C)* | |
| **Ha riposato:** L'Aquila City Futsal Club | |

| 8ª giornata – sabato 4 dicembre 2021 | |
|---|---|
| Cus L'Aquila-Calcetto Avezzano | **3-3** |
| *L. Martini (Cu), L. Di Carlo (Cu), F. Falancia (Cu), L. Cosimo (Ca), G. Rocchi (Ca), G. Cinque (Ca)* | |
| Dynamica Futsal-Atletico Celano | **1-4** |
| *A. Cococcia (D), P. Torti 4 (A)* | |
| Giulianova-Superaequum 2018 | **5-1** |
| *S. Dezi (G), T. Lamolinara 3 (G), D. Compagnoni (G), F. Colangelo (S)* | |
| Valle Peligna-L'Aquila City Futsal Club | **4-3** |
| *D. Muca 2 (V), S. Petrella 2 (V), L. Del Conte (L), M. Anemone (L),* | |

*F. Di Felice (L)*
Virtus San Vincenzo V.R.-Magnificat **0-6**
*A. Crisante, C. D'Ambrosio 2, M. Comignani, J. Alvarez Alvarez, A. Rocchigiani*
**Ha riposato:** Scanno

**9ª giornata – sabato 11 dicembre 2021**

Atletico Celano-Virtus San Vincenzo V.R. **2-7**
*P. Torti (A), M. Aloisi (A), P. Milanese 3 (V), D. Di Francescantonio 4 (V)*
Calcetto Avezzano-Giulianova **2-2**
*G. Rocchi (C), M. Cinque (C), A. Caporale (G), autorete (G)*
L'Aquila City Futsal Club-Dynamica Futsal **3-2**
*R. D'Eramo (L), F. Caggiano (L), L. Del Conte (L), L. Contestabile (D), M. Liberati (D)*
Magnificat-Cus L'Aquila **7-1**
*S. Onorato 2 (M), M. Comignani (M), C. D'Ambrosio 4 (M), L. Di Carlo (C)*
Superaequum 2018-Scanno **1-4**
*M. Di Gregorio (Su), A. Giansante (Sc), M. Fronterotta (Sc), T. Lavillotti (Sc), M. Roncone (Sc)*
**Ha riposato:** Valle Peligna

**10ª giornata – sabato 18 dicembre 2021**

Cus L'Aquila-Atletico Celano **3-6**
*L. Di Carlo (C), F. De Santis (C), J. Francesconi (C), R. Albertazzi 2 (A), P. Torti (A), D. Vicaretti 2 (A), A. Catenacci (A)*
Dynamica Futsal-Valle Peligna **3-3**
*A. Cococcia 2 (D), A. Di Francesco (D), D. Muca 2 (V), I. Iacobucci (V)*
Giulianova-Magnificat **1-5**
*A. Caporale (G), G. Repetto 2 (M), A. Rocchigiani (M), C. D'Ambrosio (M), S. Onorato (M)*
Scanno-Calcetto Avezzano **5-3**
*D. Petrocco 2 (S), C. Di Franco (S), G. Lancione (S), Antonio Di Cesare (S), G. Cinque (C), F. Fantozzi (C), M. Cinque (C)*
Virtus San Vincenzo V.R.-L'Aquila City Futsal Club **4-3**
*Giovanni Tolli 2 (V), P. Milanese 2 (V), R. D'Eramo 2 (L), F. Caggiano (L)*
**Ha riposato:** Superaequum 2018

**11ª giornata – sabato 12 febbraio 2022**

Atletico Celano-Giulianova **4-6**
*P. Torti 3 (A), R. Albertazzi (A), L. Marrancone 2 (G), S. Di Pasquantonio 2 (G), G. Coku (G), A. Caporale (G)*
Calcetto Avezzano-Superaequum 2018 **4-1**
*S. Felli (C), L. Cosimo (C), G. Cinque (C), F. Fantozzi (C), D. Vestini (S)*

L'Aquila City Futsal Club-Cus L'Aquila **5-3**
*V. Aconito (L), F. Caggiano 2 (L), M. Anemone (L), L. Del Conte (L), D. Ferrara (C), L. Martini 2 (C)*
Magnificat-Scanno **11-1**
*M. Comignani 3 (M), C. D'Ambrosio 2 (M), G. Repetto (M), A. Rocchigiani 2 (M), J. Alvarez Alvarez (M), A. Crisante (M), C. Sartorelli (M), Andrea Di Cesare (S)*
Valle Peligna-Virtus San Vincenzo V.R. **1-8**
*D. Muca (A), P. Milanese 3 (V), Giovanni Tolli 2 (V), P. Colone (V), Tommaso Di Battista 2 (V)*
**Ha riposato:** Dynamica Futsal

## 12ª giornata – sabato 19 febbraio 2022

Atletico Celano-Scanno **0-5**
*M. Roncone, G. Lancione, C. Di Franco, A. Giansante, M. Fronterotta*
Dynamica Futsal-Virtus San Vincenzo V.R. **1-6**
*G. Zazzara (D), F. Rossi (V), P. Colone 2 (V), P. Milanese 3 (V)*
L'Aquila City Futsal Club-Giulianova **2-1**
*L. Del Conte 2 (L), D. Compagnoni (G)*
Magnificat-Superaequum 2018 **13-2**
*C. D'Ambrosio 3 (M), A. Rocchigiani 4 (M), M. Comignani 2 (M), A. Crisante (M), I. Casciano 2 (M), C. Sartorelli (M), M. Perna (S), D. Vestini (S)*
Valle Peligna-Cus L'Aquila **8-2**
*S. Petrella 3 (V), S. Zimei 2 (V), P. Gualtieri (V), C. Biancone (V), G. Latini (V), L. Martini (C), M. Peta (C)*
**Ha riposato:** Calcetto Avezzano

## 13ª giornata – mercoledì 23 febbraio 2022

Calcetto Avezzano-Magnificat **0-3**
*S. Onorato, A. Crisante, C. Sartorelli*
Cus L'Aquila-Dynamica Futsal **0-3**
*D. Bove, A. Cococcia 2*
Giulianova-Valle Peligna **6-3**
*S. Dezi (G), A. Caporale 3 (G), S. Ricchioni (G), D. Compagnoni (G), S. Zimei 2 (V), J. Santilli (V)*
Scanno-L'Aquila City Futsal Club **4-2**
*G. Lancione 2 (S), C. Di Franco (S), M. Belgiovine (S), V. Aconito (L), R. D'Eramo (L)*
Superaequum 2018-Atletico Celano **6-8**
*M. Perna 2 (S), M. Funel Fasciani (S), L. Pignatelli (S), M. Di Gregorio 2 (S), D. Vicaretti 3 (A), M. Aloisi (A), A. Di Pizio (A), R. Albertazzi 2 (A), P. Torti (A)*
**Ha riposato:** Virtus San Vincenzo V.R.

### 14ª giornata – sabato 26 febbraio 2022

Atletico Celano-Calcetto Avezzano **8-1**
*P. Torti 3 (A), M. Aloisi (A), A. Di Pizio 2 (A), R. Albertazzi 2 (A), F. Fantozzi (C)*
Cus L'Aquila-Virtus San Vincenzo V.R. **0-3**
*Giovanni Tolli, P. Milanese, L. Di Girolamo*
Dynamica Futsal-Giulianova **2-2**
*G. Zazzara (D), L. Contestabile (D), S. Di Pasquantonio 2 (G)*
Superaequum 2018-L'Aquila City Futsal Club **2-1**
*L. Acconcia (S), F. Colangelo (S), V. Aconito (L)*
Valle Peligna-Scanno **6-5**
*S. Zimei 2 (V), D. Halulli (V), R. Masciosci (V), S. Petrella 2 (V), C. Di Franco 2 (S), M. Belgiovine 3 (S)*
**Ha riposato:** Magnificat

### 15ª giornata – sabato 5 marzo 2022

Calcetto Avezzano-L'Aquila City Futsal Club **1-6**
*F. Fantozzi (C), L. Giuliani 2 (L), F. Caggiano (L), L. Del Conte (L), V. Aconito (L), R. D'Eramo (L)*
Giulianova-Virtus San Vincenzo V.R. **0-2**
*Giovanni Tolli, P. Milanese*
Magnificat-Atletico Celano **12-3**
*M. Comignani 2 (M), A. Rocchigiani 3 (M), A. Crisante 2 (M), S. Onorato (M), C. D'Ambrosio 3 (M), J. Alvarez Alvarez (M), P. Torti 2 (A), R. Albertazzi (A)*
Scanno-Dynamica Futsal **1-3**
*A. Giansante (S), A. Rinaldi (D), L. Contestabile (D), A. Di Francesco (D)*
Superaequum 2018-Valle Peligna **5-4**
*L. Placidi (S), F. Colangelo (S), M. Di Gregorio 3 (S), E. Santangelo 2 (V), S. Zimei (V), S. Petrella (V)*
**Ha riposato:** Cus L'Aquila

### 16ª giornata – sabato 12 marzo 2022

Cus L'Aquila-Giulianova **2-4**
*F. De Santis 2 (C), A. Caporale (G), S. Di Pasquantonio 2 (G), D. Compagnoni (G)*
Dynamica Futsal-Superaequum 2018 **0-0**
L'Aquila City Futsal Club-Magnificat **3-3**
*L. Del Conte (L), M. Musicò (L), M. Anemone (L), A. Rocchigiani 2 (M), C. D'Ambrosio (M)*
Valle Peligna-Calcetto Avezzano **3-6**
*S. Zimei (V), D. Muca (V), P. Gualtieri (V), G. Cinque 2 (C), S. Felli (C), F. Fantozzi (C), L. Cosimo (C), L. Fantozzi (C)*

Virtus San Vincenzo V.R.-Scanno **6-4**
*P. Milanese 3 (V), Giovanni Tolli 2 (V), autorete (V), G. Lancione 3 (S), A. Giansante (S)*
**Ha riposato:** Atletico Celano

| 17ª giornata – sabato 19 marzo 2022 | |
|---|---|
| Atletico Celano-L'Aquila City Futsal Club | **5-8** |
| *P. Torti 2 (A), R. Albertazzi 3 (A), F. Di Felice 3 (L), L. Del Conte 3 (L), F. Caggiano 2 (L)* | |
| Calcetto Avezzano-Dynamica Futsal | **3-2** |
| *M. Cinque (C), L. Cosimo (C), G. Cinque (C), D. Bove (D), G. Zazzara (D)* | |
| Magnificat-Valle Peligna | **19-1** |
| *M. Comignani 4 (M), A. Rocchigiani 2 (M), G. Repetto 2 (M), S. Onorato 4 (M), C. Sartorelli 2 (M), J. Alvarez Alvarez 2 (M), A. Crisante 2 (M), C. D'Ambrosio (M), S. Petrella (V)* | |
| Scanno-Cus L'Aquila | **4-1** |
| *D. Berardi (S), L. Caranfa (S), Antonio Di Cesare (S), M. Belgiovine (S), F. De Santis (C)* | |
| Superaequum 2018-Virtus San Vincenzo V.R. | **3-8** |
| *D. Vestini 2 (S), M. Perna (S), P. Milanese 6 (V), L. Di Girolamo (V), P. Colone (V)* | |
| **Ha riposato:** Giulianova | |

| 18ª giornata – sabato 2 aprile 2022 | |
|---|---|
| Cus L'Aquila-Superaequum 2018 | **0-3** |
| *L. Pignatelli, F. Colangelo, D. D'Alessandro* | |
| Dynamica Futsal-Magnificat | **1-13** |
| *A. Ammar (D), M. Comignani 4 (M), G. Repetto 2 (M), S. Onorato (M), A. Crisante (M), C. D'Ambrosio 2 (M), I. Casciano (M), A. Rocchigiani 2 (M)* | |
| Giulianova-Scanno | **3-5** |
| *S. Di Pasquantonio 2 (G), G. Coku (G), M. Belgiovine 2 (S), M. Fronterotta 2 (S), D. Berardi (S)* | |
| Valle Peligna-Atletico Celano | **5-7** |
| *S. Zimei (V), A. Santilli 3 (V), S. Petrella (V), P. Torti 7 (A)* | |
| Virtus San Vincenzo V.R.-Calcetto Avezzano | **2-0** |
| *Giovanni Tolli, L. Di Girolamo* | |
| **Ha riposato:** L'Aquila City Futsal Club | |

| 19ª giornata – sabato 9 aprile 2022 | |
|---|---|
| Atletico Celano-Dynamica Futsal | **8-7** |
| *P. Torti 3 (A), M. Aloisi 2 (A), R. Albertazzi 3 (A), A. Di Francesco 3 (D),* | |

*A. Cococcia 2 (D), A. Rinaldi (D), L. Contestabile (D)*
Calcetto Avezzano-Cus L'Aquila **4-0**
*F. Fantozzi 2, L. Cosimo, L. Fantozzi*
L'Aquila City Futsal Club-Valle Peligna **4-0**
*V. Aconito, L. Giuliani, R. D'Eramo 2*
Magnificat-Virtus San Vincenzo V.R. **9-2**
*S. Onorato 2 (M), G. Repetto 2 (M), A. Rocchigiani 3 (M), M. Comignani 2 (M), L. Di Girolamo 2 (V)*
Superaequum 2018-Giulianova **1-2**
*M. Di Gregorio (S), S. Dezi (G), T. Lamolinara (G)*
**Ha riposato:** Scanno

## 20ª giornata – sabato 16 aprile 2022

Cus L'Aquila-Magnificat **1-9**
*A. Fiordigiglio (C), A. Rocchigiani 2 (M), S. Onorato (M), G. Repetto 2 (M), I. Casciano (M), C. Sartorelli (M), M. Comignani (M), C. D'Ambrosio (M)*
Dynamica Futsal-L'Aquila City Futsal Club **4-4**
*A. Rinaldi (D), A. Pomponio (D), autorete (D), L. Contestabile (D), L. Giuliani (F), F. Caggiano (F), R. D'Eramo 2 (F)*
Giulianova-Calcetto Avezzano **2-2**
*T. Lamolinara (G), L. Marrancone (G), L. Cosimo (C), D. Scolta (C)*
Scanno-Superaequum 2018 **5-2**
*D. Berardi 2 (Sc), G. Nassi (Sc), Andrea Di Cesare 2 (Sc), M. Di Gregorio (Su), L. Pignatelli (Su)*
Virtus San Vincenzo V.R.-Atletico Celano **7-3**
*P. Milanese 2 (V), F. Rossi 2 (V), A. Alfano (V), Tommaso Di Battista (V), P. Colone (V), P. Torti (A), M. Fracassi 2 (A)*
**Ha riposato:** Valle Peligna

## 21ª giornata – sabato 23 aprile 2022

Atletico Celano-Cus L'Aquila **9-1**
*P. Torti 6 (A), M. Aloisi (A), V. Pestilli (A), A. Catenacci (A), F. De Santis (C)*
Calcetto Avezzano-Scanno **1-5**
*F. Fantozzi (C), A. Giansante 2 (S), M. Fronterotta (S), R. Giansante (S), D. Colarossi (S)*
L'Aquila City Futsal Club-Virtus San Vincenzo V.R. **5-4**
*L. Giuliani (L), R. D'Eramo (L), L. Del Conte (L), F. Di Felice (L), M. Piccirilli (L), P. Milanese 2 (V), Giovanni Tolli (V), L. Di Girolamo (V)*
Magnificat-Giulianova **8-2**
*M. Comignani 2 (M), C. D'Ambrosio 3 (M), A. Rocchigiani (M), G. Repetto (M), J. Alvarez Alvarez (M), G. Coku (G), D. Compagnoni (G)*
**10-2**

Valle Peligna-Dynamica Futsal
*G. Di Giannatonio 2 (V), J. Santilli 2 (V), S. Zimei 3 (V), S. Petrella (V), V. Di Simone 2 (V), C. Ammar (D), A. Cococcia (D)*
**Ha riposato:** Superaequum 2018

**22ª giornata – sabato 30 aprile 2022**

Cus L'Aquila-L'Aquila City Futsal Club **1-2**
*M. Santilli (C), L. Casaccio 2 (L)*
Giulianova-Atletico Celano **4-6**
*D. Compagnoni (G), P. Di Pancrazio (G), S. Dezi (G), T. Lamolinara (G), P. Torti 3 (A), A. Di Pizio (A), M. Aloisi (A), R. Albertazzi (A)*
Scanno-Magnificat **3-5**
*C. Di Franco 2 (S), M. Roncone (S), C. D'Ambrosio (M), M. Comignani 3 (M), J. Alvarez Alvarez (M)*
Superaequum 2018-Calcetto Avezzano **10-3**
*L. Pignatelli (S), M. Acconcia (S), A. Paolini 2 (S), D. Vestini 2 (S), M. Perna (S), L. Placidi (S), M. Di Gregorio (S), D, D'Alessandro (S), D. Scolta 2 (C), A. Seritti (C)*
Virtus San Vincenzo V.R.-Valle Peligna **8-4**
*P. Milanese 4 (VSV), L. Di Carlo (VSV), P. Colone 3 (VSV), J. Santilli 2 (VP), Tommaso Di Battista (VP), G. Gualtieri 2 (VP)*
**Ha riposato:** Dynamica Futsal

## CLASSIFICA FINALE girone A

| squadre | punti | gare | vinte | nulle | perse | reti f. | reti s. | diff. |
|---|---|---|---|---|---|---|---|---|
| Magnificat | 58 | 20 | 19 | 1 | 0 | 171 | 26 | +145 |
| V. San Vinc. V.R. | 51 | 20 | 17 | 0 | 3 | 107 | 54 | +53 |
| Aquila City FC | 38 | 20 | 12 | 2 | 6 | 81 | 49 | +32 |
| Scanno | 34 | 20 | 11 | 1 | 8 | 69 | 64 | +5 |
| Atletico Celano | 33 | 20 | 11 | 0 | 9 | 95 | 103 | -8 |
| Giulianova | 26 | 20 | 7 | 5 | 8 | 56 | 60 | -4 |
| Calcett. Avezzano | 22 | 20 | 6 | 4 | 10 | 50 | 88 | -38 |
| Valle Peligna | 17 | 20 | 5 | 3 | 12 | 72 | 106 | -34 |
| Superaequum | 17 | 20 | 5 | 2 | 13 | 57 | 98 | -41 |
| Dynamica Futsal | 10 | 20 | 2 | 4 | 14 | 43 | 96 | -53 |
| Cus L'Aquila -1 | 6 | 20 | 1 | 4 | 15 | 30 | 93 | -63 |

**-1 un punto di penalizzazione**

## FINALE PLAY OUT girone A

### sabato 7 maggio 2022

SUPERAEQUUM 2018-Dynamical Futsal **6-1**
*M. Di Gregorio 2 (S), D. D'Alessandro 2 (S), M. Perna (S), N. Amicosante (S), A. Pomponio (D)*

## CLASSIFICA MARCATORI girone A

**49 reti:** P. Milanese (Virtus San Vincenzo V.R.)
**44 reti:** P. Torti (Atletico Celano)
**36 reti:** M. Comignani (Magnificat)
**32 reti:** C. D'Ambrosio (Magnificat)
**29 reti:** A. Rocchigiani (Magnificat)
**20 reti:** R. Albertazzi (Atletico Celano)
**19 reti:** Giovanni Tolli (Virtus San Vincenzo V.R.)
**17 reti:** A. Crisante, G. Repetto e S. Onorato (Magnificat)
**16 reti:** R. D'Eramo (L'Aquila City Futsal Club)
**15 reti:** M. Di Gregorio (Superaequum 2018)
**14 reti:** S. Di Pasquantonio (Giulianova)
**13 reti:** M. Aloisi (Atletico Celano); L. Del Conte (L'Aquila City Futsal Club)
**12 reti:** F. Fantozzi (Calcetto Avezzano); S. Zimei e S. Petrella (Valle Peligna)
**11 reti:** A. Cococcia (Dynamical Futsal); A. Caporale (Giulianova); J. Alvarez Alvarez (Magnificat); M. Perna (Superaequum 2018); D. Muca (Valle Peligna); D. Di Francescantonio (Virtus San Vincenzo V.R.)
**10 reti:** L. Giuliani e F. Caggiano (L'Aquila City Futsal Club); G. Lancione (Scanno); P. Colone e L. Di Girolamo (Virtus San Vincenzo V.R.)
**9 reti:** A. Di Francesco (Dynamical Futsal); F. Di Felice (L'Aquila City Futsal Club); C. Di Franco (Scanno); D. Vestini (Superaequum 2018); J. Santilli (Valle Peligna)
**8 reti:** L. Cosimo (Calcetto Avezzano); T. Lamolinara (Giulianova); C. Sartorelli (Magnificat); I. Iacobucci (Valle Peligna)
**7 reti:** G. Cinque (Calcetto Avezzano); D. Compagnoni (Giulianova); M. Anemone (L'Aquila City Futsal Club); A. Giansante, M. Fronterotta e M. Belgiovine (Scanno); L. Pignatelli (Superaequum 2018); F. Rossi (Virtus San Vincenzo V.R.)
**6 reti:** D. Vicaretti (Atletico Celano); M. Cinque (Calcetto Avezzano); L. Martini (Cus L'Aquila); D. Bove (Dynamical Futsal); D. D'Alessandro (Superaequum 2018)

**5 reti:** L. Fantozzi (Calcetto Avezzano); F. De Santis (Cus L'Aquila); A. Pomponio e L. Contestabile (Dynamical Futsal); V. Aconito (L'Aquila City Futsal Club); M. Roncone (Scanno); F. Colangelo (Superaequum 2018); Tommaso Di Battista (Virtus San Vincenzo V.R.)

## RECORDS girone A

| | | |
|---|---|---|
| **maggior numero di punti** | **58** | Magnificat |
| **minor numero di punti** | **6** | Cus L'Aquila |
| **maggior numero di vittorie** | **19** | Magnificat |
| **minor numero di vittorie** | **1** | Cus L'Aquila |
| **maggior numero di pareggi** | **5** | Giulianova |
| **minor numero di pareggi** | **0** | Virtus San Vincenzo e Atl. Celano |
| **maggior numero di sconfitte** | **15** | Cus L'Aquila |
| **minor numero di sconfitte** | **0** | Magnificat |
| **miglior attacco** | **171** | Magnificat |
| **miglior difesa** | **26** | Magnificat |
| **peggior attacco** | **30** | Cus L'Aquila |
| **peggior difesa** | **106** | Valle Peligna |
| **migliore differenza reti** | **+145** | Magnificat |
| **peggiore differenza reti** | **-63** | Cus L'Aquila |
| **miglior realizzatore** | **49 reti** | P. Milanese (Virtus S. Vincenzo) |

## I VERDETTI FINALI

**Promosse in serie C1:** Magnificat e Virtus San Vincenzo V.R.
**Retrocessa in serie D:** Cus L'Aquila

## SERIE C2 MASCHILE girone B

### 1ª giornata – sabato 16 ottobre 2021

Assixta Futsal Ripa-Paglieta Red Sox **3-1**
*V. Di Tella (A), F. Toscano (A), A. Sigismondi (A), R. D'Avvocato (P)*
Atletico Roccascalegna-Florida **3-2**
*N. Di Nunzio (A), C. Giangiordano 2 (A), L. Tagliolini (F), S. Innocenzi (F)*
Casoli-Centrostoricomontesilvano **4-7**
*D. Giardino 3 (Ca), A. Pellicciotta (Ca), M. Cichella 3 (Ce), V. Boezio (Ce), F. Bufalari (Ce), F. Cichella 2 (Ce)*
Montesilvano-Vigor Lanciano **5-5**
*S. Cilli (M), L. Di Muzio 4 (M), A. Iezzi (V), A. Menna 3 (V), A. Di Florio (V)*
Real Casale-Miglianisport **5-1**
*M. Lanza 2 (R), L. Santini (R), I. Paglione (R), R. Sallese (R), C. Nocciolino (M)*
Tollo 2008-Invicta 2005 Futsal **2-1**
*D. Vitucci (T), G. Castellano (T), M. De Leonardis (I)*

### 2ª giornata – sabato 23 ottobre 2021

Centrostoricomontesilvano-Tollo 2008 **3-0**
*F. Cichella 2, A. Venti*
Florida-Real Casale **2-3**
*L. Tagliolini (F), P. Di Lorenzo (F), I. Paglione 2 (R), L. Santini (R)*
Invicta 2005 Futsal-Montesilvano **4-5**
*S. Festa 3 (I), F. Felicissimo (I), L. Di Muzio 4 (M), E. Santavenere (M)*
Miglianisport-Casoli **3-2**
*L. Torrieri (M), E. Di Ciano (M), C. Di Bartolomeo (M), D. Giardino 2 (C)*
Paglieta Red Sox-Atletico Roccascalegna **1-2**
*A. Cinalli (P), S. Di Matteo (A), M. Cinalli (A)*
Vigor Lanciano-Assixta Futsal Ripa **8-4**
*A. Iezzi 2 (V), A. Menna 5 (V), A. Di Florio (V), F. Di Girolamo 2 (A), V. Di Tella 2 (A)*

### 3ª giornata – sabato 30 ottobre 2021

Assixta Futsal Ripa-Montesilvano **4-4**
*F. Toscano (A), V. Di Tella 2 (A), M. Giancola (A), S. Di Martino 2 (M), L. Di Muzio (M), A. Cotogno (M)*
Atletico Roccascalegna-Vigor Lanciano **5-4**
*M. Cinalli (A), A. Menna (A), F. Verdecchia 2 (A), S. Di Matteo (A), M. Zulli (V), M. D'Aloisio (V), A. Menna (V), A. Di Florio (V)*
Casoli-Florida **4-3**
*L. Capuzzi 2 (C), C. Cannella (C), A. Pellicciotta (C), S. Innocenzi 2 (F), P. Di Lorenzo (F)*

Centrostoricomontesilvano-Invicta 2005 Futsal **4-0**
*F. Cichella 2, F. Vadini, M. Cichella*
Real Casale-Paglieta Red Sox **5-3**
*M. Lanza (R), N. Moretta 4 (R), F. Zinni (P), A. Cimini (P), D. Doicaru (P)*
Tollo 2008-Miglianisport **3-3**
*G. Castellano 2 (T), A. Salerni (T), E. Di Ciano (M), C. Nocciolino (M), L. Torrieri (M)*

**4ª giornata – sabato 6 novembre 2021**

Atletico Roccascalegna-Montesilvano **1-5**
*C. Giangiordano (A), E. Fuschini 2 (M), R. Cabras (M), S. Di Martino (M), S. Cilli (M)*
Florida-Tollo 2008 **5-4**
*S. Innocenzi (F), A Chah (F), F. Cirillo 3 (F), D. Vitucci 2 (T), C. D'Onofrio (T), L. Rosato (T)*
Invicta 2005 Futsal-Assixta Futsal Ripa **2-8**
*G. Guida (I), F. Felicissimo (I), F. Toscano 3 (A), D. Venditti 2 (A), V. Di Tella (A), M. Giancola (A), M. Durante (A)*
Miglianisport-Centrostoricomontesilvano **2-3**
*D. Bombini (M), C. Nocciolino (M), V. Boezio (C), F. Cichella (C), G. Di Lorito (C)*
Paglieta Red Sox-Casoli **5-1**
*F. Zinni (P), D. Medoro (P), D. Doicaru 2 (P), G. Di Nucci (P), G. Forlano (C)*
Vigor Lanciano-Real Casale **8-7**
*F. Martelli (V), A. Menna (V), A. Di Florio 3 (V), A. Carpentieri 2 (V), M. D'Aloisio (V), I. Paglione 3 (R), M. Lanza 2 (R), N. Moretta 2 (R)*

**5ª giornata – sabato 13 novembre 2021**

Atletico Roccascalegna-Assixta Futsal Ripa **8-6**
*M. Cinalli (At), F. Verdecchia 3 (At), S. Di Matteo (At), A. De Laurentiis 2 (At), autorete (At), M. Durante (As), D. Venditti 2 (As), M. Pasqualone 2 (As), F. Toscano (As)*
Casoli-Vigor Lanciano **8-4**
*C. Cannella 3 (C), M. Rosato 2 (C), L. Capuzzi (C), A. Pellicciotta 2 (C), A. Di Florio 2 (V), L. Bisbano (V), M. D'Aloisio (V)*
Centrostoricomontesilvano-Florida **4-5**
*F. Cichella 2 (C), G. Di Lorito (C), M. Cichella (C), A. Lombardo (F), F. Orlando (F), S. Innocenzi 2 (F), F. Cirillo (F)*
Miglianisport-Invicta 2005 Futsal **6-3**
*C. Nocciolino 3 (M), L. Torrieri (M), E. Di Ciano (M), C. Di Bartolomeo (M), S. Festa 2 (I), F. Felicissimo (I)*
Real Casale-Montesilvano **6-4**

*N. Moretta 3 (R), I. Paglione 2 (R), M. Lanza (R), L. Di Muzio 3 (M), E. Fuschini (M)*

Tollo 2008-Paglieta Red Sox **1-2**

*G. Castellano (T), A. Cinalli (P), D. Medoro (P)*

**6ª giornata – sabato 20 novembre 2021**

Assixta Futsal Ripa-Real Casale **6-2**

*F. Toscano 2 (A), M. Pasqualone 3 (A), M. Giancola (A), M. Lanza (R), N. Moretta (R)*

Florida-Miglianisport **6-3**

*L. Colelli (F), F. Orlando (F), M. Ciofani (F), A. Chah (F), P. Di Lorenzo 2 (F), C. Nocciolino 2 (M), C. Di Bartolomeo (M)*

Invicta 2005 Futsal-Atletico Roccascalegna **4-4**

*S. Festa 2 (I), A. Fracella (I), autorete (I), A. Menna (A), A. De Laurentiis 2 (A), S. Di Matteo (A)*

Montesilvano-Casoli **3-2**

*S. Cilli (M), L. Di Muzio (M), F. Lo Giudice (M), D. Giardino (C), F. Comparelli (C)*

Paglieta Red Sox-Centrostoricomontesilvano **5-4**

*F. Zinni (P), A. Cinalli (P), L. Micello (P), A. Cimini (P), R. D'Avvocato (P), F. Cichella 2 (C), V. Boezio (C), M. Cichella (C)*

Vigor Lanciano-Tollo 2008 **6-3**

*F. Martelli (V), M. Zulli (V), A. Menna (V), L. Bisbano (V), A. Di Florio (V), M. D'Aloisio (V), M. La Rosa (T), G. Castellano (T), D. Vitucci (T)*

**7ª giornata – sabato 27 novembre 2021**

Casoli-Assixta Futsal Ripa **2-4**

*C. Cannella (C), F. Comparelli (C), V. Di Tella 2 (F), F. Toscano (F), D. Venditti (F)*

Centrostoricomontesilvano-Vigor Lanciano **5-3**

*F. Cichella 4 (C), F. Bufalari (C), A. Menna 2 (V), L. Bomba (V)*

Florida-Invicta 2005 Futsal **4-3**

*A. Lombardo (F), A. Chah (F), M. Ciofani 2 (F), S. Guida (I), D. Bargoni (I), S. Festa (I)*

Miglianisport-Paglieta Red Sox **1-3**

*D. Bombini (M), S. Di Lallo 2 (P), R. D'Avvocato (P)*

Real Casale-Atletico Roccascalegna **5-5**

*N. Moretta 3 (R), I. Paglione (R), R. Sallese (R), A. Borrelli (A), F. Verdecchia (A), A. Menna (A), A. De Laurentiis 2 (A)*

Tollo 2008-Montesilvano **3-5**

*L. Rosato (T), M. Marfisi (T), M. La Rosa (T), F. Lo Giudice 2 (M), S. Cilli (M), E. Fuschini (M), S. Di Martino (M)*

| 8ª giornata – sabato 4 dicembre 2021 | |
|---|---|
| Assixta Futsal Ripa-Tollo 2008 | **6-3** |
| *F. Toscano 4 (A), A. Sigismondi (A), F. Di Girolamo (A), M. Marfisi (T), D. Vitucci (T), G. Castellano (T)* | |
| Atletico Roccascalegna-Casoli | **7-3** |
| *F. Verdecchia 4 (A), A. Menna (A), A. Borrelli (A), M. Cinalli (A), D. Giardino 2 (C), S. Di Cocco (C)* | |
| Invicta 2005 Futsal-Real Casale | **4-0** |
| *S. Festa 3, D. Bargoni* | |
| Paglieta Red Sox-Florida | **7-5** |
| *D. Doicaru 5 (P), A. Cimini (P), S. Di Lallo (P), D. Palozzo 2 (F), A. Chah (F), E. Peca (F), F. Orlando (F)* | |
| Vigor Lanciano-Miglianisport | **5-1** |
| *M. Zulli (V), A. Menna (V), L. Bomba (V), S. Brunetti (V), A. Di Florio (V), C. Di Bartolomeo (M)* | |
| Montesilvano-Centrostoricomontesilvano | **5-0** |
| *S. Cilli 2, R. Cabras, L. Di Muzio, E. Santavenere* | |

| 9ª giornata – sabato 11 dicembre 2021 | |
|---|---|
| Casoli-Real Casale | **8-3** |
| *M. Rosato 3 (C), D. Giardino 3 (C), S. Di Cocco (C), A. Pellicciotta (C), M. Lanza (R), G. Santini (R), A. Martone (R)* | |
| Centrostoricomontesilvano-Assixta Futsal Ripa | **2-6** |
| *M. Cichella (C), F. Cichella (C), F. Toscano 2 (A), M. Durante (A), V. Di Tella (A), F. Masciarelli (A), F. Di Girolamo (A)* | |
| Florida-Vigor Lanciano | **1-4** |
| *S. Sellitto (F), A. Menna 2 (V), A. Di Florio (V), A. Carpentieri (V)* | |
| Miglianisport-Montesilvano | **6-3** |
| *D. Bombini 4 (Mi), C. Nocciolino (Mi), C. Di Bartolomeo (Mi), S. Cilli (Mo), L. Di Muzio 2 (Mo)* | |
| Paglieta Red Sox-Invicta 2005 Futsal | **6-0** |
| *F. Zinni, L. Bosco 2, A. Cimini, S. Di Lallo 2* | |
| Tollo 2008-Atletico Roccascalegna | **5-2** |
| *L. Rosato (T), D. Vitucci 2 (T), A. Salerni (T), C. D'Onofrio (T), A. Menna (A), S. Di Matteo (A)* | |

| 10ª giornata – sabato 18 dicembre 2021 | |
|---|---|
| Assixta Futsal Ripa-Miglianisport | **4-2** |
| *G. Luciani (A), F. Toscano (A), V. Di Tella (A), F. Di Girolamo (A), D. Bombini (M), C. Di Bartolomeo (M)* | |
| Atletico Roccascalegna-Centrostoricomontesilvano | **1-7** |
| *M. Cinalli (A), F. Cichella 4 (C), F. Vadini 2 (C), M. Cichella (C)* | |

Casoli-Invicta 2005 Futsal **6-3**
*G. Lannutti (C), F. Porreca (C), D. Giardino 2 (C), C. Cannella (C), M. Rosato (C), D. Bargoni (I), A. Cantarini (I), M. De Leonardis (I)*
Real Casale-Tollo 2008 **7-5**
*N. Moretta 4 (R), N. Verini (R), L. Santini (R), I. Paglione (R), L. Rosato (T), G. Castellano (T), D. Vitucci (T), D. Del Ry (T), S. Di Salvatore (T)*
Vigor Lanciano-Paglieta Red Sox **5-2**
*N. Monfreda (V), A. Menna 2 (V), A. Iezzi (V), A. Carpentieri (V), L. Micello 2 (P)*
Montesilvano-Florida **7-0**
*E. Fuschini, L. Di Muzio 3, R. Cabras, S Di Martino 2*

## 11ª giornata – sabato 12 febbraio 2022

Centrostoricomontesilvano-Real Casale **2-1**
*F. Cichella (C), S. Bellante (C), A. Martone (R)*
Florida-Assixta Futsal Ripa **2-6**
*A. Lombardo (F), A. Chah (F), F. Toscano 4 (A), V. Di Tella 2 (A)*
Invicta 2005 Futsal-Vigor Lanciano **1-5**
*D. Falco (A), A. Menna (V), A. Di Florio 3 (V), L. Bisbano (V)*
Miglianisport-Atletico Roccascalegna **10-5**
*L. Torrieri (M), E. Di Ciano (M), C. Nocciolino 3 (M), C. Di Bartolomeo 3 (M), D. Bombini (M), A. Belli (M), A. Borrelli 2 (A), A. De Laurentiis (A), S. Di Matteo (A), C. Giangiordano (A)*
Paglieta Red Sox-Montesilvano **4-4**
*L. Bosco (P), L. Micello 2 (P), C. Abbonizio (P), E. Fuschini (M), A. Cotogno (M), L. Di Muzio (M), E. Santavenere (M)*
Tollo 2008-Casoli **3-9**
*L. Iezzi (T), S. Di Salvatore (T), G. Di Salvatore (T), D. Giardino 4 (C), C. Cannella (C), D. Comparelli 2 (C), A. Pellicciotta 2 (C)*

## 12ª giornata – sabato 19 febbraio 2022

Centrostoricomontesilvano-Casoli **0-2**
*D. Giardino, F. Comparelli*
Miglianisport-Real Casale **6-1**
*D. Bombini 2 (M), C. D'Ettorre 2 (M), C. Nocciolino (M), C. Di Bartolomeo (M), N. Verini (R)*
Invicta 2005 Futsal-Tollo 2008 **3-2**
*S. Festa 2 (I), D. D'Amico (I), D. Vitucci (T), D. Del Ry (T)*
Florida-Atletico Roccascalegna **3-4**
*F. Guida (F), M. Ciofani (F), A. Lombardo (F), A. De Laurentiis (A), A. Borrelli 2 (A), F. Giangiordano (A)*

Vigor Lanciano-Montesilvano **4-6**
*A. Menna 3 (V), A. Di Florio (V), E. Santavenere 4 (M), L. Di Muzio (M), S. Cilli (M)*
Paglieta Red Sox-Assixta Futsal Ripa **2-3**
*S. Di Lallo (P), C. Abbonizio (P), F. Toscano (A), V. Di Tella (A), M. Giancola (A)*

**13ª giornata – mercoledì 23 febbraio 2022**

Assixta Futsal Ripa-Vigor Lanciano **4-3**
*F. Toscano 3 (A), M. Costantini (A), A. Menna (V), A. Carpentieri (V), F. Martelli (V)*
Atletico Roccascalegna-Paglieta Red Sox **3-4**
*S. Di Matteo 2 (A), A. De Laurentiis (A), D. Medoro (P), C. Abbonizio 3 (P)*
Casoli-Miglianisport **4-5**
*L. Capuzzi (C), D. Giardino 2 (C), A. Pellicciotta (C), C. Di Bartolomeo 3 (M), D. Bombini (M), L. Torrieri (M)*
Montesilvano-Invicta 2005 Futsal **5-1**
*S. Cilli (M), E. Fuschini (M), L. Di Muzio 3 (M), D. Falco (I)*
Real Casale-Florida **4-6**
*N. Verini 2 (R), I. Paglione 2 (R), S. Sellitto (F), F. Guida (F), D. Palozzo 3 (F), F. Cirillo (F)*
Tollo 2008-Centrostoricomontesilvano **2-11**
*D. Vitucci (T), L. Iezzi (T), F. Cichella 4 (C), V. Boezio (C), G. Di Lorito 4 (C), M. Cichella (C), S. Presutti (C)*

**14ª giornata – sabato 26 febbraio 2022**

Florida-Casoli **4-5**
*D. Palozzo (F), F. Guida (F), E. Peca (F), S. Innocenzi (F), D. Giardino 2 (C), C. Cannella 2 (C), L. Capuzzi (C)*
Invicta 2005 Futsal-Centrostoricomontesilvano **3-4**
*D. Bargoni 2 (F), D. Falco (F), A. Venti (C), F. Cichella 2 (C), G. Di Lorito (C)*
Miglianisport-Tollo 2008 **5-3**
*L. Torrieri (M), E. Bombini (M), E. Di Ciano (M), C. Di Bartolomeo 2 (M), L. Iezzi (T), M. Marfisi (T), G. Castellano (T)*
Montesilvano-Assixta Futsal Ripa **3-6**
*S. Cilli (M), A. Cotogno (M), F. Lo Giudice (M), M. Costantini 2 (A), M. Giancola (A), V. Di Tella (A), F. Toscano 2 (A)*
Paglieta Red Sox-Real Casale **7-3**
*S. Di Lallo (P), D. Doicaru 3 (P), R. D'Avvocato 3 (P), I. Paglione (R), N. Moretta (R), R. Sallese (R)*
**5-4**

Vigor Lanciano-Atletico Roccascalegna
*F. Martelli (V), A. Menna 4 (V), M. Cinalli 2 (A), A. De Laurentiis (A), L. Rosato (A)*

**15ª giornata – sabato 5 marzo 2022**

Assixta Futsal Ripa-Invicta 2005 Futsal **3-2**
*F. Toscano 2 (A), M. Durante (A), S. Festa (I), M. Di Giovanni (I)*
Casoli-Paglieta Red Sox **1-5**
*D. Giardino (C), S. Di Lallo 2 (P), D. Doicaru (P), C. Abbonizio 2 (P)*
Centrostoricomontesilvano-Miglianisport **2-5**
*F. Cichella (C), A. Venti (C), D. Bombini 2 (M), C. Di Bartolomeo (M), A. Mattioli (M), C. D'Ettorre (M)*
Montesilvano-Atletico Roccascalegna **4-1**
*S. Cilli (M), F. Lo Giudice (M), E. Santavenere (M), S. Di Berardino (M), F. Giangiordano (A)*
Real Casale-Vigor Lanciano **4-1**
*L. Santini (R), I. Paglione 2 (R), S. Molisani (R), M. D'Aloisio (V)*
Tollo 2008-Florida **1-4**
*autorete (T), B. Gazzara 2 (F), S. Innocenzi (F), autorete (F)*

**16ª giornata – sabato 12 marzo 2022**

Assixta Futsal Ripa-Atletico Roccascalegna **4-3**
*F. Toscano 3 (As), A. Sigismondi (As), M. Cinalli (At), L. Razionale (At), A. Borrelli (At)*
Florida-Centro Sportivo Montesilvano **3-4**
*D. Palozzo (F), F. Guida 2 (F), F. Cichella (C), A. Di Blasio 2 (C), F. Vadini (C)*
Invicta 2005 Futsal-Miglianisport **1-3**
*D. Colalongo (I), D. Bombini 2 (M), C. Di Bartolomeo (M)*
Montesilvano-Real Casale **6-1**
*L. Di Muzio (M), E. Santavenere 3 (M), S. Cilli (M), F. Lo Giudice (M), I. Paglione (R)*
Paglieta Red Sox-Tollo 2008 **10-1**
*D. Medoro 4 (P), A. Di Lallo (P), L. Micello 2 (P), M. Cirigliano (P), L. Bosco (P), R. D'Avvocato (P), D. Sorbello (T)*
Vigor Lanciano-Casoli **4-6**
*M. Zulli 2 (V), A. Carpentieri 2 (V), C. Cannella 2 (C), D. Comparelli 3 (C), F. Comparelli (C)*

**17ª giornata – sabato 19 marzo 2022**

Atletico Roccascalegna-Invicta 2005 Futsal **3-5**
*L. Rosato (A), A. Borrelli (A), D. Marchetti (A), S. Festa 2 (I), autorete (I), M. Di Giovanni 2 (I)*

Casoli-Montesilvano **4-1**
*D. Giardino (C), C. Cannella (C), A. Pelliciotta (C), D. Comparelli (C), E. Santavenere (M)*
Centrostoricomontesilvano-Paglieta Red Sox **2-1**
*F. Cichella 2 (C), S. Di Lallo (P)*
Miglianisport-Florida **6-4**
*D. Bombini 2 (M), C. Nocciolino (M), C. Di Bartolomeo 3 (M), A. Chah 2 (F), F. Guida (F), D. Palozzo (F)*
Real Casale-Assixta Futsal Ripa **1-4**
*I. Paglione (R), F. Toscano (A), A. Sigismondi (A), F. Di Girolamo A), V. Di Tella (A)*
Tollo 2008-Vigor Lanciano **2-6**
*D. Bernardi (T), M. Marfisi (T), A. Menna 2 (V), M. Zulli (V), A. Di Florio (V), G. Ammirati (V), M. D'Aloisio (V)*

**18ª giornata – sabato 2 aprile 2022**

Assixta Futsal Ripa-Casoli **7-4**
*D. Venditti 4 (A), F. Toscano (A), L. Nicolò (A), M. Costantini (A), D. Giardino 2 (C), D. Comparelli 2 (C)*
Atletico Roccascalegna-Real Casale **4-5**
*M. Cinalli 2 (A), L. Rosato (A), F. Giangiordano (A), R. Sallese (R), G. Santini (R), I. Paglione (R), D. Sallese (R), G. Martino (R)*
Invicta 2005 Futsal-Florida **3-1**
*S. Festa 3 (I), F. Orlando (F)*
Montesilvano-Tollo 2008 **9-1**
*L. Di Muzio 2 (M), F. Lo Giudice 2 (M), S. Paludi 2 (M), E. Santavenere (M), L. D'Anniballe (M), I. Marinelli (M), D. Vitucci (T)*
Paglieta Red Sox-Miglianisport **8-7**
*S. Di Lallo (P), L. Bosco 2 (P), D. Doicaru (P), A. Cimini 2 (P), C. Abbonizio (P), R. D'Avvocato (P), D. Bombini (M), C. D'Ettorre 2 (M), C. Di Bartolomeo 2 (M), L. Torrieri (M), C. Nocciolino (M)*
Vigor Lanciano-Centrostoricomontesilvano **7-7**
*A. Menna 4 (V), A. Di Florio 3 (V), M. Cichella 3 (C), G. Di Lorito (C), V. Boezio (C), F. Cichella 2 (C)*

**19ª giornata – sabato 9 aprile 2022**

Casoli-Atletico Roccascalegna **4-3**
*D. Comparelli (C), C. Cannella (C), F. Comparelli (C), A. Pelliciotta (C), S. Di Matteo (A), A. Borrelli (A), F. Verdecchia (A)*
Centrostoricomontesilvano-Montesilvano **2-1**
*F. Cichella 2 (C), L. Di Muzio (M)*
Florida-Paglieta Red Sox **1-2**

*L. Tagliolini (F), D. Doicaru 2 (P)*
Miglianisport-Vigor Lanciano **3-3**
*C. Nocciolino 2 (M), C. Di Bartolomeo (M), F. Martelli (V), A. Carpentieri (V), M. D'Aloisio (V)*
Real Casale-Invicta 2005 Futsal **7-2**
*G. Martino (R), N. Moretta 2 (R), R. Sallese 2 (R), G. Santini 2 (R), S. Festa (I), D. Colalongo (I)*
Tollo 2008-Assixta Futsal Ripa **1-19**
*M. Marfsi (T), F. Toscano 8 (A), A. Sigismondi 2 (A), D. Venditti 2 (A), P. Nicolò 2 (A), M. Giancola (A), G. Luciani 2 (A), V. Di Tella (A), M. Durante (A)*

## 20ª giornata – sabato 16 aprile 2022

Assixta Futsal Ripa-Centrostoricomontesilvano **6-3**
*M. Costantini 2 (A), M. Durante (A), A. Sigismondi (A), G. Luciani (A), M. Merra (A), F. Cichella 3 (C)*
Atletico Roccascalegna-Tollo 2008 **3-0**
*F. Verdecchia 2, F. Giangiordano*
Invicta 2005 Futsal-Paglieta Red Sox **0-6**
*L. Cimini 2, D. Doicaru, A. Cimini 2, R. D'Avvocato*
Montesilvano-Miglianisport **3-3**
*S. Cilli (Mo), E. Fuschini (Mo), L. Di Muzio (Mo), L. Torrieri (Mi), A. Mattioli (Mi), D. Pronio (Mi)*
Real Casale-Casoli **3-5**
*M. Lanza 2 (R), N. Moretta (R), D. Comparelli 2 (C), D. Giardino 2 (C), F. Comparelli (C)*
Vigor Lanciano-Florida **7-9**
*M. Zulli 2 (V), A. Di Florio 2 (V), A. Menna (V), A. Carpentieri (V), L. Bomba (V), F. Orlando 3 (F), A. Chah 3 (F), S. Sellitto 2 (F), S. Innocenzi (F)*

## 21ª giornata – sabato 23 aprile 2022

Centrostoricomontesilvano-Atletico Roccascalegna **2-2**
*F. Cichella (C), V. Boezio (C), L. Rosato (A), A. De Laurentiis (A)*
Florida-Montesilvano **6-5**
*S. Innocenzi 3 (F), F. Orlando (F), A. Lombardo (F), autorete (F), S. Cilli (M), A. Cotogno 3 (M), A Columbaro (M)*
Invicta 2005 Futsal-Casoli **4-6**
*D. D'Amico 2 (I), D. Bargoni (I), L. Ramundi (I), D. Comparelli 3 (C), C. Cannella (C), D. Giardino (C), A. Pellicciotta (C)*
Miglianisport-Assixta Futsal Ripa **1-2**
*D. Bombini (M), F. Toscano (A), G. Luciani (A)*
**4-3**

Paglieta Red Sox-Vigor Lanciano
*D. Doicaru (P), G. Di Nucci (P), A. Cimini 2 (P), A. Di Florio 2 (V), A. Carpentieri (V)*
Tollo 2008-Real Casale **0-7**
*M. Lanza, G. Martino, D. Sallese, I. Paglione 2, A. Martone, N. Moretta*

**22ª giornata – sabato 30 aprile 2022**

Assixta Futsal Ripa-Florida **7-5**
*F. Toscano 2 (A), A. Sigismondi (A), M. Durante (A), M. Costantini 2 (A), F. Di Girolamo (A), S. Innocenzi 2 (F), F. Orlando (F), A. Lombardo (F), A. Chah (F)*
Atletico Roccascalegna-Miglianisport **4-1**
*F. Verdecchia (A), M. Cinalli (A), autorete (A), S. Di Matteo (A), C. Di Bartolomeo (M)*
Casoli-Tollo 2008 **6-0** **(a tavolino)**
Montesilvano-Paglieta Red Sox **3-5**
*S. Di Martino (M), S. Cilli (M), E. Santavenere (M), D. Doicaru (P), D. Medoro (P), L. Micello (P), S. Di Lallo 2 (P)*
Real Casale-Centrostoricomontesilvano **2-2**
*R. Sallese (R), G. Martino (R), V. Boezio (C), F. Cichella (C)*
Vigor Lanciano-Invicta 2005 Futsal **13-4**
*L. Bisbano 3 (V), A. Menna 4 (V), L. Ammirati (V), A. Carpentieri 2 (V), N. Monfreda (V), K. D'Orsogna 2 (V), S. Festa 4 (I)*

## CLASSIFICA FINALE girone B

| squadre | punti | gare | vinte | nulle | perse | reti f. | reti s. | diff. |
|---|---|---|---|---|---|---|---|---|
| Assixta Futs. Ripa | 58 | 22 | 19 | 1 | 2 | 123 | 64 | +59 |
| Paglieta Red Sox | 46 | 22 | 15 | 1 | 6 | 93 | 58 | +35 |
| Centrostoricom. | 39 | 22 | 12 | 3 | 7 | 80 | 67 | +13 |
| Casoli | 39 | 22 | 13 | 0 | 9 | 96 | 80 | +16 |
| Montesilvano | 37 | 22 | 11 | 4 | 7 | 96 | 69 | +27 |
| Vigor Lanciano | 33 | 22 | 10 | 3 | 9 | 112 | 95 | +17 |
| Miglianisport | 33 | 22 | 10 | 3 | 9 | 83 | 77 | +6 |
| Real Casale | 29 | 22 | 9 | 2 | 11 | 82 | 91 | -9 |
| Atl. Roccascalegna | 27 | 22 | 8 | 3 | 11 | 76 | 89 | -13 |
| Florida | 24 | 22 | 8 | 0 | 14 | 81 | 96 | -15 |
| Invicta 2005 Futs. | 13 | 22 | 4 | 1 | 17 | 53 | 102 | -49 |
| Tollo 2008 -1 | 6 | 22 | 2 | 1 | 19 | 45 | 132 | -87 |

**-1 un punto di penalizzazione**

## SEMIFINALI PLAY OFF girone B

**GARA UNICA – sabato 7 maggio 2022**

Centrostoricomontesilvano-CASOLI **2-4**
*D. Mosca (Ce), A. Venti (Ce), D. Comparelli 3 (Ca), D. Giardino (Ca)*
Paglieta Red Sox-MONTESILVANO **2-3**
*L. Micello (P), A. Cimini (P), S. Di Berardino (M), E. Fuschini (M), L. Di Muzio (M)*

***N.B. In maiuscolo le squadre qualificate***

## FINALE PLAY OFF girone B

**sabato 14 maggio 2022**

Casoli-MONTESILVANO **1-2**
*D. Comparelli (C), E. Fuschini (M), E. Santavenere (M)*

## FINALE REGIONALE PLAY OFF

**GARA DI ANDATA – sabato 21 maggio 2022**

Montesilvano-Virtus San Vincenzo V.R. **4-8**
*S. Di Berardino (M), E. Santavenere 2 (M), E. Fuschini (M), P. Milanese 5 (V), Giovanni Tolli (V), F. Rossi (V), Tommaso Di Battista (V)*

**GARA DI RITORNO – sabato 28 maggio 2022**

Virtus San Vincenzo V.R.-Montesilvano **8-7**
*F. Rossi 3 (V), P. Milanese 3 (V), A. Alfano (V), D. Fabriani (V), L. Di Muzio 5 (M), E. Fuschini (M), S. Di Berardino (M)*

## FINALE REGIONALE PLAY OUT

**GARA DI ANDATA – sabato 14 maggio 2022**

Invicta 2005 Futsal-Dynamica Futsal **3-4**
*S. Festa 2 (I), A. Cantarini (I), D. Bove 2 (D), A. Rinaldi (D), M. Di Marino (D)*

**GARA DI RITORNO – sabato 21 maggio 2022**

DYNAMICA FUTSAL-Invicta 2005 Futsal **3-1**
*D. Bove (D), A. Pomponio 2 (D), S. Festa (I)*

## CLASSIFICA MARCATORI girone B

**44 reti:** F. Toscano (Assixta Futsal Ripa)
**40 reti:** F. Cichella (Centrostoricomontesilvano)
**38 reti:** A. Menna (Vigor Lanciano)
**34 reti:** L. Di Muzio (Montesilvano);
**30 reti:** D. Giardino (Casoli)
**27 reti:** S. Festa (Invicta 2005 Futsal)
**24 reti:** C. Di Bartolomeo (Miglianisport)
**23 reti:** N. Moretta (Real Casale); A. Di Florio (Vigor Lanciano)
**20 reti:** D. Bombini (Miglianisport); I. Paglione (Real Casale)
**18 reti:** D. Comparelli (Casoli); D. Doicaru (Paglieta Red Sox)
**17 reti:** C. Nocciolino (Miglianisport); E. Santavenere (Montesilvano)
**16 reti:** V. Di Tella (Assixta Futsal Ripa)
**15 reti:** S. Cilli (Montesilvano)
**14 reti:** F. Verdecchia (Atletico Roccascalegna); C. Cannella (Casoli); S. Innocenzi (Florida)
**13 reti:** S. Di Lallo (Paglieta Red Sox)
**12 reti:** M E. Fuschini (Montesilvano); A. Carpentieri (Vigor Lanciano); M. Cichella (Centrostoricomontesilvano)
**11 reti:** D. Venditti (Assixta Futsal Ripa); A. De Laurentiis (Atletico Roccascalegna); A. Pellicciotta (Casoli); A. Chah (Florida); A. Cimini (Paglieta Red Sox); M. Lanza (Real Casale); D. Vitucci (Tollo 2008)
**10 reti:** S. Di Matteo (Atletico Roccascalegna)
**9 reti:** A. Borrelli (Atletico Roccascalegna); F. Orlando (Florida); L. Micello e R. D'Avvocato (Paglieta Red Sox)
**8 reti:** G. Di Lorito (Centrostoricomontesilvano); A. Sigismondi e M. Costantini (Assixta Futsal Ripa); D. Palozzo (Florida); L. Torrieri (Miglianisport); F. Lo Giudice (Montesilvano); D. Medoro e C. Abbonizio (Paglieta Red Sox); G. Castellano (Tollo 2008); M. Zulli (Vigor Lanciano)
**7 reti:** V. Boezio (Centrostoricomontesilvano); F. Di Girolamo (Assixta Futsal Ripa); S. Di Martino (Montesilvano); R. Sallese (Real Casale); M. D'Aloisio (Vigor Lanciano)
**6 reti:** M. Giancola (Assixta Futsal Ripa); M. Rosato e F. Comparelli (Casoli); F. Guida e A. Lombardo (Florida); D. Bargoni (Invicta 2005 Futsal); A. Cotogno (Montesilvano); L. Bosco (Paglieta Red Sox); L. Bisbano (Vigor Lanciano)
**5 reti:** G. Luciani e M. Pasqualone (Assixta Futsal Ripa); A. Menna (Atletico Roccascalegna); L. Capuzzi (Casoli); F. Cirillo (Florida); C. D'Ettorre e E. Di Ciano (Miglianisport); M. Marfisi (Tollo 2008); F. Martelli (Vigor Lanciano)

## RECORDS girone B

| | | |
|---|---|---|
| maggior numero di punti | 58 | Assixta Futsal Ripa |
| minor numero di punti | 6 | Tollo 2008 |
| maggior numero di vittorie | 19 | Assixta Futsal Ripa |
| minor numero di vittorie | 2 | Tollo 2008 |
| maggior numero di pareggi | 4 | Montesilvano |
| minor numero di pareggi | 0 | Casoli e Florida |
| maggior numero di sconfitte | 19 | Tollo 2008 |
| minor numero di sconfitte | 2 | Assixta Futsal Ripa |
| miglior attacco | 123 | Assixta Futsal Ripa |
| miglior difesa | 58 | Paglieta Red Sox |
| peggior attacco | 45 | Tollo 2008 |
| peggior difesa | 132 | Tollo 2008 |
| migliore differenza reti | +59 | Assixta Futsal Ripa |
| peggiore differenza reti | -87 | Tollo 2008 |
| miglior realizzatore | 44 reti | F. Toscano (Assixta Futsal Ripa) |

## I VERDETTI FINALI

**Promossa in serie C1:** Assixta Futsal Ripa
**Retrocesse in serie D:** Invicta 2005 Futsal e Tollo 2008

## CLASSIFICA MARCATORI GENERALE SERIE C2

**49 reti:** P. Milanese (Virtus San Vincenzo V.R.)
**44 reti:** P. Torti (Atletico Celano); F. Toscano (Assixta Futsal Ripa)
**40 reti:** F. Cichella (Centrostoricomontesilvano)
**38 reti:** A. Menna (Vigor Lanciano)
**36 reti:** M. Comignani (Magnificat)
**34 reti:** L. Di Muzio (Montesilvano);
**32 reti:** C. D'Ambrosio (Magnificat)
**30 reti:** D. Giardino (Casoli)
**29 reti:** A. Rocchigiani (Magnificat)
**27 reti:** S. Festa (Invicta 2005 Futsal)
**24 reti:** C. Di Bartolomeo (Miglianisport)
**23 reti:** N. Moretta (Real Casale); A. Di Florio (Vigor Lanciano)
**20 reti:** R. Albertazzi (Atletico Celano); D. Bombini (Miglianisport); I. Paglione (Real Casale)
**19 reti:** Giovanni Tolli (Virtus San Vincenzo V.R.)
**18 reti:** D. Comparelli (Casoli); D. Doicaru (Paglieta Red Sox)
**17 reti:** A. Crisante, G. Repetto e S. Onorato (Magnificat); C. Nocciolino

(Miglianisport); E. Santavenere (Montesilvano)
**16 reti:** R. D'Eramo (L'Aquila City Futsal Club); V. Di Tella (Assixta Futsal Ripa)
**15 reti:** M. Di Gregorio (Superaequum 2018); S. Cilli (Montesilvano)
**14 reti:** S. Di Pasquantonio (Giulianova); F. Verdecchia (Atletico Roccascalegna); C. Cannella (Casoli); S. Innocenzi (Florida)
**13 reti:** M. Aloisi (Atletico Celano); L. Del Conte (L'Aquila City Futsal Club); S. Di Lallo (Paglieta Red Sox)
**12 reti:** F. Fantozzi (Calcetto Avezzano); S. Zimei e S. Petrella (Valle Peligna); M E. Fuschini (Montesilvano); A. Carpentieri (Vigor Lanciano); M. Cichella (Centrostoricomontesilvano)
**11 reti:** A. Cococcia (Dynamical Futsal); A. Caporale (Giulianova); J. Alvarez Alvarez (Magnificat); M. Perna (Superaequum 2018); D. Muca (Valle Peligna); D. Di Francescantonio (Virtus San Vincenzo V.R.); D. Venditti (Assixta Futsal Ripa); A. De Laurentiis (Atletico Roccascalegna); A. Pellicciotta (Casoli); A. Chah (Florida); A. Cimini (Paglieta Red Sox); M. Lanza (Real Casale); D. Vitucci (Tollo 2008)
**10 reti:** L. Giuliani e F. Caggiano (L'Aquila City Futsal Club); G. Lancione (Scanno); P. Colone e L. Di Girolamo (Virtus San Vincenzo V.R.); S. Di Matteo (Atletico Roccascalegna)

## RECORDS SERIE C2

| | | |
|---|---|---|
| **maggior numero di punti** | **58** | Magnificat e Assixta Futsal Ripa |
| **minor numero di punti** | **6** | Cus L'Aquila e Tollo 2008 |
| **maggior numero di vittorie** | **19** | Magnificat e Assixta Futsal Ripa |
| **minor numero di vittorie** | **1** | Cus L'Aquila |
| **maggior numero di pareggi** | **5** | Giulianova |
| **minor numero di pareggi** | **0** | Atletico Celano, Casoli, Florida e Virtus San Vincenzo V.R. |
| **maggior numero di sconfitte** | **19** | Tollo 2008 |
| **minor numero di sconfitte** | **0** | Magnificat |
| **miglior attacco** | **171** | Magnificat |
| **miglior difesa** | **26** | Magnificat |
| **peggior attacco** | **30** | Cus L'Aquila |
| **peggior difesa** | **132** | Tollo 2008 |
| **migliore differenza reti** | **+145** | Magnificat |
| **peggiore differenza reti** | **-87** | Tollo 2008 |
| **miglior realizzatore** | **49 reti** | P. Milanese (Virtus San Vincenzo) |

## COPPA DISCIPLINA SERIE C2

| posizione | squadre | punteggio |
|---|---|---|
| 1 | Magnificat | 1,95 |
| 2 | Virtus San Vincenzo V.R. | 3,55 |
| 3 | Paglieta Red Sox | 4,35 |
| 4 | Miglianisport | 4,60 |
| 5 | Calcetto Avezzano | 4,65 |
| 6 | Scanno | 4,65 |
| 7 | Montesilvano | 5,25 |
| 8 | Dynamica Futsal | 5,65 |
| 9 | Vigor Lanciano | 5,65 |
| 10 | Florida | 6,45 |
| 11 | Invicta 2005 Futsal | 7,50 |
| 12 | Superaequum 2018 | 7,95 |
| 13 | Casoli | 10,70 |
| 14 | L'Aquila City Futsal Club | 13,80 |
| 15 | Assixta Futsal Ripa | 14,10 |
| 16 | Atletico Celano | 14,30 |
| 17 | Centrostoricomontesilvano | 14,75 |
| 18 | Tollo 2008 | 15,30 |
| 19 | Real Casale | 16,30 |
| 20 | Atletico Roccascalegna | 16,10 |
| 21 | Giulianova | 18,00 |
| 22 | Cus L'Aquila | 24,15 |
| 23 | Valle Peligna | 27,80 |

## COPPA ITALIA – SERIE C2 MASCHILE
## PRIMO TURNO A TRIANGOLARI

### TRIANGOLARE A

**1ª giornata – sabato 2 ottobre 2021**

Calcetto Avezzano-Virtus San Vincenzo V.R. **2-10**
*G. Cinque (C), F. Fantozzi (C), Giovanni Tolli 2 (V), P. Milanese 4 (V), L. Di Girolamo 2 (V), F. Rossi (V), D. Di Francescantonio (V)*
**Ha riposato:** Cus L'Aquila

**2ª giornata – sabato 9 ottobre 2021**

Cus L'Aquila-Calcetto Avezzano **5-1**
*V. Aconito (Cu), R. Di Sabbato (Cu), J. Francesconi (Cu), G. Ioannucci (Cu), D. Ferrara (Cu), L. Cosimo (Ca)*
**Ha riposato:** Virtus San Vincenzo V.R.

**3ª giornata – mercoledì 13 ottobre 2021**

Virtus San Vincenzo V.R.-Cus L'Aquila **5-3**
*P. Milanese 3 (V), Giovanni Tolli (V), autorete (V), P. Cimino (C), V. Aconito (C), A. Fiordigiglio (C)*
**Ha riposato:** Calcetto Avezzano

**Classifica finale:** VIRTUS SAN VINCENZO V.R. 6; Cus L'Aquila 3; Calcetto Avezzano 0

### TRIANGOLARE B

**1ª giornata – sabato 2 ottobre 2021**

Atletico Celano-L'Aquila City Futsal **7-4**
*P. Torti 4 (A), M. Aloisi (A), M. Fracassi (A), R. Albertazzi (A), M. Musicò (L), L. Giuliani 2 (L), F. Caggiano (L)*
**Ha riposato:** Dynamica Futsal

**2ª giornata – sabato 9 ottobre 2021**

L'Aquila City Futsal-Dynamica Futsal **6-1**
*R. D'Eramo 2 (L), L. Del Conte 2 (L), L. Giuliani (L), R. Romano (L), F. Di Felice (D)*
**Ha riposato:** Atletico Celano

**3ª giornata – mercoledì 13 ottobre 2021**

Dynamica Futsal-Atletico Celano **1-8**
*A. Antonosante (D), A. Di Pizio 2 (A), P. Torti 2 (A), G. Di Martino (A), R. Albertazzi (A), M. Fracassi (A), M. Aloisi (A)*
**Ha riposato:** L'Aquila City Futsal

**Classifica finale:** ATLETICO CELANO 6; L'Aquila City Futsal 3; Dynamica Futsal 0

**TRIANGOLARE C**
**1ª giornata – sabato 2 ottobre 2021**

Valle Peligna-Miglianisport **8-2**
*D. Muca 2 (V), S. Petrella 2 (V), I. Iacobucci 3 (V), G. Iurisevich (V), L. Torrieri 2 (M)*
**Ha riposato:** Assixta Futsal Ripa

**2ª giornata – sabato 9 ottobre 2021**

Miglianisport-Assixta Futsal Ripa **2-4**
*C. Di Bartolomeo (M), A. Mattioli (M), M. Giancola 2 (A), M. Costantini (A), F. Di Girolamo (A)*
**Ha riposato:** Valle Peligna

**3ª giornata – mercoledì 13 ottobre 2021**

Assixta Futsal Ripa-Valle Peligna **7-1**
*M. Giancola 2 (A), D. Venditti (A), A. Sigismondi 2 (A), F. Di Girolamo 2 (A), I. Iacobucci (V)*
**Ha riposato:** Miglianisport

**Classifica finale:** ASSIXTA FUTSAL RIPA 6; Valle Peligna 3; Miglianisport 0

**TRIANGOLARE D**
**1ª giornata – sabato 2 ottobre 2021**

Scanno-Superaequum 2018 **3-4**
*T. Lavillotti (Sc), autorete (Sc), A. Giansante (Sc), M. Perna (Su), L. Placidi (Su), D. D'Alessandro (Su), M. Di Gregorio (Su)*
**Ha riposato:** Invicta 2005 Futsal

**2ª giornata – sabato 9 ottobre 2021**

Invicta 2005 Futsal-Scanno **4-0**
*S. Festa, D. Bargoni, R, Giannini, F. Feliccissimo*
**Ha riposato:** Superaequum 2018

**3ª giornata – mercoledì 13 ottobre 2021**

Superaequum 2018-Invicta 2005 Futsal **4-2**
*M. Funel Fasciani (S), L. Placidi (S), M. Di Gregorio 2 (S), D. Bargoni (I), L. Ramundi (I)*
**Ha riposato:** Scanno

**Classifica finale:** SUPERAEQUUM 2018 6; Invicta 2005 Futsal 3; Scanno 0

**TRIANGOLARE E**
**1ª giornata – sabato 2 ottobre 2021**

Casoli-Real Casale **3-6**
*M. Rosato (C), C. Cannella (C), S. Di Cocco (C), L. Santini (R), I. Paglione 2 (R), N. Moretta 3 (R)*
**Ha riposato:** Vigor Lanciano

**2ª giornata – sabato 9 ottobre 2021**

Vigor Lanciano-Casoli **5-3**
*A. Menna 4 (V), A. Di Florio (V), L. Capuzzi (C), A. Cassano (C), S. Di Cocco (C)*
**Ha riposato:** Real Casale

**3ª giornata – mercoledì 13 ottobre 2021**

Real Casale-Vigor Lanciano **3-6**
*R. Sallese (R), N. Moretta 2 (R), A. Menna 2 (V), A. Di Florio 2 (V), L. Bisbano (V), M. D'Aloisio (V)*
**Ha riposato:** Casoli

**Classifica finale:** VIGOR LANCIANO 6; Real Casale 3; Casoli 0

**TRIANGOLARE F**
**1ª giornata – sabato 2 ottobre 2021**

Atletico Roccascalegna-Tollo 2008 **4-4**
*F. Verdecchia 2 (A), N. Di Nunzio (A), A. De Laurentiis (A), S. Di Salvatore (T), L. Rosato (T), D. Vitucci (T), G. Castellano (T)*
**Ha riposato:** Paglieta Red Sox

**2ª giornata – sabato 9 ottobre 2021**

Paglieta Red Sox-Atletico Roccascalegna **1-1**
*D. Medoro (P), F. Verdecchia (A)*
**Ha riposato:** Tollo 2008

**3ª giornata – mercoledì 13 ottobre 2021**

Tollo 2008-Paglieta Red Sox **2-3**
*M. La Rosa (T), S. Di Salvatore (T), S. Di Lallo (P), R. D'Avvocato (P), M. Di Florio (P)*
**Ha riposato:** Atletico Roccascalegna

**Classifica finale:** PAGLIETA RED SOX 4; Atletico Roccascalegna 2; Tollo 2008 1

**TRIANGOLARE G**
**1ª giornata – sabato 2 ottobre 2021**

Florida-Centrostoricomontesilvano **1-4**
*D. Palozzo (F), V. Boezio (C), F. Cichella 2 (C), F. Bufalari (C)*
**Ha riposato:** Giulianova

**2ª giornata – sabato 9 ottobre 2021**

Giulianova-Florida **3-3**
*G. Di Sabatino (G), A. Caporale (G), S. Di Pasquantonio (G), D. Palazzo 2 (F), F. Orlando (F)*
**Ha riposato:** Centrostoricomontesilvano

**3ª giornata – giovedì 14 ottobre 2021**

Centrostoricomontesilvano-Giulianova **2-0**
*F. Cichella 2*
**Ha riposato:** Florida
**Classifica finale:** CENTROSTORICOMONTESILVANO 6; Florida e Giulianova 1.

## PRIMO TURNO A ELIMINAZIONE DIRETTA

**GARA DI ANDATA – sabato 2 ottobre 2021**

Montesilvano-Magnificat **0-1**
*S. Onorato*

**GARA DI RITORNO – sabato 9 ottobre 2021**

MAGNIFICAT-Montesilvano **9-4**
*G. Repetto 2 (Ma), A. Rocchigiani 2 (Ma), J. Alvarez Alvarez (Ma), S. Onorato 2 (Ma), C. D'Ambrosio 2 (Ma), E. Santavenere (Mo), E. Fuschini (Mo), S. Di Martino 2 (Mo)*

***N.B. In maiuscolo le squadre qualificate***

## QUARTI DI FINALE

**GARE DI ANDATA – mercoledì 1 dicembre 2021**

Assixta Futsal Ripa-Superaequum 2018 **13-1**
*F. Toscano 2 (A), M. Pasqualone 2 (A), M. Durante 3 (A), D. Venditti 2 (A), G. Luciani (A), A. Sigismondi (A), F. Di Girolamo (A), L. Salvagno (A), L. Placidi (S)*
Centrostoricomontesilvano-Magnificat **2-4**
*F. Cichella (C), F. Vadini (C), A. Rocchigiani (M), M. Comignani (M), G. Repetto (M), C. D'Ambrosio (M)*
Vigor Lanciano-Paglieta Red Sox **7-1**
*M. Zulli (V), A. Menna 4 (V), A. Di Florio 2 (V), F. Zinni (P)*
Virtus San Vincenzo V.R.-Atletico Celano **7-2**
*P. Milanese 4 (V), L. Di Girolamo 3 (V), A. Di Pizio (A), R. Albertazzi (A)*

**GARE DI RITORNO – mercoledì 8 e 15 dicembre 2021**

Atletico Celano-VIRTUS SAN VINCENZO V.R. **8-7**
*P. Torti 2 (A), R. Albertazzi 4 (A), D. Vicaretti (A), autorete (A), F. Rossi (V), Giovanni Tolli (V), P. Milanese 3 (V) D. Di Francescantonio 2 (V)*
MAGNIFICAT-Centrostoricomontesilvano **6-2**
*M. Comignani 3 (M), C. Sartorelli (M), C. D'Ambrosio (M), M. Di Tecco (M), P. Piscione 2 (C)*
Paglieta Red Sox-VIGOR LANCIANO **5-11**
*D. Medoro (P), A. Cinalli (P), S. Di Lallo (P), D. Doicaru (P), L. Bosco (P), A. Menna 3 (V), A. Carpentieri 3 (V), A. Di Florio 2 (V), N. Monfreda (V), L. Bomba (V), M. Zulli (V)*
Superaequum 2018-ASSIXTA FUTSAL RIPA **3-3**
*M. Perna (S), M. Di Gregorio (S), L. Pignatelli (S), G. Luciani (A), F. Toscano (A), A. Centofanti (A)*

## SEMIFINALI

**GARA UNICA sabato 26 marzo 2022 – Bucchianico (Ch), Palasport**

Virtus San Vincenzo V.R.-ASSIXTA FUTSAL RIPA **3-5 (ai rigori)**
*Giovanni Tolli (V), V. Di Tella (A)*
Vigor Lanciano-MAGNIFICAT **2-7**
*M. Zulli (V), L. Bisbano (V), A. Rocchigiani (M), M. Comignani 3 (M), S. Onorato 2 (M), I. Casciano (M)*

## FINALE

**lunedì 25 aprile – Montesilvano (Pe), Pala Roma**

**Assixta Futsal Ripa-Magnificat: 1-5**

**Assixta Futsal Ripa:** Merra, Di Girolamo, Giancola, Di Tella, Toscano, Sigismondi, Venditti, L. Nicolò, Luciani, Costantini, Durante, Piscione. **All.** Salvagno. **Magnificat:** Criscuolo, Casciano, Onorato, D'Ambrosio, A. Rocchigiani, Alvarez Alvarez, Sartorelli, Comignani, Repetto, Di Tecco. **All.** Repetto. **Arbitri:** Domenico Di Paolo di Teramo e Alessio Casciato di Lanciano. **Reti:** *3'pt G. Repetto (M), 7'pt S. Onorato (M), 14'pt, 21'pt e 13'st M. Comignani (M), 10'st M. Costantini (A).*

## COPPA ITALIA – SERIE C2 MASCHILE
## CLASSIFICA MARCATORI GENERALE

**14 reti:** P. Milanese (Virtus San Vincenzo V.R.)
**13 reti:** A. Menna (Vigor Lanciano)
**10 reti:** M. Comignani (Magnificat)
**8 reti:** P. Torti (Atletico Celano)
**7 reti:** R. Albertazzi (Atletico Celano); A. Di Florio (Vigor Lanciano)
**6 reti:** S. Onorato (Magnificat)
**5 reti:** N. Moretta (Real Casale); F. Cichella (Centrostoricomontesilvano); Giovanni Tolli e L. Di Girolamo (Virtus San Vincenzo V.R.)
**4 reti:** M. Giancola e F. Di Girolamo (Assixta Futsal Ripa); G. Repetto, C. D'Ambrosio e A. Rocchigiani (Magnificat); M. Di Gregorio (Superaequum 2018); I. Iacobucci (Valle Peligna)
**3 reti:** F. Toscano, D. Venditti, M. Durante e A. Sigismondi (Assixta Futsal Ripa); A. Di Pizio (Atletico Celano); F. Verdecchia (Atletico Roccascalegna); D. Palozzo (Florida); L. Giuliani (L'Aquila City Futsal Club); L. Placidi (Superaequum 2018); M. Zulli e A. Carpentieri (Vigor Lanciano); D. Di Francescantonio (Virtus San Vincenzo V.R.)
**2 reti:** G. Luciani e M. Costantini (Assixta Futsal Ripa); M. Aloisi e M. Fracassi (Atletico Celano); P. Piscione (Centrostoricomontesilvano); S. Di Cocco (Casoli); V. Aconito (Cus L'Aquila); D. Bargoni (Invicta 2005 Futsal); R. D'Eramo e L. Del Conte (L'Aquila City Futsal Club); L. Torrieri (Miglianisport); S. Di Martino (Montesilvano); D. Medoro e S. Di Lallo (Paglieta Red Sox); I. Paglione (Real Casale); M. Perna (Superaequum 2018); S. Di Salvatore (Tollo 2008); S. Muca e S. Petrella (Valle Peligna); L- Bisbano (Vigor Lanciano); F. Rossi (Virtus San Vincenzo V.R.)

## UNDER 19 REGIONALI girone unico

### 1ª giornata – lunedì 13 dicembre 2021

ES Chieti-La Fenice **3-7**
*M. Barbone (E), J. Giannini (E), L. Mammarella (E), N. Virgilio 2 (L), L. Pettinari 2 (L), F. Fadda (L), F. D'Amico (L), G. Di Pietro (L)*
Futsal Celano-Futsal Vasto **0-6** **(a tavolino)**
Virtus San Vincenzo V.R.-Sport Center Celano **4-5**
*M. Lancia (V), V. Venditti 2 (V), C. Colone (V), M. Ciciotti (S), B. Tiberi (S), V. Marianetti 2 (V), R. Vitagliani (V)*
**Ha riposato:** Vigor Lanciano

### 2ª giornata – domenica 19 dicembre 2021

Futsal Vasto-Virtus San Vincenzo V.R. **6-3**
*N. Aquilano 2 (F), A. Cagnazzo (F), M. Ercolano (F), J. Notarangelo (F), E. Pollutri (F), L. Di Carlo 3 (V)*
La Fenice-Futsal Celano **4-4**
*F. D'Amico (L), N. Virgilio 3 (L), I. Tramontano 2 (F), Dustin Calvet (F), M. Di Renzo (F)*
Sport Center Celano-Vigor Lanciano **6-5**
*G. Felli 3 (S), B. Tiberi (S), D. Taccone (S), V. Marianetti (S), A. Iezzi 3 (V), L. Ammirati (V), E. Martino (V)*
**Ha riposato:** ES Chieti

### 3ª giornata – lunedì 14 febbraio 2022

Futsal Celano-ES Chieti **11-0**
*L. Lanuto, M. Molinelli 2, D. Cimino, I. Tramontano 2, M. Di Renzo 3, A. Mascitti, M. Fieramosca*
Futsal Vasto-Vigor Lanciano **5-2**
*C. Borgia (F), A. Cagnazzo (F), M. Coppola 2 (F), J. Notarangelo (F), L. Ammirati (V), R. Passante (V)*
Virtus San Vincenzo V.R.-La Fenice **8-6**
*L. Di Carlo 5 (V), A. Valentini (V), V. Venditti (V), J. Blasetti (V), N. Virgilio 4 (L), F. D'Amico (L), L. Pettinari (L)*
**Ha riposato:** Sport Center Celano

### 4ª giornata – lunedì 21 febbraio 2022

ES Chieti-Virtus San Vincenzo V.R. **6-7**
*C. Curlante (E), J. Giannini 2 (E), S. Falcone 2 (E), M. Barbone (E), D. Lancia (V), L. Di Carlo 5 (V), I. Babusci (V)*
Futsal Vasto-Sport Center Celano **4-0**
*M. Coppola, J. Notarangelo, M. Ercolano, L. Di Donato*

La Fenice-Vigor Lanciano **7-3**
*L. Casillo 2 (L), G. Cristante 3 (L), N. Virgilio 2 (L), A. Annibale (V), M. D'Alonzo (V), L. Ammirati (V)*
**Ha riposato:** Futsal Celano

**5ª giornata – lunedì 28 febbraio 2022**

Sport Center Celano-La Fenice **4-2**
*B. Tiberi (S), F. Natale (S), G. Felli (S), V. Marianetti (S), N. Virgilio 2 (L)*
Vigor Lanciano-ES Chieti **10-3**
*L. Ammirati 2 (V), A. Annibale 4 (V), A. Iezzi (V), C. Di Paolo (V), F. Rossi (V), R. Passante (V), A. Salvati Proietti (E), L. Mammarella (E), S. Falcone (E)*
Virtus San Vincenzo V.R.-Futsal Celano **1-3**
*autorete (V), Dustin Calvet 2 (F), I. Tramontano (F)*
**Ha riposato:** Futsal Vasto

**6ª giornata – lunedì 7 marzo 2022**

ES Chieti-Sport Center Celano **3-3**
*J. Giannini (E), M. Barbone (E), L. Mammarella (E), B. Tiberi 2 (S), G. Felli (S)*
Futsal Celano-Vigor Lanciano **4-0**
*L. Lanuto 2, I. Tramontano, M. Fieramosca*
La Fenice-Futsal Vasto **6-7**
*N. Virgilio 2 (L), H. Benelgoussa (L), F. D'Amico (L), G. Crisante (L), L. Pettinari (L), N. Aquilano (F), J. Notarangelo (F), L. Rodrigues Leite 3 (F), J. Barbosa Oliveira 2 (F)*
**Ha riposato:** Virtus San Vincenzo V.R.

**7ª giornata – lunedì 14 marzo 2022**

ES Chieti-Futsal Vasto **4-6**
*C. Curlante (E), L. Mammarella 2 (E), A. Salvati Proietti (E), C. Borgia (F), N. Aquilano (F), J. Barbosa Oliveira (F), M. Coppola (F), J. Notarangelo (F), L. Rodrigues Leite (F)*
Sport Center Celano-Futsal Celano **1-3**
*B. Tiberi (S), A. Mascitti (F), L. Lanuto (F), M. Molinelli (F)*
Vigor Lanciano-Virtus San Vincenzo V.R. **11-7**
*M. Liguori 2 (VL), A. Iezzi 4 (VL), K. D'Orsogna 2 (VL), L. Ammirati (VL), M. Casciato (VL), R. Passante (VL), L. Di Carlo 6 (VS), M. Lancia (VS)*
**Ha riposato:** La Fenice

**8ª giornata – domenica 20 marzo 2022**

Futsal Vasto-Futsal Celano **2-2**
*A. Cagnazzo (FV), J. Barbosa Oliveira (FV), M. Molinelli (FC), I. Tramontano (FC)*
La Fenice-ES Chieti **4-3**
*G. Crisante 3 (L), F. D'Amico (L), J. Giannini (E), L. Mammarella 2 (E)*
Sport Center Celano-Virtus San Vincenzo V.R. **8-3**
*B. Tiberi 3 (S), M. Ciciotti 3 (S), V. Marianetti 2 (S), L. Di Carlo (V), M. Lancia (V), I. Babusci (V)*
**Ha riposato:** Vigor Lanciano

**9ª giornata – domenica 27 marzo 2022**

Futsal Celano-La Fenice **5-2**
*M. Molinelli 2 (F), A. Mascitti 2 (F), I. Tramontano (F), G. Crisante (L), autorete (L)*
Vigor Lanciano-Sport Center Celano **6-2**
*L. Ammirati (V), A. Iezzi 2 (V), A. Annibale 2 (V), M. Liguori (V), G Felli (S), B. Tiberi (S)*
Virtus San Vincenzo V.R.-Futsal Vasto **2-5**
*V. Venditti 2 (V), J. Notarangelo 3 (F), J. Barbosa Oliveira (F), L. Rodrugues Leite (F)*
**Ha riposato:** ES Chieti

**10ª giornata – lunedì 4 aprile 2022**

ES Chieti-Futsal Celano **6-10**
*M. Barbone (E), L. Ramundi (E), S. Scorcelletti (E), L. Mammarella (E), C. Curlante (E), S. Falcone (E), D. Cimino 2 (F), I. Tramontano 3 (F), A. Mascitti 3 (F), L. Lanuto 2 (F)*
La Fenice-Virtus San Vincenzo V.R. **6-6**
*F. Fadda 2 (L), N. Virgilio 3 (L), G. Crisante (L), M. Lancia 2 (V), L. Di Carlo 3 (V), D. Lancia (V)*
Vigor Lanciano-Futsal Vasto **4-5**
*M. Liguori (V), A. Iezzi (V), K. D'Orsogna 2 (V), J. Notarangelo 3 (F), L. Di Donato (F), J. Barbosa Oliveira (F)*
**Ha riposato:** Sport Center Celano

**11ª giornata – lunedì 11 aprile 2022**

Sport Center Celano-Futsal Vasto **1-10**
*V. Marianetti (S), C. Borgia 3 (F), J. Barbosa Oliveira 2 (F), E. Pollutri (F), J. Notarangelo 2 (F), L. Di Donato (F), L. Rodrigues Leite (F)*
Vigor Lanciano-La Fenice **9-6**
*K. D'Orsogna 3 (V), A. Iezzi 2 (V), A. Annibale 2 (V), L. Ammirati (V),*

*M. Liguori (V), N. Virgilio 2 (L), H. Benelgoussa 2 (L), L. Casillo 2 (L)*
Virtus San Vincenzo V.R.-ES Chieti **12-2**
*L. Di Carlo 6 (V), D. Lancia 2 (V), V. Venditti (V), M. Lancia 2 (V), A. Valentini (V), S. Falcone (E), L. Mammarella (E)*
**Ha riposato:** Futsal Celano

**12ª giornata – lunedì 2 maggio 2022**

ES Chieti-Vigor Lanciano **5-11**
*S. Falcone 2 (E), L. Mammarella 2 (E), C. Curlante (E), L. Ammirati 4 (V), A. Annibale 2 (V), C. Di Paolo 2 (V), R. Passante (V), S. Taglieri (V), L. Urbisci (V)*
Futsal Celano-Virtus San Vincenzo V.R. **4-3**
*M. Di Renzo 2 (F), A. Mascitti (F), M. Molinelli (F), L. Di Carlo 2 (V), D. Lancia (V)*
La Fenice-Sport Center Celano **4-4**
*N. Virgilio (L), G. Crisante (L), H. Benelgoussa 2 (L), V. Marianetti (S), F. Natale 2 (S), N. Maceroni (S)*
**Ha riposato:** Futsal Vasto

**13ª giornata – lunedì 9 maggio 2022**

Futsal Vasto-La Fenice **4-1**
*M. Coppola (F), J. Notarangelo 2 (F), J. Barbosa Oliveira (F), G. Ricci (L)*
Sport Center Celano-ES Chieti **4-4**
*B. Tiberi 2 (S), M. Ciciotti (S), F. Natale (S), M. Barbone 2 (E), S. Falcone 2 (E)*
Vigor Lanciano-Futsal Celano **5-2**
*A. Iezzi 3 (V), C. Di Paolo (V), K. D'Orsogna (V), M. Di Renzo 2 (F)*
**Ha riposato:** Virtus San Vincenzo V.R.

**14ª giornata – lunedì 16 maggio 2022**

Futsal Celano-Sport Center Celano **1-1**
*L. Lanuto (F), D. Taccone (S)*
Futsal Vasto-ES Chieti **5-2**
*M. Ercolano (F), M. Rossi (F), C. Maranca 2 (F), L. Di Donato (F), L. Mammarella (E), S. Scorcelletti (E)*
Virtus San Vincenzo V.R.-Vigor Lanciano **7-4**
*C. Colone (Vir), M. Lancia 3 (Vir), V. Venditti (Vir), L. Di Carlo (Vir), D. Lancia (Vir), A. Iezzi (Vig), L. Urbisci (Vig), K. D'Orsogna (Vig), S. Taglieri (Vig)*
**Ha riposato:** La Fenice

## CLASSIFICA FINALE UNDER 19 REGIONALI

| squadre | punti | gare | vinte | nulle | perse | reti f. | reti s. | diff. |
|---|---|---|---|---|---|---|---|---|
| Futsal Vasto | 34 | 12 | 11 | 1 | 0 | 65 | 27 | +38 |
| Futsal Celano | 24 | 12 | 7 | 3 | 2 | 49 | 31 | +18 |
| Vigor Lanciano | 18 | 12 | 6 | 0 | 6 | 70 | 58 | +12 |
| Sp. Center Celano | 16 | 12 | 4 | 4 | 4 | 39 | 49 | -10 |
| Virtus S.Vincenzo | 13 | 12 | 4 | 1 | 7 | 62 | 66 | -4 |
| La Fenice | 12 | 12 | 3 | 3 | 6 | 55 | 60 | -5 |
| ES Chieti | 2 | 12 | 0 | 2 | 10 | 41 | 90 | -49 |

## CLASSIFICA MARCATORI GENERALE UNDER 19 REGIONALI

**32 reti:** L. Di Carlo (Virtus San Vincenzo V.R.)
**20 reti:** J. Notarangelo (Futsal Vasto); N. Virgilio (La Fenice)
**17 reti:** A. Iezzi (Vigor Lanciano)
**12 reti:** L. Mammarella (ES Chieti); B. Tiberi (Sport Center Celano); L. Ammirati (Vigor Lanciano)
**11 reti:** I. Tramontano (Futsal Celano); J. Barbosa Oliveira (Futsal Vasto); A. Annibale (Vigor Lanciano)
**10 reti:** L. Rodrigues Leite (Futsal Vasto); G. Crisante (La Fenice)
**9 reti:** S. Falcone (ES Chieti); K. D'Orsogna (Vigor Lanciano); M. Lancia (Virtus San Vincenzo V.R.)
**8 reti:** A. Mascitti e M. Di Renzo (Futsal Celano); V. Marianetti (Sport Center Celano)
**7 reti:** L. Lanuto e M. Molinelli (Futsal Celano); V. Venditti (Virtus San Vincenzo V.R.)
**6 reti:** C. Borgia, M. Coppola e M. Barbone (ES Chieti); M. Ercolano (Futsal Vasto); G. Felli (Sport Center Celano); D. Lancia (Virtus San Vincenzo V.R.)
**5 reti:** J. Giannini (ES Chieti); L. Di Donato (Futsal Vasto); H. Benelgoussa (La Fenice); M. Ciciotti (Sport Center Celano); M. Liguori (Vigor Lanciano);
**4 reti:** C. Curlante (ES Chieti); A. Cagnazzo e N. Aquilano (Futsal Vasto); L. Casillo, F. D'Amico e L. Pettinari (La Fenice); F. Natale (Sport Center Celano); R. Passante e C. Di Paolo (Vigor Lanciano)
**3 reti:** D. Cimino e Dustin Calvet (Futsal Celano); F. Fadda (La Fenice)
**2 reti:** S. Scorcelletti e A. Salvati Proietti (ES Chieti); M. Fieramosca (Futsal Celano); E. Pollutri e C. Maranca (Futsal Vasto); D. Taccone (Sport Center Celano); L. Urbisci e S. Taglieri (Vigor Lanciano); C. Colone, I. Babusci e A. Valentini (Virtus San Vincenzo V.R.)

## COPPA DISCIPLINA UNDER 19 REGIONALI

| posizione | squadre | punteggio |
|---|---|---|
| 1 | ES Chieti | 0,75 |
| 2 | Virtus San Vincenzo V.R. | 3,60 |
| 3 | Futsal Vasto | 4,00 |
| 4 | Vigor Lanciano | 4,95 |
| 5 | La Fenice | 5,25 |
| 6 | Sport Center Celano | 6,75 |
| 7 | Futsal Celano | 11,35 |

## UNDER 19 – FASE NAZIONALE
## PRIMO TURNO A TRIANGOLARI

### TRIANGOLARE A

**1ª giornata – domenica 15 maggio 2022**

Sporting Venafro-Real Agerola **2-3**

**Ha riposato:** Futsal Vasto

**2ª giornata – domenica 22 maggio 2022**

Futsal Vasto-Sporting Venafro **4-1**

*M. Coppola (F), J. Notarangelo (F), L. Rodrigues Leite (F), J. Barbosa Oliveira (F), L. Di Lucente (S)*

**Ha riposato:** Real Agerola

**3ª giornata – mercoledì 13 ottobre 2021**

Real Agerola-Futsal Vasto **2-2**

*G. Cirillo (R), M. Acampora (R), A. Cagnazzo (F), L. Rodrigues Leite (F)*

**Ha riposato:** Sporting Venafro

**Classifica finale:** FUTSAL VASTO e REAL AGEROLA 4; Sporting Venafro 0

***N.B. In maiuscolo le squadre qualificate***

## UNDER 19 – FASE NAZIONALE
## QUARTI DI FINALE

**GARE DI ANDATA – domenica 5 giugno 2022**

Gallinese-Futsal Vasto **5-7**

*E. Iaria 2 (G), A. Cantarella (G), P. Prestopino 2 (G), L. Rodrigues Leite 2 (F), M. Ercolano 2 (F), J. Barbosa Oliveira (F), L. Di Donato (F), J. Notarangelo (F)*

Italservice Pesaro-Atletico Gubbio **8-1**

Real Agerola-Villaurea **6-8**

Vigor Fucecchio-Cardano 91 **4-2**

**GARE DI RITORNO – domenica 12 giugno 2022**

Atletico Gubbio-ITALSERVICE PESARO **4-7**
CARDANO 91-Vigor Fucecchio **6-2**
FUTSAL VASTO-Gallinese **4-3**
*C. Borgia (F), J. Notarangelo 2 (F), D. Di Foglio (F), E. Iaria 2 (G), P. Prestopino (G)*
VILLAUREA-Real Agerola **8-2**

## UNDER 19 – FASE NAZIONALE SEMIFINALI

**GARA UNICA – sabato 18 e domenica 19 giugno 2022**

ITALSERVICE PESARO-Futsal Vasto **3-2**
*F. Montesi 2 (I), T. Del Pivo (I), J. Notarangelo 2 (F)*
Cardano 91-VILLAUREA **0-4**

## COPPA ABRUZZO – UNDER 19 REGIONALI PRIMO TURNO A GIRONI

**GIRONE A – QUADRANGOLARE**

**1ª giornata – domenica 24 e lunedì 25 ottobre 2021**

Futsal Celano-La Fenice **9-1**
*Dustin Calvet 4 (F), M. Di Renzo 3 (F), L. Lanuto 2 (F), G. Crisante (L)*
Virtus San Vincenzo V.R.-Sport Center Celano **8-5**
*M. Lancia 3 (V), C. Colone (V), R. Silveri (V), D. Lancia (V), V. Venditti (V), N. Scacchi (V), B. Tiberi 3 (S), D. Taccone 2 (S)*

**2ª giornata – lunedì 1 e martedì 16 novembre 2021**

Sport Center Celano-Futsal Celano **1-4**
*V. Marianetti (S), Dustin Calvet 4 (F)*
La Fenice-Virtus San Vincenzo V.R. **9-4**
*G. Crisante 2 (L), N. Virgilio 3 (L), M. Ghera (L), F. D'Amico 2 (L), F. Fadda (L), L. Di Carlo (V), C. Colone (V), M. Lancia (V), N. Scacchi (V)*

**3ª giornata – lunedì 8 e venerdì 26 novembre 2021**

La Fenice-Sport Center Celano **6-1**
*G. Crisante 3 (L), N. Virgilio 3 (L), V. Marianetti (V)*
Futsal Celano-Virtus San Vincenzo V.R. **2-7**
*M. Molinelli (F), L. Lanuto (F), D. Lancia (V), L. Di Carlo 4 (V), M. Lancia (V), M. Di Francescantonio (V)*

**4ª giornata – lunedì 15 e venerdì 19 novembre 2021**

Sport Center Celano-Virtus San Vincenzo V.R. **6-3**
*B. Tiberi 3 (S), M. Ciciotti (S), V. Marianetti 2 (S), D. Lancia (V), A. Valentini (V), M. Lancia (V)*

La Fenice-Futsal Celano **6-5**
*N. Virgilio 2 (L), F. Fadda (L), L. Casillo (L), F. D'Amico (L), G. Crisante (L), M. Di Renzo 3 (F), M. Molinelli 2 (F)*

**5ª giornata – lunedì 22 novembre 2021**

Futsal Celano-Sport Center Celano **9-2**
*Dustin Calvet 4 (F), M. Molinelli 3 (F), L. Lanuto (F), M. Di Renzo (F), B. Tiberi (S), M. Ciciotti (S)*

Virtus San Vincenzo V.R.-La Fenice **6-8**
*L. Di Carlo 4 (V), M. Lancia (V), C. Colone (V), F. Fadda (L), F. D'Amico (L), N. Virgilio 3 (L), A. Mariani (L), G. Crisante 2 (L)*

**6ª giornata – lunedì 29 novembre 2021**

Sport Center Celano-La Fenice **2-5**
*M. Ciciotti (S), V. Marianetti (S), L. Casillo 2 (L), L. Pettinari 2 (L), F. D'Amico (L),*

Virtus San Vincenzo V.R.-Futsal Celano **2-10**
*D. Lancia (V), C. Colone (V), M. Molinelli 4 (F), Dustin Calvet (F), M. Di Renzo 3 (F), L. Lanuto (F), D. Cimino (F)*

**Classifica finale:** LA FENICE 18; FUTSAL CELANO 9; Virtus San Vincenzo V.R. 6; Sport Center Celano 3

**GIRONE B – TRIANGOLARE**

**1ª giornata – domenica 24 ottobre 2021**

Futsal Vasto-ES Chieti **4-1**
*L. Salvatore (F), C. Borgia (F), L. Di Donato (F), N. Aquilano (F), M. Barbone (E)*

**Ha riposato:** Vigor Lanciano

**2ª giornata – domenica 31 ottobre 2021**

ES Chieti-Vigor Lanciano **5-8**
*J. Giannini 3 (E), C. Curlante 2 (E), L. Ammirati 3 (V), A. Iezzi 3 (V), K. D'Orsogna (V), M. D'Alonzo (V)*

**Ha riposato:** Futsal Vasto

**3ª giornata – domenica 7 novembre 2021**

Futsal Vasto-Vigor Lanciano **2-1**
*N. Aquilano (F), A. Cagnazzo (F), K. D'Orsogna (V)*

**Ha riposato:** ES Chieti

**4ª giornata – domenica 14 novembre 2021**

ES Chieti-Futsal Vasto **4-4**
*J. Giannini 2 (E), S. Falcone (E), S. Scorcelletti (E), M. Coppola 2 (F), J. Notarangelo (F), M. Ercolano (F)*

**Ha riposato:** Vigor Lanciano

**5ª giornata – domenica 21 novembre 2021**

Vigor Lanciano-ES Chieti **8-3**
*L. Ammirati 3 (V), A. Iezzi 2 (V), K. D'Orsogna (V), M. Liguori 2 (V), J. Giannini (E), M. Barbone (E), S. Falcone (E)*
**Ha riposato:** Futsal Vasto

**6ª giornata – domenica 28 novembre 2021**

Vigor Lanciano-Futsal Vasto **3-6**
*E. Martino (V), K. D'Orsogna (V), R. Passante (V), J. Notarangelo 3 (F), C. Borgia (F), L. Terpolilli (F), L. Di Donato (F)*
**Ha riposato:** ES Chieti

**Classifica finale:** FUTSAL VASTO 10; VIGOR LANCIANO 6; ES Chieti 1

***N.B. In maiuscolo le squadre qualificate***

## SEMIFINALI

**GARE di ANDATA – lunedì 6 e domenica 12 dicembre 2022**

Futsal Celano-Futsal Vasto **6-3**
*Dustin Calvet 2 (FC), M. Di Renzo 4 (FC), C. Borgia 2 (FV), D. Di Foglio (FV)*
Vigor Lanciano-La Fenice **8-8**
*E. Martino 2 (V), A. Iezzi 3 (V), K. D'Orsogna 2 (V), L. Ammirati (V), N. Virgilio 4 (L), F. D'Amico 3 (L), L. Casillo (L)*

**GARE di RITORNO – mercoledì 8 e mercoledì 22 dicembre 2022**

FUTSAL VASTO-Futsal Celano **7-0**
*N. Aquilano 2, C. Borgia, L. Di Donato 2, A. Cagnazzo, M. Ercolano*
LA FENICE-Vigor Lanciano **10-0**
*N. Virgilio 3, F. D'Amico 2, L. Pettinari 2, L. Casillo, F. Fadda, G. Crisante*

## FINALE REGIONALE

**lunedì 25 aprile – Montesilvano (Pe), Pala Roma**

**La Fenice-Futsal Vasto: 2-3 (dts)**

**La Fenice:** Ricci, Gentile, Ghera, Benelgoussa, Casillo, Pettinari, N. Virgilio, Crisante, Fadda. **All.** C. Virgilio. **Futsal Vasto:** Santavicca, Maranca, Di Donato, Rossi, Cagnazzo, Di Foglio, Pollutri, Notarangelo, Dario, Ercolano, Barbosa Oliveira, Rodrigues Leite. **All.** Giacomucci. **Arbitri:** Giovanni Di Nicola e Alessandro Di Virgilio dell'Aquila. **Reti:** *29pt L. Casillo (L), 4'st L. Di Donato (F), 15'st N. Virgilio (L), 26'st J. Notarangelo (F), 3'pts L. Rodrigues Leite (F).*

## COPPA ABRUZZO – UNDER 19 REGIONALI CLASSIFICA MARCATORI GENERALE

**19 reti:** N. Virgilio (La Fenice)
**15 reti:** Dustin Calvet (Futsal Celano)
**14 reti:** M. Di Renzo (Futsal Celano)
**10 reti:** M. Molinelli (Futsal Celano); F. D'Amico e G. Crisante (La Fenice)
**9 reti:** L. Di Carlo (Virtus San Vincenzo V.R.)
**8 reti:** B. Tiberi (Sport Center Celano); A. Iezzi (Vigor Lanciano)
**7 reti:** L. Ammirati (Vigor Lanciano); M. Lancia (Virtus San Vincenzo V.R.)
**6 reti:** J. Giannini (ES Chieti); L. Casillo (La Fenice); K. D'Orsogna (Vigor Lanciano)
**5 reti:** L. Lanuto (Futsal Celano); C. Borgia, L. Di Donato e J. Notarangelo (Futsal Vasto); V. Marianctti (Sport Center Celano)
**4 reti:** N. Aquilano (Futsal Vasto); F. Fadda e L. Pettinari (La Fenice); D. Lancia e C. Colone (Virtus San Vincenzo V.R.)
**3 reti:** M. Ciciotti (Sport Center Celano); E. Martino (Vigor Lanciano)
**2 reti:** S. Falcone, M. Barbone e C. Curlante (ES Chieti); A. Cagnazzo, M. Coppola e M. Ercolano (Futsal Vasto); D. Taccone (Sport Center Celano); M. Liguori (Vigor Lanciano); N. Scacchi (Virtus San Vincenzo V.R.)

## CLASSIFICA SUPERBOMBER d'ABRUZZO CALCIO A CINQUE

**49 reti:** P. Milanese (Virtus San Vincenzo V.R.)
**48 reti:** C. Masciulli (Cantera Adriatica Pescara femminile)
**44 reti:** P. Torti (Atletico Celano); F. Toscano (Assixta Futsal Ripa)
**40 reti:** F. Cichella (Centrostoricomontesilvano)
**38 reti:** A. Menna (Vigor Lanciano)
**36 reti:** M. Comignani (Magnificat)
**35 reti:** I. Alves (Sulmona Futsal)
**34 reti:** L. Di Muzio (Montesilvano);
**32 reti:** C. D'Ambrosio (Magnificat)
**31 reti:** Dustin Calvet (Futsal Celano)
**30 reti:** P. Cotturone (Sport Center Celano); D. Giardino (Casoli)
**29 reti:** M. Di Giulio (Futsal Lanciano); C. Patacca (Giulianova femminile)
**28 reti:** N. Massimini (Futsal Lanciano)
**27 reti:** S. Festa (Invicta 2005 Futsal)
**24 reti:** R. Biocca (Sport Center Celano); C. Di Bartolomeo (Miglianisport)
**23 reti:** E. Normanno (Futsal Celano); L. Angelozzi (Hatria Team); R. Lancia (Sport Center Celano); N. Moretta (Real Casale); A. Di Florio (Vigor

Lanciano)
**22 reti:** L. Biondi (Futsal Celano); M. Travaglini (Futsal Lanciano); L. Marcone (Hatria Team); G. Coiado Del Andrea (Sulmona Futsal); F. Colleluori e F. Colatriani (Centrostoricomontesilvano femminile); G. Carlini (Giulianova femminile)
**21 reti:** F. Di Muzio (Città di Chieti); D. Di Nicola (La Fenice)
**20 reti:** S. Di Nardo (Minerva); R. Albertazzi (Atletico Celano); D. Bombini (Miglianisport); I. Paglione (Real Casale)
**19 reti:** M. Pica (Città di Chieti); M. Galanti (Lisciani Teramo); V. Pedante (ES Chieti femminile); Giovanni Tolli (Virtus San Vincenzo V.R.); N. Virgilio (La Fenice Under 19)
**18 reti:** A. Fidanza e M. Trapasso (Montorio 88 femminile); D. Comparelli (Casoli); D. Doicaru (Paglieta Red Sox)
**17 reti:** A. Cafarelli (Atletico Silvi); E. Panacci (Sport Center Celano); O. Ed. Dyoury (Sulmona Futsal); G. Fusco (Cantera Adriatica Pescara femminile); A. Paoletti (ES Chieti femminile); E. Pica (Valle Peligna femminile); A. Crisante, G. Repetto e S. Onorato (Magnificat); C. Nocciolino (Miglianisport); E. Santavenere (Montesilvano)
**16 reti:** A. Giancaterino (Atletico Silvi); M. Bajouri (Orione Avezzano); R. D'Eramo (L'Aquila City Futsal Club); V. Di Tella (Assixta Futsal Ripa)
**15 reti:** R. Carota (Centrostoricomontesilvano femminile); F. Verzulli (Cantera Adriatica Pescara femminile); O. Ginnetti (Sulmona Futsal); M. Di Gregorio (Superaequum 2018); S. Cilli (Montesilvano); Dustin Calvet (Futsal Celano Under 19)

## INDICE ANALITICO

Printed by Amazon Italia Logistica S.r.l.
Torrazza Piemonte (TO), Italy

36746621R00288